大数据统计
应用动态 2024

国家统计局统计科学研究所　编

中国统计出版社
China Statistics Press

图书在版编目(CIP)数据

大数据统计应用动态. 2024 / 国家统计局统计科学研究所著. —— 北京 : 中国统计出版社, 2024. 12.
ISBN 978－7－5230－0687－0
Ⅰ. C831
中国国家版本馆 CIP 数据核字第 20245HF898 号

大数据统计应用动态(2024)

作　　者/国家统计局统计科学研究所
责任编辑/罗　浩
封面设计/黄　晨
出版发行/中国统计出版社有限公司
通信地址/北京市丰台区西三环南路甲 6 号　邮政编码/100073
发行电话/邮购(010)63376909　书店(010)68783171
网　　址/http://www.zgtjcbs.com
印　　刷/河北鑫兆源印刷有限公司
经　　销/新华书店
开　　本/710×1000mm　1/16
字　　数/439 千字
印　　张/30.5
版　　别/2024 年 12 月第 1 版
版　　次/2024 年 12 月第 1 次印刷
定　　价/99.00 元

大数据统计应用动态(2024)

编辑说明

一、《大数据统计应用动态(2024)》主要汇集了近两年来国内外大数据统计应用的优秀成果,内容覆盖大数据的理论方法、数字经济和数字化、数据和数据资产、机器学习、统计监测和预测、国际比较等多个方面,共计31项成果(国际18项,国内13项),一定程度上反映了全球和我国大数据统计应用的前沿进展和未来方向。本次汇编旨在为统计工作者提供参考借鉴。

二、本次汇编成果完成时间截至2024年底,未来拟继续滚动汇编下一阶段国内外大数据统计应用的优秀成果,形成连续的系列。

三、汇编成果中,编译自外文文献内容的知识产权仍属于原作者,编译者仅对相关文字的编译质量负责,且仅用于工作和研究交流,不用于任何具有商业目的的活动。其他成果在观点结论、数据引用、模型设计等方面内容的文责由作者自负。

四、基于出版要求,编辑在不改变作者原意的前提下对部分文字图表进行了调整或技术加工。受编辑力量和水平所限,编辑工作难免存在疏漏,不妥之处敬请读者批评指正。

编　者

2024年12月

前 言

持续加强大数据在统计工作中的应用，是适应数字经济发展需求、提高统计工作效率、提升统计数据质量的内在要求。在当前经济社会加速数字化转型的进程中，政府统计工作也迎来了新的发展契机。近年来，国家统计局顺应数字化潮流，持续推动政府统计与大数据的深度融合，开展了一系列积极探索和创新实践，具体包括：成立大数据统计应用领导小组，统筹协调、整体推进大数据统计应用相关工作；深化大数据在名录库建设维护、核算等综合领域和农业、贸经、人口、价格、投资等专业领域的应用，更好地服务宏观决策；基本建成覆盖统计业务全流程的信息化应用体系，完成统计云主要建设任务，推进智慧统计项目建设；加强部门统计合作，推动部门统计数据共享；注重使用部门行政记录和社会大数据，推动各类数据源互为补充，夯实数据基础；稳妥推进大数据在统计调查业务中的应用，运用大数据等技术手段加强统计数据的比对核查；聚焦研究前沿，紧盯国内外研究新进展新方向，组织开展大数据前沿重点课题研究；及时总结转化大数据应用新成果，推广各领域大数据统计应用经验做法；深度参与联合国大数据统计全球工作组和联合国全球平台咨询委员会各项工作，推动联合国大数据全球平台中国区域中心升格为联合国统计大数据和数据科学全球中心，高标准建设大数据应用技术平台，广泛开展大数据能力建设培训和大数据统计应用国际交流合作，并于 2023 年成功承办了第四届联合国世界数据论坛。

为贯彻党的二十大和二十届二中、三中全会精神，深入贯彻落实习近平总书记关于推动实施网络强国战略和国家大数据战略、建设数字中国和发展数字经济、加快发展新质生产力等重要论述精神，继续推动大数据在政府统计工作中的应用发展，国家统计局统计科学研究所积极开展大数据统计应用基础理论和方法技术研究，紧盯国内外研究新进展新动向，广泛搜集、编译来自世界银行、经济合作与发展组织、国际货币基金组织、欧盟、国际官方统计学会等在大数据统计应用领域的优秀研究成果、案例，通过编发《大数据统计应用国际动态》的方式进行了较为系统地介绍。本书收录了2023—2024年共18期《大数据统计应用国际动态》刊载的文稿，同时精心遴选了国内来自政府统计系统、高校的大数据统计应用代表性研究成果。全书内容涵盖大数据的理论方法、数字经济和数字化、数据和数据资产、机器学习、统计监测和预测、国际比较等多个领域，具有较高的研究参考价值和实践借鉴意义。

希望广大统计工作者继续加强统计科学研究，推动现代信息技术与统计工作深度融合，充分利用行政记录、社会大数据在统计调查中的开发应用，深化统计改革创新，为以统计现代化服务中国式现代化贡献更多智慧和力量。

编　者

2024年12月

目　　录

理论方法与应用

数字经济和数字化

数据和数据资产

机器学习方法及应用

统计监测和预测

国际比较

理论方法与应用

大数据背景下概率—非概率样本的数据整合推断①

——从误差校正的视角出发

【内容摘要】 以互联网为媒介的调查数据采集具有成本低、速度快等优势,但这些样本通常属于非概率样本,存在覆盖误差和选择性偏差,不具有总体代表性,无法直接用于有限总体推断。基于概率-非概率样本的数据整合,可以综合两类样本的优势,处理这些非概率样本偏差。本文将非概率样本看作有限总体的不完全覆盖,在假定概率样本和非概率样本有重合的前提下,构造数据整合事后分层与校准估计。该假定是校准的基础,在此框架下考虑测量误差的校正,在概率样本或非概率样本存在测量误差的情况下,提出基于无偏误真值的校准和基于有偏误测量值修正的校准两种思路。此外,本文还提出基于 Bagging 决策树的半监督分类法,用于识别非概率样本和概率样本的重合部分,这在实际工作中具有较强的指导意义。

一、引言

抽样调查的基本目的是根据样本信息推断有限总体的特征。长期以来,各类调查活动多采用概率抽样的方式,遵循随机原则抽取代表性样本,由此获得的样本称作概率样本。概率样本具有总体代表性,推断体系完善。进入 21 世纪后,计算机的普及和互联网技术的发展,使得在短时间内以较低成本获取大量样本成为可能,这为数据采集提供了新渠道。从抽取方式来看,以互联网为媒介的网络调查可以规避概率抽样面临的抽样框构造难度增大、无回答率不断升高、调查成本持续上涨等困境。但大数据背景下的网络调查样本通常属于非概率样本,基于这些样本进行有限总体推断时还存在一些问题:一是,非概率样本不具有总体代表性,无法直接推断总体;二是,网络调查的抽样总体只涉及网民全体,发放问卷也只涵盖部分网络平台,并不是所有总体单元都具备进入样本的条件,非概率样本存在覆盖误差;三是,网民是否参与调查通常受自身对调查主题感兴趣程度的影响,此时目标

---

① 本文选自《统计研究》2023 年第 8 期。

变量会影响潜在受访者的入样过程，导致非概率样本存在选择性偏差(Tam 和 Clarke，2015；Elliott 和 Valliant，2017；Tam 和 Kim，2018；金勇进和刘晓宇，2022)。

目前，误差校正的一个流行框架是，假设存在来自同一总体的概率调查样本作为辅助，利用概率样本的总体代表性来处理非概率样本偏差。结合来自同一目标总体的两个独立调查样本实现有限总体推断的方法，被称为数据整合，已成为抽样调查的一个新兴研究领域，尤其是概率-非概率样本的整合推断问题。Valliant 和 Dever(2011)将概率样本和网络志愿者数据库结合起来，用倾向得分模型刻画非概率样本的选择机制，并根据倾向得分估计值构造逆概率加权估计。后续不断有学者通过改进倾向得分模型提高估计精度(Kern 等，2021)。Bethlehem(2016)讨论了样本匹配在解决非概率样本选择性偏差中的使用。Rivers(2007)提出了大规模插补法，以一个独立的非概率样本作为训练数据集，对所有概率样本单元目标变量进行插补，再利用插补值构造加权估计。Kim 等(2021)讨论了大规模插补估计量的一致性问题。Chen 等(2020)将逆概率加权与大规模插补相结合，提出基于数据整合的双重稳健估计。Rao(2021)对基于数据整合的有限总体推断方法进行整理归纳。然而，上述方法均基于数据随机缺失的假定，并不能反映现实中的所有场景，且难以验证该假定是否成立。

除了非概率样本偏差，无论是概率样本还是非概率样本，都无法保证观测值即为真实值，还可能存在测量误差，即测量值和真实值之间的差异。产生测量误差的原因较多，如问题设置不当、社会期许、受访者受教育程度等。目前最常用的校正思路是，通过拟合观测值和真实值之间的关系建模来预测真实值，进而实现对测量误差的校正(Fuller，2009)。

本文采用的数据整合推断方法思考路径是，对非概率样本选择机制不进行限制，而是将非概率样本看作有限总体的一个真子集，利用这些不完备的非概率样本辅助信息构造校准方程。同时，对数据整合场景作以下假设：第一，目标变量在概率样本和非概率样本中都能观测到，且允许其中任意一个样本存在测量误差；第二，仅在非概率样本中存在覆盖误差，概率样本不存在覆盖误差；第三，概率样本和非概率样本存在重合部分，这是进行校准的基础。

对于非概率样本自身存在的误差，通过整合概率样本信息即可得到校正，但调查中可能存在的测量误差还需再行处理。据此，本文从误差校正的视角出发，提出基于重合样本的数据整合推断方法，具体讨论思路如下：首先，在已知概率样本和非概率样本重合单元的情况下，构造基于设计的数据整合事后分层估计量；其次，考虑到事后分层法与校准法之间的联系，基于重合样本构造数据整合校准估计量，并在校准框架下，将所提方法扩展到任一样本存在测量误差的情形；最后，针对概率样本和非概率样本重合单元未知的情形，提出基于 Bagging 决策树的半监督分类方法来识别重合单元,并根据识别出的重合单元构造校准方程。为验证所提出方法的推断效果和有效性,本文针对性地设计了三组模拟实验,并将其应用于实际数据集。

二、基于数据整合的非概率样本偏差校正

数据整合将两个不同性质的样本信息组合在一起,意在充分发挥两个样本的各自优势,克服各自不足。概率样本的主要问题在于各种现实原因导致有效样本量过小,而非概率样本的主要问题在于不具有总体代表性,自身存在误差。事实上,数据整合最主要的初衷是利用概率样本的总体代表性校正非概率样本的覆盖误差和选择性偏差,以提高有限总体推断精度。本文引入用于描述样本单元是否属于非概率样本的 0—1 变量 δ_i,在已知重合样本的情况下,以 δ_i 为依据构造事后分层估计量与校准估计量。

(一)问题分析

假定概率样本不存在覆盖误差。记有限总体为 U,总体规模为 N,目标变量为 Y。记样本集合为 s,由两部分组成,$s=s_P \cup s_B$,其中 s_P 为概率样本,s_B 为非概率样本。本文将非概率样本看作有限总体的一部分,假定概率样本和非概率样本存在重合单元,即 $s_P \cap s_B \neq \varnothing$。结合数据结构图 1,把总体看作由两部分组成,一部分是非概率样本 s_B,另一部分是总体中去除非概率样本后的其余单元 $U \backslash s_B$。s_B 是总体中非概率样本单元的集合,其大小也即非概率样本的样本量,为行文方便称之为非概率样本规模,记作 N_B,非概率样本目标变量总值记作 t_B。同样,将总体中非概率样本未覆盖部分的规模,即集合 $U \backslash s_B$ 的大小记作 N_P,集合 $U \backslash s_B$ 上目标变量总值记作 t_P。

对非概率样本实施调查可以得到规模 N_B 和目标变量总值 t_B,如果估计出非概率样本未覆盖部分的目标变量总值 t_P,将 t_B 与 t_P 相加即可得到对总体的估计。由于概率样本与非概率样本重合部分(图 1 中的阴影部分)的值已经包含在 t_B 中,所以利用概率样本估计 t_P 时要剔除重合单元。可见,区分重合部分的样本单元是推断的关键。为此,引入 0—1 变量 δ_i,用于表示样本单元 i 是否属于非概率样本,若单元 $i \in s_B$ 则 $\delta_i=1$,否则 $\delta_i=0$。这意味着在概率样本中 $\delta_i=1(i \in s_P)$ 的单元同时也是非概率样本单元。为便于表述,后文将样本单元对应的变量 δ_i 的取值简称为样本单元 δ_i 取值。

简言之,本文推断思路的核心在于,将非概率样本看作总体的一个真子集,去除概率样本中与非概率样本重合的单元后,通过概率样本的剩余单元实现对非概率样本未覆盖部分的推断。本节在已知两样本重合,即已知概率样本单元 δ_i 真实

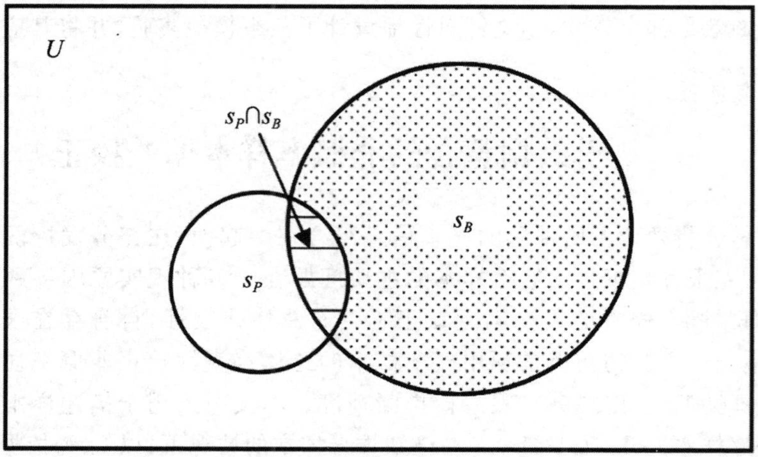

图 1　数据整合结构示意图

取值的前提下,构造数据整合估计量。

(二)事后分层估计量的构造

假定概率样本和非概率样本均包含目标变量。y_i 表示目标变量值,d_i 表示概率样本权数,数据整合估计量用 DI 标识。目标变量的总体总值由非概率样本和非概率样本未覆盖部分组成,即 $t_y = \sum_{i=1}^{N} y_i = t_B + t_P$,其中 $t_B = \sum_{i=1}^{N} \delta_i y_i$,$t_P = \sum_{i=1}^{N} (1-\delta_i) y_i$。由非概率样本可直接得到 t_B,t_P 由去除重合单元后的概率样本推断得到。据此得到总体总值的估计 $\hat{t}_{yDI} = t_B + \sum_{s_P} d_i (1-\delta_i) y_i$。当总体规模 N 已知时,可根据 0—1 变量 δ_i 得到如下事后分层估计量:

$$\hat{t}_{yDI} = t_B + (N - N_B) \frac{\sum_{s_P} d_i (1-\delta_i) y_i}{\sum_{s_P} d_i (1-\delta_i)} \tag{1}$$

其中,非概率样本规模 $N_B = \sum_{i=1}^{N} \delta_i$。根据概率抽样基于设计推断体系的特点可知,$\hat{t}_{yDI}$ 具有设计无偏性。取 $\bar{Y}_c = \sum_{i=1}^{N} (1-\delta_i) y_i / (N - N_B)$,对式(1)第二项在 $\bar{Y}_c$ 点作 Taylor 展开,可得 $\hat{t}_{yDI}$ 的方差

$$\mathrm{Var}(\hat{t}_{yDI}) = \mathrm{Var}\left\{ \sum_{s_P} d_i (1-\delta_i) (y_i - \bar{Y}_c) \right\} \tag{2}$$

记概率样本 s_P 的容量为 n,当 $n/N \approx 0$ 时,有

$$\mathrm{Var}(\hat{t}_{yDI}) \approx (1 - W_B) \frac{N^2}{n} S_c^2 \tag{3}$$

其中，$W_B=N_B/N$，$S_c^2=(N-N_B)^{-1}\sum_{i=1}^{N}(1-\delta_i)(y_i-\bar{Y}_c)^2$，在 S_c^2 未知时，可基于概率样本中不属于非概率样本的单元进行估计。若不进行数据整合，仅根据概率样本估计，有 $\hat{t}_{yP}=\sum_{s_P}d_iy_i$，与基于数据整合的事后分层估计量相比，$\frac{\mathrm{Var}(\hat{t}_{yDI})}{\mathrm{Var}(\hat{t}_{yP})}=(1-W_B)\frac{S_c^2}{S^2}$，其中，$S^2$ 是概率样本目标变量的方差。由此可知，只要 S_c^2 不大于 S^2，基于数据整合的事后分层估计量精度更高。注意到，这个条件较为宽松，常规情况下均成立。根据样本量和精度的关系，由式(3)可得构造数据整合事后分层估计量 $\hat{t}_{yDI}$ 所需的有效样本量为 $n^*=n\frac{1}{1-W_B}\frac{S^2}{S_c^2}$。

(三)校准估计量的构造

1. 校准法与校准估计。

校准法是一类系统利用辅助信息对权数进行调整的方法，有利于减小估计量的方差，提高估计精度(Deville 和 Särndal，1992)。以目标变量 Y 的总体总值 t_y 为例，其 Horvitz-Thompson 估计(简称 HT 估计)为 $\hat{t}_y=\sum_s d_iy_i$，d_i 为设计权数。然而，假设已知辅助变量的总体总值 t_x，并调查得到样本单元的辅助变量 $x_i(i\in s)$，在对辅助变量进行 HT 估计时，可能会出现 $\sum_s d_ix_i\neq t_x$ 的情况，校准的概念由此产生。约束方程 $\sum_s w_ix_i=t_x$ 被称为校准方程，满足校准方程的权数被称为校准权数，校准权数的加权估计量 $\hat{t}_{yCAL}=\sum_s w_iy_i$ 被称为校准估计量。已有研究表明，校准估计量具有渐近无偏性和设计一致性等良好性质，校准法还能校正一些非抽样误差，包括无回答误差和抽样框误差等(Kott，2006)。

本文在广义回归校准法(Zieschang，1990)的基础上拓展。假定目标变量与辅助变量呈线性关系，$y_i=\mu(k_i)+\varepsilon_i=x_i^{\mathrm{T}}\beta+\varepsilon_i$，其中，$\varepsilon_i$ 之间互不相关，且 $\mathrm{E}(\varepsilon_i)=0$。利用最小二乘法求解参数，等价于采用最小平方距离，在 $\sum_s w_ix_i=t_x$ 的约束下最小化目标函数 $Q(d,w)$：

$$Q(d,w)=\sum_s d_i\left(\frac{w_i}{d_i}-1\right)^2 \tag{4}$$

求解如上最优化问题可以得到校准权数和校准估计量：

$$w_i=d_i\left[1+x_i^{\mathrm{T}}\left(\sum_s d_ic_ix_ix_i^{\mathrm{T}}\right)^{-1}(t_x-\hat{t}_{x\pi})\right] \tag{5}$$

$$\hat{t}_{yGREG}=\sum_s w_iy_i=\hat{Y}_{HT}+(t_x-\hat{t}_{x\pi})^{\mathrm{T}}\hat{\beta} \tag{6}$$

其中，$\hat{t}_{x\pi}=\sum_s w_ix_i$ 是辅助变量总体总值的 HT 估计量；t_x 是辅助变量的总体总值；$\hat{\beta}=(\sum_s d_ic_ix_ix_i^{\mathrm{T}})^{-1}\sum_s d_ic_ix_iy_i$，$c_i$ 是任意常数，可以是 x_i 但不能是 y_i 的函

数。根据 Deville 和 Särndal(1992)的研究,广义回归估计量的方差估计为:

$$\mathrm{Var}(\hat{t}_{yGREG})=\sum\sum_{s}\frac{\pi_{ij}-\pi_i\pi_j}{\pi_{ij}}\frac{y_i-x_i^{\mathrm{T}}\hat{\beta}}{\pi_i}\frac{y_j-x_j^{\mathrm{T}}\hat{\beta}}{\pi_j} \tag{7}$$

其中,π_i 和 π_j 分别是单元 i 和 j 的一阶包含概率,π_{ij} 是单元 i 和 j 的二阶包含概率。

2. 数据整合中的校准。

校准法需要已知辅助变量的总体信息。将非概率样本看作总体的一部分,可直接得到该部分的总体情况。概率样本具有总体代表性,概率样本与非概率样本的重合部分也具备对总体中非概率样本覆盖部分的代表性,且概率样本与非概率样本存在重合是构造校准方程的基础,由此体现了校准的思想。由于非概率样本提供关于总体的信息,因此非概率样本规模越大提供的信息越丰富,校准估计精度越高。

根据以上分析可知,在本文描述的数据整合情形中,通过 $\delta_i=1$ 的非概率样本单元可获得非概率样本覆盖部分的总体规模 N_B 和目标变量总值 t_B。假设已知总体规模 N,此时,$\sum_{i=1}^{N}(1,\delta_i,\delta_i y_i)^{\mathrm{T}}=(N,N_B,t_B)^{\mathrm{T}}$ 是已知的,因此可取辅助变量 $x_i=(1,\delta_i,\delta_i y_i)^{\mathrm{T}}$,对概率样本进行校准,对应的校准方程为:

$$\sum_{s_P}w_i(1,\delta_i,\delta_i y_i)^{\mathrm{T}}=\sum_{U}(1,\delta_i,\delta_i y_i)^{\mathrm{T}} \tag{8}$$

根据总体信息所属集合的不同可将校准方程分为两部分,即

$$\begin{cases}\sum_{s_P}w_i\delta_i(1,y_i)^{\mathrm{T}}=(N_B,t_B)^{\mathrm{T}}\\ \sum_{s_P}w_i(1-\delta_i)=N-N_B\end{cases} \tag{9}$$

通过最小化目标函数 $Q(d,w)$ 求解校准权数 w_i,$Q(d,w)$ 见式(4),化简得到数据整合校准估计量:

$$\hat{t}_{yCAL-DI}=\sum_{s_P}w_i y_i=\sum_{i=1}^{N}(1,y_i)\delta_i{}^{\mathrm{T}}\hat{\beta}_1+\frac{N_P}{\hat{N}_P}\hat{t}_{yP} \tag{10}$$

其中,$\hat{\beta}_1=\left\{\sum_{s_P}d_i\delta_i(1,y_i)(1,y_i)^{\mathrm{T}}\right\}^{-1}\sum_{s_P}d_i\delta_i(1,y_i)^{\mathrm{T}}y_i=(0,1)^{\mathrm{T}}$,$\hat{t}_{yP}=\sum_{s_P}d_i(1-\delta_i)y_i$。代入 $\hat{\beta}_1$,有 $\hat{t}_{yCAL-DI}=\sum_{i=1}^{N}(1,y_i)\delta_i{}^{\mathrm{T}}(0,1)^{\mathrm{T}}+\frac{N_P}{\hat{N}_P}\hat{t}_{yP}=t_B+\frac{N_P}{\hat{N}_P}\hat{t}_{yP}$,与事后分层估计量式(1)等价。事实上,事后分层法可以看作校准法的特殊情况,进行校准的辅助变量为事后层的总体规模。数据整合校准估计量 $\hat{t}_{yCAL-DI}$ 的方差估计为:

$$\mathrm{Var}(\hat{t}_{yCAL-DI})=\sum_{i\in s_P}\sum_{j\in s_P}\frac{\pi_{ij}-\pi_i\pi_j}{\pi_{ij}}\frac{\hat{e}_i}{\pi_i}\frac{\hat{e}_j}{\pi_j} \tag{11}$$

其中，π_i 和 π_j 分别是单元 i 和 j 的一阶包含概率，π_{ij} 是单元 i 和 j 的二阶包含概率，$\hat{e}_i = y_i - x_i^{\mathrm{T}}\hat{\beta}$，$\hat{\beta} = \left(\sum_{s_P} d_i x_i x_i^{\mathrm{T}}\right)^{-1} \sum_{s_P} d_i x_i y_i$。

3. 一些讨论。

事后分层法根据事后层的总体规模构造估计量，是校准法的特例。校准是一种思想，在辅助变量的选取上非常灵活，适用情景广泛。例如，若还存在除规模外其他可利用的辅助变量 z，当概率样本和非概率样本中均该变量时，校准变量可取 $x_i = (1, \delta_i, \delta_i y_i, \delta_i z_i)^{\mathrm{T}}$，即在校准方程 $\sum_{s_P} w_i (1, \delta_i, \delta_i y_i, \delta_i z_i)^{\mathrm{T}} = \sum_U (1, \delta_i, \delta_i y_i, \delta_i z_i)^{\mathrm{T}}$ 的约束下求解参数。当已知概率样本单元变量 $z_i (i \in s_P)$ 的取值和变量 z 的总体总值时，校准变量可取 $x_i = (1, \delta_i, \delta_i y_i, z_i)^{\mathrm{T}}$。再如，在非概率样本存在重复测量的情况下，这属于覆盖误差中的过度覆盖，校准法仍适用。用 φ_i 表示单元 i 在集合 s_B 中出现的次数，那么可取辅助变量 $x_i = (1, \varphi_i, \varphi_i y_i)^{\mathrm{T}}$，在校准方程 $\sum_{s_P} w_i (1, \varphi_i, \varphi_i y_i)^{\mathrm{T}} = \sum_U (1, \varphi_i, \varphi_i y_i)^{\mathrm{T}}$ 的约束下求解参数。

在本文数据整合方法中 δ_i 起着关键作用，为进行校准估计，需要识别出概率样本中属于非概率样本的子集。在实际调查中可能出现的概率样本或非概率样本存在测量误差以及 δ_i 未知的情形下，如何实现数据整合校准估计，将分别在第三、四部分详细讨论。后续关于测量误差的校正将在校准估计框架下进行。

三、测量误差校正

本文以校准法为工具，实现概率样本对非概率样本覆盖误差和选择性偏差的校正，但实际中，任何调查都无法完全避免测量误差的产生。对此，延续前文数据整合校准估计，假定已知概率样本单元变量 δ_i 的真实取值，y_i 表示目标变量真实值，y_i^* 表示有测量误差的目标变量观测值，$y_i^* \neq y_i$。本节提出两种具体的测量误差校正思路：一是，考虑测量误差存在的不同情形，基于能获取到的总体真实值 y_i 构造校准方程；二是，对有偏误的测量 y_i^* 进行调整，不改变校准方程的构造方式。

（一）思路一：基于无偏误真值的校准方程构造

考虑非概率样本存在测量误差，概率样本不存在测量误差的情形。此时，在非概率样本 s_B 上观测到的是 y_i^*，在概率样本 s_P 中可以观测到 (δ_i, y_i)。同时，对于概率样本中 $\delta_i = 1$ 的单元，通过与非概率样本单元匹配可以获得其不准确测量值 y_i^*。也就是说，在样本 s_P 中可以观测到 $(\delta_i, y_i, \delta_i y_i^*)$。在此情形下，考虑能获取到的总体真值来源，存在两种校正方式。第一种校准方程如下：

$$
\begin{cases}
\sum_{s_P} w_i (1,\delta_i)^{\mathrm{T}} = (N, N_B)^{\mathrm{T}} \\
\sum_{s_P} w_i \delta_i y_i = \dfrac{N_B}{N_P} \sum_{s_P} y_i
\end{cases}
\tag{12}
$$

第一个等式根据总体规模和非概率样本规模得到,第二个等式根据非概率样本目标变量总值的估计得到。除了在集合 s_P 上构造第二个等式,还可在集合 $s_P \cap s_B$ 上构造,由此得到第二种校准方程如下:

$$
\begin{cases}
\sum_{s_P} w_i (1,\delta_i)^{\mathrm{T}} = (N, N_B)^{\mathrm{T}} \\
\sum_{s_P} w_i \delta_i y_i = \dfrac{N_B}{\sum_{s_P \cap s_B} 1} \sum_{s_P \cap s_B} y_i
\end{cases}
\tag{13}
$$

其中,$\sum_{s_P \cap s_B} 1$ 是重合样本规模,第二个等式右端是在重合样本上基于总体规模比例调整的非概率样本目标变量总值估计。据此得到在非概率样本存在测量误差情况下的校准估计量 $\hat{t}_{yCAL-DI} = \sum_{s_P} w_i y_i$。两种校准思路的实际效果如何,将在模拟部分加以研究。

对于概率样本存在测量误差,非概率样本不存在测量误差的情形。由于校准估计量是概率样本目标变量的加权估计,而概率样本存在偏误,因此无论如何构造校准方程,校准估计量都会受到测量误差的影响。对此,本文提出第二种校正思路。

(二)思路二:基于有偏误测量值的修正

无论是概率样本还是非概率样本存在测量误差,对于重合部分,真实值 y_i 和有偏误测量值 y_i^* 都是同时存在的。假定可以用线性模型刻画 y_i^* 和 y_i 之间的关系,$y_i^* = \beta_0 + \beta_1 y_i + e_i$,其中 $e_i \sim N(0,\sigma^2)$。基于重合样本 $s_P \cap s_B$ 上的观测值拟合模型,可以得到参数 (β_0, β_1) 的估计值 $(\hat{\beta}_0, \hat{\beta}_1)$。继而可以对有测量偏误集合上的目标变量真实值进行预测,再结合预测值和校准权数构造加权估计即可。

具体而言,对于非概率样本不存在测量误差,概率样本存在测量误差的情形,根据重合样本可以得到概率样本上目标变量的估计预测 $\hat{y}_i (i \in s_P)$,不改变校准法和校准方程,得到测量误差校正后的校准估计量为:

$$
\hat{t}_{yCAL-DI} = \sum_{s_P} w_i \hat{y}_i \tag{14}
$$

其中,校准权数 w_i 不变,满足原校准方程式(8),$\hat{y}_i = \hat{\beta}_1^{-1}(y_i^* - \hat{\beta}_0)$。

对于非概率样本存在测量误差,概率样本不存在测量误差的情形,根据重合样本可以得到非概率样本上目标变量的估计 $\hat{y}_i (i \in s_B)$。此时,非概率样本目标变

量总值 t_B 未知,需通过 $\hat{y}_i$ 估计,原校准方程式(8)略有改变,对应的校准方程和测量误差校正后的校准估计量分别为:

$$\begin{cases} \sum_{s_P} w_i \delta_i (1, y_i) = \left(N_B, \sum_{s_B} \hat{y}_i\right) \\ \sum_{s_P} w_i (1-\delta_i) = N - N_B \end{cases} \tag{15}$$

$$\hat{t}_{yCAL-DI} = \sum_{s_P} w_i y_i \tag{16}$$

四、基于 Bagging 决策树的重合样本识别

前文方法均在已知哪些概率样本单元同时属于非概率样本的前提下展开。当概率样本单元 δ_i 取值未知时,需要识别出这些重合单元。借助辅助变量可以预测二分类变量 δ_i 取值,预测值记作 $\hat{\delta}_i$。实际上,非概率样本单元的 δ_i 真值已知,均为1,仅有概率样本单元的 δ_i 取值未知,因此该预测本质是一个半监督分类问题,类似机器学习中的正样本和无标签学习(Positive-Unlabeled Learning,简称 PU 学习)。本文采用基于 Bagging 决策树的半监督分类法进行重合样本识别。

在数据整合中,非概率样本内的所有单元为正例(Positive),记正例集合为 Po,概率样本内的所有单元均未知标签(Unlabeled),记未知标签集合为 Un。对于未知标签集合中的样本单元 δ_i 的预测,可以根据辅助变量 z_i 采用后验概率准则进行判别,即 $\hat{\delta}_i = 1 \Leftrightarrow f(z_i) \triangleq P(\delta_i = 1 \mid z_i) > 0.5$,其中 $f(z_i)$ 为依据分类算法习得的后验概率。

决策树模型可以生成树形结构的分类器,得到每个叶节点的分类结果并计算出相应的概率。在 PU 学习中,只有正例集合 Po 中的单元有标签,不能直接使用决策树算法训练出理想的分类器。对此,Mordelet 和 Vert(2014)提出借助 Bagging 方法予以解决。基于 Bagging 决策树的思路是,将未知标签集合 Un 中的样本单元视为负样本,从正例和未标记集合中各取容量为 M 的样本,共同组成决策树的训练样本集 T,并对未入选 T 的样本单元进行预测;使用 Bootstrap 采样方法,根据不同的训练数据集得到多个决策树,将多次估计的平均值作为最终估计结果。具体算法如下所示。

PU 学习:Bagging 决策树算法

输入:正例集合 Po、未知标签集合 Un、Bootstrap 样本容量 M、重采样次数 R

输出:正例集合 Po 和未知标签集合 Un 中样本单元 $\delta_i = 1$ 的后验概率

(1) 对 $\forall i \in Po \cup Un$,初始化 $c(i) \leftarrow 0, f(i) \leftarrow 0$

(2) 对每一 $r \in \{1,2,\cdots,R\}$

a) 从 Un 中抽取容量为 M 的 Bootstrap 样本,与集合 Po 一起构成训练样本 T_r

b) 使用 T_r 训练得到前述决策树 f_r

c) 对本轮未选入训练样本的个体 $i \in Po \cup (Un \backslash T_r)$，更新估计结果：

$f(i) \leftarrow f(i)+f_r(i), c(i) \leftarrow c(i)+1$

(3) 计算所有样本单元的平均预测概率 $\bar{f}(i)=f(i)/c(i), i \in Po \cup Un$

$c(i)$ 为样本单元 i 实际被预测的次数，$f(i)$ 为单元 i 所有预测概率的和，$f_r(i)$ 为由第 r 组训练样本所训练得的决策树模型，$\bar{f}(i)$ 为样本单元 i 属于非概率样本的预测后验概率。值得一提的是，数据整合中非概率样本规模大于概率样本量，因此在构建决策树时，通过将概率样本单元的权重设置为两数据集规模之比，即 N_B/n，来处理不平衡数据。

基于 Bagging 决策树估计得到 $\hat{\delta}_i$ 后，校准方程式(8)变为：

$$\sum_{s_P} w_i(1,\hat{\delta}_i,\hat{\delta}_i y_i)^{\mathrm{T}}=\sum_U(1,\hat{\delta}_i,\hat{\delta}_i y_i)^{\mathrm{T}} \tag{17}$$

在样本重合情况未知时，无法得知 N_B 和 t_B 的真值。$\hat{\delta}_i$ 的预测正确率越高，$\sum_U(\hat{\delta}_i,\hat{\delta}_i y_i)^{\mathrm{T}}$ 对 $(N_B,t_B)^{\mathrm{T}}$ 的估计越准确，由式(17)得到的校准估计效果越好。因此，为进一步提高精度，可以采用逆倾向得分法(Chen 等，2020)对 N_B 和 t_B 的估计进行调整，即对 $\sum_U(\hat{\delta}_i,\hat{\delta}_i y_i)^{\mathrm{T}}$ 进行调整。在本文讨论数据整合中，倾向得分描述的是总体单元进入非概率样本的概率，$P(\delta_i=1 \mid z_i)$，其中 z_i 为协变量，用于估计倾向得分。基于 Bagging 决策树可以得到样本单元的倾向得分非参数估计值，记作 $\hat{p}_i$，得到逆倾向得分调整后的校准方程为：

$$\sum_{s_P} w_i(1,\hat{\delta}_i,\hat{\delta}_i y_i)^{\mathrm{T}}=\left(N,\sum_{s_B}\frac{\hat{\delta}_i}{\hat{p}_i},\sum_{s_B}\frac{\hat{\delta}_i}{\hat{p}_i}y_i\right)^{\mathrm{T}} \tag{18}$$

若违背概率-非概率样本有交集的假定，即两样本没有重合单元时，参鉴样本匹配的思想(Lohr，2011)，仍可借助辅助变量预测概率样本 δ_i 的取值，$\hat{\delta}_i=1$ 的概率样本单元与非概率样本单元更为相似，可视作对有交集情景的模拟呈现，本节提出的估计方法具有理论可行性。具体效果将在模拟部分进行探究。

五、模拟与实证

(一)模拟一：重合单元已知时的误差校正

假定已知概率样本和非概率样本的重合情况，即已知 $\delta_i(i \in s_P)$ 的取值。模拟一用于探究本文所提出的数据整合估计方法在误差校正上的效果。首先生成一个规模 $N=1000000$ 的有限总体。目标变量的生成模型为 $y_i=3+1.5x_{1i}$

$+0.8x_{2i}-0.5x_{3i}+\varepsilon_i$，其中，协变量 $x_{1i}\sim N(2,1)$，$x_{2i}\sim U(-1.5,1.5)$，$x_{3i}\sim Poisson(2)$，$\varepsilon_i\sim N(0,1)$，误差项 ε_i 与 x_{1i}，x_{2i}，x_{3i} 均独立。有测量误差的目标变量观测值 $y_i^*=3+0.6(y_i-5)+e_i$，其中 $e_i\sim N(0,0.5)$，误差项 e_i 与 y_i 独立，此时，存在测量误差会对目标变量造成低估。接下来，简单随机抽样抽取容量 $n=1000$ 的概率样本，采用不等概抽样构造非概率样本，分别在 $x_{2i}\leqslant 0$ 的总体中抽取 300000 个单元，在 $x_{2i}>0$ 的总体中抽取 200000 个单元，由此构成规模为 $N_B=500000$ 非概率样本，此时非概率样本目标变量均值小于总体均值。

待估参数为目标变量的总体均值，$\bar{Y}=N^{-1}\sum_{i=1}^{N}y_i$。采用直接由概率样本估计、直接由非概率样本估计、数据整合事后分层估计和数据整合校准估计四种估计方式，分别记作 $\bar{y}_P$、$\bar{y}_B$、$\bar{y}_{DI}$、$\bar{y}_{CAL-DI}$。考虑如下情形：情形 1，概率样本和非概率样本均不存在测量误差，此时，本文提出的数据整合事后分层估计见式(1)，数据整合校准估计见式(8)；情形 2，仅有非概率样本存在测量误差，此时，本文提出了三种数据整合误差校正校准估计量，分别记作 $\bar{y}_{CAL-DI1}$，$\bar{y}_{CAL-DI2}$，$\bar{y}_{CAL-DI3}$，对应的权数计算公式分别为式(12)、式(13)、式(15)；情形 3，仅有概率样本存在测量误差，此时，本文提出的数据整合校准估计见式(14)。重复模拟 500 次，结果见表 1。

表 1　重合样本已知情况下的模拟结果

	估计量	偏差	标准差	均方误差根
情形 1	$\bar{y}_P$	−0.000	0.065	0.088
	$\bar{y}_B$	−0.120	0.002	0.120
	$\bar{y}_{DI}$	−0.001	0.046	0.062
	$\bar{y}_{CAL-DI}$	−0.001	0.046	0.062
情形 2	$\bar{y}_P$	−0.001	0.065	0.088
	$\bar{y}_B$	−2.072	0.001	2.072
	$\bar{y}_{DI}$	−0.976	0.046	0.977
	$\bar{y}_{CAL-DI1}$	0.060	0.046	0.096
	$\bar{y}_{CAL-DI2}$	−0.001	0.046	0.073
	$\bar{y}_{CAL-DI3}$	0.002	0.046	0.066
情形 3	$\bar{y}_P$	−1.997	0.045	1.997
	$\bar{y}_B$	−0.120	0.002	0.120
	$\bar{y}_{DI}$	−1.023	0.032	1.024
	$\bar{y}_{CAL-DI}$	0.003	0.053	0.075

由表 1 可知,非概率样本存在覆盖误差和选择性偏差,根据非概率样本直接估计存在明显偏误,基于数据整合的事后分层估计和校准估计均可以有效校正这些非概率样本偏差。各估计量标准差相差不大,概率样本估计量的标准差最大,非概率样本估计量的标准差最小,数据整合估计量的标准差处于二者之间。由于各估计量偏差相差较多,因而均方误差根主要受偏差影响。当不存在测量误差时(情形 1),由于事后分层和校准法具有等价性,因此 $\bar{y}_{DI}$ 和 $\bar{y}_{CAL-DI}$ 的估计结果相同。当非概率样本存在测量误差时(情形 2),本文提出的两种校正思路,即基于无偏误真值的校准法和基于有偏误测量值修正的校准法,均可以有效降低估计偏差,提高估计精度。对于基于无偏误真值的校准法,存在两种校准方式 $\bar{y}_{CAL-DI1}$ 和 $\bar{y}_{CAL-DI2}$,其中 $\bar{y}_{CAL-DI1}$ 的效果较差,这是由于校准方程式中,是根据 s_P 构造非概率样本目标变量总值的估计,s_P 中非重合部分的单元对非概率样本的代表性相对较差,校准效果有所降低。因此,本文建议采用估计量 $\bar{y}_{CAL-DI2}$,根据校准方程式进行非概率样本测量误差的校正。当概率样本存在测量误差时(情形 3),本文所提出的基于有偏误测量值的修正方法同样可以有效降低偏差。

(二)模拟二:重合单元未知时的误差校正

当概率样本和非概率样本的重合情况未知时,本文提出采用基于 Bagging 决策树的半监督分类法识别重合单元。模拟二用于探究该方法的具体效果。首先生成一个规模 $N=100000$ 的有限总体。生成协变量 $z_{1i}\sim N(2,1)$,$z_{2i}\sim U(-5,5)$,$z_{3i}\sim Poisson(2)$,$z_{4i}\sim N(0,1)$,$z_{5i}\sim U\{1,2,3,4,5\}$,并进一步根据 z_{1i},z_{2i},z_{4i} 的实际取值将其离散化为 $\{1,\cdots,10\}$,根据 z_{3i} 的实际取值将其离散化为 $\{1,\cdots,5\}$。再采用如下模型生成非概率样本的概率 $P(\delta_i=1\mid\cdot)$ 以及目标变量 y_i:

$$P(\delta_i=1\mid z_{1i},z_{2i})=\begin{cases}c, & z_{1i}+z_{2i}\leqslant 10\\ 4c, & z_{1i}+z_{2i}>10\end{cases}$$

$$y_i=\begin{cases}4+0.5(z_{3i}+2z_{4i}+3z_{5i}+e_i), & z_{1i}+z_{2i}\leqslant 10\\ 1+0.3(z_{3i}+2z_{4i}+3z_{5i}+e_i), & z_{1i}+z_{2i}>10\end{cases}$$

待估参数为目标变量的总体均值。估计量采用直接由概率样本估计、直接由非概率样本估计、基于 Bagging 决策树识别重合样本的校准估计三种方式,分别记作 $\bar{y}_P$、$\bar{y}_B$、$\bar{y}_{Tree-DI1}$,$\bar{y}_{Tree-DI2}$,其中,$\bar{y}_{Tree-DI1}$ 表示基于 Bagging 决策树识别的校准估计,$\bar{y}_{Tree-DI2}$ 表示基于 Bagging 决策树识别的逆倾向得分调整校准估计。重复模拟 500 次,结果见表 2。

由表 2 可知,当重合单元未知时,基于 Bagging 决策树识别的校准法($\bar{y}_{Tree-DI1}$)可以有效控制非概率样本中存在的误差,在此基础上进行逆倾向得分调整,可以进一步降低偏差($\bar{y}_{Tree-DI2}$)。此外,不同样本量下 $\bar{y}_{Tree-DI2}$ 的估计效果都很好，样本量对估计精度的影响不大，且未呈现一致规律。对 $\bar{y}_{Tree-DI1}$ 估计精度所有影响，其中，概率样本量的影响不大，非概率样本规模的扩大有利于估计精度的提高，这是由于非概率样本规模越大，提供的有关总体的信息越准确，因而校准效果越好。

表 2　基于 Bagging 决策树识别重合样本的模拟结果

概率样本量	非概率样本规模	估计量	偏差	标准差	均方误差根
1000	50000	$\bar{y}_P$	0.000	0.092	0.123
		$\bar{y}_B$	1.242	0.007	1.242
		$\bar{y}_{Tree-DI1}$	−1.124	0.088	1.127
		$\bar{y}_{Tree-DI2}$	−0.139	0.071	0.158
500	50000	$\bar{y}_P$	−0.001	0.130	0.180
		$\bar{y}_B$	1.247	0.007	1.247
		$\bar{y}_{Tree-DI1}$	−1.143	0.123	1.150
		$\bar{y}_{Tree-DI2}$	−0.156	0.100	0.191
500	55000	$\bar{y}_P$	0.008	0.130	0.172
		$\bar{y}_B$	1.250	0.006	1.250
		$\bar{y}_{Tree-DI1}$	−0.886	0.116	0.894
		$\bar{y}_{Tree-DI2}$	0.194	0.088	0.215

(三)模拟三：违反两样本有重合的假定

本文方法假定非概率样本规模较大且与概率样本存在交集。现实中，无法确保两样本一定存在交集。模拟三用于探究当两样本有交集的假定不成立时，本文方法的适用性与具体效果。数据生成方式与模拟二相同，区别之处仅在于生成非概率样本时，排除了已入样的概率样本单元，以模拟没有重合单元的情形。估计方式及符号含义与模拟二相同，重复模拟 500 次，结果见表 3。

由表 3 可见，当两样本无交集时，基于 Bagging 决策树识别的校准法（$\bar{y}_{Tree-DI1}$）效果欠佳，而在此基础上进行逆倾向得分调整（$\bar{y}_{Tree-DI2}$），可以显著降低偏差、提高估计精度，且不同样本量下 $\bar{y}_{Tree-DI2}$ 估计效果保持最优。结合模拟二，当重合单元未知或两样本确无交集时，建议采用基于 Bagging 决策树识别的逆倾向得分调整校准估计量。

表 3　基于 Bagging 决策树识别重合样本的模拟结果

概率样本量	非概率样本规模	估计量	偏差	标准差	均方误差根
1000	50000	$\bar{y}_P$	−0.014	0.148	0.201
		$\bar{y}_B$	1.524	0.012	1.524
		$\bar{y}_{Tree-DI1}$	−1.726	0.112	1.729
		$\bar{y}_{Tree-DI2}$	−0.755	0.089	0.366
500	50000	$\bar{y}_P$	0.007	0.208	0.279
		$\bar{y}_B$	1.517	0.012	1.517
		$\bar{y}_{Tree-DI1}$	−1.766	0.138	1.780
		$\bar{y}_{Tree-DI2}$	−0.377	0.109	0.438
500	55000	$\bar{y}_P$	0.001	0.209	0.280
		$\bar{y}_B$	1.524	0.011	1.525
		$\bar{y}_{Tree-DI1}$	−1.427	0.134	1.438
		$\bar{y}_{Tree-DI2}$	0.095	0.098	0.227

(四)实证分析

数据整合推断的前提是两个样本来自同一个有限总体,且两个调查存在相同或相关的调查问题。但目前关于数据整合推断方法的探讨与调查实践还很有限,尚无与本文方法适用前提相符的公开数据可用。因此,作为本研究的一个尝试,实证部分基于现有公开数据进行适当构造,用于验证所提出方法的可行性与效果。实证数据选自 2017 年中国综合社会调查,以家庭年收入的均值为待估参数,以个人年收入、性别、年龄、最高学历、父亲最高学历和母亲最高学历为辅助变量,并据此构造完整数据集,将其视作总体,规模为 9791。简单随机抽样选取 1000 个单元作为概率样本,所有具备上网条件的单元作为非概率样本,其规模为 5833。当不存在测量误差时,根据 Bagging 决策树算法,基于辅助变量对样本进行匹配,最终对非概率样本的预测正确率为 91%,对概率样本的预测正确率为 77%。人为引入目标变量测量误差,$y_i^* = 500 + y_i + e_i$,其中 $e_i \sim N(0,100)$。考虑测量误差的不同存在形式,采用不同方式进行估计,结果见表 4。

实证中,当非概率样本存在测量误差时,没有采用校准方程式(12)的原因是模拟显示其校正效果不如校准方程式(13)。此外,由于基于 Bagging 决策树识别的校准估计精度已经很高,逆倾向得分法对模型和变量选择比较敏感,出于数据自身质量限制,难以保证逆倾向得分法的效果,因而没有对基于 Bagging 决策树识别的校准估计作进一步的逆倾向得分调整。由表 4 可见,非概率样本自身存在覆盖误差和选择性偏差，非概率样本均值的偏差相较于概率样本均值而言很大。对比不同方式下的估计结果，所得结论与模拟部分一致，本文提出的数据整合推断法可以有效校正非概率样本偏差，所提出的测量误差校正思路效果显著，基于 Bagging 决策树识别的校准估计精度较高，与 δ_i 真实值已知时的校准法效果相当。

表 4　估计结果

	估计方式	偏差	标准差	均方误差根
无测量误差	概率样本均值	218.425	7101.489	10653.538
	非概率样本均值	14762.941	2276.865	14937.488
	数据整合校准法：δ_i 已知	302.146	3840.398	6490.927
	数据整合校准法：基于 Bagging 决策树识别 δ_i	395.981	2887.767	6377.029
非概率样本有测量误差	非概率样本均值	15262.937	2276.865	15431.829
	数据整合校准法	600.019	3840.398	6371.438
	数据整合校准法：基于式(13)的校正	234.708	3645.256	8477.594
	数据整合校准法：基于式(15)的校正	302.172	3645.256	6346.746
概率样本有测量误差	概率样本均值	718.402	7101.489	10567.883
	数据整合法	534.679	3840.398	6397.279
	数据整合法：基于式(14)的校正	302.146	3840.398	6490.927

六、总结与讨论

在有限总体推断问题中，数据整合可以利用概率样本的总体代表性，校正非概率样本的覆盖误差和选择性偏差，解决大数据背景下的推断难题。本文所提出的数据整合方法将总体分成两部分，分别是非概率样本未覆盖部分和非概率样本。其中，概率样本具有总体代表性，可以估计总体中非概率样本未覆盖部分的信息。非概率样本提供关于总体的一些信息，使得校准法得以实施。该方法的适用前提是，第一，同时存在概率样本和非概率样本，且都具有目标变量的观测值；第二，非概率样本覆盖范围达到一定程度，这是为了保证估计精度；第三，概率样本和非概率样本存在交集，这是校准的基础。

本文通过构建数据整合校准框架实现对非概率样本误差的校正，在此基础上进一步拓展，着重讨论如何处理概率样本或非概率样本中的测量误差，并提出了两种具体的测量误差校正思路：一是，考虑测量误差存在的不同情形，基于能获取到的总体真实值构造校准方程；二是，根据重合样本拟合目标变量真实值和有偏误观测值之间的关系，并对有测量误差集合的目标变量真实值进行预测，不改变校准方程的构造思路，基于预测值进行加权估计。测量误差在任何调查中都可能存在，上述校正思路对实际应用非常有益。此外，本文还针对概率样本和非概率样本重合单元未知的情况，提出采用基于 Bagging 决策树的半监督分类方法，对重合单元加以识别，并可以利用从半监督分类方法获得的非参数倾向得分进行进一步校正。该方法不仅适用于重合单元未知的情况，当违背两样本有交集的假定时，仍可保持估计效果。

现实中的概率-非概率数据整合场景可分为两类。第一类是，采用概率抽样获取样本，但出于成本限制、无回答单元较多等原因，导致有效样本量过小，无法满足估计精度要求，于是采用非概率样本进行补充。第二类是，采用非概率抽样获取样本，为了进行推断，寻找可得的概率样本作为参照，这两个样本可以是来自于不同期、不同主题的调查。无论哪种场景，均需要满足概率样本与非概率样本来自同一有限总体，且存在相同或相关的调查问题。大数据背景下，基于数据整合的有限总体推断体系有待进一步完善，涉及的高维变量选择及小域估计等问题，将是未来重要的研究方向。

参考文献

金勇进，刘晓宇，2022. 线上、线下调查数据的融合问题——以基于伪设计的校准为例[J]. 统计研究，39(1)：122－131.

Bethlehem J，2016，Solving the Nonresponse Problem with Sample Matching?[J]. Social Science Computer Review，34(1)：59－77.

Chen Y，Li P，Wu C，2020. Doubly Robust Inference with Non-Probability Survey Samples[J]. Journal of the American Statistical Association，115(532)：1－25.

Deville J C，Särndal C E，1992. Calibration Estimators in Survey Samping[J]. Journal of the American Statistical Association，87(418)：376－382.

Elliott M R，Valliant R，2017. Inference for Nonprobability Samples[J]. Statistical Science，32(2)：249－264.

Fuller W A，2009. Measurement Error Models[M]. John Wiley & Sons.

Kern C，Li Y，Wang L，2021. Boosted Kernel Weighting-Using Statistical Learning to Improve Inference from Nonprobability Samples[J]. Journal of Survey Statistics and Methodology，9(5)：1088－1113.

Kim J K，Park S，Chen Y，et al，2021. Combining Non-Probability and Probability Survey Samples through Mass Imputation[J]. Journal of the Royal Statistical Society：Statistics in Society Series A，184(3)：941－963.

Kott P S，2006. Using Calibration Weighting to Adjust for Nonresponse and

Coverage Errors[J]. Survey Methodology, 32(2): 133－142.

Lohr S L, 2011. Alternative Survey Sample Designs: Sampling with Multiple Overlapping Frames[J]. Survey methodology, 37(2): 197－213.

Mordelet F, Vert J P, 2014. A Bagging SVM to Learn from Positive and Unlabeled Examples[J]. Pattern Recognition Letters, 37: 201－209.

Rao J K, 2021. On Making Valid Inferences by Integrating Data from Surveys and Other Sources[J]. Sankhya B, 83(1): 242－272.

Rivers D, 2007. Sampling for Web Surveys[R]. Joint Statistical Meetings.

Tam S M, Clarke F, 2015. Big Data, Official Statistics and Some Initiatives by the Australian Bureau of Statistics[J]. International Statistical Review, 83(3): 436－448.

Tam S M, Kim J K, 2018. Big Data Ethics and Selection Bias: An Official Statistician's Perspective[J]. Statistical Journal of the IAOS, 34(4): 577－588.

Valliant R, Dever J A, 2011. Estimating Propensity Adjustments for Volunteer Web Surveys[J]. Sociological Methods & Research, 40(1): 105－137.

Zieschang K D, 1990. Sample Weighting Methods and Estimation of Totals in the Consumer Expenditure Survey[J]. Journal of the American Statistical Association, 85(412): 986－1001.

作者及单位

刘晓宇，首都经济贸易大学统计学院。

金勇进，中国人民大学应用统计科学研究中心，中国人民大学统计学院。

倪　成，中国人民大学统计学院。

大数据时代的住房服务价值估计

——利用 zillow 微观数据的用户成本法①

【内容摘要】 住房是国民经济核算的重要组成部分,本文通过 Zillow 集团 ZTRAX 数据集的居民住宅微观数据,使用特异性用户成本法估算住房服务的总用户成本和平均用户成本,由此对住房服务价值进行估计。研究表明,本文估算结果与官方序列结果较为一致。本文构建的序列可用于更新统计数据,同时提高区域和类型分层的精确度。

一、引言

住房是国民经济核算的重要组成部分,美国经济分析局(Bureau of Economic Analysis,BEA)通过汇总并估算住房支出衡量美国家庭在住房服务方面的支出情况。住房是一种长期资产,不能仅以价格和数量来衡量②。因此,对于 GDP 中住房服务的测量,在概念上与测量特定时期这些服务的租金高度相似。对于租户而言,这种计算方法相当于在一定时期内支付的所有住宅单元的租金总和;对于业主而言,类似的计算方法是估算业主自住房屋(owner-occupied housing,OOH)的市场租金(也称为"场地租金")。因为租房与购买房产的决定在时间和空间上有很大不同,为防止估算住房服务受租房或购买房产决定的影响,2008 年国民经济核算体系(The 2008 System of National Accounts,SNA)建议使用租金估算 OOH③。租户租住房屋(tenant-occupied housing)和 OOH 在整个消费者支出和经济中都占有较大的比例(约占个人消费支出的 16%,或 GDP 最终支出的 10%),且近几十年来一直较为稳定(见图 1)。

BEA 采用基于调查数据的租金等值法对住房服务进行估算,并使用 OOH 租

① 本文编译自:Marina Gindelsky,Jeremy G. Moulton,and Scott A. Wentland. Valuing Housing Services in the Era of Big Data:A User Cost Approach Leveraging Zillow Microdata[R],NBER,2022.

② 在 GDP 统计中,住房既属于消费支出,也属于投资支出。本文重点关注个人消费支出中的住房服务。

③ 具体而言,SNA(2008)指出:"业主为其最终消费提供的住房服务一直被纳入国民经济核算的范围,这种情况在一般排除自有住房服务中属于例外。OOH 与租户租住房屋的比例在国家之间、国家的不同地区之间,甚至在一个国家或地区的短时间内都会有很大的不同,因此,如果不对自有住房服务的价值进行估算,住房服务生产和消费的国际和跨期比较都会被扰乱"。

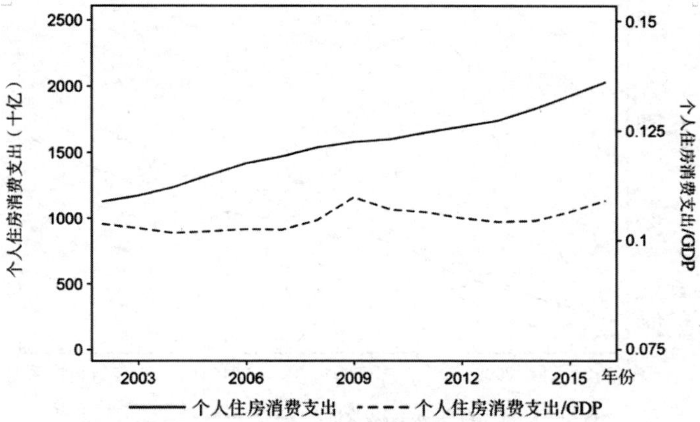

图 1　名义个人住房消费支出与个人住房消费支出/GDP

金序列进行调整。近几十年来，美国个人住房消费支出一直在稳步上升，这与近年来美国居民消费价格指数中的租金指数(Consumer Price Index Rent Index)和业主等值租金指数(Consumer Price Index Owners' Equivalent Rent Index)等官方序列的走势都是一致的(见图 2)。然而，近期文献使用大数据对这一时期租赁市场的研究发现，使用其他数据和方法统计有不同的结果。例如，使用 ACY(Ambrose-Coulson-Yoshida)估计的重复租金指数(Repeat Rent Index)①发现，住房租金比居民消费价格指数更早趋于平缓，其绝对值在 2008—2009 年出现了下降，这与凯斯—席勒全国房价指数(Case-Shiller National Home Price Index)显示的房价回落情况较为一致(图 2)。

上述不同序列之间的差异源于基础数据和方法的不同。本文利用用户成本法②(user cost method)构建了住房服务的时间序列，并将其与 21 世纪初以来 BEA 基于租金等值法的估算结果进行比较，从而探讨替代数据源在多大程度上可用于估算住房服务。本文的研究目前还属于探索阶段，其中介绍的方法既可以利用大数据进行国民经济核算，也可用于租赁市场数据不足情况下的住房服务估算③。目前也有一些其他类似的文献，如 Himmelberg 等(2005)采用用户成本法评估住

① 该指数使用益百利租赁局(Experian Rent Bureau)的市场交易数据进行估算。

② 用户成本估算也是统计机构考虑构建混合序列的先决条件，这种混合序列融合了租金等值和用户成本估算，如 Diewert(2009)提出的机会成本方法。在根据这些数据构建实际序列之前，名义序列也是必要的第一步。

③ 由于无补贴租赁市场的数据限制，很多欧洲和非洲国家采用用户成本法来衡量住房服务。根据 2016 年欧盟统计局的数据，欧盟 28 国近 70%的人口拥有自己的住房，还有一大部分家庭居住在补贴或免租住房中(这一比例在立陶宛、马耳他、保加利亚和克罗地亚超过 80%)，降低了许多国家市场租金的代表性。

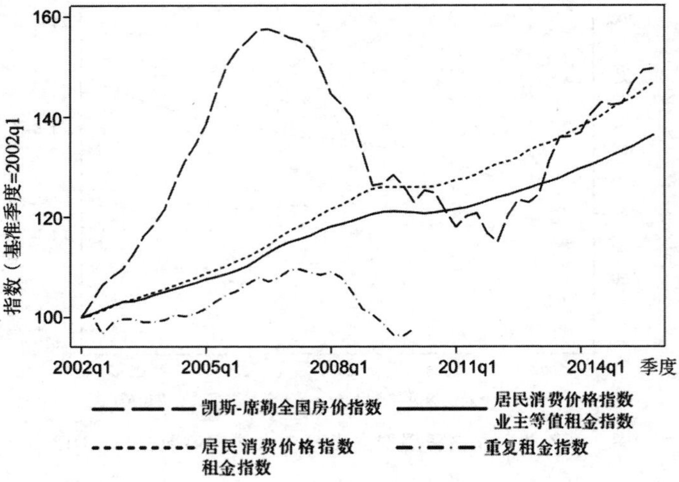

图 2　美国住房市场价格与租金指数

房市场价格的基本情况，Albouy 等(2014)则将住房用户成本用于评估税收政策等①。

二、租金等值法与用户成本法

(一)背景

由于在估算过程中存在无法直接测量或观察的交易，统计机构面临的一个核心问题是如何找到正确的数据，这一点在 OOH 统计数据的估算中尤为突出。BEA 等统计机构通过使用非常接近业主支出的市场租金数据，间接衡量了 OOH 的住房服务价值。租金等值法和用户成本法②是 2008 年 SNA 统计框架建议的两种方法，前者估算的是特定 OOH 出租的市场租金，后者关注的则是业主的成本③。从长期来看，在没有交易成本和其他市场摩擦的情况下，按照基本的经济学原理预测，如果市场竞争充分，住房的市场租金应近似等于其平均成本。上述结论可从资

---

① Poterba 和 Sinai(2008)指出："新古典投资模型侧重资本的用户成本，是研究住房需求和分析各种税制下业主租金收入均衡价值的标准工具"。

② 按照 SNA(2008)，用户成本法衡量业主使用住房的成本变化，而租金等值法基于业主为出租其住房所需支付的费用。一般采用租金等值法计算居民消费价格指数。但加拿大等一些国家在测算居民消费价格指数时采用用户成本法。

③ 经济合作与发展组织《资本测算手册》对资本用户成本的广义概念为："假设某项资产的所有者希望确定其在一个时期内想要租用该资产的最低价格(加上相关劳动和管理费用之前)，必须考虑三个主要成本要素：(i)融资成本或购买资产所占用金融资本的机会成本；(ii)折旧，即老化造成的价值损失；(iii)重估，即所考虑资产类别的预期价格变化"。

本和投资理论中得出，即资本的租赁成本等于其预期用户成本[①]。例如，如果相同房屋的租金远高于业主的用户成本，那么就会有更多人选择购买房屋，而租房的人则会减少，从而使租金下降，房价上涨，直至房屋租金与成本大致相等为止[②]。

（二）BEA 现行方法

世界上很多国家通过具有全国代表性的、专门设计的租户调查和其他来源收集高质量的租金数据，因此租金等值法是各国统计机构最常用的方法。在美国，BEA 首先通过住宅金融调查确定不同等级房产的租金与价值比率基准，然后利用该基准估算 OOH 的平均合同租金，将估算的平均合同租金乘以相应的总住房单元数，即为 OOH 租金的总估计值。在基准年，BEA 通过每十年一次的人口普查进行统计，而在非基准年使用每两年一次的美国住房调查或美国人口普查局的人口调查数据进行统计。从 2001 年起，BEA 对质量和价格进行了调整，其中价格调整基于美国劳工统计局居民消费价格指数中的业主等值租金指数。因为大多数国家都有相对密集的租赁市场和大量的市场租金数据，因此租金等值法通常被认为是估算的首选方法。事实上，美国三分之一以上的住房单元都是出租的。

（三）租金等值法与用户成本法的对比

由于数据的性质，租金等值法具有一定的局限性，即租房数据并不一定代表整个住房存量。具体而言，出租单元的分布与业主自住单元的分布并不相同，随着出租单元市场萎缩以及房屋质量和价值的提高，OOH 中独立式单户住宅所占的比例和价值较高的房屋所占的比例更高。Coulson 和 Li（2013）的研究发现自住业主对自己房屋维护更好、投资更多，从而导致 OOH 和租户租住房屋之间出现难以衡量的质量差异[③]。此外，受商业周期波动的影响，租金调查可能会较多反映现有租户的续租租金，而对新租约反映较少。这样可能会使数据过于平滑，因为在 12 月份接受调查的人可能已在当年更早的时间（例如 2 月份）签订租约，因而对租赁市

---

① 把用户成本理解为在期初购买房屋、在此期间产生成本、在期末出售房屋的相关净支出，去掉交易成本和其他市场摩擦。根据 Jorgenson 的资本理论，期初设定的房屋租金将等于这一预期成本。

② 这里没有考虑住房领域非常重要的风险、市场缺陷和交易成本等因素，因此，有些差距可能会持续存在，但一般来说，租金和用户成本应在较长时期内同步变动。事实上，Goeyvaerts 和 Buyst（2019）基于详细微观数据的实证研究发现，租金与用户成本之间存在“强对应关系”。

③ 美国劳工统计局通过对具有类似特征的出租单元进行超量抽样，来弥补 OOH 与租户租住单元之间的差异，但一些原因导致这种做法变得复杂：一是报告不稳定。这些单元一般是临时租用的，会在短期内从样本中消失。二是观察到的租金可能无法很好地代表该单元服务流的隐含价值。三是出租单元受长期合同和价格制约。四是出租单元具有专业化管理，而业主自住单元则没有。

场的反映存在滞后①。

用户成本法作为估算住房服务的替代方法,其使用的数据与租金等值法不同。该方法利用随住房价格变化的用户住房成本数据(如利息、税费、维护/折旧等),其基础是交易价格,由于住房市场(包括租户租住房屋和 OOH)的交易价格均可随时获得,因此,与租金等值法不同,用户成本法并不存在选择问题。

在大数据时代之前,有关房屋销售和房屋特征的详细微观数据主要由地方市政部门记录,在全国范围内收集这类数据的成本非常高昂,故租赁调查数据是最实用的数据来源。近年来,大多数地区将这些记录数字化。例如,Zillow 等公司从美国各地税务局收集整理大量的公共数据,并在其网站上向用户提供。最近,Zillow 集团向 BEA 等机构的研究人员免费提供了大量微观数据,使得基于详细价格和房屋特征数据的用户成本法能够实施,并可与现行方法进行比较。

也有文献指出了用户成本法的局限性,例如,用户成本法对利率更为敏感;在计算中应使用哪些参数并不明确,包括哪种利率最合适或是否应包含预期上涨/下降幅度;住房服务的衡量标准应在多大程度上随利率和资产价格的变化而变化等。

三、数据

本文使用 Zillow 集团的居民住宅微观数据对住房服务进行估算。该数据包含交易数据以及从当地税务局的数据中提取的大量个人房产销售特征,如房屋面积、卧室和浴室数量、建造年份等。数据涵盖 2750 多个县的 3.74 亿条详细交易记录,包括每套房屋的销售价格、销售日期、抵押贷款信息及止赎状态等信息,基本代表了美国全国住房市场②。考虑到数据完整性,估算时将样本时间设定在 2002 年至 2015 年。

首先对数据进行剔除异常值处理,将样本限制在单户住宅、联排别墅、排屋、公寓、共管公寓以及与当前估值关系最密切的房产。剔除销售年份小于建造年份(视为数据错误)的住宅和面积超过 100 英亩(acres)的住宅,并对分布在尾部偏上的住宅③进行修正。在对用户成本进行估算时,剔除销售价格低于 3 万美元的单户住宅、分布在 2.5 和 97.5 百分位数尾部价格的住宅或价格高于本地区中位数 10 倍的住宅。

虽然 Zillow 数据集具有大量的房产特征,但在初步分析中,本文主要依赖在全

---

① 此外,BEA 使用居民消费价格指数中的业主等值租金指数对场地租金进行调整,会影响居民消费价格指数的测量。

② 将美国社区调查在地区层面上的住房单元数汇总到人口普查分区层面,假定在人口普查分区内有数据的州可以合理地代表人口普查分区外的州。

③ 面积超过 10000 平方英尺或拥有 5 间以上卧室、3 间以上浴室的住宅。

国范围内覆盖率最高的变量，以限制实际剔除的数据量[①]。

为了评估最终样本的质量，对处理后的 Zillow 样本与美国社区调查进行了比较，发现两组汇总统计数据非常相似，不同数据集中相同变量的中值和均值仅相差几个百分点。

四、特异性用户成本法

(一)模型

特异性用户成本法(Idiosyncratic User Cost Approach)使用 Zillow 微观数据，估算数据集中每套房产各个季度的用户成本，然后向上汇总，最终得出加权后国家层面的估值。首先，根据下式估算数据集中每套住宅的用户住房服务成本：

$$U_{it}=P_{it}(r_{it}^{rf}+\delta_i+\tau_{it}+\gamma_i-\varphi^m(r_{it}^m)-\varphi^\tau(\tau_{it})-E[\pi_i]) \quad (1)$$

其中，对于 t 季度的房产 i，P 是单个房屋的价格，r^{rf} 是业主对房屋这一长期资产的贴现率或财务机会成本(使用 10 年期国库券的名义利率作为 t 季度的无风险利率)，δ 代表折旧和维护成本，取值为 3.5%(Gill 和 Haurin，1991)，τ 是单个房屋的实际税率，γ 代表与租房相比拥有房产的风险溢价，取值为 2%(Sinai 和 Souleles，2005)。

后三项为自有房屋的潜在抵消收益(potential offsetting benefits)，从前面的成本中减去这些收益，即为业主的净用户成本。其中，φ^τ 由该边际税率和分项报税的概率组成。在美国，抵押贷款利息和房产税在一定程度上可以减税，与居住状况无关。本文按房屋类型(单户住宅与非单户住宅)和房屋大小(卧室数量)划分业主的家庭平均收入[②]。根据家庭平均收入，确定一个边际税率，并根据收入阶层中业主分项报税[③]的百分比，得出业主分项报税的概率。因此，新英格兰或太平洋地区等高收入地区的五居室住宅的税收优惠比例会高于较贫困地区的两居室住宅。φ^m 为人口普查地区平均贷款价值比[④]，如果所有房屋的贷款价值比为零，则不会有抵押贷款利息税优惠。$E[\pi]$ 是某一年的预期升值(重估价值)，假定业主从长远角度看，房价的升值幅度与经济的总体通胀率大致相同，将其设定为 2%。本文后面部分的讨论中会改变上述假设，即基于当地近期的房价上涨/下降幅度来设定价格

---

① 在未列表的回归中，对采用更多财产特征的样本子集进行了敏感性分析，以确定结果是否对可以控制的遗漏变量敏感。研究发现，得出的结果对遗漏覆盖范围更有限的变量是稳健的。

② 数据来源于各人口普查分区的美国社区调查报告。

③ 美国国家税务局的收入统计和调整后的总收入分层：30000 美元以下；30000－49999 美元；50000－99999 美元；100000－499999 美元；500000 美元以上，其中分项报税的百分比分别为：7、21、44、80 和 93。

④ 数据来自美联储消费者金融调查(SCF)，其中包含 2002 年至 2015 年每个人口普查地区的抵押贷款平均值和房屋净值/房屋价值数据。

预期。

(二)房屋价格的实际值和预测值

虽然 Zillow 已经使用其专有的自动估价模型(Automated Valuation Model, AVM)对房产进行估价,但为了提高透明度(transparency),综合使用实际交易价格对样本期内的房屋进行估价。首先使用实际市场价格来计算 P。例如,如果 i 号房产是在 2010 年第一季度购买的,那么该季度的交易价格就是实际价格①。由于美国各州和各地成交量的差异很大,约有三分之一的房产在研究的样本期(2002—2015 年)内至少交易过一次。假定下一季度的房屋价值是本季度交易价格经预测调整后的价格。广义上讲,使用更直接的市场价格是 SNA 估值的基本参考,因此,计算中的大部分数据来源于数百万套住房的市场观察价格。

作为一项更为普遍的估值原则,SNA 建议统计机构在有市场价格时使用市场价格,在没有市场交易的情况下,根据产生的成本或参考类似商品或服务的市场价格进行估值。因此,对于在样本期内没有交易记录的房屋,根据每季度类似房屋的交易情况,采用 Hedonic 模型预测其价格②。

从概念上讲,大部分房屋的价值都可以用其物理特征、位置和时间来解释。虽然 AVM 使用的机器学习技术更复杂,但 Hedonic 方法的优势在于透明度高,公众或核算用户能够复现该模型。

根据各州的 Hedonic 模型,按季度分别推算地点 j 的房屋 i 在第 t 季度的预测销售价格:

$$Saleprice_{ijt} = \varepsilon_{it} + \alpha + \sum \beta X_{it} + \gamma LOCATION_{jt} + \sum \delta sqft_{it} * LOCATION_{jt} + \sum \varphi acreage_{it} * LOCATION_{jt} \quad (2)$$

其中,X 为一组物理特征③、后三项分别为位置固定效应变量及其位置固定效应与居住面积和土地面积的交互项。为避免预测时使用的范围较小,限定在估算的季度内各区域所售房屋至少有 10 套。若在某一季度某一区域未满足这一条件,则使用地区固定效应模型仅对未满足上述条件的观测值进行估计。

考虑到特征估值在不同地区存在差异,允许居住面积和土地面积因位置而异。例如,纽约市房屋面积增加 500 平方英尺与锡拉丘兹市北部房屋面积增加 500 平

① 美国社区调查的房价数据覆盖面非常广,但这些数据是调查对象对自己的房屋进行估价得到的。Zillow 数据的优势在于拥有实际的市场交易数据和基于市场数据的预测。理想情况下,通过关联的微观数据,最终能够探索这些数据集之间的差异,以便用于国民经济核算。

② 季度内 Hedonic 模型允许模型中的所有系数在不同季度之间发生变化,从而反映对位置或模型中每种房屋特征的偏好变化。

③ 房屋物理特征包括:卧室、卫生间、建筑年限、以平方英尺(square feet)计算的居住面积、以耕地面积自然对数计算的土地面积、房屋是否为单层、是否有游泳池、是否有地下室、是否有门廊、是否为新建房屋。

方英尺的估价有很大不同。对于非单户住宅，省略 Hedonic 模型中的土地面积和其他单户住宅的具体特征①。为了更好地预测这些房产的价格，使用非单户住宅估算了小于十分之一英亩的城市单户住宅的价格，并且单独估算了面积为 1－100 英亩的农村住宅价格。

(三)房产税

美国各州和各市的房产税差别很大。截至 2017 年，房产税最高的州是新泽西州，平均实际税率为 2.31%，而夏威夷州和阿拉巴马州的平均税率分别为 0.32% 和 0.48%。即使在州内，差异也非常大。因此，考虑房产税的异质性，为了准确估算用户成本，用个税数据确定房产的实际税率。

这样做有几个原因。首先，就分母而言，评估价值往往远低于市场价值，因此在计算用户成本时，将基于评估价值的税率应用于市场价值，会高估业主支付的金额。不同地区对价值的评估错误程度差别较大，例如，加利福尼亚等州的地方政策规定，对长期拥有房产的业主，评估要与房屋历史价值挂钩。其次，这种方法能更好地反映平均实际税率，由于地方房产税和特殊群体减免政策，业主并非都支付相同的挂牌税率。

最后，本研究无法准确确定每位业主的净税额，也无法精确考虑自住房产带来的各种抵消性税收优惠(即抵押贷款利息扣除和地方税扣除)。但是，为体现美国各地家庭收入(以及边际税率和分项报税可能性)的差异，允许根据房屋类型、地区和房屋大小来估算平均优惠②。

(四)住房数量与汇总

获得全美数百万单个房产的用户成本估值后，根据位置/地区、房屋类型和卧室数量等住房存量数据和美国社区调查中按人口普查分区划分的住宅住房单元总数，计算加权后的全国住房服务估值。由于 BEA 现行方法对空置房屋的处理方式与租户租住房屋或 OOH 不同，因此在汇总时省略空置房屋，根据 BEA 现行方法重新计算估值，并使用与美国社区调查相同的房屋数量，使两个序列之间的差异与

---

① 对于大多数州和大多数季度，使用普查区固定效应，让模型拟合度(R^2)在 0.8 和 0.9 之间。为了评估模型对价格预测的准确性，为每条有观测价格的记录建立了一个误差指标，即：平均百分比误差(APE)＝[(预测价格－实际价格)/实际价格]＊100，然后，将某一州某一季度所有平均百分比误差的中位数乘以该州观测值在总观测值中所占的比例，即可得出总误差。总体而言，在绝大多数季度中，平均百分比误差下降了 5%，只有少数季度在 5－10 之间。

② 本文利用关联的数据，对拥有住房的税收优惠进行更精确、更具异质性的估算。此外，关联人口普查管理数据记录，还能更好地估算家庭的维护和其他费用(或至少在地区范围内，但气候和其他因素造成的损耗可能会导致家庭报告的维护支出水平出现系统性差异)，并更好地了解业主与租房者人群的住房市场动态。

使用数量无关,称为“数量调整后个人消费支出房屋”。附表1是2015年第四季度全国估值的计算结果[①]。

这种汇总方法假定非缺失数据能合理代表缺失数据。例如,ZTRAX数据集中缺少印第安纳州的销售价格,因为该州属于非披露州,通常不在公共用税评估员数据中记录销售价格。因此,最终的汇总估算必须进行假定,从人口普查地区的房产销售中推算出的平均用户成本反映了印第安纳州的市场情况。数据缺失本身并不是进行国民经济核算的限制因素,关键在于确保数据的代表性。虽然许多州都能合理地用邻近州的住房市场代表,但得克萨斯州(缺少价格数据的最大的州)是一个例外。

(五)不同的事前预期价格上涨/下降

为稳健起见,改变(1)式中事前预期价格上涨的 $E[\pi]$ 项,假设业主对价格的预期是短期可变的、地方性的,即业主预期的事前价格上涨是当地前两年(季度t−8至t−5和t−4至t−1)的年均价格通胀率。根据上述Hedonic模型的估算,取前8个季度各地区预测价格中位数的平均百分比变化[②]。在该替代设定中,将预期上涨(折旧)幅度限制为 $\pm 5\%$,避免用户成本出现大幅负值或预期的过度波动,即预期价格上涨可以弥补或抵消房产的维护、物理损耗和风险溢价。

五、结果

附表2列出了样本中所有年份和季度的全部结果,包括住房服务的总用户成本和平均用户成本估值,以及各季度按房屋类型的相应估值。与预期相同,独立式单户住宅的总用户成本始终高于非单户住宅。利用美国社区调查调整每年住房存量、使两个序列的住房存量相等后,可以得出住房服务用户成本的估算结果。图3是BEA个人消费支出中住房服务年估值与本文估计结果的比较。2002年,年度用户总成本远高于BEA的估值,在金融危机和大萧条爆发前,美国大部分地区的房价大幅升值导致差距有所扩大。2002年到2010年属于泡沫破灭时期,这一时期基于用户成本估值的波动轨迹与Case-Shiller等国家房价指数极为相似,从2002年到2006年达到顶峰时上涨了约1万亿美元,随后几年出现了幅度大致相同的下跌。

用户成本法的另一种设定是将最近8个季度的地区价格预期考虑在内,在使

① 使用卧室代表房屋面积,以体现分类差异,从而更准确地反映加权总数。在附表1中,这些类别的编号为1至5+。对于卧室数量覆盖率不高的州,假定用户成本的分布与卧室的分布大致吻合,并将房屋分配到相应的卧室分区。

② 这里并没有经过季节性调整,有些价格波动纯粹是季节性因素造成的。

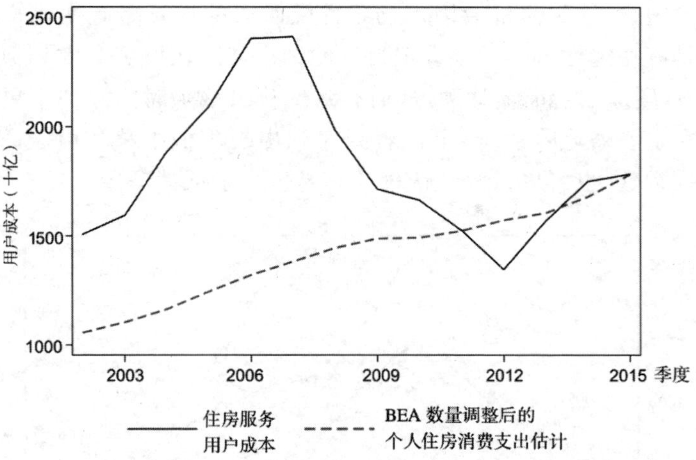

图 3　年度用户总成本与个人住房消费支出估值比较

用上述方法衡量同一时期住房服务时，泡沫和萧条景象均更为显著。如图 4 所示，用户成本更接近于 21 世纪最初几年的租金等值估值，但价格预期在替代设定中产生的峰值和谷值更为突出，近几年的谷值明显低于目前 BEA 的估值，这是由于这种方法在一个简单价格预期模型的基础上，考虑了更大的波动性。正是由于上述原因，大多数国家在实际应用住房用户成本法时，往往通过在用户成本计算中省略价格上涨项来简化这一方法。

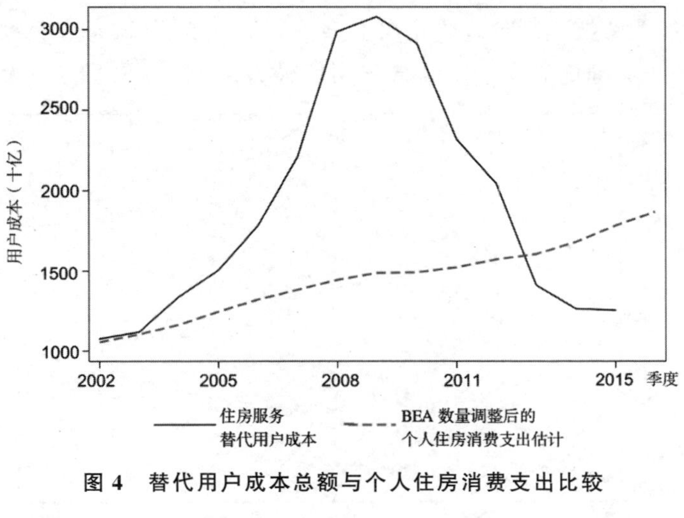

图 4　替代用户成本总额与个人住房消费支出比较

为了稳健起见，改变用户成本公式中的一些假设，如图 5 所示。首先，采用 30 年期固定抵押贷款平均利率来替代 10 年期国债利率和 2%的固定利率。30 年期抵押贷款利率通常随其他长期利率（如 10 年期国债）的时间序列动态变化，但包含了额外的风险溢价,这种溢价会因市场条件随时间的推移略有变化。由于该溢价在样本期内具有稳定性,因此,该设定得出的结果与默认设定非常相似。如果完全省略 $E[\pi]$ 项,则序列会向上移动,从而有效反映出整个时间序列中更昂贵的住房服务。如果完全省略风险溢价,可以看到序列出现类似下移。由于 $E[\pi]$ 项和风险溢价项都是常数,也可以认为默认设定只是包含了抵消项。

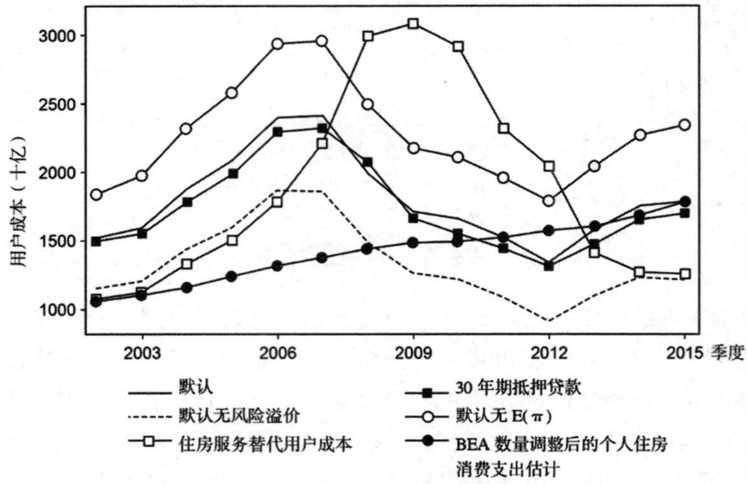

图 5 用个人消费支出比较不同的用户成本法

由于政府统计机构面临用户对国民经济核算更加细化的需求,使用微观数据估算用户成本,能够按地理位置或住房类型扩大估算范围,这是大数据相对于传统调查数据的一个关键优势。估算结果与预期较为一致(图 6、图 7):太平洋地区和

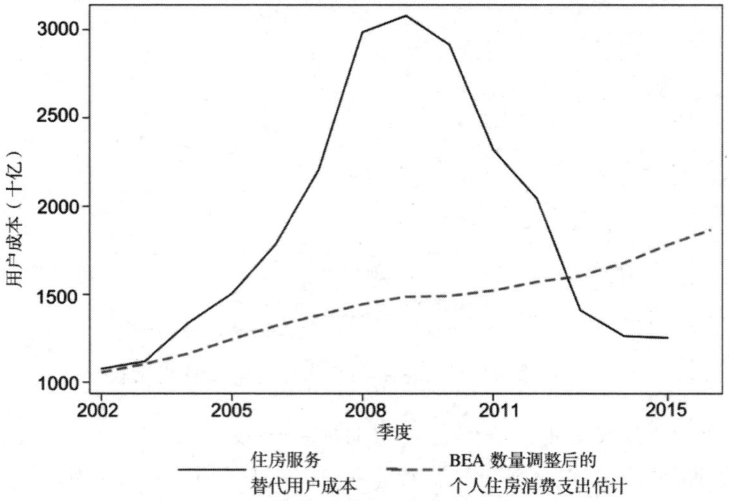

图 6 单户住宅年平均用户成本(按人口普查分区划分)

新英格兰地区的住房平均用户成本最高，东南中部和西南中部等几个地区处于底部是由于经历了轻微的泡沫破裂，这与同期许多其他地区的住房市场指标较为一致。

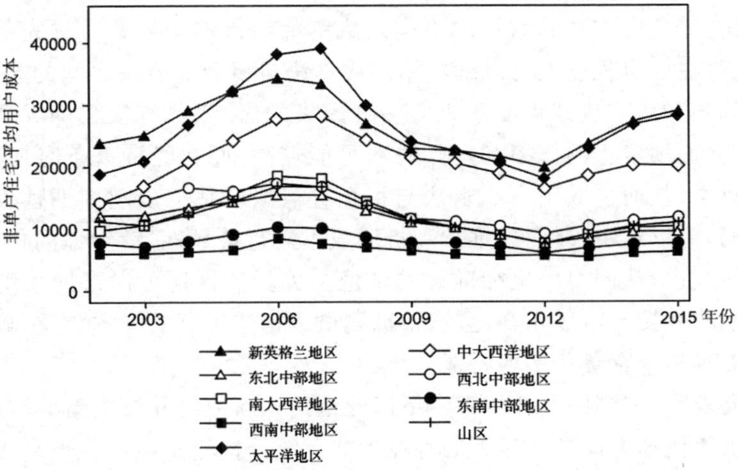

图 7　非单户住宅年平均用户成本(按人口普查区划分)

总量通常是国家养老金管理者协会(NIPA)估算的重点，但许多研究者更倾向单位平均值。图 8 展示了平均用户成本与个人消费支出平均租金的变化趋势。虽然走势与图 5 相同，但幅度有助于评估结果的合理性，在样本期最后几年，平均用户成本和平均租金都接近每年 1.5 万美元。

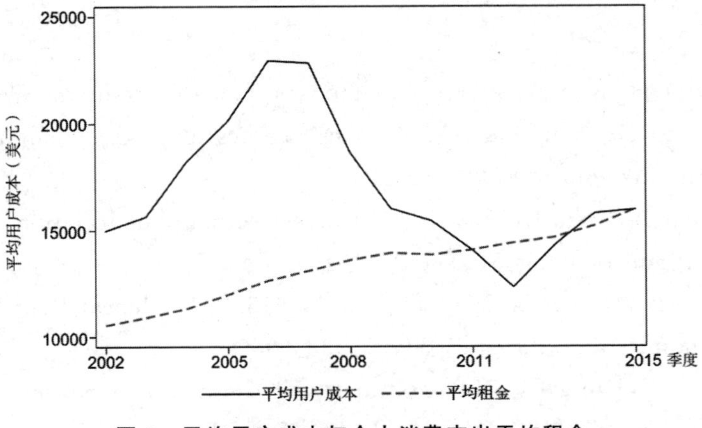

图 8　平均用户成本与个人消费支出平均租金

六、小结

本文对方法做了一些简化和假设,统计机构在采用这些方法和假设之前,需要进一步探讨,避免因方法和假设的不同造成统计结果的差异。通过完善估算方法提高精确度,在一定程度上可以缩小用户成本法与租金等值法之间的差距。例如,抵押贷款利息和房产税减免受收入等多种因素的影响,具有很强的异质性。在经济繁荣时期,逐项申报的概率和边际税率可能较高,而在经济萧条时期可能较低,影响用户成本,从而造成用户成本法与租金等值法的估值出现周期性偏离。利用关联的数据,可以对税收优惠、维护和折旧成本进行特异性、针对性的估算,并进行一系列其他改进,从而得出更加准确的估值。关联数据还可以帮助了解哪些用户成本假设最能直接与市场租金比较,帮助测试或构建更好的样本权重,确保样本准确代表了美国整个存量住房的特征。

本研究表明,在国民经济核算中更广泛地纳入新数据并探索新方法,特别是在住房服务价值估算方面具有显著的潜在优势。统计机构正在寻找更具成本效益的方法减轻调查对象的负担。本研究使用的微观数据可用于更新统计数据(例如,租金与价值的比率可用于调整 BEA 当前 OOH 租金等值法的住房存量质量衡量标准),关联的 Zillow-美国社区调查数据可以为计算 OOH 的业主溢价提供估算结果,通过使用市场交易价值而非基于调查来补充调整后的租金等值法。因为关联数据可以提供美国社区调查等没有报告的单个住宅的更多细节,大数据源还可以大大提高区域和类型分层的精确度,从而为改进住房服务价值衡量提供更多可能。

参考文献

Albouy D,Hanson A,2014. “Are Houses Too Big or in the Wrong Place? Tax Benefits to Housing and Inefficiencies in Location and Consumption.” Tax Policy and the Economy,28(1):63—96.

Alchian A A,Klein B,1973. “On a Correct Measure of Inflation.” Journal of Money Credit and Banking,5(1):173—191.

Ambrose B W,Coulson N E,Yoshida J,2015. “The Repeat Rent Index.” Review of Economics and Statistics,97(5):939—950.

Anenberg E,Kung E,2014. “Estimates of the Size and Source of Price Declines due to Nearby Foreclosures.” American Economic Review, 104 (8): 2527—2551.

Aten,Bettina,2018. “Valuing Owner-Occupied Housing:An Empirical Exercise Using the American Community Survey (ACS) Housing Files.” BEA Working Paper, Washington, DC. https://www.bea.gov/research/papers/2018/valuing-owner-occupied-housing-empirical- exercise-using-american-community.

Baldwin A, Nakamura A O, Prud'homme M, 2009. "Different Concepts for Measuring Owner Occupied Housing Costs in a CPI: Statistics Canada's Analytical Series." In Price and Productivity Measurement, vol. 1, Housing, edited by Diewert W E, Balk B M, Fixler D, Fox K J, Nakamura A O, 151—60. Manchester, UK: Trafford Press.

Benkard C L, Bajari P, 2005. "Hedonic Price Indexes with Unobserved Product Characteristics, and Application to Personal Computers." Journal of Business and Economic Statistics, 23(1): 61—75.

Bernstein A M, Gustafson T, Lewis R, 2019. "Disaster on the Horizon: The Price Effect of Sea Level Rise." Journal of Financial Economics, 134(2): 253—272.

Bian X, Waller B D, Wentland S A, 2016. "The Role of Transaction Costs in Impeding Market Exchange in Real Estate." Journal of Housing Research, 25(2): 115—135.

Braga B, Lerman R I, 2019. "Accounting for Homeownership in Estimating Real Income Growth." Economics Letters, 174: 9—12.

Bui L T, Mayer C J, 2003. "Regulation and Capitalization of Environmental Amenities: Evidence from the Toxic Release Inventory in Massachusetts." Review of Economics and Statistics, 85(3): 693—708.

Bureau of Economic Analysis, 2018. Table 2.5.5: "Personal Consumption Expenditures by Function." https://apps.bea.gov/iTable/iTable.cfm? reqid=19&step=2#reqid=19&step=2&isuri=1&1921=survey.

Campbell J Y, Cocco J F, 2007. "How Do House Prices Affect Consumption? Evidence from Micro Data." Journal of Monetary Economics, 54(3): 591—621.

Coulson N E, Li H, 2013. "Measuring the External Benefits of Homeownership." Journal of Urban Economics, 77: 57—67.

Crone T M, Nakamura L I, Voith R, 2000. "Measuring Housing Services Inflation." Journal of Economic and Social Measurement, 26(3,4): 153—171.

Crone T M, Nakamura L I, Voith R P, 2009. "Hedonic Estimates of the Cost of Housing Services: Rental and Owner Occupied Units." In Price and Productivity Measurement, vol. 1, Housing, edited by Diewert W E, Balk B M, Fixler D, Fox K J, Nakamura A O, 51. Manchester, UK: Trafford Press.

Davis M A, Lehnert A, Martin R F, 2008. "The Rent-Price Ratio for the Aggregate Stock of Owner-Occupied Housing." Review of Income and Wealth, 54 (2):279—284.

Diewert, Erwin W, 2003. "The Treatment of Owner Occupied Housing and Other Durables in a Consumer Price Index." Discussion Paper 03—08, Department of Economics, University of British Columbia, Vancouver, Canada. http://www.econ.ubc.ca/discpapers/dp0308.pdf.

Diewert, Erwin W, 2006. "Conclusions and Future Directions." Summary paper of the OECD-IMF Workshop on Real Estate Price Indices, Paris. http://www.oecd.org/dataoecd/32/21/37848333.pdf.

Diewert, Erwin W, 2006. "Conclusions and Future Directions." Paris OECD-IMF Workshop on Real Estate Price Indexes, Paris, November 6—7.

Diewert, Erwin W, 2009. "Durables and Owner-Occupied Housing in a Consumer Price Index." In Price Index Concepts and Measurement, Studies in Income and Wealth, vol. 70, edited by Diewert W E, Greenlees J, Hulten C, 445—500. Chicago: University of Chicago Press.

Diewert W E, Nakamura A O, 2009. "Accounting for Housing in a CPI." In Price and Productivity Measurement, vol. 1, Housing, edited by Diewert W E, Balk B M, Fixler D, Fox K J, Nakamura A O, 7—32. Manchester, UK: Trafford Press. www.vancouvervolumes.com and www.indexmeasures.com.

Diewert W E, Nakamura A O, Nakamura L I, 2009. "The Housing Bubble and a New Approach to Accounting for Housing in a CPI." Journal of Housing Economics, 18(3):156—171.

Flavin Marjorie, Takashi Yamashita, 2002. "Owner-Occupied Housing and the Composition of the Household Portfolio." American Economic Review, 92 (1):345—362.

Garner T I, Verbrugge R, 2009. "Reconciling User Costs and Rental Equivalence: Evidence from the US Consumer Expenditure Survey." Journal of Housing Economics, 18(3):172—192.

Gilchrist S, Leahy J V, 2002. "Monetary Policy and Asset Prices." Journal of Monetary Economics, 49(1):75—97.

Gill H L, Haurin D R, 1991. "User Cost and the Demand for Housing Attributes." Real Estate Economics, 19(3):383—396.

Gillingham Robert, 1983. "Measuring the Cost of Shelter for Homeowners: Theoretical and Empirical Considerations." Review of Economics and Statistics, 65:254—265.

Glaeser Edward L, Joseph Gyourko, 2009. "Arbitrage in Housing Markets." In Housing Markets and the Economy: Risk, Regulation, and Policy: Essays in Honor of Karl E. Case, edited by Glaeser E L and John M Q, Cambridge, MA: Lincoln Institute of Land Policy.

Goeyvaerts G, Buyst E, 2019. "Do Market Rents Reflect User Costs?" Journal of Housing Economics, 44(6):114—130.

Goodhart C, 2001. "What Weight Should Be Given to Asset Prices in the Measurement of Inflation?" Economic Journal, 111(472):335—356.

Gordon R J, vanGoethem T, 2007. "Downward Bias in the Most Important CPIComponent: The Case of Rental Shelter, 1914—2003." In Hard-to-Measure Goods and Services: Essays in Honor of Zvi Griliches, Studies in Income and Wealth, vol. 67, edited by Ernst R. Berndt and Charles R. Hulten, 153—195. Chicago: University of Chica go Press.

Haffner M, Heylen K, 2011. "User Costs and Housing Expenses: Towards a More Comprehensive Approach to Affordability." Housing Studies, 26(4): 593—614.

Hill R J, Syed I A, 2016. "Hedonic Price-Rent Ratios, User Cost, and Departures from Equilibrium in the Housing Market." Regional Science and Urban Economics, 56:60—72.

Himmelberg C, Mayer C, Sinai T, 2005. "Assessing High House Prices: Bubbles, Fundamentals and Misperceptions." Journal of Economic Perspectives, 19(4):67—92.

Jorgenson D, 1963. "Capital Theory and Investment Behavior." American Economic Review, 53(2):247—259.

Jorgenson D, 1967. "The Theory of Investment Behavior." In Determinants of Investment Behavior, edited by Robert Ferber, 129—175. New York: NBER.

Katz, Arnold J, 2009. "Estimating Dwelling Services in the Candidate Countries: Theoretical and Practical Considerations in Developing Methodologies Based on a User Cost of Capital Measure." In Price and Productivity Measurement, vol. 1, Housing, edited by Diewert W E, Balk B M, Fixler D, Fox K J, Nakamura A O, 33—50. Manchester, UK: Trafford Press. www. vancouvervolumes. com and www. indexmeasures. com.

Katz, Arnold J, 2017. "Imputing Rents to Owner-Occupied Housing by Directly Modelling Their Distribution." BEA Working Paper 2017—7, Washington, Dc.

Komolafe M,2018. “Dwelling Services,with an Emphasis on Imputed Rent in the European Union.” Regional Statistics,8(1):168—186.

Kuminoff N V,Pope J C,2013. “The Value of Residential Land and Structures during the Great Housing Boom and Bust.” Land Economics,89(1):1—29.

Lebow D E,Rudd J B,2003. “Measurement Error in the Consumer Price Index:Where Do We Stand?” Journal of Economic Literature,41(1):159—201.

Linden L, Rockoff J E, 2008. “Estimates of the Impact of Crime Risk on Property Values from Megan's Laws.” American Economic Review, 98 (3): 1103—1127.

Lowenstein Lara,2018. “Consumption of Housing During the 2000s Boom: Evidence and Theory.” Working Paper, Federal Reserve Bank of Cleveland, Cleveland,OH.

Mayerhauser,Nicole, Denise McBride, 2007. “Treatment of Housing in the National Income and Product Accounts.” BEA staff study presented before the Society of Government Economists at the Annual Convention of the Allied Social Science Associations,Chicago,December 2007.

McCarthy J,Peach R W,2010. “The Measurement of Rent Inflation.” Staff Report No. 425,Federal Reserve Bank of New York,New York.

McFadyen S, Hobart R, 1978. “An Alternative Measurement of Housing Costs and the Consumer Price Index.” Canadian Journal of Economics, 11 (1): 105—112.

Mian A,Rao K,Sufi A,2013. “Household Balance Sheets,Consumption,and the Economic Slump.” Quarterly Journal of Economics,128 (4):1687—1726.

Mian Atif,Amir Sufi,2011. “House Prices,Home Equity-Based Borrowing, and the US Household Leverage Crisis.” American Economic Review,101 (5): 2132—2156.

Moulton J G,Waller B D,Wentland S A,2018. “Who Benefits from Targeted Property Tax Relief? Evidence from Virginia Elections.” Journal of Policy Analysis and Management,37 (2):240—264.

Moulton J G,Wentland S A,2018. “Monetary Policy and the Housing Market.” Working Paper,Washington,DC.

Organisation for Economic Co-operation and Development,2009. “Measuring Capital:OECD Manual 2009.” 2nd ed. https://www.oecd.org/sdd/productivity-stats/43734711.pdf.

Ozimek A,2014. “Sticky Rents and the CPI for Owner-Occupied Housing.”

Working Paper. http://gradworks. umi. com/35/95/3595699. html.

Pakes A,2003. "A Reconsideration of Hedonic Price Indexes with an Application to PC's." American Economic Review,93 (5):1578—1596.

Poterba J,Sinai T,2008. "Tax Expenditures for Owner-Occupied Housing: Deductions for Property Taxes and Mortgage Interest and the Exclusion of Imputed Rental Income." American Economic Review,98 (2):84—89.

Poterba J M,1992. "Taxation and Housing:Old Questions,New Answers." American Economic Review,82 (2):237—242.

Poterba J M,Weil D N,Shiller R,1991. "House Price Dynamics:The Role of Tax Policy and Demography." Brookings Papers on Economic Activity,1991 (2): 143—203.

Rosen S,1974. "Hedonic Prices and Implicit Markets:Product Differentiation in Pure Competition." Journal of Political Economy,82 (1):34—55.

Sinai T,Souleles N S,2005. "Owner-Occupied Housing as a Hedge against Rent Risk." Quarterly Journal of Economics,120 (2):763—789.

United Nations, Commission of the European Communities, International Monetary Fund, Organisation for Economic Co-operation and Development, and World Bank. 2010. System of National Accounts 2008. New York: United Nations. https://unstats. un. org/unsd/nationalaccount/sna2008. asp.

Verbrugge R, 2008. "The Puzzling Divergence of Rents and User Costs, 1980—2004." Review of Income and Wealth,54 (4):671—699.

Wentland S,Waller B,Brastow R,2014. "Estimating the Effect of Crime Risk on Property Values and Time on Market:Evidence from Megan's Law in Virginia." Real Estate Economics,42 (1):223—251.

附表 1　2015 年第 4 季度总用户成本计算结果(默认设定)

分区	卧室	单户住宅			非单户住宅		
		平均用户成本(P,美元)	数量(Q)	P * Q(十亿)	平均用户成本(P,美元)	数量(Q)	P * Q(十亿)
1	0 或 1	14565	79713	1	30133	761608	23
	2	16669	491998	8	32612	1006532	33
	3	20603	1603041	33	23622	533706	13
	4	29814	838816	25			
	5+	41131	204366	8			
2	0 或 1	11749	142736	2	17386	2599754	45
	2	10635	1027587	11	17580	2624879	46
	3	15848	3614253	57	28243	2174197	61
	4	24420	2234490	55			
	5+	38896	579746	23			
3	0 或 1	7239	220172	2	7245	1751404	13
	2	6887	1946805	13	10839	2480621	27
	3	10251	6553425	67	9393	937491	9
	4	16547	2979940	49			
	5+	24727	668551	17			
4	0 或 1	9682	143659	1	10554	769223	8
	2	9749	1051504	10	12062	952057	11
	3	12754	2678916	34	14576	351747	5
	4	16979	1522571	26			
	5+	20061	470828	9			
5	0 或 1	9631	197364	2	7303	2037536	15
	2	8813	1922406	17	9670	3258601	31
	3	11897	7526960	90	15778	1869658	29
	4	20120	3739500	75			
	5+	29923	1091405	33			

续表

分区	卧室	单户住宅			非单户住宅		
		平均用户成本（P,美元）	数量（Q）	P * Q（十亿）	平均用户成本（P,美元）	数量(Q)	P * Q（十亿）
6	0 or 1	7300	94430	1	6881	443190	3
	2	6123	739063	5	7384	691375	5
	3	7685	2895377	22	10281	246935	3
	4	12386	1059573	13			
	5+	18240	243589	4			
7	0 或 1	11302	212743	2	4329	1461312	6
	2	5616	1315520	7	7323	1449698	11
	3	8589	5129666	44	8339	475987	4
	4	13350	2283730	30			
	5+	18331	435305	8			
8	0 或 1	15553	127213	2	10601	779253	8
	2	14278	759204	11	10698	1068443	11
	3	14736	2597256	38	13958	428687	6
	4	21199	1580893	34			
	5+	28338	623233	18			
9	0 或 1	17924	314491	6	23344	2515810	59
	2	23840	1575736	38	31575	2884457	91
	3	25817	5077243	131	36109	1132319	41
	4	34382	2928474	101			
	5+	43812	755755	33			
小计				1216			618
总用户成本		1216+618=1834					

附表 2　2002 至 2015 年用户住房成本(按季度分列)

	完整样本		单户住宅		非单户住宅	
	用户成本总额（十亿美元）	平均用户成本（美元）	用户成本总额（十亿美元）	平均用户成本（美元）	用户成本总额（十亿美元）	平均用户成本（美元）
2002q1	1489	14876	1051	15773	438	13088
2002q2	1577	15711	1114	16653	463	13829
2002q3	1498	14884	1051	15665	447	13322
2002q4	1461	14476	1022	15172	439	13081
2003q1	1481	14638	1032	15261	450	13383
2003q2	1505	14813	1052	15486	453	13455
2003q3	1677	16445	1169	17119	508	15080
2003q4	1712	16727	1183	17247	528	15669
2004q1	1711	16657	1184	17177	526	15595
2004q2	1957	19001	1354	19587	603	17804
2004q3	1947	18848	1340	19345	606	17833
2004q4	1916	18501	1305	18787	611	17919
2005q1	1961	18885	1322	18980	640	18692
2005q2	2048	19698	1382	19799	666	19492
2005q3	2139	20545	1446	20655	693	20319
2005q4	2217	21272	1492	21271	725	21273
2006q1	2280	21848	1533	21800	747	21948
2006q2	2489	23799	1683	23851	807	23692
2006q3	2458	23440	1659	23451	798	23417
2006q4	2381	22654	1596	22498	784	22979
2007q1	2415	22922	1624	22821	791	23131
2007q2	2513	23816	1693	23755	820	23942
2007q3	2460	23263	1662	23277	797	23234
2007q4	2256	21294	1517	21210	738	21469
2008q1	2051	19326	1378	19235	673	19517
2008q2	2083	19606	1409	19652	674	19511
2008q3	2027	19051	1374	19153	653	18841
2008q4	1779	16697	1202	16743	577	16602
2009q1	1591	14912	1078	15006	513	14719
2009q2	1742	16296	1189	16526	553	15823

续表

	完整样本		单户住宅		非单户住宅	
	用户成本总额（十亿美元）	平均用户成本（美元）	用户成本总额（十亿美元）	平均用户成本（美元）	用户成本总额（十亿美元）	平均用户成本（美元）
2009q3	1786	16666	1221	16942	565	16100
2009q4	1741	16216	1189	16472	552	15690
2010q1	1771	16461	1209	16720	562	15931
2010q2	1747	16221	1202	16608	546	15429
2010q3	1572	14578	1083	14956	490	13808
2010q4	1566	14501	1073	14817	493	13857
2011q1	1651	15278	1132	15631	519	14558
2011q2	1633	15076	1125	15503	508	14209
2011q3	1461	13455	1006	13832	455	12691
2011q4	1355	12451	928	12735	427	11875
2012q1	1344	12318	922	12627	422	11693
2012q2	1353	12395	929	12726	424	11726
2012q3	1332	12189	916	12542	416	11477
2012q4	1353	12376	921	12614	432	11896
2013q1	1407	12853	956	13086	451	12385
2013q2	1488	13561	1015	13875	473	12934
2013q3	1687	15339	1146	15632	541	14755
2013q4	1697	15394	1150	15662	547	14858
2014q1	1729	15656	1162	15813	567	15343
2014q2	1776	16041	1196	16247	580	15633
2014q3	1773	15979	1190	16149	583	15643
2014q4	1723	15493	1150	15575	573	15331
2015q1	1675	15030	1111	15027	564	15036
2015q2	1793	16066	1195	16143	598	15914
2015q3	1832	16390	1220	16456	612	16259
2015q4	1834	16380	1216	16369	618	16401

编译者及单位

原鹏飞　陈祎璇，国家统计局统计科学研究所。

大数据技术在畜牧业统计异常数据识别中的应用研究①

【内容摘要】 统计数据质量是统计工作的生命线,强化数据质量核查,提高统计数据质量,探索研究异常数据的识别方法和效率,是在大数据时代背景下,统计服务国家治理的内在要求和必然选择。目前,农村统计在统计调查大数据应用方面取得了丰硕的成果,在应用大数据技术识别异常数据,提高源头数据质量方面研究相对滞后。本文针对大数据环境下异常数据识别的研究目的,提出使用梯度提升树、随机森林、人工神经网络、支持向量机等算法预测重要指标数据,通过预测值与上报值的差异程度进行异常数据识别,并通过主要畜禽监测调查的生猪大型养殖户数据进行了实证研究,证实了这种思路的可行性。

统计工作是经济社会发展的重要综合性基础性工作,统计数据是推进国家治理体系和治理能力现代化的重要基础。统计数据质量是统计工作的生命线,在提高数据采集智能化的同时,应用大数据技术提高统计数据质量也是农村统计研究的重要方向之一。强化数据质量核查,提高统计数据质量,探索研究异常数据的识别方法和效率,是在大数据时代背景下,统计服务国家治理的内在要求和必然选择。

一、研究背景及意义

以互联网和物联网为基础,大数据为核心,人工智能技术为引擎,现代信息通信技术正加快推进农业农村信息化发展,促进农业信息化和农业现代化融合。尤其是农业大数据,已经成为现代农业发展的要素和战略性资源,不仅促进现代农业的生产、经营、管理和服务,而且还耦合催化三产融合。近年来,我国农业大数据的研究与应用发展较快。农业物联网区域试验工程和天空地数字农业规划促进了农业数据采集技术体系的形成,互联网+农业的理念促进了各类农业信息平台和数字化管理系统的发展,数字技术的应用正向着产前、产中、产后的整个农业生产过程延伸。

① 本文选自国家统计局主办的内部资料《研究参考文献》2023 年第 31 期。

农村统计抓住大数据发展的机遇，聚焦粮食安全和畜禽生产，奋力推进大数据技术在农业农村统计上的应用，融合运用遥感、无人机、智能移动终端、视频图片识别、人工智能等先进技术，初步形成了“天空地”一体化调查体系。国家统计局农业统计遥感应用起步于 2000 年，经历了科研探索、应用推广、巩固发展三个阶段。2014—2016 年，农业统计遥感跨入应用推广阶段。2014 年，国家统计局采用遥感技术测量新疆棉花种植时空分布，支撑国家棉花目标价格改革试点工作。2016 年，在第三次全国农业普查工作中，在全国范围内开展农作物面积遥感测量。2017 年，国家统计局将农产量抽样调查网点和遥感测量样本网点整合。

农业大数据应用的发展极大推动了农业大数据统计应用的发展，其中农业统计中的异常数据识别是农业大数据统计应用的一个重要方面，为强化数据质量核查，提高统计数据质量提供了有力工具。但是目前针对调查对象的数据质量控制仍然以公式识别为主，如按照数据间的逻辑关系检查总项与分项是否匹配；按照生产规律检查头均重量、出栏比等；按照样本分布规律检查奇异值等。以上异常数据的识别方法在针对几十万个调查对象的大数据集时，需要耗费大量的人力和时间，由于数据生产时间紧，数据审核验收环节常常难以做到对调查对象的有效覆盖。因此研究大数据技术在异常数据识别中的应用，实现异常数据的自动识别，对于减轻数据审核验收负担，提高数据核查效率和源头数据质量具有非常重要的理论和现实意义。

二、理论方法研究

Breiman 概括了统计建模的两种类别：数据建模和算法建模。数据建模是传统统计中的建模方式，如 logistics 回归、线性回归和 Cox 回归等。算法建模则是整合数据挖掘和机器学习中的各类算法机理的建模方式。

在大数据时代，算法建模相对于数据建模有很大不同。以数据建模中常用的多元线性回归为例，该方法是在假设总体服从特定概率分布的基础上，建立线性函数关系，对参数进行估计。尽管该方法具有操作简便，容易解释，易于外延和分析等优势，但也存在很多先天性不足，如需要假定函数形式，对非线性关系的样本拟合性较差。

与传统数据建模不同，使用算法建模进行研究能够充分体现其数据挖掘的优势，不需要对函数形式进行事先假定，避免了假设误差，也不需要对数据进行独立、同分布等一些统计学意义上的假设。算法建模首先关注的是预测，其次才是模型解释。

数据挖掘技术作为一种新型数据分析和处理技术，帮助人们从繁杂的数据中挖掘出有用的信息，发现其中存在的关系和规则。数据挖掘是在没有明确假设的前提下去挖掘信息、发现知识，所以它所得到的信息应具有未知、有效和实用三个特征。因此数据挖掘技术从一开始就是面向应用的。数据挖掘的方法有很多，它们分别从不同的角度对数据进行挖掘。

(1)预测分析。它是基于模型的方法，包括回归分析、因子分析等，用此方法可对数据进行分类和预测。通过分类挖掘对各类数据挖掘出其数据的描述或模型，或者统计人员通过建立的统计模型对有关数据进行预测分析，根据分析的预测值和原值进行比较，都能帮助统计人员从中发现可疑数据，从而将其列为重点核实对象。

(2)聚类分析。聚类分析是把一个数据集划分成不同的组，使得同一组的个体之间的距离尽可能地小，而不同组的个体间的距离尽可能地大。通过聚类，容易识别出密集和稀疏的区域，从而发现有关数据的分布模式。

(3)分类分析。分类是数据挖掘中一项非常重要的任务。上述聚类属于无监督学习，也就是说样本中没有给定类别标签。而分类算法是有监督地学习，即训练样本中已经提前给定类别标签，基于这些训练样本数据建立分类器，然后使用分类器对测试样本集中的未给定类别标签的数据进行分类。比如，某医院将某一病种患者分为“高发人群”“一般人群”和“低发人群”三类，各类患者有不同的属性和特点，在分类算法中称之为特征。根据这些特征建立分类器，将当年医院的患者进行分类，判断其分别属于哪一类。

(4)关联分析。它通过利用关联规则从操作数据库的所有细节或事务中抽取频繁出现的模式，其目的是挖掘隐藏在数据间的相互关系。利用关联分析，可找出不同数据项之间的联系，从而发现存在异常联系的数据项。

从几种常用方法看，聚类分析、关联分析具有“前置”研究的特点，在不知道研究对象内含规律的前提下，通过聚类分析划分不同子组，进而分析子组间潜在的不同特征；通过关联分析发现不同数据间的联系，进而分析其隐藏的规律。分类分析具有“后置”研究的特征。首先要识别一部分研究对象，赋予其特定标签，然后进行学习和分类。预测分析则具有“智能化”的特征，通过预测模型自动学习和发现数据间的规律，并根据自学习模型给出预测结果，呈现出很高的“智能化”特征。

三、异常数据识别的模型构建和测算

(一)研究对象

目前，农村统计调查的常规业务主要有主要农作物对地抽样调查、主要畜禽监测调查、主要农产品中间消耗调查、主要农产品生产者价格调查等抽样调查，经济作物统计、非主要畜禽统计、乡村振兴统计监测等全面调查。在这些统计调查中，主要农作物对地抽样调查的调查对象是地块，主要调查地块的播种面积和单位面积产量。主要畜禽监测调查的调查对象是养殖场户，主要调查养殖场户的存出栏情况及部分大型养殖户的基本情况。主要农产品中间消耗调查、主要农产品生产者价格调查的调查对象是从事农业生产经营的单位（户）。经济作物统计、非主要畜禽统计、乡村振兴统计监测是由基层单位自下而上逐级上报的方式开展的。从数据核查需要、数据核实手段、数据丰富程度等方面综合考虑，主要畜禽监测调查中的生猪大型养殖户生产情况比较适合作为研究对象。

主要畜禽监测调查中的生猪大型养殖户生产情况分为两张调查表。一张是畜禽生产规模户（单位）基本情况调查表（A208），主要有从业人员、养殖场地占地总面积、当年累计畜禽防疫数量、购买饲料量、营业总收入、营业总支出等 20 个指标，另一张是生猪生产调查表（A209），主要有期末存栏、自繁生猪数量、购进生猪数量、自宰肥猪数量、出售肥猪数量等 18 个指标。经过筛选我们确定了从业人员、养殖场地占地总面积、当年累计畜禽防疫数量、购买饲料量、营业总收入、营业总支出 6 个指标和生猪生产调查表的 18 个指标形成指标体系（自宰肥猪与出售肥猪数量之和为出栏量），研究识别其中存在异常数据的养殖场户。下表列出了用于研究的主要指标有关说明。

表 1　主要研究指标体系

指标名称	指标解释	类型
从业人员	年末调查场户从业人员数量	数值型
养殖场地占地总面积	年末调查场户养殖场地占地面积	数值型
当年累计畜禽防疫数量	全年调查场户疫苗使用数量	数值型
购买饲料量	全年调查场户购买饲料总量	数值型
营业总收入	全年调查场户营业收入	数值型
营业总支出	全年调查场户营业支出	数值型
期末存栏	调查时点调查场户生猪存栏头数	数值型
自繁生猪数量	调查时期调查场户自繁生猪头数	数值型
购进生猪数量	调查时期调查场户购进生猪头数	数值型
自宰肥猪数量	调查时期调查场户自宰肥猪头数	数值型
出售肥猪数量	调查时期调查场户出售肥猪头数	数值型

为便于分析和核实，我们提取了 2023 年第三季度 14 多万笔生猪大型养殖户数据与其基本情况调查表数据匹配形成了用于分析研究的数据集。

(二)研究方法

从生猪大型养殖户调查数据来看,具有典型的指标多(20 多个)、数据量大(10 多万笔)、数据关系复杂的特征。要从众多的数据中高效地发现异常数据,传统的数据建模不太适用,我们也不满足于仅从聚类分析、关联分析中发现异常数据的特征,而是希望快速高效地识别调查户是否存在异常数据,因此适合采用预测分析、分类分析等算法建模。但是分类分析首先要识别出一部分数据是正常或异常,将这部分数据建立分类模型,学习其内在规律,进而将其他数据进行分类。在尚不清楚研究对象数据特征的前提下,我们希望找到一种自学习、无假设前提的大数据挖掘方法,实现高效自动的异常数据识别,因此预测分析更加适用。预测分析的常用算法有梯度提升树、随机森林、人工神经网络、支持向量机等。经过上述研究,我们确定了使用梯度提升树、随机森林、人工神经网络、支持向量机等算法预测养殖户的生猪存栏量和出栏量,通过比较预测值与上报值的差异程度来识别可能存在数据异常的调查户的研究思路。

梯度提升树(Gradient Boosting Decision Tree,GBDT)在数据分析和预测中的效果很好。它是一种基于决策树的集成算法。其中 Gradient Boosting 是集成方法 boosting 中的一种算法,通过梯度提升来对新的学习器进行迭代。而 GBDT 中采用的就是 CART 决策树。

随机森林(Random Forest)是现在比较流行的一个算法。对于回归和分类问题有很好的效果,在机器学习中,随机森林是一个包含多个决策树的分类器,并且其输出的类别是由个别树输出的类别的众数而定。

人工神经网络(Artificial Neural Networks,ANNs)是一种模仿动物神经网络行为特征,进行分布式并行信息处理的算法数学模型。这种网络依靠系统的复杂程度,通过调整内部大量节点之间相互连接的关系,从而达到处理信息的目的,并具有自学习和自适应的能力。

支持向量机(Support Vector Machine,SVM)是一类按监督学习方式对数据进行二元分类的广义线性分类器,是一个具有稀疏性和稳健性的分类器,其决策边界是对学习样本求解的最大边距超平面。

(三)实证结果与分析

对数据集分别构建梯度提升树、随机森林、人工神经网络、支持向量机 4 种算法模型。各类模型的拟合优度采用 10 折交叉验证,其标准化均方误差(NMSE)如下表所示。经过比较,随机森林模型得到的标准化均方误差(NMSE)最小,为 0.446,因此选择该模型作为最终的预测模型。

表 2　不同算法的标准化均方误差

	梯度提升树	随机森林	人工神经网络	支持向量机
1	0.509	0.307	0.433	0.361
2	0.496	0.288	0.427	0.370
3	0.504	0.325	0.859	0.490
4	0.616	0.910	0.878	0.380
5	0.463	0.295	0.430	0.380
6	0.850	0.795	0.428	0.830
7	0.616	0.358	0.514	0.416
8	0.564	0.367	0.481	0.556
9	0.675	0.397	0.440	0.390
10	0.695	0.413	0.500	0.451
平均值	0.599	0.446	0.539	0.462

从数据质量核查结果看，绝大部分调查对象的数据是真实可靠、符合生产实际的。因此调查对象在正常生产和如实上报数据的情况下，绝大部分数据应该是预测值与上报值差距不大的。故而我们假定，期末存栏或出栏量的预测值与上报值的差异程度越大，数据异常的可能性越大。期末存栏和出栏量的预测值与上报值的差异程度越小，数据异常的可能性越小。通过预测值与上报值的差异程度来判断数据存在异常的可能性程度，从而为异常数据的发现和识别提供了可行的路径。使用随机森林算法的预测结果，分别计算期末存栏、出栏量的预测值与上报值的差异程度。公式如下所示。

$$Y_a=\frac{T_a-P_a}{P_a}$$

Y_a 为期末存栏量预测值与上报值的差异程度，

P_a 为期末存栏量的预测值，

T_a 为期末存栏量的上报值。

$$Y_b=\frac{T_b-P_b}{P_b}$$

Y_b 为出栏量预测值与上报值的差异程度，

P_b 为出栏量的预测值，

T_b 为出栏量的上报值。

选取了两个对照组验证假定结果，M 组（约 600 个）的 Y_a 或 Y_b 的绝对值大于 50%。N 组（约 9 万个）的 Y_a 和 $Y_b a$ 的绝对值小于 10%。受工作量影响，从各组采用系统抽样的方法,分别抽取100个样本,混合起来下发各地进行数据核实。根据核实的结果,将以下情况认定为“异常”情况。一是辅调员或系统工作人员未能正确地调查、汇总、录入数据,以致系统上报数与养殖户上报数不一致的。二是养殖户或系统工作人员存在虚报瞒报等情况,以致与实际生产情况不符的。三是养殖场(户)发生拆迁、改扩建、场区疫病或其他非正常经营情况的。得到M组和N组的抽样结果异常率分别为64%和1%。从抽样结果看,期末存栏或出栏量的预测值与上报值的差异程度越大,数据异常的可能性越大;期末存栏和出栏量的预测值与上报值的差异程度越小,数据异常的可能性越小。假设得到验证,从而为异常数据的识别提供了可行的解决方案,即按照预测值与上报值的差异程度来识别和核实可能存在的异常数据,从而显著提高了数据核查的效率和效果。

四、课题研究不足之处及未来研究方向

本文针对大数据环境下异常数据识别的目标,提出使用梯度提升树、随机森林、人工神经网络、支持向量机等算法预测重要指标数据,通过预测值与上报值的差异程度进行异常数据识别,并通过主要畜禽监测调查的生猪大型养殖户数据进行了实证研究,证实了这种思路的可行性。

受制于工作量和数据情况,本文未能进一步研究预测值与上报值差异程度的分界点,并由此界定一个合适的差异值来区分异常和正常数据。另外本文也未能根据识别结果,进一步探索研究预测分析的稳定性、分类分析的准确率等,这成为以后进一步展开研究的方向。

另外,农村统计的大数据应用尚存在各专业数据关联度不高,数据较难进行整合等问题。部门统计数据也存在类似问题,如农业农村部的检验检疫票证、饲料用量等数据在调查对象层面同主要畜禽监测调查的数据也较难整合。以上源头数据整合的难题,给大数据分析研究带来了不少困难,成为下一步开展大数据应用研究需要重点解决的问题之一。

参考文献

王东杰,李哲敏,张建华,等. 2016. 农业大数据共享现状分析与对策研究[J]. 中国农业科技导报,18(3):1—6.

戴春晨. 2016. 农业大数据展望:六大领域数据亟待推广[J]. 营销界(农资与市场),(1):69—70.

苟孟洛. 2014. 基于机器学习算法的恶意PDF检测模型[J]. 计算机安全,(5):12—13.

应磊. 2010. 农业搜索引擎中的异常数据检测[D]. 合肥:中国科学技术大学.

司风琪,徐治皋.2002.基于自联想神经网络的测量数据自校正检验方法[J].中国电机工程学报,22(6):152—155.

作者及单位

崔益康,国家统计局农村社会经济调查司。

大数据是经济高质量发展的新引擎吗?①

——基于数据基础设施与技术应用的双重效应解释

【内容摘要】 本文以高质量发展为目标,对大数据基础设施与技术应用能力的双重驱动机制进行分析,验证"梅特卡夫定律"是否能解释大数据发展规律。研究发现,第一,大数据能通过推进市场一体化优化资本与劳动力配置,推进经济高质量发展,且大数据技术应用的积极作用强于数据基础设施。第二,现阶段,数据基础设施与技术应用存在异质性高质量发展效应,前者的积极效应发挥需跨越一定门槛,且存在"适度区间";后者则呈正向"边际递增"特征,且在数据基础设施支撑下,数据技术应用的"边际递增"效应增强。第三,"邻近合作"有利于激发数据基础设施的高质量发展溢出作用,"技术强强联合"可增强数据技术应用的空间溢出作用。第四,数据技术应用的积极效应发挥存在营商环境与教育水平依赖性,现阶段其仅能激发数字经济产业高质量发展,在传统产业方面动力不足。本文证明了"梅特卡夫定律"在大数据应用中依然存在,有助于加深对数据基础设施建设与技术应用能力提升的认识。

一、引言

随着我国社会主要矛盾变化,单一追求经济增长已无法满足新时代的新需求,贯彻新发展理念、推动高质量发展成为新的发展目标。学界高度关注高质量发展问题,普遍认为"创新"是经济高质量发展的"核心动力"(金碚,2018)。2020年,中共中央、国务院印发《关于构建更加完善的要素市场化配置体制机制的意见》,提出"加快培育要素市场",大数据作为科技赋能方式,已然成为技术创新的关键,通过与产业发展融合,改变传统生产方式,催生新型业态。据统计,2021年我国数字经济规模为7.1万亿美元,居世界第二位②。那么,大数据能否成为推动经济高质量发展的新"引擎"呢?

现阶段,虽有研究从效率提升、产业升级和商业模式创新等维度论证了大数据

① 本文选自《统计研究》2023年第5期。

② 资料来源于中国信息通信研究院发布的《全球数字经济白皮书(2022年)》。

对经济高质量发展的作用,但缺乏实证分析,未能科学阐释其中的客观效应(李辉,2019)。相近研究关注互联网与区域创新、要素效率等关系分析,总体认为互联网对区域创新与经济增长存在正向加速作用,且因互联网存在“梅特卡夫定律”[①],对创新效率或全要素生产率具有边际递增的影响效应,还因互联网的信息跨时空传播特点对经济发展产生空间溢出效应(郭家堂和骆品亮,2016)。大数据作为互联网高度发展下形成的数据集合,其获取、存储、管理与分析都离不开互联网平台,且创新效率、技术效率等都是经济高质量发展的重要驱动。那么,大数据是否也适用“梅特卡夫定律”、是否也表现在经济高质量发展层面,成为现阶段有意义的讨论话题。

回答这一问题,需厘清大数据对经济高质量发展的影响机制,但在多变复杂的社会环境下,单一考察大数据和经济高质量发展间因果关系的理论无法适应现实需求。部分研究已表明,在大数据应用于经济业态的过程中,虽然能够激发大众创业活力,释放高质量发展红利,但这一影响效应受制于社会环境、产业结构、经济发展阶段等约束,仅在东部与中心城市作用显著(赵涛等,2020)。周青等(2020)也证明了数据接入水平、装备、平台和应用能力等对区域创新绩效的影响存在显著差异。那么,大数据对经济高质量发展的影响是否受制于数据基础设施、技术应用能力的约束?是否受到发展环境影响?科学回答以上问题,不仅有助于在新发展阶段验证大数据是否适用“梅特卡夫定律”,且能为深化应用大数据的认识、因地制宜构建发展大数据的可行路径提供理论依据,同时,还有助于挖掘大数据潜力,优化资源配置,加速推进经济高质量发展。

二、理论机制及研究假说

(一)大数据影响经济高质量发展的直接机制

基于大数据的要素特性,依据新古典经济增长理论,大数据对经济高质量发展的影响机制源于直接生产与组合生产效应。从直接生产效应分析,不同于传统资本与劳动生产要素,数据要素能够通过挖掘、精炼与解读形成有价值信息(Andersen 和 Ross,2013),具有非竞争性、零边际成本特性,不受边际生产力递减约束,能够重复开发应用,同时,伴随着数据集合扩大、使用频率提升、深度挖掘等还将加速信息生成,增强知识生产能力,提升数据要素边际生产力与生产效率,推进经济高质量发展。从组合生产效应分析,大数据通过与劳动、资本等生产要素组合,加速资本深化、提高劳动生产率,推进技术进步,实现经济高质量发

---

① 计算机网络先驱梅特卡夫指出,网络的价值与节点数的平方相等,表现出网络溢出的边际效应递增特征。

展。一是大数据通过增强劳动者的信息搜寻与知识共享能力,加速企业组织内部知识积累,促进新知识产生,提高组织整体精炼、转换、扩展和更新能力,推进经济高质量发展(Zhao 等,2011)。二是大数据通过提升组织管理者的生产监管与决策能力,既能实现对生产过程监督,增强劳动生产效率,也能降低因信息不对称造成的供给不确定性,提高企业对市场需求的预测能力(Ghasemaghaei 和 Calic,2020),优化生产过程中要素组合,推进经济高质量发展。三是大数据帮助企业技术人员通过信息关联实现描述性洞察,增强技术人员的技术变革与创新能力,并依托互联网平台的信息跨时空传播特性,加速知识溢出,推进技术进步,提高经济发展质量(谢康等,2020)。

基于大数据赋能技术进步的特性,依据资源配置理论,大数据通过作用于政府与市场主体,进而影响资源配置,间接推进经济高质量发展。从政府调控效应分析,大数据为政府提供可靠数据信息,提高政府宏观调控能力,增强政府治理效率(赵云辉等,2019)。一方面,政务服务过程中数据基础设施使各部门、各地区数据互联互通,加速政府间及部门间服务协作,破除行政分割、降低劳动流动管制,加速要素在区域间与部门间流动,促进要素优化配置,推进经济高质量发展。另一方面,依靠对企业大数据分析,能增强政府监管能力,有效防止市场因“劣币驱逐良币”“道德风险”等造成的要素错配。同时,利用大数据,政府能够制定更精准的企业监管与服务方案,有针对性地引导企业提升创新意识,将有限资源投向优势部门,优化资本与劳动要素配置。此外,对金融市场的大数据分析还能增强政府对金融的监管能力,提升信贷资源配置效率,优化区域内资本配置状况,推进经济高质量发展。从市场整合效应分析,市场分割是抑制创新与高质量发展的关键,而大数据为市场整合提供了重要条件。一方面,大数据基础设施快速发展为数据收集、管理提供了硬件基础,促进了大数据政用、民用、商用等全方位发展,有效推动不同区域数据互联互通、开放共享、汇聚融合,加速区域与产业间协调联动,促进要素流动与优化配置,提升要素配置效率。另一方面,数据技术应用改变了劳动者和雇主间的搜寻与匹配机制,通过劳动力市场的大数据挖掘分析,对求职者与岗位形成客观画像(Kuhn,2014),快速精准匹配劳动要素,优化劳动要素配置,推进经济高质量发展。同时,大数据开放、共享与挖掘,既能客观刻画企业的运营情况,快速淘汰落后产能,使资本流向朝阳产业,也能降低物理隔绝造成的资本投入风险,提升企业跨区域投资活力,加速资本在区域间流动,优化资本要素配置,推动经济高质量发展。由此,本文提出假设 1。

假设 1:大数据能显著提高经济发展质量,其中,加强数据基础设施或提升技术应用能力不仅能直接推动经济高质量发展,且能通过优化要素配置间接推动经济高质量发展。

(二)大数据影响经济高质量发展的非线性机制

大数据综合发展水平由数据基础设施与技术应用能力共同决定,其中,数据基础设施是指支持数据集合形成的物理硬件设施,而数据技术应用能力是通过对数据进行挖掘、精炼与解读形成有价值信息的体现(Andersen 和 Ross,2013)。数据基础设施与技术应用能力推动经济高质量发展的机制如下,一是数据基础设施以各类网络相关设备为主,在建设初期网络接入数量不足,组织数据集合成本较高,难以形成可用数据集为政府与市场主体赋能,无法作用于资源优化配置,对经济高质量发展的"激励"效应并不明显。但随着数据基础设施逐步完善,网络接入标准逐步统一,在网络效应的作用下,数据集合成本降低,组织应用意愿增强,数据集合扩大,简单统计或测算就能够完整刻画市场图像,降低信息不对称、提高政府与市场的预测能力,优化资源配置,促进经济高质量发展。二是数据技术应用能力反映组织对信息的分析、处理水平,通过激发组织的洞察力与知识创造减少不确定性,提高组织决策能力,即使是在数据技术应用的初期阶段,也有较多数据分析程序能够满足组织需求,提升组织决策能力,促进资源优化配置(Chen 等,2015),且陈国青等(2021)也证明了小数据可以部分代表大数据的信息刻画能力,驱动组织决策精准化。随着大数据应用技术向纵深发展,经济系统中各组织对数据整合、刻画的能力增强,不仅能推进数据与数据间集合关系所呈现的信息量呈指数化增长(Müller 等,2018),且能从原有数据中挖掘出更深层次信息,降低组织获取信息的边际成本。此外,随着数据技术应用广度扩大,组织应用数据技术获取超额利润的意愿增强,能够获得更优质、高端的数据技术,进一步提升组织信息挖掘能力,降低组织生产的边际成本,并提高组织规划与决策的精准性,优化资源配置,提高生产效率,如此反复持续和累积循环,促使"梅特卡夫定律"在经济高质量发展进程中成立。但综合分析,数据基础设施是大数据集产生的重要条件,随着数据基础设施不断完善,信息和知识搜索空间迅速扩大,数据间互联、互通与开放共享成本降低,网络效应进一步增强,组织的数据—知识转化能力提升,能通过知识扩散,提升区域整体经济绩效,加速推进经济高质量发展。由此,本文提出以下假设。

假设 2a:在现阶段,大数据对经济高质量发展具有非线性影响,即数据基础设施的积极作用显现需跨越一定门槛,数据技术应用能力的积极作用表现出"边际产出递增"特征。

假设 2b:随着数据基础设施不断完善,数据技术应用对经济高质量发展的积极效应增强。

(三)大数据影响经济高质量发展的空间机制

依据克鲁格曼的"中心-外围"理论,生产要素因本地市场效应与价格指数效应向中心城市集聚,又因拥挤效应导致集聚租金提升,而后向外围扩散,对邻近区域产生空间影响。大数据作为新型生产要素,也存在向中心城市集聚的过程,但因数据要素存在"边际成本递减"特性,致使其不因拥挤效应造成集聚租金上升,同时,要素流动的"冰山成本"①来自于数据互联、互通及开放共享的壁垒,若区域间形成大数据发展合力,将有利于降低流动壁垒,激发出大数据集聚与扩散的空间效应。由于大数据发展的具体策略、如何进行数据基础设施建设由各地区自行决策(Chen 等,2015),邻近区域间决策存在"同群偏向性",使得邻近区域数据互联、互通标准更易统一,能够以更低成本实现数据开放共享,发生空间溢出效应。此外,在推进高质量发展过程中,企业"创新"是核心动力,创新型企业是否会应用大数据取决于市场环境,市场竞争越激烈时,企业的动态能力发展越依赖于新知识创建,企业越有动力发展大数据。而竞争强度与区域技术发展的整体水平、经济发展阶段等紧密相关,以上特征相似的区域间,因市场竞争压力趋同,企业发展大数据的动力接近,且数据技术应用的成本与预期收益也差异不大,更易形成数据技术应用联合开发战略,从而加速知识与技术溢出,使数据技术应用表现出更强的空间外溢效应。同时,大数据是具有巨大规模和复杂性的数据集合,难以使用现有数据管理工具和传统数据处理应用程序及时捕获、处理和管理,致使其在应用扩散时存在一定技术限制,溢出效应更易发生在技术距离相近的区域间。由此提出本文假设 3。

假设 3:大数据对经济高质量发展具有空间外溢效应,但数据基础设施与数据技术应用的空间辐射边界存在一定差异。

三、研究设计

(一)模型构建

1. 大数据驱动经济高质量发展的线性回归模型构建。

以经济高质量发展(*Economic Development Quality*,简称 E*dq*)为被解释变量,以大数据(*Data*)为核心解释变量,构造线性回归模型,如式(1)所示。

$$Edq_{it} = \beta_0 + \beta_1 Data_{it} + \vartheta_k X_{it} + \delta_i + \lambda_t + \varepsilon_{it} \quad (1)$$

式(1)中 Edq_{it} 表示 i 省份 t 年的经济高质量发展指数,$Data_{it}$ 表示 i 省份 t 年的大数据发展状况,在具体估计过程中,*Data* 为大数据综合发展指数(*Data Comprehensive Development*,简称 D^C)、数据基础设施水平(*Data Infrastructure Level*,简称 D^I)以及数据技术应用能力(*Data Technology Application Capabilities*,简称 D^A)3 类,逐一引入式(1)进行估计;β_0 为模型的常数项;β_1 为大数据的估计

① 此处是指要素流动过程中所产生的运输成本和交易成本。

系数；X_{it} 表示一系列控制变量，ϑ_k 为其估计系数，k 为控制变量个数；δ_i 表示省份固定效应；λ_t 表示时间固定效应；ε_{it} 为随机扰动项。

2. 大数据驱动经济高质量发展的门限回归模型构建。

基于假设 2a，检验大数据是否对经济高质量发展存在非线性驱动效应，构建如式(2)的门限回归模型。

$$Edq_{it}=\beta_0+\varphi_1 Data_{it}\cdot I(Data_{it}\leqslant\pi_1)+\varphi_2 Data_{it}\cdot I(\pi_1<Data_{it}\leqslant\pi_2)+\cdots+\varphi_n Data_{it}\cdot I(Data_{it}>\pi_{n-1})+\vartheta_k X_{it}+\delta_i+\lambda_t+\varepsilon_{it} \tag{2}$$

式(2)中，π_n 表示划分大数据不同水平区间阈值；$I(Data)$ 表示大数据是否存在非线性影响的检验函数；$\varphi_1\sim\varphi_n$ 为大数据不同水平区间对经济高质量发展的影响效应估计系数；其余变量含义与式(1)相同。

进一步，基于假设 2b，以数据基础设施水平 (D^I) 为调节变量，构建如式(3)的非线性模型，估计数据技术应用能力 (D^A) 对经济高质量发展的动态影响效应。

$$Edq_{it}=\beta_0+\sigma_1 D_{it}^A\cdot I(D_{it}^I\leqslant\varphi_1)+\sigma_2 D_{it}^A\cdot I(\varphi_1<D_{it}^I\leqslant\varphi_2)+\cdots+\sigma_n D_{it}^A\cdot I(D_{it}^I>\varphi_{n-1})+\vartheta_k X_{it}+\delta_i+\lambda_t+\varepsilon_{it} \tag{3}$$

式(3)中 φ_n 表示划分数据基础设施水平的不同区间阈值，$I(D^I)$ 表示指标函数，指在不同数据基础设施阈值内，数据技术应用能力的高质量发展影响差异；$\sigma_1\sim\sigma_n$ 为数据基础设施在不同水平区间内，数据技术应用能力对经济高质量发展影响效应估计系数；其余含义同式(1)。

3. 大数据驱动经济高质量发展的空间效应回归模型构建。

为检验假设 3，纳入空间权重矩阵 W_{ij}，构建空间面板计量模型：

$$\begin{aligned}Edq_{it}&=\beta_0+\rho W_{ij}Edq_{it}+\theta W_{ij}(Data_{it}+X_{it})+\beta_M(Data_{it}+X_{it})+\delta_i+\lambda_t+\varepsilon_{it}\\ \varepsilon_{it}&=\delta_1 W_{ij}\varepsilon_{it}+\sigma_{it}\end{aligned} \tag{4}$$

式(4)为空间计量模型的一般形式，在具体估计时根据相关检验，进行模型优选；ρ 表示空间自回归系数，θ 为解释变量空间交互项系数，β_M 为解释变量系数，M 为解释变量个数，W_{ij} 为空间权重矩阵，i 和 j 均表示省份。其中，地理距离矩阵 (W_{ij}^G) 利用省份间经纬度计算，当 $i=j$ 时，$W_{ij}^G=0$；当 $i\neq j$ 时，W_{ij}^G 使用 Haversine 公式测算所得。

经济距离矩阵 (W_{ij}^E)，借鉴张翠菊和张宗益(2015)纳入地理距离与人均国内生产总值(GDP)共同构造的思想，消除单一 GDP 所造成的内生性问题，即当 $i=j$ 时，$W_{ij}^E=0$；当 $i\neq j$ 时，$W_{ij}^E=\dfrac{W_{ij}^G}{|perGDP_i-perGDP_j|}$。技术距离矩阵 ($W_{ij}^T$)，借鉴陈俊(2021)在技术水平基础上纳入地理距离的思想进行构造，消除单一技术水平造成的内生性问题，即当 $i=j$ 时，$W_{ij}^T=0$；当 $i\neq j$ 时，$W_{ij}^T=\dfrac{W_{ij}^G}{|perTec_i-perTec_j|}$，其中 $perTec$ 表技术水平，采用各省份人均专利申请量

表征。

为降低空间效应估计偏误,借鉴 Kostov(2010)的方法,对以上 3 个矩阵进行优选,结果显示:当 D_{it}^{C} 作为解释变量时,技术距离矩阵贡献率最高,适用性最强;当 D_{it}^{I} 作为解释变量时,地理距离矩阵贡献率最高,适用性最强;当 D_{it}^{A} 作为解释变量时,技术距离矩阵的贡献率最高,适用性最强。在此基础上,借鉴陈俊(2021)所使用的估计值与真实值偏离程度,分析模型估计结果,进一步精准确认各空间权重矩阵的适用性。

(二)变量设定

1. 被解释变量:经济高质量发展(Edq)。

学界对高质量发展内涵进行了广泛研究,其中,张军扩等(2019)认为高质量发展是满足人民日益增长的美好生活需要的发展,是体现政治、经济、文化、社会、生态文明“五位一体”的高效率、公平性及可持续发展状态,而任保平和文丰安(2018)认为经济高质量发展以新发展理念为指导,包含经济发展的有效性、协调性、创新性、可持续性及分享性等诸多方面。基于以往研究观点,本文认为经济高质量发展是基于新发展理念,形成具有创新动力、协调特征、绿色可持续形态、开放格局以及共享局面的发展态势。其中,创新是经济高质量发展的重要动力,能通过生产效率与技术进步实现经济高质量发展;协调是通过改变资源配置状态,提高资源利用效率,解决经济发展中的不平衡不充分问题;绿色可持续是指经济既要稳定发展,还要与自然、生态形成和谐关系;开放是经济双循环格局的重要基础,也是经济高质量发展的必由之路;共享是经济高质量发展的目标,体现了发展成果惠及人民的程度。鉴于这一内涵,借鉴陈景华等(2020)的指标构建方式,从 5 个层面构建经济高质量发展的测度指标体系。

在具体指标构建中,借鉴李勃昕等(2021)的研究,从区域生产技术和技术创新水平两个维度衡量创新发展,并在可持续发展中纳入系统性金融风险指标①,最终,形成包含 5 个一级指标、15 个二级指标、33 个三级指标的经济高质量发展测度指标体系,如表 1 所示。在各具体指标测算后,借鉴聂长飞和简新华(2020)的做法,使用纵向拉开档次法确定指标权重,进而利用定基功效系数法进行标准化,将权重与标准化后的数据相乘相加,形成经济高质量发展指数,该指数越大表明经济发展质量越高,该指数与魏敏和李书昊(2018)从其他维度构建的指标体系测算结果基本一致,说明本文指标体系构建在一定程度上合理有效。

---

① 系统性金融风险基于银行市场、股票市场与房地产市场三个维度构建包含地区通货膨胀率、存贷比、信贷增速、不良贷款率、财政收入增长率、上市公司市价总值/GDP、股票市盈率、房地产供需比、房地产投资增速 9 个二级指标的评价体系,并使用熵权 Topsis 法测算最终的系统性金融风险值。

表 1 经济高质量发展评价指标体系

一级指标	二级指标	三级指标		代理变量/测算方法	方向
创新发展	生产技术水平	投入变量	劳动投入	Malmquist 法测算的全要素生产率的技术进步贡献	正向
			资本投入		
		产出变量	国内生产总值产出		
	技术创新水平	投入变量	R&D 资本投入	超效率 SBM 测算技术创新效率	正向
			R&D 人员全时当量		
		产出变量	新产品产出		
			专利授权数		
协调发展	区域协调	人均 GDP 水平		人均 GDP 的加权变异系数取倒数①	正向
		地区居民消费水平		人均消费支出的加权变异系数取倒数	正向
	城乡协调	城乡收入差距		城镇居民人均收入/农村居民人均收入	负向
		城乡消费水平差距		城镇居民人均消费/农村居民人均消费	负向
	产业协调	产业结构合理化		泰尔指数的倒数②	正向
		产业结构高级化		第三产业产值/第二产业产值	正向
可持续发展	稳定发展	经济产出稳定		地区 GDP 增长率	正向
		资本市场稳定		系统性金融风险指数	负向
		生产者物价稳定		工业生产者出厂价格指数	负向
		消费者物价稳定		居民消费价格指数	负向
		就业稳定		城镇登记失业率	负向
	绿色发展	森林面积		森林覆盖率	正向
		环境保护重视力度		节能环保支出/财政支出总额	正向
		绿化面积		建成区绿化覆盖率	正向
		污染气体排放量		二氧化硫排放量/GDP	负向
		生活垃圾处理水平		生活垃圾无害化处理率	正向
		固体废物排放		一般工业固体废物产生量/GDP	负向
		环境污染治理力度		环境污染治理投资总额/GDP	正向

① 借鉴 Williamson(1965)的做法,使用加权变异系数测算区域协调度,其测算公式分别为:$Gdp_v = \frac{1}{\overline{Gdp_t}}\sqrt{\sum_{i=1}^{n}(Gdp_{it}-\overline{Gdp_t})^2 \cdot \frac{Pop_{it}}{Pop_t}}$ 和 $Con_v = \frac{1}{\overline{Con_t}}\sqrt{\sum_{i=1}^{n}(Con_{it}-\overline{Con_t})^2 \cdot \frac{Pop_{it}}{Pop_t}}$。式中 Gdp_v 和 Con_v 分别表示人均 Ddp 和居民消费支出的加权变异系数,Gdp_{it} 和 Con_{it} 分别为 i 省份 t 年人均 Gdp 和居民消费支出,$\overline{Gdp_t}$ 和 $\overline{Con_t}$ 为 t 年二者的均值,Pop_{it} 为 i 省份 t 时期的人口数,Pop_t 为各省时期人口数

② 产业结构合理化选用三次产业间从业人员数和产值比例测度的泰尔指数,由于是负向指标,在分析中取倒数处理。

续表

一级指标	二级指标	三级指标	代理变量/测算方法	方向
开放发展	对外贸易	外贸依存度	进出口总额/GDP	正向
	利用外资	外资依存度	外商直接投资额/GDP	正向
	对外投资	对外直接投资	非金融对外直接投资/GDP	正向
共享发展	收入分配	平均在岗职工工资	城镇非私营单位就业人员平均工资	正向
	消费支出	人均消费支出	人均消费支出	正向
	卫生健康	医疗卫生水平	医疗卫生机构床位数/总人口	正向
	教育支持	教育投入力度	教育支出/财政支出总额	正向
	休闲福利	居民旅游支出	居民旅游恩格尔系数①	正向

2. 核心解释变量:大数据相关指标构建。

为推动大数据发展,学者们对其内涵进行了界定,普遍认为大数据以互联网等设施为基础,通过一定的技术分析产生应用价值(谢康等,2020)。鉴于此,本文将大数据发展界定为:基于互联网、数字平台等数据基础设施而产生的数据资源,并通过挖掘、精炼与解读,作用于政府、商业与居民行动规划决策能力与业务价值。在这一界定下,从数据基础设施与应用能力两个维度构建指标衡量各地区大数据发展水平。

(1)数据基础设施水平刻画。数据基础设施以互联网为平台,是数据资源捕捉、获取与收集的基础。综合赵云辉等(2019)、王军等(2021)对数字经济基础设施的指标体系构建,从传统网络与新型数字基础设施两个维度构建具体指标衡量数据基础设施水平。

(2)数据技术应用能力刻画。数据技术应用是指对大数据资源进行挖掘、精炼与解读,形成有价值信息的过程(Andersen 和 Ross,2013),其应用能力则体现在决策规划与业务价值提升等方面(谢康等,2020)。本文在张叶青等(2021)的基础上,结合《中国大数据发展报告》的指标体系,从大数据的应用规划与业务价值两个层次,政用、商用、民用三个主体构建大数据应用能力的指标体系,具体见表 2。进而使用熵值法对数据基础设施、数据技术应用的各分项指标进行客观赋权,最终加权形成大数据基础设施指数、技术应用指数及总指数。

为更直观展示各地区大数据发展水平测度结果,绘制的核密度立体展示图②,显示出我国大数据发展综合水平、数据基础设施与技术应用能力均表现出右拖尾

① 居民旅游恩格尔系数=[(交通通信+文化教育娱乐+医疗保健)/消费支出总额]×100%

② 因篇幅所限,核密度图以附录 1 展示,见《统计研究》网站所列附件。下同。

状态，未来发展潜力巨大，相关报道也证实了我国大数据发展的这一趋势[①]，印证了指标体系测度结果有效。

(3)大数据相关指标有效性检验。为保障大数据相关指标有效，借鉴张叶青等(2021)的做法，与其他大数据水平评估指标进行比对检验。当前对大数据进行操作化的指标体系，除本文借鉴的《中国大数据发展报告》外，另一个更综合全面衡量区域大数据发展水平的指数则来自于《中国大数据区域发展水平评估白皮书》(2017—2021)。鉴于此，从以下两步入手检验：一是检验大数据发展综合水平(D^C)与白皮书中大数据发展水平的相关关系，得出相关系数通过了1%的显著性检验，证明了本文构建的大数据发展水平评价指标与白皮书中大数据发展指数高度相关；二是进一步引入控制变量，将白皮书中大数据发展水平变量回归到D^C，估计结果依然通过了1%的显著性检验，由此进一步证明了本文大数据发展指标体系合理有效。

3. 其他控制变量。

为避免其他影响经济高质量发展的因素造成估计结果偏误，纳入以下控制变量：政府干预度(*Government*)，使用财政支出与GDP的比重衡量；人力资本水平(*Human*)，使用每万人中高等学校在校人数表征，选取原因在于人力资本与经济的潜在发展能力紧密相关；交通基础设施(*Transport*)，使用当地公路建设里程与城市行政区面积的比值衡量；金融发展水平(*Finance*)，使用当地金融机构存贷款余额与地区生产总值的比值表征。

(三)数据说明

本文以我国2008—2020年31个省(区、市)和A股上市公司数据为样本，主要变量数据来源于《中国统计年鉴》《中国科技统计年鉴》、CNRDS数据库、国泰安数据库、Wind数据库、部分省份统计年鉴、统计公报及政府网站。其中，云计算中心建设数量、大数据相关政策发布数量和大数据管理机构设置状况在北大法宝数据库、各地政府网站手工检索得到；网上政务服务能力指数来自《中国电子政务发展调查报告》，社会关注度的关键词资讯与搜索量来自百度指数，衡量企业大数据应用规划能力的关键词词频数，利用Python对我国A股上市公司2008—2020年年度报告进行爬虫获得；数字金融普惠发展指数从北京大学金融研究中心、上海新金融研究院和蚂蚁金服集团共同编制的数据库获取。为保障变量选取科学，对相关性进行了检验[②]。

① 资料来源：中国电子报，《大数据：塑造国家竞争新优势》，2017—08—22。

② 因篇幅所限，变量间的散点拟合图以附录2展示。

表 2　大数据发展水平评价指标体系

一级指标	二级指标	三级指标		代理变量/测算方法	分项权重	综合权重
数据基础设施	传统网络设施	宽带设施		互联网宽带接入端口数	0.0673	0.0159
				互联网宽带接入用户数	0.0691	0.0164
		传统网络终端设施		每千人拥有的域名数	0.1103	0.0261
				每千人拥有的网站数	0.2223	0.0526
		通信线路设施		长途光缆线路长度	0.0673	0.0159
	新型数字设施	数字设施投资		电子信息产业固定资产投资额	0.0681	0.0161
		移动网络设施		移动电话交换机容量	0.0614	0.0145
				移动电话基站数	0.0714	0.0169
				IPV4/IPV6 地址数	0.1862	0.0440
		数据中心建设		云计算中心建设数	0.0766	0.0181
数据技术应用	政用	规划能力(应用程度)		大数据相关政策发布数量	0.0528	0.0403
				大数据管理机构设置状况	0.0529	0.0404
		业务价值		网上政务服务能力指数	0.0217	0.0166
				政府监管质量①	0.0252	0.0192
				政府公共服务绩效②	0.0174	0.0133
	商用	规划能力(应用程度)	大数据企业关注度	企业大数据应用相关词频数③	0.0775	0.0591
			大数据产业资本投入	电子及通信设备制造业 R&D 资本投入	0.0938	0.0716
			大数据产业人员投入	信息传输、计算机服务和软件业从业人员占比	0.0954	0.0728
		业务价值	数字产业化	电信业务总量	0.0212	0.0162
				软件产品收入规模	0.0737	0.0563
				信息服务收入规模	0.0763	0.0582
				ICT 上市公司数量	0.0814	0.0622
				数字经济核心产业企业数占企业总数比重	0.0609	0.0465
			产业数字化	电子信息制造业企业数量	0.0867	0.0662
				电子商务交易额	0.0495	0.0378
				有电子商务交易活动的企业数占总企业数比重	0.0211	0.0161
				数字金融普惠指数	0.0244	0.0187
	民用	规划能力(应用程度)		大数据的社会关注度④	0.0120	0.0092
				移动电话普及率	0.0158	0.0121
		业务价值		移动互联网用户数占全国用户数比重	0.0203	0.0155
				居民交通与通信支出占总支出的比例	0.0199	0.0152

注:网上政务服务能力指数、电子商务交易额、大数据社会关注度(百度指数)、数字金融普惠指数在少数几个年份存在缺失,本文根据数据的特征,借鉴杨慧梅和江璐(2021)的做法,采用年均增长率予以推算。

---

① 借鉴赵云辉等(2019)的测算方式,监管质量用火灾发生数与火灾受灾面积的比值、交通事故发生数与交通事故伤亡人数的比值、地区生产总值与工业三废排放总值的比值来测量。

② 政府公共服务绩效运用超效率 SBM-DEA 方法测度,具体选取人均交通运输财政支出、人均教育财政支出、人均医疗卫生财政支出、人均社会保障财政支出、人均传媒财政支出、人均环境保护支出等 6 个投入指标;同时,选取交通基础设施密度、医院门诊服务人次、基本社会保障参保、文化活动产出、人均绿地面积等 6 个产出指标。

③ 借鉴赵宸宇(2021)的做法,抓取上式公司年报中“数据管理、数据挖掘、数据网络、数据平台、数据中心、数据科学、数字控制、数字技术、数字通信、数字网络、数字智能、数字终端、数字营销、数字化、大数据、云计算、云 IT、云生态、云服务、云平台、区块链、物联网、机器学习”的 23 个关键词,使用词频总数衡量大数据企业关注度。

④ 根据社会需求特点筛选出与大数据技术应用高度相关的“数据管理、数据挖掘、数字营销、云计算、机器学习”5 个关键词,构造搜索与资讯百度指数综合衡量社会关注度。

四、实证结果分析

(一)大数据影响经济高质量发展的线性效应估计

为估计大数据对经济高质量发展的直接影响效应,在对各样本数据进行 Hausman 检验后,使用固定效应模型估计,结果如表 3 所示。列(1)和列(2)结果显示,无论是否纳入控制变量,均得出大数据发展的总体水平越高,经济发展质量也越高。列(3)和列(4)结果显示,无论是否纳入控制变量,数据基础设施对经济高质量发展的影响效应估计系数均显著为正,即数据基础设施水平提升有利于推进经济高质量发展。列(5)和列(6)的估计结果均显著为正,在列(6)中,当数据技术应用能力提高 1 单位,经济发展质量将提升 0.7625 个单位。列(7)既纳入大数据基础设施水平,又纳入技术应用能力后,二者对经济高质量发展的影响系数依然显著为正,且数据技术应用能力的正向效应更大。可见,无论如何调整模型,大数据综合发展指数、基础设施水平和技术应用能力均对经济高质量发展具有显著正向影响,表明利用大数据能有效促进经济高质量发展,验证了本文假设 1。

表 3　大数据影响经济高质量发展的线性效应估计结果

变量	(1)	(2)	(3)	(4)	(5)	(6)	(7)
D^C	2.5162*** (0.1842)	0.8422*** (0.2682)					
D^I			0.8269*** (0.1685)	0.3026** (0.1311)			0.2459* (0.1320)
D^A					2.2210*** (0.1620)	0.7625*** (0.2367)	0.5649** (0.2212)
控制变量	否	是	否	是	否	是	是
C	0.6072*** (0.0279)	0.4103*** (0.0669)	0.8217*** (0.0322)	0.7640*** (0.0884)	0.6759*** (0.0230)	0.4038*** (0.0671)	0.7456*** (0.0885)
R^2	0.3346	0.4954	0.2729	0.5586	0.3364	0.4961	0.5637
N	403	403	403	403	403	403	403

注:*、**、*** 分别表示 10%、5%和 1%的显著性水平,括号内为标准误。下同。

(二)大数据影响经济高质量发展的非线性效应估计

使用 Hansen 提出的面板门限模型进行估计,该模型较其他非线性模型而言,能准确计算门槛值,明确大数据对经济高质量发展的异质性影响,具体门限回归结果如表 4 所示。

表 4 大数据影响经济高质量发展的非线性效应估计结果

变量		D^C (1)	D^I (2)	D^A (3)	D^I/D^A (4)
门槛值	$q1$	0.0579*	0.0657**	0.1336**	0.0309**
	$q2$		0.0933*	0.3210*	0.0937***
$D \leqslant$ q1		−2.0734 (1.6444)	−1.0291 (1.3769)	0.8999*** (0.2218)	0.5040* (0.2585)
q1 $< D \leqslant$ q2		0.8668* (0.4679)	0.8186*** (0.2326)	1.8337*** (0.2726)	2.5001*** (0.6555)
$D >$ q2			0.0685** (0.0290)	2.9527*** (0.4124)	7.8445** (2.9568)
R^2		0.5370	0.4994	0.5549	0.5847
N		403	403	403	403

注：D^C、D^I、D^A 表示以大数据综合发展水平、大数据基础设施水平以及大数据技术应用能力为门槛变量，D^I/D^A 表示以大数据基础设施为门槛变量时，大数据技术应用能力的作用估计。

其中，列(1)表明大数据综合发展水平在单一门槛值 0.0579 前后，表现出不同显著特征，证明了大数据对经济高质量发展存在非线性影响，即在跨越一定门槛之后，大数据的积极效应才得以显现。列(2)表明数据基础设施水平低于门槛值 0.0657 时，对经济高质量发展的影响并不显著，而在门槛阈值[0.0657,0.0933]之间时，影响效应显著为正，但当基础设施水平超越 0.0933 之后，对经济高质量发展的正向促进作用较上一阈值有所降低，证明大数据基础设施不仅需跨越某一门槛才能促进经济高质量发展，且其促进效应还表现出“边际递减”特性。列(3)表明数据技术应用能力不同于基础设施，在低于门槛值 0.1336 时，对经济高质量发展会产生显著正向推进作用，且在数据技术应用能力跨越门槛值 0.1336 之后，这一正向效应有所增强，而当其跨越门槛值 0.3210 之后，每提高 1 个单位，将促进经济发展质量提升 2.9527 个单位，是前一门槛阈值内增长效应的 1.6 倍左右。可见，数据技术应用能力对经济高质量发展的正向作用呈“边际递增”特征，验证了本文假设 2a。列(4)表明当数据基础设施水平低于门槛值 0.0309 时，提高数据技术应用能力对经济高质量发展的影响效应显著为正，而当基础设施水平跨越门槛值 0.0309 之后，数据技术应用能力对经济高质量发展的积极效应将较前一门槛阈值明显增强，当基础设施水平跨越门槛值 0.0309 之后，此效应较门槛[0.0309,0.0937]阈值内进一步增强，且提升速率远高于数据技术应用能力单独提升时，可知，在完善的大数据基础设施支撑下，提升技术应用能力对经济高质量发展的边际递增效应会进一步增强。由此验证了本文假设 2b。

表 5　大数据响经济高质量发展的空间效应估计结果

变量	大数据综合发展水平			数据基础设施水平			数据技术应用能力		
	地理距离 (1)	经济距离 (2)	技术距离 (3)	地理距离 (4)	经济距离 (5)	技术距离 (6)	地理距离 (7)	经济距离 (8)	技术距离 (9)
D^C	1.3760*** (0.2307)	1.0447*** (0.2401)	1.5689*** (0.2281)						
D^I				1.7752*** (0.1147)	1.1507*** (0.1246)	1.8057*** (0.1202)			
D^A							0.9013*** (0.1919)	1.3006*** (0.1799)	1.4102*** (0.1872)
控制变量	是	是	是	是	是	是	是	是	是
ρ	0.1270 (0.1381)	0.2503*** (0.0722)	0.3610*** (0.0663)	0.3870*** (0.0838)	−0.2270*** (0.0728)	−0.3220*** (0.0087)	0.3730*** (0.1059)	0.4610*** (0.0554)	0.3480*** (0.0670)
$W\times D^C$	6.2405*** (1.6462)								
$W\times D^I$					3.1418*** (0.3428)	0.3928 (0.5084)			
$W\times D^A$							1.0337 (0.6784)		
$W\times$控制变量	是	是	是	是	是	是	是	是	是
直接效应	1.4286*** (0.2455)	1.0692*** (0.2512)	1.6071*** (0.2361)	1.8268*** (0.1221)	1.7300*** (0.1126)	1.8098*** (0.1276)	0.9386*** (0.1905)	1.2632*** (0.1905)	1.4455*** (0.1824)
空间效应	7.5034*** (2.2473)	0.3496** (0.1586)	0.8720*** (0.2591)	2.0887** (0.7692)	0.2287 (0.1432)	-0.1337 (0.3798)	2.1431 (1.7317)	0.9765*** (0.2363)	0.7460*** (0.2275)
总效应	8.9319*** (2.3622)	1.4188*** (0.3578)	2.4790*** (0.4072)	3.9155*** (0.8240)	1.9587*** (0.1712)	1.6761*** (0.3254)	3.0817*** (0.9446)	2.2397*** (0.3713)	2.1915*** (0.3271)
Log−1	292.1724	275.6197	241.6255	36.2875	−21.1170	−10.4492	275.8290	257.8694	245.9776
R^2	0.9083	0.9013	0.8848	0.5411	0.6521	0.5952	0.9016	0.8963	0.8871
N	403	403	403	403	403	403	403	403	403

(三)大数据影响经济高质量发展的空间效应估计

为检验假设 3,首先,进行 MI 检验,显示三种权重矩阵下经济高质量发展均具有显著的空间相关性;其次,对各样本数据进行 Wald、LR 及 LM 检验,显示表 5 中列(1)、(5)~(7)适用 SDM 模型,而列(2)~(4)、(8)~(9)适用 SAR 模型。

表 5 的列(1)中大数据综合指数估计系数偏离其他矩阵下估计结果,且其中 ρ 值估计结果不显著,与前期检验结果不一致,证明此时使用地理距离矩阵并不稳健。列(5)~(6)中 ρ 值偏离赵涛等(2020)曾在地理距离矩阵下估计的 ρ 值(0.363),可见,估计数据基础设施的影响效应时经济与技术距离矩阵均不适用。此外,列(7)中数据技术应用能力的系数明显低于列(8)~(9),证明地理距离矩阵也不适用。为更精准刻画大数据对经济高质量发展的空间影响效应,借鉴 Lesage 和 Pace(2008)的方法,对列(1)~(9)的结果进行分解①,结果显示,列(2)~(3)中直接效应与空间效应均显著为正,足以证明加快发展大数据不仅能推进本地区经济高质量发展,且会对其他区域产生空间溢出效应,即大数据呈现一种超物理空间性的网络溢出效应。列(4)中空间效应分解结果显著为正,即加强数据基础设施建设,不仅能推动本地区经济高质量发展,也会对邻近地区产生溢出效应。列(8)~(9)中空间效应均显著为正,但由于初步矩阵适用性优选显示技术距离矩阵更适用,故该结果稳健证明了提升数据技术应用能力会对技术水平相当区域的经济高质量发展产生空间溢出效应。由此验证了本文假设 3。

五、稳健性与外生冲击检验

(一)稳健性检验②

1. 直接效应稳健性检验。

为避免经济高质量发展测度指标与其他变量间存在相关性,导致模型内生性,在此,以全要素生产率替换原被解释变量,并使用数据包络分析法对全要素生产率进行测算,进而对基准模型再回归,结果与表 3 基本一致,由此证明本文估计结果稳健。

2. 非线性效应稳健性检验。

为保障大数据影响经济高质量发展的非线性影响效应稳健,在此,使用两种方式进行检验:一是用全要素生产率替换原被解释变量,沿用面板门限模型进行检

① 因篇幅所限,SDM 模型与 SAR 模型的具体分解过程以附录 3 展示。

② 因篇幅所限,稳健性检验具体结果以附录 4 展示。

验;二是考虑到面板门限模型使用阶跃函数进行估计,未考虑机制连续变化的特征,在更换被解释变量的基础上,进一步更换面板门限模型为面板平滑转化模型(PSTR)对本文的非线性效应进行再估计。结果显示,无论是更换被解释变量,还是变换研究方法,大数据综合水平对经济高质量发展均具有正向非线性影响,且数据基础设施水平与数据技术应用能力对经济高质量发展的非线性影响效应也与前文一致。

3. 空间效应稳健性检验。

使用两阶段最小二乘估计,对大数据的空间效应进行再检验,结果显示大数据综合水平与数据技术应用能力对经济高质量发展的影响效应在技术距离矩阵下与前文估计结果一致,大数据基础设施的影响效应在地理距离矩阵下与前文估计结果一致。而其他空间权重矩阵下估计结果与前文不一致,进一步证明了在大数据综合发展水平与技术应用能力的空间效应估计中,技术距离矩阵更稳健,在数据基础设施的空间效应估计中,地理距离矩阵更稳健。

(二)外生冲击检验①

为解决模型的内生性问题,借鉴赵涛等(2020)的做法,寻找外生冲击变量替代大数据发展的相关指标体系,并利用双重差分模型对大数据影响经济高质量发展的效应进行再检验。在具体检验过程中,分为以下三个层次:一是使用大数据综合试验区设立作为冲击变量,替代原有的大数据发展指数,原因在于大数据综合试验区设立了综合试验区、跨区域综合试验区、区域类示范试验区和大数据基础设施等统筹发展类试验区,符合本文对大数据发展水平划分的类型与依据,且其受国家政策影响,与地区经济高质量发展水平无关;二是借鉴赵涛等(2020)、牛子恒和崔宝玉(2022)的做法,选择“宽带中国”试点政策代替数据基础设施,构造外生冲击变量,对数据基础设施影响经济高质量发展的效应进行再检验,原因在于国务院2013年发布了“宽带中国”战略,旨在通过宽带基础设施建设,全面推进全光纤网络和4G网络建设,为大数据发展提供了坚实的网络基础;三是借鉴张叶青等(2021)的做法,以2009年启动的“基础学科拔尖学生培养试验计划”(又称“珠峰计划”)为冲击变量,替代数据技术应用能力,原因在于该计划有效提高了理工类人才的培养质量与供给数量,能够满足大数据应用相关的数理能力、编程能力和工程设计思维,对企业采用大数据的技术瓶颈解决具有重要作用。以上外生冲击变量对经济高质量发展的影响效应与前文一致,证明了本文研究结论较少受到内生性影响。

---

① 因篇幅所限,大数据实验区冲击效应、“宽带中国”试点冲击效应以及“珠峰计划”试点冲击效应的指标说明及估计结果以附录5展示。

六、传导机制与异质性分析

(一)传导机制验证

为验证大数据应用是否会通过优化要素配置,进而驱动经济高质量发展,根据新古典经济增长理论将要素分为劳动与资本两种,构造劳动要素配置指数(*Labor Factor Allocation*,简称 F^L)和资本要素配置指数(*Capital Factor Allocation*,简称 F^C),并构建如式(5)和(6)的估计模型进行检验,结果如表 6 所示。

$$Faal_{it} = \beta_0 + \alpha_1 Data_{it} + \vartheta_k X_{it} + \delta_i + \lambda_t + \varepsilon_{it} \tag{5}$$

$$Edq_{it} = \beta_0 + \gamma_1 Data_{it} + \gamma_2 Faal_{it} + \vartheta_k X_{it} + \delta_i + \lambda_t + \varepsilon_{it} \tag{6}$$

式(5)和(6)中 $Faal_{it}$ 表示 i 市 t 年的要素配置情况,α_1 为大数据对要素配置的影响系数;γ_1 为控制了要素配置之后,大数据对经济高质量发展的直接影响效应估计系数;γ_2 为要素配置对经济发展质量的影响系数;其余符号含义与式(1)相同。

表 6 列(1)~(4)表明大数据综合发展水平会显著优化资本与劳动要素配置,且优化资本与劳动要素配置也会显著推进经济高质量发展,此外,在分别控制了资本与劳动要素优化配置的积极效应之后,大数据综合发展水平影响经济高质量发展的估计系数依然显著为正,但小于表 3 中列(2)的估计系数,证明了资本与劳动要素优化配置在大数据影响经济高质量发展的过程中承担了部分中介效应。列(5)和(7)表明加强数据基础设施建设,能显著优化资本与劳动要素配置,而列(6)和(8)显示资本与劳动要素优化配置能显著推动经济高质量发展,且此时数据基础设施的正向作用也显著,但小于表 3 列(4)的同一系数,证明了资本与劳动要素优化配置在数据基础设施影响经济高质量发展过程中也承担了部分中介效应。列(9)~(12)中数据技术应用能力、劳动与资本要素配置的估计系数均显著为正,表明了提升数据技术应用能力不仅对经济高质量发展具有直接的推动效应,也会通过优化要素配置产生间接的推动效应。由此进一步验证了本文假设 1。

(二)区域异质性分析

大数据对经济高质量发展的影响作用发挥不仅取决于数据基础设施与技术应用等内生因素,还受制于大数据发展的外部环境。当前,发展大数据的意识和数据应用人才储备依然是限制企业应用大数据的关键(Chen 等,2015)。

表 6　大数据影响经济高质量发展的传导机制估计结果

变量	大数据综合发展水平				大数据基础设施水平				大数据技术应用能力			
	F^C (1)	Edq (2)	F^L (3)	Edq (4)	F^C (5)	Edq (6)	F^L (7)	Edq (8)	F^C (9)	Edq (10)	F^L (11)	Edq (12)
D^C	1.1140*** (0.2229)	0.5313** (0.2625)	1.1093*** (0.2933)	0.8335*** (0.2668)								
D^I					0.3287*** (0.1057)	0.1839* (0.0989)	0.4176** (0.1717)	0.2931** (0.1314)				
D^A									0.4273*** (0.1856)	0.5671** (0.2286)	0.8797*** (0.3023)	0.6144*** (0.2195)
F^C		0.3865** (0.0664)				0.3225*** (0.0640)				0.3906*** (0.0655)		
F^L				0.1089** (0.0483)				0.0743* (0.0425)				0.0717** (0.0301)
控制变量	是	是	是	是	是	是	是	是	是	是	是	是
C	0.2056*** (0.0556)	0.3482*** (0.0650)	0.2751*** (0.0786)	0.4728*** (0.0720)	0.1880*** (0.0503)	0.6495*** (0.0903)	0.2844 (0.2061)	0.7819*** (0.0913)	0.4983*** (0.0813)	0.3393*** (0.0651)	0.2907*** (0.0792)	0.7635*** (0.0916)
R^2	0.1745	0.5382	0.4032	0.5023	0.1559	0.5889	0.2773	0.5668	0.2287	0.5407	0.3944	0.5699
N	403	403	403	403	403	403	403	403	403	403	403	403

1. 营商环境约束下的区域异质性。

社会制度主义理论认为制度环境约束了政策执行能力,影响政策实施绩效,而营商环境作为制度环境的重要部分,不仅从系统之外影响交易成本和市场创新活力,约束大数据发展的积极效应(夏后学等,2019),而且会通过政务、金融、法治等环境作用于企业大数据投入的运营成本,影响组织数据接入意愿,制约数据集形成。那么,地区间营商环境水平差异是否约束大数据促进经济高质量发展的效应?探讨这一问题能够深化各地区建立全国统一大市场、优化营商环境的认识,也有利于探寻推进大数据发展的科学路径。具体估计过程中,先根据我国各地区营商环境状况,将全国各省份划分为营商环境优势区与劣势区两类区域①,分别进行回归分析,结果如表 7 中列(1)~(6)所示。可以看出,在营商环境优势区,大数据综合发展、数据基础设施、技术应用能力均对经济高质量发展产生显著的正向推动作用,但在营商环境劣势区,大数据积极作用尚未显现,即在营商环境优势区,大数据对经济高质量发展的积极作用更强。

2. 教育水平约束下的区域异质性。

已有研究表明从业人员的技能和知识是影响大数据应用的关键因素(Agrawal等,2019),而教育是知识积累的重要途径,且信息行业对劳动力教育水平的要求更高。当前,我国仍存在教育不均衡问题,不同区域人力资本知识储备、公众信息素养、大数据技能型人才培养成本等存在明显差异,导致大数据纵深发展潜力与能力不同,那么,教育水平约束下,大数据的积极效应是否也存在区域异质性?本文以地区人均受教育年限衡量地区教育水平,将样本省份分为教育水平优势区与劣势区两类②,分别进行回归分析,结果如表 7 中列(7)~(12)所示。在教育水平优势区,大数据显著推动经济高质量发展,且数据技术应用能力的边际影响强于基础设施,可见,教育水平确实为数据技术应用积累了人力资本;但在教育水平劣势区估计结果并不显著,表明了较低的教育水平不利于数据基础设施与技术应用能力促进经济高质量发展。

---

① 根据《中国省份营商环境研究报告》中各省份营商环境指数排名,将营商环境水平位于中上的 12 个省份划分为营商环境优势区,其余省份划分为营商环境劣势区。

② 测算样本期全国与各省份人均受教育年限,将高于全国均值的设置为教育水平优势区,低于全国均值的设置为教育水平劣势区。

表 7　大数据影响经济高质量发展的区域异质性估计结果

变量	营商环境优势区			营商环境劣势区			教育水平优势区			教育水平劣势区		
	(1)	(2)	(3)	(4)	(5)	(6)	(7)	(8)	(9)	(10)	(11)	(12)
D^C	1.0650** (0.4166)			0.2238 (0.3293)			1.5611*** (0.4719)			0.2544 (0.1809)		
D^I		0.6811*** (0.2229)			0.2932 (0.2237)			0.5791*** (0.1715)			0.0467 (0.1220)	
D^A			0.8411** (0.3732)			0.3318 (0.6711)			1.6288*** (0.4485)			0.2636 (0.1647)
控制变量	是	是	是	是	是	是	是	是	是	是	是	是
C	0.4559** (0.1777)	0.6940*** (0.2622)	0.4607** (0.1790)	0.3834*** (0.0808)	0.5705*** (0.0768)	0.6066*** (0.1307)	0.4403** (0.1593)	0.4976*** (0.1462)	0.3863** (0.1625)	0.6520*** (0.0630)	0.6528*** (0.0612)	0.6485*** (0.0604)
R^2	0.5001	0.5776	0.4951	0.5856	0.7236	0.7244	0.5283	0.7165	0.5336	0.7689	0.7645	0.7699
N	156	156	156	247	247	247	208	208	208	195	195	195

(三)产业异质性分析

释放大数据对数字经济产业高质量发展的活力,积累更大规模数据要素为传统产业全方位、全角度、全链条赋能,是构建现代经济体系、促进经济高质量发展的重要路径。当前大数据能否显著推进数字经济高质量发展、是否能够赋能传统产业呢?本文按照国家统计局发布的《数字经济及其核心产业统计分类(2021)》中产业目录将各地区产业划分为数字经济产业(*Core*)和传统产业(*Trad*)两类,并估计大数据综合发展、数据基础设施、数据技术应用能力分别对两类产业高质量发展①的影响效应,具体估计结果如表8所示。大数据发展对数字经济产业高质量发展起到重要的推进作用,但对传统产业高质量发展的作用却并不显著。此外,大数据对数字经济类产业高质量发展的推动作用主要依赖于数据技术应用能力,但数据技术应用却尚未实现对传统产业全方位、全角度、全链条赋能,这也将成为未来数字经济产业与传统产业融合发展的阻力。

表8 大数据影响经济高质量发展的产业异质性估计结果

变量	*Core* (1)	*Trad* (2)	*Core* (3)	*Trad* (4)	*Core* (5)	*Trad* (6)
D^C	3.6563** (1.6158)	0.3059 (0.7237)				
D^I			0.2013 (0.8354)	0.2796 (0.3708)		
D^A					3.3360** (1.4331)	−0.4343 (0.6377)
控制变量	是	是	是	是	是	是
C	3.3671*** (0.3955)	4.7550*** (0.1768)	3.4109*** (0.3977)	4.7587*** (0.1765)	3.3322*** (0.3963)	4.7739*** (0.1779)
R^2	0.1614	0.3325	0.1499	0.3332	0.1621	0.3330
N	403	403	403	403	403	403

七、结论与政策建议

本文在经济转型发展背景下,探讨如何发挥大数据的积极作用,推进经济高质量发展的可行路径。在研究过程中,首先,将大数据细分为数据基础设施与技术应

① 产业高质量发展使用DEA对两类产业的全要素生产率进行测算,具体投入指标为企业固定资产投资和从业人员规模,产出指标为主营业务收入。

用能力两个维度，讨论大数据影响经济高质量发展的多种影响机制；其次，构建面板模型、多重门限模型与空间面板计量模型，逐步检验大数据影响经济高质量发展的动态空间影响效应，主要结论如下。第一，大数据既可以作为生产要素直接促进经济高质量发展，也可通过整合市场资源、提升政策调控效果，进而优化资本与劳动力配置，间接推进经济高质量发展；目前在我国实践中，数据技术应用的积极作用强于基础设施。第二，大数据对经济高质量发展的影响效应存在正向非线性特征：数据基础设施促进经济高质量发展效应发挥存在“适度区间”，既需要跨越一定门槛，才能发挥积极作用，且积极效应还会随数据基础设施水平不断提升而呈“边际递减”特性；而数据技术应用能力现阶段表现出的正向效应呈现“边际递增”的动态特征，且随着基础设施不断完善，这一“边际递增”效应得以增强。第三，大数据存在经济高质量发展的空间溢出效应，依靠“邻近合作”可增强数据基础设施对区域整体经济高质量发展的推动作用，通过技术相当区域间“强强联合”，可提升数据技术应用能力对区域整体经济高质量发展的推进作用。第四，大数据对经济高质量发展的正向影响效应存在区域与产业异质性：营商环境和教育水平优势区大数据的积极作用更强，但数据技术应用能力仅对数字经济产业高质量发展表现出显著推进作用，对传统产业高质量发展的作用有待挖掘。

基于以上结论，本文的政策启示包括以下几个方面。第一，通过加快建设网络和新型数字基础设施，提升政用、商用与民用大数据的规划能力与业务价值，不断促进大数据技术发展，优化资源配置，推进经济高质量发展。第二，全面评估各地区数据基础设施建设状况，根据政用、商用与民用大数据需求，合理布局数据基础设施，避免跟风式、盲目型基建投入导致过度建设或供求不配。第三，引导、支持相邻地区间协作制定数据基础设施建设规划，完善合作机制，推进区际共享型数据基础设施建设；此外，重点支持技术水平相当区域间加强数据技术应用类合作，不断提高区域整体的数据应用能力，进一步激发经济高质量发展动力。第四，不断优化地区营商环境、提升教育水平，夯实大数据驱动经济高质量发展的基础，同时，积极推进大数据在传统产业纵深应用技术研发，平衡区域间与产业间大数据积极效应的不均衡特征，推动区域经济整体高质量发展。

参考文献

陈国青，张瑾，王聪，等，2021.“大数据—小数据”问题：以小见大的洞察[J].管理世界，37(2)：203－213，14.

陈景华，陈姚，陈敏敏，2020.中国经济高质量发展水平、区域差异及分布动态演进[J].数量经济技术经济研究，37(12)：108－126.

陈俊，2021.空间知识外溢如何影响区域经济增长——理论机制与经验证据[J].统计研究，38(5)：70－81.

郭家堂,骆品亮,2016.互联网对中国全要素生产率有促进作用吗?[J].管理世界,32(10):34—49.

金碚,2018.关于“高质量发展”的经济学研究[J].中国工业经济,(4):5—18.

李勃昕,董雨,韩先锋,2021.技术封锁是否会抑制中国创新发展?——基于国外技术引进和国内技术购买的对冲效应解释[J].统计研究,38(10):23—37.

李辉,2019.大数据推动中国经济高质量发展的理论机理、实践基础与政策选择[J].经济学家,(3):52—59.

聂长飞,简新华,2020.中国高质量发展的测度及省际现状的分析比较[J].数量经济技术经济研究,37(2):26—47.

牛子恒,崔宝玉,2022.网络基础设施建设与劳动力配置扭曲——来自“宽带中国”战略的准自然实验[J].统计研究,39(10):133—148.

任保平,文丰安,2018.新时代中国高质量发展的判断标准、决定因素与实现途径[J].改革,(4):5—16.

王军,朱杰,罗茜,2021.中国数字经济发展水平及演变测度[J].数量经济技术经济研究,38(7):26—42.

魏敏,李书昊,2018.新时代中国经济高质量发展水平的测度研究[J].数量经济技术经济研究,35(11):3—20.

夏后学,谭清美,白俊红,2019.营商环境、企业寻租与市场创新——来自中国企业营商环境调查的经验证据[J].经济研究,54(4):84—98.

谢康,夏正豪,肖静华,2020.大数据成为现实生产要素的企业实现机制:产品创新视角[J].中国工业经济,(5):42—60.

杨慧梅,江璐,2021.数字经济、空间效应与全要素生产率[J].统计研究,38(4):3—15.

张翠菊,张宗益,2015.中国省域产业结构升级影响因素的空间计量分析[J].统计研究,32(10):32—37.

张军扩,侯永志,刘培林,等,2019.高质量发展的目标要求和战略路径[J].管理世界,35(7):1—7.

张叶青,陆瑶,李乐芸,2021.大数据应用对中国企业市场价值的影响——来自中国上市公司年报文本分析的证据[J].经济研究,56(12):42—59.

赵宸宇,2021.数字化发展与服务化转型——来自制造业上市公司的经验证据[J].南开管理评论,24(2):149—163.

赵涛,张智,梁上坤,2020.数字经济、创业活跃度与高质量发展——来自中国城市的经验证据[J].管理世界,36(10):65—76.

赵云辉,张哲,冯泰文,等,2019.大数据发展、制度环境与政府治理效率[J].管理世界,35(11):119—132.

周青,王燕灵,杨伟,2020.数字化水平对创新绩效影响的实证研究——基于浙江省73个县(区、市)的面板数据[J].科研管理,41(7):120—129.

Agrawal P,Narain R,Ullah I,2019. Analysis of Barriers in Implementation of Digital Transformation of Supply Chain Using Interpretive Structural Modelling Approach[J]. Journal of Modelling in Management,15(1):297—317.

Andersen J J,Ross M L,2013. The Big Oil Change: A Closer Look at the Haber-Menaldo Analysis[J]. Comparative Political Studies,47(7):993—1021.

Chen D Q,Preston D S,Swink M,2015. How the Use of Big Data Analytics Affects Value Creation in Supply Chain Management[J]. Journal of Management Information Systems,32(4):4—39.

Ghasemaghaei M,Calic G,2020. Assessing the Impact of Big Data on Firm Innovation Performance:Big Data is not Always Better Data[J]. Journal of Business Research,108(C):147—162.

Kostov P,2010. Model Boosting for Spatial Weighting Matrix Selection in Spatial Lag Models[J]. Environment and Planning B: Urban Analytics and City Science,37(3):533—549.

Kuhn P,2014. The Internet as a Labor Market Matchmaker[J]. IZA World of Labor,18.

Lesage J P,Pace R K,2008. Spatial Econometric Modeling of Origin-Destination Flows[J]. Journal of Regional Science,48(5):941—967.

Müller O,Fay M,Brocke J,2018. The Effect of Big Data and Analytics on Firm Performance:An Econometric Analysis Considering Industry Characteristics [J]. Journal of Management Information Systems,35(2):488—509.

Williamson J,1965. Regional Inequality and the Process of National Development[J]. Economic Development and Culture Change,(13):216—238.

Zhao Y B,Li Y,Lee S H,et al,2011. Entrepreneurial Orientation,Organizational Learning, and Performance: Evidence from China[J]. Entrepreneurship Theory and Practice,35(2):293—317.

作者及单位

王欣亮,西北大学公共管理学院。

张家豪,西北大学公共管理学院。

刘飞,西北大学哲学学院。

使用公共数据生成行业分类代码①

【内容摘要】 互联网上的文本数据适合行业或职业编码等分类任务,可为统计机构提供更准确、更及时且成本更低的数据。本文以从谷歌地点应用程序接口收集的网站文本和用户评论为例,为大约12万个企业生成行业分类代码(NAICS),并探讨如何基于公共数据改进联邦统计数据的生成方式。研究表明,用于训练分类模型的NAICS行业数据越多,该方法的准确率越高。因此,进一步开发这一方法和框架,利用可公开获取的数据源,能够及时、高效地改进NAICS行业分类工作。

经济统计数据及调查抽样框架都依赖于及时准确的行业分类,随着统计机构调查成本的不断增加和答复率的降低,迫切需要寻找调查成本更低且能够在短时间内获得的替代数据源。互联网上的文本数据是美国人口普查局(US Census Bureau)统计产品的理想数据源。本文以谷歌地点应用程序接口(Google Places API)收集到的网站文本和用户评论为例,为大约12万个单一雇主企业(single-unit (SU) employer businesses)生成北美行业分类系统(North American Industrial Classification System,NAICS)代码,并探讨如何基于公共数据改进联邦统计数据的生成方式。与传统调查方法相比,互联网上的文本数据较为适合行业或职业编码等分类任务,可为统计机构提供更准确、更及时的数据,而且成本更低,受访者负担更轻,有助于统计产品创新。

一、NAICS代码简介

NAICS是将商业机构归入行业部门或类别的系统。目前,NAICS代码由多个统计机构编制,美国人口普查局通过多项调查(最主要的是经济普查(Economic Census,EC))进行分类,美国劳工统计局(Bureau of Labor Statistics,BLS)在调查中生成并使用NAICS代码,而美国社会保障署(Social Security Administration,SSA)则通过员工识别码(Employee Identification Number,EIN)申请表上的信息

① 本文编译自:John Cuffe,Sudip Bhattacharjee,Ugochukwu Etudo,Justin C. Smith,Nevada Basdeo,Nathaniel Burbank,and Shawn R. Roberts. Wentland. Using Public Data to Generate Industrial Classification Codes[R],NBER,2022.

为新成立的企业生成代码。美国人口普查局和美国劳工统计局在对相同案例进行编码时，约有86%案例的2位数NAICS行业代码一致，美国人口普查局和美国社会保障署约有80%案例一致，而美国劳工统计局和美国社会保障署约有70%的案例一致（图1）。更准确、及时、一致地NAICS代码有助于美国人口普查局节省大量精力，提高统计质量和及时性。本文的方法能够使美国人口普查局避免EC分类卡（classification cards）①这种昂贵的分类程序，以更快的速度提供高质量的数据产品。使用公共数据来源生成NAICS代码，还能够统一代码分类标准，并确保所有机构和企业使用相同的代码分类。

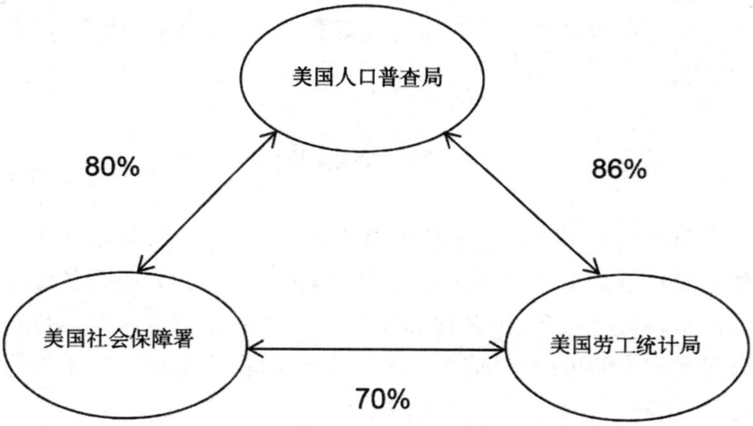

图1 美国人口普查局、美国劳工统计局和美国社会保障署2位数NAICS行业代码的一致性

目前，已有一些国家的统计机构尝试使用文本数据进行分类。大部分工作重点是根据信访调查回复生成职业分类，或对企业进行分类。英国国家统计局曾尝试使用公司有关公开文本信息，生成无监督（unsupervised）的行业分类，用Doc2Vec② 结合奇异值分解（Singular Value Decomposition，SVD）模型来识别行业集群。荷兰国家统计局的研究人员探索了如何通过朴素贝叶斯法（Naive Bayes）、支持向量机和随机森林分类器，利用词频－反向文档频率（Term Frequency-Inverse Document Frequency，TF-IDF）和基于词库的特征选择，生成与NAICS代码类似的行业分类，发现企业规模、行业代码来源、企业网站的复杂性是分类的主要影响因素。澳大利亚统计局采用词袋模型（bag of words）和独热编码（one-hot encoding）方法系统，将简短的自由文本回复放入分类层次中完成分类。例如，对于

① 分类卡是一种在EC之前发送给企业的表格，目的是识别正确的NAICS代码，从而为该企业提供正确的EC电子调查路径。额外填写这种分类卡表格会给受访者带来很大负担，增加调查成本，降低回复率。

② Doc2Vec是将文档用向量表示的模型。

词汇表中的每个词语,如果某条记录的回复中包含该词语,该记录就会收到1,否则就会收到0。这种方法虽然简单,但忽略了词语的上下文,在试图区分密切相关的行业时可能存在问题。在美国的统计系统中,Kearney 和 Kornbau(2005)开发了 SSA(Social Security Administration)自动编码器(Autocoder),该系统使用词库,根据美国国税局(Internal Revenue Service,IRS)新 EIN 申请表上的开放式回复文本预测 NAICS 代码。

本文在以往工作的基础上,为2015年至2016年活跃的SU雇主企业样本生成2位数 NAICS 行业代码。首先,结合对公司网站、公司名称和用户评论的网络抓取,生成与每家企业相关的文本语料库;然后采用 Doc2Vec 方法对数据进行降维;最后,将文本分析的输出结果作为随机森林分类器的输入信息,以识别2位数的 NAICS 代码。

二、样本数据

本文从公司网站和用户对企业的评论中收集公开数据,并将其与美国人口普查局的个体工商户信息结合,利用公共应用程序接口(API),收集约130万个企业机构的目标样本,将这些记录按名称和地址与企业注册信息匹配,对用户评论、公司网站和公司名称中的可用文本进行预处理,最后将这些输出结果作为随机森林分类器的特征,预测2位数 NAICS 代码。

(一)公共 API 和网络抓取数据

API 是一套允许用户从提供商处获取信息或其他服务的程序。例如,谷歌地点 API 允许访问企业信息,如名称、地址、评级、用户评论、网站网址、联系信息和谷歌地点类型①标签。其中公共用户评论提供了丰富的企业背景信息②,公司网站提供清晰、直接的产品或服务信息,谷歌地点类型能够帮助模型对企业进行分类,公司名称通常表示提供产品的类型。这四个要素均来自公开收集的数据,共同提供了描述企业、企业可能销售的产品及其客户如何使用或了解这些产品所需的信息类型。

为了生成企业样本,首先,根据经纬度坐标和关键词组合,在 Yelp③ 和谷歌地

① 在谷歌中,一个地点有100多个不同的分类标签。

② 例如,用户对某家企业牛排质量的多次评论中描述的产品,提高了该企业是餐厅而不是制造工厂的可能性。

③ 美国最大的点评网站,提供商家点评和推荐。

点 API 上进行网格搜索，确定每个核心统计区的地理中心以及作为搜索起点的县①；其次，找到所有 2 位数 NAICS 行业标题中包含的词语来确定关键词，以 10 千米为搜索半径，在每个核心统计区和县的 50 个随机地点，对每个关键词执行 API 搜索。搜索结果有 127.2 万条记录，其中约 70%来自 Yelp API；然后在谷歌地点 API 上对每家企业进行搜索，包括网站 URL、用户评论和谷歌地点类型等，并使用内部开发的程序抓取文本；最后，剔除没有网站和用户评论的记录，确定网站和用户评论这两种数据来源的整体效用，获得最佳样本为 29 万条。

(二)将收集到的数据与商业注册信息匹配

企业注册信息是美国人口普查局关于美国商业机构和公司的综合数据库，涵盖所有雇主和非雇主企业(employer and nonemployer businesses)。使用“多重算法匹配”(Multiple Algorithm Matching for Better Analytics，MAMBA)软件确定其中是否包含本文的 29 万条记录。MAMBA 软件利用机器学习技术，根据名称和地址链接记录，提供高质量的匹配结果。为了减少虚假联系的可能，要求任何匹配配对都必须具有 5 位数的邮政编码、城市名称或 3 位数的邮政编码(按重要性排序)。本文设定了两种特定匹配方式：同时匹配名称和地址、仅匹配企业名称。

将谷歌 API 数据与企业注册信息进行匹配，筛选出重点关注的样本为 12 万家同时拥有网站和评论文本的 SU 雇主企业。这些企业占记录总数的 43.44%。这种较低的匹配率是由三种情况造成的：一是只使用 SU 企业能够简化分析，多元企业(Multiunit firms，MU)分配的行业代码性质较为复杂。例如，大型零售公司的店面、仓库和公司总部等信息都指向同一个网站，并有相似的用户评论，导致出现识别问题。此外，对雇主企业的限制可能会排除许多非雇主企业的匹配结果。二是由于时效性的差异，新成立的企业出现在谷歌数据中，但尚未被美国人口普查局的企业注册信息库收录。三是数据抓取在 2017 年 12 月或 2018 年 1 月，而企业注册信息数据在 2015 或 2016 年收集，即企业注册信息数据比谷歌数据早两年。研究发现，在所有服务型企业中，约有 19%的企业在运营第一年就会倒闭，即许多有注册信息的企业可能已不存在，但在谷歌数据库中有搜索结果。

(三)匹配数据质量

NAICS 行业在样本与企业注册信息范围之间的百分比对比如图 2 所示。一方面，样本对 NAICS 零售贸易、住宿和餐饮服务的抽样严重过度。在企业注册信息中，约有 12.28%属于零售贸易；但在样本中，该行业却占了近 19%。这是因为

① 这种地理搜索模式的不足是，位置不在核心统计区的企业或在农村地区更常见的行业，可能会欠采样。

谷歌地点和 Yelp 的 API 都以面向公众的行业为目标,有三分之二的样本来自以餐饮服务为主的 Yelp。另一方面,本文对专业、科学和技术服务、建筑和制造业的抽样不足。例如,专业、科学和技术服务代码约占所有企业的 12.6%,但在样本中仅占 4.36%。

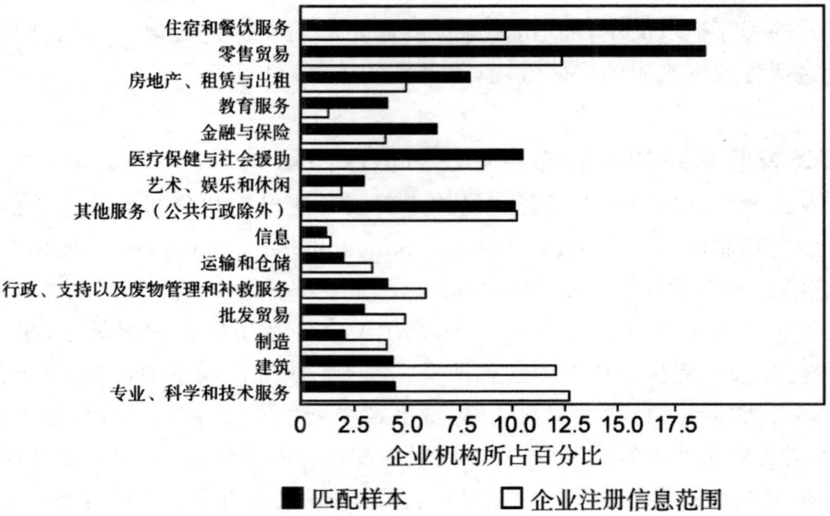

图 2 NAICS 代码样本代表与企业注册信息

(四)文本数据

本文分析了每个 NAICS 行业的用户评论和网站文本中使用了多少行业特有词语,为特定行业的信噪比(文本信息)提供衡量标准,有助于提高行业分类的准确性。如果评论或网站中使用的所有词语都是该行业特有的,那么模型将较容易识别该 NAICS 行业。图 3 是网站和评论文本中该行业特有词语的比例。特有词语的比例越大,模型的分类决策就越简单。例如,住宿和餐饮服务行业所特有的词语比例为 58%,而信息行业的网站中,特有的词语比例只有 22%,即 NAICS 行业之间存在很大的异质性;与用户评论相比,网站文本包含更大比例的行业特有词语。这表明网站文本能够更清晰地识别 NAICS 代码,但还需要更复杂的自然语言处理技术进行验证。

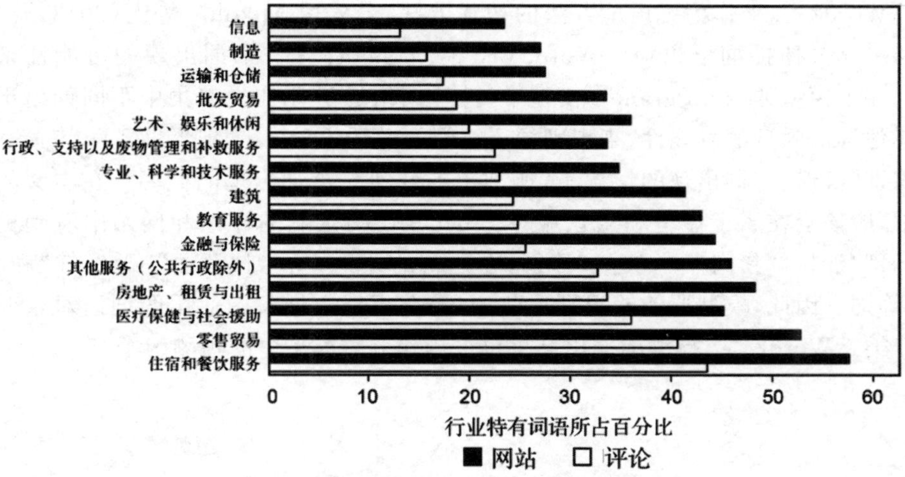

图 3 按 NAICS 代码分列的词库独特性

三、方法简介

(一)自然语言处理

自然语言处理(Natural Language Processing,NLP)是一套分析工具,这一工具能够给词语和短语赋予数学意义,即根据词语和短语在文档语料库中出现的语义和上下文,将其转换为数字格式。本文用这种方法将网站和评论文本转换成合理的维度,然后根据 NAICS 行业对公司进行分类。NLP 最基本的形式是"独热编码"(如(矩阵 1)所示)。虽然这种方法可用于许多分类器(如朴素贝叶斯法),但其缺陷是无法联系词语的上下文。例如,在识别"俱乐部"一词是否与餐厅或高尔夫球场相关联时,需要知道"俱乐部"一词在上下文中的使用位置是否靠近"三明治"或"高尔夫"。

$$\begin{pmatrix} Do \\ Or \\ Do \\ Not \\ There \\ Is \\ No \\ Try \end{pmatrix} = \begin{pmatrix} 1\,0\,0\,0\,0\,0\,0 \\ 0\,1\,0\,0\,0\,0\,0 \\ 1\,0\,0\,0\,0\,0\,0 \\ 0\,0\,1\,0\,0\,0\,0 \\ 0\,0\,0\,1\,0\,0\,0 \\ 0\,0\,0\,0\,1\,0\,0 \\ 0\,0\,0\,0\,0\,1\,0 \\ 0\,0\,0\,0\,0\,0\,1 \end{pmatrix}$$

矩阵 1:在句子中演示独热编码

Word2Vec① 作为无语境方法的替代方法,最先由 Mikolov 等人(2013)开发,能够更充分捕捉词语语境。Word2Vec 模型通过计算一个词出现的可能性来运行。在该模型的"skip-gram"②模型中,神经网络通过评估文本集中不同词语出现在其他词语附近的可能性,来识别词语之间的潜在关系层。如图 4 所示,该模型试图识别"汉堡"一词出现的情况下,所列出的任何一个词出现的概率。在本文的案例中,应该会在属于住宿和餐饮服务 NAICS 代码企业的评论和网站中看到更多"汉堡""沙拉""猪肉"和"披萨"等词,在建筑的评论中看到"石油""天然气"和"矿井"等词。因此,模型要能够识别这些词语,并根据数据集中使用的词语对企业进行分类。Word2Vec 模型的输出结果也可当作分类模型中的预测因子。

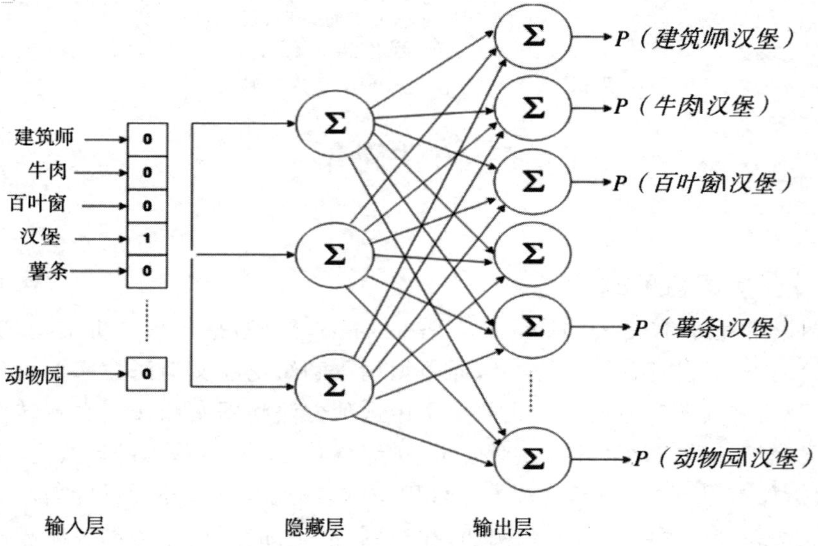

图 4　Word2Vec 模型图示

为解决 Word2Vec 模型只能提供单个词语信息的不足,使用 Doc2Vec 模型进行研究。Doc2Vec 模型功能与 Word2Vec 模型类似,但返回的是整个文本文档的因子载荷隐藏层(hidden layer of factor loadings)。在 Doc2Vec 模型中,文档 k 在隐藏层 i 上的值可视为文档 k 在 i 上的平均载荷。Doc2Vec 模型会根据所用词的上下文,为每个企业返回一系列值,这些值是文档中所有句子的平均值。由于不同 NAICS 行业企业的用户评论和网站不同,使用这种方法,能够帮助识别餐厅和酒店的用户评论与教育机构的用户评论之间的区别。

① Word2Vec 是用来产生词向量的相关模型。

② Skip-Gram 模型使用 1 个单词来预测周围的单词。

(二)机器学习

Doc2Vec模型的向量输出非常适合聚类等无监督分类技术，还可以作为有监督机器学习算法中的特征。建立一个基于随机森林模型的分类器来预测每个企业所属的NAICS行业，其中的自变量为企业名称、用户评论和网站的生成向量，以及每个企业谷歌类型标签的二进制变量，因变量为样本数据与企业注册信息匹配后，得到每个匹配企业的实际NAICS行业代码。将12万条记录分为80%的训练集和20%的验证集，分别用于模型训练和评估。

为了确保模型选择既可复制，又能最大限度地提高准确性，本文通过随机改变Doc2Vec模型产生的向量数量，以及随机森林模型中树的数量和深度，选择最小对数损失[①]作为模型比较标准，对1000种不同的模型配置进行了分析，然后测试不同的模型配置对准确率的影响，并重复这一过程。

四、结果分析

(一)模型评估

图5[②]为使用的向量数量预测对数损失及95%的置信区间(阴影区域)。y轴上的分数越低，对数损失越小，拟合度越高。结果表明，对于用户评论和网站，较少的向量数量(约10个)就能产生较好的结果，而对于企业名称，则需要约20个向量。

(二)预测准确性

最终确定的最佳拟合模型在随机森林中使用了119棵树，其中企业名称有20个向量，用户评论有8个向量，网站文本有16个向量。总体而言，在所有NAICS行业中，该模型准确预测了约59%的案例，与SSA方法的初始匹配率处于类似水平。该模型在不同行业的表现差异较大，对于信息、制造等行业的NAICS代码，只准确预测了不到5%的观测值，而在住宿和餐饮服务业，则有约83%的企业被正确预测到其所属的NAICS行业。为避免样本的不平衡性导致部分NAICS代码过度拟合，使用F1分数[③]来评估模型。

---

① 对数损失是一个惩罚函数，选择最小对数损失作为模型比较标准可以权衡预测和预测确定性之间的得失。

② y轴倒置，以方便解释说明。

③ F1分数是精确度和灵敏度的调和平均数。对于每个NAICS代码k，精确度是指k中被正确识别的案例总数除以模型识别为k的案例总数。召回率或灵敏度衡量的是NAICS代码k中被准确预测的案例比例。

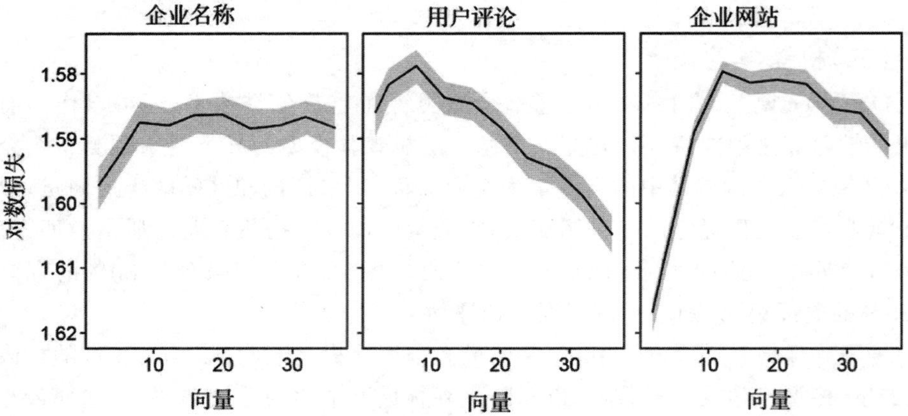

图5　跨参数空间的模型表现

注:图示为使用相应文本来源向量数量的模型平均值和95%的置信区间。为便于解释说明,图中Y轴倒置。

图6为按NAICS行业分类模型的F1分数散点图。结果表明,住宿和餐饮服务以及零售贸易的F1分数最高,相应文本的特有词语的百分比也最高。而信息的F1分数非常低,且这些NAICS代码中出现特有词的比例也最低。这种关系表明,文本的特有词语比例有助于模型的分类效果,也就是说,模型难以从相对较少的特有词语中正确预测某个行业的企业,如果进行进一步更广泛的搜索,增加取样不足行业的数据,增强不同行业的样本平衡性,模型在信息等行业的表现会有所改善。

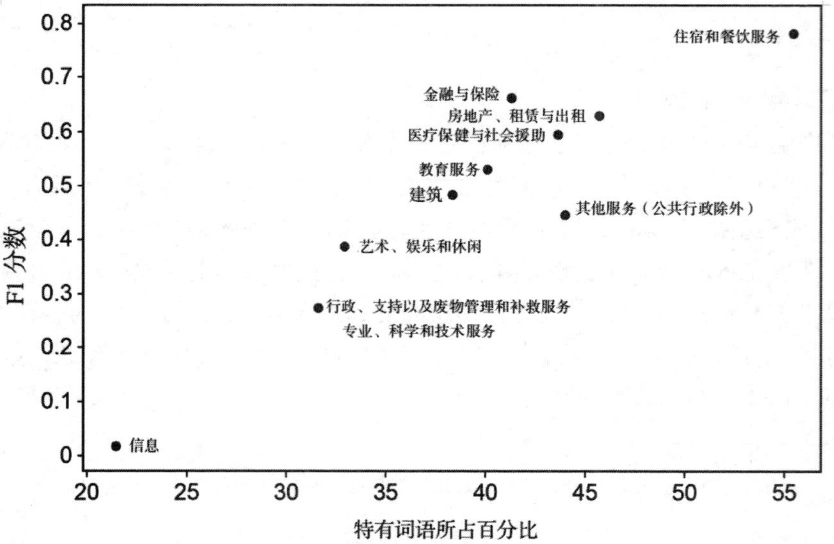

图6　按NAICS行业分类的模型表现

注:图示为每个NAICS行业网站和评论文本中使用的该行业特有词语的(平均)百分比(x轴)和模型得出的F1分数(y轴)。

(三)错误分类分析

多项分类法(multinomial classification approach)可以评估两个 NAICS 代码(其中一个是正确的)的区分难度。图 7 是实际 NAICS 代码(y 轴)与预测 NAICS 代码(x 轴)之间的混淆矩阵(confusion matrix),其中不包括预测正确的观测值,该矩阵能够评估模型误差和偏差。在每个 NAICS 代码中,本文的模型都为正确预测分配了最高的平均预测概率,但零售贸易被预测为各行业中 NAICS 代码的概率仅次于正确预测概率(图 7),这对批发贸易的影响较大。因为批发贸易和零售贸易的关键区别不在于实际商品,而在于客户。批发贸易商向其他企业销售商品,零售贸易则直接向公众销售,但批发和零售贸易的网站和用户评论中使用的词语类型较为相似。在这种情况下,当词语具有相似载荷时,本文的模型倾向于选择观测值数量最多的 NAICS 代码,降低决策树的不纯度。

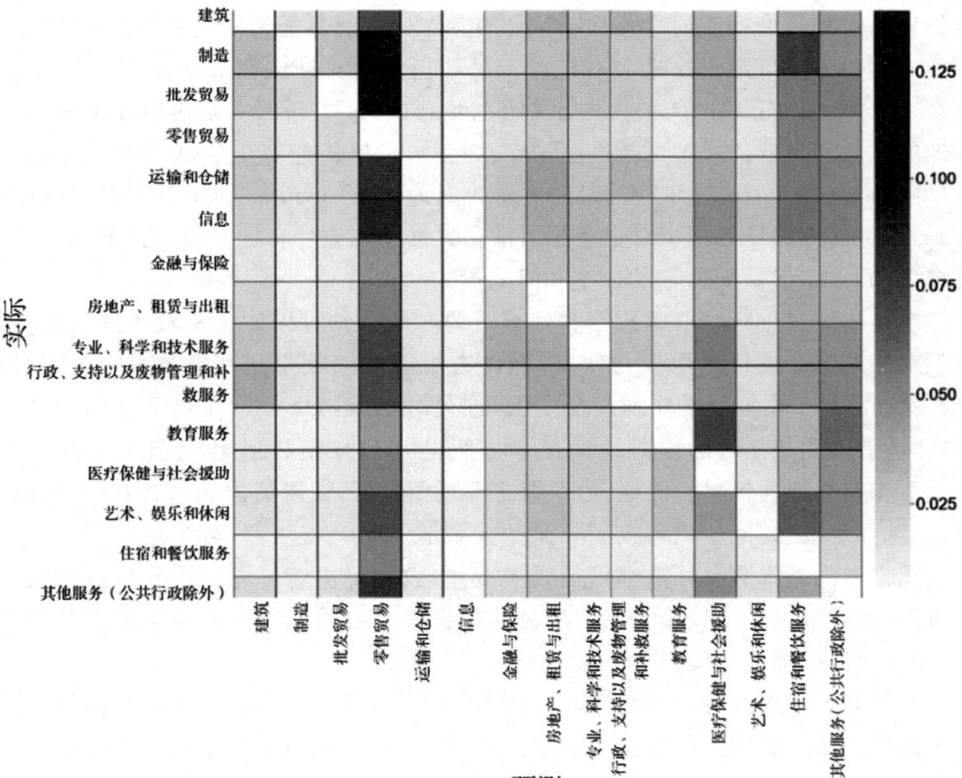

图 7　2 位数 NAICS 代码行业错误分类热图(heatmap)

注:图示为每个 NAICS 行业错误预测企业的比例

五、讨论

本文介绍了美国人口普查局利用公开文本数据和机器学习技术,收集并生成行业分类代码的一种新方法。在有更多数据可用于训练分类模型的 NAICS 行业中,该方法准确率高达 83%。因此,进一步开发这一方法和框架,利用可公开获取的数据源,能够及时、高效地改进提高 2、4 和 6 位数的 NAICS 编码工作。一旦这些技术的准确性、偏差、可靠性和可复制性得到进一步研究和验证,这些方法最终有望成为生成统计产品的基本方法。

研究表明,为识别使用文本生成 NAICS 代码的不同特征,需要有足够多的企业数据。同时,还应测试逻辑回归(logistic regression)、梯度提升(gradient boosting)和深度学习(deep learning)等其他类型的预测算法的效果。此外,在数据中添加衍生变量的特征工程方法也能够提高模型的准确性。但对于类似零售贸易和批发贸易这种具有相似词库且难以区分的 NAICS 代码,需要使用其他方法解决。

本文的方法可用于改进现有统计产品。当前的自动编码方法使用的是 2002 年至 2004 年从 EIN 申请表中收集并定期更新的词库,新的文本语料库能够以更高效的方式和更低的成本更新这些词库,为美国人口普查局和 SSA 带来直接附加值,并与以前的词库进行对比,保证质量。因为目前的方法无法自动分配 NAICS 代码,本文的方法还可用于对企业注册信息数据样本进行有针对性的搜索,减少编制准确的 NAICS 代码所需的成本和时间投入。

统计生产过程在获取源数据和计算资源时还有预算限制。相较于调查收集,虽然对网站数据进行抓取较为便宜,但调查可能能够收集到网站上没有的信息。此外,使用 API 收集数据并不是免费的,进行跨地域网格搜索需要大量的计算工作,才能有效生成足够的数据。而且,为了防止用户复制数据库,API 只向用户提供基于专有算法的信息。因此,为获取全部可用数据,需要美国人口普查局和数据提供商(如谷歌)之间达成协议。如果数据来源于单一提供商,数据格式、可用性,以及数据中的基本测量标准都可能发生变化,数据提供商可能停止收集数据或垄断数据,也会带来一定风险。在利用公共数据来源或受限数据来源生成统计产品时,需要谨慎处理这些因素。

对公共数据来源进行网络抓取可能存在两种风险。一是在未经同意的情况下收集数据。如果美国人口普查局宣布其公开收集此类信息是为了改进国家统计数据、减轻受访者负担、节省机构时间和资源并降低成本,或许能够化解这一风险。二是大规模定向搜索并使用受法律保护的数据是一项复杂的工作,存在无法扩展和重复收集的风险。为避免数据泄露,受法律保护的数据需要与外部数据进行混合后才能搜索。这种方法虽然能确保数据的隐私性和保密性,但会使识别企业注册信息记录变得更加复杂。

参考文献

Bayard K, Dinlersoz E, Dunne T, Haltiwanger J, Miranda J, Stevens J, 2018a. "Business Formation Statistics." https://www.census.gov/programs-surveys/bfs/data/datasets.html.

Bayard K, Dinlersoz E, Dunne T, Haltiwanger J, Miranda J, Stevens J, 2018b. "Early-Stage Business Formation: An Analysis of Applications for Employer Identification Numbers." NBER Working Paper No. 24364, National Bureau of Economic Research, Cambridge, MA.

Bertke S, Meyers A, Wurzelbacher S, Measure A, Lampl M, Robins D, 2016. "Comparison of Methods for Auto-Coding Causation of Injury Narratives." Accident Analysis Prevention, 88: 117—123.

Chakraborty A, Bhattacharjee S, Raghu T S, 2019. "Data Privacy and Security for US Consumers: Assessing Legislative Success of Data Protection throughFeature Engineering and Prediction." Working paper, University of Connecticut. Unavailable to the general public.

Copeland R, Bindley K, 2019. "Millions of Business Listings on Google Maps Are Fake-and Google Profits." Wall Street Journal, June 20.

Cuffe J, Goldschlag N, 2018. "Squeezing More Out of Your Data: Business Record Linkage with Python." Working Paper Series18—46, Center for Economic Studies, US Census Bureau. https://www2.census.gov/ces/wp/2018/CES-WP-18—46.pdf.

Fairman K, Foster L, Krizan C, Rucker I, 2012. "An Analysis of Key Differences in Micro Data: Results from the Business List Comparison Project." Working Paper Series 08—28, Center for Economic Studies, US Census Bureau. https://www.census.gov/library/working-papers/2008/adrm/ces-wp-08—28.html.

Forman G, 2003. "An Extensive Empirical Study of Feature Selection Metrics for Text Classification." Journal of Machine Learning Research, 3 (3): 1289—1305.

Gweon H, Schonlau M, Kaczmirek L, Blohm M, Steiner S, 2017. "Three Methods for Occupation Coding Based on Statistical Learning." Journal of Official Statistics, 33 (1): 101—122.

Haltiwanger J, Jarmin R, Miranda J, 2008. "Business Dynamics Statistics

Briefing:Jobs Created from Business Startups in the United States." US Census Bureau. https://www2. census. gov/library/working-papers/2008/adrm/bds _ statbrief1_jobs_created. pdf.

Ikudo A,Lane J,Staudt J,Weinberg B,2018. "Occupational Classifications:A Machine Learning Approach." NBER Working Paper No. 24951. Accessed July 30,2019. https://www. nber. org/papers/w24951. pdf.

Jabine,Thomas B,1984. "The Comparability and Accuracy of Industry Codes in Different Data Systems." Washington,DC:National Academies Press.

Jung Y,Yoo J,Myaeng S H,Han D C,2008. "A Web-Based Automated System for Industry and Occupation Coding." In Web Information Systems Engineering-WISE 2008,edited by Bailey J,Maier D,Schewe K D,Thalheim B,Wang X S,443—57. Berlin:Springer Berlin Heidelberg.

Kearney A T,Kornbau M E,2005. "An Automated Industry Coding Application for New US Business Establishments." In Proceedings of the American Statistical Association. http://www. asasrms. org/Proceedings/y2005/files/JSM 2005—000318. pdf.

Liao W,Kofahi K A,Moulinier I,2017. "Thomson Reuters Global Resources ULC. Feature Engineering and User Behavior Analysis." US Patent 9,552,420.

Luo T,Stark P,2014. "Only the Bad Die Young:Restaurant Mortality in the Western US." Accessed July 30,2019. https://arxiv. org/abs/1410. 8603.

Measure A, 2014. "Automated Coding of Worker Injury Narratives." https://www. bls. gov/osmr/research-papers/2014/pdf/st140040. pdf.

Mikolov T,Chen K,Corrado G,Dean J,2013. "Efficient Estimation of Word Representations in Vector Space." Accessed July 30, 2019. https://arxiv. org/abs/1301. 3781.

Muchlinski D,Siroky D,He J,Kocher M,2016. "Comparing Random Forest with Logistic Regression for Predicting Class-Imbalanced Civil War Onset Data." Political Analysis,24 (1):87—103.

Office for National Statistics,2018. "Unsupervised Document Clustering with Cluster Topic Identification." Office for National Statistics Working Paper Series No. 14. https://cy. ons. gov. uk/methodology/methodologicalpublications/generalmethodology/onsworkingpaperseries/onsworkingpaperseriesnumber 14unsuperviseddocumentclusteringwithclustertopicidentification.

Roelands M, van Delden A, Windmeijer D,2017. "Classifying Businesses by Economic Activity Using Web-Based Text Mining." Centraal Bureau voorde Statisteik (Statistics Netherlands). https://www. cbs. nl/en-gb/background/2017/47/classifying-businesses-by-economic-activity.

Tarnow-Mordi R, 2017. "The Intelligent Coder: Developing a Machine Learning Classification System." In Methodological News 3. Australian Bureau of Statistics. https://www. abs. gov. au/ausstats/abs@. nsf/Previousproducts/1504. 0Main%20Features5Sep%202017? opendocument&tabname=Summary&prodno=1504. 0&issue=Sep%202017&num=&view=.

Xu Y, Hong K, Tsujii J, Chang E I C, 2012. "Feature Engineering Combined with Machine Learning and Rule-Based Methods for Structured Information Extraction from Narrative Clinical Discharge Summaries." Journal of the American Medical Informatics Association, 19 (5): 824−832.

编译者及单位

原鹏飞　陈祎璇,国家统计局统计科学研究所。

数字经济和数字化

国家数字化战略评估及其治理[①]

【内容摘要】 本文分析了不同国家的国家数字化战略及其治理情况，以经合组织“数字化转型”综合政策框架为基准，构建了国家数字化战略综合性指标（ND-SC）。该指标可用于评估国家数字化战略的综合情况，由此更深入考察一个国家数字化战略在政策方面的协调性，从而促进数字化转型并促进增长和福祉。

国家数字化战略旨在规划一个国家经济和社会的数字化转型进程，其总体目标是使国家成为数字领跑者、促进数字创新、推动生产力发展和经济增长，并提高福祉水平（包括缩小数字鸿沟和增加社会包容性）。不同国家的国家数字化战略在形式、内容和治理方面存在显著差异。

经合组织的“数字化转型综合政策框架”确定了国家数字化战略中涵盖的相关政策领域，当前经合组织成员国将该框架作为制定国家数字化战略的指导。基于该框架，实现政策统筹一致的关键是确保国家数字化战略的综合性。全面的国家数字化战略可以增强政府对数字化政策问题的意识和关注度，促进多个利益相关方共同参与，并提高战略制定和实施的协调性。

本文提出了一个评估国家数字化战略综合性的新方法，能够帮助政府制定、监测和评估国家数字化战略。该方法将“数字化转型综合政策框架”作为衡量综合性的基准，并使用新收集的政策信息构建衡量国家数字化战略综合性指标，用于了解一个国家的国家数字化战略是否能够协调所需政策，从而实现数字化转型，促进经济增长并提高福祉水平。

一、国家数字化战略综合性指标的构建

（一）编制政策数据库

大多数经合组织成员国都有不同的国家数字化战略。许多国家也有更具针对性的“数字化”战略或政策，但通常仅针对某一行业、政策领域或技术，例如宽带发展战略、人工智能（AI）战略、物联网（IoT）战略、数字安全战略、数字政府战略以及

① 本文编译自：David G，Molly L. Assessing National Digital Strategies and Their Governance［R］，OECD Working Paper，2022.

技能战略等。虽然这些针对性战略可通过国家数字化战略进行协调,但本身并不构成国家数字化战略。国家数字化战略通常能够协调国家数字政策布局中的主要数字政策措施,从而确保各领域政策之间的协调性。

为了评估国家数字化战略的综合性,经合组织秘书处专门编制了一个政策数据库。该数据库包含国家数字化战略、协调性战略或政策中的政策措施信息。该数据库收录了所涉及的战略和政策文件中的原文信息,并根据其出处进行标记,所有收录的信息均需经过相关国家验证。

(二)数字化转型综合政策框架

“数字化转型综合政策框架”可作为制定和改进一般数字化转型政策以及国家数字化战略的指南。该框架由七个总体维度组成,包含访问、使用、创新、就业、社会、信任和市场开放,具体涉及 38 个政策领域,而数据和数据治理则被视为横跨框架所有维度的政策问题(图 1)。

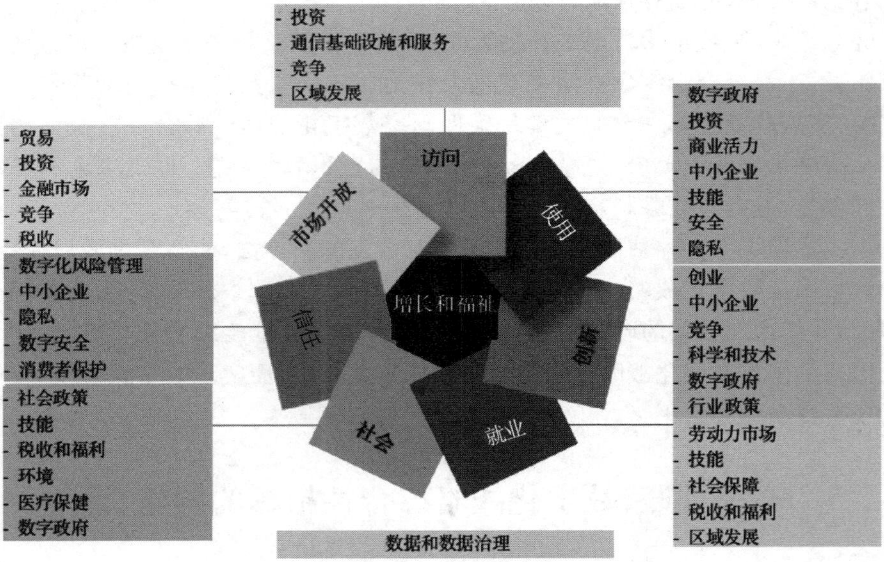

图 1　数字化转型综合政策框架

(三)衡量国家数字化战略综合性指标的构建

国家数字化战略综合性指标基于“数字化转型综合政策框架”的七个维度计算得出。首先计算每个维度中的点数,然后将某个国家每个维度的点数除以该维度中政策领域的总数,则为各维度国家数字化战略综合性指标值,计算过程见表 1 示例。

表 1 某国的国家数字化战略综合性指标计算示例

	访问	使用	创新	就业	社会	信任	市场开放
(A)各框架维度的政策领域总数	4	7	6	5	6	5	5
(B)国家 X,政策措施所涉及的领域数量	2	5	4	3	5	5	4
国家数字化战略综合性指标的计算方法:(B)/(A)	2/4	5/7	4/6	3/5	5/6	5/5	4/5
国家 X 的国家数字化战略综合性指标值	0.5	0.71	0.67	0.6	0.83	1	0.8

图 2 展示了 26 个国家不同维度的国家数字化战略综合性指标,深色表示该国国家数字化战略更全面,浅色表示该国国家数字化战略的综合性较低。从图 2 的展示不难看出,虽然国家数字化战略综合性指标不评估一个国家整体数字政策布局的质量或广度,但的确能够非常直观地了解一个国家的数字化战略总体是否协调。

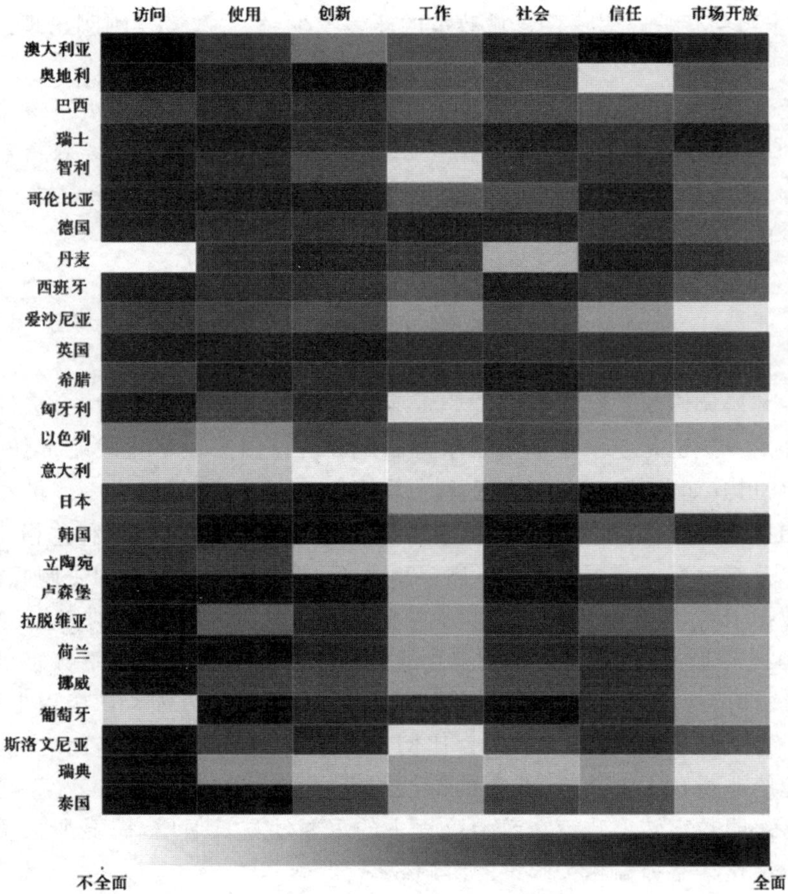

图 2 国家数字化战略综合性指标

从图 2 可以看出,多数国家的“访问”维度具有较强的全面性,这主要得益于早期数字政策往往涉及网络连接和信息通信技术(ICT)行业,且许多国家都有与国家数字化战略相协调的宽带战略(有关具体信息详见附录 1,下文同)。大多数国家“使用”维度的国家数字化战略也较为全面,能够部分反映信息和通信技术(ICT)、技能和数字政府战略或其他相关政策已实施数年以来所取得的成效。

“创新”“社会”和“信任”维度的全面性也相对较高。从政策内容看,在创新维度,行业、科技和数字政府等方面的政策非常普遍,但与竞争有关的政策较少。在社会维度,技能、医疗保健和社会等领域的政策覆盖率最高,而税收和福利领域的覆盖较少。在信任维度,数字安全和隐私领域的政策涵盖较多,对中小企业的政策涉及较少。

相对而言,“就业”和“市场开放”维度的数字化战略政策的全面性较为欠缺。考虑到数字转型对就业、劳动力市场和社会保障变化的潜在影响,以及数字技术对税收、竞争、贸易和金融市场的重要性,这一结果有些出乎意料。从政策的具体内容看,国家数字化战略对这些领域政策的涵盖较少,相关政策才刚刚出现或正在加速形成。

需要注意的是,特定维度下国家数字化战略主要表明该国提供了该维度下必要政策的基本框架,并不能反映该国在此维度的数字发展水平。要获得数字发展水平数据,可通过经合组织制定的“数字化转型工具包”等相关指标衡量。同时,一些新政策的影响也需要一段时间后才能衡量。

二、国家数字化战略治理

制定和协调国家数字化战略的职责应划分给拥有政治影响力、合法性的机构或职能部门。这也是越来越多的国家将制定和协调国家数字化战略责任,分配给部级以上机构(如总理府、总理办公室或总统办公室等)的原因之一。虽然这种安排在协调方面具有优势,但实际效果也取决于各参与部委、机构和利益相关方的专业能力。目前已有一些国家设立了数字事务部,并被授予强有力的协调职权。

从数据上看,近年来国家数字化战略的治理方式发生了较大的变化(见图 3)。2016—2021 年期间,将制定国家数字化战略的职能分配给专门负责数字事务的部委、机构或部门的国家比例由 24%增加到 47%;将该职能分配给部级以上机构(如总理办公室或总理府)或部门的国家比例从 12%增加到 26%。相比之下,将这一职能分配给非专门从事数字事务的部委或机构的国家比例从 65%急剧下降到 26%。这表明数字转型政策在政治议程中的重要性与日俱增,需要加强领导并通过国家数字化战略提高相关政策的协调效率。

为有效地监测进展情况,各国需要设定可衡量的目标,并收集数据,使用相关

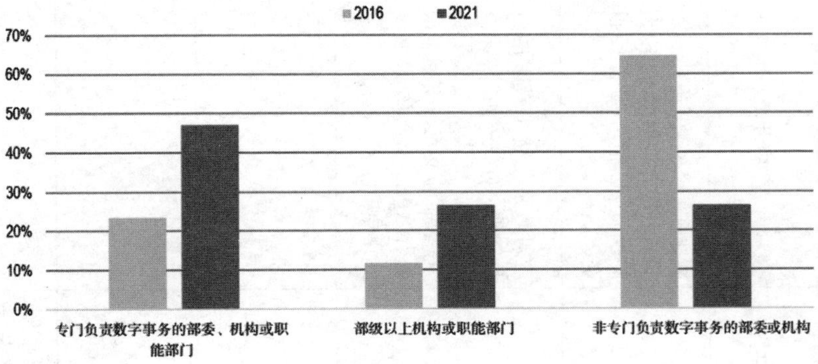

图 3　制定国家数字化战略的职能分配

数据来源：经合组织 2016 年、2019 年和 2021 年的数字经济政策调查表

指标来衡量目标的进展情况。特别是在已设立专门负责数据事务的部委或机构的国家，负责制定国家数字化战略的机构同时也负责对实施情况进行监督。以 2019 年的情况为例，经合组织所有国家都报告了其政府监测国家数字化战略的实施情况，其中部分国家设定了可衡量的目标并制定了监测指标。

三、结论

本文提出的国家数字化战略综合性指标，以"数字化转型综合政策框架"的七个维度为基准，衡量国家数字化战略的综合性。结果表明，各国"访问"维度下的政策最为全面，但"就业"和"市场开放"维度政策的全面性和协调性较低。

随着需要加强领导并通过国家数字化战略，提高相关政策协调效率的重要性与日俱增，国家数字化战略的治理方式也在不断发展。本文构建的国家数字化战略及其治理综合指标，可为决策者制定或修订国家数字化战略、评估数字政策布局等提供参考。

参考文献

OECD. 2020. "Going Digital integrated policy framework", OECD Digital Economy Papers, No. 292, OECD Publishing, Paris, https://doi.org/10.1787/dc930adc-en.

OECD. 2020. OECD Digital Economy Outlook 2020, OECD Publishing, Paris, https://doi.org/10.1787/bb167041-en.

OECD. 2019. Going Digital: Shaping Policies, Improving Lives, OECD Publishing, Paris, https://doi.org/10.1787/9789264312012-en.

OECD. 2017. OECD Digital Economy Outlook 2017, OECD Publishing, Paris, https://doi.org/10.1787/9789264276284-en.

附录 1　将政策信息映射到跨维度政策领域的标准

各维度政策领域	数字化综合政策框架的各个方面						
	访问	使用	创新	就业	社会	信任	市场开放
投资	通过促进投资的各项措施增加对通信基础设施的投资。	加强推动企业数字化转型,投资信息和通信技术及相关资源利用率。					减少阻碍数字化转型的障碍,促进支持数字化转型的投资,包括外国直接投资。
竞争	保持或增加数字化市场的竞争。		避免市场垄断,监督新兴企业并购特别是数字密集型产业企业。支持放开监管促进市场准入。鼓励灵活监管促进竞争。				应对数字化转型带来的竞争问题,如数字化程度不同的商业模式如何公平竞争;数字市场集中现象;消费者数据;涉及国际影响的竞争。
区域发展	缩小/弥合地理上的数字连接鸿沟。			通过提高技能水平等措施,提高数字化转型方面的就业机会。			
数字政府		改善数字公共服务。提高公共部门内部通信技术和数据的使用效率。	改善政府数据的提供和使用方式。公共部门数字创新。		通过数字手段扩大公民在政策制定活动中的参与度。		
中小企业		增强中小企业对信息和通信技术的使用。	通过针对中小企业的研发措施或孵化器,增强中小企业的数字创新潜力。			提高中小企业解决数字安全、隐私相关问题的能力。	

续表

	数字化综合政策框架的各个方面						
各维度政策领域	访问	使用	创新	就业	社会	信任	市场开放
技能		支持教育和培训，提高个人、企业和公共部门的技能。利用招聘政策，提高数字时代所需的相关技能。		促进教育和培训，提高相关技能。促进职业培训。	支持教育和终身学习，提高基础技能，使人们能够参与数字社会并弥合数字鸿沟。		
隐私		通过加强个人、企业或机构对隐私风险的管理。				确保隐私和个人数据保护。	
安全问题		加强个人、公司、公共部门对数字安全风险管理。促进电子认证。				加强数字安全。	
税收和福利				改进税收，转化为对员工、企业家或工人的福利。	针对弱势或劣势社会群体采取再分配措施。提供实物转移支付。		

附录2　制定国家数字化战略的责任分配(2021年)

部级以上机构或职能部门	专门负责数字事务的部委	专门负责数字事务的机构或职能部门	非专门负责数字事务的部委或机构
澳大利亚、比利时、哥伦比亚、智利、芬兰、日本、俄罗斯、瑞士、土耳其	奥地利、德国、希腊、卢森堡、葡萄牙、西班牙、瑞典、英国、泰国	捷克、匈牙利、冰岛、以色列、意大利、斯洛文尼亚、挪威	巴西、哥斯达黎加、丹麦、爱沙尼亚、韩国、拉脱维亚、立陶宛、荷兰、新加坡

来源:经合组织2016年、2019年和2021年的数字经济政策调查表。

编译者及单位

汤志华,国家统计局统计科学研究所。

数字世界中负责任响应型机构的数据伦理框架①

【内容摘要】 随着大数据、数据科学和人工智能等的快速发展，数据伦理问题受到越来越广泛的关注。本文阐述了数据伦理问题的重要性和内涵，提出一个将数据伦理运用于实践的框架，讨论了数据伦理的跨部门实施问题，并对加拿大政府统计在数据伦理方面的实践进行了介绍。

一、引言

数据有多种表现形式，包括“可借助图像、声音、文字或物理测量而得出的事实、数字、观察或记录”。数据因其可获得性和大量存在，可用多重方式对其加以使用，因此成为机构决策机制和管理工具箱的关键部分。由于数据的核心作用及其与决策之间的联系，对数据的不道德使用会导致对组织和机构的失信。因此，在数据对机构具有关键价值的时代，在机构内部和跨机构之间合乎伦理地使用数据，是满足法律和合规要求、管理声誉风险的关键，而最重要的是要确保机构对数据的使用不会对利益相关者和整个社会造成普遍性伤害（比如对社会、环境、金融等领域）。我们认为，私人机构、公共组织和非营利组织均需系统地将数据伦理整合到自身治理行动、运营流程和管理系统中，以实现信任、问责制和对不断变化的法律和社会许可的持续考量。为此，我们提出了一个框架，该框架利用标准化工具在机构内启用和整合数据伦理问责机制。我们还对加拿大统计局开发的数据伦理框架和实践案例进行了研究，并深入了解更为广泛的原则和工具，此类原则和工具可为建立跨机构数据伦理职能提供参考。

人类社会因技术利用不断更新而不断变化，对技术的理解以及记录信息的形式也在发生变化。在过去的十多年里，数据创建、收集、生产、存储、分析和消费的方式发生了深刻变化，重塑了人们与数据，甚至与世界的关系。2014 年，联合国秘书长要求成立一个专家咨询小组并对数据革命进行分析和研究，编制包含建议的研究报告。该报告标志着我们对数据的作用及其对政策的影响已有新的理解。数

① 本文编译自：Inbal Marcovitcha，Eric Rancourt. A data ethics framework for responsible responsive organizations in the digital world[J]，Statistical Journal of the IAOS 38 (2022) 1161－1172.

据如今已经成为日常生活的重要组成部分,众多数据生产者和用户通过各种方法、工具和应用程序进行互动。近年来全球各国一直在尝试衡量和量化数字经济中数据和相关活动的价值。例如,2019 年加拿大统计局对数字经济活动的价值开展了一组实验性评估。虽然该研究仅提供了范围评估(range estimate)并建议进行更多探索以验证假设,但仍反映了数据在加拿大的重要性日益提高。自上世纪 90 年代以来,加拿大对数据本身、数据库和数据科学等各类数据产品的投资始终保持增长态势。

随着数据资源逐渐成为私人、公共和非营利组织日益重要的资产,各类组织也正在成为数据的保管人。数据保管人需要掌握处理数据资源的专业知识,而能够合乎伦理地开展数据实践则属于一个机构的关键资产。在数据和信息快速流动的当今时代,相关的数据声誉风险也很高。例如,不道德的数据使用会严重损害机构的声誉,导致客户信任度下降并带来业务损失。加拿大政府制定了自己的数据战略,以指导其向"更加透明、协作、以公民为中心和数字化的公共服务机构"转型,该数据策略将为加拿大在运营、决策制定和服务交付方面的变革提供支持。

二、数据伦理与数据供应链

(一)定义

与伦理或商业伦理在商业机构中有一席之地(或至少被纳入考量)一样,数据革命和新冠疫情使得数据伦理问题成为焦点。数据伦理目前被已视为伦理学的一个分支,可定义为对数据本身、使用数据的计算机程序和算法以及对使用这些数据的方法和手段等相关伦理问题进行的研究,这也适用于整个数据生命周期过程,包括收集、获取、共享、数据发布、决策等。数据伦理适用于人类社会生成的所有数据,例如通过问卷调查、填写在线表格获取的数据,也适用于由传感器、手机、卫星和所有产生数据的电子设备生成的一切非人工生成的数据,还适用于出于某种目的而通过模型生成的任何形式的合成数据。数据伦理也关乎尊重和真相,为防止虚假数据进入分析流程,在进行任何分析之前,数据用户对包括数据可靠性和可信度等数据质量的事先评估有着强烈的需求。

在数字时代,无论是个人、企业还是公共部门的机构,所有社会活动的参与者都在以各种形式生产和使用数据。人们在线订购商品或服务时,会提供个人信息,并获得商品或服务信息。同样,公民与政府互动时,也会交换信息和服务。在数据需求持续增长的过程中,也会不断出现新的问题,这些问题包括但不限于:如何获取数据?获取数据的途径是否合法?数据获取过程以及数据生命周期中都发生了什么?谁有权修订数据?谁实际修订了数据?是如何修订的?出于何种目的修订?如何使用数据?谁有权访问数据?数据是否被共享?谁负责保管数据?数据保存的安全性如何？谁拥有数据且可出售数据？由此，数据伦理的目的在于，确保数据得到合乎伦理的管理，并帮助机构和个人在既能够受益又在可被接受的方式下进行适当的数据交互。

1. 数据伦理：数据本身

就实际数据点而言，数据伦理针对一系列问题提供了质疑框架。首先，获取和使用数据的目的是什么？是为了公共利益，为了获利，还是两者兼而有之？若数据的获得不符合伦理规范，应该怎么处理？若数据被盗或遭黑客入侵，应该怎么办？若数据未经同意就被非法获取，应该怎么办？若为了影响决策或获利，故意使用不真实的数值或修改数据，应该怎么办？为特定目的收集的数据是否可应用于另一目的，以避免开展重复的数据收集活动？上述问题应在获取数据之前、数据获取/生成过程中以及整个数据管理、保存和处置周期中予以解答。

2. 数据伦理：算法

一旦通过收集、获取或生产得到数据，数据伦理问题就会涉及如何使用数据、如何将数据转化为信息以及如何做出决策，这一问题属于算法的范畴。编程算法涵盖了从简单查询和模型到极为复杂的机器学习算法和复杂的人工智能系统。编程算法不应孤立使用，需考虑整个数据生命周期，包括阐明使用算法的目的、评估数据质量、整理数据以及验证模型和结果等。

随着大数据和数据科学技术的不断发展，密切关注伦理变得更为重要。在此背景下，伦理不仅关乎算法本身的正确性，还涉及了解算法正在做什么，以避免在无意识或非主观意愿的情况下造成伤害。例如，用于将某文件中的因素（与个人有关的数据）进行分组，以吸纳其进入某一项目或将其排除在外的自动化系统，就可能会偏向或排斥某些社会弱势群体。之所以出现这种情况，是因为有限的可用数据集与人口亚群的特征之间可能存在联系。因此，必须制定标准并确保人工智能（以及普通意义上的所有算法）的使用合乎伦理。这就是《蒙特利尔宣言》（Montreal Declaration）设定的通过一系列原则以及一些标准制定组织要实现的目标。同样，加拿大政府已出台了一项关于自动决策的指导原则以及一套评估算法影响的工具。

3. 数据伦理：行为

数据和算法是并行的，关键在于人们如何对其加以利用。使用得当的数据和算法对人类和社会都有极大的用处。然而，若使用者行为失当，则不但不会带来好处，反而可能造成严重的伤害。遗憾的是，不仅恶意的数据使用有害，无意使用也可能如此。因此，在具有算法和人工智能的全新数据世界里，确保坚定实施数据伦理文化至关重要。机构中员工、研究人员和管理人员的行为很可能被低估，但这却是数据伦理发展和实施过程中最重要的部分。我们必须牢记的是，由人类设计算法，由人类决定如何收集、处理和使用数据，并由人类据此做出决策，但人类不可避免地存在无意识的偏见。因此,创建支持预期行为的系统、流程和文化非常关键。

(二)贯穿数据生命周期和供应链的数据伦理

与其他类型的伦理困境一样,数据伦理涉及机构与数据交互的方方面面。事实上,由某个机构创建的数据通常会在之后传递至其他机构,这就是我们所说的数据供应链,也正是因此,数据伦理问题会超越单个机构的范畴。Girard(2019)介绍了传统供应链如何演变为大数据供应链,该研究指出,在大数据背景下,需要创建新的数据价值链,以合乎伦理的方式创建和机构链条中的各个步骤至关重要,适当的数据伦理实践能够维持或增进信任,从而增加数据的价值。

随着数据在供应链中的发展,人们也可从机构的角度来审视数据生命周期。Rancourt(2019)将这种生命周期归结为四步,即数据的收集、保护、增长和提供,在每个步骤以及各步骤之间的所有衔接过程中,均有可能出现伦理困境。因此,对于其中每一步中可能出现的数据伦理问题,数据负责人和所有涉及数据管理的人员以及分析师都需要关注。

(三)实践中的数据伦理:走向数据伦理框架

由于数据会对机构运营和诸多利益相关方产生影响,因此需在各个层面开展数据治理,而首当其冲的是法律合规层面。目前欧盟已制定了迄今为止最全面的数据保护条例。加拿大制定了两类隐私法规:一类旨在保护个人隐私(《隐私法》,The Privacy Act),另一类旨在制定规则,以便管理个人信息的收集、使用和披露(《个人信息保护和电子文件法》,Personal Information Protection and Electronic Documents Act,PIPEDA)。此类法规是治理数据伦理问题的关键,"可持续数据科学的关键可能在于制度化管理"。

其次,仅依靠法律框架并不足以完全应对所有的数据伦理挑战,因此需要在机构层面辅以道德框架,以确保机构的运营同时满足法律规范和社会规范。通常情况下,法律规范可能无法囊括社会规范涉及的所有内容,灰色区域会将与数据相关的决策引入伦理领域,建议将数据伦理视为机构治理和运营的基本要素,同时利用标准化工具创造公平的竞争环境,实现数据供应链上运营机构之间的一致性、透明化和可比性(见图1)。在实践和文献中,持之以恒地衡量和确保数据伦理实践的能力均存在不足,因此,为机构提供描述、持续改进和披露数据伦理实践以及评估其质量的方法非常重要。本文中,我们提出一个数据伦理的框架,该框架考虑了机构为确保数据伦理实践所需的要件。与其他发布的指南(例如美国统计协会的《统计实践的道德准则》(Ethical Guidelines for Statistical Practice))相比,我们提出的数据伦理方法保持一致且具有互补性。此类措施包括:

(1)将数据伦理纳入整个机构的文化和伦理计划;

(2)有一套数据伦理流程或管理系统；

(3)具备监督流程和管理系统的治理结构，这种机构可以是委员会，也可以是官方机构，负责与数据相关的伦理问题；

(4)针对机构如何在数据供应链中做出合乎伦理的决策进行披露并实现透明化；

(5)展示和验证合乎伦理的数据实践的标准化操作。

上述措施的目的，是减少信息不对称并最终强化信任、透明度和问责制。

1. 机构文化

创建和启用支持学习、讨论和辩论的道德规范和数据伦理文化，是确保数据实践合乎伦理的关键。长期以来，机构文化被视为机构绩效的重要决定因素，机构文化也是促使机构对其数据负责的推动因素。将机构的激励措施与数据伦理的最佳实践相结合，是韧性机构的重要基础。

2. 数据伦理流程/管理系统

在整个机构中嵌入数据伦理，并确保在数据供应链中提出适当的问题，是确保最佳实践在整个机构中得到系统性推行的关键。开发并实施一个数据伦理流程或管理系统，用于指导与数据伦理相关的决策和流程，可形成一种统一且系统的方法，从而探索和解决机构内出现的伦理困境。这样的流程或管理系统可与各种数据治理流程和实践、法律和合规性以及人力资源相关联。通过该数据伦理流程或管理系统，也可以为机构员工提供工具并进行培训，以便其在遇到道德困境时能够加以利用。

3. 治理

数据伦理治理可分为两个部分。首先是数据伦理的内部治理。

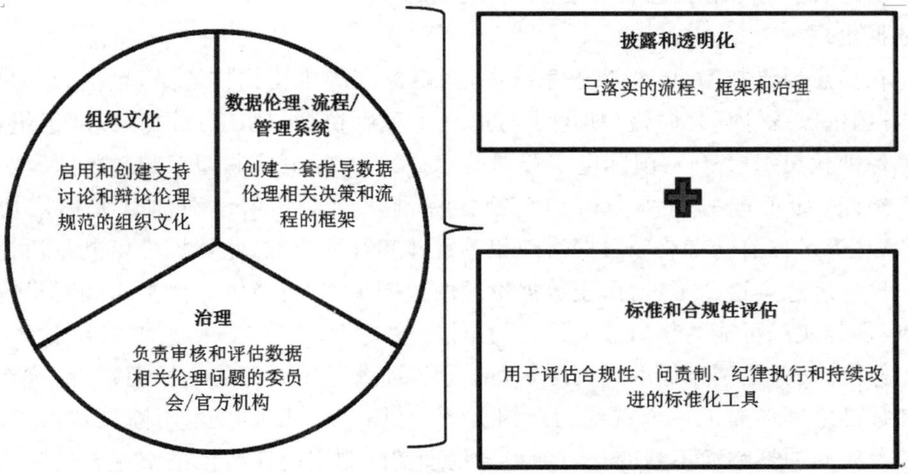

图 1　机构中的数据伦理框架——响应型组织

内部治理的职能包括内部监督、协调以及与数据伦理相关的专业知识和领导中心,并监督数据伦理相关流程和系统的内部实施。第二项职能与组织管理机构的总体治理有关,《ISO37000:2021 组织治理》(*ISO 37000:2021 Governance of Organizations*)对该职能及其在数据伦理方面发挥的作用进行了描述,并将数据和决策制定视为管理机构要考虑的关键要素。此外,该标准特别指出,“管理机构尤其应确保将数据视为战略资源,并确保以负责任和合乎伦理的方式使用数据”。

4. 披露与透明化

虽然披露不足以影响和推动机构的道德行为,但能够提高透明度并增加对机构非财务状况的了解,因此,披露现已被作为一种工具得到推广。由于数据被视为机构的重要战略资产,因此在公司各类财务和非财务披露或其它报告中,须考虑与该资产相关的风险或责任。此外,法律法规可能要求机构披露和报告数据泄露事件。例如,加拿大的《个人信息保护和电子文件法》要求机构对“任何危害个人信息安全并造成重大伤害的行为”进行报告。

在环境、社会和治理(ESG)披露领域,机构通常需要披露隐私数据泄露、网络攻击等有关的信息,以此向投资者提示其对机构财务业绩的可能影响。然而,与数据相关的伦理困境可能在隐私或网络攻击以外的情况中发生,且产生的影响可能超出财务业绩的范围。因此,与整个数据领域及其治理相关的披露和透明化是具有价值的,特别是在数据伦理关注方面。

5. 标准和合规性评估

标准化工具包括标准和合规性评估,标准化工具有助于获取和向机构引进与数据伦理相关的系统和流程。标准是由专家制定的一组文件,用于在行业内和跨行业间汇集和传播知识以及最佳实践方式。合规性评估则是确保满足标准中规定要求的过程。标准化能够促使各机构就其实践进行交流并提升透明度,在本文中指数据伦理。

在信息通讯技术(ICT)生态系统中,制定标准的机构比比皆是,包括公共机构(如各国国家统计局)、联盟(如电子与电气工程师协会,IEEE)、国际标准组织(如国际标准化组织(ISO)、国际电工委员会(IEC)、国际电信联盟(ITU))、国家标准制定组织(如英国标准协会(BSI)、德国标准化学会(DIN)和加拿大标准协会(CSA))等。目前已有获取数据治理相关最佳实践的标准,此类标准可能是讨论数据伦理的理想渠道。不过,由于数据伦理的范围更广,且考虑到数据伦理对机构的影响,最佳实践可能会超出数据治理的范围。

标准(尤其是国家标准或国际标准)是不断修订和更新的。长期来看,这在伦理和标准之间形成了一个重要的反馈循环(见图 2)。如同技术不断进步,伦理也会随着时间的推移而不断变化。为指导伦理实践制定的任何标准都主要反映当下的伦理处理方式,今天在伦理上被认为可接受的一些事物在未来可能并非如此,因此需要提出新的标准来适应这种变化。同时,随着新的规则和伦理规范成为主流,就需要调整和改进相关的标准化工具。因此,需要对标准进行不断修订、反思和改进,以适应新的伦理、规范和文化的发展。

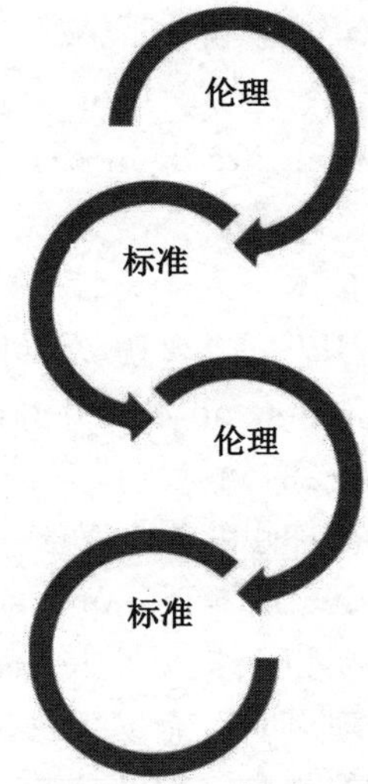

图 2　标准与伦理规范之间的相互作用

标准的持续改进可能属于国家或国际领域的职责范围,也可在标准制定机构或支持相应质量基础设施的国家和国际标准化体系的各个部门进行,具体取决于数据伦理框架标准化的演变情况。例如,加拿大统计局开发的机构数据伦理框架可成为系统层面的种子文件,发展成为加拿大国家标准或国际标准。数据伦理实践将至少每 5 年由多元且均衡的利益相关方组成的委员会以协商一致的方式更新。在机构层面,数据伦理的标准化方法可嵌入持续评估机构数据伦理实践的要求。这种方式的好处在于:一方面,通过与潜在的、经认可的合规性评估联动,以验证机构内的实践,其中经认可的第三方认证将提供最高级别的信任;另一方面,与其他跨部门标准的广泛连接可促进统一性和互操作性(interoperability)。

目前,数据伦理领域的标准化工具正在迅速发展,国际标准界已发布许多涉及伦理的文件和标准。例如,在国际层面,国际标准化组织(ISO)和国际电工委员会(IEC)一直在制定各种国际标准,以解决当前或将来可能面临的数据伦理问题,包括以下标准:

—《ISO37000:2021 组织治理—指南》(ISO 37000:2021 Governance of organizations-Guidance)。该标准"为以符合利益相关者期望的合乎伦理、有效和负责任的方式实现机构目标奠定了基础。"该标准还含有一节与管理机构的数据和决策相关的指南内容,以确保有效的绩效、负责任的管理和道德行为。

—《ISO/IEC38507 信息技术—信息技术治理—机构使用人工智能的治理影响》(ISO/IEC 38507 Information technology-Governance of IT-Governance implications of the use of artificial intelligence by organizations)(目前正在制定中)。该文件将解决对 AI 的使用进行管理时应考虑的关键问题。

—《ISO/IECTR24028:2020 信息技术—人工智能—人工智能可信度概述》(ISO/IEC TR 24028:2020 Information technology-Artificial intelligence-Overview of trustworthiness in artificial intelligence)。该文件旨在通过多种方法支持人工智能系统获得信任。

—《ISO/IECTR24027 信息技术—人工智能(AI)—人工智能系统中的偏见和人工智能辅助决策制定》(ISO/IEC TR 24027 Information technology-Artificial Intelligence (AI)-Bias in AI systems and AI aided decision making)。该技术报告旨在为机构解决人工智能系统存在的偏见提供支持。

—《ISO/TS17033:2019 道德声明和支持信息—原则和要求》(ISO/TS 17033:2019 Ethical claims and supporting information-Principles and requirements)。该标准提出了“制定和宣布伦理声明以及提供支持信息的原则和要求,适用于产品、流程、服务或机构相关的各类伦理声明”,有助于机构证实其与伦理相关的声明。

—《ISO22222:2005 个人财务规划—对个人财务规划师的要求》(ISO 22222:2005 Personal financial planning—Requirements for personal financial planners)。该标准第 5 节给出了财务规划师应遵循的伦理原则。

电子与电气工程师协会等其他国际组织也编制了系统性文件,旨在帮助机构走出因新兴技术应用引起的道德困境,其中数据属于核心。加拿大则于 2019 年发布了国家标准 CAN/CIOSC101:2019“自动化决策系统的伦理设计和使用”(Ethical design and use of automated decision systems)。

以上示例标准有助于我们廓清数据伦理标准的涵盖范围。例如,《ISO/TS17033:2019 道德声明和支持信息—原则和要求》可用于验证声称以道德方式处理数据的组织是否可靠。《ISO22222:2005 个人财务规划—对个人财务规划师的要求》可为制定伦理原则提供启发,供数据科学专业人士或更为广泛的数据价值链中的数据处理人员所遵循。由于组织中有很多人员在数据价值链上工作,数据伦理对机构的工作方式有着巨大的影响。因此,一套国际公认的跨学科原则可能是将所需行为嵌入机构文化的途径之一,也是在机构间交流数据伦理内涵的一种方式。然而,针对如何管理和整合整个机构的数据伦理问题,目前在标准化方面仍然存在差距。

三、数据伦理的跨部门实施

以服务公众利益为目标的公共机构与营利性企业在很多方面是不同的,与此相应，数据伦理框架、遵守或使用建议数据伦理方法的动机、文化和治理的实施均可能因机构类型的不同而有所差异。尽管如此，私营企业“为社会多做贡献”并为股东创造可持续长期价值的压力不断加大，面临越来越大的审查、社会和政治压力，不仅公共机构需考虑数据伦理，任何涉及在数据供应链上处理数据的企业都需考虑数据伦理。

在实践中，如何创建全系统激励措施，以确保机构将数据伦理纳入其治理和日常运营？首先，可以将此作为一项法律义务（目前仅在涉及隐私的领域推行）。其次，可能需采取一系列超出法律要求范围但能够被普遍接受的道德约束规则。下面列出了一些供进一步探索的理念。

标准化工具有助于创建符合要求的框架、系统和流程来管理数据，并确保伦理考量成为数据供应链中数据治理的组成部分。此类工具可自愿使用，也可由监管机构纳入其强制性要求的范畴。在如何处理与数据伦理相关的困境时，标准化工具的实施可使机构采取更加负责和系统化的行为。

在公共领域，同样有很多地方都需要考虑数据伦理。例如，加拿大联邦政府制定了一项科学诚信政策，供政府各部门“管理其机构的研究、科学和相关活动”。该政策可作为公共部门如何考虑道德规范建设的示例。为确保数据伦理能够在跨部门和跨机构之间得到考量，采用系统的数据伦理方法是有意义的，例如，可考虑将数据伦理作为中央机构管理框架组成部分的拟议框架，由此保证数据伦理问题能够在各部门之间得到既分散又统一的处理。

在私营领域，数据伦理的实施不仅在机构内部，也在机构之间，以及机构与各利益相关者之间。非财务披露框架一旦被采用，就可能成为有用的基准机制并激励企业遵守数据伦理标准。例如，企业通常会披露自身环境、社会和治理相关信息，以向投资者和其他利益相关方展示其在环境、社会和治理方面的业绩。随着数据成为企业的关键资产，与数据伦理相关的问题也应成为披露的重要内容。

当然，只有披露是不够的，要完善激励体系就需在披露标准和框架之间建立联系，并在机构内实施数据伦理。标准化工具可在披露和实际操作之间建立联系。数据伦理标准将指导如何将数据伦理整合到系统和流程中，还可为处理数据的专业人员提供伦理原则框架。若将此类标准与认证项目相结合，则能够确保机构切实遵循与数据伦理相关的最佳实践。

如果能够将数据伦理框架与文化、治理相结合，并通过披露和标准以及合规性评估加以补充，则能够在多个层面让多个利益相关方群体受益。例如，数据消费者将能够识别机构是否能够达到数据伦理标准或一系列认证标准，并使用或购买这些机构的数据。其次，一旦通过合乎伦理的使用数据的认证，机构就可将此信息添加到环境、社会和治理类型的指数编制中，并向投资者公布。第三，参与数据收集和生产的公司，通过向投资者和消费者表明其为确保伦理实践所作的努力，可以建立公司信任并降低声誉风险。第四,数据伦理原则也可与质量管理系统相结合,从而对机构流程、习惯和文化产生影响。最后,机构可从数据伦理的通用语言中受益,标准化工具可用于帮助机构确保其拥有正确的框架、系统和流程,能够做出与数据伦理相关的可信赖决策,同时确保系统地执行此类框架、系统和流程。

四、加拿大政府统计中的数据伦理

加拿大统计局的使命是“为支持决策提供所需的可信数据、统计服务和见解,同时在加拿大民众中持续建立并维护信任”,其中的数据伦理实践由加拿大统计局组织管理并进行监管。在数据供应链技术进步的推动下,加拿大统计局一直在设法提供更及时、更具关联性的数据,以更好地支持政策和决策制定,与此同时,加拿大统计局也在积极寻求将数据伦理整合到整个数据过程的新方法和途径。

事实上,在国家统计机构为社会提供信息的过程中,数据伦理一直是一个问题,但并不是一个被明确提出的问题(某些涉及对人体采取直接措施的卫生项目除外)。例如,机密保护和数据安全一直是统计系统的重要基础性原则。同样,为避免偏见所做出的努力指引着许多活动以产生可靠且具有代表性的统计数据,从而使决策者能够避免偏向或不偏向某些人口群体。类似保密性、安全性和避免偏见的概念与伦理问题有关,从这个意义上讲,各国统计机构已隐含地考虑了数据伦理。

随着新数据需求、新问题和新可用数据的出现,我们也将面临全新的挑战。在这种形势下,仅隐含地处理数据伦理问题已不可取、不可行。加拿大统计局的各项实践活动表明,当前需要明确、系统地考虑数据伦理问题,并在数据生命周期的所有步骤中加以体现。

(一)机构文化

在加拿大统计局引入数据伦理的过程中,上级政府部门的支持发挥了非常重要的作用。与大多数机构一样,早期加拿大统计局各部门对数据伦理问题的态度并不积极,但随着高层不断对数据伦理重要性的强调,这一理念也逐渐融入加拿大统计局的日常工作,特别是基于《必要性和相称性框架》(Necessity and Proportionality Framework,NPF)进行的数据伦理审查对于所有新的数据收集活动都具有强制性。

从实践看,数据伦理的引入对加拿大统计局的工作带来了明显的促进,同时更重要的是能够让加拿大民众受益。一方面,《必要性和相称性框架》的实施强化了加拿大统计局的数据伦理文化。相比过去,当前加拿大统计局工作人员更加频繁地确定值得深入考量的伦理主题,也更有效地为其项目提供理由阐述。得益于明确且系统数据伦理规范、道德框架和流程的实施，包括其中更为清晰的数据责任感，新项目和重新设计项目的设计更加符合伦理规范。与此同时，该框架还有助于加深以加拿大民众为中心的服务理念。另外，该机制也在持续改进，以符合当前的数据伦理实践并适应环境的变化。

（二）数据伦理流程/管理系统

2019 年，为了进一步使得数据收集的隐私保护更加系统化，并将数据收集的隐私保护整合到统计流程之中，加拿大统计局制定并实施了《必要性和相称性框架》。作为一项内部标准，《必要性和相称性框架》用于规范数据伦理的实施和管理，确保统计机构的所有数据操作都能够考虑到伦理方面的内容，并在每个项目开始时就探讨可能出现的伦理困境。以下列出了伦理审查时可提出的一些问题：

—收集这些数据是为了何种公众利益？

—项目与已确定的需求有何关联？

—需要哪些具体信息？

—需要精确到何种程度？

—项目负责人的透明度如何？

—如何保密？

—在确保公平和防止伤害方面作出了哪些努力？

—是否有替代方法？

加拿大统计局实施的《必要性和相称性框架》以科学方法为基础，目前已成为涵盖数据伦理的审查框架，这也是确保在数据生命周期的所有阶段都考虑数据伦理的一种有效手段。对项目经理负责的数据采集进行评估，以识别其伦理考量，然后将结果提交管理层审核，这一过程既可以作为数据采集流程进一步推进之前的审核点，也可作为一种文化支持流程，用于提高数据伦理意识并规范管理者和员工的道德行为。

（三）治理

为保证数据伦理活动的正常进行，目前加拿大统计局已建立了一套完善的流程和数据伦理决策结构，数据伦理委员会由一个秘书处提供支持。与此同时，加拿大还成立了公司（内部）数据伦理委员会，该委员会由伦理/哲学专家组成的伦理秘书处提供支持。数据伦理活动由首席数据伦理和科学诚信官牵头，负责所有的数据伦理审查，包括评论、质疑、执行修订，以及某些情况下因无法解决伦理挑战而阻止项目的继续进行等，并负责向加拿大首席统计师汇报。此外，加拿大统计局还会听取微观数据访问伦理和现代化咨询委员会（Advisory Council on Ethics and Modernization of Micro-data Access）的建议，上述咨询委员会的职责之一是针对隐私和数据伦理问题提出建议。

(四)披露与透明化

在确保数据保密管理权的行使方面,加拿大统计局等国家统计机构具有强有力的法律支持。《加拿大统计法》(Canadian Statistics Act)对保密有明确的规定,对于统计数据和信息的披露,无论是质量、公平性和隐私原则等方面均受到高度重视。

在透明化方面,加拿大统计局设立了一个向公众开放的信任中心,信任中心对加拿大统计局正在进行和计划进行的所有行政数据采集项目予以公开,同时,该中心还提供有关如何使用数据的信息。此外,就透明化而言,加拿大统计局所有计划以某种方式收集数据(调查、行政数据、其它数据源)的项目都必须编制并向加拿大隐私专员办公室(Office of the Privacy Commissioner of Canada)提交《隐私影响评估》(Privacy Impact Assessment,PIA)。最后,通过将数据质量和方法告知用户,更主动和更明确地提高透明度,加拿大民众可以随时了解加拿大统计局的统计发展情况。

(五)标准和合规性评估

目前,加拿大统计局的《必要性和相称性框架》已成为一项内部标准和实践,在机构内体现出巨大的价值,为提升和扩大这种方法的影响力,目前《必要性和相称性框架》已被编入《加拿大国家标准》(National Standard of Canada),以为加拿大民众和其他面临数据伦理挑战的机构提供参考和帮助。通过标准化推动最佳实践,可以推进能够获得认可的合规性评估,并为确保数据得到合乎伦理的运用提供工具,同时确保机构拥有正确的系统、治理和文化来应对不断变化的数据伦理考量。

五、结论

数据伦理在机构中发挥着日益重要的作用,管理和决策部门需考虑发展机构文化和系统方式,支持公开的数据伦理问题对话和辩论,用行动机制解决伦理困境。本文提出一个支持和指导私营机构和公共部门实施数据伦理的总体框架,加拿大统计局的例子和标准则展示了一套完善的数据伦理原则、方法和工具。

参考文献

Statistics Canada. Statistics:Power from Data! 2021. https://www150.statcan.gc.ca/n1/edu/power-pouvoir/ch1/definitions/5214853-eng.htm.

OECD,2020. Digital Transformation in the Age of COVID-19:Building Resilience and Bridging Divides. Digital Economy Outlook 2020 Supplement. OECD Publishing: Paris. Available at: https://www. oecd. org/digital/digital-economy-outlookcovid. pdf.

OECD,2020. OECD Digital Economy Outlook 2020. OECD Publishing. Paris. doi:10. 1787/bb167041-en.

Independent Expert Advisory Group (IEAG), 2014. A world that counts: Mobilizing the data revolution for sustainable development. Report,the Independent Expert Advisory Group on a Data Revolution for Sustainable Development,United Nations,New York. Available at:https://www. undatarevolution.

Statistics Canada,2019. The value of data in Canada:Experimental estimates. Latest Developments in the Canadian Economic Accounts. Her Majesty the Queen in Right of Canada. Available at: https://www150. statcan. gc. ca/n1/en/catalogue/13—605—X201900100009.

Hagiu A,Wright J,2021. When data creates competitive advantage. Harvard Business Review. January-February 2021;Available at:https://hbr. org/2020/01/when-data-creates-ompetitiveadvantage.

Hirsch D, Bartley T, Chandrasekaran A, Norris D, Parthasarathy S, Turner PN,2020. Business Data Ethics:Emerging Trends in the Governance of Advanced Analytics and AI. Ohio State Legal Studies Research Paper No. 628. Available at: https://papers. ssrn. com/sol3/papers. cfm? abstract_id=3828239.

Government of Canada,2018. A data strategy roadmap for the federal public service. Available at:https://www. canada. ca/.

Floridi L,Taddeo M,2016. What is data ethics? Philosophical Transactions of the Royal Society A,374(2083):doi:10. 1098/rsta. 2016. 0360.

Belinski D,2000. The advent of the algorithm-The idea that rules the world. Harcourt,Int.

Angwin J,Larson J,Surya M,Kirchner L,2016. Machine Bias. ProPublica. Available at: https://www. propublica. org/article/machine-bias-risk-assessments-in-criminal-sentencing.

Dilhac MA,Abrassart C,Voarino N,2018. Montréal Declaration Responsible AI: Montreal declaration for a responsible development of artificial intelligence. Available at:https://www. montrealdeclaration responsibleai. com/.

Government of Canada, 2019. Directive on Automated Decision Making. Available at:https://www. tbs-sct. gc. ca/pol/doceng. aspx? id=32592.

Taylor A, 2017. The Five Levels of an Ethical Culture: How to Build and Sustain Organizations with Integrity. Business Corporate Responsibility.

Girard M, 2019. Standards for the Digital Economy: Creating an Architecture for Data Collection, Access and Analytics. Centre for International Governance Innovation. Policy Brief No. 155, Available at: https://issuu.com/cigi/docs/pb_no.155web.

Rancourt E, 2019. The scientific approach as a transparency enabler throughout the data lifecycle. Statistical Journal of the IAOS. 53(4): 549—558. doi: 10.3233/SJI-190581.

European Union, 2016. Regulation (EU) 2016/679 of the European Parliament and of the Council of 27 April 2016 on the protection of natural persons with regard to the processing of personal data and on the free movement of such data, and repealing Directive 95/46/EC (General Data Protection Regulation). 2016; https://eur-lex.europa.eu/eli/reg/2016/679/oj.

Government of Canada, 1985. Privacy Act. https://laws-lois.justice.gc.ca/eng/ACTS/P-21/index.html.

Government of Canada, 2000. Personal Information Protection and Electronic Document Act. Available at: https://laws-lois.justice.gc.ca/ENG/ACTS/P-8.6/index.html.

Taylor L, Purtova N, 2019. What is responsible and sustainable data science? Big Data & Society. 6(2): 1—6. doi: 10.1177/2053951719858114.

America Statistical Association, 2022. Ethical Guidelines for Statistical Practice. Available at: https://www.amstat.org/.

Warrick DD, 2017. What leaders need to know about organizational culture. Business Horizons. 60(3): 395—404. doi: 10.1016/j.bushor.2017.01.011.

Schien EH, 2004. Organizational Culture and Leadership. Jossey-Bass: USA.

Sebastian-Coleman L, 2022. The culture challenge: Organizational accountability for data. In: Sebastian-Coleman L (ed), Meeting the Challenges of Data Quality Management. Academic Press, pp. 165—184. doi: 10.1016/B978—0—12—821737—5.00008—0.

ISO 37000: 2021. Governance of organizations.

Government of Canada, 2019. A full year of mandatory data breach reporting: What we've learned and what businesses need to know. Available at: https://www.priv.gc.ca/en/blog/20191031/.

Blind K, 2017. The economic functions of standards in the innovation process. In: Hawkins R, Blind K, Page R (eds.) Handbook Standards and Innovation. Edward Elgar Publishing, pp. 38－62.

ISO/TS 17033: 2019. Ethical claims and supporting information-Principles and requirements.

ISO 22222: 2005. Personal financial planning-Requirements for personal financial planners.

IEEE, 2019. Ethically Aligned Design: A Vision for Prioritizing Human Well-Being with Autonomous and Intelligent Systems. https://ethicsinaction. ieee. org/wp-content/uploads/ead1e. pdf.

CIO Strategy Council. CAN/CIOSC 101: 2019 Ethical design and use of automated decision systems.

Statistics Canada. Raison d'être, mandate and role: who we are and what we do. https://www. statcan. gc. ca/en/about/mandate.

United Nations. Fundamental Principles of Official Statistics. Directive E/RES/2013/21, Economic and Social Council. https://unstats. un. org/unsd/dnss/gp/FP-Rev2013-E. pdf.

Statistics Canada, 2020. Principles of Necessity and Proportionality. https://www. statcan. gc. ca/en/trust/address.

Kurznack L, Schoenmaker D, Schramade W, 2021. A model of longterm value creation. Journal of Sustainable Finance & Investment. 10. 1080/20430795. 2021. 1920231.

Government of Canada, 2018. Scientific Integrity Policies. Available at: https://www. canada. ca/en/treasury-board-secretariat/services/information-notice/scientific-integrity-policies. html.

MSCI, 2020. MSCI ESG Rating Methodology. https://www. msci. com/documents.

Sustainability Accounting Standards Board, 2018. E-commerce: Sustainability accounting standard. Available at: https://www. sasb. org.

Global Reporting Initiative, 2018. GRI 418: Customer Privacy 2016. https://www. globalreporting. org/.

International Integrated Reporting Council, 2021. International ＜IR＞ Framework. https://www. integrated.

编译者及单位

原鹏飞　陈祎璇，国家统计局统计科学研究所。

欧洲数字化转型进程（2024）[①]

【内容摘要】 本文基于欧洲家庭和个人使用 ICT 情况以及企业使用 ICT 和电子商务情况的调查，以及教科文组织、经合组织、欧统局联合数据库和劳动力调查中有关就业和 ICT 专家信息等数据，以欧盟国家为代表，系统介绍了欧洲的数字化发展状况。本文有助于全面了解欧洲的数字化进程，对我国数字化发展具有一定参考借鉴意义。

从打电话和购物等日常活动到企业和公共服务如何运作，数字技术涉及生活的方方面面，正逐渐改变着人们的生活和工作方式。数字化转型是欧盟的关键优先事项之一，“数字十年”行动计划制定了欧盟到 2030 年数字化转型的目标。本文提供了有关信息和通信技术（Information and Communication Technologies，ICT）以及个人和企业使用数字技术方式等方面的统计数据。

一、调查数据的基本情况

本文数据有两个主要来源，大多数数据来源于欧洲家庭和个人使用 ICT 情况以及企业使用 ICT 和电子商务情况的调查，就业和 ICT 专家信息来源于教科文组织、经合组织、欧统局联合数据库和劳动力调查。个人调查对象为 16 至 74 岁的个人，但 ICT 专家就业数据涵盖 15 至 74 岁的个人。

在关于企业使用 ICT 和电子商务的调查中，企业应至少雇用 10 人（雇员和自营职业者），中小型企业雇用 10 至 249 人，大型企业雇用 250 人或更多。企业 ICT 使用和电子商务调查收集了不同时期的数据，对于大多数主题，数据对应的时间为开展调查的时间，其中欧盟统计局数据库中的数据是根据调查年份组织的。

二、数字化转型

（一）数字技能

技术变革要求个人和企业获得新的数字技能。根据欧盟的目标，到 2030 年，

① 本文编译自：Eurostat. Digitalisation in Europe—2024 edition[R]，Interactive publications，2024. 4.

至少80%的成年人应至少具备基本的数字技能①。

44%的欧盟公民缺乏基本的数字技能。2023年,欧盟超过90%的公民每周至少使用一次互联网。然而,只有56%的公民具备基本或以上的数字技能。在欧盟国家中,2023年拥有基本或以上数字技能的人数比例最高的是荷兰(83%)和芬兰(82%),其次是爱尔兰(73%)、丹麦(70%)和捷克(69%)。

ICT专家占欧盟就业人员的近5%。根据欧盟的数字化目标,到2030年,欧盟应至少雇用2000万名ICT专家,男女应均衡参与。2023年,欧盟有近1000万人从事ICT专业工作,占总就业人数的近5%。在过去十年中,欧盟ICT专家的比例一直在增加,2013年至2023年累计上升了1.5个百分点。在欧盟国家中,ICT专业人员就业比例最高的是瑞典(9%)、卢森堡和芬兰(均为8%),希腊(2%)和罗马尼亚(3%)所占比例最小。对女性在ICT中所占比例的研究表明,尽管过去十年女性ICT专家的比例略有增加,但男性ICT专家的人数远远超过女性同行,其中2023年男性占81%,女性占19%。在ICT领域工作的女性比例最高的国家是保加利亚(29%)、爱沙尼亚(27%)和罗马尼亚(26%),比例最低的国家是捷克(12%)和马耳他(14%)。

22%的欧盟企业培训员工发展ICT技能。数字技能可以在学校或工作等不同的环境中获得,企业在提高其人员的ICT技能方面发挥了重要作用。2022年,22%的欧盟企业为员工提供培训,以发展或提高他们的ICT技能。芬兰(40%)、瑞典(34%)、丹麦和比利时(均为33%)是欧盟的领跑者,为员工提供ICT培训的企业比例最高。从企业规模来看,这一比例在大型企业中达到70%,而在中小企业中为21%。

(二)企业中的技术应用

将数字技术整合到企业业务的各个领域,使企业能够改善其产品和服务,并提升竞争力。到2030年,欧盟为其企业数字化转型设定了两个主要目标:一是90%以上的中小企业应至少达到基本的数字化强度水平,二是75%的欧盟企业应使用云计算服务或人工智能,执行大数据分析。企业的数字密集度由数字密集度指数(Digital Intensity Index,DII)监测,该指数衡量了企业对12种不同数字技术的使用情况,例如使用人工智能或进行电子销售。DII根据企业使用数字技术的数量对企业进行评分:(1)0—3:很低。(2)4－6:低。(3)7－9:高。(4)10—12:很高。具有基本水平数字强度的企业分数在4分以上。

---

① 基本的数字技能是指在信息和数据素养(information and data literacy)、通信(communication)、数字内容创建(digital content creation)、安全(safety)和解决问题(problem－solving)五个不同的能力领域中的每个领域至少做一项活动,例如信息和数据素养领域的在线搜索信息、通信领域的发送电子邮件、数字内容创建领域的编写编程代码、安全领域的保护个人数据、解决问题领域的安装软件等。

近60%的欧盟中小企业达到基本的数字强度。2023年,59%的欧盟企业达到数字强度的基本水平。大型企业的份额为91%,中小企业的份额为58%,比欧盟2030年目标低约30个百分点。大型企业中26%的企业拥有很高的数字强度,42%的企业具备高数字强度,而中小企业中只有4%拥有很高的数字强度,20%的中小企业拥有高数字强度。大多数中小企业仅有低(34%)或很低(42%)的数字化强度水平。具有基本数字化强度水平企业占比最高的是芬兰(86%),最低的是罗马尼亚(27%)。

45%的欧盟企业使用云计算服务。云计算服务能够非常方便地使企业访问互联网上由第三方托管的计算资源,而不是建立或扩展自己的IT基础设施,这对企业来说是一个很大的优势。2023年,欧盟45%的企业购买了云计算服务。与中小企业相比,大型企业更有可能选择云计算服务解决方案。2023年,78%的大型企业和44%的中小企业购买了云计算服务。在使用云计算的企业中,83%使用云计算服务托管其电子邮件系统,68%使用云计算服务存储文件,66%使用文字处理器和电子表格等办公软件。云计算服务的使用率在欧盟国家之间差异很大,其中芬兰(78%)、瑞典(72%)和丹麦(70%)的使用率最高。

8%的欧盟企业使用AI技术。人工智能(Artificial Intelligence,AI)是一种发展迅速的智能技术。AI赋予系统学习和决策的能力,并具有一定程度的自主性,以实现特定的目标。2023年,8%的欧盟企业使用AI。与云计算服务一样,大型企业(30%)使用AI的比例显著高于中小企业(7%)。在欧盟国家中,AI技术使用率最高的是丹麦和芬兰(均为15%),其次是卢森堡和比利时(均为14%),罗马尼亚(2%)、保加利亚、波兰、匈牙利和希腊(均为4%)的使用率最低。

(三)电子政务

在政务服务领域,互联网也为许多行政程序提供了方便。电子政务可以为政府和公民提供效率更高的服务。根据欧盟数字十年目标,到2030年,面向企业和公民的所有关键公共服务都应全面在线。2023年欧盟使用互联网的人中,有45%使用互联网从公共机构的网站上获取关于服务、福利、权利、法律和开放时间信息,这一比例在欧盟各国之间差别很大。在16个欧盟国家中,芬兰(83%)、丹麦(73%)和瑞典(71%)居首。各个年龄段的使用情况也不同,其中25至64岁的人群占比最高(47%),其次是16至24岁的人群(40%),65至74岁的人群(36%)占比相对较低。

三、在线人员

在互联网时代,人们的日常生活也越来越虚拟化,人们使用互联网进行不同类型的活动的频率也不断提高。

(一)在线活动

2023年,欧盟有91%的人在过去3个月内使用过互联网。对人们网络活动的分析发现,人们使用互联网主要用于社交,例如86%的互联网用户使用互联网收发电子邮件,82%的互联网用户使用互联网即时回复消息。以下的线上活动也很受互联网用户欢迎:

- 75%的人使用互联网进行电话或视频通话
- 70%的人依靠互联网来查找商品和服务信息
- 70%的人在线阅读新闻网站或报纸
- 70%的人使用过网上银行
- 65%参与社交网络
- 62%的人在网上搜索健康信息

70%的互联网用户在网上办理银行业务,而在2013年这一比例为55%。网上银行在25至64岁的人群中最受欢迎(73%),16至24岁的人群中的使用比例为62%,65至74岁的人群中的使用比例为57%。在欧盟国家中,使用互联网银行前五的国家分别是丹麦和芬兰(均为97%)、荷兰(96%)、爱沙尼亚和拉脱维亚(均为91%)。

(二)网上购物

在过去的几年里,网上购物已经变得非常流行。2023年,欧盟有75%的人在网上购买或订购商品和服务,而在2013年这一比重为57%。通过网上购物,人们可以在家中舒适地浏览产品,选择范围更广,价格也更容易比较。2023年,通过互联网购买商品或服务的用户比例从保加利亚的54%和罗马尼亚的55%到荷兰和爱尔兰的93%不等。网上购物在16岁至24岁的人群中最受欢迎(82%),25岁至64岁的人群中占比78%,65岁至74岁的人群在网上购物的占比也超过一半(52%)。

衣物是最受欢迎的网上购物商品。2023年,在网上购物者中,70%的人购买了衣服、鞋子或配饰。网上购物者还购买了以下商品和服务:

- 36%的人购买了文化或其他活动的门票
- 35%的人下载电影和电视连续剧
- 33%的人通过网站或应用程序租用公寓或房子等
- 33%购买了运输服务
- 30%的订单来自餐厅
- 28%的人买过化妆品

在服装、鞋子和配饰的购买方面,塞浦路斯的网购者订购的比例最高(82%),高于罗马尼亚(80%)和保加利亚(78%),拉脱维亚(56%)、爱沙尼亚(57%)和芬兰(58%)的比例最低。

虽然网上购物有许多好处,但客户在网上购买时也会面临问题。调查显示,有33%的网购者在网上购物时遇到了问题。在欧盟国家中,遇到问题的网购者比例最高的是卢森堡(56%)、荷兰(55%)和西班牙(50%)。相比之下,葡萄牙网购者在网上购物时遇到问题的比例最低(4%),其次是拉脱维亚(14%)和塞浦路斯(15%)。19%的买家遇到最常见问题是配送速度慢,11%的网购者认为,网站太难使用或不能令人满意,而9%的网购者表示遇到的主要问题是收到错误或损坏的商品。

(三)物联网

近年来,人们使用连接到互联网的设备逐渐增加。例如,使用机器人吸尘器和智能燃气表或电表等智能家电来管理家中的能源消耗。这种设备、传感器或系统通过互联网相互连接并相互通信的网络被称为“物联网”(Internet of Things,IoT)。

2022年,欧盟中72%的互联网用户使用互联网连接设备或系统。其中:

- 64%使用了联网电视、游戏机、家庭音响系统和智能音箱等智能家庭娱乐设备
- 29%的人佩戴智能手表、健身手环或类似的可穿戴设备
- 11%的家庭使用智能电表管理燃气、电力和智能灯等能源
- 10%的人使用智能家电,如机器人吸尘器、冰箱、烤箱和咖啡机
- 近10%的家庭使用互联网连接的家庭报警系统和其他安全和安保解决方案

在整个欧盟国家,互联网用户使用物联网解决问题的比例从保加利亚的44%和罗马尼亚的52%到马耳他的92%和荷兰的95%不等,其中智能娱乐家庭设备特别受欢迎。2022年,在24个欧盟国家中,50%或更多的互联网用户使用智能家庭娱乐设备,其中马耳他(88%)、爱尔兰(79%)、西班牙和瑞典(均为78%)占比较高。

(四)ICT设备的回收利用

随着ICT设备的使用越来越多,笔记本电脑、平板电脑、智能手机和台式电脑等旧设备产生的废弃物也越来越多。这就产生了一个问题,即不再使用的ICT设备会如何处理。目前有一些环保的方式,如供其他用户再次利用,或集中到回收中心,而不是简单地扔掉或只是放在抽屉里。

·台式电脑:2022年,欧盟13%的人通过回收方式处理旧台式电脑,8%的人选择了赠送或出售。相比之下,19%的人把旧台式电脑放在家里,2%的人选择直接丢弃。瑞典回收旧台式电脑的比例最高(29%),其次是荷兰(27%)。

·笔记本电脑或平板电脑:欧盟有10%的人通过回收方式处理旧笔记本电脑或平板电脑,11%的人选择赠送或出售,而33%的人将其保留在家中,1%的人直

接将其丢弃。在欧盟国家中，瑞典、芬兰和丹麦回收旧笔记本电脑或平板电脑的比例最高(均为18%)。

·智能手机:2022年，欧盟10%的人通过回收方式处理旧手机，17%的人选择赠送或出售。相比之下，49%的人表示他们的旧设备仍然存放在家里，2%的人选择直接丢弃。2022年希腊(18%)和奥地利(17%)以回收方式处理旧手机人数的比例最高。

四、在线业务

与人们生活中越来越多地使用互联网一样，企业也在增加在线服务和ICT的使用，以优化其日常运营。

(一)在线活动

互联网连接对于大多数企业在线运营和开展活动至关重要。在欧盟，无论企业规模大小，几乎所有的企业(94%)都有宽带互联网接入。2023年，94%的中小型企业和99%的大型企业都在使用宽带，超过一半的欧盟企业使用社交媒体，一半的企业举行在线会议。越来越多的企业开始使用社交媒体来推销商品和服务，或与顾客互动。此外，在过去几年中，受COVID-19大流行的影响，企业及其员工的工作模式也发生了变化，包括居家办公和在线会议等。

2023年欧盟61%的企业使用社交媒体，而2014年仅为34%。不同规模的企业之间存在显著差异，与中小企业(60%)相比，大型企业(86%)更多地使用社交媒体。企业对社交媒体的使用也因国家或地区而异，2023年，从各国对社交媒体的使用情况看:保加利亚(38%)和罗马尼亚(41%)企业使用社交媒体的比例相对较低，丹麦(83%)和马耳他(87%)较高。企业中最受欢迎的社交媒体类型包括:

·Facebook和Linkedln等社交网络(59%的企业)

·YouTube和Instagram等多媒体内容共享网站(31%的企业)

·企业博客(10%的企业)

2022年，50%的欧盟企业通过Skype、Zoom、MS Teams和WebEx等在线平台举行远程会议。就不同的企业规模而言，在线会议在大型企业中非常受欢迎(93%)，而在中小企业中的使用则不太普遍(49%)。就国家而言，2022年瑞典和芬兰均为79%，领先于丹麦的78%和马耳他的68%。欧盟企业允许员工远程访问不同类型的资源，以进行远程工作。2022年:

·78%的企业允许其员工远程访问企业的电子邮件系统

·65%的企业提供对文档的远程访问(例如文件、电子表格、演示文稿、图表、照片等)

·62%的企业提供对业务应用程序或软件的远程访问

(二)电子商务

电子商务为企业提供了通过互联网在线销售商品或服务的可能性,从而补充或取代了店面销售等传统的销售渠道。2023年,23%的欧盟企业在上一年进行了电子销售,而2013年这一比例为16%。20%的欧盟企业使用网站或应用程序来销售商品或服务,即网络销售,而一小部分(6%)使用电子数据交换(Electronic Data Interchange,EDI)。从企业规模看,采用电子销售的大型企业占比(46%)明显高于中小企业(22%)。在欧盟国家中,立陶宛的企业在线销售企业份额最大(39%),领先于瑞典(38%)和丹麦(37%),而罗马尼亚和卢森堡(均为13%)最小。

2023年电子销售占欧盟企业营业额的18%,与2013年的13%相比有所增长。大企业的比例(23%)高于中小企业(12%)。捷克的电子销售额占比最高(30%),领先于丹麦(29%)和爱尔兰(28%),而比例最低的是保加利亚(6%)、希腊(7%)和拉脱维亚(10%)。

(三)ICT安全

2022年,22%的欧盟企业经历了ICT安全事件,导致ICT服务不可用、数据破坏以及机密数据泄露等。芬兰报告ICT安全事件的企业比例最高(44%),多于荷兰和波兰(均为30%),而保加利亚(11%)、葡萄牙和斯洛伐克(均为12%)的比例最低。企业可以实施一系列ICT安全措施防止事故发生,并确保其数据和ICT系统的完整性、可用性和保密性。2022年,92%的欧盟企业至少使用了一项ICT安全措施。在欧盟国家中,这一比例从希腊的75%和匈牙利的79%到丹麦和芬兰的98%不等。最常用的措施包括:

·强密码认证(82%的欧盟企业)

·将数据备份到单独的位置或云服务(78%的欧盟企业)

·网络访问控制(占65%的欧盟企业)

大约58%的欧盟企业强化员工的ICT安全意识。为了实现这一目标,42%的企业提供了自愿的ICT安全培训,21%的企业进行了强制性的ICT安全培训,32%的企业将ICT安全义务纳入了员工合同。为了保持效力,安全措施和程序应记录在案,并定期更新。2022年,37%的欧盟企业有关于ICT安全措施、实践或程序的文件,24%的欧盟企业在过去一年内定义或审查了这些文件。2022年,25%的欧盟企业购买了ICT相关事件的保险。

编译者及单位

原鹏飞　陈祎璇,国家统计局统计科学研究所。

部分国家数字产业的实验指标定义、方法和结果①

【内容摘要】 虽然数字化对经济的影响无处不在，但由于缺乏一致的定义，各国估计数字经济的方法不尽相同。本文采用国际机构推荐的核算框架和方法，使用可公开获取的信息对五个国家的数字产业指标进行了估计。结果显示，这一估计方法具有可行性，不同国家各时期数字产业的结构和变化有所不同，应持续研究和提供相关成果，充分发挥数字化的经济效益。

当前，美国、加拿大和澳大利亚等部分国家通过确定国际分类中定义的数字产品或产业，估计并发布了其数字经济的增加值。本文概述了国际货币基金组织(IMF)统计部与智利、哥伦比亚、印度尼西亚、墨西哥的国家统计局以及泰国国家经济和社会发展委员会共同开展的实验性工作，估计了五个国家的数字产业和数字经济增加值，并与美国等已发布的数据结果进行比较，旨在衡量数字经济对一国经济活动的贡献和影响。

一、定义数字化和“数字经济”

官方经济统计数据采用多种国际产业和产品分类系统构建，如国际标准产业分类体系第 4 版(ISIC Rev. 4)和联合国核心产品分类第 2.1 版(CPC 2.1)。这些分类系统主要围绕产品而非生产方式建立。由于数字技术在很大程度上影响着商品和服务的生产和交付方式，因此，使用 ISIC 和 CPC 等分类无法对数字活动进行汇总。2018 年 IMF 指出，如果数字经济包括所有简单使用数据的活动或行业，那么数字经济这一概念将囊括整个经济，其定义将变得模糊且实用性降低。

对此，一些研究认为，与其定义“数字经济”，不如定义一套数字化指标，为数字化对经济活动的影响提供一个独特视角。目前一些国家已经开展了数字活动的实验性估计研究。

① 本文编译自：Moulton B，Tebrake J，Tovar M. Experimental Indicators of Digital Industries in Select Countries：Definitions，Methods，and Results[R]，Eurostat Working Paper，2022.

(一)美国、加拿大和澳大利亚的研究进展

1. 美国

2017年,美国商务部经济分析局(BEA)发布了一个数字经济卫星账户,其中包括三种主要的数字商品和服务:

(1)基础设施,即支持计算机网络和数字经济存在与使用的设施,主要为信息和通信技术(ICT)商品和服务。

(2)电子商务,即通过计算机网络远程销售商品和服务。

(3)有价数字服务,即与计算和通信有关且执行时需向消费者收取费用的服务。

此后,BEA持续更新和调整估计方法。在2021年更新后的估计方法中,数字经济不仅包括"主要数字化"的商品和服务,还包括"部分数字化"的商品和服务(即数字化和非数字化商品和服务的混合类别)。

2. 加拿大

2018年,加拿大统计局发布了"衡量加拿大数字经济活动:初步估计"文件。其数字经济概念和定义与BEA类似,主要区别在于纳入了BEA估计中未涵盖的一些"部分"数字化产品。加拿大的估计方法采用OECD的数字经济测算框架,将数字产品归为以下三类:数字支持型基础设施、数字订购交易(电子商务)、数字交付产品。

2021年,加拿大统计局根据OECD最新的"数字经济供给使用表指南(SUT)"(2020),于2017—2019年期间采取交易和机构单位方法测算数字经济估计值。

3. 澳大利亚

2019年,澳大利亚统计局发布了"衡量澳大利亚经济中的数字活动"的文件,此后该文件每年更新一次。澳大利亚沿用BEA提出的相同领域,包括基础设施、电子商务和数字服务,并对2011—2019年期间的数据进行了估计。

(二)目前国际上对数字化核算的指导意见

2020年OECD"数字经济供给使用表指南(SUT)"制定了一套数字指标,能够呈现最详尽的经济核算数据,适合用于开展数字经济估计。

OECD不主张采用单一的数字经济衡量指标。SUT能够提供大量数字经济相关信息,包括:电子商务交易规模;数字交付服务;数字中介平台和网络零售商的销售和增值;数字商品和服务交易;各类'数字依赖型'和纯'数字化'公司的增值;以及数据和免费数字服务以及资产的非货币交易。该方法已得到联合国统计委员会国民账户工作组(ISWGNA)的认可,并且正在考虑下次更新国民账户体系时纳入该方法。

OECD/ISWGNA 认可的方法与 IMF 文件“衡量数字经济”(2018)的结论一致,该文件将处于数字化核心位置的生产者纳入数字部门范畴,包括:在线平台、平台支持型服务以及 ICT 商品和服务的供应商。本文的测算即采取此种量化方法。

(三)数字交易、数字产品和数字产业

数字化正在改变经济的多个方面,尤其在新冠肺炎疫情流行期间,家庭和企业极度依赖数字技术来购买商品和服务、维持经营活动和开展工作。这些变化对劳动力市场、国际贸易和经济包容性具有极为重要的影响。因此,为了展示数字化的影响,需要重新组织国民账户统计数据,以便在国民核算框架内确定数字化活动,并将其归类。数字化活动归类后,则可提出具有分析意义的指标,用以解释数字化在规模和结构方面对经济活动愈发显著的影响。

按照目前数字化核算的相关研究,数字活动分为三个主要类别,即数字交易、数字产品和数字产业。

1. 数字交易

数字交易可分为两大类:数字订购和数字交付。数字订购交易即通常所说的电子商务,可进一步细分为交易方之间直接交易、通过数字中介平台以数字方式订购实物商品和服务;数字交付是指通过数字格式交付商品和服务,例如通过流媒体服务交付电影等。交易划分存在相互交叉,由此可能估算出既以数字方式订购又以数字方式交付的商品和服务的价值。

2. 数字产品

为分离数字化对经济的影响,将数字产品分为四个不同的组别:数字产品(SNA 生产边界内)、受数字化影响显著的非数字产品、其他非数字产品以及数字产品(SNA 生产边界外)。

其中,数字产品(SNA 生产边界内)可分为以下几组:

(1)ICT 商品。与 CPC 2.1 中的信息和通信技术(ICT)产品备选分类一致,分为四类 ICT 商品:(i)计算机及相关设备;(ii)通信设备;(iii)消费类电子设备;(iv)杂项 ICT 组件和商品。

(2)有价数字服务。除云计算服务和数字中介服务外,包括以下几大类:(i)ICT 设备的制造服务;(ii)商业和生产力软件和许可服务;(iii)信息技术咨询和服务;(iv)电信服务;(v)ICT 设备的租赁服务;(vi)其他 ICT 服务。

(3)有价云计算服务。包括与云计算有关的全部服务,有多种模式,如消费者仅访问供应商应用程序;消费者在供应商基础设施框架上自行部署应用程序;以及消费者管控操作系统、存储和所部署的应用程序。

(4)有价数字中介服务。包括通过数字平台为交易双方提供信息并成功配对,以获取费用回报的服务。

受数字化影响显著的非数字产品，主要反映由数字技术促进商品和服务消费，例如住宿服务、食品和饮料服务、广告和市场研究服务、旅行服务和出版服务等。

其他非数字产品是指所有未归类为“数字产品”或“受数字化影响显著的非数字产品”的其他产品。

数字产品(SNA 生产边界外)是指该框架包括，但目前不属于国民账户生产边界的产品，包括数据本身、企业提供的数字服务以及社区提供的数字服务等。

由此，可利用与数字产品和受数字化影响显著的非数字产品的生产、消费和分销有关的经济活动得出数字经济指标。

3. 数字产业

数字化活动可归入七个不同的数字产业，具体如下：

(1)数字支持型产业。此类企业生产支持型产品，以电子手段实现信息处理和通信功能。包括：互联网服务提供商、电信公司、软件提供商和开发商、计算机制造商和网站开发商。这些企业与 ISIC 第 4 版中“信息和通信技术”(ICT)部门的备选分类一致。

(2)收费数字中介平台。此类企业促进两个或更多迥异但相互依赖的用户达成交易，并收取费用。包括：食品配送公司、旅游预订门户网站、在线拍卖平台等。

(3)数据和广告驱动的数字平台。此类企业专门开展网上运营，主要通过出售数据或广告位获得收入。包括：搜索引擎、社交媒体平台、免费手机应用开发商和信息共享平台。

(4)依赖中介平台的企业。指从数字平台获取工作的服务提供者，以及通过第三方数字平台进行销售的企业。

(5)收费电子零售商和数字中介平台。此类零售批发企业购买并转售商品或服务，其绝大部分订单以数字方式完成。

(6)只提供金融和保险服务的数字化企业。完全以数字方式运作且不与消费者互动的金融和保险服务企业。包括：纯在线银行和其他金融服务提供商，纯在线支付系统提供商等。

(7)其他只以数字方式经营的生产者。这类生产者自行生产所销售的服务，并主要以数字方式经营。具体包括有价数字媒体提供商、订阅制服务提供商(假设以数字方式交付服务)等。

二、方法及示例

本文利用 OECD/ISWGNA 数字化工作组概述的方法，为智利、哥伦比亚、印度尼西亚、墨西哥和泰国制定了一套数字产业实验指标。

估算方法采取自下而上式的结构。首先按行业确定数字化企业，然后汇总相关公司的活动，最终得出数字产业的预估增加值。对于某些行业，如信息和通信技术行业，假定所有公司均为数字化企业，认为这些行业的增加值均与数字化相关。在其他行业，根据该行业所生产的产品性质，将其归类为数字产品或受数字化影响的产品，依此估算该行业的数字化增加值。

假如某个国家有10个行业和15种产品。首先，假设这10个行业中有3个属于ICT行业（例如，计算机及设备制造、卫星电信活动和计算机编程活动），这些行业的全部增加值均视为与数字化相关（示例见表1）。

表1　信息和通信技术产业的总增加值示例

行　　业	2018年	2019年	2020年
计算机及周边设备制造	30845	34546	36274
卫星电信活动	8970	10046	11553
计算机编程活动	5052	5658	6507
数字支持型行业总值	44867	50250	54334

第二，假设一个行业有买卖双方间的数字中介公司，则该行业的全部增加值将视为与数字化相关（示例见表2）。

表2　数字中介平台的总增加值示例

数字平台	2018年	2019年	2020年
数字平台A	1563	1579	1815
数字平台B	960	1075	1247
数字平台C	1057	1356	1548
数字中介平台总值	3580	4010	4610

第三，通过收集补充数据，确定行业总增加值中数字化订购的比例（住宿服务和旅行社、旅游公司和其他预订服务），将该比例应用于该行业的增加值估算，获得相关行业数字活动增加值的估计值（示例见表3）。

表3　依靠数字中介平台的活动总增加值示例

行　　业	2018年		2019年		2020年	
	增加值	比率	增加值	比率	增加值	比率
住宿服务和旅行社	33560	26%	37587	28%	33828	29%
旅游公司和其他预订服务	6501	36%	7281	29%	5825	21%
数字订购总值	11066		12635		11033	

第四,从批发零售贸易的经济调查中获得电子商务数据,利用以数字方式获得订单的比率,推算批发和零售贸易行业内的数字化增加值(示例见表4)。

表4 网络零售商的总增加值

行业	2018年		2019年		2020年	
	增加值	比率	增加值	比率	增加值	比率
零售贸易	171395	25%	186821	28%	199898	35%
批发贸易	135674	5%	146528	8%	153854	13%
网络零售商总值	49633		64032		89965	

第五,汇总每类数字产业的数字化增加值,得出数字产业的总增加值(示例见表5)。

表5 总增加值:总值与数字产业数据

	2018年	2019年	2020年
总增加值(总GVA)	1097906	1218449	1302403
数字产业总增加值(数字产业GVA)	109146	130928	159942
数字产业GVA占总GVA的百分比	9.9%	10.7%	12.3%
其中:			
数字支持型产业	44867	50250	54334
数字中介平台	3580	4 010	4610
数字订购	11066	12636	11033
网络零售商	49633	64032	89965

三、结果及比较

使用上述概念和方法,此部分对智利、哥伦比亚、印度尼西亚、墨西哥和泰国的数字产业预估结果,与美国、加拿大和澳大利亚已发布的估计值进行比较。

(一)数字产业增加值比重

如图1,数字产业增加值占总GVA的比重在4.4%到10.2%之间。其中,泰国、墨西哥和美国的比重较高,占比为10%左右;澳大利亚、加拿大、智利、哥伦比亚和印度尼西亚约占5%。

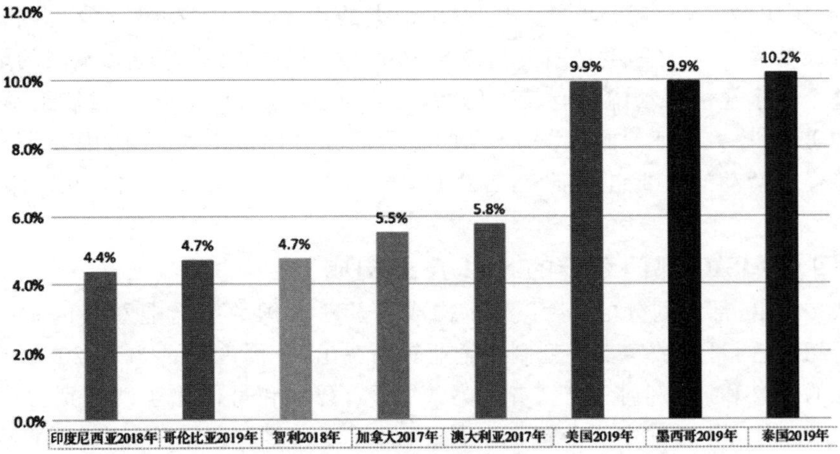

图 1　各国部分年份数字产业增加值比重(2017－2019,%)

(二)数字产业增加值增长率

各国数字产业增长有所不同。墨西哥和印度尼西亚增长最快,年均增长率分别为 14%和 10.0%。智利和美国的年均增长率均为 5.2%,其后为加拿大,其年均增长率为 5.0%。澳大利亚的年均增长率为 4.6%,泰国为 4.2%,哥伦比亚增长最慢,为 4.1%。

(三)依照 SUT 分类的数字产业

将数字经济活动估值分为三个产业组别:数字支持型产业或 ICT 产业;网络零售商和收费平台,包括电子商务、数据和广告驱动的数字平台;依赖中介平台等的企业,包括通过数字平台与消费者完成全部或部分交易的企业。从图 2 可以看

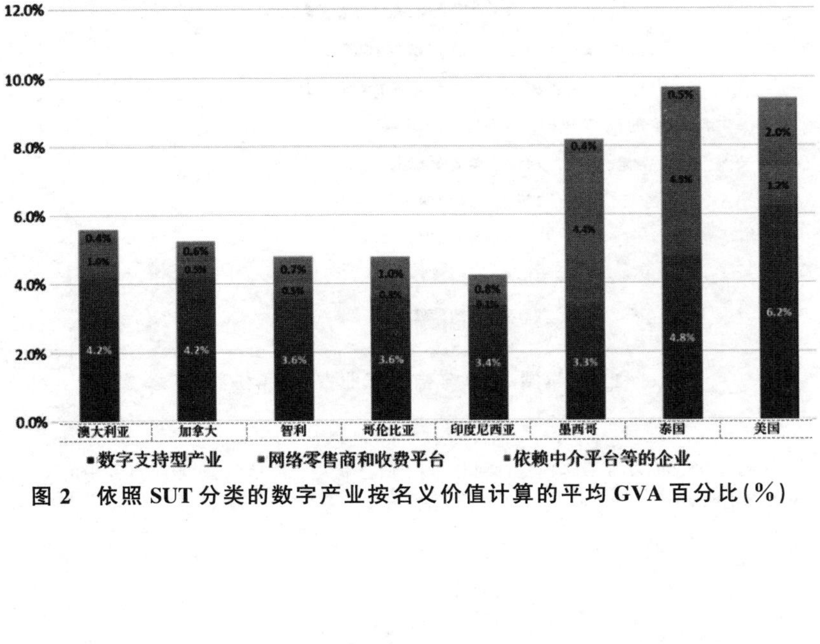

图 2　依照 SUT 分类的数字产业按名义价值计算的平均 GVA 百分比(%)

出,所有国家数字经济活动总量中,占比最大的均为数字支持型产业,占总 GVA 的比重最低为 3.4%(印度尼西亚),最高为 6.2%(美国)。墨西哥和泰国的电子商务在整个数字经济活动中占有较大份额,分别为 4.5%和 4.4%。相较于泰国、墨西哥和美国,澳大利亚、加拿大和智利的电子商务占比很小。另外,中介平台是美国数字经济活动的重要组成部分,占总 GVA 的 2.0%,主要涉及内容和媒体活动。

(四)按 ISIC 部门划分的 SUT 产业构成

从按 ISIC 部门划分的 SUT 产业构成以及对各国数字产业总量的贡献情况看,泰国和墨西哥的数字支持型制造企业较为突出,分别占 27.2%和 20.3%;印度尼西亚的信息和通信企业占比较高,为 67.0%,智利和哥伦比亚则分别占 57.3%和 44.3%;网络零售数字产业包括 ISIC 下的批发和零售贸易部门,墨西哥和泰国的该产业对数字活动总量的贡献率分别为 53.6%和 46.0%;哥伦比亚信息和通信部门依赖中介平台的企业活动占数字活动总量比例较大,为 16.4%,印度尼西亚也达到了 15.5%。相比之下,依靠中介平台的专业服务对智利的数字活动总量贡献十分突出,为 15.6%。

(五)数字经济增加值

基于数字产业增加值的估计值,可以更好地了解数字经济重要性的变化和经济的结构演变。以泰国和墨西哥为例,2019 年泰国数字产业增加值之和在所有经

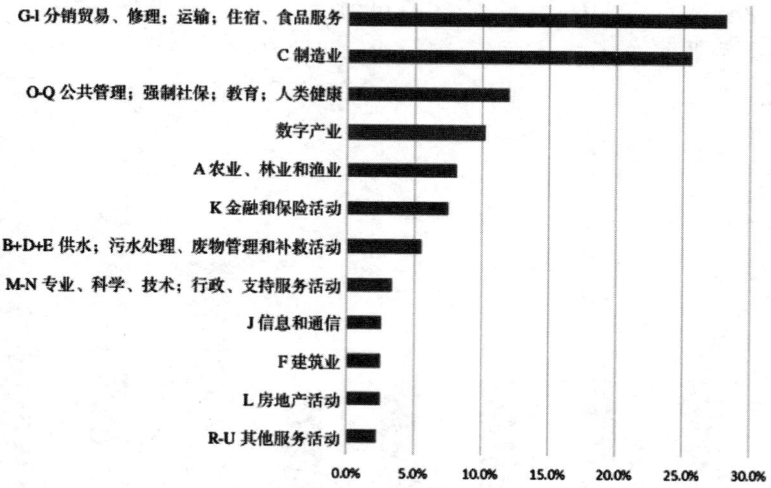

图 3 泰国 2019 年数字产业占 GVA 份额[①]

① 图 3 中行业按 ISIC 第 4 版部门进行划分,其中的"J 信息和通信"属于数字产业中的一种产业类型。图 4 同,不再重复说明。

济部门中排名第四，占总 GVA 的 10.2%；墨西哥数字产业增加值之和在经济部门中排名第五，占同年 GVA 的 9.9%。

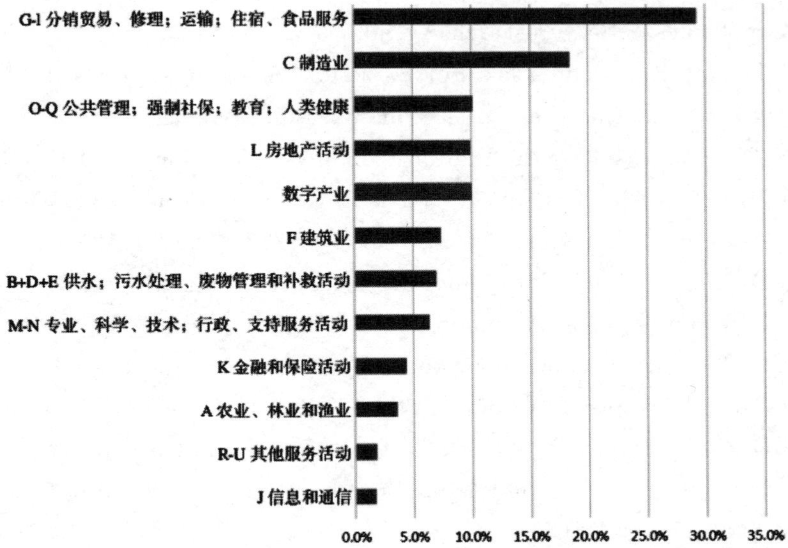

图 4　墨西哥 2019 年数字产业占 GVA 份额

四、结论

国际公认的数字交易、数字产品和数字产业定义对数字经济的估算具有重要意义。如果缺少公认可比的定义，则难以获得具有国际可比性的估值。本研究表明，利用公开信息和有限的信息估算相关国家数字经济指标具有较高可行性。估算结果显示，不同国家数字产业发展和经济结构演变有所不同，应持续研究和提供相关数据，为政府制定政策提供更为充分和可靠的统计信息，充分发挥数字化的经济效益。

参考文献

Ahmad N，Ribarsky J，2018. "Towards a Framework for Measuring the Digital Economy." 16th Conference of IAOS. Paris：IAOS. BEA. Toward a Digital Economy Satellite Account. Retrieved from https://www. bea. gov/data/special-topics/digital-economy.

BEA，2021b. "Updated Digital Economy Estimates-June 2021." Retrieved from https://www. bea. gov/system/files/2021 — 06/DE% 20June% 202021%

20update% 20for%20web%20v3. pdf.

Digitalization Task Team,2021. "DZ. 5 Guidance note on increasing the visibility of digitalisation in economic statistics through the development of Digital Supply-Use Tables." SNA research Agenda,UN.

G20 Digital Economy Task Force, 2020. "A roadmap toward a common framework for measuring the digital economy. Saudi Arabia."

IMF,2018. "Measuring the Digital Economy." Washington,D. C. :IMF.

OECD, 2011. "OECD Guide to Measuring the Information Society 2011." Retrieved from http://dx. doi. org/10. 1787/10. 1787/9789264113541－en.

OECD,2019. "High priority indicators in the Digital Supply-Use Tables." Working Party on National Accounts. Paris:OECD.

OECD,2020. "Guidelines for Supply-Use tables for the Digital Economy." Working Party on National Accounts. Paris:OECD.

OECD,2020. "Improving the visibility of digital transformation in economic statistics through the use of digital supply and use tables." Working Party on National Accounts. Paris:OECD.

Statistics Canada,2021a. "Measuring digital economic activities in Canada:Initial estimates." Retrieved from https://www150. statcan. gc. ca/n1/pub/13－605－x/2019001/article/00002－eng. htm.

Statistics Canada,2021b. "Digital supply and use tables,2017 to 2019." Retrieved from https://www150. statcan. gc. ca/n1/daily-quotidien/210420/dq210420a-eng. htm.

UN,2008. "International Standard Industrial Classification of All Economic Activities." Rev. 4. New York:United Nations.

UN,2015. Central Product Classification (CPC) Version 2. 1. New York:United Nations.

编译者及单位

汤志华,国家统计局统计科学研究所。

将耐用消费品的数字服务加入美国经济分析局的数字经济卫星账户[①]

【内容摘要】 衡量数字经济是数字经济时代对经济增长进行统计的重要任务。本文以与耐用消费品相关的数字服务为测算和分析对象，将其加入美国经济分析局的数字经济卫星账户。研究发现，2005 年至 2021 年期间，美国数字经济的增长率从 6.4%提高到 6.9%，耐用消费品相关的数字服务约占数字经济 GDP 的 10%。虽然美国大多数家庭服务的数字化程度并不是很高，但家庭在数字基础设施方面占据着重要地位。

一、引言

数字经济影响个人日常生活和企业生产决策的方方面面，是经济学家和政府机构的重点研究对象。由于现代高科技硬件的计算能力、软件功能等数字经济的组成部分随时间变化的速度较快，这要求与数字经济相关的价格指数能够反映这些设备与软件等潜在的质量变化。与此同时，虽然现实中很多数字产品和服务是有偿的（如公司生产和使用自己的硬件设备和软件或信息技术等），但也有不少数字服务是无偿的（如互联网搜索），因此统计上对数字经济进行准确衡量的难度较大。

为了测度和研究数字经济的发展，美国经济分析局（Bureau of Economic Analysis，BEA）开设了数字经济卫星账户（Digital Economy Satellite Account），用于衡量数字经济对美国 GDP 增长的贡献。该卫星账户重点关注 BEA 供给使用表中数字经济的生产和支出数据，其中生产部分涵盖了信息和通信技术（Information and Communication Technologies，ICT）硬件、软件、电子商务利润、有偿数字服务等。

最新数据显示，美国数字经济占名义 GDP 中的份额从 2005 年的 7.8%增长到 2021 年的 10.3%。按实际价值计算，数字经济平均每年增长 6.4%，远高于美国每年 1.7%的整体增长率。

① 本文编译自：Benjamin Bridgman，Tina Highfill，and Jon Samuels. Introducing Consumer Durable Digital Services into the BEA Digital Economy Satellite Account[R]，BEA Working Paper Series，2023. 6.

本文将高科技耐用消费品(high-tech consumer durables)提供的数字服务加入BEA数字经济卫星账户的衡量指标中,重点关注数字经济的衡量方式,以及加入数字消费品服务后,数字经济的增长会受到哪些影响。类似于官方GDP账户中对自有住房的处理方式[①],在数字经济账户中引入一个新的部门,将耐用消费品视为随时间推移产生服务流的资产,对消费者购买的高科技设备提供的数字服务进行估算。

例如,如果一部价值1000美元的手机由制造商出售给租赁公司,而租赁公司以每年500美元的价格将这部手机出租给一个家庭,租期为3年,那么这1000美元就被计入商业投资,而每年500美元则被计入数字服务[②]。但是,如果生产商直接向家庭销售价值1000美元的手机,即使该手机同样提供了3年数字服务,也只计算1000美元。

有关耐用消费品资本化问题的研究文献较多。例如,在经济衡量标准(Christensen和Jorgenson,1973)或综合生产账户(Jorgenson和Landefeld,2007)中引入耐用消费品资本服务。Prescott(2006)在诺贝尔经济学奖获奖演讲中指出,纳入耐用消费品资本服务对理解宏观经济波动至关重要。Byrne和Corrado(2020)认为,对IT耐用消费品的服务流进行测度有助于研究消费者剩余变化和GDP增长。

尽管已有多项研究指出耐用消费品资本服务的重要性,但除家庭生产账户(Bridgman等,2022)外,BEA的国民收入和产品账户仍未纳入这些服务流。故本文将BEA家庭生产账户中的耐用消费品资本服务归类至数字经济卫星账户,为数字经济的测度和演变提供更全面的分析视角。

二、衡量数字经济

BEA数字经济卫星账户旨在衡量数字经济对美国GDP的贡献程度,以及与数字经济相关的总产出、薪酬和就业等情况[③]。根据国际标准和经济合作与发展组织(Organisation for Economic Co-operation and Development,OECD)的指导意

① 在BEA的GDP账户中,自有住房的供应被归入产业账户中的房地产部门,并体现在国民收入与产品账户中的个人住房消费服务项目上。为了准确衡量自有住房的价值,采用市场租金估算出自有住房出租获得的租金收入,确保衡量的GDP与实际的住房融资方式一致,从而更准确地反映经济状况。

② 在大多数情况下,手机会与数据服务捆绑销售,因此消费者除了要支付硬件的租赁费用外,还需要额外支付这部分数据服务费用。

③ 一个行业的总产出是指该行业生产的商品和服务的市场价值。总产出的主要组成部分是收入,同时包括商品税、其他营业收入和库存变化。一个行业的增加值代表其在生产中增加的市场价值,或一个行业的总产出与其中间投入成本之间的差额。实际或不变价美元估算值会保持价格不变,因此实际估算值的增长率能够反映生产数量的变化,并消除通货膨胀的影响。链式美元估算值(Chained-dollar estimates)的计算方法是:首先选取某一时间序列在基准时期的美元价值作为基数,然后将这个基数乘以自基准期以来该序列对应的链式数量指数的变化率。

见，BEA在数字经济定义中加入了四大类商品和服务：

(1)基础设施：支撑计算机网络和数字经济存在与使用的基础物理材料和组织架构，主要包括ICT产品和服务。

(2)电子商务：通过计算机网络远程销售商品和服务。

(3)收费数字服务：与计算和通信有关的收费服务。

(4)政府数字服务：政府机构①通过相关服务直接支持数字经济发展的年度预算。

构成数字经济的大多数商品和服务可以直接从BEA的供给使用表中获取，如ICT硬件和软件。当商品或服务同时包括数字和非数字生产时，使用外部数据源进行区分。例如，使用美国人口普查局的年度零售贸易调查(Annual Retail Trade Survey)和年度批发贸易调查(Annual Wholesale Trade Survey)的相关数据区分零售贸易和批发贸易的电子商务利润。

按照北美产业分类体系(NAICS)的标准行业分类以及符合四大类商品和服务的活动，将统计数据进一步细分为八个子类别：

(1)软件

(2)硬件

(3)基础设施

(4)企业对企业和企业对消费者的电子商务利润

(5)云服务

(6)电信服务

(7)互联网和数据服务

(8)所有其他收费数字服务

(一)数字经济对美国GDP的贡献

数据测算结果显示，2021年美国数字经济创造了2.41万亿美元的增加值(占GDP的10.3%)、3.70万亿美元的总产出、1.24万亿美元的薪酬和800万个工作岗位。收费数字服务是2021年数字经济中占比最大的内容，贡献了9390亿美元的增加值，其次是基础设施(9110亿美元)，然后是电子商务(5590亿美元)和政府数字服务(2.58亿美元)。

从NAICS看，2021年数字经济创造的增加值几乎全部集中在以下五个行业：信息业(40.9%)、商业服务业(19.5%)、批发贸易(18.8%)、制造业(10.1%)和零售贸易(8.2%)。

---

① 四个政府机构为：联邦通信委员会、美国国家电信和信息管理局、美国教育部教育技术办公室和美国数字服务部。

(二)对数字经济的全面衡量

自2018年首次发布报告以来,BEA数字经济卫星账户不断完善。最初账户仅涵盖被视为核心的数字化产品,电子商务和云服务等部分数字化的产品因缺乏充分研究和专业评估被忽略。

2021年,BEA在筛选和验证数据源后,将云服务和电子商务纳入数字经济的测度范畴。未来BEA计划进一步扩大数字经济卫星账户的覆盖范围,以囊括当前尚未统计的领域。

与此同时,数字平台通过促成多个买家与卖家间的交易获利,但BEA的数字经济统计尚未全面反映与数字平台运营相关的中介服务价值。此外,有研究正在估算与运营数据中心有关的产值,包括云提供商自营业务制造的服务器等。

另外,将耐用数字消费设备的资本服务流纳入统计范围,能够更好地考察数字经济产生的影响。家用数字产品属于数字服务基础设施的一部分,如果没有家庭持有的数字设备,许多市场活动便很难甚至无法开展。例如,共享出行应用需要用户使用智能手机与司机联系。

三、衡量家庭数字经济

以往BEA对数字经济的衡量主要集中在市场经济层面,本文将非市场性家庭生产(Household Production,HP)纳入统计范围。

(一)家庭中的数字经济

在市场经济中,数字产业是指生产数字产品或大量使用数字生产要素的产业。本研究将家庭数字经济定义为耐用消费品中ICT类资本服务。这些服务是市场数字经济中数字赋能基础设施的一部分。具体而言,纳入"视频、音频、摄影、信息处理设备和媒体"以及"电话和相关通信设备"等内容。

与市场等价物的情况类似,由于数据源的限制,省略一些数字活动会将部分数字项目编码为非数字项目。因此,本文省略了像电器这种可能存在数字成分,但其产出本质上是非数字性质的设备。例如,互联网冰箱的主要功能是冷藏食物。同时忽略网上购物时间的价值,对线上和线下购物采用相同的编码。

(二)方法

使用BEA的家庭生产卫星账户[①](Household Production Satellite Accounts)

① 数据来源见附录。

作为估算基础，将支付作为生产要素来获得增加值，其中家庭数字经济的衡量指标包含数字产品的资本服务。对于每项耐用消费品资产 a，名义增加值 $V_{a,t}$ 是通过用户资本成本来衡量的收益：

$$V_{a,t}=(r_t+\delta_a+\pi_{a,t})P_{a,t}Q_{a,t}$$

其中，$Q_{a,t}$ 是资产的实际净存量，$P_{a,t}$ 是资产的当前投资价格，r_t 是收益率，δ_a 是折旧率，$\pi_{a,t}$ 是特定资产的年度资本收益（或损失），是投资价格的函数：

$$\pi_{a,t}=\frac{P_{a,t}-P_{a,t-1}}{P_{a,t-1}}$$

BEA 的家庭生产卫星账户不考虑资本收益。然而，样本期内 IT 资产可能会出现较大的资本损失。Jorgenson 等（2005）认为，在衡量信息技术服务流时，考虑预期资本损失非常重要，因为它们会影响持有期的必要回报率。为了保证可比性，将资本损益纳入所有耐用品资产（数字资产和非数字资产）的资本服务中。为了将资本服务的价值分解为价格和数量，假设每个时期的实际服务流量增长率与实际净存量 $Q_{a,t}$ 的变化呈正比。因此，资本服务的价格变化是通过 $Q_{a,t}$ 的增长率来衡量 $(r_t+\delta_a+\pi_{a,t})P_{a,t}$。

四、不断发展的耐用消费品数字经济

加入耐用消费品服务流会改变 GDP 的衡量标准，提高样本期的名义 GDP 和实际 GDP 增长率。将耐用消费品服务流定义为 BEA 行业经济账户中“其他服务”部门的新增值。从本质上讲，该部门购买（投资）新的耐用消费品，并向家庭提供这些耐用消费品的服务。与自住房屋的核算类似，其基本假设是这些服务的名义价值等于租金价值。但由于耐用消费品服务租赁市场的数据相对较少，因此采用隐含资本成本法①进行计算。

根据测算结果，2005 年美国耐用消费品服务②总额约为 7000 亿美元，约占重新定义后名义 GDP 的 5%。2005 年食品和饮料个人消费支出总额约为 6680 亿美元，汽车燃料约为 2600 亿美元，家庭公用事业约为 2500 亿美元，医院和疗养院服务约为 7000 亿美元。2005—2021 年期间，耐用消费品服务平均占 GDP 的 5.5%，占个人消费支出的 10%，这表明耐用消费品服务是家庭消费的重要组成部分。

同时，2005 至 2021 年官方 GDP 约平均每年增长 1.7%，而实际耐用消费品服务每年增长 4.9%。将实际耐用消费品服务纳入 GDP 后，GDP 增长率将提高到每年 1.9%。

虽然没有足够长的时间序列来分析纳入耐用消费品服务对商业周期波动的影

① 账户产出和增加值的名义 GDP 增长与账户收入的资本服务支出增长相平衡。

② 耐用消费品服务包含数字服务和非数字服务。

响,比如 2008 年和 2009 年大衰退后美国经济增长趋势放缓,但数据表明,纳入耐用消费品服务不会影响 2010 年后美国 GDP 增长放缓的这一结果。

另一方面,将耐用消费品服务流纳入考量后,能够在一定程度上抑制 2007—2009 年的经济衰退。在此期间,美国 GDP 总量约每年下降 1.3%。在纳入实际耐用消费品服务后,测得的 GDP 平均下降幅度降为约 1.1%。这是因为当前耐用消费品的存量主要取决于以往的购买情况,耐用消费品存量的变化速度相较于 GDP 总量的变化速度更慢。因此,当纳入耐用消费品服务时,存量中的服务流会对 GDP 增速的下降起到一定的抑制作用。

2005 年,与信息技术相关的耐用消费品服务流产值约为 1020 亿美元,约占 2005 年(增加后的)数字经济增加值的 9%,平均占 2005—2021 年期间增加后的数字经济增加值的 10%。将耐用消费品服务流纳入"其他服务"部门后,该部门成为产生数字附加值最多的部门之一。2005 年,只有计算机和电子产品、批发贸易、广播和电信以及计算机系统设计和相关服务部门产生了更多的数字附加值,这凸显了在衡量数字经济规模时将耐用消费品服务流纳入统计范围的重要性。

尽管家庭部门不产生大量数字服务,但仍是数字经济的主要贡献力量。虽然数字设备在家庭生产总量中所占的份额相对较小,但家庭部门相对于市场经济而言规模庞大,而且随着智能手机的普及,样本期内家庭持有的数字耐用品数量也在不断增加。如果将耐用消费品服务流计算在内,2005—2021 年数字经济的年均增长率①将从 6.4%提高到 6.9%。将耐用消费品服务纳入"其他服务"部门后,该部门对数字经济增长的影响较大。2005—2021 年间,只有计算机系统设计行业对数字 GDP 增长的贡献超过这一领域②。

对于将电子商务活动在统计中的纳入,由于缺乏将线上购物时间分离出来的源数据,因此忽略线上购物时间所对应的价值。2005 年购物时间占家庭自生产所需服务时间的 12.6%,2021 年这一比例下降到 10.3%。在同一时期,网络零售占零售总额的比例从 5%上升到 15%。假设按购物方式计算的购物时间与按零售方式计算的零售额成正比,则购物时间占 HP 时间的比例将从小于 1%上升到 1.5%,即网上购物价值从 140 亿美元上升到 570 亿美元。与 2021 年 3030 亿美元的家庭数字产出相比,这一结果表明,网上购物是一项重要的家庭数字活动。

电子商务可能通过减少购物时间进而减少家庭自生产所需服务的时间。随着在线购物的发展,购物时间和为购物出行的时间也在减少,即通过互联网寻找和购买同样商品所需的时间变得更短。这反映了经济活动从家庭向市场的转移,即商品由市场上的企业直接送货上门,而不是家庭成员前往商店购买。

---

① 增长率被重构为 Tornqvist 指数。假设每种资产的实际耐用消费品服务流与净存量增长率成正比,这与 Jorgenson 等(2005)对 IT 资本服务的估算方法一致。

② 贡献度定义为按名义价值份额加权的实际增长率。

五、小结

BEA估计,2021年家庭持有的数字商品净值约为8000亿美元,超过家庭拥有的汽车净值总额。尽管大多数家庭服务并未实现数字化,但在数字基础设施中,家庭占据着重要地位。许多市场化数字服务都需要家庭配备数字设备。从定量的角度看,家庭在数字基础设施中的占比很高。

根据官方GDP统计方法,资产的服务流并未体现在GDP增长中。在对官方GDP计算方法进行研究补充时,同时研究耐用消费品、私营企业部门持有的其他资本资产以及自住房屋发现,耐用消费品是影响数字经济GDP增长规模和动力的重要因素。将耐用消费品服务流纳入统计后,2005年至2021年期间,美国数字经济的年均增长率从6.4%提高到了6.9%。在名义价值方面,耐用消费品服务约占数字经济GDP的10%,耐用消费品服务成为数字经济卫星账户的重点研究对象。2021年,数字经济发展中耐用消费品的GDP价值增加了约2200亿美元,而这部分增长在BEA现有数字经济卫星账户所采用的方法中并未得到体现。

参考文献

Kevin Barefoot,Dave Curtis,William Jolliff,et al,2018. Defining and measuring the digital economy. Working paper,Bureau of Economic Analysis.

BEA,2021. Updated digital economy estimates-june 2021. Report,Bureau of Economic Analysis.

Benjamin Bridgman,2016. Home productivity. Journal of Economic Dynamics and Control,71(C):60—76.

Benjamin Bridgman,Andrew Craig,Danit Kanal,2022. Accounting for household production in the national accounts: An update 1965—2020. Survey of Current Business,101(2):1—13.

David Byrne and Carol Corrado,2020. Accounting for innovations in consumer digital services: It still matters. In Measuring and Accounting for Innovation in the 21st Century. University of Chicago Press.

Laurits R Christensen and Dale Jorgenson,1973. Measuring economic performance in the private sector. In The measurement of economic and social performance,pages 233—351. NBER.

Barbara M Fraumeni,Sumiye Okubo,et al,2001. Alternative treatments of consumer durables in the national accounts. Technical report,Bureau of Economic Analysis.

Tina Highfill and Christopher Surfield, 2022. New and revised statistics of the u. s. digital economy, 2005—2021. Report, Bureau of Economic Analysis.

Dale W Jorgenson, J Steven Landefeld, 2007. Blueprint for expanded and integrated us accounts. A New Architecture for the US National Accounts, 66:13.

Dale W Jorgenson, Mun S Ho, Kevin J Stiroh, et al, 2005. Productivity, Volume 3: Information technology and the American growth resurgence. MIT Press Books, 3.

Edward C Prescott, 2006. The transformation of macroeconomic policy and research. The AmericanEconomist, 50(1):3—20.

Paul Schreyer, W. Erwin Diewert. Household production, leisure, and living standards. In Dale W.

Jorgenson, J. Steven Landefeld, Paul Schreyer, 2006. Measuring Economic Sustainability and Progress, pages 89—114. University of Chicago Press, Chicago.

附录：数据来源

本文使用的数据来自“净库存（现时成本）”（Net Stock (Current-Cost)）表、“净库存（固定成本）”（Net Stock (Fixed-Cost)）表和“折旧（现时成本）”（Net Stock (Fixed-Cost)）表。隐含价格指数根据现时成本与固定成本净存量的比率进行计算。回报率采用 Bridgman 等(2022)中的家庭财务回报率数据。

耐用品数据来自 2022 年 9 月 30 日 BEA 发布的耐用消费品明细表(Detailed Consumer Durable Goods Tables)，网址：https://apps. bea. gov/national/FA2004/Details/xls/DetailCDG. xlsx

数字经济卫星账户数据发布日期为 2022 年 11 月 22 日，网址：https://www. bea. gov/system/files/2022－11/DigitalEconomy_2005－2021. xlsx

编译者及单位

原鹏飞　陈祎璇，国家统计局统计科学研究所。

数据和数据资产

数据资产衡量框架、方法和初步估计[①]

【内容摘要】 本文基于数据价值创造框架和无形资产框架对数据投入进行估算。同时,为了与国民经济核算体系保持一致性,采用成本总和法从资源成本的角度解决了数据资产价值的衡量问题。进而对德国、法国、意大利、西班牙、瑞典和英国等六个欧洲经济体的数据投入进行了估算,结果显示本文对数据资产的估算与行业国民经济核算数据和 EUKLEMS-INTANProd 开发的无形资产衡量指标具有一致性。

一、引言

随着云计算、物联网、移动互联网等新技术的逐渐成熟和集中应用,数字化转型浪潮席卷全球,数据呈指数级、爆炸性激增,数据对全球生产、流通、分配、消费以及经济运行机制、社会生活方式和国家治理能力均产生了重要影响。例如,企业对数据的分析和挖掘,获得丰富的商业价值,实现跨界合作、资源共享、协同创新和效益提升,为企业的商业运营和创新提供强有力的支撑。

因此,数据价值的估算至关重要。但现有宏观统计数据中尚未全面涵盖数据资产。为了进一步完善数据资产相关核算,本文对数据资产的形成路径进行系统分析,并将数据资产看作无形资产,利用已有的无形资产框架对数据进行估算,为了保持与国民经济核算体系的一致性,本文采用成本总和法进行估算。

二、数据价值创造路径、无形资产框架及估算方法介绍

(一)数据价值创造路径

由于数据资产的特有性质,数据资产的价值实现不仅与数据资产的内容和质量相关,也与数据资产利用过程中的算法、模型和算力相关,同时数据资产的价值实现也依赖于数据资产的应用场景。如 Varian(2018)利用“数据堆栈”,描述了使用现代数字技术工具将原始记录转化为可用信息和知识的过程。基于此,本文构造了数据价值创造的路径图。

---

① 本文编译自:Carol C,Jonathan H,Massimiliano I et al. Measuring Data as An Asset:Framework,Methods And Preliminary Estimates[R]. OECD Working Paper,2022.

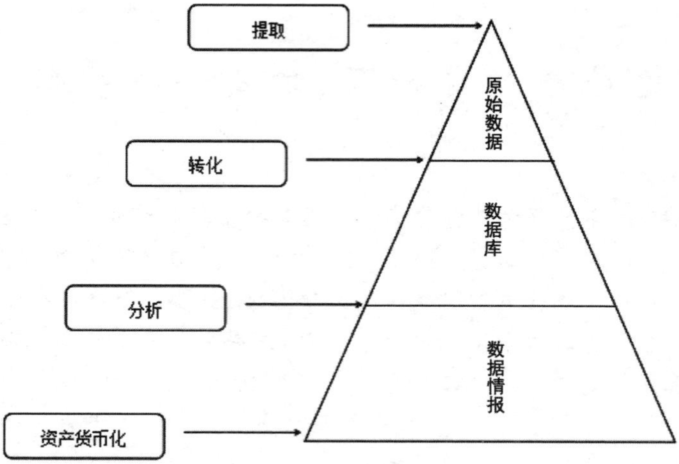

图 1　数据价值创造路径图

图 1 系统描述了数据产生价值的四个阶段,一是利用数据提取技术获取尚未进行清理、格式化和转换的原始数据资产;二是对原始数据资产进行一致性转化、整理成数据库资产;三是利用机器学习等算法对数据库内的数据进行分析,获得有价值的数据智能资产;四是将数据智能资产应用于指导决策,以期带来经济收益,实现资产货币化。其中,资产货币化是数据的使用阶段,主要反映出该阶段中因数据的使用量增加而进行的要素投入(劳动力、有形/无形资本资本和中间产品)。

由此可见,数据本身可以是数字、文字、图像、声音等形式,并不具备任何含义,但当对数据进行适当的处理、解读和分析时,数据将转化为有用的信息,进而提高实际产出,然而在这个过程中需要进行大量的前期投入。因此,在衡量数据的价值时,不仅要衡量数据资产本身的价值,更重要的是衡量形成相关资产的投入成本。例如创建和收集原始数据的实验和平台,数据清洗、整理、格式化的过程和平台,从数据中提取、分析信息过程中所需要的投入等。

(二)无形资产框架

无形资产概念对于生成数据资产的经济活动具有重要意义。本文运用数据价值创造路径,基于 Corrado、Hulten 和 Sichel(2021)提出的无形资产框架定义,提出数据资产衡量与分析的方法。相比图 1 描述了数据资产生成活动,表 1 所示的无形资本框架包含了大部分数据资产,并且该框架中几乎所有资产都可能具有数据驱动性质,特别是所有现代数据驱动型商业、金融、市场营销、工程和科学方面的情报资产。由表 1 第 3 列可见,目前仅有 1—5 类无形资产被纳入了现有的国民经济核算体系中,因此国民经济核算体系并不完整地涵盖数据资产。

从另一个角度看，此前的数据价值估算工作（如加拿大统计局 2019a，2019b；Goodridge、Haskel 和 Edquist，2021）均忽略了现代数据科学的一些关键应用领域，例如建筑/工业领域的工程情报和计算机设计情报。而这些领域在无形投入框架中均有涉及。

表 1　无形资产主要类别和资产类型

类别	按资产类型列出的投入	NA	国民经济核算体系中包含的资产类别
数字化信息	1. 软件	是	数字能力、工具
	2. 数据库	是	商业秘密（数据）
创新产权	3. 研发（R&D）	是	专利、许可
	4. 矿产勘探	是	采矿权
	5. 艺术、娱乐和文学原创作品	是	版权、许可
	6. 建筑和工程设计	否	专利、商标
	7. 金融产品开发	否	商标、软件专利
经济能力	8. 品牌和市场研究	否	品牌资产、客户名单、市场洞察力
	9. 业务流程和组织实践	否	运营模式和平台、供应链和分销网络，以及管理层和员工实践
	10. 雇主提供的培训	否	企业人力资本

注：第三列 NA 表示第二列资产类型当前是否在国民经济核算体系中计为投入。

（三）估算方法

国民经济核算体系以经济成本为基础，按资产类型估算投入，旨在按照一致的方式记录每个行业部门的投入流量和资本存量，需要估计每种资产的所有供应来源的价值。为了弥补国民经济核算体系中对数据资产衡量的不足，本文重点估算原始数据和数据智能投入流量。

从获取原始数据来看，企业数据主要来源于外部购买和内部生产。其中，外部购买数据的价值应和企业购买有形资产的支出一样按交易价格进行估价。但企业使用的大部分数据都是在企业内部生成的，这便需要考虑企业生产数据过程中的所有投入，如资本和中间消耗品、雇佣劳动力的职业及报酬水平等。但实际劳动力可能并非全天都在生产新数据，例如国民经济核算体系中衡量内部软件生产的常规方法是假定软件开发人员只花费 50％的时间在企业的“软件工厂”中生产原始代码。

因此，编制国民经济核算数据必须考虑两个具体分组，即购买投入（数据在市场中买卖）和自有投入（数据在企业内部生产和使用），以便衡量数据资产的名义投入流量。由于国民经济核算体系明确建议各国家统计局采用成本总和法估算软件和数据库，为了制定与国民经济核算体系相一致的衡量框架，本文根据数据转换和数据分析所用的内部总成本信息以及从事数据相关资产生产的职业类型来生成数据资产的衡量指标，以反映市场部门产生的数据价值量，而不受产出物生产目的影响。所使用的具体公式如下(以原始数据为例)：

基本价格下原始数据的总产出＝员工薪酬×放大系数

其中，

员工薪酬＝生产原始数据的员工总数×平均薪酬

在对数据资产投入估算的过程中，需要使用以下四个指标：

1. 详细的职业列表；

2. 对特定职业生产数据相关资产的时间使用比例作出假设(如果有重要意义，还需假设特定行业的时间比例)；

3. 相关职业的员工人数和薪酬数据；

4. 放大系数，以便充分考虑其他成本(中间消耗品和业务盈余总额)，从而得出与国民经济核算体系定义一致的产出衡量标准。

三、数据价值估算案例

为了验证本文衡量数据资产价值的框架、方法的有效性及与国民经济核算体系的一致性。本文选取德国、法国、西班牙、意大利、瑞典和英国等六个欧洲经济体，对其市场部门[①]在 2012 年－2018 年间的原始数据和数据智能投入进行了估算。[②]

(一)数据来源

本文从 2014 年欧盟收入结构调查(SES)和 2012－2018 年欧盟劳动力调查(LFS)获取了详细的职业列表及相关职业的雇员人数和薪酬，并依据加拿大统计局(2019a、2019b)和 Goodridge 等(2021)使用的成本总和法，对具体的数据相关职业和行业作出假设，确定每个具体职业在生产数据相关资产方面所花费的时间份额，如表 2 所示。

① 本文将市场部门定义 O 部门(公共管理和国防；强制性社会保障)、P 部门(教育)、Q 部门(人类健康和社会工作活动)、T 部门(个体户经营活动；未区分的家庭自用商品和服务生产活动)和 L 部门(房地产活动)中自住房出租之外的所有行业。

② 由于国民经济核算体系内包含了软件和数据库，且本文方法与国民经济核算体系一致，因此本文仅对原始数据和数据智能投入进行估算。

表 2　衡量原始数据和数据智能投入的相关职业和时间使用假设

ISCO－08 小类	时间使用占比	
	原始数据	数据智能
科学和工程专业人员		
物理和地球科学专业人员	0.1	0.25
数学家、精算师和统计学家	0.1	0.25
生命科学专业人员	0.1	0.25
工程专业人员（不包括电工技术）	0.1	0.25
电工技术工程师	0.1	0.25
建筑师、规划师、测量师和设计师	0.1	0.1
商业和行政专业人士		
金融专业人员	0.1	0.25
行政管理专业人员	0	0.1
销售、营销和公共关系专业人员	0.1	0.1
信息和通信技术专业人员		
软件和应用程序开发人员和分析人员	0.1	0
数据库和网络专业人员	0.1	0
商业和行政助理专业人员		
金融和数学相关专业人员	0.1	0.25
信息和通信技术技工		
信息和通信技术操作和用户支持技工	0.1	0
一般电脑文字工作者		
电脑文字工作者	0.05	0
客户服务		
客户信息员	0.05	0
数字和材料记录员		
数字记录员	0.05	0
材料记录和运输办事员	0.05	0

此外，由于信息和通信行业是现代经济数字化转型的中心，本文聚焦信息和通信行业，并根据该行业的成本结构，以总产出与员工薪酬之比推算放大系数。

（二）估算结果

由于国民经济核算体系中已涵盖软件和数据库投入，为保持与官方数据一致性并进行整合，本文采用上述研究框架及方法，对原始数据和数据智能投入进行了估算。

表 3　2018 年六个欧洲国家市场部门数据资产投入价值的 GDP 份额

GDP 占比 (%)	原始数据 (a)	数据智能 (b)	数据投入 (c=a+b)	SNA 软件和数据库 (d)	数据投入总额 (e=c+d)	无形资产总额 (f)	除软件和数据库外的无形资产总额 (g=f−d)	除软件、数据库和研发外的无形资产总额 (h)
德国	2.3	2.8	5.0	0.7	5.7	8.1	7.5	5.0
西班牙	1.6	1.9	3.5	1.6	5.1	6.0	4.4	3.5
法国	1.7	2.2	4.0	3.0	7.0	11.1	8.1	6.1
意大利	2.0	2.7	4.7	1.4	6.1	8.5	7.1	5.7
瑞典	2.5	3.2	5.7	3.4	9.0	13.7	10.3	7.1
英国	1.9	3.0	5.0	1.6	6.5	9.7	8.1	7.0

注:无形资产总额包括表 1 列出的所有资产类型。

表 3 显示了 2018 年六个欧洲国家市场部门的数据资产投入份额。其中(a)和(b)列为本文对原始数据和数据智能投入的衡量结果,将原始数据和数据智能价值加总后可得到数据投入份额,目前此部分尚未被纳入到国民经济核算体系中。比较来看,在所有样本经济体中,数据智能投入普遍高于原始数据投入,且瑞典、英国和德国属于数据相对密集型国家(平均数据投入份额为 5.0%),意大利、法国和西班牙低于总样本平均值(4.6%)。同时,本文获取了国民经济核算体系中软件和数据库投入(d),以便衡量原始数据、数据库和数据智能三种类型资产的投入总额(e),与(c)列相比,各国数据密集程度有所不同,主要原因在于瑞典和法国软件和数据库投入份额较高。

此外,本文基于无形资产框架对数据资产进行估值,为与无形资产的价值进行比较,本文从 INTAN-Invest 数据库①获取了无形资产总额(f 列),发现数据投入总额占无形资产总额的 60%以上,表明现有的无形资产投入总额指标很可能涵盖了数据资产的很大一部分价值,如图 2。在六个样本经济体中,无形资产总额的 GDP 占比高于数据投入总额占比,表明在无形资产密集度较高的经济体中,数据投入密集度不一定高。

为进一步验证本文对数据资本的估算结果,本文对信息和通信行业②所有数

① INTAN-Invest 指的是可从 www.intaninvest.net 获取的已协调的跨国行业层面无形投入估计值。2021 年 12 月新版 EUKLEMS 生产核算数据发布后,这些估计值的覆盖范围不断扩大。此次更新拓展了该项目的常规生产核算品类,其中的生产率估计值涵盖了已协调的跨国无形资本估计值(INTANPROD)。

② 信息和通信行业(行业 J)是现代经济数字化转型的中心,可以用来检验我们对数据资本的估计值。一个国家是否能够利用其数字化转型的全部生产能力在很大程度上取决于生产各种产品的信息和通信行业的结构和特征,例如软件和服务以及数据处理和相关活动。

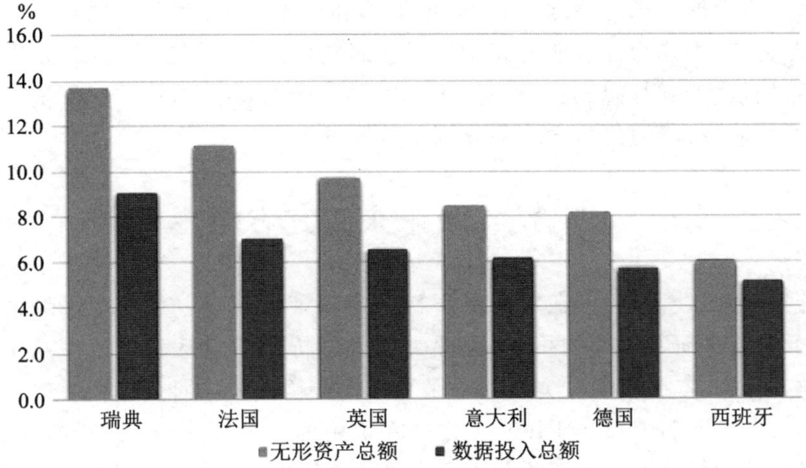

图 2　2018 年市场部门无形资产总额与数据投入总额 GDP 占比

注:无形资产总额包括表 1 列出的所有资产类型。

据资产与无形资产之间的相关性进行了分析,如表 4,本文估算的数据投入与国民经济核算体系中软件和数据库价值相关性较低,仅为 0.16。现有国民经济核算体系中的软件与数据库价值与原始数据和数据智能投入之间的重叠性都较低,可将二者整合以便更加完整、准确的衡量数据资产价值。进而与无形资产框架下的无形资产总额相比较,发现数据投入总额与无形资产总额之间的相关性为 0.98,由此验证了前述无形资产框架内已包含大部分的数据资产的判断。

表 4　数据资产与无形资产之间的相关性

	原始数据	数据智能	数据投入	SNA 中软件和数据库	数据投入总额	无形资产总额	除软件和数据库外的无形资产总额	除软件、数据库和研发外的无形资产总额
原始数据	1.00	0.84	0.92	0.12	0.60	0.56	0.72	0.48
数据智能	0.84	1.00	0.99	0.10	0.62	0.61	0.81	0.78
数据投入	0.92	0.99	1.00	0.16	0.68	0.66	0.84	0.74
SNA 中软件和数据库	0.12	0.10	0.16	1.00	0.84	0.82	0.59	0.52
数据投入总额	0.60	0.62	0.68	0.84	1.00	0.98	0.91	0.80
无形资产总额	0.56	0.61	0.66	0.82	0.98	1.00	0.95	0.86
除软件和数据库外的无形资产总额	0.72	0.81	0.84	0.59	0.91	0.95	1.00	0.91
除软件、数据库和研发外的无形资产总额	0.48	0.78	0.74	0.52	0.80	0.86	0.91	1.00

此外,将无形资产总额除去软件、数据库和研发后,得到非国民经济核算体系下的无形资产(主要为经济能力和设计),该部分与数据智能投入存在强相关性,而与原始数据投入之间的相关性较低,表明非国民经济核算体系的无形资产包含了大量数据智能投入,但仅包含小部分原始数据投入。

四、结论及未来研究方向

数据资产无处不在,但在宏观经济数据中却难觅其踪。目前国民经济核算体系涵盖了企业自研数据库的投入,但此类投入的价值不包括获取或生产中所含的数据成本。因此本文以两种方式促进了数据资产衡量相关研究。

第一,本文证明 INTAN-Invest 数据库采用的无形资本框架中虽未明确标明数据资产,但实际已纳入大部分此类资产。与国民经济核算体系相比,该数据库覆盖范围更广,涵盖了对数据驱动型商业和营销情报的投入。

第二,本文利用数据资产框架和成本总和法,以德国、法国、意大利、西班牙、瑞典和英国为样本,估算了 2012 年—2018 年市场部门原始数据和数据智能的名义投入。由于这些数据组成部分暂未纳入官方国民经济核算体系,因此这项估算工作是全新的。验证结果说明,本文的估算结果与国民经济核算体系中的软件和数据库价值之间的一致性,因此基于本文的方法估算可获得更加完整、准确的数据资产价值。

在未来的研究中,应聚焦于利用更详细的职业数据继续改进数据资产的估计工作,包括用投资量和资本存量以及行业层面的估计值来完善核算体系,同时还应将国家覆盖范围扩大到欧盟 27 国和美国。

参考文献

ACCA-Association of Chartered Certified Accountants,2019.“Business Reporting of Intangibles:Realistic proposals-Comments from ACCA.” Accessed on 15 September 2021at:https://www.accaglobal.com/gb/en/technical-activities/technical-resources-search/2019/may/frc-intangibles-response.html.

Brynjolfsson Erik,Avinash Collis,Felix Eggers,2019.“Using Massive Online Choice Experiments toMeasure Changes in Well-being.” Proceedings of the National Academy of Sciences,116(15):7250—7255.

Byrne,David,Carol Corrado,2017.“ICT Prices and ICT Services:What do they tell us about Productivity and Technology?”International Productivity Monitor,33:150—181.

Chiarello,Filippo,Paola Belingheri,Gualtiero Fantoni,2021.“Data Science for Engineering Design: State of the Art and Future Directions." Computers in Industry 129 (103447).

Coyle D, Li W C Y, 2021. "The Data Economy: Market Size and Global Trade." ESCoE Discussion Paper No. 2021—09.

Deloitte, 2020. "Data Valuation: Understanding the Value of your Data Assets." Accessed on 15 March 2021 at: https://www2.deloitte.com/global/en/pages/finance/solutions/datavalue.html.

The Economist, 2017. "Leader: The world's most valuable resource is no longer oil, but data." The Economist Group Limited.

Goodridge P, Haskel J, Edquist H, 2021. "We See Data Everywhere Except in the Productivity Statistic." Review of Income and Wealth. https://doi.org/10.1111/roiw.12542.

IBM Cloud Blog, 2020. "AI vs. Machine Learning vs. Deep Learning vs. Neural Networks: What's the Difference?" https://www.ibm.com/cloud/blog/ai-vs-machine-learning-vs-deep-learning-vs-neural-networks (Accessed November 6, 2021).

ISWGNA, 2020. "Recording and Valuation of Data in National Accounts." issue note prepared by the ISWGNA subgroup on digitalization for the 14th Meeting of the Advisory Expert Group on National Accounts, October 2020.

Lev B, 2019. "Ending the Accounting-for-Intangibles Status Quo." European Accounting Review, 28(4): 713—736.

Li WCY, Chi P J. "Online Platforms' Creative "Disruption"." in Organizational Capital-The Accumulated Information of the Firm, Moon Economics Institute Discussion Paper, No. 1, August.

Loomis, John, Steve Koontz, Holly Miller, Leslie Richardson, 2015. "Valuing Geospatial Information: Using the Contingent Valuation Method to Estimate the Economic Benefits of Landsat SatelliteImagery." Photogrammetric Engineering & Remote Sensing, 81 (8): 647—656.

Mayer-Schönberger V, Cukier K, 2013. "Big data: A revolution that will transform how we live, work, and think." Houghton Mifflin Harcourt.

Mazzi F, Slack R, Tsalavoutas I, Tsoligkas F, 2019. "The capitalisation debate: R&D expenditure, disclosure content and quantity, and stakeholder views." ACCA research reports. Accessed on 15 march 2021 at: https://www.accaglobal.com/content/dam/ACCA_Global/professional-insights/Intangibles/pi-intangibles-R%26D.pdf.

Miller Holly H, Richardson Leslie A, Koontz Stephen R, John Loomis, Lynne Koontz, 2013. "Users, Uses, and Value of Landsat Satellite Imagery: Results from the 2012 Survey of Users." https://doi.org/10.3133/ofr20131269.

OECD, 2010. "Handbook on Deriving Capital Measures of Intellectual Property Products." OECD Publishing.

Prince J, Wallsten S, 2020. "How Much is Privacy Worth Around the World and Across Platforms?" TPRC48: The 48th Research Conference on Communication, Information and Internet Policy. Accessed on october 2021 at https://techpolicyinstitute.org/publications/privacy-and-security/how-much-is-privacy-worth-around-the-world-and-across-platforms-2/.

PwC, 2019. "Putting a value on data." Accessed on 15 March 2021 at: https://www.pwc.co.uk/data-analytics/documents/putting-value-on-data.pdf.

Reinsdorf M, Ribarsky J, 2019. "Measuring the Digital Economy in Macroeconomic Statistics: The Role of Data." paper presented at the ASSA 2020 Annual Meeting.

Reinsdorf M, Schreyer P, 2019. "Measuring consumer inflation in a digital economy." OECD Statistics Working Papers, No. 2019/01, OECD Publishing, Paris, https://doi.org/10.1787/1d002364-en.

Skatova Anya, McDonald Rebecca L, Sinong Ma, Carsten Maple, 2019. "Unpacking Privacy: Willingness to Pay to Protect Personal Data." PsyArXiv. 12 May. doi:10.31234/osf.io/ahwe4.

Statistics Canada, 2019. "The Value of Data in Canada: Experimental Estimates." Accessed on 10 September 2021 at: https://www150.statcan.gc.ca/n1/pub/13-605-x/2019001/article/00009-eng.html.

UNECE, 2018. "Recommendations for Promoting, Measuring and Communicating the Value of Official Statistics."

UK Financial Reporting Council, 2019. "Business Reporting of Intangibles: Realistic proposals.". Accessed on 15 September 2021 at https://www.frc.org.uk/consultation-list/2019/discussion-paper-business-reporting-of-intangibl.

Varian H, 2018. "Artificial Intelligence, Economics, and Industrial Organization." NBER working paper #24839.

Wong D, 2012. "Data is the Next Frontier, Analytics the New Tool." Technical Report, Big Innovation Centre, London.

Yamaguchi, Shinichi Oshima, Hidetaka Saso, Hiroaki Aoki, Shihoko, 2020. "How do people value data utilization?" An empirical analysis using CVM in Japan, Technology in Society, 62. 101285. 10. 1016/j. techsoc. 2020. 101285.

Zéghal D, Maaloul A, 2011. "The accounting treatment of intangibles-A critical review of the literature." Accounting Forum, 35: 262—274.

编译者及单位

孙贺，国家统计局统计科学研究所。

政府数据资产核算若干理论问题研究①

【内容摘要】 政府数据作为数据要素市场培育的中坚力量,在数字经济发展、大数据开发等领域均是首要被提及的核心数据资源。但政府数据概念不明确、分类不统一、资产范围界定困难、物量和价值量核算不成熟等问题,阻碍了政府数据的深度开发及利用。本文基于《中国国民经济核算体系(2016)》关于新经济核算的理论框架,在对"政务数据""政府数据""公共数据"概念辨析基础上,界定政府数据的内涵;提出政府数据具有公共性与非公共性兼备,开放性与共享性共存,政治、经济、社会价值并重的特征,进而结合政府数据的产生主体、权属关系、用途、开放共享程度等因素对政府数据进行分类,为政府数据资产分类核算奠定基础。为进一步开展政府数据资产的核算范围、物量统计和价值量核算研究,本文设计政府数据资产物量统计表,探究不同类型政府数据适用的价值核算方法,并构建政府数据价值区间,为国家相关部门开展政府数据统计管理提供理论和方法支撑。

一、引言

2020 年 4 月,中共中央、国务院印发《关于构建更加完善的要素市场化配置体制机制的意见》,明确提出"加快培育数据要素市场""推进政府数据开放共享""提升社会数据资源价值"等意见。2021 年 12 月国务院印发《"十四五"数字经济发展规划》,指出要"建立健全国家公共数据资源体系""统筹公共数据资源开发利用""构建统一的国家公共数据开放平台和开发利用端口"等。2022 年 6 月,国务院印发《关于加强数字政府建设的指导意见》,明确提出要坚持数据赋能,构建开放共享的数据资源体系。这一系列政策文件均鼓励更多社会力量对具有经济和社会价值、允许加工利用的政务数据和公共数据,进行增值开发利用。

政府数据是宝贵的经济和社会资源,在数字经济中占据重要地位,应高度重视政府公共部门数据的潜力(向书坚和吴文君,2018)。虽然政府部门在数据规模上不及企业部门,但在数据完备度、精准度、有效度上具有明显优势。各地方政府陆

① 本文选自《统计研究》2023 年第 8 期。

续发布相关文件,助力政府数据的统一管理及开发应用[①]。从目前已有的财政数据来看,国家投入大量的资金进行政府数据管理,而相关的费用并没有反映出来(穆勇等,2017)。同时,各地方政府均在统筹建立统一的公共数据平台,进行数据的归口统一管理,建立基础数据库、专题数据库[②]等,并规定避免重建、多建、乱建数据平台,这为政府数据资产的统一核算实践奠定了基础。

数据成为一种重要资产已经基本成为共识,但数据成为资产的理论和实践研究依然面对较大的挑战,目前国民经济核算的研究框架对数据资产核算的可用性还有待改进(许宪春等,2021)。从目前的研究进展看,国内外对数据资产核算的研究还处于起步阶段,联合国(UN)、经济合作与发展组织(OECD)等国际组织的研究主要集中于对数据、数据资产等基本概念的讨论及如何将其纳入国民经济核算账户的讨论(UN,2022;OECD,2020),美国、加拿大等国家则主要集中于对数据标准、数据格式等大数据战略中的相关数据规范的研究和制定,均未开展政府数据价值的标准化统计核算。总体上,学术研究主要集中于商业数据和个人数据的核算,对政府数据的研究多是从政府数据共享开放、政府数据增值利用、政府数据治理等资产化管理视角探讨(易明等,2022),而对政府因其行政功能和管理职能获得并管理的大量数据的统计核算则鲜有研究。芬兰、美国部分学者对政府数据的开放政策、政府数据在经济发展中的增值作用开展了初步探索研究(Hughes 和 Coronado,2019;Levikangas 和 Molarius,2020)。随着政府数据的分级开放,政府数据所具备的经济价值越发重要,政府部门因此而获得的经济价值或者潜在经济价值不容忽视,数据也必将成为政府资产的主要类型之一。各部门对政务数据和公共数据的开发利用极大提高了行政效率,节约了大量社会资源,创造了社会经济价值。政府作为各类政务活动的主体和公共数据的管理者,从政府角度开展此类数据的统计与核算研究是未来进行政府数据管理、保护、开发和开放的基础。同时,政府数据资产的价值量核算是准确衡量政府资产、摸清政府家底的重要一环,对完善政府和国家资产负债表的编制也具有前瞻性意义。

本文在《中国国民经济核算体系(2016)》关于新经济核算的理论框架下,基于对政府数据的内涵、特征及分类研究,开展政府数据资产概念界定、核算范围界定、物量统计和价值量核算研究,设计政府数据资产物量统计表,探究不同类型数据的价值核算方法,完善从微观到宏观、从物量到价值量的政府数据资产核算理论体系,以满足国家相关部门开展政府数据统计管理的需要。本文的安排如下:第二部

① 2022 年初,江苏、浙江、江西等陆续出台相关公共数据管理办法。1 月,江苏省发布《江苏省公共数据管理办法》,2 月,浙江省江西省分别发布《浙江省公共数据条例》和《江西省公共数据管理办法》,文件中均指出公共数据管理工作所需经费纳入本级财政预算。

② 各省份均指出要建立和完善人口、法人、信用、电子证照、自然资源和空间地理等基础数据库,同时建立跨地域、跨部门等专题数据库(或主题数据库)。

分厘定政府数据的内涵；第三部分分析政府数据的特征，根据其特征并结合其产生主体、权属关系、用途、开放共享程度等因素对政府数据进行分类；第四部分界定政府数据资产，讨论政府数据资产的核算范围；第五部分设计政府数据资产物量统计表，开展政府数据资产物量核算；第六部分对政府数据资产价值量核算方法进行讨论；第七部分结论。

二、数据与政府数据的内涵

界定政府数据的内涵是政府数据资产核算的前提，但政府数据首先是数据，因此本文从数据内涵入手，进而界定政府数据。

(一)数据的内涵

关于数据的概念，从狭义角度看，数据是一种基于数字化处理后具有潜在使用价值的信息(Hawley，1995；Horne，1998；Ruan，2019)；从广义角度看，数据应是一切能以特定形式储存的内容、文本或媒介(张启望，2006；Toygar 等，2013)。从国民经济核算角度看，对数据狭义和广义概念的选择，需先厘清数据的生产属性问题。目前，关于数据是否具有生产属性的研究，存在两种观点：一种观点承认数据的生产属性，认为数据不是简单地“出现”，而是有一个动作使数据存在，而这个动作被认为是生产，可通过数据价值链、数据生命周期等理论描述数据的生产过程(OECD，2013；Rassier 等，2019；Statistics Canada，2019；许宪春等，2022)；另一种观点认为数据不是经济生产过程的产出成果，不能通过生产进入国民经济核算体系，不是经济产出经过积累转化的资产存量，其进入核算体系的唯一途径只能是非生产资产(李静萍，2020；高敏雪，2021)。

根据《国民账户体系 2008》(SNA2008)对经济生产的界定，狭义角度的数据满足经济生产的定义，即由特定单位控制和负责，并投入劳动、资本等生产要素。因此，从国民经济核算角度考虑，数据是已记录为可存储、传输或处理的数字化形式的观察结果(Statistics Canada，2019；许宪春等，2022)。观察、数据、信息、知识等概念之间存在递进关系，数据是观察结果的数字化形式，信息是有前后关联的数据，知识则是有价值的信息。因此，基于宏观统计核算的角度，下文所讨论的数据均指国民经济核算角度的狭义数据。

(二)政府数据的内涵

目前，相关学术研究及各地方政府所发布的相关文件中，对政府数据、政务数据和公共数据存在交叉混用的情况，导致政府数据的统计口径难以统一。因此，首先需要界定清楚政府数据、政务数据和公共数据之间的联系与区别，即三者均包含政府部门相关活动所产生的数据，但三者定义的角度和包含的数据范围则有所不同。多数研究均从使用部门角度给出政务数据和公共数据的定义，其中，政务数据主要强调政府的政务服务职能，一般指依托政务信息系统形成的数据；公共数据则主要强调其公共资源属性，指公共管理和服务机构在依法履行职责或者提供公共服务过程中收集、产生的数据。

从宏观统计核算角度，政府部门是政务数据和公共数据的核算主体，无论是政府日常工作所产生的政务数据，还是政府基于管理属性所采集的公共数据。这些数据的经济所有权均归政府所有，因此将政府部门作为政务数据和公共数据核算主体，更符合现有核算体系对机构部门的划分，也更有利于统计核算实践工作的开展。对于政府部门的界定，SNA2008 认为一般政府部门从事的是非市场性生产，以没有显著经济意义的价格提供货物或服务①，而公共部门包括了一般政府和公共企业②。SNA2008 还专门对部门归属进行划分，指出公共部门包括被政府控制的非市场生产者和被政府或公共企业控制的市场生产者，同时指出，为了全面分析政府部门对经济体的影响，构建一个包含所有政府单位和公共企业的部门将很有意义③。由于政府控制的公共企业与一般政府部门有很强的关联性，公共部门的相关决策大多有政府的指导或参与，因此，本文界定的政府部门是包含一般政府部门和公共企业的公共部门。

政府部门首要的职能是行政职能，但可代表全社会从事生产活动，生产的目的一方面为提高政府治理效率，另一方面服务社会及个人，并提高社会整体福利。因此，政府数据不同于企业数据，其生产属性可分两种情况：一是政府部门直接生产的数据具有生产属性，如政务服务产生的政务数据、公共服务产生的公共数据等满足经济生产的定义；二是政府部门间接获得的数据也具有生产属性，如个人、企业等生产的数据，为配合政府部门的管理工作而提供给政府部门，虽然不是政府部门直接控制下生产的，但政府有权管理、使用和再开发利用。

结合上述对数据内涵的界定和政府数据范围、生产属性的界定，基于宏观统计核算的角度，从经济所有权出发，以政府部门为核算主体，结合 SNA2008 对政府部门的功能定位及定义，并鉴于核算主体完整性，本文提出政府数据是由公共部门产生、收集、拥有和控制的经过处理的数字化观察结果，从微观上讲，政府数据就是政府部门拥有的数据，从广义来说，政府数据归全民所有，但由政府部门负责管理。

---

① 参见 SNA2008，4.1117 段。

② 如"国家电网有限公司""中国国家铁路集团有限公司"等企业，以及各级政府"国资管理部门"控制的各类企业都属于公共企业，这些企业也属于广义的政府部门。

③ 参见 SNA2008，22.38 段和 22.6 段。

三、政府数据的特征及分类

政府部门行政职能特殊性决定了政府数据不同于其他部门数据，其除具备一般数据的特征外，还具有一些独有特性。研究政府数据的特征及分类是进行政府数据资产核算的基础。

（一）政府数据的特征

数据具有非竞争性、非排他性、非消耗性、价值不确定性、时效性等特点（李静萍，2020；许宪春等，2022）。不同于一般的货物和服务，数据不因使用而产生消耗，且可供多个使用者同时使用，随着使用次数及范围扩大，数据价值可能会降低或增加；同时，同样的数据因不同的使用者及场景，其价值表现也各异；另外，数据对时间的反应更加敏感，数据随着时间变化可能增值、减值或不再具有价值。政府数据除具有上述一般数据的特征外，还需考虑其具有的特殊性，具体体现在如下几点。

第一，权属关系复杂，公共性与非公共性兼备。对于由国家代表全民管理及使用的基础数据，如自然人、法人及非法人组织所提供的基础数据的法定所有权应归自然人、法人等主体所有，但自然人或法人往往难以直接行使其法定所有权，多由政府部门管理和直接使用该类数据，或制定数据开放给其他主体使用的办法，因此政府具有该数据的经济所有权。这造成法定所有权与经济所有权的分离，具体的权属关系还需要根据数据的详细类型进行判定。有研究表明，非排他性和非竞争性是公共品公共性的主要体现，政府承担提供公共品的责任将是最优的选择（蒋萍和许宪春，2014）；如果这些数据完全进行市场化管理，将影响其公共性及公平性，因此，应由政府主导和管理公共数据（王伟玲等，2021）。另外，基于国家管理需要而生产的数据，如大部分行政管理数据，只具备准公共物品属性，其产权的归属并不天然地完全属于全社会，政府和第三方可能会参与数据的所有权（范佳佳，2019），从而表现出一定非公共性。综上，政府数据权属的复杂性使其兼备公共性和非公共性，政府数据的权属划分是进行政府数据资产核算的首要工作。

第二，多方主体参与，开放性与共享性共存。政府数据涉及多方主体参与，政府部门自身产生的数据、自然人、法人及非法人组织等提供的数据、自然资源等客体数据共同丰富了政府数据的内容。我国相关法律规定，公共数据要实现对外开放，尤其是基础的民生保障数据，要取之于民用之于民。同时，个人、企业等有义务配合政府的管理工作，向政府部门提供相关数据。虽然数据开放的主体是政府部门，但是政府部门的数据开放需要其他部门的数据共享来实现，从而体现了政府数据开放性与共享性共存。

第三，多元价值融合，政治、经济、社会价值并重。政府数据能够聚焦政府机构行政效益、聚焦市场部门经济效益、聚焦社会组织社会效益(夏义堃,2020),其价值体现形式依赖于不同的使用场景:宏观层面,政府部门发挥数据治理功能,实施现代化和数字化政府治理,服务国家改革发展,政府数据的政治价值得以体现;中观层面,政府数据囊括行业数据,为企业决策提供数据支撑,助力企业发展,其经济价值得以体现;微观层面,政府数据为居民享受高效率乃至定制化的政务服务提供了基础数据支撑,其社会价值得以体现。

综上,政府数据的公共性与非公共性兼备,开放性与共享性共存,政治、经济、社会价值并重的特点,决定了政府数据相比一般企业数据来说发挥着更为基础且更为重要的作用。政府数据作为公共数据资源是整个数据要素市场的基础,发挥支撑作用,能够稳固整个数据要素市场,助力数据要素市场的统一培育。从核算角度看,政府数据权属关系复杂,存在价值剥离问题;数据来源渠道多样,成本界定困难;市场化程度低,无市场价格可供参考,因此,使用传统的资产价值核算方法核算政府数据资产价值存在不匹配的问题。但相比于企业数据,政府数据所有权归属与管理治理的法律法规更为全面,政府数据的价值更为多样,政府数据开展统计核算的需求也更迫切。

(二)数据与政府数据的分类

1. 数据的分类。

现有对数据分类问题研究,由于分类方法、目的的不同,产生了不同的分类标准。2020 年 4 月国家市场监督管理总局和国家标准化管理委员会发布了《信息技术 大数据 数据分类指南》(GB/T38667—2020)(以下简称《指南》),提供了大数据分类过程、分类视角、分类维度和分类方法等,指出常见的数据分类维度可包括产生来源、结构化特征、业务归属、处理时效性要求等,分类方法可采用线分类法、面分类法、混合分类法[①]。学界的关注点更多的是基于不同的学科视角,如根据国民经济核算中数据估价及核算处理的不同方法,把数据分为外部购入数据、外部免费获取数据、易货交易数据、内部数据 4 种(李静萍,2020);根据现行会计核算中的不同处理方法可把数据分为内部运营形成的数据、外部购买的专业数据、软件抓取的公开数据 3 种(杨林,2021);基于数据支出进行资本化核算时的供给和使用两个阶段,将数据划分为市场生产者自给性生产、非市场生产者自给性生产、市场生产者交易性生产、非市场生产者交易性生产、出口交易性生产、市场生产者进口、非市场生产者进口 7 种类型(许宪春等,2022)。目前,还未有公认且统一的数据分类,不同的分类目的使分类结果各异,需要结合特定的场景进行分析。

① 线分类法适用于对一个类别只选取单一分类维度进行分类的场景;面分类法适用于对一个类别同时选取多个分类维度进行分类的场景;混合分类法适用于以一个分类维度划分大类、另一个分类维度划分小类的场景。

2. 政府数据的分类。

现有对政府数据的分类中，地方政府主要从数据管理角度出发，设计各地方的数据分级分类办法。例如，2021 年，浙江省发布《数字化改革 公共数据分类分级指南》，从数据管理、业务应用、安全保护、数据对象 4 个维度 30 余个子项，对公共数据进行区分和归类；同年，贵州省发布地方标准《政务数据 数据分类》，根据政务数据的属性、特征或核心管理需求，采用线分类法，从资源属性、归集管理、安全管理、共享和开放属性、其他方面 5 个维度进行分类，每个维度下再分别设置一级类、二级项、三级目。这些地方政府数据分类标准的出台，针对各个地方的不同特点，为各地政府数据资源管理，推动政府数据向政府数据资产的转变打下基础。学界的研究中，既有基于政府数据的渠道来源，把政府数据分为调查数据和行政记录数据(许宪春等，2022)；也有基于政务数据资产化管理视角，把政府数据分为政府业务数据、社情民情数据、基础环境数据、分散性公共数据 4 大类(张鹏和蒋余浩，2020)。

本文认为，对政府数据的分类，一方面要体现政府数据的特征，另一方面也要基于宏观核算角度，结合政府数据的各类属性，从权属划分角度进行分类，以便于政府数据的物量统计和价值量核算。因此，可以根据政府数据的权属关系、开放共享程度等特征，以及来源和用途等方面对政府数据进行分类。

一级分类。根据生产主体性质区分市场生产者和非市场生产者，把政府数据分为一般政府部门数据和公共企业数据。前者的主要职能是行政职能，收集数据的目标是辅助行政管理；后者主要提供公共服务，但公共企业可能会出于公共政策目的做调整。

二级分类。一般政府部门依照数据产生主体进行分类，政府部门管理的对象包括人、财、物，因此可分为自然人数据、组织数据(包括法人组织、非法人组织数据)、客体数据(除个人、组织数据外的数据，如自然资源、空间地理等数据)①。公共企业数据可按照数据权属关系不同，依照国务院于 2016 年发布的《国务院关于推进中央与地方财政事权和支出责任划分改革的指导意见》(以下简称《指导意见》)，分为中央财政事权类基本公共服务数据、地方财政事权类基本公共服务数据(受益范围地域性强、信息较为复杂且主要与当地居民密切相关)、中央与地方共同财政事权类基本公共服务数据(跨省份且具有地域管理信息优势)。

三级分类。结合每类数据来源和用途对一般政府部门中的自然人数据分为属性数据(包括身份证、姓名、性别、年龄等数据)和行为数据(主要包括政务活动行为，如纳税信息、社保信息等数据)，组织数据分为属性数据(包括信用代码、规模、

① 参照国家市场监督管理总局和国家标准化管理委员会发布的《信息技术 大数据 数据分类指南》、上海市地方标准《上海市公共数据开放分级分类指南》、浙江省地方标准《数字化改革 公共数据分类分级指南》、贵州省地方标准《政务数据 数据分类》等文件的实践经验。

性质等数据)和业务数据(包括纳税、专利等数据),客体数据分为属性数据(包括资源种类、规模等数据)和感应数据(主要包括设备感应监测数据等,如海洋水位变化等数据)。对公共企业三种财政事权类公共服务分为服务对象属性数据(包含自然人、组织、客体等属性数据)和公共服务业务数据,后者参照《指导意见》按照用途进行具体细分[①]。

另外,政府数据作为国家管理的核心数据资源,在三级分类基础上每一小类还要结合其开放共享属性进行确认。以自然人属性数据为例,其可分为无条件开放共享的自然人属性数据、满足条件后开放共享的自然人属性数据和暂不开放共享的自然人属性数据三个层次。具体分类如图 1 所示。

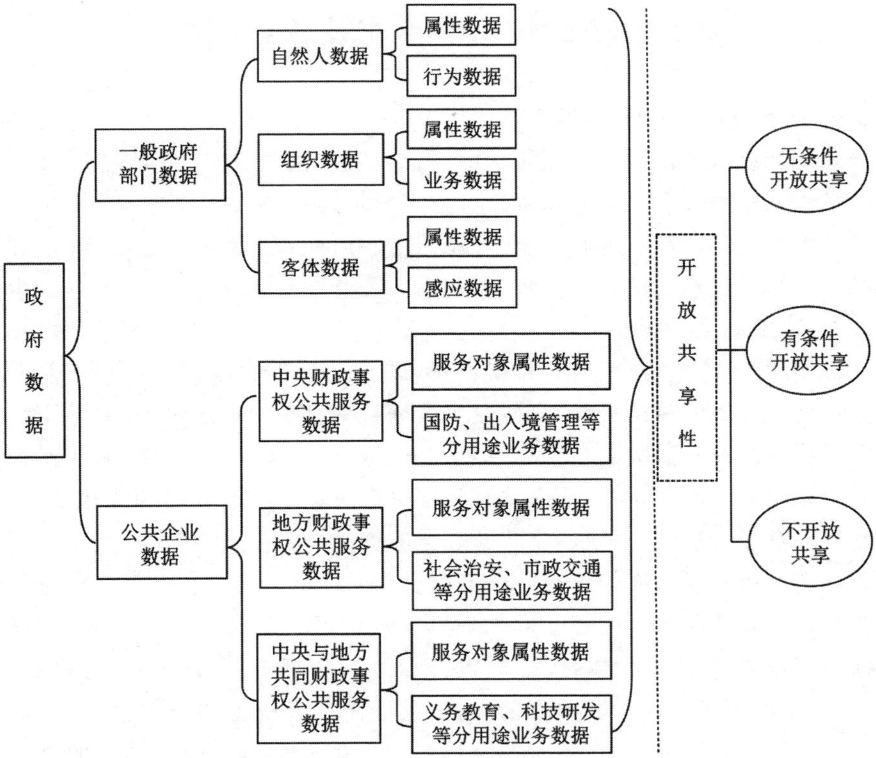

图 1　政府数据分类

---

① 参照《指导意见》中关于财政事权的划分,本文中的中央财政事权类公共服务数据主要包括国防、外交、国家安全、出入境管理、国防公路、国界河湖治理、全国性重大传染病防治、全国性大通道、全国性战略性自然资源使用和保护等数据;地方财政事权类公共服务数据包括社会治安、市政交通、农村公路、城乡社区事务等基本公共服务数据;中央与地方共同财政事权类公共服务数据包括义务教育、高等教育、科技研发、公共文化、基本养老保险、基本医疗和公共卫生、城乡居民基本医疗保险、就业、粮食安全、跨省(区、市)重大基础设施项目建设和环境保护与治理等基本公共服务数据。

对政府数据的合理分类有利于形成成熟的政府数据公共资源体系，例如，对一般政府部门数据的最终分类目标是建立中央与地方统一且互联互通的政府部门基础数据库，以服务于政府的政务职能；对公共企业数据进行合理分类，可建立相关的公共服务专题数据库，为公共服务各领域的数字化管理及融合发展提供数据支撑，进而提升公共服务水平。应加强一般政府部门和公共企业的通力合作，完善基础数据库和专题数据库，从而形成国家的公共数据资源库。此外，政府数据分类应服务于政府数据资产的核算，通过分类确定哪些交叉分类下的数据能够界定为政府数据资产，哪些数据暂不能作为政府数据资产，同时为政府数据价值核算方法的精细化研究提供基础。

四、政府数据资产界定及核算范围

(一)政府数据资产界定

伴随着计算机的出现及信息技术的飞速发展，“数据资产”一词在1974年就被提出。学界基于多种属性对数据资产进行了界定，综合来看，主要强调其依存于网络的数字性，并具有权属明晰、价值明确、并能够进行测度等特征(叶雅珍和朱扬勇，2021)。从国民经济核算的角度，数据资产被定义为拥有应用场景且在生产过程中被反复或连续使用一年以上的数据(李花菊，2021；许宪春等，2022)。SNA2008对资产的界定：一是所有权明晰，二是能带来预期收益。基于前文对政府数据特征及分类的讨论可知，有些政府数据具有显著的经济价值，有些不具备显著的经济价值却有很高的政治价值和社会价值，因此哪些政府数据能够作为资产还需要深入研究。本文认为，研究政府数据资产应基于政府数据的法律所有权、经济所有权以及经济价值，以便确定政府数据的资产性。

关于政府数据所有权的讨论。政府数据要成为资产，首先要明晰政府数据的法定所有权和经济所有权问题。数据在其价值链条上涉及多个参与者，数据主体与数据控制者之间的利益冲突，会导致其权力归属的多样性(田杰棠和刘露瑶，2020)。对于法定所有权归属政府的数据，其经济所有权也归属政府，如一般政府部门数据中的客体数据(如自然资源存储情况数据)、公共企业数据中的业务数据(其中中央财政事权类业务数据法定所有权归中央，地方财政事权类业务数据法定所有权归地方，中央和地方共同事权类业务数据法定所有权共有)。对于法定所有权不属于政府但基于政府行政职能的合法行为并经过授权得到的数据，则需要区别讨论。本文认为一般政府部门收集的自然人、法人组织等基础数据，政府拥有该数据的使用权，其经济所有权应归政府所有；但公共企业基于经营需要收集的自然人、法人组织、客体等基础数据，其经济所有权并不天然归公共企业所有，如学校收集的学生个人数据，主要用来实现学校内部对学生的培养和管理，学校并不能使用这些数据获得额外经济收益，需由政府授权才能获得一定程度的经济所有权。

关于政府数据收益的讨论。基于政府数据多元价值融合，政治、经济、社会价值并重的特征，其经济价值表现为可为政府带来直接收益，而其社会和政治价值带来的是潜在收益。对于非市场生产者的一般政府部门，不会由政府数据产生直接收益，但会有潜在收益，如，提升政府行政效率，以及通过对个人、企业开放共享部分不涉及隐私安全的数据以提升企业效率。对于市场生产者的公共企业，政府公共政策会影响公共企业运营，但总体不影响企业性质，其生产的数据可授权运营并产生直接收益，并在运营服务中，提高公共服务质量，产生潜在收益。可见，在提高行政效率、降低行政成本、逐级开放提升企业决策力上具有潜在价值的政府数据，以及部分市场化并具备经济价值的数据，都属于政府的数据资产。

通过以上对政府数据的所有权和预期收益性的分析，发现不同特征、不同类别的政府数据资产属性不同。贵州和山西两省地方政府相关管理办法①之中最早提出政府数据资产的定义，认为政府数据资产是围绕政务服务业务应用系统生成的，并具备资产的特有属性的政府数据。本文认为，政府数据资产范围不应只限于政务服务系统，只要经济所有权归政府所有，且具有潜在价值和价值可变现性，并能带来直接或间接的社会价值和经济价值的政府数据，都可以是政府数据资产。此外，相比一般数据，除了收集、整理、存储、加工、传输外，政府数据还涵盖数据的保护、开放、共享、再利用、反馈等完整数据流动闭环，能够最大限度体现政府数据的价值。如，国家提供的个人所得税申报系统，对个人所得税的收缴实现了税务部门与自然人之间的完整反馈闭环。基于此，本文对政府数据资产的界定：法定所有权归政府、国家、全民所有，经济所有权归政府所有的可开发利用、能够产生完整数据流动闭环，经济价值或者潜在经济价值明晰且使用期限在一年以上的政府数据。

（二）政府数据资产核算范围

基于上述定义，并根据政府数据的分类，本文认为政府数据资产首先是满足无条件开放共享和满足条件后开放共享的这两类数据。对于暂不开放共享的政府数据，即使其法定所有权和经济所有权都归政府所有，但不能实现可开发利用，不能产生完整数据流动闭环，暂不纳入政府数据资产。如，涉及国家机密和国家安全的政府数据，在未来政府数据资产核算成熟后可再考虑将其潜在社会价值逐步纳入政府数据资产核算范围。对一般政府部门数据中的自然人数据、组织数据、客体数据，其经济所有权明晰，价值体现主要是潜在的政治价值和社会价值，能借助政府部门所具有的指导、管理、监督等职能，实现数据使用者与提供者的相互验证，形成

---

① 2017 年 7 月贵州省大数据发展领导小组发布《贵州省政府数据资产管理登记暂行办法》，2019 年 11 月山西省人民政府发布《山西省政务数据资产管理试行办法》，这些管理办法均涉及政府数据资产的界定、登记、交易等事项。

完整的数据流动闭环,使用期限在一年以上的满足政府数据资产要求。对于公共企业,其基于提供公共服务需要收集的自然人、法人组织、客体类属性数据的法定所有权归自然人、法人、客体本身所有,经济所有权可由政府授权给公共企业所有。该类数据作为公共服务的基础服务数据,使用期限在一年以上的可满足政府数据资产要求。对公共企业业务数据,其法定所有权和经济所有权明晰,经济、政治、社会价值并重,但需根据不同财政事权下不同用途的数据,分情况界定使用期限在一年以上政府数据资产类别。综上,从宏观核算的实践出发,可以先将具有明确经济价值的政府数据纳入政府数据资产范围,随着价值核算方法和实践操作的成熟,逐步将具有其他价值的政府数据纳入政府数据资产范围。

五、政府数据资产物量核算

在上文完成对政府数据资产范围界定后,可进一步对政府数据资产进行物量和价值量核算,而政府数据资产物量核算是政府数据资产价值量核算的前提。本部分基于政府数据资产物量核算的目标,界定物量的影响因素,并通过设计政府数据资产物量统计表,明晰不同种类政府数据资产的物量核算内容。

(一)物量影响因素

数据资产物量核算的关键是确定其物量单位,数据不同于一般的货物和服务,其非竞争性、非排他性等特征决定其物量核算单位不易确定。因此,在物量核算单位确认前,可先明晰各类数据的相关物量影响因素。对于多属性的政府数据,可通过调研相关政府数据的现状来进一步确定不同种类的政府数据的物量单位。针对调研的内容,《指南》指出要调研数据的现状包括数据的产生情况、存储现状、数据质量、数据业务类型、数据敏感程度、数据应用情况、数据时效性、数据权属等。从政府数据资产价值核算的角度考虑,在数据资产物量中,需要关注数据的具体应用场景、数据资产原件的使用者数量和使用次数等情况(许宪春等,2022)。

在综合已有观点以及对政府数据特征、分类、资产概念和范围界定后,本文认为,影响政府数据资产的因素可分为供给和使用两类。从供给角度看,要考虑数据的来源、数据权属划分、产生情况、存储情况、开放共享程度等;从使用情况看,要考虑数据使用情况、数据反馈情况等问题。除了共同影响政府数据资产的物量影响因素外,对非市场生产者的一般政府部门数据和市场生产者的公共企业数据,物量影响因素还存在部分差异。如,一般政府部门主要拥有基础服务型政务数据,而公共企业主要拥有公共服务数据。前者以无消耗数据为主,随着使用次数增多,数据价值并不发生显著变化,但随时间的积累可能产生更多价值,如,基础的人口、法人数据则属于无经济消耗数据,其积累数据价值可能增大。后者的业务数据属于经营类数据，其经济价值可能受使用次数、时效性等影响，如，即时交通、医疗数据等对时效性要求较高；涉及产品营销类数据，同一条数据源，被一个营销单位使用过后，对其他营销单位来说价值量就在降低。综上，一般政府部门与公共企业的数据资产物量影响因素既存在共同点又有所区别。

（二）政府数据资产物量统计表设计

开展政府数据资产核算，需要建立政府数据资产统计制度，使政府数据资产统计常态化、规范化，便于宏观角度的物量统计和价值量核算。因此，本文尝试设计政府数据资产物量统计表，实现政府数据资产从微观收集到宏观合并，为政府数据资产物量统计和价值量核算提供实现路径。

基于宏观核算的目的，物量统计要充分考虑政府数据的特征和分类，以便为后续价值量核算提供基础。因此，本文在前述三级分类的基础上，结合政府数据的开放共享属性，设计政府数据资产物量统计表。具体地，纵向指标既要反映数据的开放共享属性，又要从政府数据供给、政府数据使用两个维度进行统计。其中，供给维度应考察政府数据的供给情况，包括数据产生情况（产生频率、产生方式、结构化特征）和数据存储情况（数据格式、存储方式、存储量），使用情况考虑因素包括使用次数、使用周期、使用频率、数据反馈情况（完整度、准确度、时效性）。除了共同影响政府数据资产物量的因素外，一般政府部门数据资产还应重点考虑数据积累时长，公共企业数据资产要重点考虑可使用时长。横向指标方面，根据政府数据的分类，一般政府部门数据按照数据的产生主体、数据类型设置，而公共企业数据按照财政事权主体及数据用途设置。因此，基于一般政府部门和公共企业的数据资产物量影响因素不同的特点，分别设计一般政府部门数据资产物量统计表和公共企业数据资产物量统计表，见表 1 和表 2。

通过表 1 和表 2 的物量统计表对影响政府数据资产的物量影响因素进行调研后，可进行物量核算单位的确认。对于使用及下载没有任何限制且无条件开放共享政府数据的物量核算单位，可用数据存储量大小表示，存储量越大其所占存储空间越大，存储成本则越高。对于有条件开放共享的政府数据（内部使用按有条件开放共享处理），对其使用及下载存在限制，需要根据不同的使用场景选择不同的物量单位，若使用限制按照数据使用条数计算的，则物量核算单位为数据条数，使用条数越多，服务成本越高；若使用限制按照使用次（人/单位）数计算的，则物量核算单位按照使用次（人/单位）数计算，使用次数越多，服务成本越高；若使用限制按照使用周期计算的，则物量核算单位为使用周期，使用周期越长，服务成本越高。对暂不共享开放的政府数据，按照本文的界定，暂不满足政府数据资产的条件，但后续随着数据资产市场的成熟，经过一定的技术处理，其也可能会转变为数据资产，因此，有必要对这部分数据的物量核算单位也进行确认。由于数据由多种数据类

表 1　一般政府部门数据资产物量统计表

产生主体	数据类型	数据开放共享情况	数据供给情况							数据使用情况					
			数据产生				数据存储			数据使用			数据反馈		
		无条件/有条件/暂不开放共享	产生频率	产生方式	结构化特征	数据积累时长	数据格式	存储方式	存储量	使用次数	使用周期	使用频率	完整度	准确度	时效性
自然人数据	属性数据														
	行为数据														
法人及非法人组织数据	属性数据														
	业务数据														
客体数据	属性数据														
	感应数据														

注:产生频率包含每秒、分、时、天、周、月、季度、半年、年,不定期,不更新等;产生方式包含人工采集数据、信息系统产生数据、感知设备产生数据,原始数据、二次加工数据;结构化特征包含结构化数据、半结构化数据和非结构化数据;存储方式包含数据库,其他;存储量以基本单位字节表示,分别为 B、KB、MB、GB、TB、PB、EB、ZB、YB、BB、NB、DB。

表 2　公共企业数据资产物量统计表

财政事权主体	数据用途	数据开放共享情况	数据供给情况							数据使用情况					
			数据产生				数据存储			数据使用			数据反馈		
		无条件/有条件/暂不开放共享	产生频率	产生方式	结构化特征	数据可使用时长	数据格式	存储方式	存储量	使用次数	使用周期	使用频率	完整度	准确度	时效性
中央财政事权公共服务数据	属性数据														
	国防数据														
	全国性重大传染病防治数据														
	…														
地方财政事权公共服务数据	属性数据														
	社会治安数据														
	市政交通数据														
	…														
中央和地方财政共同事权公共服务数据	属性数据														
	义务教育数据														
	科技研发数据														
	…														

型、涉及多领域,可以按照数据权属登记管理机构的有关规定对数据集进行规范化整理,按照一定规模对数据集副本进行打包,形成一个数据"单元",以"单元"作为该类数据资产的计量单位,复制的"单元"越多,服务成本越高。

物量统计表的设计目的是统计政府数据资产的数量和质量,因此应对影响数据资产价值的因素进行考察,如,影响实时市政交通数据单位价格的主要因素是产生频率,影响基础人口寿命数据价格的主要因素是数据积累时长等。这就为物量影响的全面分析提出要求,因此,表1和表2除了包含数量特征外,还包含了结构化特征、数据格式、数据反馈情况等影响数据价值核算的指标,以全面反映政府数据物量特征。核算实践中,通过对物量的核算单位和每一个物量影响因素进行确认,进而完成政府数据资产的物量存量核算和流量变动核算,并为后续政府数据资产的价值量核算奠定基础。

六、政府数据资产价值量核算

通过上文对政府数据资产物量统计表的汇总统计,针对每一类政府数据,其不同的物量核算单位和每一个物量影响因素均不同,其价值核算也存在差异,基于此,该部分分别对政府数据资产初始存量价值核算、资产变化核算、价值区间核算进行讨论。

(一)政府数据资产初始存量价值核算

通过以上对一般政府部门和公共企业数据资产物量统计表的汇总统计,进一步可对满足条件的政府数据资产进行价格估算,每一个物量核算单位的价格与物量的乘积即是政府数据资产的价值。具体的估价方法需结合政府数据的分类、来源、用途等,分别确定各类数据的开放程度、获取成本、预期收益等,进而综合各因素,选择合适的方法进行数据资产价值核算。

一般政府部门拥有的自然人、法人及非法人组织、客体数据是政务服务的基础数据,为非市场产出,主要目的是满足政务服务,主要用途为自用和共享开放两种。无论是有条件共享还是无条件共享,一般政府部门数据往往以无偿的方式共享。无论是自用数据还是共享开放数据,均可以选择使用成本法核算价值,对满足政府数据资产条件的数据产品,以生产成本进行估价,基于数据资产的生产过程,其成本主要包含采集成本(包括人力、网络成本)、存储成本(包括硬件的物理设备及软件系统成本)、管理成本(包括隐私维护、加工成本)和治理成本(包括行政、政策、制度法律等成本)。具体核算实践中,如果是政府部门直接生产的数据,如,基于国家行政管理需要收集的国民经济、人口、资源、环境等宏观、微观数据的生产成本可全部加总计算。但不同政府数据的成本也不相同,如,基础的政务数据(除专门生产统计数据的统计部门外)，多伴生于行政服务活动，并非专门收集，其成本的计算需要从行政投入中进行相应剥离。具体的剥离系数要根据数据的使用场景在原业务运行基础上，剥离出由于数据要素作用提升效率而节约的成本部分。对于开放共享的一般政府数据，虽然是无偿开放，但相关单位在获得数据后，会对自身科学研究、市场营销等方面起到积极作用，成本法并不能完全体现其价值。因此，可以考虑采用收益还原法，通过建立"政府数据对企业发展作用"的专项调研，设计包含表1中各项数据特征以及对企业的增值作用等相关问题的问卷。具体到核算实践，对于无条件开放的数据价值，可以通过科学的抽样获取问卷数据；对于有条件开放的数据，则要求相关单位在使用数据后填写反馈问卷，以此获得收益还原法所需的数据，进而核算共享开放的一般政府数据价值。

对于公共企业数据，本文认为其是市场产出，用途包括公共企业自身使用、无偿开放给公众、有偿交易。对于自用数据产品，主要是满足公共管理需求，不满足市场法和收益法的估价条件，因此同样选择生产成本法进行估价，与一般政府部门数据计算一致，主要考虑采集、存储、管理、治理成本。具体到核算实践，同样分为公共企业直接生产的数据和公共企业间接产生的数据，前者根据相关的项目进行全部加总计算，后者同样需要进行相关的剥离，具体的剥离程度需结合数据的应用场景进行确定。对于无偿开放的数据，可通过对数据使用方的问卷调研，采用收益还原法核算其价值。对于进行有偿交易的公共企业数据，则可以采用市场价值法核算其价值，若其有偿交易价格为P，且被有偿使用N次(人次、时间、单元)①，则NP就是该类数据资产的价值。

(二)政府数据资产变化核算

在政府数据资产初始价值核算完成后，会遇到因政府数据的更新或者市场价值变化所带来的数据资产价值变化问题。对于一般政府部门数据，通常是对时效性要求不高的基础信息，其数据结构和数据量相对稳定，数据价值不会因为数据的使用而显著降低。此时，可以不考虑折旧问题，直接加入数据更新成本，作为新核算期的政府数据资产价值。对于公共企业数据，部分数据通常对时效性要求较强(如，市政交通、医疗、公安等数据)，数据的更新作用明显，因此需要考虑数据物量新增带来的价值。对于采用成本法计算的公共企业数据资产，需要将其物量增加的成本纳入新的核算期中；对于采用市场价值核算的数据资产，则需要考虑新核算期的政府数据资产的价格变化，开展重估价核算，合理核算当期数据价值；对于采用收益还原法核算的数据资产，则需要根据新的调研数据，及时调整相关的核算系数，以体现公共企业数据资产当期价值。

① 根据数据的使用方式是按次、按人次、按时间、按打包后的"单元"等具体确定单位。

(三)政府数据资产价值的区间估计

如前所述,影响政府数据价值量的因素不尽相同,同时,不同种类政府数据对不同使用者价值也不相同,其估价方法也各异。具体到实际的政府数据资产核算,政府数据资产价值首要的价值是政治价值,其次有经济价值及社会价值。政治价值主要考虑行政成本,经济价值主要是公共企业授权运营部分公共数据获得的直接收益,社会价值也即潜在价值,表现为间接溢价。因此,认为政府数据资产的价值有三个层次,即节省成本、直接收益、间接溢价。政府数据资产核算是存量核算,基于政府数据政治、经济、文化价值并重的特点,从深化政企协同、行业协同、区域协同的目的出发,除核算基于权责发生制的当期价值外,基于政府未来偿债能力核算数据资产的价值也非常有意义。而对于不同使用者,同一数据产生的价值不同,如,科学数据对相关科研人员具有较大的价值,对非科研人员可能具有比较小的价值,此时,建立一个价值区间就比较合理。价值区间的下限是数据的成本,区间长度是数据可能的潜在价值,即后续数据积累效应而产生的价值释放(假设政府主动收集的数据是基于需求而采集的,投入的成本即为数据价值)。因此,本文认为对于未来使用价值未知的政府数据资产核算可采用区间核算。区间最小值是政府数据的投入成本,最大值则是预期总收益,区间长度的确定需结合政府数据的种类和应用场景来确定。

七、结论与建议

对政府数据资产核算问题的研究,既要基于 SNA2008 和《中国国民经济核算体系(2016)》关于新经济核算的理论框架,又要结合数字经济背景下政府数据资产新特征,展望 SNA2025,开展前沿探索。本文通过对政府数据资产内涵、分类、物量和价值量核算的研究,得到以下主要结论。一是,政府数据是由公共部门产生、收集、拥有和控制的经过处理的数字化的观察结果,从广义看,还应包括政府管理的归全民所有的数据。二是,政府数据具有公共性与非公共性兼备,开放性与共享性共存,政治、经济、社会价值并重的特征,需结合其产生主体、权属关系、用途、开放程度等因素进行分类,以为政府数据资产核算范围的界定奠定基础。三是,基于资产应具备所有权明晰和预期收益的条件,界定政府数据资产是法定所有权归政府、国家、全民所有,经济所有权归政府所有的可开发利用、能够产生完整数据流动闭环,经济价值或者潜在经济价值明晰且使用期限在一年以上的政府数据。四是,从宏观核算的实践出发,可以先将具有明确经济价值的政府数据纳入政府数据资产范围,随着价值核算方法和实践操作的成熟,逐步将具有潜在价值或者社会价值的政府数据纳入政府数据资产范围内。五是,政府数据资产物量统计表的设计应当综合考虑不同的政府数据类型、计量单位和价值影响因素；应综合考虑上述因素进而采用成本法、收益还原法等不同的方法开展具体各类型的政府数据资产价值核算，基于政府数据资产偿债能力的考虑，可以在核算方法不够成熟的时期采用区间估计。

通过对政府数据资产核算问题的研究，本文提出以下建议。第一，数据分类分级管理是实现政府数据资产化和物量统计的关键一环。政府部门相比企业部门，数据来源清晰易追溯、种类易区分、分级分类统一管理更易操作，因此对政府数据的合理分级分类，是后续核算政府数据资产的关键环节，并可为其他部门数据资产核算问题提供一定的参考。第二，数据资产统计应该在政府部门先行先试，不断充实完善后再推广到其他部门。政府部门基于行政职能，其资产统计更易执行，在试行中不断调整完善，进而推广到其他部门，有利于数据资产的管理、开发、利用及增值，释放数据红利。第三，拓展政府数据开发利用场景，鼓励社会力量参与，及时更新价值核算方法。政府数据可开发利用空间大，要鼓励企业、社会组织、公众参与到政府数据的开发利用中来，进而不断丰富政府数据的内容，使政府数据成为全民共享的宝贵数据资源。同时，基于社会力量的参与，政府数据价值的核算也需要及时更新方法，适应新场景下政府数据开放开发的需要。

本文对政府数据资产的物量统计和价值量核算开展了初步研究，提出了基本的分类方法，并设计了物量统计表，提出了相应的价值核算方法，但仍有较多问题需要诸多学者进一步研究和相关部门的实践探索，如，各类企业自行收集的公共数据如何处理等问题。以道路信息为例，该类数据原则上归全民所有且由政府管理，但滴滴、百度地图等第三方企业采集道路信息用于降低运营成本，提高利润，未来是否应该将部分数据资源无偿共享给政府部门作为使用全民数据（政府管理）的成本。从共同富裕角度，这些使用了公共数据的企业是否应该有对应的公共支出，也是未来进行政府数据资产核算需要解决的问题。

参考文献

范佳佳，2019. 中国政府数据开放许可协议（CLOD）研究[J]. 中国行政管理，(1)：23－29.

高敏雪，2021. 面向新时代的国民经济核算研究议题及相关问题[J]. 统计研究，(10)：3－11.

蒋萍，许宪春，2014. 国民经济核算理论与中国实践[M]. 北京：中国人民大学出版社.

李静萍，2020. 数据资产核算研究[J]. 统计研究，(11)：3－14.

李花菊，2021. 关于数据资产核算[J]. 中国统计，(2)：52－53.

穆勇，王薇，赵莹，等，2017. 我国数据资源资产化管理现状、问题及对策研究

[J]. 电子政务,(2):66—74.

田杰棠,刘露瑶,2020. 交易模式、权利界定与数据要素市场培育[J]. 改革,(7):17—26.

王伟玲,吴志刚,徐靖,2021. 加快数据要素市场培育的关键点与路径[J]. 经济纵横,(3):39—47.

许宪春,张美慧,张钟文,2021. 数字化转型与经济社会统计的挑战和创新[J]. 统计研究,(1):15—26.

许宪春,张钟文,胡亚茹,2022. 数据资产统计与核算问题研究[J]. 管理世界,(2):16—30.

向书坚,吴文君,2018. OECD 数字经济核算研究最新动态及其启示[J]. 统计研究,(12):3—15.

夏义堃,2020. 政府数据治理的维度解析与路径优化[J]. 电子政务,(7):43—54.

杨林,2021. 数据资产化的会计核算研究[J]. 中国统计,(7):35—37.

易明,冯翠翠,莫富传,等,2022. 政府数据资产的价值发现:概念模型和实施路径[J]. 电子政务,(1):27—39.

叶雅珍,朱扬勇,2021. 数据资产[M]. 北京:人民邮电出版社.

张鹏,蒋余浩,2020. 政务数据资产化管理的基础理论研究:资产属性、数据权属及定价方法[J]. 电子政务,(9):61—73.

张启望,2006. 数字资产核算[J]. 财会通讯(学术版),(2):112—114.

Hawley C,1995. Information as an Asset: The Board Agenda: Checklist and Explanatory Notes[M]. Hawley Committee.

Horne N W,1998. Putting Information Assets on the Board Agenda[J]. Long Range Planning,31(1):10—17.

Hughes C E,Coronado J,2019. The Value of US Government Data to US Business Decisions[J]. Journal of Economic Perspectives,33(1):131—146.

Levikangas P,Molarius R,2020. Open Government Data Policy and Value Added-Evidence on Ttransport Safety Agency Case[J]. Technology in Society,63(2):1—9.

OECD,2013. Exploring the Economics of Personal Data[R]. OECD Publishing,2013.

OECD,2020. Perspectives on the Value of Data and Data Flows[R]. OECD Publishing.

Rassier D G,Kornfeld R J,Strassner E H,2019. Treatment of Data in National Accounts[R]. Paper Prepared for the BEA Advisory Committee.

Ruan K,2019. Digital Asset Valuation and Cyber Risk Measurement:Principles of Cybernomics[M]. Academic Press.

StatisticsCanada, Measuring Investment in Data, Databases, and Data Science:Conceptual Framework[EB/OL]. https://www150. statcan. gc. ca/n1/pub/13－605－x/2019001/article/00008－eng. htm,2019－06－24.

Toygar A,Rohm J C E,Zhu J,2013. A New Asset Type:Digital Assets[J]. Journal of International Technology and Information Management, 22(4): 113－119.

UN Group of Experts on National Accounts,2022. Recording of Data in the National Accounts[R]. Economic Commission forEurope Conference of European Statisticians.

作者及单位

向书坚,浙江工商大学统计与数学学院,浙江工商大学统计数据工程技术与应用协同创新中心。

梁　燕,浙江工商大学统计与数学学院。

朱　贺,浙江工商大学统计与数学学院,浙江工商大学统计数据工程技术与应用协同创新中心。

衡量数据和数据流的价值①

【内容摘要】 本文探讨了数据的经济特征，以及不同的数据估值方法及其优缺点和适用性，并对数据和数据流进行了估值。结果表明，数据的经济特征有别于经济生产的其他投入，由于大多数数据未发生交易，只有极小部分的价值可根据市场统计数据衡量，成本总和法是当前技术条件下估计数据价值的优选方法。并提出制定产品和行业分类、制定国际统计准则、开发专门的调查工具和计量经济学方法等建议来进一步衡量数据价值。

根据经合组织的定义，数据“指以结构化或非结构化格式记录的信息，包括文本、图像、声音和视频等”(2021)。“数据”一词还可用于指代互联网协议(IP)流量或存储在服务器和其他硬件上的数字化信息量。本文基于国民经济核算体系(SNA)下的最新数据定义，即“一种信息内容，通过访问和观察现象产生，并以数字格式记录、组织和存储相关现象的信息要素；所涉及的信息要素用于生产活动时可提供经济效益”(ISWGNA，2022)，结合对数据经济特征的分析，探讨不同的数据估值方法，对数据和数据流进行估值，并提出未来数据价值测量的可行方向和建议。

一、数据的经济特征

(一)非竞争性和排他性

数据具有非竞争性，能够被不同的用户反复使用且不会耗竭。同时，数据通常还具有排他性，在大多数情况下，各组织和公司会阻止其他人员或机构访问自己的数据。虽然数据一经产生便具有非竞争性，但其排他性则取决于数据访问和所有权相关的法律框架。

(二)溢出效应和外部效应

排他性与溢出效应这一概念密切相关。当非数据收集实体从数据中受益或因此产生成本时，便会出现溢出效应。如果相关利益(成本)未计价，则会产生正(负)外部效应。虽然原则上数据具有排他性，但在数据泄露等情况下，仍可能会出现溢

① 本文编译自：Simon L，John M，et al. Measuring the Value of Data and Data Flows[R]，OECD Working Paper，2022.

出效应。由于数据具有非竞争性,从社会福利的角度来看,正面溢出效应有助于广泛分享数据,例如,可基于数据改善生产流程并提高生产率。

(三)规模经济性

数据生产呈现出规模经济性,即生产单个数据集的成本较高,但生产额外副本的成本则可忽略不计。规模经济性可影响定价:当边际成本接近零时,价格完全由需求(即用户赋予数据的价值)决定。

(四)规模收益递增

数据可在生产中实现规模收益递增,即经济活动越多,所生成的数据越多,由此又能产生更多的经济活动。将数据用于机器学习时,也可实现规模收益递增。

(五)协同效应

数据的协同效应或互补性体现在三个方面。一是当存在其他同类数据时,数据的价值会增加。例如,某个人的某一数据点价值有限,但如果有某个人的长期数据,或者结合他人的数据,该数据点便可显示出一定特征。二是当存在其他互补数据时,数据的价值也会增加。例如,政府经济统计数据在经济层面上具有代表性,但其发布时间存在较大滞后,当此类统计数据与数字平台的高频私营部门数据相结合时,也可体现更多价值。三是当存在其他非数据投入,特别是其他无形资产(如信息通信技术软硬件、传感器和技能等特定技术)时,数据也会更具价值。由于机器学习在很大程度上依赖于数据输入,广泛采用机器学习可大幅增加数据的价值。

(六)低专属性

与其他产品相比,数据的专属性较低,可广泛用于各类生产活动。数据再利用时,其用途通常有别于初始目的。例如,电信服务提供商的匿名移动电话数据记录可重新用于监测和控制 COVID-19 传播等方面。

基于数据的以上特点,若根据其成本和价格判断,可能会低估或高估数据的经济价值。即如果存在正外部效应或非递减收益,价值会被低估;若存在负外部效应或垄断性竞争,价值则会被高估。采用成本和价格信息虽然无法衡量数据的全部价值,但仍是得出可比估值的重要方法之一。

二、数据和数据密集型服务

(一)数据市场

如果数据主要用于进行市场交易,当数据的生产单位与其使用单位不同时,市场能够直接衡量数据价值。国民经济核算体系(SNA)也建议,尽可能按照市场价格观测值或根据该观测值估算的价格对资产进行估值。但问题在于,私营实体收集的大量数据并未进行市场交易。例如,2019 年欧洲平均有 15%的企业进行过大数据分析,其中只有 1.3%的企业购买过数据,而将数据出售给其他经济单位的企业仅占 0.6%。

2010 年以来,一些商业公司曾多次尝试建立“多边数据市场”(通常也称为“数据集市”),通过此类平台,大量卖家和买家可在标准化的许可模式以及数据访问和使用规定下进行交易,其中较为知名的平台包括微软的 Azure 数据市场、Datacoup、Handshake、Kasabi 和 xDayta 等,但大多以失败告终。数据市场规模化需要参与者间具有极高的信任水平才能实现,但数据的各种特性使得大型数据市场难以形成,因此,在数据市场上能够直接观察到的价格和数量仅占数据价值总量的一小部分。

(二)数据和数据密集型服务的销售

1. 数据销售收入

以美国为例,2017 年美国经济普查根据北美产品分类体系(NAPCS)开展产品分类。在 3534 个有效 NAPCS 代码中,有 4 个涉及到数据销售且数据定义与本文相符,包括数据库和其他信息集合、工商名录、邮件列表和信用评级服务。根据普查结果,2017 年数据销售收入达到 273 亿美元。其中,信用评级服务、数据库和其他信息集合、工商名录分别为 98 亿美元、100 亿美元和 73 亿美元。

由于互联网广告是最主要的数据密集型服务,该类业务收入在收集数据的公司中占据很大份额。因此,本文以互联网广告收入为研究基准,考察数据销售市场的规模。公开数据显示,2017 年美国互联网广告收入为 1126 亿美元,是直接销售数据收入的四倍多。根据 Johnson 等人的估计(2020),互联网广告收入中数据的贡献额为 540 亿美元,约为数据销售收入的两倍。

2. 数据销售收入的行业概况

从行业来看,2017 年互联网出版、广播和网络搜索门户占美国数据销售收入的 48%,其后分别为信用咨询公司(36%)、工商名录和邮件列表出版商(8.8%)。数据销售占信用咨询公司收入的 96%,占工商名录和邮件列表出版商收入的近一半(48%),但对于互联网出版和广播以及网络搜索门户等其他行业,数据销售占行业收入的比例不足10%。

3. 数据销售收入趋势

根据2017年美国经济普查按产品分类的数据销售收入详细信息，使用2019年年度调查按来源划分的收入数据，可估计一段时间内趋势的近似值。

结果表明，2013—2019年直接销售数据市场的销售额从240亿美元增至333亿美元，平均每年以5.6%的速度增长。相比之下，同一时期互联网广告的收入以每年16.0%的速度增长，从519亿美元增加到1525亿美元。

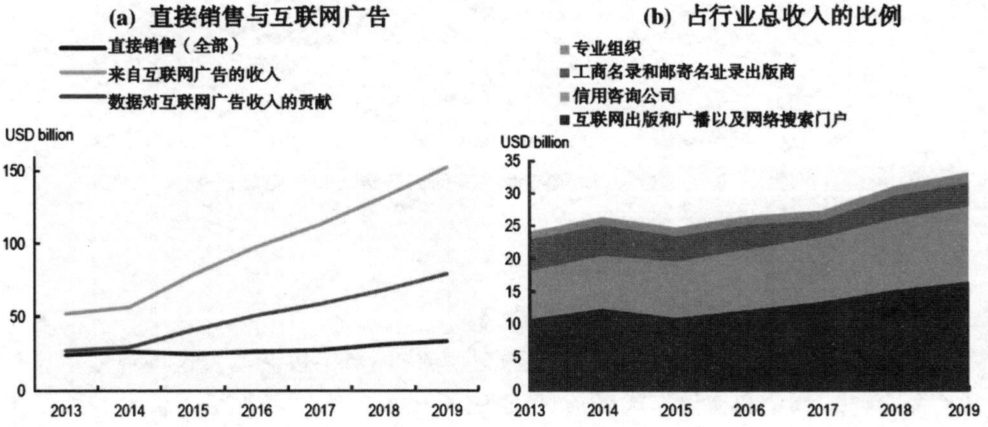

图1　数据和数据密集型服务销售的估计趋势

数据来源：经合组织基于美国人口普查局数据计算

(三)国际数据服务贸易

贸易统计数据可提供有关数据服务进出口价值的信息。其中，“其他信息服务”包括：

1. 数据库服务，如数据库设计、数据存储及传播；

2. 网络搜索门户，如搜索引擎服务，输入关键词查询网址。

据此测算，2019年欧盟27国对世界其他地区的数据服务出口额为186亿美元，美国出口额为102亿美元；相应的进口额则分别为118亿美元和27亿美元。与2010年相比，2019年欧盟对世界其他地区的数据服务出口额增至4.7倍，美国则翻了一番。同一时期欧盟和美国从世界其他地区进口的数据服务也在增加，但增速相对较低，分别增至2010年的2.5倍和1.7倍。

需要指出的是，上述数据衡量以数据为主要交易对象的国际数据服务贸易的价值，并不涉及国际货物或其他服务贸易中的数据价值。因此，上述测算数据可能会低估数据贸易流的实际价值。

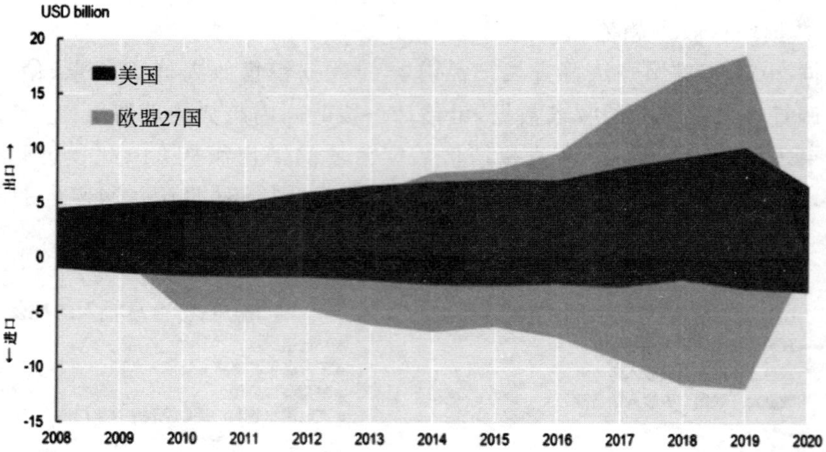

图 2　美国和欧盟 27 国与世界其他地区进出口的数据服务

数据来源:经合组织

(四)支撑国际贸易的跨境数据流

由数字技术支持的国际贸易流动会产生相应的数字数据流。这些数据不仅包括产品、价格、数量和支付方式等信息,也包括相关方的姓名等个人信息。处于不同司法管辖区的两个公司或个人间的任何数据传输都会生成跨境数据流。当前并没有关于跨境数据流的统计分类或政府统计数据,导致跨境数据流难以衡量。

目前有通过一些代用指标来衡量跨境数据流量的做法。常见的衡量方法主要有采用国际带宽、全球 IP 流量或数据驱动服务的贸易价值来衡量。但这些做法都存在局限性,其中的原因在于,由于很多情况下数据流量发生在数据中心内部,因此国际带宽和 IP 流量法无法测量这部分数据流量。

(五)面向大数据公司的风险投资

大数据公司的风险投资反映了投资者对公司数据今后收益的评估状况,可作为衡量大数据公司数据价值的代用指标。根据 OECD 和 Preqin Pro 的数据,2015—2021 年,全球大数据公司风险投资交易量从 913 笔增至 1117 笔,增长了 22%;风险投资的价值从 121 亿美元增长到 356 亿美元,增长了近两倍。2021 年,中国和美国风险投资交易数量(分别为 530 笔和 225 笔)和交易金额(分别为 173 亿美元和 113 亿美元)在全球均遥遥领先,其后是英国,大数据公司进行了 36 笔风险投资交易,价值 22 亿美元;加拿大为 29 笔,价值 7.93 亿美元;西班牙为 20 笔,价值 1.2 亿美元。

三、宏观经济统计中的数据

数据作为生产中的重要投入要素，其价值应在宏观经济统计中得到充分体现。将数据纳入国民经济核算体系可以确保各国开展衡量活动的可比性，且有利于开展分析和实施一系列政策。本节将讨论宏观经济统计中纳入数据的最新进展和当前面临的严峻挑战，并介绍数据资产投入价值的实验性估计值。

(一)方法

1. 净现值法

净现值(NPV)是指使用可能从资产获得的未来潜在收入作为替代方法，来估算资产的当前价值。净现值法已用于 SNA 的一些领域，如估算自然资源的价值。

理论上，净现值可为数据资产价值提供准确的衡量标准。但在实践中，由于数据资产不存在物理衰变，数据的可重用性高于其他资产，因此，难以估算数据资产的未来确切收入流。对于各国政府统计机构而言，难以从生产数据资产或使用数据资产制造产品的企业获取所需信息。

2. 成本总和法

成本总和法是指通过生产成本相加来衡量产出价值，具体涉及中间消耗品、员工薪酬、生产中的固定资本折旧、生产中使用固定资本的净回报(也称为“利润幅度”)以及生产税(减去补贴)。

数据的特点决定了基于生产成本可能无法完全准确衡量其经济价值。对于生产成本总和法中涉及的成本，SNA2008 仅提供了一般性的指导。但是，SNA 修订工作将针对数据衡量提供具体指导(ISWGNA，2022)，注明与以下方面有关的成本：

- 规划、准备和制定数据生产战略；
- 访问、记录和存储嵌入可观察现象(OP)中的信息；
- 设计、组织、测试和分析数据，并从中得出结论。

这些成本包括工作人员的时间和数据生产所用中间消耗品的成本，自用数据生产期间固定资本的折旧费用估计值，以及市场生产者净营业盈余的利润幅度。其中，利润幅度反映新创建数据的未来盈利能力，确保估计值尽可能与市场价值相似，其估计值因公司和行业而异，且受到国家数据治理水平、数据的可能用途以及市场竞争力等因素的影响。目前已有一些国家统计机构采用生产成本总和法来估算其他自有无形资产的价值，今后可将相关方法应用于数据核算。

(二)实验性研究

1. 数据投入和库存的估计值

2019 年,加拿大统计局利用成本总和法,将工资和就业信息作为初步估计数据资产投入和存量的基础。图 3 显示,2018 年加拿大数据资产投入估计值为 295 亿—401 亿加元,然后基于特定假设并通过永续盘存法,计算得出 2018 年加拿大数据资产存量的估计值为 1570 亿—2180 亿加元。

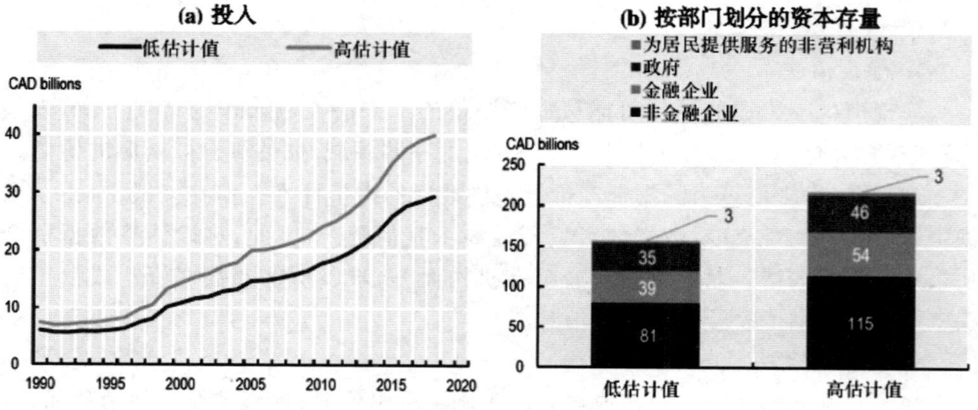

图 3　加拿大的数据投入和资本存量价值的实验性估计值

注:CAD = 加元。下限和上限值基于不同职业群体在创建数据资产方面所花费时间的不同假设所得出。

数据来源:加拿大统计局

需要指出的是,这些估计值无法计入统计数据,原因是其与国民经济核算体系中已衡量的一些资产存在重叠,尤其是软件和数据库研发。因此,需要进一步计算重叠部分,并完善总数据资产投入和存量的估计方法。

继加拿大统计局后,荷兰统计局(2021)、澳大利亚统计局(2022)和美国经济分析局(2022)也采取了类似的方法。根据测算结果,澳大利亚(2016 年)总数据资产投入占其增加值的比重为 2.2%—2.9%,加拿大(2018 年)为 1.4%—1.9%,荷兰(2017 年)为 2.4%—3.0%,美国(2020 年)为 0.8%。除上述国家外,目前也有一些其他国家在持续推进这方面的相关工作。

Corrado 等(2022)估计了九个欧洲国家在数据价值链三个阶段(数据存储、数据库和数据情报)的数据资产投入。结果显示,2010—2018 年期间,市场部门对数据资产的投入占总增加值的 3.8%至 6.6%,其中数据信息占据主导地位(图 4)。

2. 数据资产对生产率增长的贡献

Goodridge 和 Haskel(2015)采用成本总和法估计了英国的数据投入和资本存量,Goodridge 和 Haskel 等(2021)则针对 13 个欧洲国家开展相关研究,并随后采

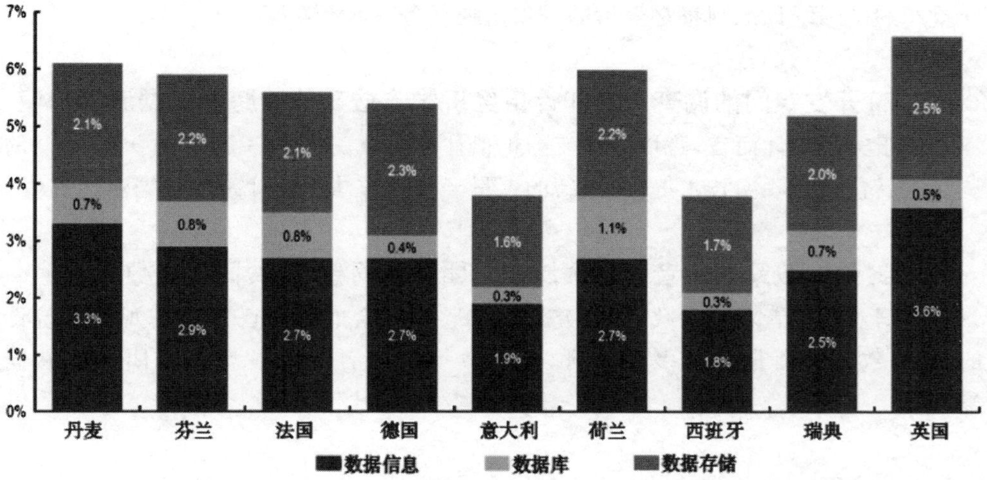

图4　部分欧洲国家的数据资产年均投入估计值占市场部门增加值总额的百分比(2010—2018年)

用增长核算框架来研究数据资本化的潜在影响。两项研究的结果表明,英国的数据投入使得2005—2012年的GDP增加值每年仅增长0.02%;将数据纳入资产范畴后,2011—2016年13个欧洲国家的劳动生产率增加值每年仅增长0.04%,即从0.79%变为0.83%。作者指出,数据资本化相关影响较小的原因之一在于,数据投入中很大一部分已作为软件和数据库以及研发的固定投入纳入国民经济核算体系,例如,英国和欧洲的比例分别高达74%和62%。

四、建议

本文总结了衡量数据价值的相关方法和案例,并指出进一步开展方法研究和统计工作的必要性。

(一)制定产品和行业分类,衡量数据价值

虽然大部分数据未在市场上交易,但收入、出口和风险投资所反映的预期收入流等统计数据是衡量数据价值的关键信息。美国是目前唯一采用统计术语衡量数据销售收入的经济体,制定产品和行业分类以便更好了解数据产品和数据相关活动,仍然是衡量数据价值的优先项。

(二)制定国际统计准则来衡量数据投资和资产

国民经济核算体系中已形成衡量企业自产自用数据资产的方法共识,但这一方法的实施仍处于起步阶段,仍然需要开展大量的后续工作。制定衡量数据投资

和资产的国际统计准则将是今后的一项重要任务。

(三)开发专门的调查工具和计量经济学方法来估计跨境数据流的价值

对于经济统计而言,跨境数据流的价值往往难以衡量,下一步需要开发专门的调查工具包括互联网技术等,应用新的计量经济学方法来估计跨境数据流的价值。

(四)鼓励政策制定者和各领域技术团体共同参与,共同衡量数据价值

数据对消费者、企业、政府、研究活动和整个社会的价值已超出宏观经济统计的范畴,数据的衡量涉及多个学科,需要政策制定者和各领域技术团体的共同参与。

参考文献

Acemoglu D,2019. "Too much data: Prices and inefficiencies in data markets." NBER Working Paper, No. 26296, National Bureau of Economic Research, Cambridge, MA, https://doi.org/10.3386/w26296.

Acquisti A, John L, Loewenstein G, 2013. "What Is Privacy Worth?" The Journal of Legal Studies, 42(2), https://doi.org/10.1086/671754.

Agrawal A, Goldfarb A, Gans J, 2018. "Prediction Machines: The Simple Economics of Artificial Intelligence." Harvard Business Review Press.

Ahmad N, 2005. "Follow-up to the measurement of databases in the National Accounts." Canberra II Issues Paper, No. SNA/M1.06/19.1, OECD, Paris, https://unstats.un.org/unsd/nationalaccount/aeg/papers/m3Databases.PDF.

Ahmad N, Ribarsky J, Reinsdorf M, 2017. "Can potential mismeasurement of the digital economy explain the post-crisis slowdown in GDP and productivity growth?" OECD Statistics Working Papers, No. 2017/09, OECD Publishing, Paris, https://doi.org/10.1787/a8e751b7-en.

Ahmad N, van de Ven P, 2018. "Recording and measuring data in the system of National Accounts." paper presented at the 12th meeting of the Advisory Expert Group (AEG) on National Accounts, Luxembourg, 27－29 November, https://unstats.un.org/unsd/nationalaccount/aeg/2018/M12.asp.

AIOTI, 2020. "IoT and edge computing convergence." No. 19 May 2020, AIOTI blog, https://aioti.eu/aioti-strategic-foresight-through-digital-leadership-iot-and-edge-computingconvergence/.

Akerlof G, 1970. "The market for "lemons": Quality uncertainty and the market mechanism." The Quarterly Journal of Economics, 84(3): 488, https://

doi. org/10. 2307/1879431.

Alcobendas M, Kobayashi S, Shum M, 2021. "The impact of privacy measures on online advertising markets." SSRN Electronic Journal, https://doi. org/10. 2139/ssrn. 3782889.

Alphabet, 2021. "Alphabet announces second quarter 2021 results." 27 July, Press Release, Alphabet, Mountain View, CA, https://abc. xyz/investor/static/pdf/2021Q2_alphabet_earnings_release. pdf? cache=4db52a1.

Andrews D, Criscuolo C, Gal P, 2016. "The Best versus the Rest: The Global Productivity Slowdown, Divergence across Firms and the Role of Public Policy." OECD Productivity Working Papers, No. 5, OECD Publishing, Paris, https://doi. org/10. 1787/63629cc9-en.

Baruffaldi S, 2020. "Identifying and Measuring Developments in Artificial Intelligence: Making the Impossible Possible." OECD Science, Technology and Industry Working Papers, No. 2020/05, OECD Publishing, Paris, https://doi. org/10. 1787/5f65ff7e-en.

Bergemann D, Bonatti A, 2019. "Markets for information: An introduction." Annual Review of Economics, 11(1): 85—107, https://doi. org/10. 1146/annurev-economics-080315—015439.

Brynjolfsson E, Rock D, Syverson C, 2021. "The productivity J-curve: How intangibles complement general purpose technologies." American Economic Journal: Macroeconomics, 13(1): 333—372, https://doi. org/10. 1257/mac. 20180386.

Calderón J, Rassier D, 2022. "Valuing the US data economy using machine learning and online job postings." paper prepared for the 37th IARIW General Conference, https://iariw. org/wp-content/uploads/2022/08/Calderon-Rassier-IARIW-2022. pdf.

Carriere-Swallow Y, Haksar V, 2019. "The economics and implications of data: An integrated perspective." SPR Departmental Paper, No. 19/16, International Monetary Fund, Washington, DC.

Casalini F, López González J, 2019. "Trade and Cross-Border Data Flows." OECD Trade Policy Papers, No. 220, OECD Publishing, Paris, https://doi. org/10. 1787/b2023a47-en.

Chetty R, 2020. "The economic impacts of COVID-19: Evidence from a new public database built using private sector data." Opportunity Insights, https://opportunityinsights. org/wp-content/uploads/2020/05/tracker_paper. pdf.

Choi J, Jeon D, Kim B, 2019. "Privacy and personal data collection with information externalities." Journal of Public Economics, 173: 113—124, https://doi.org/10.1016/j.jpubeco.2019.02.001.

Corrado C, 2021. "New evidence on intangibles, diffusion and productivity." OECD Science, Technology and Industry Working Papers, No. 2021/10, OECD Publishing, Paris, https://doi.org/10.1787/de0378f3-en.

Corrado C, 2022. "Data, digitization, and productivity." Technology, Productivity and Economic Growth, University of Chicago Press, https://www.nber.org/books-andchapters/technology-productivity-and-economic-growth/data-digitization-and-productivity.

Coyle D, 2020. "The Value of Data - Policy Implications." Bennett Institute and Open Data Institute, Cambridge MA, https://www.bennettinstitute.cam.ac.uk/publications/value-datapolicyimplications/.

Cullin C, 2019. "2019 Global Internet Phenomena Report." 10 September, Press Release, Sandvine, San Jose, CA, https://www.sandvine.com/press-releases/sandvine-releases-2019- global-internet-phenomena-report.

Bondt H, Mushkudiani N, 2021. "Estimating the value of data in the Netherlands." paper prepared for the IARIW-ESCoE Conference, 11—12 November, https://iariw.org/wpcontent/uploads/2021/10/bondt_paper.pdf.

Eurostat, 2022. ICT Usage in Enterprises, (database), https://ec.europa.eu/eurostat/web/digitaleconomy-and-society/data/database (accessed on 27 January 2022).

Furman J, 2019. "Unlocking Digital Competition, Report of the Digital Competition Expert Panel." United Kingdom, https://assets.publishing.service.gov.uk/government/uploads/system/uploads/attachment_data/ file/785547/unlocking_digital_competition_furman_review_web.pdf.

Gans J, Stern S, 2010. "Is there a market for ideas?" Industrial and Corporate Change, 19(3): 805—837, https://doi.org/10.1093/icc/dtq023.

Gibson J, 2004. "Re-reifying data", Notre Dame Law Review, 163: 164—242, https://scholarship.richmond.edu/cgi/viewcontent.cgi? article=1113&context=law-facultypublications.

Goldfarb A, Tucker C, 2011. "Privacy regulation and online advertising." Management Science, 57(1), https://doi.org/10.1287/mnsc.1100.1246.

Goldin I, 2021. "Why is productivity slowing down?" Oxford Martin Working Paper Series on Economic and Technological Change, 2021(6) Oxford Martin School, University of Oxford, https://www.oxfordmartin.ox.ac.uk/publications/why-is-productivity-slowing-down/.

Goodridge P, Haskel J, 2015. "How does big data affect GDP? Theory and evidence for the UK." Discussion Paper, No. 2015/06, Imperial College London Business School, https://spiral. imperial. ac. uk/bitstream/10044/1/25156/2/Goodridge_2015_06. pdf.

Goodridge P, Haskel J, 2015. "How much is UK business investing in big data?", Discussion Paper, No. 2015/05, July, Imperial College London Business School, https://spiral. imperial. ac. uk/bitstream/10044/1/25159/2/Goodridge% 202015—05. pdf.

Goodridge P, Haskel J, Edquist H, 2021. "We see data everywhere except in the productivity statistics." The Review of Income and Wealth, https://doi. org/10. 1111/roiw. 12542.

ISWGNA, 2022. Recording of Data in the National Accounts, Intersecretariat Working Group on National Accounts, https://unstats. un. org/unsd/nationalaccount/RAdocs/DZ6_GN_Recording_of_Data_in_NA. pdf.

ISWGNA, 2020. Recording and Valuation of Data in National Accounts, prepared for the 14th meeting of the Advisory Expert Group on National Accounts, Intersecretariat Working Group on National Accounts, https://unstats. un. org/unsd/nationalaccount/aeg/2020/M14_5_3_1_Recording_of_Data_in_SN A. pdf.

ITU, 2021. "Measuring Digital Development. Facts and Figures 2021." Web page, https://www. itu. int/en/ITU-D/Statistics/Pages/facts/default. aspx.

Johnson G, 2013. "The impact of privacy policy on the auction market for online display advertising." SSRN Electronic Journal, https://doi. org/10. 2139/ssrn. 2333193.

Johnson G, Shriver S, Du S, 2020. "Consumer privacy choice in online advertising: Who opts out and at what cost to industry?" Marketing Science, 39(1): 33—51, https://doi. org/10. 1287/mksc. 2019. 1198.

Jones B, Summers L, 2020. "A calculation of the social returns to innovation." Working Paper Series, No. 27863, National Bureau of Economic Research, Cambridge, MA, http://www. nber. org/papers/w27863.

Jones C, Tonetti C. "Nonrivalry and the economics of data." American Economic Review, 110(9), https://doi. org/10. 1257/aer. 20191330.

Ker D, Mazzini E, 2019. "Perspectives on the value of data and data flows." OECD Digital Economy Papers, No 299, OECD Publishing, Paris, https://doi. org/10. 1787/a2216bc1-en.

Kerry C,2019. "Should consumers be able to sell their own personal data? No:It would do little to help consumers, and could leave them worse off than now." 13 October, Wall Street Journal, https://www.wsj.com/articles/should-consumers-be-able-to-sell-their-own-personal-data-11570971600.

Koutroumpis P,Leiponen A,Thomas L,2020. "Markets for data." Industrial and Corporate Change,29(3),https://doi.org/10.1093/icc/dtaa002.

Levin R,Cohen W,Mowery D,1985. "R & D appropriability, opportunity, and market structure: New evidence on some Schumpeterian hypotheses." The American Economic Review, 75(2): 20—24, http://www.jstor.org/stable/1805564.

Lin Y,2012. "Syntactic annotations for the Google Books Ngram Corpus." July, Proceedings of the ACL 2012 System Demonstrations, 169—174, https://dl.acm.org/doi/10.5555/2390470.2390499.

López González J,Casalini F,Porras J,2022. "A Preliminary Mapping of Data Localisation Measures." OECD Trade Policy Papers, No 262, OECD Publishing, Paris, https://doi.org/10.1787/c5ca3fed-en.

McCallum J,2021. "Memory Prices 1957+." webpage, https://jcmit.net/memoryprice.html.

Meta,2021. Q2 2021 Earnings, 28 July, Meta, https://investor.fb.com/investor-events/eventdetails/2021/Facebook-Q2-2021-Earnings-/default.aspx.

Mitchell J,Ker D, Lesher M,2021. "Measuring the economic value of data", OECD Going Digital Toolkit Notes, No. 20, OECD Publishing, Paris, https://doi.org/10.1787/f46b3691-en. Moravec H. 2022. "Processor List", webpage, https://frc.ri.cmu.edu/~hpm/book97/ch3/processor.list.txt.

Nelson P,1970. "Information and consumer behavior." Journal of Political Economy,78(2):311—329, http://www.jstor.org/stable/1830691.

Nguyen D,Paczos A,2020. "Measuring the economic value of data and cross-border data flows: A business perspective." OECD Digital Economy Papers, No. 297, OECD Publishing, Paris, https://doi.org/10.1787/6345995e-en.

OECD,2022. "Data shaping firms and markets." OECD Digital Economy Papers, No. 344, OECD Publishing, Paris, https://doi.org/10.1787/7b1a2d70-en.

编译者及单位

汤志华,国家统计局统计科学研究所。

机器学习方法及应用

一种改进政府统计机器学习应用的新型通用方法[①]

【内容摘要】 近年来各国政府统计机构对机器学习算法的使用越来越频繁，应用范围包括制定新的插补方案以及完全基于机器学习进行全新统计输出等，算法结果多数较为理想。但近期的研究表明，将机器学习用于政府统计会引入错分偏倚。由于机器学习算法在通常的应用中并不会出现错分偏倚，因此这一问题在学术文献中讨论较少。在早期研究中，我们梳理了能够纠正错分偏倚的已有方法，比较了各种方法的统计特性，包括偏倚、方差和均方误差。在本文中，我们提出了一种新的通用方法来纠正时间序列中的错分偏倚，并推导了其统计特性。基于有关数据的测算结果表明，本文提出测算方法的均方误差在各种情况下均低于已有方法。本文提出的方法可以改进机器学习在政府统计领域的应用，同时我们也希望本文能够进一步促进该领域的方法研究。

一、引言

近年来，机器学习算法(machine learning algorithms)在全球各国政府统计机构(NSI)的应用越来越广泛。比如，在各国政府统计机构发布的各类人口(子)群体的汇总统计数据中，分类算法(classification algorithms)就得到非常广泛的应用。在分类算法中，比较典型的算法包括逻辑回归(logistic regression)和线性判别分析(linear discriminant analysis)，过去几十年间也引入了其他的创新算法，如加性模型(additive models)、决策树(decision trees)和深度学习(deep learning)等。分类算法的不断优化使得其能够尽可能减小各分类单元的损失总和，从而大幅提高各单元正确分类的概率。但问题在于，若是单独对单元进行分类，那么在基于各单元汇总统计数据(如人口比例)时，就可能会导致结果存在偏倚，而导致偏倚结果产生原因主要为不平衡错误(imbalanced errors)。

本文将展示各单元归纳为汇总统计数据时偏倚的产生方式，在此之前，首先要强调分类器(classifier)和量化器(quantifier)之间的区别。分类器模型将各单元标

① 本文编译自：Kevin Kloos，A new generic method to improve machine learning applications in official statistics，Statistical Journal of the IAOS 37(2021)1181－1196.

记为类别,量化器模型则计算某一类别标记下的单元数量。量化器可在其模型中使用分类器,计算分类器分配给每个类别的标签数量。分类器和量化器均存在不足,其中的原因在于分类算法可能会误标记部分单元。采用分类算法时,每个单元都有概率标记为正确的分类。表现良好的分类器标记每个单元时正确分类概率较高。衡量量化器表现时并非看重错误标记单元的数量,而是在于错误标记单元的数量在各类别间的分布形式。在几乎所有情况下,各类别间错误标记单元的数量并不会相互抵消,这就会导致偏倚的产生。由不平衡分类错误引起的偏倚被称为错分偏倚(misclassification bias)。

错分偏倚无法简单通过提高分类算法的准确性来解决,更准确的分类器反而可能会增加错分偏倚的概率。例如,分类器 A 有 10 个假阳性结果和 10 个假阴性结果,分类器 B 则更为精确,包含 9 个假阳性结果和 5 个假阴性结果。但在将两个分类器的结果进行汇总量化时,分类器 A 的错分偏倚小于分类器 B,因此分类器 A 为更优选择。分类器 A 的错分偏倚比分类器 B 小,其中的原因在于,在分类器 A 中,两个类别间错误标记的单元数量分布更为均匀,而分类器 B 中误标记的单元数量在类别之间的分布不均。因此,改良分类器无法减少错分偏倚。

在此,我们使用一个图像标注示例来详细说明错分偏倚,并展示为何使用标准方法汇总机器学习分类器的分类结果会出现问题。假设地方政府希望估计某个地区屋顶装有太阳能电池板的房屋数量,但没有任何记录表明房屋是否装有太阳能电池板。手动标记屋顶费时且成本高昂,因此政府决定使用卫星图像结合分类算法快速标记每处房屋是否装有太阳能电池板。我们的目标总体包括 10000 栋房屋,其中 1000 栋房屋装有太阳能电池板,9000 栋没有安装。因此,装有太阳能电池板的房屋的真实比例为 10%。目标变量为装有太阳能电池板的房屋比例。假设分类器可以相当准确地预测屋顶图像:98%装有太阳能电池板的房屋可正确分类(灵敏度),92%未安装太阳能电池板的房屋可正确分类(特异度)。然后,机器学习算法将 98%安装了太阳能电池板的房屋和 8%未安装太阳能电池板的房屋归类为装有太阳能电池板的房屋。由此可汇总为 1700=(1000×0.98+9000×0.08)栋房屋被机器学习分类器归类为装有太阳能电池板的房屋。因此,我们估计装有太阳能电池板的房屋比例为 17%,而非真实值 10%。真实比例和估计比例间的差异被称为错分偏倚,正如该例所示,即便分类器可以精准预测每个单独的标签,错分偏倚仍会发生。

文献中有多种校正方法可用于减少标记为目标类别的单元比例(即基础比率)的错分偏倚。我们在此前一篇论文中比较了五种最常用校正方法的统计性质。这些校正方法包含来自目标总体和测试集的信息,见表 1。目标总体包括分类算法标记的 N 个单元,我们希望从中估计基础比率。目标总体的真实标签未知,仅估计标签可用。因此,实践中无法构建目标总体的混淆矩阵(confusion matrix),只有表 1a 中的列总数为已知。我们构建了一个测试集来获取有关分类器准确性的更多信息。测试集采用从目标总体中随机抽取的 $n<<N$ 个单元，这些单元均采用分类算法和人工分类器标记。因此，我们可以根据测试集构建混淆矩阵，见表 1b，其中包含有关分类概率和真实基础比率的信息。不同于目标总体，测试集中的所有单元格均已知。文献[4]中所用校正方法仅包含测试集和目标总体的信息，每种校正方法的均方误差(MSE)的封闭形式方程均可计算。文献[4]因此得出结论，通常情况下校准估计量(calibration estimator)效果最好。

表 1　目标总体和测试集的混淆矩阵(实践中灰色值未知)

(a)目标总体

	估计值		
真实	类别 0	类别 1	总数
类别 0	N_{00}	N_{01}	N_{0+}
类别 1	N_{10}	N_{11}	N_{1+}
总　数	N_{+0}	N_{+1}	N

(b)测试集

	估计值		
真实	类别 0	类别 1	总数
类别 0	n_{00}	n_{01}	n_{0+}
类别 1	n_{10}	n_{11}	n_{1+}
总　数	n_{+0}	n_{+1}	N

然而，该论文的结果并不适用于时间序列。换言之，相关结果无法用于基础比率随时间变化的总体。对于各国统计机构的目标总体，我们通常会按月、季度或年度生成统计数据，而这些总体会随着时间推移发生变化。前面太阳能电池板的统计是时间序列的一个很好的例子：在某个时期，居民可能会在自家屋顶上安装或拆除太阳能电池板。此外，装有太阳能电池板的房屋比例也是政府在可再生能源目标方面的目标数据。如果目标总体会随着时间发生变化，则会发生概念漂移(concept drift)。在本文中，我们假设一种特殊的概念漂移，即先验概率漂移(prior probability shift)。先验概率漂移假设目标总体的基础比率随时间变化，但各单元的分类概率在其真实标签条件下始终保持不变。

处理先验概率漂移最有效但也最为耗时耗力的解决方案，是为每个时间段构建一个新的测试集。较为经济的解决方案则是构建一个测试集，在不同时间段使用相同测试集。因此，当基础比率随时间变化时，无法假设测试集为目标总体的简单随机样本，需要新的偏倚和方差表达式来评估五种校正方法的均方误差(MSE)。

文献[7]曾计算过相关表达式,得出结论的结论显示,这些估计量在先验概率漂移下均无法获得一致的良好表现。

本文的主要目的在于,在处理先验概率漂移的问题上,提供一种新的用于校正错分偏倚的通用方法。具体而言,我们结合两种现有估计量的优点,基于两种现有估计量构造一个新的估计量,将构造的估计量称为混合估计量。在此基础上,我们将推导混合估计量的偏倚和方差的(近似)闭式表达式(closed-form expressions),同时将通过数值分析对混合估计量与传统方法的 MSE 进行比较。

本文的其余部分的安排如下:第 2 部分介绍问题和假设,并回顾原始校正方法的性质;第 3 部分介绍混合估计量,并比较混合估计量和原始校正方法;第 4 部分为讨论和结论。

二、先验概率漂移下的模型

本部分介绍先验概率漂移下的量化器。我们采用与文献[4]相同的数学方法,因此所用参数和假设也相同。在给出具体的数学表达式之前,首先简要介绍使用的术语。假设目标总体有 N 个单元,属于两个类别,即类别 0 或类别 1。我们的目标参数是目标总体中属于类别 1 的单元的比例,表示为 α。与文献[8]类似,我们假设底层分类器(underlying classifier)正确分类属于类别 0 的对象的概率为 p_{00},正确分类属于类别 1 的对象的概率为 p_{11}。实践中,这些分类概率未知,因此我们从目标总体中随机抽取大小为 n 的测试集。在测试集中,真实标签(true labels)和估计标签(estimated labels)均已知。然后,我们可以使用测试集对 p_{00} $\left(\hat{p}_{00}=\dfrac{n_{00}}{n_{0+}}\right)$和 p_{11} $\left(\hat{p}_{11}=\dfrac{n_{11}}{n_{1+}}\right)$进行估计。我们假设已训练一个二分类算法,能够独立地针对所有数据点以 $p_{ii}>0.5$ 的概率将属于类别 $i\in\{0,1\}$ 的数据点正确分类。此外,我们假设有一个大小为 $n<<N$ 的测试集,并假设可将其视为总体的简单随机样本。最后,我们假设分类计数估计 $\hat{a}^*$ 量独立于 $\hat{p}_{00}$ 和 $\hat{p}_{11}$ 分布,当 $n\ll N$ 时结果合理(至少近似)。

本文允许基础比率随时间变化。换言之,可允许先验概率漂移非零。因此,我们引入以下符号。首先,我们需要将时间 0 的目标总体 U 与时间 t 的目标总体 U' 区分开来。然后可以定义 a' 为目标总体 U' 的基础比率。此外,目标总体 U 和 U' 的分类概率相等,因此本文中唯一的新参数为新基础比率 a'。a 表示构建测试集目标总体 U 的基础比率。

在描述文献[4]和文献[7]间差异之前,我们简要介绍几种校正方法。

(1)基线估计量(baseline estimator,$\hat{\alpha}$ 计 $\hat{\alpha}$ 算测试集中属于类别 1 的单元的比例;

(2)分类计数估计量(classify-and-count estimator,$\hat{\alpha}^*$)计算机器学习算法将目标总体中的单元归入类别 1 的比例。采用此种简单估计量时,直接根据算法计算属于类别 1 的单元数量;

(3)扣除偏倚后的估计量(the subtracted-bias,$\hat{\alpha}_b$)首先通过估计测试集中的分类概率来估计分类计数估计量的偏倚,然后从分类计数估计量中减去所估计的偏倚,计算扣除偏倚后的估计量;

(4)错分估计量($\hat{\alpha}_p$,misclassification estimator)将倒置的行归一化测试集乘以分类计数估计量;

(5)校准估计量($\hat{\alpha}_c$)将列归一化测试集乘以分类计数估计量。等式概述及相关估计量在偏倚和方差方面的表现见表 2。

表 2 无先验概率转移的估计量概述—文献[4]

估计量	方程式	偏倚	方差
基线	$\hat{\alpha}_a = \frac{n_{1+}}{n}$	无	大
分类和计数	$\hat{\alpha}^* = \frac{N_{1+}}{N}$	大	非常小
扣除偏倚	$\hat{\alpha}_b = \hat{p}_{11}\hat{\alpha}^* + (1-\hat{p}_{00})(1-\hat{\alpha}^*)$	中等	小
错分	$\hat{\alpha}_p = \frac{\hat{\alpha}^* + \hat{p}_{00} - 1}{\hat{p}_{00} + \hat{p}_{11} - 1}$	非常小	大
校准	$\hat{\alpha}_c = \frac{n_{10}}{n_{+0}}(1-\hat{\alpha}^*) + \frac{n_{11}}{n_{+1}}\hat{\alpha}^*$	无	中等

基线估计量、误分估计量(misclassification estimator)和校准估计量均(渐近)无偏,其中校准估计量通常表现最好[7]。计算先验概率漂移下偏倚和方差的闭式表达式。首先,先验概率漂移不会明显影响分类计数估计量和扣除偏倚后估计量的均方误差。分类计数估计量不使用测试集的任何信息,因此不同的基础比率不会影响此估计量。扣除偏倚后的估计量仅使用测试集来估计分类概率,因此估计量不会受到漂移的显著影响。显然,当目标总体与测试集分布不同时,不能使用基线估计量。错分估计量仍渐近无偏,但校准估计量在先验概率漂移下存在偏倚。该结果与基础比率固定时的情况(校准估计量无偏)不同。因此,错分估计量仍旧是唯一(渐近)无偏的估计量,详见表 3。根据文献[4]和文献[7],当分类概率较低时,错分估计量的方差很高,但先验概率漂移下错分估计量的方差仅略微变化。综上,前述校正方法的 MSE 均无法始终保持低值。下一节将介绍一种相较于五种原始校正方法表现更优的新型估计量。

三、混合估计量

本部分将介绍一种新型混合估计量，该混合估计量结合了错分估计量[9]和校准估计量[10]。在文献[4]和文献[7]中，我们发现校准估计量在固定基础比率(fixed bαse rαte)时是无偏的，但在先验概率转移下发生了偏倚。虽然错分估计量方差较高，但在先验概率转移下，其MSE仍相对稳定。这两种特性可以结合使用：作为初始起点，我们在时间0取校准估计量$\hat{\alpha}_c'$，同时添加错分估计量在时间t与时间0之间的差异($\hat{\alpha}_p'-\hat{\alpha}_p$)。由此，该混合估计量的表达式为：

$$\hat{\alpha}_m'=\hat{\alpha}_c+[\hat{\alpha}_p'-\hat{\alpha}_p]=\frac{n_{10}}{n_{0+}}(1-\hat{\alpha}^*)+\frac{n_{11}}{n_{+1}}\hat{\alpha}^*+\frac{(\alpha')^*-\hat{\alpha}^*}{\hat{p}_{00}+\hat{p}_{11}-1} \quad (1)$$

引理1：根据测试集估计的p_{11}，估计量$\hat{p}_{11}$的方差为：

$$V(\hat{p}_{11})=\frac{p_{11}(1-p_{11})}{n\alpha}\left[1+\frac{1-\alpha}{n\alpha}\right]+O\left(\frac{1}{n^3}\right) \quad (2)$$

$\hat{p}_{00}$的方差为

$$V(\hat{p}_{00})=\frac{p_{00}(1-p_{00})}{n(1-\alpha)}\left[1+\frac{\alpha}{n(1-\alpha)}\right]+O\left(\frac{1}{n^3}\right) \quad (3)$$

此外，$\hat{p}_{11}$和$\hat{p}_{00}$不相关：$C(\hat{p}_{11},\hat{p}_{00})=0$。

定理1：混合估计量$\hat{\alpha}_m'$在$\alpha'\neq\alpha$条件下有偏但一致：

$$B[\hat{\alpha}_m']=\frac{(\alpha'-\alpha)(V(\hat{p}_{11}))}{(p_{00}+p_{11}-1)^2}+O\left(\frac{1}{m^2}\right) \quad (4)$$

$\hat{\alpha}_m'$的方差为：

$$\begin{aligned}V[\hat{\alpha}_m']=&\frac{\alpha p_{11}}{n}\times\left(1-\frac{\alpha p_{11}}{(1-\alpha)(1-p_{00})+\alpha p_{11}}\right)\\&+\frac{(1-\alpha)p_{00}}{n}\times\left(1-\frac{(1-\alpha)p_{00}}{(1-\alpha)p_{00}+\alpha(1-p_{11})}\right)\\&+(\alpha'-\alpha)^2\times\frac{V(\hat{p}_{00}+V(\hat{p}_{11})}{(p_{00}+p_{11}-1)^2}+(\alpha'-\alpha)\\&\times\left[\frac{\alpha p_{00}(1-p_{00})(1-p_{11}))+(1-\alpha)p_{00}p_{11}(1-p_{11})}{n(p_{00}-\alpha)(p_{00}+p_{11}-1))\times(p_{00}+p_{11}-1)}\right.\\&\left.-\frac{\alpha p_{00}(1-p_{00})p_{11}+(1-\alpha)(1-p_{00})p_{11}(1-p_{11})}{n((1-\alpha)(1-p_{00})+\alpha p_{11})\times(p_{00}+p_{11}-1)}\right]+O\left(\frac{1}{n^2}\right)\end{aligned} \quad (5)$$

从定理1可以看出，混合估计量的偏倚为$O\left(\frac{1}{n}\right)$。因此，混合估计量略有偏倚但却是一致的估计量。虽然方差函数较为复杂，但可以看出，当α'与α之间的差异增大时，方差也会相应地增大。为更好阐释该混合估计量，我们将进行三项模拟研究。每项模拟研究对每种校正方法进行 $B=10000$ 次估计。首先根据 α,α',p_{00}，p_{11} 和 N 创建固定的目标总体，包括时间 0 的总体 U 和时间 t 的总体 U'。然后从总体 U 中抽取大小为 n 的 $B=10000$ 个测试集，并对每个测试集应用表 3 中的估计量和方程式。

表 3　先验概率漂移下的估计量概述—文献[7]

估计量	方程式	偏倚	方差
基线	$\hat{\alpha}_a'=\dfrac{n_{1+}}{n}$	大	小
分类和计数	$(\hat{\alpha}^*)'=\dfrac{N_{+1}'}{N}$	大	非常小
扣除偏倚	$\hat{\alpha}_b'=\hat{p}_{11}(\hat{\alpha}^*)'+(1-\hat{p}_{00})(1-(\hat{\alpha}^*)'$	中等	小
错分	$\hat{\alpha}_p'=\dfrac{(\hat{\alpha}^*)'+\hat{p}_{00}-1}{\hat{p}_{00}+\hat{p}_{11}-1}$	非常小	大
校准	$\hat{\alpha}_c'=\dfrac{n_{10}}{n_{+0}}(1-(\hat{\alpha}^*)')+\dfrac{n_{11}}{n_{+1}}(\hat{\alpha}^*)'$	中等	中等

在第一项模拟研究中，我们采用一个类别平衡数据集 ($\alpha=0.5$)，其中测试集大小为 $n=100$，总体数据集较大，为 $N=3\times10^5$，分类器质量较差，分类概率为 $p_{00}=0.6$ 和 $p_{11}=0.7$。从图 1 可以看出，该混合估计量的稳定性较好，与错分估计量相比，其偏倚和方差均较小。不过，该混合估计量的方差随 α' 与 α 之间的差异的增大而增大，符合我们之前的判断。由上，该混合估计量几乎没有偏倚，并且相较于错分估计量方差更小，优于错分估计量和校准估计量。

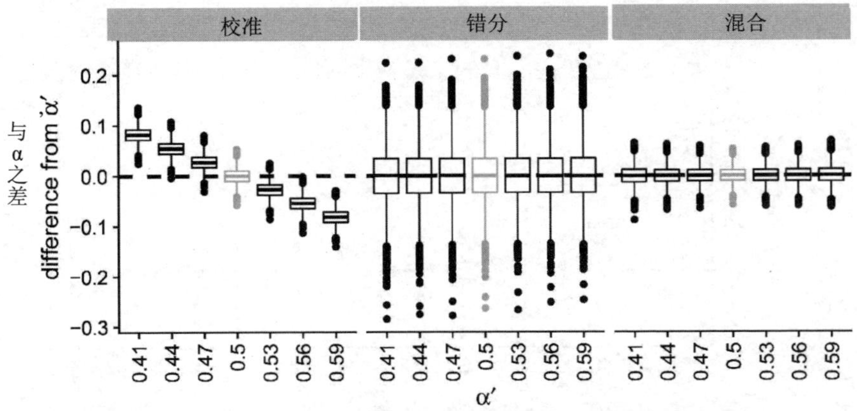

图 1　使用箱形图观察概念漂移下预测误差变化情况的模拟研究

注：给定初始基础比率 $\alpha=0.5$(灰色)，并根据不同的 α' 值(黑色)比较校准估计量、错分估计量和混合估计量。测试集从满足初始基础比率的目标总体中抽样。x 轴显示不同的基础比率，y 轴显示与新基础比率 α' 之差的分布。所有参数包括：$p_{00}=0.6$，$p_{11}=0.7$，$n=1000$，$N=3\text{ x }10^5$，$B=10000$。

图 2 中,混合估计量的表现不及预期。我们给定以下参数:$\alpha=0.98$,$p_{00}=0.94$,$p_{11}=0.97$,$n=1,000$,$N=3\times10^5$,$B=10,000$ 当 α' 与 α 之间的差异增大时,错分估计量往往会出现更多的极端离群值(extreme outliers),从而影响混合估计量的方差。此外,混合估计量可能会出现[0,1]区间之外的预测值。由于实践中不会出现此类取值,因此获取的相关估计值存在问题。混合估计量发生该问题的频率似乎低于错分估计量,因此混合估计量的表现仍然优于错分估计量和校准估计量。最后,我们观察到混合估计量的方差始终低于错分估计量的方差。虽然存在离群值,但混合估计量仍是三种估计量中的最优选择。

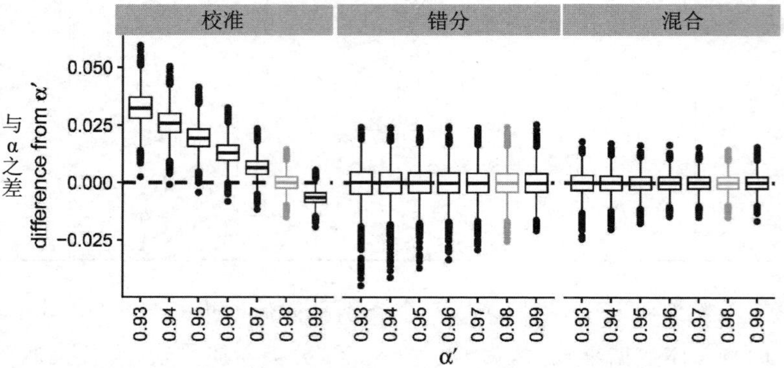

图 2 使用箱形图观察概念漂移下预测误差变化情况的模拟研究

注:给定初始基础比率 $\alpha=0.98$(灰色),并根据不同的 α' 值(黑色)比较校准估计量、错分估计量和混合估计量。测试集从满足初始基础比率的目标总体中抽样。x 轴显示不同的基础比率,y 轴显示与新基础比率 α' 之差的分布。所有参数包括:$p_{00}=0.94$,$p_{11}=0.97$,$n=1000$,$N=3\text{ x }10^5$,$B=10000$。

在前两项模拟研究中,错分估计量的表现并不理想,并且 α' 的值与 α 接近。为

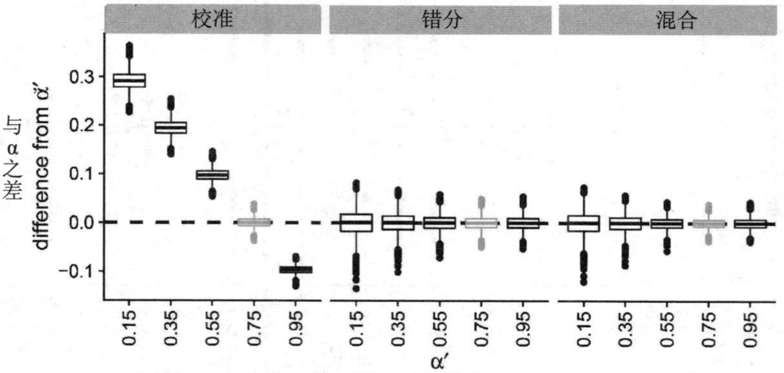

图 3 使用箱形图观察概念漂移下预测误差变化情况的模拟研究

注:给定初始基础比率 $\alpha=0.75$(灰色),并根据不同的 α' 值(黑色)比较校准估计量、错分估计量和混合估计量。测试集从满足初始基础比率的目标总体中抽样。x 轴显示不同的基础比率,y 轴显示与新基础比率 α' 之差的分布。所有参数包括:$p_{00}=0.85$,$p_{11}=0.90$,$n=1000$,$N=3\text{ x }10^5$,$B=10000$。

探究错分估计量中 α 的 MSE 较低以及 α' 和 α 的值差异较大时的情况，我们进行了一项模拟研究，其中 $\alpha=0.75$，$p_{00}=0.85$，$p_{11}=0.90$，$n=1,000$，$N=3\times10^5$，$B=10,000$，模拟结果如图 3 所示。从图 3 可以观察到，混合估计量的分布与错分估计量的分布类似，其中的原因在于时间 0 处错分估计量与校准估计量较为相近。不过，相关图形和数字表明，混合估计量的表现仍优于错分估计量，并且具有一致性。

四、结论和讨论

从本文的研究和模拟结果看，与校准估计量相比，本文提出的混合估计量的偏倚和方差均较小，因此优于当前文献所讨论的各种估计量。当错分估计量的方差较大但在各时点具有一致性时，混合估计量的表现优于校准估计量和错分估计量，且混合估计量在所有数据集和分类算法条件下均优于校准估计量和错分估计量。

虽然新型混合估计量比之前的校正方法表现更佳，但我们认为相关校正方法仍可进一步改进。通过组合有偏但不变的校正方法，就可能构建新的表现更佳的估计量。因此，当前新的研究方向在于以此种方式组合校正方法，使新估计量的偏倚和方差均始终保持较低水平。

该估计量可扩展应用于两个以上类别预测的校正方法。但这种方法也有其缺点，即参数数量会呈二次增长，并且质量控制措施应根据多个类别进行调整。对此，可能的解决方案之一是进一步细化模拟研究，而非计算闭式数学表达式。此外，我们也建议允许组内各单元采用不同的概率分类，更为详细的讨论见文献[8]。

最后需要强调的是，即便算法预测的准确性很高，机器学习算法的汇总结果仍可能出现极不准确的结果。

参考文献

[1] Friedman J H, Hastie T, Tibshirani R, et al. The elements of statistical learning. vol. 1. Springer, New York; 2001.

[2] Schwarz J E. The neglected problem of measurement error in categorical data. Sociological Methods & Research. 1985.

[3] Scholtus S, van Delden A. On the accuracy of estimators based on a binary classifier. 2020; 202006. Discussion Paper, Statistics Netherlands, The Hague.

[4] Kloos K, Meertens Q A, Scholtus S, Karch J D. Comparing correction methods to reduce misclassification bias. in: Artificial Intelligence and Machine Learning. Cham: Springer International Publishing; Baratchi M, Cao L, Kosters WA, Lijffijt J, van Rijn JN, Takes FW, eds, 2021; pp. 64—90.

[5] Webb G I, Hyde R, Cao H, Nguyen H L, Petitjean F. Characterizing concept

drift. Data Mining and Knowledge Discovery. 2016;30(4):964—994.

[6] Moreno-Torres J G, Raeder T, Alaiz-Rodriguez R, Chawla NV, Herrera F. A unifying view on dataset shift in classification. Pattern recognition. 2012;45(1):521—530.

[7] Meertens Q A, Diks C G H, Van Den Herik H J, et al. Understanding the output quality of official statistics that are based on machine learning algorithms;2021.

[8] Van Delden A, Scholtus S, Burger J. Accuracy of mixed-source statistics as affected by classification errors. Journal of Official Statistics. 2016; 32(3): 619—642.

[9] Buonaccorsi J P. Measurement error: Models, methods, and applications. Boca Raton, FL: Chapman & Hall/CRC;2010.

[10] Kuha J, Skinner C J. Categorical data analysis and misclassification. in: Survey Measurement and Process Quality. Wiley; Lyberg LE, Biemer PP, Collins M, de Leeuw ED, Dippo C, Schwarz N, et al. , eds, 1997; pp. 633—670.

[11] Knottnerus P. Sample survey theory: Some pythagorean perspectives. Springer Science & Business Media;2003.

编译者及单位

原鹏飞,国家统计局统计科学研究所。

代理数据模型：解读大规模机器学习危机预测模型①

【内容摘要】 机器学习模型在预测经济危机方面的重要性正日益凸显。然而，这些模型使用的数据集包含大量预测因子(特征)，这不仅削弱了模型的可解释性，还导致其无法更好地指导危机预防和应对政策制定。本文介绍作为大规模危机预测模型中的降维工具——代理数据模型。通过将代理数据模型应用于国际货币基金组织(IMF)所开发的大规模危机预测模型，评估了这种方法的适用性。研究结果与经济直觉(economic intuition)相符，并验证了代理数据模型作为可解释性工具的有效性。

一、引言

经济危机代价高昂，在经济活动急剧萎缩的过程中，投资水平降低会严重影响国家经济的长期增长和生产率发展，并导致长期产出损失。Cerra 等(2021)对部分国家的实证估计显示，在金融危机后的十年中，这些国家的产出水平持续低迷。

为了尽可能减少和避免经济危机带来的负面影响，各国中央银行和政策制定机构投入了大量资源开发预警系统和危机预测模型。首先，这些系统旨在识别使经济体易受经济和金融困扰并最终可能导致经济危机的经济和金融失衡问题。其次，通过识别危机发生前的经济和金融驱动因素，这些系统可以帮助政策制定者通过制定针对性政策来防止危机的发生。

在这种背景下，早期开发的机器学习方法得到迅速应用，并促进了危机预测模型的发展。部分危机预测模型已在各国央行和多边金融机构中得以应用，有效提高了政策建议的针对性。这些模型包含许多解释变量，所采用的方法和技术能够有效捕获危机爆发前普遍存在的非线性效应。然而，预测能力的提升是以降低模型解释性为代价的，这降低了模型在指导政策决策中的实用性。若不了解危机的主要驱动因素以及它们之间的相互作用，我们便难以相信模型的预测结果，也很难评估相关政策措施在降低经济危机可能性方面所能发挥的作用，同时也难以获得

① 本文编译自：Jorge A. Chan-Lau、Ruofei Hu、Maksym Ivanyna、Ritong Qu、Cheng Zhong. Surrogate Data Models: Interpreting Large-scale Machine Learning Crisis Prediction Models[R], IMF Working Paper, 2023.2.

用于改进模型的见解。

本文提出使用代理数据模型(surrogate data models,SDM)来降低机器学习危机预测模型的维度,并增强其可解释性。通过将特征集限制在经济分析师通常监测和预测的范围内,代理数据模型可以将模型结果转化为决策者熟悉的经济领域。这些模型能够提升“假设”(what-if)类的情景分析。进一步地,我们将实例演示 IMF 最近开发的一套机器学习模型所应用的代理数据模型方法,展示其对各行业经济危机的预测效果(IMF,2021)。

本文对最新机器学习危机预测模型进行了有针对性的文献回顾,讨论如何使用代理模型(surrogate models)提高机器学习模型的可解释性,其中介绍了代用数据模型的概念基础。通过实例演示,将该方法应用于 IMF 开发的一些机器学习危机预测模型中,并展示了它们在经济预测场景分析中的实用性,包括 IMF 于 2022 年 4 月公布的经济预测数据。最后总结了通过代理数据模型案例研究所得出的经验。

二、机器学习危机预测模型文献回顾

早期的危机预测研究多使用 probit 和(或)logit 模型(Eichengreen 等,1995;Frankel 和 Rose,1996),以及非参数信号提取模型(non-parametric signal extraction models ,Kaminsky 等,1998)。危机预测和预警系统方面的最新应用研究已不再局限于这些传统方法,而是引入了机器学习(machine learning)方法。新的方法更加注重预测能力,而不是因果推断,可以处理大量特征(解释变量)。与逻辑回归和多项式回归等广义线性模型相比,机器学习方法的优势在于能够更好地捕获非线性效果。以下是与此相关的部分最新研究。

Holopainen 和 Sarlin(2017)比较了 15 个欧洲国家银行危机预警系统中的传统统计方法和机器学习方法,发现在预测性能上,机器学习方法如 k 最近邻、神经网络和集成学习模型等均优于逻辑回归。

Bluwstein 等(2021)以 1870—2016 年为时间框架,比较了不同早期预警模型对 17 个发达经济体金融危机的预测效果。这些模型包含 16 个反映国内和全球经济和信贷周期的特征(解释变量)。除了逻辑回归外,他们还运用了各种机器学习模型,包括决策树、随机森林、极度随机树、支持向量机和人工神经网络。除决策树外,所有机器学习模型的表现都超过了逻辑回归。

Fouliard 等(2021)通过使用一套不同机器学习模型的研究显示,有可能提前三年预测欧盟国家和美国的系统性金融压力事件。其方法原理是,在数据可用时按顺序纳入由经济数据产生的信息,这个顺序过程在机器学习文献中被称为在线学习。这些模型使用了 244 个按季度观察的特征,其中大约一半可用于在线估计。

Hellwig(2021)的研究显示，在预测发达经济体、新兴市场国家以及低收入/发展中国家的财政危机方面，传统的计量经济模型无法超越简单的启发式“经验法则”。另一方面，弹性网、随机森林和梯度增强树等机器学习技术在预测因子数量较多的情况下表现卓越。这些模型基于一套数量广泛的预测因子，包括经济、金融、人口和制度变量，以及对原始变量进行的各种特征工程，包括滞后、时间变化和平均值。

IMF(2021)介绍了一套不同的 ML 预测模型，每个模型都是为预测影响不同经济部门的危机而定制的。例如：金融危机、财政危机、外部部门危机（国际收支平衡危机）和实体部门危机。与其他研究相比，其数据集涵盖更多的国家（所有 190 个 IMF 成员国），且每个部门危机模型都包含大量特征，其中包括一些数据转换。所使用的危机事件定义反映了 IMF 面临的需求政策。由于国家覆盖面广，模型使用了数据插补技术来解决缺失数据问题。马赛式比较（horse-race comparison）结果显示，除了外部部门危机，机器学习模型的表现优于传统方法。

尽管上述结果显示机器学习模型在预测危机方面表现优于传统的危机预测模型，但我们仍需谨慎，因为预测结果可能取决于对危机的定义和所使用的数据样本。Beutel 等(2019)发现，机器学习模型并不一定在所有情况下都能超越标准的计量经济学技术。这些研究人员使用了一个覆盖 45 年(1971—2016 年)数据样本的发达经济体样本，并纳入了从不同银行危机事件研究中收集的一组危机事件。他们发现，尽管机器学习模型通常能提供良好的样本内拟合，但其在系统性银行危机（包括 2007—2008 年的全球金融危机）的递归样本外预测性能上，却未能达到逻辑模型的水平。

这些结果表明，机器学习危机预测模型的性能高度依赖于所使用的危机定义、危机和非危机观察结果之间的失衡程度以及数据集特征的可用性。

三、利用代理数据模型增强机器学习危机预测模型的可解释性

(一)代理模型和特征重要性

大多数危机预测模型使用的特征数量都很庞大，这影响了它们的可解释性。如果不了解特征的重要性，不理解其在评估危机可能性或输入—输出关系方面所发挥的作用，便很难厘清从理论危机模型、实证研究和过往政策决策中得到的经验教训与高维复杂模型输出结果之间的关系。代理模型解决了高维复杂模型中存在的直观理解问题。代理模型广泛应用于工程设计优化和仿真领域，是模拟复杂系统和模型行为的简单近似模型，其计算成本更低，能够更好地解读系统动态（Forrester 等，2008）。

在机器学习中，使用代理模型的目的是提高模型的可解释性，包括衡量不同特

征对模型输出的贡献(Burkart 和 Huber,2021)。由于原始模型的复杂性和高度非线性,可以将其假设为一个黑箱(black box)。如果一个更简单的可解释模型(如线性回归或基于树的模型)能够有效模拟黑箱的输出,那么理解黑箱的输出就会变得更容易。在这种情况下,较简单的模型被用来解释黑箱的结果。代理模型可以是不可知的(只要其应用不受黑箱模型类型的限制即可),也可以是基于特定模型的,就像专为决策树开发的几种代理方法一样。

代理模型可以根据其预测范围划分为全局或局部模型。全局代理模型试图描述机器学习模型的平均行为。相比之下,局部代理模型只试图解释对应于单一特征集值的单个观察结果的输出。给定一个数据集 X,构建全局代理模型包括以下步骤(Kamath 和 Liu,2021;Molnar,2022):

(a)获取由机器学习模型 F 生成的输出 $\hat{Y}=F(X)$;

(b)选择一个不同的、更简单和可解释的模型,G;

(c)在$(X,\hat{Y})$上训练 G;

(d)使用 G 来解释模型输出。

G 越接近 F 的输出,通过 G 得出的解释就越好。

典型的全局代理模型包括不依赖特定模型的代理模型(Ribeiro 等,2016a;Hall 等,2017;Frosst 和 Hinton,2017;Yang 等,2018),或特定于决策树的代理方法(Andrzejak 等,2013;Bastani 等 2017;Hara 和 Hayashi,2018)。

局部代理模型构建步骤如下(Ribeiro 等,2016b):

(a)选择感兴趣的实例(观察);

(b)使用随机扰动在选定实例的邻域内生成合成样本实例;

(c)根据新样本与选定实例的接近程度对其进行加权;

(d)在包含合成实例的数据集上训练一个可解释的局部模型;

(e)使用局部代理模型解释原模型的输出。

这些方法的典型范例包括模型解释系统(model explanation systems,Turner,2016),局部可解释的不可知模型解释(local interpretable model-agnostic explanations,LIME,Ribeiro 等,2016b),Shapley 加性解释(Shapley additive explanation,SHAP,Lundberg 和 Lee,2017)及其变种。

作为一种线性局部代理模型,SHAP 解释(SHAP explanation)常用于计算危机预测模型中的特征重要性(IMF,2021 等)。SHAP 值基于最优 Shapley 值进行计算,需要假设合作博弈中的特征集成员为模型特征(Shapley,1953)。从概念上讲,特征的 Shapley 值是其对预测的平均边际贡献,其中平均值取自所有可能的特征集(特征组合)。具体而言,给定预测函数 f,n 个特征,和一个特定的特征 j,我们可以使用其余的 n－1 个特征构成几个不包括特征 j 的特征集 S,每个特征集共有|S|个特征,范围从 1 到 n－1。特征 j 的 Shapley 值为:

$$\phi_j(f)=\frac{1}{n}\sum_{S}\frac{f(S\cup\{x_j\})-f(S)}{\binom{n-1}{|S|}}$$

一旦 Shapley 值被计算出来，SHAP 解释模型 g 或预测函数 f 的近似值为：

$$g(z')=\phi_0+\sum_{j=1}^{n}\phi_j z_j',$$

其中 $z'=(z_1',\cdots,z_m')\in\{0,1\}^n$ 是特征集向量，即模型的简化特征，其中 0 或 1 分别表示该特征值是不存在或存在的。为了进一步改进 SHAP 解释，可以对小型和大型特征集（KernelSHAP，Lundberg 和 Lee，2017）以及决策树（TreeSHAP，Lundberg 和 Lee，2018）赋予更高的权重。

(二)代理数据模型

代理模型的可解释性基于这样一个前提，即更简单的模型可能足以理解危机事件前的经济演变，并评估每个变量对事件预测的贡献。然而，如果特征过多，特别是来自于缺乏直接经济解释的数据转换的特征，那么在可解释性方面的收益可能会很小。处理这个问题的一个简单方法是将特征分组到不同的聚合类别中，如经济活动、实际增长、外部失衡等。然而，这种方法可能不足以为政策提供指导。例如，某个聚合类别中贡献最大的特征可能是一个复杂的数据转换，对于这种特征，我们可能很难评估其在所提出的政策措施下会发生哪些改变。

与在代理模型应用中的标准做法不同，我们在这里提出使用代理数据模型（SDM）。SDM 使用低维度的特征集来近似模拟黑箱模型，其中一些特征可能不在黑箱模型的特征集中。由于 SDM 特征集的维度较低，即使 SDM 不使用易于解释的模型，用其来解释结果也更为容易。在这种情况下，SDM 的可解释性由一个代理模型提供，即 SHAP。图 1 展示了标准代理模型和 SDM 方法之间的差异。

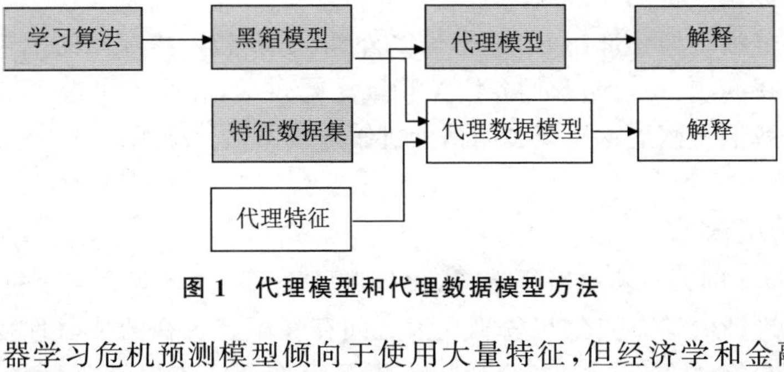

图 1　代理模型和代理数据模型方法

尽管机器学习危机预测模型倾向于使用大量特征，但经济学和金融学研究文献却显示无需使用那么多特征。从概念上讲，经济和金融变量的联合分布应该存在强依赖性。这种依赖性反映了在预算存在限制、对均衡条件有所需求的情况下，经济参与者和市场参与者对冲击和(或)新信息的反应。

计量经济学方法对降维的强调及其在经济和金融应用中的成功，验证了这一观点。动态因子模型被广泛应用于捕捉大量时间序列变量的共同动态，这些动态由相对较少的潜在因子驱动(Stock 和 Watson，2016)。通过将模型中特异性成分(idiosyncratic component)嵌入动态模式，高维向量自回归(vector autoregression，VAR)模型可降维为低维 VAR 模型(Cubadda 和 Hecq，2022)。主成分分析(PCA)可以用于从特征中提取潜在因子，然后使用这些因子作为回归变量来估计低维模型(Fan 等人，2018)，或者用于有监督的主成分回归中(Bair 等人，2006)。

流形学习(manifold learning)技术也表明，高维经济模型可以简化为低维空间，并用于开发金融市场预警模型(Huang、Kou 和 Peng，2017)。运用流形分解(manifold decomposition)对上述 IMF 机器学习模型特征的分析结果表明，对于危机预测有用的信息来自一个更简单的、适合进行聚类分析的信息空间(Chan-Lau 和 Wang，2020)。

四、IMF 机器学习危机模型的应用

正如文献部分所述，实证方法高度依赖于所使用的数据集和危机定义。我们对 SDM 方法进行了测试，以检验其是否能在 IMF 经济和金融监测工作背景下简化危机预测任务。

IMF 机器学习模型的输出是一个危机风险指数，这在很大程度上可以被解释为危机概率。由于 IMF 的模型包含大量特征，用户可能会发现很难评估哪些变量是驱动危机指数的主要因素。尽管可以应用 SHAP 来评估，但对于属于同一大类的每个特征进行贡献分配是具有挑战性的(Kumar 等人，2017)。模型使用者也发现进行情景分析的难度很高，因为这需要对模型的联合分布特征进行建模，而其中许多特征是原始变量的转换。

这一部分通过构建部门 SDM 来预测外部、财政和实体部门的危机风险指数，从而解决上述问题。首先，我们介绍了特征选择过程，并列出了选入 SDM 的具体特征。然后我们将阐述这些模型的估计机制并给出估计结果。

(一)特征选择

构建 SDM 的第一步是特征选择。在理想情况下，这个集合应该包含基于经济理论和直觉判断的动态变化与危机发生之间存在不容忽视的关联性变量。此外，模型最终用户能够在不同宏观金融情景下预测变量的值也是非常有帮助的。最后，选定的变量应显著少于 IMF 机器学习模型所使用的变量，以此增强模型的可解释性。

找出一组潜在特征很容易,因为IMF会定期在其半年度《世界经济展望报告》(World Economic Outlook)中针对几个宏观经济和金融变量发布和更新相关的历史数据和5年预测。由于各国经济学家会定期监测这些变量,因此它们自然会成为SDM的备选特征。此外,学术文献中的经济和金融危机驱动因素往往也包含部分上述变量。表1列出了针对部门SDM特征(预测因子)而选定的变量,其数量在12到20之间,远少于VE风险指数中的变量。

表1　代理模型使用的变量

类型	变量	实体	财政	外部
商业周期	GDP增长	*	*	*
	通货膨胀	*	*	*
	失业率	*	*	*
	存款利率	*	*	*
	长期债券收益率	*	*	*
	美国存款利率	*	*	*
	美国长期债券收益率	*	*	*
	投资增长	*		
债务	收入的GDP占比		*	
	收入的GDP占比变化	*		
	赤字的GDP占比		*	*
	赤字的GDP占比变化			*
	政府债务的GDP占比		*	*
外部	外部债务的GDP占比		*	*
	外部债务的GDP占比变化			*
	证券投资的GDP占比			*
	储备资产的GDP占比			*
	储备资产的GDP占比变化			*
	经常账户的GDP占比			*
全局假设	折算成美元的贬值		*	*
	石油价格增长	*	*	*
	农产品价格增长	*	*	*
其他	人均GDP	*	*	*

(二)代理数据模型:估计

我们首先尝试了多种模型,最后确定使用全球(所有IMF会员国,共196个国家)和基于收入的国家组随机森林模型(random forest models,RFM)作为每个风险指数的代理,使用表 1 选定的特征对每一个 RFM 进行估计。在实体和财政风险指数模型中,数据样本覆盖 1980 至 2021 年,在外部风险指数模型中,数据样本覆盖 1989 至 2021 年。将国家组模型和全球模型进行组合,目的在于考量发达经济体(AE)、新兴市场(EM)和低收入国家(LIC)之间的参数异质性。①

对全球模型的估计使用的是所有经济体的数据。图 2 演示了模型的组合方法。SDM 风险指数是全球模型和国家组模型的最优线性组合,其中对组合权重进行了估计,以最小化样本外预测的均方误差(MSE)。这种方法最初由 Geweke 和 Amisano(2017)提出,有证据显示其性能优于其中的单个模型。这种方法最大限度地平衡了全球模型对参数异质性的忽视以及区域模型样本较小所产生的高方差问题。

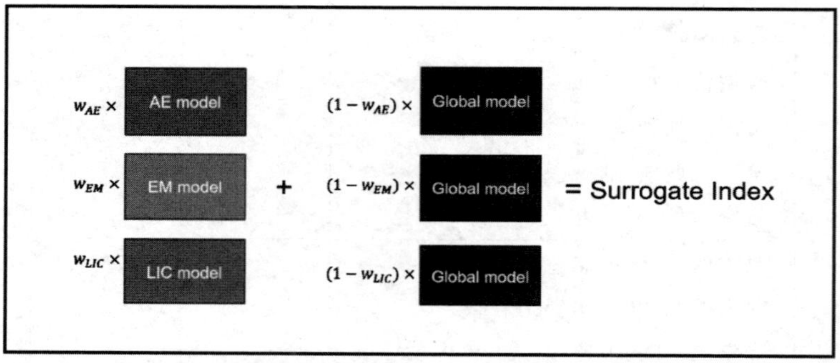

(AE model:发达经济体模型 EM model:新兴市场模型
LIC model:低收入国家模型 Global model:全球模型 Surrogate Index:代理指数)

图 2 国家组模型和全球模型的线性组合

在每个组合模型中,个体 RFM 的超参数是根据 Hacibedel 和 Qu(2022)提出的间隔块交叉验证方法(the gap—block cross-validation approach),在验证集上通过最小化 MSE 损失进行选择的,其中间隔块交叉验证方法是由 Burman 等(1994)的研究演化而来的。该方法首先限制验证集仅包含连续时间段内观察到的数据样本块,并在训练集和验证集之间留出时间间隔(或块),从而打破训练集和验证集之间的依赖关系。如图 3 所示,训练集不需要连续观测序列。

图中的"年"块和"训练"块区域分别对应验证集和训练集。需要注意的是,训练数据集不需要只包含连续的数据块。我们选择了 1 年时间间隔和 15 折交叉验证(15—fold cross-validation),相应的验证集长度约为 2 年。在鲁棒性测试中,我们在 1—3 年时间范围内对间隔大小和验证集长度进行了调整,以确定交叉验证 R

① AE:40 个国家;EM:97 个国家;以及 LIC:59 个国家。

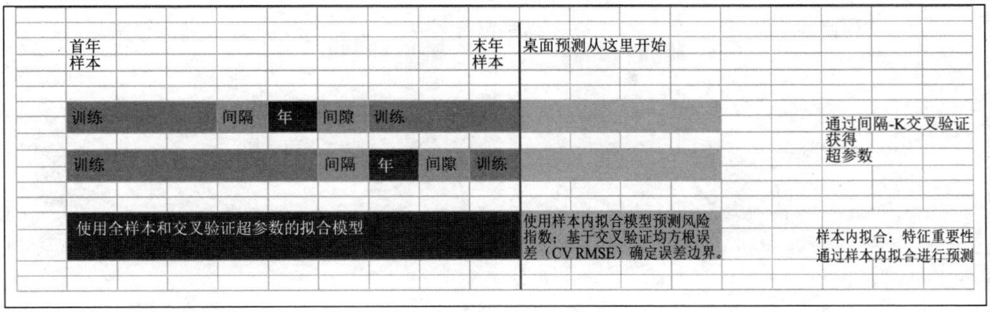

图 3　间隔一块交叉验证

平方的稳定性。交叉验证结果显示，决策树的深度不超过 15，每棵树的预测因子数量在总预测因子数量中的占比为 10%至 70%（从 2 个到最多 14 个）。森林中树的数量设置为 100 棵，增加更多的树并不会改进模型性能。

(三)代理数据模型：结果

当使用 SDM 指数和 VE 指数之间的 R 平方和等级相关性来评估时，组合模型对各个部门的预测性能有所不同。表 2 为 2022 年的样本外预测性能。财政部门 SDM 表现特别出色，实体和外部部门的表现稍差。这种性能下降的原因可能在于 SDM 中缺乏金融市场变量。因此，应更加谨慎地分析这两个部门的代理指数。

表 2　样本外预测性能

	实体	财政	外部
等级相关性	0.41	0.88	0.56
R－平方	0.18	0.77	0.34

为了进一步检验拟合优度（goodness of fit），图 4 将 SDM 生成的基于不同收入的国家组的平均风险指数与样本内期间的平均 VE 风险指数进行了对比，同时展示了与以下两种不同情景相对应的 SDM 危机风险动态预测：

(1)IMF(2022)报告的 IMF 2022 年 10 月对模型特征进行的 5 年预测（图 4 阴影处长虚线）；

(2)在 IMF 5 年（2022－2026）预测基础上设定的不利情景，包括高通胀、石油和天然气供应冲击以及金融条件进一步收紧（图 4 阴影处长实线）。

表 3 给出了基于各国收入群体的平均情景特征。

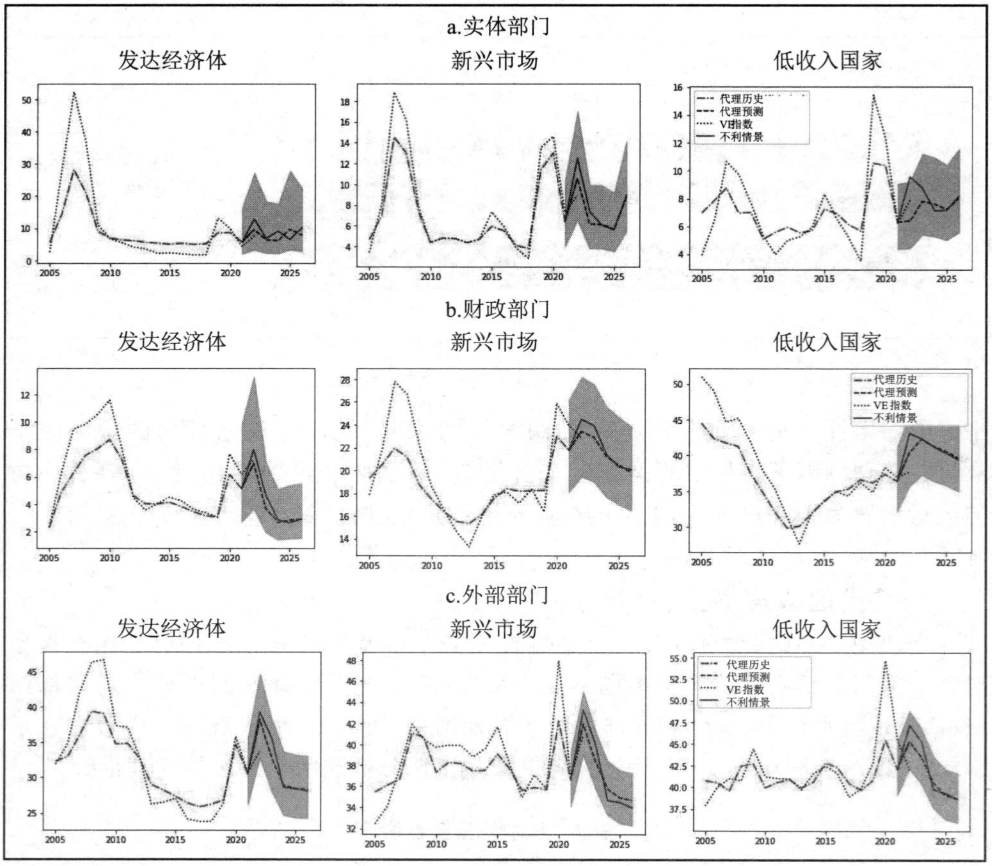

图 4　VE 指数、SDM 指数、预测和不利情景

与计量经济或统计模型不同,在情景分析中,估计标准置信区间不可行的。但可以构建一倍标准差的上限和下限来衡量 SDM 预测的不确定性。在对特定国家进行 SDM 预测估计时,将预测值乘以验证集中对数残差的一倍标准差的指数获得上限。类似地,将预测值除以相同的因子获得下限。只要得到特定于国家的边界,便可以计算国家组的平均值。在图 4 中,两个边界之间的区域以浅蓝色表示。

总体而言,SDM 能很好地追踪所有国家组和部门的危机风险指数所呈现的总体趋势。然而,对于某些时期,SDM 的预测结果均低于风险指数值。比如,对于 2008 年全球经济衰退前的几年(2006－2008 年),SDM 低估了发达经济体组中的所有部门及新兴市场国家组财政部门的风险指数。2020 年全球新冠肺炎疫情爆发是 SDM 预测效果较差的另一个时期。尽管 SDM 对发达和新兴经济体的预测效果相对较好,但其无法捕捉低收入国家组在实体和外部部门中风险指数的大幅上升。

表 3　五年情景：IMF(2022)中的基线情景和不利情景

A 组：发达经济体，相对于 2021 年的预测结果变化

	观察值	基线情景					不利情景				
	2021	2022	2023	2024	2025	2026	2022	2023	2024	2025	2026
国际收支的 GDP 占比	3.44	−1.07	−0.87	−0.69	−0.51	−0.46	−1.36	−1.09	−0.53	−0.40	−0.37
证券投资的 GDP 占比	−0.01	−0.02	−0.01	−0.01	−0.01	−0.01	−0.02	−0.01	−0.01	−0.01	−0.01
外部债务的 GDP 占比	247.07	−13.80	−29.03	−40.51	−47.70	−53.22	−13.31	−29.02	−41.15	−48.75	−54.32
外部债务的 GDP 占比，变化	2.75	−15.65	−17.09	−13.34	−9.04	−7.38	−15.65	−17.09	−13.34	−9.04	−7.38
折算成美元的贬值	−0.04	0.13	0.06	0.03	0.03	0.03	0.13	0.06	0.03	0.03	0.03
短期存款利率	0.10	0.94	1.84	1.87	1.81	1.80	1.30	2.69	1.91	1.57	1.58
美国短期存款利率	0.04	1.83	3.99	3.70	2.89	2.30	2.24	5.02	3.73	2.61	2.03
长期债券收益率	0.69	1.19	1.72	1.78	1.75	1.76	1.60	2.56	2.19	2.00	1.96
美国长期债券收益率	1.44	1.70	2.92	2.68	2.14	1.83	2.22	3.97	3.16	2.40	2.03
相对于美国的人均 GDP	0.72	−0.04	−0.03	−0.02	−0.01	−0.01	−0.04	−0.03	−0.02	−0.01	−0.01
收入的 GDP 占比	38.77	−0.35	−0.26	−0.45	−0.60	−0.71	−0.35	−0.26	−0.45	−0.60	−0.71
收入的 GDP 占比，变化	0.59	−0.94	−0.49	−0.77	−0.74	−0.69	−0.94	−0.49	−0.77	−0.74	−0.69
赤字的 GDP 占比	−4.29	1.29	3.06	3.54	3.68	3.79	1.04	2.20	2.86	3.18	3.46
赤字的 GDP 占比，变化	3.39	−2.11	−1.63	−2.91	−3.26	−3.28	−2.36	−2.23	−2.73	−3.08	−3.11
政府债务的 GDP 占比	76.54	−4.15	−5.55	−6.72	−7.65	−8.41	−3.90	−4.70	−4.90	−5.41	−5.86
外汇储备的 GDP 占比	23.34	−0.36	−1.00	−1.42	−1.74	−1.99	−0.36	−1.00	−1.42	−1.74	−1.99
储备资产的 GDP 占比，变化	0.91	−1.26	−1.55	−1.33	−1.22	−1.15	−1.26	−1.55	−1.33	−1.22	−1.15
失业率	5.91	−0.68	−0.65	−0.71	−0.81	−0.88	−0.68	−0.65	−0.71	−0.81	−0.88
投资增长率	5.43	−2.24	−1.88	−1.92	−2.28	−2.64	−2.24	−1.88	−1.92	−2.28	−2.64
GDP 增长	6.00	−3.03	−3.49	−3.12	−3.60	−3.82	−3.71	−4.70	−2.56	−3.31	−3.59
农产品价格增长	0.25	−0.12	−0.31	−0.27	−0.26	−0.25	−0.09	−0.32	−0.31	−0.26	−0.25
通货膨胀率	2.45	4.90	1.69	−0.16	−0.39	−0.47	6.33	3.74	−3.77	−0.97	−0.75
石油价格上涨率	0.66	−0.22	−0.82	−0.73	−0.71	−0.69	−0.10	−0.91	−0.87	−0.69	−0.67

注：增长率以百分比表示；比率变化以变化量占分母变量的百分比表示；其他变量以百分比表示。

表 3　五年情景:IMF(2022)中的基线情景和不利情景(续 1)

B 组:新兴市场经济体,相对于 2021 年的预测变化

	观察值	基线情景					不利情景				
	2021	2022	2023	2024	2025	2026	2022	2023	2024	2025	2026
国际收支的 GDP 占比	−3.32	0.49	1.19	1.37	1.26	1.33	0.93	1.39	1.30	1.17	1.30
证券投资的 GDP 占比	0.01	0.00	−0.01	−0.01	−0.01	−0.01	0.00	−0.01	−0.01	−0.01	−0.01
外部债务的 GDP 占比	68.36	−4.26	−6.24	−6.85	−8.28	−9.98	−4.72	−7.05	−7.43	−8.79	−10.42
外部债务的 GDP 占比,变化	−6.37	1.96	4.23	4.38	4.26	3.99	1.96	4.23	4.38	4.26	3.99
折算成美元的贬值	0.12	−0.07	−0.07	−0.10	−0.11	−0.11	−0.07	−0.07	−0.10	−0.11	−0.11
短期存款利率	4.25	1.70	2.12	1.67	1.25	1.03	2.30	3.29	1.41	0.73	0.63
美国短期存款利率	0.04	1.83	3.99	3.70	2.89	2.30	2.24	5.02	3.73	2.61	2.03
长期债券收益率	5.64	1.63	1.77	1.61	0.99	0.72	2.07	2.38	1.79	1.04	0.76
美国长期债券收益率	1.44	1.70	2.92	2.68	2.14	1.83	2.22	3.97	3.16	2.40	2.03
相对于美国的人均 GDP	0.15	0.01	0.00	0.00	0.00	0.01	0.01	0.00	0.00	0.00	0.01
收入的 GDP 占比	31.02	0.38	−0.36	−0.90	−1.24	−1.55	0.38	−0.36	−0.90	−1.24	−1.55
收入的 GDP 占比,变化	0.83	−0.47	−1.58	−1.39	−1.19	−1.17	−0.47	−1.58	−1.39	−1.19	−1.17
赤字的 GDP 占比	−3.64	0.93	1.77	1.74	1.80	1.79	0.81	1.31	1.40	1.50	1.63
赤字的 GDP 占比,变化	3.21	−2.30	−2.39	−3.26	−3.18	−3.24	−2.42	−2.73	−3.13	−3.13	−3.10
政府债务的 GDP 占比	64.71	−2.61	−4.05	−4.61	−5.42	−6.22	−2.52	−3.58	−3.79	−4.42	−5.10
外汇储备的 GDP 占比	25.64	−2.07	−2.55	−3.27	−3.94	−4.69	−2.07	−2.55	−3.27	−3.94	−4.69
储备资产的 GDP 占比,变化	0.01	−2.13	−0.54	−0.76	−0.76	−0.84	−2.13	−0.54	−0.76	−0.76	−0.84
失业率	10.05	−0.91	−1.11	−1.28	−1.44	−1.58	−0.91	−1.11	−1.28	−1.44	−1.58
投资增长率	10.73	−3.04	−5.58	−6.54	−6.42	−6.82	−3.04	−5.58	−6.54	−6.42	−6.82
GDP 增长	5.60	−1.99	−1.75	−2.19	−2.21	−2.44	−2.49	−2.97	−1.91	−1.93	−2.19
农产品价格增长	0.25	−0.12	−0.31	−0.27	−0.26	−0.25	−0.09	−0.32	−0.31	−0.26	−0.25
通货膨胀率	22.16	−10.30	−13.17	−0.47	−1.10	−1.37	−9.12	−13.11	−1.73	−1.79	−1.91
石油价格上涨率	0.66	−0.22	−0.82	−0.73	−0.71	−0.69	−0.10	−0.91	−0.87	−0.69	−0.67

注:增长率以百分比表示;比率变化以变化量占分母变量的百分比表示;其他变量以百分比表示。

表 3　五年情景:IMF(2022)中的基线情景和不利情景(续 2)

C 组:低收入经济体,相对于 2021 年的预测变化

	观察值	基线情景					不利情景				
	2021	2022	2023	2024	2025	2026	2022	2023	2024	2025	2026
国际收支的 GDP 占比	−1.96	−1.96	−1.55	−1.09	−0.55	−0.08	−2.12	−1.81	−1.01	−0.54	−0.02
证券投资的 GDP 占比	0.00	0.00	0.00	0.00	0.00	0.00	0.00	0.00	0.00	0.00	0.00
外部债务的 GDP 占比	1.05	1.05	−0.97	−2.45	−3.96	−5.75	0.72	−1.43	−2.35	−3.83	−5.62
外部债务的 GDP 占比,变化	4.37	4.37	1.29	1.84	1.81	1.52	4.37	1.29	1.84	1.81	1.52
折算成美元的贬值	0.07	0.07	0.03	−0.03	−0.04	−0.05	0.07	0.04	−0.03	−0.05	−0.05
短期存款利率	−0.22	−0.22	−0.20	−0.31	−0.45	−0.51	0.05	0.33	−0.43	−0.72	−0.73
美国短期存款利率	1.83	1.83	3.99	3.70	2.89	2.30	2.24	5.02	3.73	2.61	2.03
长期债券收益率	3.29	3.29	3.24	−0.29	−3.14	−5.29	3.53	3.70	−0.08	−2.98	−5.12
美国长期债券收益率	1.70	1.70	2.92	2.68	2.14	1.83	2.22	3.97	3.16	2.40	2.03
相对于美国的人均 GDP	0.00	0.00	0.00	0.00	0.00	0.00	0.00	0.00	0.00	0.00	0.00
收入的 GDP 占比	0.55	0.55	0.02	0.03	0.07	0.11	0.55	0.02	0.03	0.07	0.11
收入的 GDP 占比,变化	0.31	0.31	−0.77	−0.23	−0.19	−0.20	0.31	−0.77	−0.23	−0.19	−0.20
赤字的 GDP 占比	−0.30	−0.30	0.12	0.76	1.16	1.43	−0.43	−0.57	0.16	0.68	1.12
赤字的 GDP 占比,变化	−0.03	−0.03	0.69	0.91	0.66	0.54	−0.16	0.13	0.99	0.79	0.71
政府债务的 GDP 占比	0.62	0.62	−1.89	−3.41	−4.95	−6.28	0.66	−1.49	−2.71	−4.08	−5.29
外汇储备的 GDP 占比	−1.48	−1.48	−2.75	−3.29	−3.64	−4.04	−1.48	−2.75	−3.29	−3.64	−4.04
储备资产的 GDP 占比,变化	−2.76	−2.76	−2.56	−1.82	−1.63	−1.69	−2.76	−2.56	−1.82	−1.63	−1.69
失业率	−0.72	−0.72	−0.86	−1.27	−1.81	−2.35	−0.72	−0.86	−1.27	−1.81	−2.35
投资增长率	−1.48	−1.48	0.41	0.21	0.57	−0.15	−1.48	0.41	0.21	0.57	−0.15
GDP 增长	−0.13	−0.13	0.68	1.37	1.25	1.16	−1.00	−1.09	2.07	1.74	1.55
农产品价格增长	−0.12	−0.12	−0.31	−0.27	−0.26	−0.25	−0.09	−0.32	−0.31	−0.26	−0.25
通货膨胀率	3.21	3.21	−2.30	−8.20	−9.50	−10.11	4.61	−2.69	−10.01	−10.60	−10.99
石油价格上涨率	−0.22	−0.22	−0.82	−0.73	−0.71	−0.69	−0.10	−0.91	−0.87	−0.69	−0.67

注:增长率以百分比表示;比率变化以变化量占分母变量的百分比表示;其他变量以百分比表示。

上述讨论的结果表明，只包含少数特征的数据集可能已经足够捕捉危机动态。然而，可能存在比 SDM 预测更严重的危机事件。这一缺陷说明，所选定的特征无法完全反映 IMF 机器学习模型中所有变量所传达的全部信息。尽管如此，SDM 所具备的用少数变量有效追踪危机动态的能力，增强了模型的可解释性。

由于需要使用的预测因子数量更少，当使用机器学习文献中的任何标准的可解释性方法时，更容易找出预测因子对危机风险指数变化的贡献。可解释性的增强可以为经济学家和政策制定者提供更多信息，不仅有助于决策，还能减少危机风险。

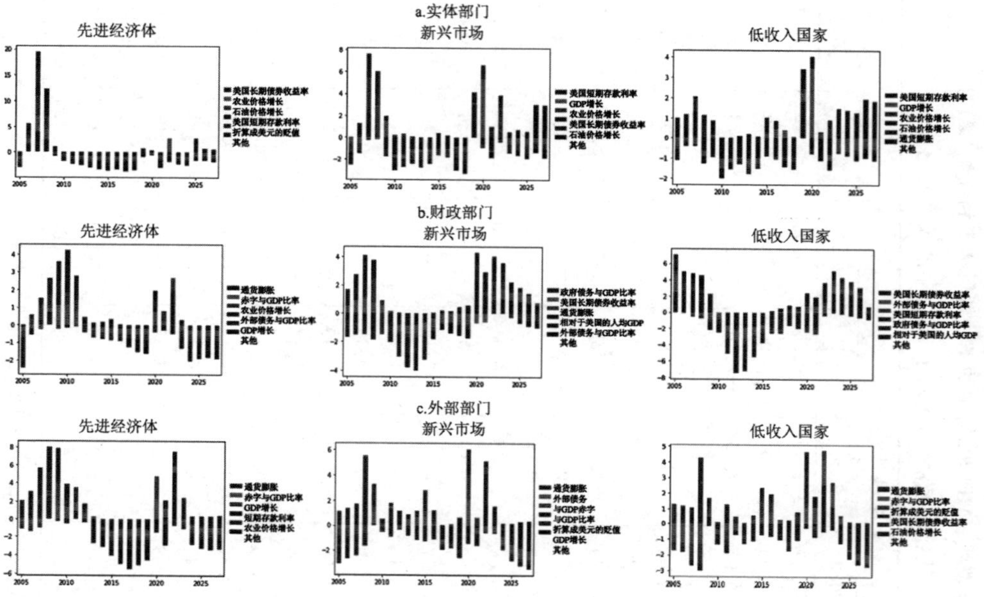

图 5　SDM 指数：SHAP 分解

本文基于 SDM 的 Shapley 值进一步计算 SHAP 值。通过计算每个国家收入群体所对应的每个变量的跨国平均贡献（cross-country average contribution），来进一步评估 SDM 预测结果是否符合经济理论。从图 5 可以看出每个部门每年对解释危机风险指数贡献作用最大的变量（包括 5 年预测情景）。每个变量的平均 SHAP 时间序列进一步去除了平均值，堆积条等于 SDM 指数加上一个常数。图 5 突出显示了每个危机风险峰值的平均驱动因素。例如，低收入国家 2022 年外部部门风险峰值的主要驱动因素是通胀水平和高政府赤字（两者均始于 2020 年）。从 2022 年开始，低收入国家的财政部门预计将面临较高的风险，这主要由于全球金融状况的持续紧缩，其源头在于美国的长期收益率上升。

另外，我们还对比了 2022 年秋季和春季的世界经济展望中各地区财政部门 SDM 指数的平均值。当时，全球经济面临着一些挑战，包括金融环境收紧、通货膨胀加速以及由俄乌战争引发的食品和能源危机等。为了考察各地区脆弱性的来源，我们通过 Shapley 值的变化程度，选出了导致地区财政 SDM 指数增加的前三大贡献因素。图 6 从左到右显示了每个地区前三大贡献因素，颜色深浅表示 Shapley 值增加的程度。各个地区面临的财政风险主要来源于不同因素。例如，西半球(WHD)国家的财政风险增加主要由通胀所引发，而非洲(AFR)国家的财政风险则主要是由全球货币状况收紧所触发，这种状况以美国利率作为代理。

图 6　各地区 SDM 外部部门指数的主要驱动因素

五、结论

对于经济和金融监测,尤其是危机预测,机器学习工具非常实用。为了提高机器学习模型在指导危机预防和缓解政策方面的能力,需要增强模型的可解释性并建立因果关系。然而,这是一个挑战,因为在政策制定环境中使用的大多数模型依赖于包含许多解释性变量的数据集。简化模型(也称为代理模型),基于原始高维数据集不能显著提高可解释性。

我们得到的实证证据是:只需几个潜在变量就足以解释含经济和金融变量的高维数据集的联合动态。受此启发,我们提出使用代理数据模型(SDM)作为降维和增强解释性的工具,将其用于危机的预测、预防和缓解。为了验证这种方法,我们将其应用于解释 IMF 开发的一套模型的输出结果,这些模型用于预测外部、财政和实体部门所面临的危机,并且仅使用经济学家定期监测的变量子集作为预测因子。

这些 SDM 很好地捕获了机器学习模型生成的危机动态。但在一些特定事件中,尤其是发生于 2007—2008 年的事件,它们却未能准确反映危机的严重程度(以机器学习危机指数衡量),原因可能是代理数据集未能捕获到足够信息。尽管如此,通过分析基于 Shapley 值的贡献程度,我们能够识别出与经济直觉相一致的危机主要驱动因素。

本文的分析结果表明,SDM 适合作为解释性工具,但正如在许多其他应用机器学习模型的实例中一样,应根据具体情况探索这些工具的应用。

参考文献

Statistics Canada. Statistics: Power from Data! 2021. Available at: https://www150.statcan.gc.ca/n1/edu/power-pouvoir/ch1/definitions/5214853-eng.html.

Andrzejak A, Langner F, Zabala S, 2013. "Interpretable models from distributed data via merging of decision trees." In 2013 IEEE Symposium on Computational Intelligence and Data Mining (CIDM): 1—9.

Barnichon S, Matthes C, Ziegenbein A, 2020. "Are the effects of financial market disruptions big or small?" Working Paper, Federal Reserve Bank of San Francisco.

Beutel J, List S, von Schweinitz G, 2019. "Does machine learning help us predict banking crises?" Journal of Financial Stability 45, 100693.

Bluwstein K, Buckmann M, Joseph A, Kapadia S, Simsek O, 2021. "Credit growth, the yield curve, and financial crisis prediction: evidence from a machine learning approach." Working paper No. 2614 (European Central Bank).

Buckmann M, Joseph A, 2022. "An interpretable machine learning workflow with an application to economic forecasting." Staff Working Paper No. 984. Bank of England.

Burkart N, Huber M, 2021. "A survey on the explainability of supervised machine learning." Journal of Artificial Intelligence Research, 70: 245—317.

Burman P, Chow E, Nolan D, 1994. "A cross-validatory method for dependent data." Biometrika, 81(2): 351—358.

Cerra V, Hakamada M, Lama R, 2021. "Financial crises, investment slumps, and slow recoveries." IMF Working Paper No. 2021/170.

Chan-Lau J A, Wang R, 2020. "UnFEAR: unsupervised feature extraction clustering with an application to crisis regimes classification." IMF WP 2020/262. International Monetary Fund.

Cubadda G, Hecq A, 2022. "Dimension reduction for high-dimensional vector autoregressive models." Oxford Bull. of Economics and Statistics, available at https://doi.org/10.1111/obes.12506.

Eichengreen B, Rose A, Wyplosz C, 1995. "Exchange market mayhem: the antecedents and aftermath of speculative attacks." Economic Policy, 10 (21): 249—312.

Fan J, Lv J, Qi L, 2011. "Sparse high dimensional models in economics." Annual review of economics 3: 291—317.

Andrzejak A, Langner F, Zabala S, 2013. "Interpretable models from distributed data via merging of decision trees." In 2013 IEEE Symposium on Computational Intelligence and Data Mining (CIDM): 1—9.

Bair E, Hastie T, Paul D, Tibshirani R, 2006. "Prediction by supervised principal components." Journal of the American Statistical Association, 101: 119—137.

Barnichon S, Matthes C, Ziegenbein A, 2020. "Are the effects of financial market disruptions big or small?" Working Paper, Federal Reserve Bank of San Francisco.

Bastani O, Kim C, Bastani H, 2017. "Interpreting blackbox models via model extraction." arXiv preprint arXiv: 1705.08504.

Beutel J, List S, von Schweinitz G, 2019. "Does machine learning help us predict banking crises?" Journal of Financial Stability 45, 100693.

Bluwstein K, Buckmann M, Joseph A, Kapadia S, Simsek O, 2021. "Credit growth, the yield curve, and financial crisis prediction: evidence from a machine learning approach." Working Paper No. 2614 (European Central Bank).

Buckmann M, Joseph A, 2022. "An interpretable machine learning workflow with an application to economic forecasting." Staff Working Paper No. 984. Bank of England.

Burkart N, Huber M, 2021. "A survey on the explainability of supervised machine learning." Journal of Artificial Intelligence Research, 70: 245—317.

Burman P, Chow E, Nolan D, 1994. "A cross-validatory method for dependent data." Biometrika, 81(2): 351—358.

Cerra V, Hakamada M, Lama R, 2021. "Financial crises, investment slumps, and slow recoveries." IMF Working Paper No. 2021/170.

Chan-Lau J A, Wang R, 2020. "UnFEAR: unsupervised feature extraction clustering with an application to crisis regimes classification." IMF Working Paper 2020/262. International Monetary Fund.

Credit Research Initiative of the National University of Singapore, 2019. Probability of default (PD) white paper.

Eichengreen B, Rose A, Wyplosz C, 1995. "Exchange market mayhem: the antecedents and aftermath of speculative attacks." Economic Policy, 10 (21): 249—312.

Fan J, Lv J, Qi L, 2011. "Sparse high dimensional models in economics." Annual review of economics, 3: 291—317.

Molnar C, 2022. "Interpretable machine learning: a guide for making black box models explainable." Available at https://christophm.github.io/interpretable-ml-book/.

Moulin H, 1995. "Cooperative microeconomics: a game-theoretic introduction." Princeton University Press.

Myerson R, 1991. "Game theory." Harvard University Press.

Piazzesi M, 2007. "Estimating Rational Expectations Models." prepared for the New Palgrave.

Ribeiro M T, Singh S, Guestrin C, 2016a. "Model-agnostic interpretability of machine learning." arXiv preprint arXiv: 1606.05386.

Ribeiro M T, Singh S, Guestrin C, 2016b. "Why should I trust you? Explaining the predictions of any classifier." Proceedings of the 22nd ACM SIGKDD international conference on knowledge discovery and data mining: 1135—1144.

Ribeiro M T,Singh S,Guestrin C,2018. "Anchors: High-precision model-agnostic explanations." In Proceedings of the AAAI conference on artificial intelligence,32 (1).

Romer C,Romer D,2017. "New evidence on the aftermath of financial crises in advanced countries." American Economic Review,107 (10):3072—118.

Shapley L S,1953. "A value for n-person games." Contributions to the Theory of Games II:307—317. Princeton University Press.

Stock J H, Watson M W, 2016. "Dynamic factor models, factor-augmented vector autoregressions, and structural vector autoregressions in macroeconomics." Handbook of Macroeconomics,2,415—525.

Strumbell E,Kononenko I,2014. "Explaining prediction models and individual model predictions with feature contributions." Knowledge and Information Systems,41(3):647—665.

Turner R, 2016. "A model explanation system." IEEE 26th international workshop on machine learning for signal processing (MLSP):1—6.

Yang C,Rangarajan A,Ranka S,2018. "Global model interpretation via recursive partitioning." In 2018 IEEE 20th International Conference on High Performance Computing and Communications; IEEE 16th International Conference on Smart City; IEEE 4th International Conference on Data Science and Systems (HPCC/SmartCity/DSS):1563—1570.

附件一:IMF 机器学习模型,危机事件定义

外部部门模型

资本流动骤停

当某国净私人资本流入占 GDP 比例较前一年和前两年至少低 2 个百分点,且该国获批使用 IMF 大额财务支持时,则该国的资本流动便会突然停止。

外汇市场压力(EMP)事件

EMP 指数是通过结合汇率贬值程度和国际储备金的减少量来构建的。该指数定义为:名义汇率年度贬值百分比与储备金年减少量(按其占上一年 GDP 百分比计算)的加权平均值。当指数处于整个面板的最低 15%百分位,且国家获得大量 IMF 财务支持时,便认为发生了定义上的 EMP 事件。

财政部门模型

信用事件

指相对 GDP 出现大规模公共债务违约、重组或重新安排,或者如果违约的名义金额以显著幅度增长(每年 10%)。

特大规模的官方融资

指获得 IMF 的高额度金融安排,其财政调整目标是超过某国 IMF 财政支持配额的 100%,或者指该国被纳入欧盟支持计划。

隐性国内公共违约

指高通货膨胀率超过某些阈值(先进经济体为 35%,其他经济体为 100%)或国内欠款急剧增加,其衡量方式为其他账户应付款的 GDP 占比的一阶差值(超超过 1 个百分点)。

市场信心丧失

指市场准入价格过高,其出现条件包括:主权或信用违约掉期利差超过 1000 基点,且这些利差的年度变动超过一定阈值(在发达经济体中为 300 基点,在新兴市场国家中为 650 基点);或者该国丧失了市场准入。

实体部门模型

对危机的定义基于的是四个不同 GDP 系列和四个不同阈值。这四个系列分别是:1)一个国家的年增长率,2)过去三年的累积增长率,3)与最近五年平均增长率相比的增长表现,以及 4)与前三年平均水平相比的平均 GDP 水平。每个系列的核心是劳动年龄人口的人均 GDP。

如果这些系列数据低于以下组别观测值的第 10 百分位数,则其将被标记为危机情况:1)样本中的所有国家;2)按照 2020 年世界经济展望(WEO)分类,所有同一收入组别的国家——先进经济体(AE)、新兴市场国家(EM)和低收入及发展中经济体(LIC);3)按照 1980 年 WEO 分类的收入组别(包括人口少于 100 万的国家);4)年度增长波动性在总体样本中处于同一三分位数的国家。

这四个系列和四个阈值产生了十六个危机标准，而最终的危机定义与历史上实体部门危机事件是相符的。每个指标用于评估某系列中的点时间值是否低于某一阈值。当某国在某年有≥9 个指标发出危机信号时，则该国将被记录为发生了实体部门危机。

附件二:IMF 机器学习模型,模型特征

外部部门模型

第一代

- 财政平衡（占GDP的百分比）
- M2/GDP的5年变化
- 储备金/M2
- 储备金/GDP
- 固定汇率和浮动汇率的虚拟变量
- 并行市场的虚拟变量

第二代

- 失业率的变化
- 实际GDP增长

第三代：流动和不匹配

- 非投资级债务比例
- 经常账户余额 /GDP
- 摊销
- 外汇占公共债务的份额
- 偿债/出口
- 外汇在家庭和非金融企业信贷中的份额

政治冲击

- 政治暴力
- 成功的政变

第三代：债务冲击

- 外债/GDP和出口
- 私人外债/GDP
- 银行外债/GDP
- 私人信贷/GDP
- 非银行私人外债/GDP
- 全部和外部
- 公共债务/GDP
- 跨境银行对银行负/GDP
- 家庭资产负债率/GDP
- 国外负债国内信贷

第三代：缓冲

- 新兴市场债券利差（水和增长）
- 企业部门回报率
- 违约概率
- 利息覆盖率
- 市盈率
- 银行回报率
- 不良贷款比例
- 银行资本资产比率
- 贷款与存款比率
- 主要缺口/GDP
- 通货膨胀

第三代：泡沫破裂

- 实际有效汇率增速
- 房价实际增速
- 真实股票价格增速
- 债务冲击下所有债务/GDP的变化

第三代：全球冲击

- 联邦基金利率（水平和增长）
- 波动率指数（VIX）
- 美元实际有效汇率变化
- 美元收益率曲线差
- TED利差

一价定律

- 5年累计通胀率

蔓延效应

- 出口伙伴增长相对于5年趋势的变化
- 对金融危机先进经济体的银行对银行债务/GDP
- 先进经济体的银行危机频率
- 与上一年度危机的相似度

第三代：中期（5年）制造泡沫

- 私营部门信贷增长
- 住房价格增长
- 股票价格增长
- 实际有效汇率增长
- 外债/GDP增长
- 跨境银行对银行债务GDP增长的关系
-
- 金融对GDP的贡献
- 建筑业对GDP的贡献

经常账户冲击

- 出口的实际增长
- 贸易收支变化百分比
- 非燃料商品贸易收支化百分比
- 绝对石油余额/GDP
- 油价变化百分比

资料来源:IMF(2021)。

财政部门模型

危机历史

- 危机数量
- 危机数量，先进经济体和新兴经济体
- 危机数量、新兴经济体和低收入经济体
- 危机数量，先进经济体
- 危机数量，新兴经济体
- 危机数量，低收入经济体

外部

- 商品和服务出口占GDP的百分比
- 商品和服务进口占GDP的百分比
- 个人汇款占GDP的百分比
- 不含进口的经常账户
- 外国直接投资净额占GDP的百分比
- 其他投资，净值（贷款、存款、保险、养老金、贸易信贷、特别提款权）占GDP的百分比
- 投资组合投资净额

波动性

- 实际GDP增长的标准差
- 贸易条件变化的标准差
- 汇率变化百分比（期末）的标准差
- 通货膨胀的标准差
- 汇率变化百分比（期末）的标准差

国家类别

- 虚拟变量：货币联盟
- 虚拟变量：先进经济体
- 虚拟变量：新兴市场经济体
- 虚拟变量：低收入经济体
- 虚拟变量：小型发展中国家
- 虚拟变量：燃料出口国
- 虚拟变量：脆弱状态
- 虚拟变量：燃料出口国或VELIC商品出口国

实体

- 物质影响的百分比变化——所有自然灾害危害
- 实际人均GDP的百分比变化
- 实际GDP的百分比变化
- 与过去5年平均增长的偏差
- GDP增长率
- 相对于过去5年平均增长率的GDP增长率
- 过去3年GDP增长的几何平均值
- 消费者价格指数的百分比变化，期间平均值
- 消费者价格指数的百分比变化，期末单位
- R减G
- 人均实际GDP（购买力平价），相对于美国
- 人均GDP对数（购买力平价）
- GDP对数，以美元计
- 人口的对数

机构、选举

- 修订后的综合政体得分（单一政权得分，从1（完全民主）到-1（完全专制）。
- 制衡指数
- 官僚机构质量
- 腐败程度
- 现任行政首脑任期剩余年数
- 是否举行立法选举的虚拟变量
- 是否举行行政选举的虚拟变量

财政

- 政府总支出占 GDP 的百分比
- 政府主要支出占 GDP 的百分比
- 总体收支占 GDP 的百分比
- 政府主要收支占 GDP 的百分比
- 政府总收入占 GDP 的百分比

全球

- 原油价格的百分比变化
- 非燃料价格的百分比变化
- 食品价格的百分比变化
- 美国 T-Bill 利率百分比
- VIX 指数期间平均值
- VIX 指数期末值
- VIX 指数期间平均值的百分比变化
- VIX 指数期末值的百分比变化
- 美国 5 年期 T-Note 利率百分比，期间平均值
- 美国 10 年期 T-Note 利率百分比，期间平均值
- 美国 5 年期 T-Note 利率百分比，期末值
- 美国 10 年期 T-Note 利率百分比，期末值
- 世界实际 GDP 增长，百分比。
- 过去 3 年世界 GDP 增长的几何平均值

外部

- 官方发展援助净额占 GDP 的百分比
- 经常账户余额占 GDP 的百分比
- 商品和服务出口占 GDP 的百分比
- 商品和服务进口占 GDP 的百分比
- 个人汇款占 GDP 的百分比
- 不含进口的经常账户
- 外国直接投资净额占 GDP 的百分比
- 其他投资，净值（贷款、存款、保险、养老金、贸易信贷、特别提款权）占 GDP 的百分比
- 投资组合投资净额
- 汇率的百分比变化（非美元货币单位对美元的期间平均值）
- 汇率，期末
- 过去 10 年货物和服务进出口总额的平均值
- 实际汇率的百分比变化，期间平均值
- 购买力平价汇率的对数
- 购买力平价的超值程度
- 总储备金（不包括黄金）的本国货币百分比变化
- 总储备金的百分比变化（以进口月数计算）
- 贸易条件百分比变化（货物和服务）指数
- 贸易伙伴增长（实际 GDP，2005 年=100，本地货币，按对所有经济体的贸易出口权重）
- 贸易伙伴进口需求的百分比变化（货物和服务的进口量，2005 年=100，按对所有经济体的贸易出口权重）
- 官方发展援助净额占 GDP 的百分比
- 经常账户余额占 GDP 的百分比

私人债务

- 基于 GDD 贷款和证券的单边信贷缺口
- 债务、贷款和证券总额，占 GDP 的百分比

公共债务

- 政府短期外债占 GDP 的百分比
- 公共外债占 GDP 的百分比
- 公共债务占 GDP 的百分比
- 公共债务占政府总收入的百分比
- 公共外债与出口的比例
- 政府利息总支出占 GDP 的百分比
- 外部公共债务偿还占 GDP 的百分比
- 公共债务服务与收入的百分比
- 公债还本付息与出口的百分比

债务总额

- 债务总额占 GDP 的百分比

实体部门模型

全球

- FFER 影子推动因素
- 美国 10 年期实际收益率
- 贸易加权美元指数

财务

- 资本充足率
- 贷款与存款比率
- 私人债务和贷款占 GDP 的比例
- 实际存款利率
- 短期名义存款利率

实体

- HIP 产出缺口
- 通货膨胀
- 自然灾害，物质影响
- 相对于美国的购买力平均收入
- 实际 GDP 增长，出口加权
- 实际 GDP 增长

外部

- 储备金占 ARA 指标的百分比
- 经常账户余额，占 GDP 的百分比
- 货物和服务的出口
- 非外国直接投资资本净流入量，占 GDP 的百分比
- 汇率（本国货币兑美元）
- 实际有效汇率
- 外债与出口的比例
- 油价，增长率
- 贸易条款

金融-实体

- 股票价格增长
- 5 年房价增长
- 次级投资级别的公司债务
- BIS 信贷缺口
- 债务总额增长

财政

- 债务收入
- 财政余额对财政收入的比例
- 新公共债务的利率
- 利息支出占收入的比例

资料来源：IMF(2021)。

编译者及单位

原鹏飞，国家统计局统计科学研究所。

双参数 Tweedie 机器学习模型及其精算应用①

【内容摘要】 Tweedie 回归是保险损失预测和风险定价的主要工具之一。为充分利用大数据、物联网、机器学习等技术促进保险业的数字化转型,实现更加精准的风险识别和风险定价,本文将传统的 Tweedie 广义线性模型推广到双参数形式,并结合机器学习算法,提出双参数 Tweedie 梯度提升树模型和双参数 Tweedie 组合神经网络模型。基于我国一家保险公司的车联网大数据,提取了新的驾驶行为风险因子。通过实证研究检验了双参数 Tweedie 梯度提升树和双参数 Tweedie 组合神经网络在风险识别以及风险定价中的有效性,为促进我国保险业数字化转型提供了一种新的模型和方法。

一、引言与文献综述

近年来,依托互联网和计算机科技,我国保险业积极推进数字化改革。根据《中国银保监会办公厅关于银行业保险业数字化转型的指导意见》提出的工作目标,到 2025 年,银行业保险业数字化转型取得明显成效。为达到这一目标,各保险公司需要加强数字化风控能力建设,增强数据管理和应用能力。一方面,可以依托物联网等技术,例如可穿戴式计算设备、车载系统等,收集用户的实时活动数据,减小信息不对称带来的损失;另一方面,利用机器学习、模型算法等技术提高处理和分析海量数据的能力,智能化地提供保险产品、制定费率。

在财产险领域,基于驾驶行为定价的用户行为保险(Usage-based Insurance,UBI)是数字化改革的典型案例。过去,车险定价主要依赖于车辆和驾驶员的自然属性,忽略了驾驶员的行为特征,从而无法准确评估驾驶风险。随着车联网技术的成熟,关于 UBI 的研究得到了学界和业界的重视,相关研究讨论了驾驶行为信息在车险定价中的重要作用,肯定了 UBI 对车险数字化改革的重要意义(Ferreira 和 Minikel,2012;Ayuso 等,2019;Paefgen 等,2013;吴祥佑,2020;高光远和孟生旺,2018)。目前,国内的 UBI 产品仍然处于探索阶段,大多采用传统的广义线性模型(Generalized Linear Models,GLMs)进行定价,如泊松回归、伽马回归和 Tweedie

① 本文选自《统计研究》2024 年第 4 期。

回归等。GLMs是精算建模中最为常见的模型,被认为是行业标准,其具体结构可参见Nelder等(1972)、McCullagh和Nelder(1989)的研究。然而,GLMs也存在明显缺陷。第一,需要人为设定模型结构,可能出现模型设定偏误。第二,GLMs的自适应性较差,在高维数据条件下,无法准确刻画变量间复杂的非线性效应和交互效应。这导致传统定价模型难以充分挖掘变量之间的复杂关系,不能很好地对风险进行量化和管理。广义可加模型(Generalized Additive Models,GAMs)将非参数平滑技术引入GLMs,在一定程度上拓展和优化了GLMs。但是GAMs在风险管理实践中的应用效果仍然不够理想,仍需人为设定模型结构,并选择平滑函数。虽然车联网技术的广泛应用生成了丰富的驾驶行为数据,但现有模型对这些数据的利用并不充分,难以满足大数据场景的建模需求。随着数据挖掘技术的发展,机器学习算法展示出强大的功能和应用价值。部分学者开始使用神经网络、梯度提升树以及随机森林等模型进行风险定价。这些技术弥补了GLMs和GAMs的缺陷,具有更强的风险区分能力,可以实现更高的预测精度,有助于提高保险公司对风险的认识,也为车险数字化改革注入新的活力。

目前,机器学习模型在风险管理与精算领域的应用相对较窄,主要集中在出险概率和索赔频率的预测上。对于出险概率,孟生旺等(2017)讨论了支持向量机、神经网络和集成学习算法的应用;孟生旺和黄一凡(2018)研究了随机森林、神经网络和XGBoost模型的应用效果。对于索赔频率,Ferrario等(2018)探讨了应用神经网络建模的技术细节;张连增和申晴(2019)讨论了泊松提升模型的应用;Henckaerts等(2021)讨论了回归树、随机森林和梯度提升树的预测能力。上述研究都是对已有机器学习模型的直接应用。为提高计算效率,Schelldorfer和Wüthrich(2019)将广义线性模型嵌入神经网络进行损失预测,不仅增强了神经网络模型的可解释性,还节省了计算时间,Lee和Lin(2018)以及Lee(2020,2021)在经典梯度提升树的基础上提出Delta提升算法,用于分析过离散的索赔频率数据。

非寿险定价主要有两种方法,一是对索赔频率和索赔强度分别建模,再将各自的均值简单相乘得到纯保费的预测值;二是针对累积索赔金额建模,直接输出纯保费的预测值。第一种定价方法忽略了索赔频率与索赔强度之间的相依性,因此本文主要探讨基于累积索赔金额建立的纯保费预测模型。累积索赔金额数据具有零聚集性和厚尾性,在实践中常常用Tweedie分布来描述。与出险概率和索赔频率相比,累积索赔金额的建模难度更大。关于累积索赔金额的现有研究主要采用GLMs或GAMs(孙维伟,2014;张连增和谢厚谊,2017)。传统Tweedie定价模型假设解释变量的影响呈线性、可加关系,当解释变量的效应以非线性或者交互的形式存在时,传统Tweedie定价模型的应用会受到极大限制。特别是在大数据背景下,解释变量维度更高,变量间的关系更加复杂,传统模型难以取得令人满意的预测效果。受机器学习在出险概率和索赔频率建模中成功应用的启发,本文将其推广到累积索赔金额的建模中。在现有研究中,Yang 等(2018)以及 Zhou 等(2022)将梯度提升树与 Tweedie 分布、零膨胀 Tweedie 分布相结合并建立了累积索赔金额模型。除此之外,鲜有文献讨论机器学习模型在累积索赔金额建模中的应用。

传统 Tweedie 模型的另一个缺点是只对均值参数建模,将离散参数视为常数,忽略了个体风险离散程度的差异。为此,Smyth 和 Jørgensen(2002)以及 Delong 等(2021)在 Tweedie 分布下提出双参数广义线性模型(Double Generalized Linear Model,DGLM)和双参数神经网络(Double Neural Network,DNN),二者同时对 Tweedie 分布的均值参数和离散参数建模,优化了单参数模型的拟合效果。然而,DGLM 不能充分刻画变量的非线性效应和交互效应,DNN 虽然在一定程度上改进了 DGLM,但其可解释性较差。为此,本文基于 Tweedie 分布假设,构建双参数梯度提升树模型(Double Boosting Tree,DBoost)和双参数组合神经网络模型(Double Combined Actuarial Neural Network,DCANN)。从模型结构来说,DBoost 和 DCANN 具有两点优势。第一,DBoost 和 DCANN 都是双参数模型,综合考虑 Tweedie 分布的均值参数和离散参数。与 Yang 等(2018)和 Zhou 等(2022)提出的单参数梯度提升树相比,双参数模型可以进一步刻画 Tweedie 分布的方差。实际上,投保人的索赔风险不仅与损失分布的期望有关,也与方差有很大关系。另外,单参数 Tweedie 回归具有严格的假设,要求索赔频率与索赔强度随着解释变量的变化同时增大或减小,而实际数据未必满足此要求。双参数模型则放开了这一假设,更适合用来描述损失金额数据。第二,与 Delong 等(2021)的研究相比,DBoost 和 DCANN 兼顾了预测精度和可解释性。DBoost 的基础是梯度提升树,树模型可以刻画变量间的非线性效应和交互效应,具有良好的预测性能和可解释性。DCANN 是在双参数广义线性模型上引入神经网络,也就是用 DNN 提升 DGLM,预测精度会优于 DGLM。DCANN 的主体仍然是 DGLM,神经网络只负责挖掘线性模型无法刻画的非线性效应与交互效应。与主效应相比,非线性效应与交互效应一般比较弱。因此,相对于一般的神经网络,DCANN 仍然具有可解释性。

本文的主要贡献有两方面,第一,在 Tweedie 分布下构建了双参数机器学习模型 DBoost 和 DCANN,可以有效挖掘数据中的复杂关系,比传统的 Tweedie 回归模型具有更好的预测性能;第二,根据我国一家保险公司的车联网大数据,提取驾驶行为风险因子并将其引入定价模型,进一步提高了模型的风险识别能力和定价结果的准确性。本文的结构如下,第二部分介绍了累积损失的 Tweedie 复合泊松分布和双参数模型框架;第三部分提出了双参数机器学习模型 DBoost 和 DCANN;第四部分基于我国一家保险公司的实际数据,展示了模型的预测效果和驾驶行为变量对累积索赔金额的影响;最后是全文的结论与启示。

二、Tweedie 复合泊松分布

假设保单的出险次数 N 服从参数为 λ 的泊松分布 $Pois(\lambda)$，每次的损失金额 $\tilde{Z}_d(d=1,2,\cdots,N)$ 服从独立同分布的伽马分布 $Ga(\alpha,\gamma)$，并且 N 与 $\tilde{Z}_d$ 相互独立，则累积索赔金额 Z 定义为：

$$Z=\begin{cases}0, N=0\\ \tilde{Z}_1+\tilde{Z}_2+\cdots+\tilde{Z}_N, N=1,2,\cdots\end{cases} \tag{1}$$

其中，Z 服从 Tweedie 复合泊松分布（Tweedie，1984），是指数分布族的特例。指数分布族的密度函数表示如下（Smyth 和 Jørgensen，2002）：

$$f_{Tw}(z;\theta,\varphi)=a(z,\varphi)\exp\left[\frac{z\theta-\kappa(\theta)}{\varphi}\right] \tag{2}$$

其中，$a(\cdot)$ 和 $\kappa(\theta)$ 是已知函数，参数 θ 和 φ 满足 $\theta\in\mathbb{R}$，$\varphi\in\mathbb{R}^+$。指数分布族的期望为 $\mathrm{E}(Z)=\mu=\dot{\kappa}(\theta)$，方差为 $\mathrm{Var}(Z)=\varphi\ddot{\kappa}(\theta)$。其中，$\dot{\kappa}(\theta)$ 和 $\ddot{\kappa}(\theta)$ 分别是 $\kappa(\theta)$ 的一阶导数和二阶导数。

Tweedie 复合泊松分布的期望和方差之间满足 $\mathrm{Var}(Z)=\varphi\mu^\rho$，其中 $\rho\in(1,2)$，由此可知，$\theta=\mu^{1-\rho}/(1-\rho)$，$\kappa(\theta)=\mu^{2-\rho}/(2-\rho)$，$\ddot{\kappa}(\theta)=\mu^\rho$。

若将 Tweedie 复合泊松分布的参数 (λ,α,γ) 按照 $\lambda=\frac{1}{\varphi}\frac{\mu^{2-\rho}}{2-\rho}$，$\alpha=\frac{2-\rho}{\rho-1}$，$\gamma=\varphi(\rho-1)\mu^{\rho-1}$ 改写，则将具有指数分布族的形式：

$$f_{Tw}(z\mid\mu,\varphi,\rho)=a(z,\varphi,\rho)\exp\left(\frac{1}{\varphi}\left(z\frac{\mu^{1-\rho}}{1-\rho}-\frac{\mu^{2-\rho}}{2-\rho}\right)\right) \tag{3}$$

其中，

$$a(z,\varphi,\rho)=\begin{cases}1, & z=0\\ \frac{1}{z}\sum_{t=1}^{\infty}W_t(z,\varphi,\rho)=\frac{1}{z}\sum_{t=1}^{\infty}\frac{z^{t\alpha}}{(\rho-1)^{t\alpha}(2-\rho)^t\Gamma(t\alpha)\varphi^{t(1+\alpha)}t!}, & z>0\end{cases} \tag{4}$$

由式（4）可知，Tweedie 复合泊松分布是一个半连续分布，在零点的概率为 $\mathrm{P}(Z=0)=\mathrm{P}(N=0)=\exp(-\lambda)$。当 $z>0$ 时，分布是连续的，其概率密度函数中包含一个无穷级数之和。

在保险实务中，许多保单的保险期限可能不是 1 年。若保险期限为 w，累积索赔金额为 Z，则 $Y=Z/w$ 是单位时期的平均累积索赔金额。容易证明（Zhou 等，2022），如果累积索赔金额 Z 服从 Tweedie 复合泊松分布，记为 $Z\sim Tw(\mu,\varphi,\rho)$，则单位时期的平均累积索赔金额 Y 仍然服从 Tweedie 复合泊松分布，记为 $Y\sim Tw(\mu,\varphi/w,\rho)$。换言之，仅有离散参数 φ 变为原来的 $1/w$ 倍，均值参数 μ 和

幂参数 ρ 保持不变。

考虑 I 份相互独立的保单 $D=\{(y_i,x_i,w_i)\}_{i=1}^{I}$，其中 y_i 是第 i 份保单在单位时期的索赔金额，x_i 是 p 维协变量，w_i 是保险期限，将 Tweedie 复合泊松分布的负对数似然函数定义为模型的损失函数：

$$L(\Phi,D)=\sum_{i=1}^{I}\frac{w_i}{\varphi_i}\left(\frac{\mu_i^{2-\rho_i}}{2-\rho_i}-y_i\frac{\mu_i^{1-\rho_i}}{1-\rho_i}\right)-\log a(y_i,\varphi_i/w_i,\rho_i) \tag{5}$$

其中，D 表示数据集，Φ 表示模型参数，模型参数可以通过最小化损失函数来求解。

常见的 Tweedie 回归模型都是单参数模型，也就是将参数 φ_i 和 ρ_i 视为常数，只在均值参数 μ_i 中引入协变量，因此，模型的损失函数可以简化为如下形式：

$$L(\Phi,D)=\sum_{i=1}^{I}w_i\left(\frac{\mu_i^{2-\rho}}{2-\rho}-y_i\frac{\mu_i^{1-\rho}}{1-\rho}\right) \tag{6}$$

Smyth 和 Jørgensen(2002)以及 Delong 等(2021)指出，单参数 Tweedie 回归模型限制了参数 φ_i 的灵活性，没有充分利用索赔次数和索赔金额中的信息。这是因为单参数 Tweedie 回归模型隐含着一个假设，即索赔频率的均值与索赔金额的均值随着解释变量同步增大或减小，而实际数据很难满足这一假设，这可能使得模型对纯保费的预测值与真实值相差甚远。当同时对 μ_i 和 φ_i 进行建模时，则无需这种假设，但式(5)中的损失函数包含无穷级数求和，难以对离散参数 φ 进行优化求解。为消除似然函数中的无穷级数，借鉴 Delong 等(2021)，考虑单位时期内索赔次数 N 和累积索赔金额 Y 的联合分布：

$$(N,Y)\sim f(n,y\mid\mu,\varphi/w,\rho)=a(n,y;\varphi/w,\rho)\exp\left(\frac{w}{\varphi}\left(y\frac{\mu^{1-\rho}}{1-\rho}-\frac{\mu^{2-\rho}}{2-\rho}\right)\right) \tag{7}$$

其中，$a(n,y;\varphi/w,\rho)=\left(\frac{(w/\varphi)^{\alpha+1}y^{\alpha}}{(\rho-1)^{\alpha}(2-\rho)}\right)^{n}\frac{1}{n!\ \Gamma(n\alpha)y}$，$\alpha=\frac{2-\rho}{\rho-1}$。

相应地，负对数似然函数可以表示如下：

$$l(n,y\mid\mu,\varphi/w,\rho)=\begin{cases}\frac{w}{\varphi}\left(\frac{\mu^{2-\rho}}{2-\rho}-y\frac{\mu^{1-\rho}}{1-\rho}\right)-n\log\left(\frac{(w/\varphi)^{\alpha+1}y^{\alpha}}{(\rho-1)^{\alpha}(2-\rho)}\right)\\ \qquad +\log(n!\ \Gamma(n\alpha)y),n>0\\ \frac{w}{\varphi}\frac{\mu^{2-\rho}}{2-\rho},\quad n=0\end{cases} \tag{8}$$

双参数 Tweedie 模型假设所有保单的幂参数 ρ 相同，均值参数和离散参数分别表示为有关协变量的函数。应用式(8)，双参数 Tweedie 模型的损失函数是所有样本的负对数似然函数之和：

$$L(\Phi,D)=\sum_{i\in I_+}\left\{\begin{aligned}&\frac{w_i}{\varphi_i}\left(\frac{\mu_i^{\ 2-\rho}}{2-\rho}-y_i\frac{\mu_i^{\ 1-\rho}}{1-\rho}\right)-n_i\log\left(\frac{(w_i/\varphi_i)^{\alpha+1}y_i^{\ \alpha}}{(\rho-1)^{\alpha}(2-\rho)}\right)\\&\qquad\qquad+\log(n_i!\ \Gamma(n_i\alpha)y_i)\end{aligned}\right\}+\sum_{i\in I_0}\frac{w_i}{\varphi_i}\frac{\mu_i^{\ 2-\rho}}{2-\rho} \tag{9}$$

其中，$I_+=\{i\,|\,n_i>0\}$ 表示索赔次数大于零的样本集合，$I_0=\{i\,|\,n_i=0\}$ 表示索赔次数等于零的样本集合。

如式(9)所示，使用索赔次数和累积索赔金额进行联合建模时，损失函数中不再包含无穷级数求和项，可以直接进行求导计算，也更容易与机器学习算法相结合。本文采用如下的双参数 Tweedie 模型来拟合累积索赔金额：$\log(\mu_i)=F(k_i)$，$\log(\varphi_i)=G(k_i)$，其中 $F(\cdot)$ 和 $G(\cdot)$ 代表回归函数。在不同模型中，$F(\cdot)$ 和 $G(\cdot)$ 的表达式不同。本文将在广义线性模型、梯度提升树和组合神经网络三种模型框架下探讨双参数 Tweedie 模型，通过最小化式(9)定义的损失函数求解模型的参数估计值。

三、双参数 Tweedie 机器学习模型

(一)双参数广义线性模型

在 DGLM 中，定义 $p+1$ 维协变量为 $x_i^*=(1,x_{i1},x_{i2},\cdots,x_{ip})^T$，$p+1$ 维参数向量为 $\beta=(\beta_0,\beta_1,\cdots,\beta_p)^{\mathrm{T}}$ 和 $\eta=(\eta_0,\eta_1,\cdots,\eta_p)^{\mathrm{T}}$。使用对数连接函数，则双参数 Tweedie 回归模型可以表示如下：

$$\begin{cases}\log(\hat{\mu}_i)=\beta^{\mathrm{T}}x_i^*\\ \log(\hat{\varphi}_i)=\eta^{\mathrm{T}}x_i^*\end{cases} \tag{10}$$

双参数 Tweedie 回归模型中的幂参数 ρ 是与 i 无关的常数，因此，模型的待估参数可以记为 $\Phi=(\beta^T,\eta^T,\rho)$。Delong 等(2021)给出了双参数 Tweedie 回归模型的参数估计方法，可以通过最小化式(9)得到，即 $\hat{\Phi}=\arg\min_{\Phi}L(\Phi,D)$。

(二)双参数梯度提升树

提升模型是一种加法模型，可以表示为弱学习器的线性组合。以决策树为基函数的提升模型被称为提升树。与广义线性模型相比，提升树模型可以捕捉到数据中复杂的非线性效应和交互效应，被认为是统计学习中性能最好的方法之一，在精算研究中已经有所应用。Yang 等(2018)和 Hainaut 等(2022)讨论了 Tweedie 损失函数下的梯度提升树模型，但只考虑了单参数情形，本文提出的双参数 Tweedie 梯度提升树，不仅可以充分利用数据中的信息，还可以通过正则化等机制

避免模型过拟合。

在双参数 Tweedie 提升树中,参数 μ_i 和 φ_i 可以表示为回归树的加法模型:

$$\begin{cases}\log(\hat{\mu}_i)=\hat{F}_M(x_i)=\sum_{m=1}^{M}v\times T_F(x_i;a_m)\\ \log(\hat{\varphi}_i)=\hat{G}_M(x_i)=\sum_{m=1}^{M}v\times T_G(x_i;b_m)\end{cases}\tag{11}$$

其中,$v\in(0,1)$ 表示学习率,$T_F(x_i;a_m)$ 和 $T_G(x_i;b_m)$ 表示回归树。a_m 和 b_m 分别表示在第 m 次迭代时,参数 μ 和 φ 所拟合的回归树叶子节点的取值。

双参数 Tweedie 提升树可以采用前向分步算法求解。首先需要确定初始值 $F_0(x_i)$ 和 $G_0(x_i)$。$\hat{\mu}$ 的初始值可以直接使用样本均值(平均每年的累积索赔金额):$\hat{\mu}=\sum_{i=1}^{I}w_iy_i/\sum_{i=1}^{I}w_i$,在已知初始值 $\hat{\mu}$ 的条件下,将离散参数 φ 和幂参数 ρ 视为未知数,最小化式(9)可以得到 φ 和 ρ 的估计值,即 $(\hat{\varphi},\hat{\rho})=\arg\min_{\varphi,\rho}L(y,\hat{\mu},\varphi,\rho)$。利用 R 软件中的函数 nlminb()可得 $F_0(x_i)$ 和 $G_0(x_i)$ 的初始值为 $\hat{F}_0(x_i)=\log(\hat{\mu})$,$\hat{G}_0(x_i)=\log(\hat{\varphi})$。在后续的迭代过程中,幂参数的估计值固定为 $\hat{\rho}$。

如果已经求得 $m-1$ 步的模型为 $\hat{F}_{m-1}(x_i)$ 和 $\hat{G}_{m-1}(x_i)$,则第 m 步的模型表述如下:

$$\begin{cases}\hat{F}_m(x_i)=\hat{F}_{m-1}(x_i)+v\times T_F(x_i,a_m)\\ \hat{G}_m(x_i)=\hat{G}_{m-1}(x_i)+v\times T_G(x_i,b_m)\end{cases}$$

为求解 $T_F(x_i,a_m)$ 和 $T_G(x_i,b_m)$,基于式(9),定义第 m 步的损失函数如下:

$$L(a_m)=L(y,F(x)=\hat{F}_{m-1}(x_i)+T_F(x_i,a_m),G(x_i)=\hat{G}_{m-1}(x_i))\tag{12}$$

$$L(b_m)=L(y,F(x)=\hat{F}_m(x),\quad G(x_i)=\hat{G}_{m-1}(x_i)+T_G(x_i,b_m))\tag{13}$$

为了提高运算速度,采用 XGBoost(Chen 和 Guestrin,2016)中的方法,对式(12)和式(13)做二阶泰勒展开可得:

$$L(a_m)\simeq\sum_{i=1}^{I}l(y_i,\hat{F}_{m-1}(x_i),\hat{G}_{m-1}(x_i))+g_{F_i}\times T_F(x_i,a_m)+\frac{1}{2}\times h_{F_i}\times T_F{}^2(x_i,a_m)\tag{14}$$

$$L(b_m)\simeq\sum_{i=1}^{I}l(y_i,\hat{F}_m(x_i),\hat{G}_{m-1}(x_i))+g_{G_i}\times T_G(x_i,b_m)+\frac{1}{2}\times h_{G_i}\times T_G{}^2(x_i,b_m)\tag{15}$$

其中,

$$
\begin{aligned}
g_{F_i} &= \frac{\partial l(y_i, F(x_i), G(x_i))}{\partial F(x_i)} \bigg| F(x_i) = \hat{F}_{m-1}(x_i), G(x_i) = \hat{G}_{m-1}(x_i) \\
h_{F_i} &= \frac{\partial l^2(y_i, F(x_i), G(x_i))}{\partial F(x_i)^2} \bigg| F(x_i) = \hat{F}_{m-1}(x_i), G(x_i) = \hat{G}_{m-1}(x_i) \\
g_{G_i} &= \frac{\partial l(y_i, F(x_i), G(x_i))}{\partial G(x_i)} \bigg| F(x_i) = \hat{F}_{m}(x_i), G(x_i) = \hat{G}_{m-1}(x_i) \\
h_{G_i} &= \frac{\partial l^2(y_i, F(x_i), G(x_i))}{\partial G(x_i)^2} \bigg| F(x_i) = \hat{F}_{m}(x_i), G(x_i) = \hat{G}_{m-1}(x_i)
\end{aligned} \tag{16}
$$

在损失函数上附加正则项，对基学习器的复杂度进行惩罚可以避免决策树过拟合。正则项定义如下：

$$
\begin{aligned}
\Omega(T_F(x, a_m)) &= \gamma \times j_m + \frac{1}{2}\lambda_F \times \| a_m \|^2, \\
\Omega(T_G(x, b_m)) &= \gamma \times j_m + \frac{1}{2}\lambda_G \times \| b_m \|^2
\end{aligned} \tag{17}
$$

其中，γ、λ_F 和 λ_G 是惩罚参数，j_m 代表叶节点的个数。参数 γ 控制树的复杂度，参数 λ_F 和 λ_G 控制第 m 棵树的权重大小。研究表明，正则化有助于避免过拟合，提高模型的泛化能力。联合损失函数式(14)和式(15)、正则项式(17)，可以得到如下的目标函数(省去常数项)：

$$
\begin{aligned}
Obj_F^{(m)} &= \sum_{i=1}^{I} \left[g_{F_i} \times T_F(x_i, a_m) + \frac{1}{2} \times h_{F_i} \times T_F{}^2(x_i, a_m) \right] \\
&\quad + \gamma \times j_m + \frac{1}{2}\lambda_F \times \sum_{j=1}^{j_m} a_{m,j}^2 \\
&= \sum_{j=1}^{j_m} \left[\left(\sum\nolimits_{i \in I_j} g_{F_i}\right) \times a_{m,j} + \frac{1}{2}\left(\sum\nolimits_{i \in I_j} h_{F_i} + \lambda_F\right) \times a_{m,j}^2 \right] + \gamma \times j_m
\end{aligned} \tag{18}
$$

$$
\begin{aligned}
Obj_G^{(m)} &= \sum_{i=1}^{I} \left[g_{G_i} \times T_G(x_i, b_m) + \frac{1}{2} \times h_{G_i} \times T_G{}^2(x_i, b_m) \right] + \gamma \times j_m \\
&\quad + \frac{1}{2}\lambda_G \times \sum_{j=1}^{j_m} b_{m,j}^2 \\
&= \sum_{j=1}^{j_m} \left[\left(\sum\nolimits_{i \in I_j} g_{G_i}\right) \times b_{m,j} + \frac{1}{2}\left(\sum\nolimits_{i \in I_j} h_{G_i} + \lambda_G\right) \times b_{m,j}^2 \right] + \gamma \times j_m
\end{aligned} \tag{19}
$$

其中，$I_j = \{i \mid x_i \in R_{m,j}\}$ 表示落入第 j 个叶节点的样本集合。极小化式(18)和式(19)的目标函数，即可生成第 m 步的树模型 $T_F(x_i, a_m)$ 和 $T_G(x_i, b_m)$，其在第 j 个叶节点上的取值如下：

$$
a_{m,j} = -\frac{\sum_{i \in R_j} g_{F_i}}{\sum_{i \in R_j} h_{F_i} + \lambda_F}, \quad b_{m,j} = -\frac{\sum_{i \in R_j} g_{G_i}}{\sum_{i \in R_j} h_{G_i} + \lambda_G} \tag{20}
$$

双参数 Tweedie 提升树模型的训练过程如表 1 所示。

表 1　双参数 Tweedie 提升树模型的伪代码

定义损失函数
$L(F(x),G(x))=\sum_{i=1}^{I}l(n_i,y_i\mid\mu_i=\exp(F(x_i)),\varphi_i=\exp(G(x_i)),w_i,\rho)$。
确定树的个数 M，惩罚参数 $\gamma,\lambda_F,\lambda_G$。
初始化 $F_0(x_i)$ 和 $G_0(x_i)$。
输入：协变量 x_i 和累积索赔金额 $y_i,i=1,2,\cdots,I$。
For $m=1,2,\cdots,M$ do：
计算 $g_{F_i}=\partial l/\partial F(x_i)\mid F(x_i)=\hat{F}_{m-1}(x_i),G(x_i)=\hat{G}_{m-1}(x_i),h_{F_i}=\partial^2 l/\partial F(x_i)^2\mid F(x_i)=\hat{F}_{m-1}(x_i),G(x_i)=\hat{G}_{m-1}(x_i)$；
基于目标函数式(18)训练提升树 $T_F(x_i,a_m)$；
更新 $\hat{F}_m(x_i)=\hat{F}_{m-1}(x_i)+v\times T_F(x_i,a_m)$；
计算 $g_{G_i}=\partial l/\partial G(x_i)\mid F(x_i)=\hat{F}_m(x_i),G(x_i)=\hat{G}_{m-1}(x_i),h_{G_i}=\partial^2 l/\partial G(x_i)^2\mid F(x_i)=\hat{F}_m(x_i),G(x_i)=\hat{G}_{m-1}(x_i)$；
基于目标函数式(19)训练提升树 $T_G(x_i,b_m)$；
更新 $\hat{G}_m(x_i)=\hat{G}_{m-1}(x_i)+v\times T_G(x_i,b_m)$；
End
输出：提升树 $\hat{F}_M(x_i)=\hat{F}_0(x_i)+\sum_{m=1}^{M}v\times T_F(x_i;a_m)$，$\hat{G}_M(x_i)=\hat{G}_0(x_i)+\sum_{m=1}^{M}v\times T_G(x_i;b_m)$。

(三)双参数组合神经网络

为了改进传统 Tweedie 回归模型的预测性能，本文将双参数 Tweedie 广义线性模型嵌入反向传播(Back Propagation，BP)神经网络，提出双参数 Tweedie 组合神经网络模型。

BP 神经网络的结构如下：

$$z^{(k)}:\mathbb{R}^{q_{k-1}}\to\mathbb{R}^{q_k},z\to z^{(k)}(z)=(z_1^{(k)}(z),\cdots,z_{q_k}^{(k)}(z))^{\mathrm{T}}\tag{21}$$

其中，q_k 表示第 k 层的神经元个数，q_{k-1} 表示第 $k-1$ 层的神经元个数，$z_j^{(k)}$ 是第 k 层第 j 个神经元的输出值，且 $z_j^{(k)}(z)=\varphi^k\left(w_{0j}^{(k)}+\sum_{l=1}^{q_{k-1}}w_{lj}^{(k)}z_l^{(k-1)}\right),k=2,3,\cdots,K$，$\varphi^k(\cdot)$ 表示第 k 层的激活函数，$w_{lj}^{(k)}$ 是从第 $k-1$ 层第 l 个神经元到第 k 层第 j 个神经元的权重参数。当 $k=1$ 时，q_0 是输入层的神经元个数，即协变量的维度。经过 K 个隐藏层的 BP 神经网络的输出可以表示为 $\hat{y}=\varphi^{K+1}\left(w_0^{(K+1)}+\sum_{l=1}^{q_K}w_l^{(K+1)}z_l^{(K)}\right)$。

双参数 Tweedie 组合神经网络模型是双参数 Tweedie 广义线性模型与 BP 神经网络的合成，模型结构如下：

$$\begin{cases}\log(\hat{\mu}_i)=\langle\beta,x_i\rangle+\langle w^{(K+1)},(z^{(K)}\circ\cdots\circ z^{(2)}\circ z^{(1)})(x_i)\rangle\\ \log(\hat{\varphi}_i)=\langle\eta,x_i\rangle+\langle w^{(K+1)},(z^{(K)}\circ\cdots\circ z^{(2)}\circ z^{(1)})(x_i)\rangle\end{cases} \tag{22}$$

其中，第一项 $\langle\beta,x_i\rangle$ 和 $\langle\eta,x_i\rangle$ 表示双参数 Tweedie 回归的线性预测项，见式(10)，可以通过跳跃连接嵌入神经网络。第二项 $\langle w^{(K+1)},(z^{(K)}\circ\cdots\circ z^{(2)}\circ z^{(1)})(x_i)\rangle$ 表示 BP 神经网络。Tweedie 回归和 BP 神经网络既可以使用相同的输入变量，也可以使用不同输入变量，其各自的输出结果通过加法形式进行组合。

在神经网络模型中，独热编码(One-hot Encoding)是分类变量的常见编码方式，可将分类变量的每个类别映射成一个向量。当变量的类别很多时，编码后的向量维度大并且稀疏，不容易优化。此外，这种映射完全是无监督的，相似的类别在嵌入空间中并没有更靠近。为克服这种缺陷，本文应用 Richman(2018)提出的嵌入层(Embedding Layer)技术处理分类变量。假设分类变量 V 的取值空间为 $\mathbb{B}$，则嵌入层可以表示为如下的映射：

$$e:\mathbb{B}\to\mathbb{R}^d,V\to e^V=e(V) \tag{23}$$

其中，$d\in\mathbb{N}$(超参数)是嵌入层的维度。嵌入层将变量 V 的每个类别映射成一个 d 维向量。超参数 d 可以根据实际情况来给定，嵌入层的权重 e^V 通过模型训练得到。

本文利用 R 软件中的 keras 包来训练双参数 Tweedie 组合神经网络模型①。构建双参数 Tweedie 组合神经网络模型的一般步骤如下。

步骤 1：以累积索赔金额为因变量，构建双参数 Tweedie 广义线性模型，如式(10)所示。用两个神经元分别表示 Tweedie 广义线性模型输出的参数 μ_i 和 φ_i，并通过一个跳跃连接将其嵌入神经网络框架中。由于连接函数为对数函数，所以此处的激活函数选择指数函数。

步骤 2：构建两个平行的 BP 神经网络，分别对参数 μ 和 φ 建模，通过加法形式将步骤 1 中建立的 Tweedie 广义线性模型与 BP 神经网络的输出进行组合。

步骤 3：并联步骤 2 中的两个神经网络，即可得到双参数 Tweedie 组合神经网络模型。该模型的输出层包含两个神经元，分别用来输出 μ 和 φ 的估计值。

步骤 4：为模型选择合适的超参数，如嵌入层的维度、学习率、迭代次数以及隐藏层的个数等，最小化式(9)定义的损失函数即可完成模型的训练。

---

① 因篇幅所限，双参数 Tweedie 组合神经网络的结构以附图 1 展示，见《统计研究》网站所列附件。下同。

四、实证研究

(一)数据来源与预处理

本文基于我国某保险公司的交强险数据验证双参数 Tweedie 机器学习模型的预测性能。数据集中包含 16 个变量(见表 2),分为索赔变量、传统变量和驾驶行为变量三类。索赔变量包括索赔次数、累积索赔金额和车年数。传统变量包括车龄、吨位数、奖惩系数、发动机类型、驾驶区域和汽车购置价。这些变量描述了机动车的基本信息,是汽车保险中常用的定价因子。驾驶行为变量是从车联网大数据中提取的,描述车辆在行驶过程中的风险特征。车联网数据由车载系统采集,以秒为单位记录行驶车辆的当前时间、经纬度、速度、行驶方向和三轴加速度。Huang 和 Meng(2019)描述了车联网数据的预处理步骤,本文遵循同样的方法从车联网数据中提取 7 个重要的驾驶行为变量,包括日均行驶里程、日均运营时长、夜间里程占比、高速公路里程占比、高速公路平均车速、非高速公路平均车速和每百公里路口通过次数。其中,日均行驶里程和日均运营时长反映了车辆的利用率。夜间里程占比和高速公路里程占比描述了车辆在特定时段和道路类型上的风险暴露情况。高速公路平均车速和非高速公路平均车速反映了车辆在不同道路类型上的速度。行驶速度是由驾驶员直接控制的,因此这两个变量可以揭示司机的驾驶习惯和风险偏好。每百公里路口通过次数描述了车辆在高风险环境中行驶的频数。通常而言,路口处情况复杂,更易发生交通事故。驾驶行为变量结合了司机本身的驾驶习惯以及驾驶环境信息,极大地丰富了现有的风险定价因子。这些定价因子之间关系复杂,非常适合用机器学习模型进行挖掘。数据集包含了 14.91 万份交强险保单的信息,其中 1.74 万份保单发生了索赔,占样本总数的 11.67%,13.17 万份保单未发生索赔,占 88.33%。索赔次数和累积索赔金额都表现出零膨胀、过离散和厚尾性的特点。

在建立双参数 Tweedie 模型时,累积索赔金额是响应变量,6 个传统变量和 7 个驾驶行为变量是解释变量。这些解释变量具有不同的量纲和数量级,为了保证结果的可靠性,避免在训练神经网络模型时出现梯度消失和梯度爆炸,本文在建模前对数值型解释变量进行标准化处理:$\tilde{x}=\dfrac{x-\text{mean}(x)}{\text{sd}(x)}$,其中,$\text{mean}(x)$ 和 $\text{sd}(x)$ 分别表示变量的样本均值和样本标准差。经过标准化处理后,变量的取值围绕零值上下波动,大于零说明高于平均水平,小于零说明低于平均水平。需要进行标准化处理的变量包括汽车购置价、日均行驶里程、日均运营时长、夜间里程占比、高速公路里程占比、高速公路平均车速和非高速公路平均车速。

表 2　数据集中的变量及其含义

	变量名称	变量含义	变量类型
传统变量	*Vehicle_age*	车龄	因子型(11 个水平)
	Load_capacity	吨位数	因子型(7 个水平)
	NCD	奖惩系数	因子型(12 个水平)
	Power_type	发动机类型	因子型(2 个水平)
	Driving_area	驾驶区域	因子型(16 个水平)
	Purchase_price	汽车购置价	数值型
驾驶行为变量	*Daily_mileage*	日均行驶里程	数值型
	Oper_hours	日均运营时长	数值型
	Night_driving	夜间里程占比	数值型
	Mileage_Free	高速公路里程占比	数值型
	Speed_Free	高速公路平均车速	数值型
	Speed_NonFree	非高速公路平均车速	数值型
	Intersections	每百公里路口通过次数	数值型
索赔变量	*Num*	索赔次数	数值型
	Loss	累积索赔金额	数值型
	Exposure	风险暴露(车年)	数值型

(二)模型设定与结果评价

本文基于 Tweedie 复合泊松分布建立 DCANN 和 DBoost 模型。DCANN 包含两个平行的网络结构,即 μ 参数网络和 φ 参数网络。这两个网络的跳跃层参数来自于双参数广义线性模型,并且在训练过程中保持不变。除了跳跃层,每个网络各设置了三个隐藏层,分别包括 30、20 和 10 个神经元,采用 relu 函数作为隐藏层的激活函数。所有的因子型解释变量都通过嵌入层引入网络中,嵌入层的维度设为 1。为避免过拟合,在每个隐藏层后附加 dropout 层,dropout 的比例设置为 0.3。模型的学习率取 0.01,bach_size 取 20000。DBoost 也包括两个部分,分别用来预测均值参数 μ 和离散参数 φ。树模型的最大叶节点数设为 7,学习率取 0.1,树的最大个数为 100。为避免过拟合,惩罚参数 λ_F 和 λ_G 都取 300。

《中国银保监会办公厅关于银行业保险业数字化转型的指导意见》指出,要防范模型和算法风险,建立对模型和算法风险的全面管理框架,制定管理制度,对模型数据的准确性和充足性进行交叉验证和定期评估。本文采用 5 种评价指标来比较模型的预测性能,即 Loss1、Loss2、Lift、$Gini^a$ 和 $Gini^b$。Loss1 和 Loss2 分别是训练单参数模型和双参数模型时的损失函数,由式(6)和式(9)给出。随着模型迭代次数增加,训练集上的损失函数值会不断减小,模型训练完成后,将测试集的预测值代入式(6)和式(9),即可得到模型在测试集上的损失函数值。这两个指标直观地反映了模型的拟合效果,因为在本实验中,损失最小化相当于最大化对数似然函数。Loss1 和 Loss2 的数值越小,说明模型的拟合效果越好。在计算单参数组合神经网络和梯度提升树的 Loss2 时,离散参数 φ 是常数,可以取 φ 的估计值。Lift,Gini^a 和 Gini^b 都是辅助指标,不依赖于数据所服从的分布。Lift 衡量了模型区别左尾和右尾数据的能力(Lee,2020),计算方法为:首先将测试集样本按照预测值从小到大的顺序排列;其次将这些样本划分到十个区间里,划分时要保证落入每个区间的风险暴露(车年数)相等;最后计算第十个区间的样本均值 $\bar{y}_{10}$ 与第一个区间的样本均值 $\bar{y}_1$,二者之比 $\bar{y}_{10}/\bar{y}_1$ 即为模型的 Lift 指标。Lift 的取值越大,代表模型的风险区分能力越强。Gini^a 和 Gini^b 也是衡量模型风险区分能力的指标,Gini^a 又称为标准化 Gini 指数,其定义如下:

$$\text{Gini}^a=\frac{\sum_{i=1}^{n}y_i r(\hat{y}_i)/\sum_{i=1}^{n}y_i-\sum_{i=1}^{n}\frac{n-i+1}{n}}{\sum_{i=1}^{n}y_i r(y_i)/\sum_{i=1}^{n}y_i-\sum_{i=1}^{n}\frac{n-i+1}{n}}$$

其中,y_i 和 $\hat{y}_i$ 分别是实际损失值和预测值,n 是样本总数,$r(y_i)$ 是将序列 $\{y_1,y_2,\cdots,y_n\}$ 按升序排列时的序号。Gini^a 的取值越大,说明模型的风险区分能力越强,也就是实际值大(小)的样本具有更大(小)的预测值。当样本按照实际损失值和预测值分别排序时,如果序号保持一致时,则 Gini^a 可以取到最大值 1,但这种理想化的模型在实际应用中一般不存在。Gini^b 用于比较基准模型和竞争模型的优劣,定义为有序洛伦兹曲线 $(\hat{D}_p(s),\hat{D}_r(s))$ 与对角线 $y=x$ 所围区域面积的二倍。$(\hat{D}_p(s),\hat{D}_r(s))$ 的计算方法为:先将基准模型和竞争模型的预测值分别记为 $B(x)$ 和 $P(x)$,定义相对预测值

$R(x)=\dfrac{P(x)}{B(x)}$,再将所有保单按照 $R(x)$ 从小到大排列,计算:

$$\hat{D}_p(s)=\frac{\sum_{i=1}^{n}B(x_i)I(R(x_i)\leqslant s)}{\sum_{i=1}^{n}B(x_i)}$$

$$\hat{D}_r(s)=\frac{\sum_{i=1}^{n}y_i I(R(x_i)\leqslant s)}{\sum_{i=1}^{n}y_i}$$

Gini^b 量化了基准模型的脆弱性,Gini^b 的取值越大,意味着竞争模型越能检测出实际值与基准模型预测值之间的差异。更多关于 Gini^a 和 Gini^b 的解释可以参见 Frees 和 Meyers(2014)、Yang 等(2018)以及 Zhou 等(2022)。与 Lift 相比,

Gini[a] 和 Gini[b] 使用了完整的测试集数据来评估模型的风险区分能力，是更加稳健的评价指标，Lift、Gini[a] 和 Gini[b] 的数值越大，说明模型的风险区分能力越强。为确保结果的可靠性，本文还采用 5 折交叉验证来评价模型，将数据集中的样本均匀地划分为 5 份，依次将其中一份作为测试集进行外推预测，其余 4 份则用来训练模型。得到 5 个测试集上的外推预测值后，计算 Loss1、Loss2、Lift 和 Gini[a] 的平均值，作为最终的评价指标。

为凸显模型的优势，本文将 DCANN 和 DBoost 与孙维伟（2014）、Yang 等（2018）、Schelldorfer 和 Wüthrich（2019）、Zhou 等（2022）和 Delong 等（2021）所提出的 6 个模型进行了对比。表 3 展示了 8 个模型的 Loss1、Loss2、Lift 和 Gini[a]，由此可以得出以下结论。一是无论在何种模型假设下，双参数模型的 Loss2 总是小于单参数模型，这表明不同保单的风险具有异质性，不能简单地将离散参数 φ 当作常数来处理。二是 Loss1 反映了模型对均值参数 μ 的拟合效果，双参数模型的 Loss1 均小于单参数模型，说明对离散参数建模也有助于提升均值参数的预测精度。三是从损失值来看，EMBoost 是最差的模型，这是因为 EMBoost 是在零膨胀 Tweedie 分布上建立的模型，而 Loss1 和 Loss2 都是基于 Tweedie 分布设计的损失函数。本文提出的 DCANN 和 DBoost 的损失值明显小于其他 6 个模型。就 Loss2 而言，DCANN 和 DBoost 的性能不相上下，DCANN 略有优势。在 Loss1 上，DBoost 则显著优于 DCANN。对于单参数模型来说，CANN 和 Boost 的损失值也比 GLM 小。这意味着传统模型对协变量的线性和独立性假设可能过于严格，忽略了变量间的交互效应和非线性效应。四是 DCANN 具有最大的 Lift 值，说明该模型可以更准确地区分低风险和高风险的被保险人。DBoost 虽然在 Lift 上表现不佳，但是具有最大的 Gini[a] 指标，这意味着在整个测试集上 DBoost 的风险识别能力更强。

表 4 展示了 8 个模型在完整测试集上的 Gini[b] 指标。应用 Gini[b] 比较和选择模型的一般步骤如下，首先将每一个模型依次作为基准模型，其他模型分别作为竞争模型，计算竞争模型的 Gini[b] 指数，并从中选出最大值，如表 4 的最后一列所示；比较这 8 个基准模型的最大 Gini[b] 指数，最大 Gini[b] 指数最小的基准模型被选定为最优模型。这种选择最优模型的方法称作“最小－最大”（Min-Max）准则，可以保证模型选择结果的稳健性。由表 4 可见，DBoost 作为基准模型时，竞争模型的最大 Gini[b] 为 5.92，是所有模型的最大 Gini[b] 中的最小值。根据 Min-Max 准则，DBoost 是最优的模型。

表 3 累积索赔金额模型的交叉验证结果

模型		Loss1 (10^3)	Loss2 (10^2)	Lift	Gini[a] (%)
GLM	单参数广义线性模型(孙维伟,2014)	817.41	489.20	6.02	27.66
CANN	单参数组合神经网络(Schelldorfer 和 Wüthrich,2019)	816.68	489.15	6.10	28.12
Boost	单参数梯度提升树(Yang 等,2018)	816.15	489.11	6.23	28.96
EMBoost	零膨胀 Tweedie 提升树(Zhou 等,2022)	822.89	497.85	5.68	27.76
DGLM	双参数广义线性模型(Delong 等,2021)	816.83	486.38	6.08	27.52
DNN	双参数神经网络(Delong 等,2021)	816.38	486.74	5.88	28.72
DCANN	双参数组合神经网络	816.22	486.22	6.28	28.41
DBoost	双参数梯度提升树	815.75	486.22	5.81	28.97

综合考虑 8 个模型在 5 个评价指标上的表现,本文提出的 DCANN 和 DBoost 具有更高的预测精度和更强的风险区分能力,这对于投保人和保险公司而言都具有重要意义。保险公司可以据此适当增加高风险投保人的保费,或者为低风险投保人提供一定折扣,不仅可以吸引更多的低风险客户,还可以激励司机谨慎驾驶,预防和减少交通事故。

表 4 基于 Gini[b] 指标的模型对比结果

基准模型	竞争模型								Min-Max 准则
	GLM	CANN	Boost	EMBoost	DGLM	DNN	DCANN	DBoost	
GLM	0.00	4.90	9.39	7.74	1.23	8.78	6.15	9.05	9.39
CANN	−1.99	0.00	8.38	6.67	−0.57	7.85	4.43	8.00	8.38
Boost	6.01	6.21	0.00	2.50	5.72	5.52	5.89	5.53	6.21
EMBoost	9.08	9.36	9.31	0.00	8.95	8.31	9.22	9.69	9.69
DGLM	1.43	4.77	9.28	7.53	0.00	8.61	5.79	8.86	9.28
DNN	6.07	6.39	7.55	5.75	5.75	0.00	6.40	8.42	8.42
DCANN	0.68	1.13	7.65	5.98	0.72	7.22	0.00	7.40	7.65
DBoost	5.68	5.92	5.37	3.75	5.49	5.90	5.23	0.00	5.92

表 5 给出了基于三组解释变量的 DCANN 和 DBoost 交叉验证结果。可以看出,使用驾驶行为变量后,模型对累积索赔金额的预测性能显著提高,表明驾驶行为信息确实有助于识别被保险人的驾驶风险。仅使用驾驶行为变量的模型在预测精度方面优于仅使用传统变量的模型,这意味着比起车辆和投保人的个人特征,司机的危险驾驶行为是事故的直接原因。另外,传统变量的预测能力虽然比较弱,但

也不应完全舍弃。传统变量与驾驶行为变量相结合更加有助于保险公司实现精准、差异化的定价，缓解汽车保险中普遍存在的道德风险和逆向选择问题。

表 5 DCANN 和 DBoost 在不同协变量下的预测效果对比

模型	解释变量	Loss1(10^3)	Loss2(10^2)	Lift	Gini[a](%)
DCANN	传统变量	828.59	488.04	3.55	17.75
	驾驶行为变量	817.44	487.61	5.91	28.27
	全部变量	816.22	486.22	6.28	28.41
DBoost	传统变量	829.27	488.02	3.45	17.48
	驾驶行为变量	817.71	487.60	4.84	28.26
	全部变量	815.75	486.22	5.81	28.97

(三)风险因子对累积索赔金额的影响分析

前述的实证分析结果表明，本文提出的 DCANN 和 DBoost 模型具有更好的预测性能。本节基于这两个模型，进一步探讨不同风险因子对累积索赔金额的影响效应。

在决策树的生长过程中，模型每次选择一个变量进行分支，分支前后损失函数的增益是这个变量重要性的直观衡量。本文根据 Breiman 等(1984)提出的方法，利用相对增益来对变量重要性进行排序。图 1 展示了变量在均值参数和离散参数建模中的重要性排序。排序结果基于 DBoost 模型，使用了所有观测样本和全部解释变量。根据图 1，变量在均值参数和离散参数建模中的重要程度不同。对于均值参数，排名前 5 的变量中有 4 个是驾驶行为变量。其中夜间里程占比和日均运营时长最为重要，这两个变量分别度量了车辆在危险时段的风险暴露和总利用率。此外，高速公路里程占比和百公里路口通过次数也是比较重要的变量，二者反映了车辆在特定环境下的行驶情况。传统变量中最重要的是汽车购置价，这一发现是合乎常理的，因为价值更高的车辆在发生事故后往往需要更高的维修费用。其他传统变量的重要性较弱，尤其是发动机类型，在均值参数建模中重要性为零，说明这个变量没有进入 DBoost 模型。对于离散参数，奖惩系数是最重要的变量，说明车辆的历史出险记录对累积索赔金额的离散程度具有显著影响。与均值模型类似的是，日均运营时长、百公里路口通过次数、夜间里程占比和高速公路里程占比也在离散参数模型中发挥着比较重要的作用，说明驾驶行为变量同步影响着累积索赔金额的均值和方差。变量重要性还可以指导特征选择，例如，发动机类型在均值参数和离散参数中的重要性都为零，意味着这个变量在 DBoost 模型中是冗余的，可以在不牺牲预测精度的条件下将其舍去。广义线性模型和神经网络不能自主选择变量，因此包含发动机类型在内的 6 个传统变量和 7 个驾驶行为变量全部进入了模型。在实际应用中,梯度提升树的这一优势具有重要意义,可以降低模型复杂度,减轻维度灾难,节省计算和存储时间。

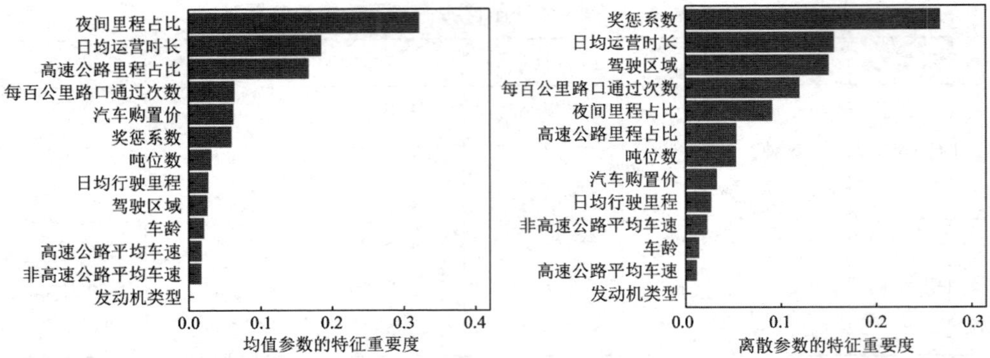

图 1　基于 DBoost 模型的特征重要度排序

在识别出重要的风险因子之后,可以采用 Friedman(2001)提出的偏相依图(Partial Dependence Plots,PDP)来量化解释变量的边际效应。PDP 直观地描述了解释变量和预测值之间的关系。图 2 展示了在 DCANN 和 DBoost 模型下,驾驶行为变量与均值参数和离散参数之间的关系,横轴是驾驶行为变量的取值,纵轴是均值参数或离散参数的对数预测值。根据该图,可以得出以下结论。

第一,在两种模型中,驾驶行为变量对预测值的影响基本一致,意味着两种模型对数据的拟合效果是类似的。例如,日均运营时长与夜间里程占比对均值参数具有正向效应,说明运营时间和夜间行驶时间较长的车辆,累积索赔金额更大。日均运营时长和百公里路口通过次数对离散参数具有负向效应,说明运营时间长、路口通过次数多的车辆,累积索赔金额的离散程度相对较小。

第二,由于 DCANN 是基于 DGLM 的残差进行训练的,所以在总体上继承了 DGLM 的线性效应,如图 2(a)、(c)和(d)所示。但随着模型进一步的训练和校准,DCANN 也可以改进 DGLM,刻画出变量间的非线性效应,如图 2(b)所示。

第三,由图 2(c)和(d)可以看出,DBoost 刻画非线性效应的能力更强,能够挖掘出被 DCANN 忽略的复杂关系。在实际应用中,准确识别变量的非线性效应是十分重要的。例如,根据图 2(a)和(c)可以发现,在 DBoost 模型中,当日均运营时长在 5 小时以内时,均值参数随着运营时长有所上升,离散参数保持稳定;当日均运营时长超过 5 小时以后,均值参数继续上升,而离散参数开始下降。这意味着日均运营时长超过 5 小时以后,车辆的累积索赔金额具有更大的均值和更小的方差,更容易发生大额索赔,也说明对于日均运营时长而言,5 小时是一个重要的临界点,在识别驾驶行为风险时需要重点关注。采用类似的方法可以分析其他驾驶行为变量与预测值的关系,此处不再一一展示。总体而言,根据 DBoost 模型,日均行驶里程、日均运营时长、夜间里程占比、高速公路平均车速和百公里路口通过次数对均值参数有着正向效应，而高速公路里程占比和非高速公路平均车速则有着负向效应。对于离散参数，日均行驶里程和非高速公路平均车速分别表现出正向和负向影响，其他驾驶行为变量则呈现出复杂的非线性关系。

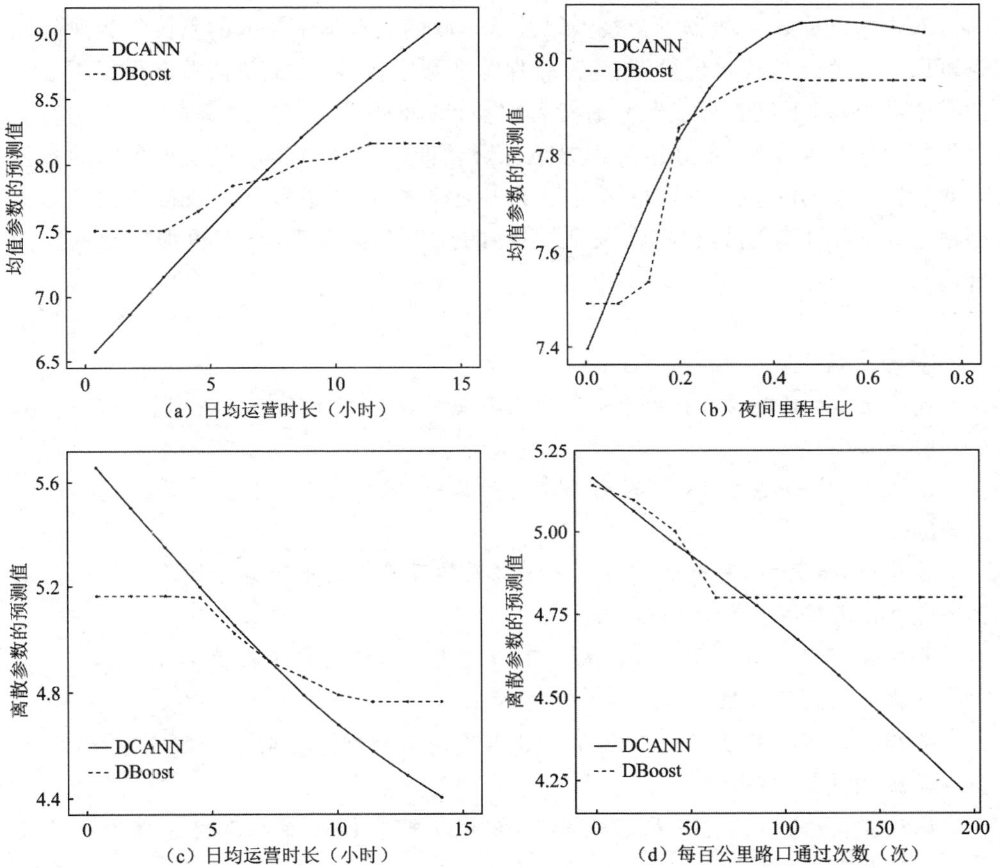

图 2　驾驶行为变量的偏相依关系图

五、结论与启示

随着保险业数据量的不断增大和大数据技术的日趋成熟，保险业的数字化转型加速发展。在此背景下，基于机器学习算法探索新的风险管理与定价方法就显得十分迫切。本文提出的双参数 Tweedie 梯度提升树模型和双参数 Tweedie 组合神经网络模型是基于车联网大数据的一种尝试，具有下述三个优点。第一，双参数 Tweedie 提升树可以直接从训练数据中学习模型结构，无须人为设定，能够更加完整地刻画变量之间复杂的非线性效应和交互效应。第二,与传统的 Tweedie 广义线性模型相比,双参数 Tweedie 组合神经网络可以进一步挖掘广义线性模型残差中的非线性效应和交互效应,提高模型的预测精度。第三,从车联网大数据中提取的驾驶行为风险因子,可以更加有效地识别不同驾驶行为的风险特征,提高模型的风险识别能力和预测能力。

双参数 Tweedie 机器学习模型以及从车联网大数据中提取的驾驶行为风险因子可以有效改进传统定价模型,为深化保险业数字化转型,实现精准定价提供了新的模型和方法,不仅有利于保障消费者权益,减轻低风险车主的保费负担,也有利于维护道路交通安全,更好地发挥绿色保险功能。本文虽然仅仅通过车联网数据对双参数 Tweedie 机器学习模型进行了实证检验,但双参数 Tweedie 机器学习模型很容易应用于其他具有零膨胀、厚尾性的损失数据建模,具有更加广泛的应用价值。

参考文献

高光远,孟生旺,2018. 基于车联网大数据的车险费率因子分析[J]. 保险研究,(1):90—100.

孟生旺,黄一凡,2018. 驾驶行为保险的风险预测模型研究[J]. 保险研究,(8):21—34.

孟生旺,李天博,高光远,2017. 基于机器学习算法的车险索赔概率与累积赔款预测[J]. 保险研究,(10):42—53.

孙维伟,2014. 基于 Tweedie 类分布的广义可加模型在车险费率厘定中的应用[J]. 天津商业大学学报,34(1):60—67.

吴祥佑,2020. 基于驾驶行为的 UBI 车险定价模型[J]. 电子科技大学学报:社会科学版,22(4):67—76.

张连增,申晴,2019. 泊松提升模型在中国车险索赔频率预测建模中的应用[J]. 统计与信息论坛,(9):27—34.

张连增,谢厚谊,2017. Tweedie 分布在车险费率厘定中的应用[J]. 保险研究,(1):80—90.

Ayuso M, Guillen M, Nielsen J, 2019. Improving Automobile Insurance Ratemaking Using Telematics: Incorporating Mileage and Driver Behavior Data[J]. Transportation, 46(3): 735—752.

Breiman L, Friedman J, Stone C, et al, 1984. Classification and Regression Trees[M]. New York: Chapman and Hall/CRC.

Chen T, Guestrin C, 2016. Xgboost: A Scalable Tree Boosting System[A]. In: Proceedings of the ACM SIGKDD International Conference on Knowledge Discovery and Data Mining[C]. 785—794.

Delong L, Lindholm M, Wüthrich M V, 2021. Making Tweedie's Compound Poisson Model More Accessible[J]. European Actuarial Journal, 11(1): 185—226.

Ferrario A, Noll A, Wüthrich M V, 2018. Insights From Inside Neural Networks[J/OL]. SSRN. Available at http://doi.org/10.2139/ssrn.3226852.

Ferreira J, Minikel E, 2012. Measuring Per Mile Risk for Pay-as-you-drive Automobile Insurance[J]. Transportation Research Record: Journal of the Transportation Research Board, 2297(1): 97—103.

Frees E, Meyers G, Cummings A, 2014. Insurance Ratemaking and A Gini Index[J]. The Journal of Risk and Insurance, 81(2): 335—366.

Friedman J, 2001. Greedy Function Approximation: A Gradient Boosting Machine[J]. Annals of Statistics, 29(5): 1189—1232.

Hainaut D, Trufin J, Denuit M, 2022. Response Versus Gradient Boosting Trees, GLMs and Neural Networks Under Tweedie Loss and Loglink[J]. Scandinavian Actuarial Journal, 2022(10): 841—866.

Henckaerts R, Côté M P, Antonio K, et al, 2021. Boosting Insights in Insurance Tariff Plans with Tree-based Machine Learning Methods[J]. North American Actuarial Journal, 25(2): 255—285.

Huang Y, Meng S, 2019. Automobile Insurance Classification Ratemaking Based on Telematics Driving Data[J]. Decision Support Systems, (127): 1—11.

Lee S, Lin S, 2018. Delta Boosting Machine with Application to General Insurance[J]. North American Actuarial Journal, 22(3): 405—425.

Lee S, 2020. Delta Boosting Implementation of Negative Binomial Regression in Actuarial Pricing[J]. Risks, 8(1): 1—21.

Lee S, 2021. Addressing Imbalanced Insurance Data Through Zero-inflated Poisson Regression with Boosting[J]. Astin Bulletin, 51(1): 27—55.

McCullagh P, Nelder J A, 1989. Generalized Linear Models[M]. New York: Chapman & Hall.

Nelder J A, Wedderburn R W, 1972. Generalized Linear Models[J]. Journal of the Royal Statal Society: Series A (General), 135(3): 370—384.

Paefgen J, Staake T, Thiesse F, 2013. Evaluation and Aggregation of Pay-as-you-drive Insurance Rate Factors: A Classification Analysis Approach[J]. Decision Support Systems, 56(1): 192—201.

Richman R, 2018. AI in Actuarial Science[J/OL]. SSRN. Available at http://doi.org/10.2139/ssrn.3218082.

Schelldorfer J,Wüthrich M V,2019. Nesting Classical Actuarial Models into Neural Networks [J/OL]. SSRN. Available at http://doi. org/10. 2139/ssrn. 3320525.

Smyth G K,Jørgensen B,2002. Fitting Tweedie's Compound Poisson Model to Insurance Claims Data: Dispersion Modeling [J]. Astin Bulletin, 32 (1): 143—157.

Tweedie M C K,1984. An Index which Distinguishes Between Some Important Exponential Families[A]. In: Statistics: Applications and New Directions. Proceeding of the Indian Statistical Golden Jubilee International Conference[C]. 579—604.

Yang Y,Qian W,Zou H,2018. Insurance Premium Prediction via Gradient Tree-boosted Tweedie Compound Poisson Models[J]. Journal of Business and Economic Statistics,36(3):456—470.

Zhou H,Qian W,Yang Y,2022. Tweedie Gradient Boosting for Extremely Unbalanced Zero-inflated Data[J]. Communications in Statistics: Simulation and Computation,51(9):5507—5529.

作者及单位

高雅倩,中国人民大学统计学院。

孟生旺,中国人民大学应用统计科学研究中心,中国人民大学统计学院。

机器学习与金融危机[①]

【内容摘要】 本文使用在线机器学习方法预测样本外金融危机，该方法将危机预测模型加入到模型组中，并测试其更新信息的能力。研究结果表明，在大多数情况下，在线机器学习方法能够以较高的信噪比，预测样本外12个季度的系统性金融危机。通过对模型在不同时间点、不同国家结果的分析，能够为危机预测提供有价值的信息，同时有助于我们深入了解金融风险背后的经济运行机制。

一、引言

金融危机是一个多维度的问题，它可能导致经济失衡和社会失序。Valencia等(2020)研究表明，银行业危机期间(平均两年)经济的平均累积损失约20%。系统性金融危机还会增加财政成本和公共债务，破坏社会结构的稳定性。因此，各国政府采取一系列措施来降低金融危机发生的频率并减轻其影响。宏观审慎政策(Macroprudential Policies)旨在通过为银行引入逆周期缓冲资本，设置流动性和覆盖率等要求，以及允许宏观审慎管理部门自行决定收紧贷款标准的时点，由此提高整个金融体系的韧性。

为在真实经济模型未知的情况下，使用各种可能的经济模型来预测系统性金融危机的演化过程，同时避免宏观经济预测中出现过度拟合的情况，本文使用在线机器学习的模型聚合方法进行分析。与组合预测不同，在线机器学习专门用于实时预测，该方法不估算模型系数，不对数据生成过程进行假设，而是依次选择最优权重组合来形成准确的样本外预测，且预测过程具有更好的稳健性。因此，这种方法被称为“元统计”(Meta-statistical)。在预测电力消耗、跟踪气候模型表现、建立网络流量需求模型、预测空气质量以及预测体育比赛结果等许多领域，在线机器学习方法已得到广泛应用。一些文献的研究结论表明，在线机器学习方法更适合为宏观审慎政策提供信息。

① 本文编译自：Jeremy Fouliard, Michael Howell, Hélène Rey, Vania Stavrakeva. Answering the Queen: Machine Learning and Financial Crises[R], NBER Working Paper, 2023.10.

二、系统性危机和宏观经济变量

(一)系统性危机事件的定义

为方便欧盟进行宏观审慎监管和政策制定,参考欧洲官方数据库中系统性危机的定义。首先,通过定量分析确定金融压力增高的历史事件,这些事件也与经济放缓有关。财务压力指标涵盖股票、债券和外汇三个金融细分市场。然后,使用马尔可夫转移模型确定财务压力事件。每个国家的权威机构按照相同标准,区分系统性危机和金融压力下的“残余事件”。某个事件只要满足以下三个标准之一,便可归类为系统性危机事件:(1)金融压力事件期间,金融中介或经济资金供给出现收缩。(2)金融体系陷入困境,市场基础设施功能失调或大型金融机构破产。(3)中央银行或国家采取政策维护金融稳定。“残余事件”是金融压力下的偶发事件,其影响范围和严重程度小于系统性危机。

本文主要预测了现在是否已陷入危机,或是否会在未来12个季度的某个季度陷入系统性危机,同时进行了一些稳健性分析。在研究中,将系统性危机特征函数设为$C_{n,t}$:

$$C_{n,t}\begin{cases}1, & \text{如果国家 } n \text{ 在时刻 } t \text{ 发生了系统性危机}\\ 0, & \text{其他情况}\end{cases}$$

将危机前指标设为$I_{n,t}$:

$$I_{n,t}\begin{cases}1, & \text{如果存在 } h\in H=[0,12]\\ 0, & \text{其他情况}\end{cases}$$

(二)宏观经济和金融变量的来源

本文考虑了金融市场、房地产市场和信贷市场的主要风险和宏观经济状况,使用常用预警指标中244个变量的季度数据进行准实时①预测,并在部分国家使用其中122个变量进行分析,验证该方法的有效性。数据主要来源于经合组织的经济指标和国民账户数据库、国际清算银行的数据以及跨境资本数据(Cross Border Capital,CBC)。

三、在线机器学习

假设实际值为$y_1,y_2,\cdots,y_T$,目标是在决策空间中得出预测值$\hat{y}_1,\hat{y}_2,\cdots,\hat{y}_T$。在线机器学习方法有两个特点,一是使用一组模型来预测序列$y_1,y_2,\cdots,y_T$,每个

① 准实时数据指可能已被修订的历史数据。

模型 $j=1,\cdots,N$ 仅根据 $t-1$ 时期之前的信息做出预测 $\hat{y}_t$，最优预测的质量取决于模型组的质量，因此该方法被称为“在线”，其极具灵活性和通用性，可使用任何预测模型来优化预测效果；二是与随机建模方法不同，序列 $y_1,y_2,\cdots,y_T$ 不进行平稳性假设，可能是任何未知机制的结果，或由极其复杂的非线性过程生成。

为把模型整合在一起，选择包括时变权重向量 $(p_{1,t},\cdots,p_{N,t})\in p$ 的序列聚合规则 S，将结果表示为模型的一种线性组合：

$$\hat{y}_t=\sum_{j=0}^{N}p_{j,t}f_{j,t}$$

在根据 t－1 期之前的信息计算 $\hat{y}_t$ 后，每个模型都会出现非负损失函数所定义的损失 $l:Dxy$。具体算法如下：

1. 第 j 个模型组合使用 t－1 期的信息得到第 t 期的预测 $f_{j,t}$。

2. 根据序列聚合规则 S 得到第 t 期预测值 $\hat{y}_t$。

3. 计算预测损失函数 $l(\hat{y}_t,y_t)$ 和 $l(f_{j,t},y_t)$。

如果序列 $y_1,y_2,\cdots$ 是平稳随机过程的产物，则可通过测量预测值和真实结果之间的差异，来评估预测策略的表现。计算随着时间的累积，预测与特定模型之间的损失差异：

$$R_{j,t}=\sum_{t=1}^{T}(l(\hat{y}_t,y_t)-l(f_{j,t},y_t))=\hat{L}_T-L_{j,T}$$

其中 $\hat{L}_T=\sum_{t=1}^{T}l(\hat{y}_t,y_t)$ 代表预测的累积损失，$L_{j,T}=\sum_{t=1}^{T}l(f_{j,t},y_t)$ 代表模型的累积损失。

序列聚合规则 S 的近似误差由下式计算得出：

$$R(S)=\hat{L}_T(S)-\inf_{q\in P}L_T(q)$$

其中 $\inf_{q\in P}L_T(q)=\inf_{q\in P}\sum_{t=1}^{T}l(\sum_{j=0}^{N}q_{j,t}f_{j,t},y_t)$ 是最优模型组合的累积损失。

近似误差是衡量预测策略效果的一种方法，在 $\hat{y}_t=\sum_{j=0}^{N}p_{j,t}f_{j,t}$ 的情况下，近似误差可写为：

$$R(S)=\sum_{t=1}^{T}l\left(\sum_{j=1}^{N}p_{j,t}f_{i,t},y_t\right)-\inf_{q\in P}\sum_{t=1}^{T}l\left(\sum_{j=0}^{N}q_{j,t}f_{j,t},y_t\right)$$

当近似误差接近 0 时，能够确保 t－1 期确定的策略接近于 t 期的最优模型组合。为确保聚合规则的稳健性，当 T 趋于无穷大时，近似误差将趋近于零：

$$\lim_{T\to\infty}\sup\left\{\frac{R(S)}{T}\right\}\leqslant 0$$

在这种情况下，累积损失将会收敛于最优线性组合的损失。这种方法被称为“元统计”，其目的是找到最优序列线性模型组合。公式为：

$$\hat{L}_T(S)=\inf_{q\in P}L_T(q)+R(S)$$

累积损失是“估计误差”总和，其中包括最优线性组合的累积损失，以及衡量事前接近最优组合难度的近似误差。

(一)带有延迟反馈的在线机器学习

危机发生后，危机之前的12个季度属于危机前时期。危机前时期属于一种事后定义，在周期t结束时，并不知道$t, t-1, \cdots, t-12$是否属于危机前，即反馈存在延迟。因此，本文开发了带有延迟反馈框架的在线机器学习，与时间t决策有关的反馈会在周期$t+\tau_t$结束时收到。在这个框架下，τ_t可能存在不同表现形式，它可能会随着时间的推移而变化，成为独立于先前预测结果的独立同分布序列，或取决于$\hat{y}_t$。引入延迟反馈会增加近似误差范围，但不会影响稳健性。

(二)选择损失函数

为确保近似误差最小化，使用平方损失函数$l(\hat{y}_t, y_t)=(\hat{y}_t-y_t)^2$(或绝对损失函数$l(\hat{y}_t, y_t)=|\hat{y}_t-y_t|$)。

(三)选择聚合规则

本文采用了四种不同性质的聚合规则来验证结果的稳健性：EWA聚合规则(Exponentially Weighted Average，指数加权平均聚合规则)、OGD聚合规则(Online-Gradient Descent，在线梯度下降聚合规则)、R聚合规则(Ridge，岭聚合规则)以及FS聚合规则(Fixed Share，固定份额聚合规则)。

1. EWA聚合规则

首先，考虑凸聚合规则。凸聚合规则把模型的预测与$\mathbb{R}^N$中的时变权重向量$p_t=(p_{1,t}, \cdots, p_{N,t})$结合起来，其中，对任意$j\in\{1, \cdots, N\}$，有$p_{j,t}\geqslant 0$和$\sum_{k=1}^{N}p_{k,t}=1$。

EWA聚合规则的权重可通过简单的增量计算，并且其预测概率不取决于过去的预测。基于梯度的EWA聚合规则ε_η^{grad}，其中权重定义如下：

$$p_{j,t}=\frac{exp(-\eta_t\sum_{s=1}^{t-1}L_{\tilde{j},s})}{\sum_{k=1}^{N}exp(-\eta_t\sum_{s=1}^{t-1}L_{\tilde{k},s})}$$

其中$L_{\tilde{j},s}=\nabla l(\sum_{k=1}^{N}p_{k,s}f_{k,s}, y_s)\cdot f_{j,s}$，$\nabla$是梯度算子，$\eta_t$是学习率，即权重更新速度。如果内积$\nabla l(\sum_{k=1}^{N}p_{k,s}f_{k,s}, y_s)\cdot f_{j,s}$很大，则分配给模型$j$的权重就会很小。

策略 $\varepsilon_{\eta}^{grad}$ 表现出了稳健性，它能与最优凸聚合进行比较。事实上，仅使用损失函数和决策空间的假设，就能控制基于梯度指数加权平均的近似误差。

2. 其他聚合规则

附录介绍了另外三种聚合规则，并解释了如何在带有延迟反馈的环境中执行这些聚合规则。R 聚合规则的聚合权重不受 0－1 限制，EWA 聚合规则、FS 聚合规则和 R 聚合规则的学习参数根据经验进行了优化，OGD 聚合规则的学习率在理论上进行了校准。

(四)模型设计

在设计模型时，将足够多的模型包含在内，对最大程度获得信息和减少近似误差至关重要。但模型数量增多可能会增加必须处理的信息量，从而降低其及时预测下一个危机前时期的能力。因此本文选择了 26 个模型的不同组合：

1. 与宏观审慎政策研究有关的经济学文献：动态 Probit 模型、面板 Logit 固定效应、面板 Logit 随机效应、贝叶斯模型平均(Bayes Model Averaging，BMA)。

2. 机器学习和统计文献：广义加性模型(GAM)、随机森林(RF)、支持向量机(SVM)。

3. 带有韧性网惩罚项的 Logit 模型(Logits with elastic-net penalty)。这些 Logit 模型围绕特定经济部门下的变量集来组合，所有 Logit 均包含每个变量的水平变化以及 1 年和 2 年的变化。

四、结果

(一)准实时数据

1. 法国

在 1985 年第一季度至 2019 年第三季度，法国共发生两次系统性危机，第一次是 1991 年第二季度至 1995 年第一季度，第二次是 2008 年第一季度至 2009 年第四季度。此外还有两个“残余事件”，分别对应 2002 年第三季度至 2003 年第二季度的互联网泡沫破裂，以及 2011 年第一季度至 2013 年第四季度的欧元区主权债务危机。EWA 聚合规则表明，进入系统性危机前时期的概率会随着时间的推移而急剧增加，能够提供较好的预警机制。12 个季度的危机前概率达到 1，并一直保持到 2008 年第一季度。该模型在 2008 年第一季度危机开始时表现良好，概率开始下降。2008 年第四季度之后，进入系统性危机前时期的概率仍接近于零，直到 2010 年第一季度危机发生的概率才再次上升。在欧元危机前时期结束时，这一概率回落至较低水平，并在样本结束前保持着接近于零的水平。因此，该算法从 1991 年第二季度至 1995 年第一季度的系统性危机中，吸收了最早能在 2005 年第一季度预测到 2008 年危机所需的全部信息(并且在欧元危机的“残余事件”之前给出了一些警告)。

表 1 不同规则下法国的 RMSE 和 AUROC

在线聚合规则	RMSE	AUROC
EWA 聚合规则	0.26	0.98
最优凸聚合	0.28	0.97
均匀聚合	0.36	0.79
FS 聚合规则	0.31	0.92
OGD 聚合规则	0.33	0.85
R 聚合规则	0.52	0.70

表 1 列出了各聚合规则的均方误差(RMSE)和受试者工作特征曲线下面积(Area under the Receiving Operator Curve,AUROC),并将结果与最优凸聚合以及均匀聚合规则(每个模型在一段时间内具有相同的权重)进行比较。如果模型做出完美预测,AUROC 将等于 1;如果像抛硬币一样随机,AUROC 则为 0.5。结果发现,尽管样本量相对较小,EWA、FS 和 OGD 的 RMSE 接近模型最优凸聚合的理论渐近值。EWA 的表现最好,因为其权重会随时间变化,而最优凸聚合的权重是固定的,因此近似误差非常小。EWA 和 FS 聚合规则的 AUROC 非常接近 1,分别为 0.98 和 0.92。除 R 聚合规则表现不佳外,所有聚合规则都比均匀权重表现更好。除了检验各种聚合规则的结果是否一致之外,本研究还针对危机前的 8 个季度重新评估了 EWA 聚合规则,发现最终释放出信号的是 Lbfo① 模型。本文的聚合方法能提前 3 年(住房变量和信贷量)和 2 年(国际变量和风险承担变量),非常清晰地释放出 2008 年系统性危机的信号。在金融经济周期中,不同行为者(如银行、对冲基金、家庭)的作用有轻有重,因此各个模型和变量会在不同范围内显示出预测能力。比如,价格变量在短期具有一定预测能力,而规模变量则能够在长期发挥作用。

2. 英国

英国与法国爆发危机的时间不同,危机第一次出现于 1991 年第二季度至 1994 年第二季度,第二次出现于 2007 年第二季度至 2010 年第一季度。其中第一次危机与信贷过度增长、房地产价格和杠杆有关。发生于 2007 年第二季度至 2010 年第一季度的第二次系统性危机属于样本外预测,与次贷危机有关。这种波动性源于金融体系的缺陷,而这些缺陷是全球信贷繁荣时期(其特征是资产负债表快速扩张)造成的影响。2000 年第二季度至 2019 年第三季度的样本外预测表明,英国系

① Lbfo 的变量:股价指数、股权持有量、风险偏好、总流动性指数、跨境流动量(Cross Border Flows)、实际有效汇率、美元有效汇率、经常账户、贸易条件。

统性危机之后的数据中没有“残余事件”。EWA 聚合规则表明，2004 年陷入危机前的概率上升极快。金融大危机之后，除了在 2011 年达到峰值外，爆发后续危机的概率非常低，其中 GAM① 和风险 Logit(Lrisk)②模型最优。在 2008 年危机之前释放出信号的是 GAM 模型，该模型综合运用了住房市场和长期利率的信息。Logit 模型反映了风险承担，能很好地预测未来两年的危机。

3. 德国

与英法两国都不相同，德国发生两次系统性危机的时间分别为 2001 年第一季度至 2003 年第四季度和 2007 年第二季度至 2013 年第二季度。算法利用第一次危机进行学习的时间较短，因此其表现弱于法国和英国。诱发 2001 年第一季度至 2003 年第四季度危机的因素包括信贷过度增长、金融和非金融杠杆等。发生于 2007 年第二季度至 2013 年第二季度的第二次系统性危机属于样本外预测，这场危机中，市场和资金流动性枯竭是关键的不稳定因素。在危机后期，承受着压力的欧元区主权国家和银行体系对德国金融业产生了影响。2000 年第三季度至 2019 年第三季度的样本外预测表明，德国在样本外预测期内没有“残余事件”，但系统性危机的持续时间更长，批量样本与样本外系统性危机之间的时间更短。当危机前概率达到峰值时，模型 P1③ 的权重接近 1 并释放出了危机信号。

4. 意大利

意大利在 1991 年第三季度至 1997 年第四季度经历了一场系统性危机。这场危机主要与货币市场、汇率机制危机以及经济和银行业陷入困境有关。本文对意大利进行样本外预测的系统性危机比其他国家晚，时间为 2011 年第二季度至 2013 年第四季度。尽管意大利银行对美国抵押贷款市场的敞口很小，但迫于金融市场压力，意大利在 2008 年第一季度至 2011 年第三季度的系统性危机之前也经历了一次“残余事件”。EWA 聚合规则几乎把所有的权重都赋予模型 Lc2④。该模型能够对意大利危机前时期做出准确预测，在 2016 年和 2018 年的样本中也有较小峰值。

(二)实时数据

为进一步验证模型的有效性，本研究使用法国和英国的实时数据进行分析。基于实时数据的流动性指数、资产价格数据的风险承担指数、未修订的汇率和资产价格数据，将变量减少至 122 个。结果表明，法国危机前概率在 2005 年第二季度有所上升(比准实时数据晚了 1 个季度)，并且在系统性危机爆发前一直保持高位。

① GAM 的变量：长期利率、房价租金比。

② Lrisk 的变量：VXO、风险偏好、股权持有量。

③ P1 的变量：房价租金比、房地产价格、私营非金融部门银行信贷、长期利率。

④ Lc2 的变量：消费、投资、住房、家庭信贷总额和全球资产价格。

英国危机前概率同样增加,但维持在高水平的时间比基于准实时数据的结果更长,也比危机开始后更长。因此,基于较少序列的实时估计噪声更大。法国 EWA 聚合规则选择了统计模型 GAM① 和新的 Lc5 模型②,其中 GAM 模型释放出了 2008 年前的系统性危机前信号。在缺乏信贷数据和住房数据的情况下,触发警报的是利率、汇率和资本流动。英国 EWA 聚合规则选择了 GAM③ 和 SVM 模型。GAM 模型释放出了 2008 年之前的危机前信号,因此英国触发警报的是实时流动性变量和汇率变化。

五、总结

在线机器学习方法能够不依赖数据生成过程将模型的结果汇总,以产生最佳预测。使用比现有文献中更低信噪比的样本,本文对包括中央银行金融危机模型和机器学习模型在内的 26 个模型的组合预测效果进行了研究,结果表明:(1)在线机器学习能够预测法国、英国、德国和意大利未来 3 年的系统性金融危机,且样本信噪比很低。(2)各国模型和变量的预测能力以及准确性方面存在较大的异质性。(3)对于延迟反馈的小样本,EWA 聚合规则是可靠且最强的规则。(4)各种模型的信息内容会随时间变化而变化。对于样本外预测,聚集规则倾向于对包含信贷、住房和承担风险变量的模型赋予较高的权重,但不同模型权重的大小因国家而异。

① GAM 的变量:短期利率(2 年)、跨境流动量(1 年)、美元有效汇率(2 年)。

② Lc5 的变量:金融状况指数、国内部门流动性存量、私营部门流动性存量、股权风险指数、总流动性存量。

③ GAM 的变量:美元有效汇率、私营部门流动性存量(2 年)、国内流动性存量(本地)(2 年)。

附录 其他聚合规则

(一)FS 聚合规则

在序列中有 m 个移位的可能性，以便调整最优模型。使用 $E_t \subset 1,\cdots,N$ 表示在给定时间序列 t 上的活跃模型集，并假设它始终非空。定义 FS 聚合规则策略 $\mathscr{F}_{\eta,\alpha}$：

(1)范围：选择学习率 $\eta_t > 0$ 和混合率 $\alpha \in [0,1]$。

(2)初始化：$(w_{1,0},\cdots,w_{N,0}) = \frac{1}{|E_1|}(I_{1\in E_1},\cdots,I_{N\in E_1})$。

(3)对于每一轮 $t=1,2,\cdots,T$：

预测 $\hat{y}_t = \frac{1}{\sum_{k=1}^{N} w_{k,t-1}} \sum_{j=1}^{N} w_{j,t-1} f_{j,t}$ 观察 y 并分别定义 $i=1,\cdots,N$：$v_{i,t} = w_{i,t} e^{-\eta \tilde{L_{i,t}}}$

$$w_{j,t} = \frac{1}{|E_{t+1}|}\sum_{i}^{N} v_{i,t} + \frac{\alpha}{|E_{t+1}|}\sum_{i\in E_t \cap E_{t+1}} v_{i,t} + (1-\alpha) I_{j\in E_t \cap E_t+1} v_{j,t}$$

(二)OGD 聚合规则

考虑正则化项是线性函数的情况。聚合规则 OGD(在线梯度下降)由 Zinkevich(2003)首先提出，其参数是沿着梯度方向进行更新。设 $\| x \| = \sqrt{x \cdot x}$ 和 $d(x,y) = \| x - y \|$。权重向量 P_{t+1} 根据下式选择：

$$p_{j,t+1} = P_j(p_{j,t} - \eta_t \partial l(\sum_{j=1}^{N} p_{j,t} f_{j,t}, y_t)$$

$$where\ P_j = argmin_{p_j} \left\| \sum_{j=1}^{N} p_{j,t} f_{j,t} - y_t \right\|$$

(1)范围：选择学习率。

(2)初始化：任意向量 p_1。

(3)对于每一轮 $t = 1,2,\cdots,T$，根据以下公式选择向量 p_{t+1}：

$$p_{j,t+1} = P_j(p_{j,t} - \eta_t \partial l(\sum_{j=1}^{N} p_{j,t} f_{j,t}, y_t)$$

$$where\ P_j = argmin_{p_j} \left\| \sum_{j=1}^{N} p_{j,t} f_{j,t} - y_t \right\|$$

(三)R 聚合规则

R 聚合规则只考虑平方损失，在理论上是最稳健的策略。权重向量 $p_t =$

$(p_{1,t},\cdots,p_{N,t})$由下式给出：

$$p_t \in arg \min_{v \in \mathbb{R}^N} \left\{ \lambda \| v \|_2^2 + \sum_{s=1}^{t=1} (y_s - \sum_{j=1}^{N} v_j f_{j,t})^2 \right\}$$

其中调整参数λ是在线校准，学习率为η。

策略$\mathbb{R}_\eta$满足了稳健性要求。该定理由 Cesa-Bianchi 和 Lugosi(2006)以及 Stoltz(2010)提出：

(1)范围：选择学习率$\eta_t > 0$。

(2)初始化：任意向量p_1。

(3)对于每一轮$t = 2,\cdots,T$，向量 p 根据下式选择：

$$p_t \in arg\,min_{v \in \mathbb{R}^N} \left\{ \lambda \| v \|_2^2 + \sum_{s=1}^{t=1} (y_s - \sum_{j=1}^{N} v_j f_{j,t})^2 \right\}$$

参考文献

Addo Peter Martey, Dominique Guégan, Bertrand Hassani, 2018. "Credit Risk Analysis using Machine and Deep learning models," Documents de travail du Centred'Economie de la Sorbonne, No. 18003, February.

Alessi Lucia, Carsten Detken, 2011. "Quasi real time early warning indicators for costly asset price boom/bust cycles: A role for global liquidity," European Journal of Political Economy, Vol. 27, No. 3, pp. 520—533.

Alessi Lucia, António Antunes, Jan Babecký, et al, 2015. "Comparing different early warning systems: Results from a horse race competition among members of the macro-prudential research network," http://dx.doi.org/10.2139/ssrn.2566165.

Alquier Pierre, Karim Lounici, 2011. "PAC-Bayesian bounds for sparse regression estimation with exponential weights," Electronic Journal of Statistics, Vol. 5, pp. 127—145.

Amat Christophe, Tomasz Michalski, Gilles Stoltz, 2018. "Fundamentals and exchange rate forecastability with simple machine learning methods," Journal of International Money and Finance, Vol. 88, pp. 1—24.

Antunes António, Diana Bonfim, Nuno Monteiro, et al, 2014. "Early warning indicators of banking crises: exploring new data and tools," Economic Bulletin and Financial Stability Report Articles and Banco de Portugal Economic Studies.

Barron Andrew, Thomas Cover, 1991. "Minimum complexity density estimation," Information Theory, IEEE Transactions on, Vol. 37, pp. 1034—1054, 08.

Bates John M, Clive WJ Granger, 1969. "The combination of forecasts,"

Journal of the Operational Research Society, Vol. 20, No. 4, pp. 451—468.

Behn Markus, Carsten Detken, Tuomas A Peltonen, et al, 2013. "Setting countercyclical capital buffers based on early warning models: would it work?" ECB working paper.

Beutel Johannes, Sophia List, Gregor von Schweinitz, 2019. "Does machine learning help us predict banking crises?" Journal of Financial Stability, Vol. 45, p. 100693.

Blackwell David, 1956. "An analog of the minimax theorem for vector payoffs," Pacific Journal of Mathematics, Vol. 6, No. 1, pp. 1—8.

Bluwstein Kristina, Marcus Buckmann, Andreas Joseph, et al, 2020. "Credit growth, the yield curve and financial crisis prediction: evidence from a machine learning approach," Bank of England Working Paper, No. 848.

Bordo, Michael, Barry Eichengreen, Daniela Klingebiel, et al, 2001. "Is the crisis problem growing more severe?" Economic policy, Vol. 16, No. 32, pp. 52—82.

Borio Claudio EV, Mathias Drehmann, 2009. "Assessing the risk of banking crises-revisited," BIS Quarterly Review, March.

Bush Olivier, Rodrigo Guimaraes, Hanno Stremmel, 2015. "Beyond the credit gap: bank balance sheets, credit and price of risk," Manuscript, Bank of England.

Bussiere Matthieu, Marcel Fratzscher, 2006. "Towards a new early warning system of financial crises," Journal of International Money and Finance, Vol. 25, No. 6, pp. 953—973.

Capistrán Carlos, Allan Timmermann, 2009. "Forecast combination with entry and exit of experts," Journal of Business & Economic Statistics, Vol. 27, No. 4, pp. 428—440.

Casabianca Elizabeth Jane, Michele Catalano, Lorenzo Forni, et al, 2019. An Early Warning System for banking crises: From regression-based analysis to machine learning techniques," Marco Fanno Working Papers 235.

Cesa-Bianchi Nicolo, Gabor Lugosi, 2006. Prediction, Learning and Games: Cambridge University Press.

Cesa-Bianchi Nicolò, Francesco Orabona, 2021. "Online Learning Algorithms," Annual Review of Statistics and Its Application, Vol. 8, pp. 165—190.

Coimbra Nuno, Hélène Rey, 2017. "Financial Cycles with Heterogeneous Intermediaries," NBER Working Papers, No. 23245, March.

Coimbra Nuno, Daisoon Kim, Hélène Rey, 2021. "Central Bank Policy and the concentration of risk: Empirical estimates," Journal of Monetary Economics.

Coudert Virginie, Julien Idier, 2016. "An Early Warning System for Macroprudential Policy in France," Banque de France Working Paper 609.

Dalalyan Arnak S, Joseph Salmon, 2012. "Sharp oracle inequalities for aggregation of affine estimators," The Annals of Statistics, Vol. 40, No. 4, pp. 2327—2355.

Dalalyan Arnak, Alexandre B Tsybakov, 2008. "Aggregation by exponential weighting, sharp PAC-Bayesian bounds and sparsity," Machine Learning, Vol. 72, No. 1—2, pp. 39—61.

Dani Varsha, Omid Madani, David M Pennock, et al, 2012. "An empirical comparison of algorithms for aggregating expert predictions," arXiv preprint arXiv:1206.6814.

Dashevskiy Mikhail, Zhiyuan Luo, 2011. "Time series prediction with performance guarantee," IET communications, Vol. 5, No. 8, pp. 1044—1051.

De Blasi Pierpaolo, Stephen Walker, 2013. "Bayesian Estimation of the Discrepancy with Misspecified Parametric Models," Bayesian Analysis, Vol. 8, pp. 781—800, 12.

Demirgüç-Kunt Asli, Enrica Detragiache, 1998. "The determinants of banking crises in developing and developed countries," Staff Papers, Vol. 45, No. 1, pp. 81—109.

Destrero Augusto, Christine Mol, Francesca Odone, et al, 2009. "A Regularized Framework for Feature Selection in Face Detection and Authentication," International Journal of Computer Vision, Vol. 83, pp. 164—177, 06.

Devaine Marie, Pierre Gaillard, Yannig Goude, et al, 2013. "Forecasting electricity consumption by aggregating specialized experts," Machine Learning, Vol. 90, pp. 231—260, 01.

Diamond Douglas W, Philip H Dybvig, 1983. "Bank Runs, Deposit Insurance, and Liquidity," Journal of Political Economy, Vol. 91, No. 3, pp. 401—19, June.

Diebold Francis X, Peter Pauly, 1987. "Structural change and the combination of forecasts," Journal of Forecasting, Vol. 6, No. 1, pp. 21—40.

Diebold Francis X, Minchul Shin 2019. "Machine learning for regularized survey forecast combination: Partially-egalitarian LASSO and its derivatives," International Journal of Forecasting, Vol. 35, No. 4, pp. 1679—1691.

Döpke Jörg, Ulrich Fritsche, Christian Pierdzioch, 2017. "Predicting recessions with boosted regression trees," International Journal of Forecasting, Vol. 33, No. 4, pp. 745—759.

Duprey Thibaut, Benjamin Klaus, Tuomas Peltonen, 2017. "Dating Systemic Financial Stress Episodes in the EU Countries," Journal of Financial Stability, Vol. 32, 08.

Eichengreen Barry, Carlos Arteta, 2002. "Banking crises in emerging markets: presumptions and evidence," Financial policies in emerging markets, pp. 47—94.

Elliott Graham, Allan Timmermann, 2008. "Economic forecasting," Journal of Economic Literature, Vol. 46, No. 1, pp. 3—56.

Fisher Irving, 1933. "The Debt-Deflation Theory of Great Depressions," Econometrica, Vol. 1, No. 4, pp. 337—357.

Fouliard Jérémy, Hélène Rey, Vania Stavrakeva, 2021. "Is this Time Different? Financial Follies across Centuries," London Business School and CEPR.

Frankel Jeffrey A, Andrew K Rose, 1996. "Currency crashes in emerging markets: An empirical treatment," Journal of International Economics, Vol. 41, No. 3—4, pp. 351—366.

Frankel Jeffrey, George Saravelos, 2012. "Can leading indicators assess country vulnerability? Evidence from the 2008—09 global financial crisis," Journal of International Economics, Vol. 87, No. 2, pp. 216—231.

Friedman Jerome, Trevor Hastie, Rob Tibshirani, 2010. "Regularized Paths for Generalized Linear Models Via Coordinate Descent," Journal of Statistical Software, Vol. 33, 02.

Fudenberg Drew, David K Levine, 1995. "Consistency and cautious fictitious play," Journal of Economic Dynamics and Control, Vol. 19, No. 5—7, pp. 1065—1089.

Gennaioli Nicola, Andrei Shleifer, Robert Vishny, 2012. "Neglected risks, financial innovation, and financial fragility," Journal of Financial Economics, Vol. 104, No. 3, pp. 452—468.

Gourinchas Pierre-Olivier, Maurice Obstfeld, 2012. "Stories of the Twentieth Century for the Twenty-First," American Economic Journal: Macroeconomics, Vol. 4, No. 1, pp. 226—65.

Grunwald Peter, Thijs van Ommen, 2014. "Inconsistency of Bayesian Inference for Misspecified Linear Models, and a Proposal for Repairing It," Bayesian Analysis, Vol. 12, 12.

Hannan J, 1957. "Approximation to Bayes risk in repeated plays. Dresher M, Tucker A, Wolfe P, eds. Contributions to the Theory of Games, Vol. III."

Hart Sergiu, Andreu Mas-Colell, 2000. "A simple adaptive procedure leading to correlated equilibrium," Econometrica, Vol. 68, No. 5, pp. 1127—1150. 26—54.

Hart Sergiu, Andreu Mas-Colell, 2001. "A general class of adaptive strategies," Journal of Economic Theory, Vol. 98, No. 1, pp.

Hastie T J, R J Tibshirani, 1986. Generalized additive models, Vol. 1, pp. 297—318.

Jordà Oscar, Moritz Schularick, Alan M. Taylor, 2015. "Leveraged bubbles," Journal of Monetary Economics, Vol. 76, pp. S1—S20.

Jordà Òscar, Moritz Schularick, Alan M Taylor, 2017. "Macrofinancial history and the new business cycle facts," NBER macroeconomics annual, Vol. 31, No. 1, pp. 213—263.

Joulani Pooria, Andras Gyorgy, Csaba Szepesvári, 2013. "Online learning under delayed feedback," in International Conference on Machine Learning, pp. 1453—1461.

Kaminski Graciela, Carmen Reinhart, 1999. "The Twin Crises: The Causes of Banking and Balance of Payments Problems," American Economic Review, Vol. 89, No. 3, pp. 473—500, June.

Kindleberger Charles, 1978. "Manias, Panic and Crashes," New York Basic Books.

Laeven Luc, Fabian Valencia, 2020. "Systemic Banking Crises Database: A Timely Update in COVID-19 Times," CEPR Discussion Paper No. 14569.

编译者及单位

汤志华　陈祎璇，国家统计局统计科学研究所。

基于机器学习方法的发展中国家城市就业分布预测研究[①]

【内容摘要】 从全球视角来看，人口与经济活动分布对政府决策和城市规划至关重要，且这些活动主要集中在城市地区。然而，大多数发展中国家并不了解其人口和经济活动的空间分布详细情况。本文利用 Open Street Map 和 Google Earth Engine 等开放数据，基于空间适应的机器学习算法对撒哈拉以南非洲的 9 个城市、拉丁美洲的 5 个城市和样本外城市的就业情况进行预测，结果显示预测结果准确度较高。该方法为缺乏就业信息的发展中国家城市提供高分辨率的就业分布估计，有利于提高政府决策的科学性和城市规划的可行性。

一、引言

近几十年来，发展中国家的城市经历了前所未有的人口增长，其主要动力源于农村到城市的人口迁移(Henderson 和 Kriticos，2018)。Bryan 等(2020)发现城市化与国家的经济增长(Glaeser 和 Xiong，2017)和集聚经济(经济活动的空间集聚产生的经济效益)密切相关。然而，高城市就业密度带来的交通拥堵和卫生基础设施不足等负外部性，要求政府就基础设施和制度等方面采取有针对性的政策行动。因此，深入了解就业机会在空间上的分布情况，有助于制定更有针对性的、促进城市健康发展的政策和规划。

在多数发展中国家，带有地理信息的商业登记和就业普查信息要么很少，要么不完整且过时，有关就业的详细信息通常无法获得。本文通过开发一种机器学习技术来填补城市就业详细信息的空白，该技术可以根据公开和广泛可用的相关数据(包括便利设施、道路、光强度和人口密度等变量)来预测就业的空间分布。近年来大量文献利用大数据来揭示城市的社会经济和空间模式，其中一个有价值的数据来源是卫星数据。Henderson 等(2012)指出，卫星数据中提取的夜间灯光强度可以作为收入或 GDP 的替代指标。另一个有价值的数据来源是数字(通常是众包)地图，例如开放街道地图(Open Street Map，OSM)。Baruah 等(2021)将基于

① 本文编译自：Samira Barzin，Paolo Avner，Jun Rentschler and Neave O'Clery. Where Are All the Jobs? A Machine Learning Approach for High Resolution Urban Employment Prediction in Developing Countries[R]，Policy Research Working Paper，2022.3.

卫星的人口和夜间灯光数据与道路网络上的 OSM 数据相结合,比较了曾在英语和法语殖民统治下的城市形态。

为解决发展中国家的数据缺失问题,相关文献将非传统数据与机器学习方法相结合以预测一系列经济社会参数,但专门估算就业情况方法的文献非常有限,因此研究开发速度快、廉价且可扩展的替代方法就显得非常迫切。

OSM 和 Google Earth Engine(GEE)能够提供开放且免费的网络数据源,通过 GEE 获得的卫星数据(如人口、夜间灯光和土地覆盖)能够对 OSM 变量进行补充。假设 OSM 包含的数百个便利设施和其他映射属性的空间位置信息与就业密度高度相关,本文利用 OSM 和 GEE 数据源开发了一系列机器学习算法来预测就业密度,包括随机森林(Random Forest,RF)和梯度提升机(Gradient Boosting Machine,GBM)两种集成树算法和正则化广义线性模型(Regularized Generalized Linear Models,Reg GLM)的特征选择方法。其中 RF 算法能够处理训练数据中由就业数据和特征数据测量误差及不完整性引起的噪声。Reg GLM 能够对变量的重要性评分并进行深入分析,说明哪些特征最能揭示就业的相关信息。本文还基于相邻单元格中的特征值对特征空间进行了扩展,使之包含各特征对应的空间数据,从而涵盖了局部空间聚类。

本文与以往研究的差异主要体现在以下四个方面:(1)本文主要关注城市范围内的就业预测,而不是收入预测。(2)本文以高空间分辨率预测城市就业率,而许多类似研究专注于更大的空间范围。(3)本文的目标为在数据稀缺、无法获得目标城市训练数据的条件下预测就业率。(4)深度学习算法在数据噪声较大时稳健性欠佳,而本文使用开源数据来训练模型,因此本文的方法具有更好的可扩展性和稳健性。

二、数据

在 14 个样本城市上构建训练算法,可以获得带有空间标识符(Spatial Identifier)的城市就业数据。数据集由撒哈拉以南非洲(SSA)的 9 个城市和拉丁美洲(LAT)的 5 个城市组成,样本城市数据的类型和空间细分程度均存在差异。数据通过人口普查推断或商业注册收集,其中企业普查的空间细分程度通常较高,表 1 提供了相关城市的具体细节。在可以获得多轮数据的城市中,本文使用最新收集或空间细分度最高的数据。①

① 数据来源见附录。

表 1 城市数据一览表

城　市	数据类型	采集年份	多边形数量(No. of Polygons)	多边形平均大小(Mean Size of Polygons km^2)	500 米×500 米网格单元数量
撒哈拉以南非洲					
阿比让(科特迪瓦)	人口普查	2015	307	14.79	21121
达喀尔(塞内加尔)	出行调查	2015	213	2.51	2663
达累斯萨拉姆(坦桑尼亚)			101	17.73	8436
杜阿拉(喀麦隆)	出行调查	2018	194	1.37	1399
哈拉雷(津巴布韦)	人口普查	2012	75	12.50	4558
坎帕拉(乌干达)	企业普查	2011	184335*	5.05*	4721
基加利(卢旺达)	企业普查	2011	1162	0.63	3566
金沙萨(刚果民主共和国)	出行调查	2018	395	3.68	7021
内罗毕(肯尼亚)	出行调查	2013	106	6.77	3532
拉丁美洲					
贝洛奥里藏特(巴西)	企业普查	2019	1048	3.05	13687
波哥大(哥伦比亚)			19915	0.02	2190
布宜诺斯艾利斯(阿根廷)	企业普查	2004/5	11822	0.30	16551
利马(秘鲁)	人口普查	2010	91875	0.01	4988
墨西哥城(墨西哥)	企业普查	2019	476853*	0.33*	4161

注:1."企业普查"指的是企业普查、设施普查或其他企业注册,或者基于这些普查的预测。

2. 数据不包括就业信息缺失的单位。

3. 标注*的数据以纬度/经度点的位置提供。

将每个城市覆盖在 500 米×500 米的六边形网格中,原始多边形和网格单元层相交。假设多边形内的就业空间分布是均匀的,每个网格单元的空间就业密度为网格单元和多边形的空间交集对就业值的加权。对于研究的 14 个城市,本文从 OSM 中提取了城市主要街道网络、商店和办公室地点、公共设施和海岸线等数据,通过 GEE 获取了夜间灯光、人口、空气污染、建筑用地、归一化植被指数(Normalized Difference Vegetation Index,NDVI)、归一化水体指数(Normalized Difference Water Index,NDWI)和土地利用等卫星数据①。其中夜间灯光、人口、空气污染、NDVI 和 NDWI 的数据包含时间变化,因此在与就业网格单元层相交

① 更多详细信息见附录。

之前将其平均到原始分辨率的网格单元中。假定城市在数据质量和完整性方面具有异质性，为了便于计算和扩大分析规模，本文将卫星数据的选择限制为可用的网格化数据。因此，与 Jean 等（2016）和 Yeh 等（2020）相比，本文不需要深度学习算法或卷积神经网络来检测并从原始卫星像素中提取特征[①]，特征获取方式如表 2 所示。

表 2　城市特征获取方式

	特征	方法	示例
从原始OSM数据中提取特征	网格级别	计算给定网格单元内的所有点特征	商店位置、公共交通枢纽
	线特征	提取每个网格单元的长度	道路、河流
	多边形特征	计算与网格单元的空间交集	公园、机场
从原始GEE数据中提取特征	网格单元的特征值	计算原始数据网格单元与 500 米×500 米六边形网格单元之间的加权空间交集	
	网格单元的特征值（小于500 米×500 米）	每个网格单元的密度值	
从原始 OSM 和 GEE 数据中导出特征	街道交叉口	城市街道网络的 OSM 数据	
	地形崎岖度	计算地球表面高程（elevation）数据	

以塞内加尔的达喀尔为例，研究表明达喀尔的就业和各种特征呈现出大致相似的空间分布模式。除主要道路特征在达喀尔的东部和西部均有分布外，就业和公共交通枢纽等其他特征均在西部呈高密度分布。达喀尔的商业、行政和机构活动集中在半岛的南部和西南部，工业区在港口附近和南部海岸线等沿海地区非常集中。总体而言，城市内的就业分布呈现出较强的空间聚类，莫兰指数（Moran's I）值为 0.91，而公共交通枢纽等其他特征则比较分散。

将特征值分布的四分位二元特征（binned quartile of the features distribution）、网格单元中是否存在给定协变量的二元特征（binary features of a given feature in a grid cell），以及计数和对数值（count and logarithm adjusted versions）作为原始数据的附加特征。本文的数据集[②]包含所有样本城市的 98594 个观测值和 100 多个特征，其中每个观测单位是一个 500 米×500 米的六边形网格单元。

① 本文交替使用"特征"和"协变量"以及"响应"和"因变量"这几个术语。

② 本文数据集和特征空间可以互换使用。

三、方法

(一)通过主成分分析(PCA)进行降维

在具有许多特征的大型数据集中,由于共线性等问题的存在,模式可能很难识别。无监督机器学习方法主要用于识别具有相似性的观测集群,或者压缩高维数据以更清楚地揭示数据模式。本文通过主成分分析对数据进行分析和可视化处理。

(二)集成方法:随机森林和梯度提升机算法

基于决策树的模型为预测问题提供了另一种解决方法。决策树通过协变量和阈值将完整数据分割成矩形,以最小化均方误差(RMSE)。然后对每个分割的子样本进行预测并平均,以获得整个数据集的预测模型(Breiman 等,1984)。为了避免过拟合导致样本外性能降低,需要一个惩罚项来确定最佳超参数(hyperparameters),以权衡模型的复杂度和样本外性能①。

虽然基于单一树的模型相对直观,但多个算法的组合模型具有更强的预测性能,大多优于单一算法派生的模型。因此,构建含多个决策树的组合模型("集成树方法")已成为增强单一决策树可靠性的扩展。近年来,随机森林算法成为使用最广泛的集成树方法之一(Engstrom 等,2021)。RF 算法基于随机扰动平行树的均值预测,其中每棵树都是被完整数据的子样本识别,子样本通过自助法识别。与传统的决策树模型不同,RF 模型能够优化每个协变量随机子集的参数,使组合算法的整体拟合效果更好,即数据存在噪声也能保持稳健性(Perlich 等,2003)。此外,由于最终的 RF 模型基于许多树的平均值,故 RF 模型还能够消除特征空间的不连续性。梯度提升机是另一种集成树方法(Friedman,2002)。GBM 也合并了多个树模型,但不同于 RF,它会顺序估计这些模型并将其通过迭代进行组合。GBM 模型通过"提升法"(boosting)来生成最终模型,即每棵树都适合整个数据集,并按顺序添加树以提高性能。总体而言,RF 和 GBM 均为高精度估算方法。与 RF 模型相比,GBM 模型对数据中的异常值和超参数更为敏感(Dietterich,2000)。

(三)带有正则化广义线性模型的特征选择方法

大型特征空间能够探索因变量与各种协变量之间的关系。然而,大量特征可能会引起特征空间内严重的共线性,并导致过度拟合,从而降低样本外性能(Athey 和 Imbens,2015)。为了解决上述问题,同时保留特征空间中包含的信息,正则化

① 更多详细信息参考 Athey 和 Imbens(2019)。

线性模型①通过在总体估计中添加特征选择来修正线性估计。正则化广义线性模型根据(1)选择整个特征空间中的重要特征：

$$\beta_{reg} = \arg\min\left\{\sum_{i=1}^{N}(y_i - \sum_{j=1}^{K}x_{ij}\beta_j)^2 + \lambda\sum_{j=1}^{K}\beta_j\right\} \tag{1}$$

其中 $\sum_{i=1}^{N}(y_i - \sum_{j=1}^{K}x_{ij}\beta_j)^2$ 是估计的残差，λ 是具有 N 个观测值和 K 个特征的特征空间惩罚项。正则化参数可以由研究人员设置，也可以通过模型交叉验证确定最小化模型的均方误差。然而，由于正则化估计还对重要特征引入了惩罚(Varian, 2014)，故正则化估计的下一步是对所选非零变量子集进行标准线性模型估计。当前较为流行的正则化模型包括 Lasso，Ridge 和弹性网络(Elastic Net)模型。Lasso 模型使用绝对值惩罚将不重要变量的系数收缩为零，因此对于有限重要协变量集的模型表现更好。Ridge 模型依靠二次惩罚来减小不重要变量的系数，但与 Lasso 模型不同，Ridge 模型从不将这些参数收缩为零。因此，Ridge 估计更适合多个变量表现出相似重要性的模型。Elastic Net 模型则结合了 Lasso 和 Ridge 模型的特征。正则化模型能够较好地与标准计量模型结合使用，因此在解释方面具有很强的直观性。

(四)模型设置

为了确定能够有效预测所有样本城市就业的最优模型，本文分别在整个数据集、撒哈拉以南非洲子集及拉丁美洲子集上测试了随机森林、梯度提升机和正则化广义线性模型。对于所有模型，本文遵循数据的标准测试和训练分割，生成一个随机的 80/20 分割，其中在 80%的原始特征空间上训练模型，在剩下的 20%上进行测试，以考察模型的样本外预测性能。对于梯度提升机和正则化广义线性模型，本文采用 k 折叠交叉验证(Cross Validation，CV)设置，其中 k 为 10，重复次数为 10。因此，在模型的训练中，训练数据被分割成 10 个大小相等的不相交子集，其中一个模型在 9 个折叠上进行拟合，并在剩下的折叠上进行内部评估。这会在所有折叠上迭代并重复 10 次，因此每个模型实际上会运行 100 个拟合过程。接下来将拟合结果合并后进一步识别模型超参数以优化模型的样本外性能。在此之后，将最终模型拟合到完整的训练数据集。鉴于随机森林算法的自举结构(Bootstrap Structure)，不需要进行超参数优化的 k 折交叉验证。为了深入考察模型的样本外性能，本文基于模型的 R^2 和均方误差来比较模型。

① 在文献中也被称为惩罚(线性)模型。

四、结果

(一)探索性分析

为了深入了解数据的结构,本文利用皮尔逊相关性(Pearson Correlation)来确定所有变量之间的相关关系;利用主成分分析深入了解特征空间的动态特征。总体而言,特征空间中的大多数变量都是正相关的,其中来自夜间灯光和人口数据的特征与就业的相关性最强。

从 OSM 导出地图的特征来看,便利设施和街道交叉口与就业之间的关系尤为密切。其原因可能在于,便利设施与城市就业存在共置(co－location),或者便利设施本身就是就业场所(Ahlfeldt 等,2015)。进一步研究发现,植被密度和水体相关地理和地质特征与就业密度呈负相关(Goldblatt 等,2020)。此外,尽管幅度较小,地形崎岖度和海拔与夜间灯光和人口变量负相关,说明崎岖地形对住宅和商业建筑的适用性较低。

主成分分析能够通过给每个变量分配权重,构建原始观测值的各种线性组合,有利于更深入地了解数据的基本结构。权重越大说明变量在数据集中越重要,因此距离原点越远,变量的影响力越大。从权重计算结果可以看出,夜间灯光、人口、城市土地覆盖、商店和便利设施等变量对前两个主成分的贡献很大,说明这些变量对整个特征空间的数据模式具有重要影响。进一步分析表明,夜间灯光、人口和城市土地覆盖对于整个数据集的方差和就业预测都很重要。

(二)随机森林和梯度提升机算法预测

考虑到不同城市之间就业数据的测量方式和 OSM 数据的完整性可能具有异质性,而随机森林具有特征空间和观察分区设置,使其在噪声环境下更具稳健性,因此本文使用随机森林模型进行分析,相关结果见表 3。

在整个数据集中,基于预处理卫星数据和映射特征的随机森林模型的预测性能较高,R^2 为 0.82,RMSE 为 0.43。将数据集拆分为撒哈拉以南非洲城市和拉丁美洲城市,重新对算法进行训练,来检验在每个独立地理区域数据上训练的模型是否能获得更高的预测性能。结果表明,基于撒哈拉以南非洲城市数据训练的模型,其用于本地区预测时的预测性能有所提高,但拉丁美洲城市的预测性能没有变化。当使用另一个地区的数据进行评估时,这两个模型的预测性能都很差。因此,若预测城市的网格单元未纳入训练集,可能会导致较差的预测效果。

表 3 集成树模型之间的性能比较

		所有城市	撒哈拉以南非洲城市	拉丁美洲城市	所有城市	撒哈拉以南非洲城市	拉丁美洲城市
		随机森林(RF)			空间 RF		
测试数据	所有城市	0.82 (0.43)	0.59 (0.65)	0.43 (0.80)	0.95 (0.23)	0.62 (0.63)	0.44 (0.79)
	撒哈拉以南非洲城市	0.82 (0.43)	0.85 (0.40)	0.40 (0.83)	0.95 (0.23)	0.96 (0.21)	0.41 (0.82)
	拉丁美洲城市	0.82 (0.43)	0.53 (0.71)	0.82 (0.42)	0.95 (0.24)	0.54 (0.70)	0.95 (0.23)
观测次数		98594	57017	41577	98594	57017	41577
		梯度提升机(xgboost)			空间 xgboost		
测试数据	所有城市	0.70 (0.55)	0.48 (0.77)	0.38 (0.86)	0.72 (0.53)	0.51 (0.77)	0.30 (0.89)
	撒哈拉以南非洲城市	0.67 (0.57)	0.72 (0.53)	0.36 (0.89)	0.70 (0.55)	0.75 (0.50)	0.26 (0.92)
	拉丁美洲城市	0.74 (0.51)	0.44 (0.83)	0.77 (0.48)	0.74 (0.51)	0.47 (0.83)	0.78 (0.47)
观测次数		98594	57017	41577	98594	57017	41577

注:1. 各算法使用的测试集和训练集相同。

2. 为避免重复观测,对测试数据进行了子抽样。

3. 观测次数指的是覆盖各城市训练和测试数据的完整数据集。

4. 表中不带括弧的数据为模型的 R^2,带括弧的是 RMSE。

将周围单元格的信息纳入分析,有助于了解地区的就业分布情况。因此,本文通过添加邻近单元的特征值(例如平均值)来扩展特征空间,并分析空间滞后模型的结构(空间 RF,Anselin,1996)。总体来看,与仅基于网格内特征值训练的模型相比,研究结果有显著提高,并且在整个数据集和区域子集上训练时都达到了非常好的预测效果。虽然在区域子样本上训练时模型略有改善,但与在组合数据上训练的模型相比,在区域样本上训练模型的预测性能明显较低。

鉴于梯度提升机(GBM)算法通常优于随机森林模型,本文采用梯度提升机(extreme gradient boosting machine specification,xgboost)作为替代方法,结果见表 3。与 RF 模型类似,空间 xgboost 的表现优于非空间 xgboost。在这两种特征空间中,xgboost 的预测性能仍然不如 RF。比较这两种算法,RF 算法的数据和变量分区结构使其能够避免过拟合,在数据存在噪声时更具稳健性。虽然 xgboost 模型在数据噪声较小的环境中可能优于 RF(Dietterich,2000),但在本文的特征空间中,由于城市特性(因变量和 OSM 特征中的测量误差)会产生结构噪声,因此

RF 模型在所有数据变化中表现更好。

接下来进一步研究模型性能以及模型在小规模和大规模就业的表现。研究发现，模型倾向于平滑到均值，对离群值的预测效果较差。同时，更高的就业水平情况下预测更准确，但存在轻微的向下偏差，而较低的就业水平则倾向于略微被高估。这可能是因为零就业的多边形被分解为多个网格单元，从而导致了重复观测。总体而言，尽管存在轻微平滑，但 RMSE 在不同就业水平上大致保持恒定，从而表明结果具有可靠性。

本文分别从三组训练样本的空间 RF 模型中提取影响就业预测的重要特征，结果如图 1 所示。对于所有城市样本模型，自身单元和相邻单元（neighboring cell，n.）的人口数据是就业的最强预测因素，其次是相邻单元的夜间灯光和 NDVI 数据。相邻设施（即种类相近的聚合设施变量）为第五重要的预测因素。研究发现在 15 个最重要的特征中，有 11 个是卫星衍生的。此外，重要特征通常在自身单元和相邻单元中都存在相关性，其影响因素可能包括：从多边形获取网格单元级别的值时所采用的空间分解方式不同，以及依赖变量和特征变量的非随机空间分布。

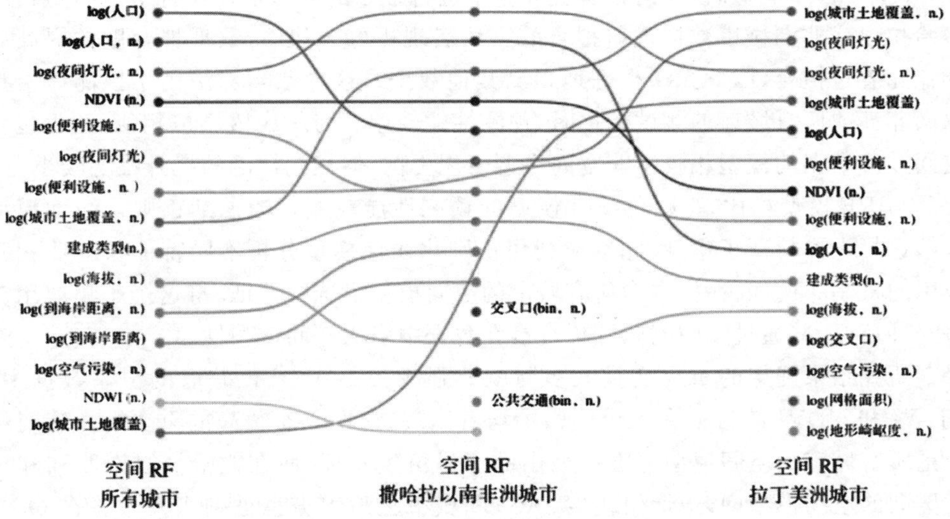

图 1　空间 RF15 个重要特征的重要性排名

基于撒哈拉以南非洲城市观测值训练的模型，人口、夜间灯光和城市土地覆盖特征最为重要。对于拉丁美洲城市模型，自身网格和邻近网格内的城市土地覆盖均非常重要。通过这三个模型可以得出关于重要特征的几个结论：(1)卫星数据的衍生特征通常最重要。(2)便利设施（包括已分类和未分类）是通过 OSM 获得的最相关的就业预测因子。(3)某些特征在三个模型中均有重要影响，但不同样本之间存在异质性。

总体而言,结合卫星和地图特征数据可以很好地预测就业情况。尽管数据中存在噪声,但利用 RF 算法可以获得非常高的预测性能。此外,添加邻近特征可以提供更高的预测性能,反映了数据中加入地理空间维度的重要性。

(三)替代算法

为了测试不同统计基础算法的预测性能,本文对正则化线性算法进行拟合,并对其性能进行基准测试。在 RF 模型的训练过程中,为减少多重共线性问题,将数据随机分割并随机测试。结果显示,每个测试子集包含高度相关变量的可能性较低。正则化线性模型不分割数据,而是在第二步之前将特征空间减少到只包括最重要的变量。由于惩罚模型代表了具有不同惩罚的一类模型,本文允许算法通过选择最优惩罚参数来确定最合适的模型,结果如表 4① 所示。

总体而言,该模型在非空间和空间中均选择绝大多数特征作为相关因素。比较各模型预测性能发现,该模型的 R^2 显著低于 RF 和 GBM 模型,RMSE 则高于二者,所有拟合模型(空间与非空间、所有城市和特定区域)的表现与其一致。与 GBM 拟合模型类似,仅针对拉丁美洲城市进行拟合的算法往往比针对所有城市或撒哈拉以南非洲城市数据进行拟合的算法表现更好。然而,数据拟合度的提高同样伴随着过拟合,因此无法很好地预测其他数据。这导致当算法用于预测撒哈拉以南非洲或所有城市的测试数据时,预测性能较差。与集成树模拟相似,基于包含空间效应数据的模型相较于非空间模型表现更优,但预测性能的提升幅度较小。

与 RF 模型相比,正则化线性模型的预测性能较差。考虑到正则化线性模型能够选择重要特征子集,因此本文利用正则化线性模型分析不同特征与就业相互作用的机制。例如,在样本为所有城市的空间模型上选择特征,将这个子集应用于每一种情况,并通过空间回归分析直接在数据中引入空间依赖性。

研究结果确定的重要变量大多与就业强相关。从 GEE 获取的卫星数据中,NDWI 和 NDVI 的特征在三个回归中均有出现,说明具有很高的重要性。夜间灯光是所有城市的空间模型中唯一列出的卫星衍生特征,而在撒哈拉以南非洲和拉丁美洲的空间模型中,地形崎岖度、人口和城市土地覆盖也被列入其中。在 OSM 特征中,主要道路和交叉口的信息与三个模型都相关。描述商店、机场、便利设施和办公室的变量的重要性差异较大。线性模型和 RF 模型确定的重要变量也存在很大差异。例如,RF 模型将夜间灯光和人口数据列为最重要变量,回归估计则视 NDVI 和 NDWI 为最重要的变量。与 RF 模型将便利设施列为重要特征不同,在回归分析中,通过街道网络导出的特征很重要。此外,表 4 的结果将二元变量(bi-

① 表 4 中列出的所有空间回归从特征上均符合空间杜宾误差(Spatial Durbin Error)模型。由于特征数量众多,本文仅列出前十个具有统计学意义变量的系数。

nary)识别为重要变量,而随机森林主要将连续变量列为高度相关变量。

表 4　广义正则线性模型性能比较

	正则化广义线性模型			空间正则化广义线性模型		
	所有城市	撒哈拉以南非洲城市	拉丁美洲城市	所有城市	撒哈拉以南非洲城市	拉丁美洲城市
所有城市	0.56 (0.66)	0.53 (0.73)	0.44 (0.75)	0.58 (0.65)	0.52 (0.78)	0.46 (0.74)
撒哈拉以南非洲城市	0.49 (0.72)	0.51 (0.69)	0.43 (0.76)	0.51 (0.70)	0.54 (0.68)	0.45 (0.75)
拉丁美洲城市	0.67 (0.58)	0.55 (0.73)	0.69 (0.56)	0.68 (0.57)	0.54 (0.81)	0.70 (0.55)
所选变量	81/84	75/84	69/84	128/142	129/142	126/142
观测次数	98594	57017	41577	98594	57017	41577

空间回归分析

所有城市	撒哈拉以南非洲城市	拉丁美洲城市
−0.88*** (0.05) NDVI	−1.05*** (0.21)交叉口(二元变量)	0.96*** (0.08) NDWI
0.78*** (0.06) NDWI	−0.94*** (0.08) NDVI	−0.87*** (0.07) NDVI
−0.48*** (0.13) 办公室(二元变量)	0.79*** (0.29) log(商店)	−0.58*** (0.18) 主要道路(二元变量)
−0.36*** (0.02) 主要道路(二元变量)	0.37*** (0.08) NDWI	0.32*** (0.02) log(交叉口)
0.33*** (0.06) 机场(二元变量)	0.31*** (0.07) 商店(二元变量)	0.27*** (0.02) log(夜间灯光)
0.28*** (0.01) log(夜间灯光)	−0.29* (0.17) log(有轨电车)	0.24*** (0.07) 办公室(二元变量)
0.27* (0.15) 商店(二元变量)	0.26** (0.11) 机场(二元变量)	0.24*** (0.05) 便利设施(二元变量)
0.27*** (0.02) log(主要道路)	0.25*** (0.03) log(地形崎岖度)	−0.18*** (0.07) log(城市土地覆盖)
−0.24*** (0.02) 交叉口(二元变量)	0.11*** (0.04) log(主要道路)	0.16*** (0.02) log(人口)
0.20*** (0.02) log(交叉口)	0.10*** (0.02) log(人口)	−0.15*** (0.04) log(交叉主要道路)

注:1. 报告的估计系数对应的是每个回归中通过系数绝对大小确定的十个变量。

2. ***、**、* 分别表示 1%、5%和 10%显著性水平。

(四)通过数字地图预测就业

为测试仅利用地图或卫星预测就业的效果,将包括空间效应的特征空间减少到仅通过 OSM 或卫星数据导出的变量。在减少的特征空间上重新训练具有空间效应的 RF 算法,结果见表 5。

表 5 具有空间效应的 RF 模型的性能比较

		所有城市	撒哈拉以南非洲城市	拉丁美洲城市
仅 OSM 数据				
测试数据	所有城市	0.76 (0.49)	0.55 (0.68)	0.39 (0.80)
	撒哈拉以南非洲城市	0.76 (0.49)	0.78 (0.47)	0.36 (0.82)
	拉丁美洲城市	0.75 (0.50)	0.50 (0.73)	0.76 (0.49)
观测次数		98594	57017	41577
仅卫星数据				
测试数据	所有城市	0.79 (0.47)	0.54 (0.69)	0.43 (0.80)
	撒哈拉以南非洲城市	0.78 (0.48)	0.80 (0.45)	0.41 (0.82)
	拉丁美洲城市	0.80 (0.45)	0.48 (0.75)	0.81 (0.45)
观测次数		98594	57017	41577

分析结果表明,仅基于 OSM 数据或者仅基于卫星数据可以预测就业的大部分变化,其中 OSM 数据的 R^2 约为 0.76,卫星数据的 R^2 约为 0.79。但与先前使用合并数据的结果相比,省略其中一种数据类型会显著降低预测性能。在使用 OSM 数据的情况下,由于数据质量更高,理论上拉丁美洲城市会得到更好的预测结果,但事实并非如此。这可能是由于撒哈拉以南非洲城市的样本量很大。当使用卫星数据时,拉丁美洲和撒哈拉以南非洲城市的数据质量相近,预测能力也类似。

影响就业密度预测的变量如图 2 所示。便利设施在三种算法中均是最重要的 OSM 衍生特征(derived feature),尤其是带有标签的便利设施(指被识别为餐馆的便利设施等)。用于反映街道交叉口的不同特征、反映网格单元到海岸距离的特征和反映商店的特征也特别重要。

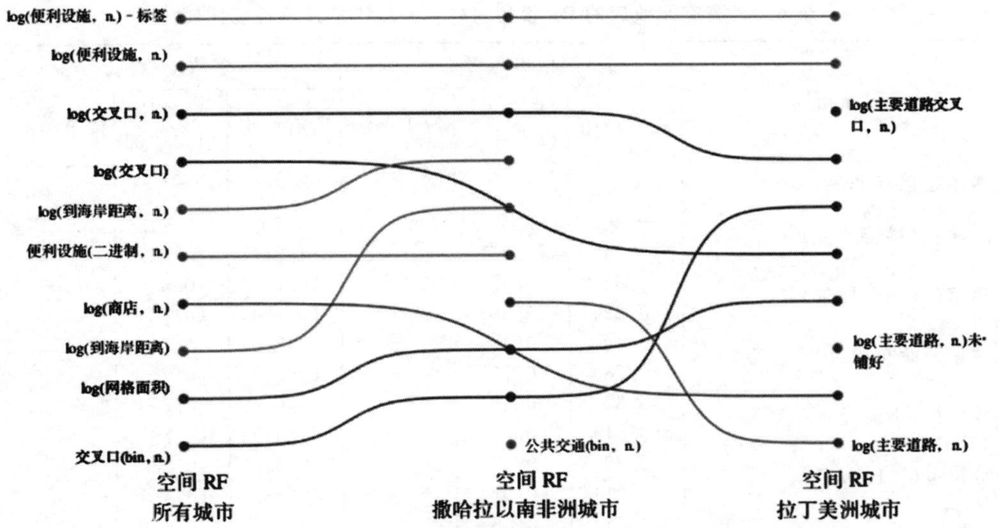

图 2　空间 RF15 个重要的 OSM 特征

(五)样本外城市预测

本文的最终目标是预测样本外城市的就业情况，故使用 14 个城市的训练数据来测试这一方法的可行性，同时通过这些算法预测未包含在样本中的城市就业情况。

由于城市特征(数据中的噪声或就业与变量之间的关系)会降低算法对样本外城市的预测性能，本文通过重新拟合空间 RF 模型来评估模型对样本外城市的预测能力。对于每个城市，将算法拟合到其他 13 个城市的网格单元，并评估模型在保留城市网格单元上的预测性能，原始就业数据以多边形表示。考虑到将多边形信息空间分解到网格单元可能会给数据引入噪声，本文评估了算法在网格单元的预测性能，以及在空间聚合到原始多边形边界上的预测性能，结果见表 6。研究表明，进行网格单元评估时，预测性能差异较大。哈拉雷 R^2 最低，为 0.20，布宜诺斯艾利斯最高，为 0.71。本文的算法利用详细的输入数据，在网格层级对就业状况进行预测。当聚合到多边形时，就业预测结果与观测到的就业数据能够保持一致性。几乎所有城市的多边形级别评估都能获得更高的 R^2 值。

只使用来自同一地区其他城市的网格单元重新训练一个算法，无论是使用所有城市数据，还是仅采用同一地理区域内城市数据拟合的模型，预测性能都较为相似。与所有城市模型的结果相同，在多边形级别评估撒哈拉以南非洲城市和拉丁美洲城市模型可以获得更好的预测性能。

表 6 具有空间效应的 RF 模型对样本外城市的预测性能比较

城市	网格单元级别			多边形级别		
	所有城市	撒哈拉以南非洲	拉丁美洲	所有城市	撒哈拉以南非洲	拉丁美洲
撒哈拉以南非洲						
阿比让(科特迪瓦)	0.35 (0.84)	0.30 (0.85)	—	0.70 (1.25)	0.71 (0.33)	—
达喀尔(塞内加尔)	0.62 (0.62)	0.65 (0.59)	—	0.70 (0.48)	0.68 (0.48)	—
达累斯萨拉姆(坦桑尼亚)	0.40 (0.78)	0.40 (0.77)	—	0.71 (0.75)	0.71 (0.74)	—
杜阿拉(喀麦隆)	0.37 (0.81)	0.40 (0.79)	—	0.65 (0.56)	0.64 (0.56)	—
哈拉雷(津巴布韦)	0.20 (0.91)	0.17 (0.93)	—	0.30 (0.48)	0.28 (0.48)	—
坎帕拉(乌干达)	0.54 (0.68)	0.49 (0.71)	—	0.54 (0.68)	0.49 (0.71)	—
基加利(卢旺达)	0.52 (0.71)	0.49 (0.73)	—	0.81 (0.72)	0.79 (0.72)	—
金沙萨(刚果民主共和国)	0.49 (0.72)	0.39 (0.79)	—	0.55 (0.55)	0.49 (0.69)	—
内罗毕(肯尼亚)	0.67 (0.61)	0.67 (0.63)	—	0.77 (0.62)	0.80 (0.58)	—
拉丁美洲						
贝洛奥里藏特(巴西)	0.62 (0.82)	—	0.64 (0.61)	0.77 (0.90)	—	0.84 (0.40)
波哥大(哥伦比亚)	0.58 (0.65)	—	0.58 (0.65)	0.52 (0.45)	—	0.53 (0.45)
布宜诺斯艾利斯(阿根廷)	0.71 (0.54)	—	0.71 (0.56)	0.78 (0.28)	—	0.79 (0.32)
利马(秘鲁)	0.50 (0.72)	—	0.48 (0.73)	0.42 (0.50)	—	0.42 (0.53)
墨西哥城(墨西哥)	0.58 (0.67)	—	0.56 (0.67)	0.58 (0.67)	—	0.56 (0.67)

注:1. 坎帕拉和墨西哥城的原始就业数据以点位置提供,并聚合到网格单元级别进行计算。

2. 对于这些城市,所有的性能评估都在网格单元级别进行。

3. 表中不带括弧的数据为模型的 R^2,带括弧的是 RMSE。

五、讨论与结论

本文首先通过人口普查或商业注册收集了撒哈拉以南非洲 9 个城市和拉丁美洲 5 个城市的就业数据,并从 OSM 和 GEE 提取了城市主要街道网络、公共设施、海岸线等数据和夜间灯光等卫星数据。利用 OSM 和 GEE 提取的数据可以很好地预测就业，但预测的准确性会受到变量之间结构性差异等一些特定因素的影响。然后采用随机森林、梯度提升机和正则化广义线性模型对 14 个城市的就业率进行预测，并对三种方法的结果进行比较。结果表明，加入空间适应的随机森林算法最优，能够以极高的准确率预测 14 个城市的就业情况，并以较高准确率预测样本外城市。此外，本文发现的重要特征和卫星数据可以对发展中国家的缺失数据进行补充。

参考文献

Ahlfeldt G M, Albers T N H, Behrens K, 2020. Prime Locations. CEP Discussion Paper No. 1725. Centre for Economic Performance/CEP.

Ahlfeldt G M, Redding S J, Sturm D M, et al, 2015. The economics of density: Evidence from the Berlin wall. Econometrica 83, 2127—2189.

Anselin L, 1996. The Moran Scatterplot as an ESDA Tool to Assess Local Instability in Spatial Association, in: Fischer, M., Scholten, H., Unwin, D. (Eds.), Spatial Analytical Perspectives on Gis in Environmental and Socio-Economic Sciences. Taylor; Francis, London, pp. 111—125.

Athey S, Imbens G W, 2015. Machine Learning Methods for Estimating Heterogeneous Causal Effects. Working Paper No. 3350. Stanford Graduate School of Business, Stanford University.

Athey S, Imbens G W, 2019. Machine Learning Methods That Economists Should Know About. Annual Review of Economics 11, 685—725.

Baruah N G, Henderson J V, Peng C, 2021. Colonial legacies: Shaping African cities. Journal of Economic Geography 21, 29—65.

Belloni A, Chernozhukov V, 2013. Least squares after model selection in high-dimensional sparse models. Bernoulli 19.

Bengtsson L, Gaudart J, Lu X, et al, 2015. Using Mobile Phone Data to Predict the Spatial Spread of Cholera. Scientific Reports5. URL: http://www.nature.com/articles/srep08923, doi: 10.1038/srep08923.

Blumenstock J, Cadamuro G, On R, 2015. Predicting poverty and wealth from mobile phone metadata. Science 350, 1073—1076.

Breiman L, 2001. Random Forests. Machine Learning 45, 5—32.

Breiman L, Friedman J, Stone C J, et al, 1984. Classification and Regression Trees. Wadsworth & Brooks, Pacific Grove.

Bryan G, Glaeser E, Tsivanidis N, 2020. Cities in the Developing World. Annual Review of Economics 12, 273—297.

Buchhorn M, Lesiv M, Tsendbazar N E, et al, 2020. Copernicus Global Land Cover Layers-Collection 2. Remote Sensing 12, 1044.

Burke M, Driscoll A, Lobell D B, et al, 2021. Using satellite imagery to understand and promote sustainable development. Science 371, eabe8628.

Ciccone A, Hall R E, 1996. Productivity and the Density of Economic Activity. The American Economic Review 86, 54—70. URL: http://www.jstor.org/stable/2118255.

Dietterich T, 2000. An Experimental Comparison of Three Methods for Constructing Ensembles of Decision Trees: Bagging, Boosting, and Randomization. Machine Learning 40, 139—157.

Duranton G, Puga D, 2015. Urban Land use, in: Duranton, G., Henderson, J. V., Strange, W. C. (Eds.), Handbook of Regional and Urban Economics. Elsevier. volume 5, pp. 467—560.

Elvidge C D, Baugh K, Zhizhin M, et al, 2017. VIIRS night-time lights. International Journal of Remote Sensing 38, 5860—5879.

Engstrom R, Hersh J, Newhouse D, 2021. Poverty from Space: Using High Resolution Satellite Imagery for Estimating Economic Well-being. The World Bank Economic Review0, 1—31.

Friedman J H, 2002. Stochastic gradient boosting. Computational Statistics & Data Analysis38, 367—378.

Genuer R, Poggi J M, Tuleau-Malot C, 2010. Variable selection using random forests. Pattern Recognition Letters 31, 2225—2236.

Glaeser E L, Xiong W, 2017. Urban productivity in the developing world. Oxford Review of Economic Policy 33, 373—404.

Gobillon L, Selod H, 2014. Spatial Mismatch, Poverty, and Vulnerable Populations, in: Fischer, M. M., Nijkamp, P. (Eds.), Handbook of Regional Science. Springer Berlin Heidelberg,

Berlin Heidelberg, pp. 93—107. URL: http://dx.doi.org/10.1007/978—3—642—23430—9_7.

Goldblatt R, Heilmann K, Vaizman Y, 2020. Can Medium-Resolution Satellite Imagery Measure Economic Activity at Small Geographies? Evidence from Landsat in Vietnam. The World Bank Economic Review 34, 635—653.

Gudmundsson A, Mohajeri N, 2013. Entropy and order in urban street networks. Scientific Reports 3, 3324.

Hallegatte S, Rentschler J, Rozenberg J, 2019. Lifelines: The Resilient Infrastructure Opportunity. The World Bank. URL: http://elibrary. worldbank. org/doi/book/10. 1596/978-1-4648-1430-3, doi: 10. 1596/978-1-4648-1430-3.

He Y, Thies S, Avner P, Rentschler J, 2021. Flood impacts on urban transit andaccessibility-A case study of Kinshasa. Transportation Research Part D: Transpo-rt and Environment 96, 102889. URL: https://doi. org/10. 1016/j. trd. 2021. 102889, doi: 10. 1016/j. trd. 2021. 102889.

Henderson J, Regan T, Venables A, 2021a. Building the City: From Slums to a Modern Metropolis. The Review of Economic Studies 88, 1157—1192.

Henderson J V, Kriticos S, 2018. The Development of the African System of Cities. Annual Review of Economics 10, 287—314.

Henderson J V, Nigmatulina D, Kriticos S, 2021b. Measuring urban economic density. Journal of Urban Economics 125, 103188. doi: 10. 1016/j. jue. 2019. 103188.

Henderson J V, Storeygard A, Weil D N, 2012. Measuring Economic Growth from Outer Space. The American Economic Review 102, 994—1028. URL: http://www. jstor. org/stable/23245442.

Hengl T, 2006. Finding the right pixel size. Computers & Geosciences 32, 1283—1298.

Hoerl A E, Kennard R W, 1970. Ridge Regression: Applications to Nonorthogonal Problems. Technometrics 12, 69.

Jarvis A, Reuter H, Nelson A, Guevara E, et al, 2008. Hole-filled SRTM for the globe Version 4.

Jean N, Burke M, Xie M, et al, 2016. Combining satellite imagery and machine learning to predict poverty. Science 353, 790—794.

Kreindler G, Miyauchi Y, 2021. Measuring Commuting and Economic Activity inside Cities with Cell Phone Records. Technical Report w28516. National Bureau of Economic Research.

Cambridge, MA. URL: http://www. nber. org/papers/w28516. pdf, doi: 10. 3386/w28516.

Lall S V, Lebrand M, Park H, Sturm D, et al, 2021a. mids: City Form to Promote Sustainable Growth. The World Bank, Washington, D. C. URL: http://docum-ents. worldbank. org/curated/en/554671622446381555/City-Form-to-Promote-Sustainable-Growth.

Lall S V, Lebrand M, Soppelsa M E, 2021b. The Evolution of City Form. Evidence from Satellite Data. Policy Research Working Paper 9618. The World Bank.

Washington,D. C.

Li P,Zhao P,Schwanen T,2020. Effect of land use on shopping trips in station areas:Examining sensitivity to scale. Transportation Research Part A:Policy and Practice 132,969—985.

Louail T,Lenormand M,Cantu Ros O G,et al,2015. From mobile phone data to the spatialstructure of cities. Scientific Reports 4,5276. URL:http://www.nature.com/articles/srep05276,doi:10.1038/srep05276.

Lu X,Bengtsson L,Holme P,2012. Predictability of population displacement after the2010 Haiti earthquake. Proceedings of the National Academy of Sciences 109, 11576 — 11581. URL: http://www.pnas.org/cgi/doi/10.1073/pnas.1203882109,doi:10.1073/pnas.1203882109.

Lyapustin A,Wang Y,2018. MCD19A2 MODIS/Terra+Aqua Land Aerosol Optical DepthDaily L2G Global 1km SIN Grid V006;distributed by NASA EOSDIS Land Processes DAAC.

Miyauchi Y,Nakajima K,Redding S,2021. Consumption Access and Agglomeration:Evidence from Smartphone Data. Technical Report w28497. National Bureau of Economic Research. Cambridge, MA. URL: http://www.nber.org/papers/w28497.pdf,doi:10.3386/w28497.

Moran P A P,1948. The Interpretation of Statistical Maps. Biometrika 35, 255—60.

Pearson K,1901. LIII. On lines and planes of closest fit to systems of points in space. The London,Edinburgh,and Dublin Philosophical Magazine and Journal of Science 2,559—572.

Perlich C,Provost F,Simonoff J,Cohen W,2003. Tree Induction vs. Logistic Regression:A Learning-Curve Analysis. Journal of Machine Learning Research 4, 211—255.

Pesaresi M, Ehrilch D, Florczyk A, et al, 2015. GHS built-up grid, derived from Landsat,multitemporal (1975,1990,2000,2014).

Pogonyi C G,Graham D J,Carbo J M,2021. Metros,agglomeration and displacement. Evidence from London. Regional Science and Urban Economics 90,103681.

Soman S,Beukes A,Nederhood C,Marchio N,et al,2020. Worldwide Detection of Informal Settlements via Topological Analysis of Crowdsourced Digital Maps. ISPRS International Journal of Geo-Information 9,685.

Straulino D,Saldarriaga J C,Gómez J A,et al,2021. Uncovering commercial activity in informal cities. arXiv preprint arXiv:2104.04545.

Tibshirani R, 1996. Regression Shrinkage and Selection Via the Lasso. Journal of the Royal Statistical Society: Series B (Methodological) 58, 267—288. U.S. Geological Survey,. Landsat 8 Collection 1 Tier 1 Annual NDWI Composite.

Varian H R, 2014. Big Data: New Tricks for Econometrics. Journal of Economic Perspectives 28, 3—28.

Yabe T, Jones N K W, Lozano-Gracia N, Khan M F, et al, 2021. Location Data Reveals Disproportionate Disaster Impact Amongst the Poor: A Case Study of the 2017 Puebla Earthquake Using Mobilkit. arXiv: 2107.13590 [physics] URL: http://arxiv.org/abs/2107.13590. arXiv:2107.13590.

Yabe T, Tsubouchi K, Fujiwara N, Sekimoto Y, et al, 2020. Understanding post-disaster population recovery patterns. Journal of The Royal Society In-terface 17, 20190532. URL: https://royalsocietypublishing.org/doi/10.1098/rsif.2019.0532, doi:10.1098/rsif.2019.0532.

Yeh C, Perez A, Driscoll A, et al, 2020. Using publicly available satellite imagery and deep learning to understand economic well-being in Africa. Nature Communications 11, 2583.

Zagatti G A, Gonzalez M, Avner P, et al, 2018. A trip to work: Estimation of origin and destination of co-mmuting patterns in the main metropolitan regions of Haiti using CDR. Developme-nt Engineering 3, 133—165. URL: https://linkinghub.elsevier.com/retrieve/pii/S2352728517300866, doi:10.1016/j.deveng.2018.03.002.

Zou H, Hastie T, 2005. Regularization and variable selection via the elastic net. Journal of the Royal Statistical Society: Series B (Statistical Methodology) 67, 301—320.

附录:详细数据来源

附表1 就业数据

<table>
<tr><th></th><th>具体城市</th><th colspan="2">详细数据来源</th></tr>
<tr><td rowspan="10">撒哈拉以南非洲城市</td><td>阿比让
(科特迪瓦)</td><td colspan="2">日本国际协力机构(JICA)、科特迪瓦共和国建设、住房、卫生和城市发展部(MCLAU)、大阿比让城市规划总局(2015)、大阿比让城市总体规划发展项目(SDUGA)</td></tr>
<tr><td>达喀尔
(塞内加尔)</td><td colspan="2">世界银行集团、达喀尔城市交通执行委员会(CETUD)和国际非洲撒哈拉以南地区交通与研究合作联盟(2015)、达喀尔城市流动性、交通和城市服务调查(EMTASUD)</td></tr>
<tr><td>达累斯萨拉姆
(坦桑尼亚)</td><td colspan="2">未知</td></tr>
<tr><td>杜阿拉
(喀麦隆)</td><td colspan="2">法国开发署(AFD)、欧洲委员会、莱昂都拉和都会区交通联合会(SYTRAL)和 Mobilise Your City 合作伙伴关系(2018)、城市社区家庭调查(PMUS)</td></tr>
<tr><td>哈拉雷
(津巴布韦)</td><td colspan="2">津巴布韦国家统计局(ZimStat)、联合国人口基金(UNFPA)、英国国际发展部(DFID)、澳大利亚国际发展署、丹麦国际发展署、联合国儿童基金会(UNICEF)、欧盟、瑞典国际发展合作署(SIDA)和联合国开发计划署(UNDP)(2012)、津巴布韦人口普查(2012)</td></tr>
<tr><td rowspan="2">坎帕拉
(乌干达)</td><td>出行调查</td><td>坎帕拉首都城市管理局(KCCA)、ROM 交通工程有限公司、Shapira-Hellerman 规划师、Larry Aberman & Associates、Tzamir 建筑师和规划师有限公司和 Ofek 航拍(2012)、坎帕拉物理发展计划(KPDP)</td></tr>
<tr><td>企业普查</td><td>乌干达统计局(UBOS)(2011)、商业机构普查(COBE)</td></tr>
<tr><td>基加利
(卢旺达)</td><td colspan="2">卢旺达国家统计局(NISR)(2011)、卢旺达企业人口普查</td></tr>
<tr><td>金沙萨
(刚果民主共和国)</td><td colspan="2">日本国际协力机构(JICA)、ALMEC 公司和东方顾问全球有限公司(2018)、金沙萨通勤出行调查(CTS)</td></tr>
<tr><td>内罗毕
(肯尼亚)</td><td colspan="2">日本国际协力机构(JICA)、内罗毕市议会(NCC)、日本工营株式会社、IDCJ 和 EJEC 公司(2013)、肯尼亚共和国内罗毕市综合城市发展总体规划项目(个人出行调查)</td></tr>
<tr><td rowspan="5">拉丁美洲城市</td><td>贝洛奥里藏特
(巴西)</td><td colspan="2">巴西经济部(2019)、年度社会信息报告(RAIS)</td></tr>
<tr><td>波哥大(哥伦比亚)</td><td colspan="2">未知</td></tr>
<tr><td>布宜诺斯艾利斯
(阿根廷)</td><td colspan="2">阿根廷联邦规划、公共投资和服务部交通秘书处(MINPLAN)、道路测量工程公司(IRV)、阿根廷技术援助和工程公司(IATSA)及物流一交通工程(2012)、2004/5 年阿根廷国家经济普查(INDEC)和家庭常住人口调查(2011)</td></tr>
<tr><td>利马(秘鲁)</td><td colspan="2">秘鲁国家统计和信息学院(INEI)(2010)、人口和住房普查</td></tr>
<tr><td>墨西哥城(墨西哥)</td><td colspan="2">墨西哥国家经济单位统计名录(DENUE)(2019)、墨西哥商业登记册(RENEM)</td></tr>
</table>

附表 2　卫星数据

变量名称	详细数据来源
夜间灯光	VIIRS 杂散光校正后的夜间日/夜波段合成数据版本 1；分辨率为 15 角秒（Elvidge 等，2017）
人口	WorldPop 全球项目人口数据：每 100m×100m 网格的居住人口；分辨率为 $100m^2$
空气污染	每日 Terra ＋ Aqua MAIAC 陆地气溶胶光学厚度数据；分辨率为 $1km^2$（Lyapustin 和 Wang，2018）
地球物理地表	SRTM 数字高程数据版本 4；分辨率为 $90m^2$（Jarvis 等，2008）
建筑用地覆盖层	GHSL：全球人类住区图层，建成网格 1975－1990－2000－2015（P2016）；分辨率为 $38m^2$（Pesaresi 等，2015）
归一化差异植被指数（NDVI）	Landsat8 系列归一化差异植被指数 NDVI 数据集；分辨率为 $30m^2$（美国地质调查局）
归一化差异水体指数（NDWI）	Landsat8 系列归一化差异水体指数 NDWI 数据集；分辨率为 $30m^2$（美国地质调查局）
土地利用	哥白尼全球土地覆盖图层（CGLS－LC100）；分辨率为 $100m^2$（Buchhorn 等，2020）

编译者及单位

原鹏飞　陈祎璇，国家统计局统计科学研究所。

统计监测和预测

基于动态因子模型、机器学习和新型变量的GDP现时预测①

【内容摘要】 本文提出了包含传统经济变量和新型变量(如谷歌搜索和空气质量等数据)的变量集,采用标准的动态因子模型(DFM)和多种机器学习算法,对欧洲六个国家季度GDP进行现时预测,并比较了不同预测方法在正常时期和危机时期对不同欧洲经济体的预测效果。结果显示,不同模型在不同国家和时期的表现各不相同,总体来说,正常时期DFM预测效果更好,危机时期机器学习方法在识别拐点方面的表现较好。

经济正常运行时期,通常可以通过传统的月度和季度指标(如工业生产或国内生产总值)充分描述和解释实际经济活动的动态。但是在危机时期,企业、市场分析师和政策制定者需要实时的、频率更高的经济活动信息。2020年,新冠疫情导致全球经济备受冲击,以欧洲为例,2020年第二季度经济出现自二战以来的最大降幅,但欧洲各国第二季度官方GDP增长初步数据直到7月中旬才公布,这对评估经济冲击程度和制定适当应对政策而言已为时过晚,而有些经济指标的获取时间则相对较早,因此,可以系统分析不同来源的高频数据以提供足够准确的经济状况信息,从而及时地为政策制定提供有益参考。

一、变量及数据

(一)变量设计

按照GDP增长预测的一般做法,本文设计的变量范围包括以不同频率发布的官方变量和新型变量,涵盖了主要经济指标。其中,新型变量包括谷歌搜索指数、空气质量指数等,均为高频(每周)指标。变量个数在20－60个之间,具体取决于不同国家使用模型时所适用的经济特征和数据的可用性(见表1)。

① 本文编译自:Jean-François D,Kamil D,et al. Nowcasting GDP: A Scalable Approach Using DFM, Machine Learning and Novel Data, Applied to European Economies[R], IMF Working Paper, 2022.

表 1　模型选用的指标

类别	指　　标
企业和生产	工业产出、住房和建筑指标，如制造业生产和行业周转率
调查数据	商业调查、经济景气度调查和消费者信心
劳动力市场	失业、工资和就业数据
金融	股票价格、各种利率、信贷和存款存量
价格	生产者价格指数、消费者价格指数、房价、商品价格指数
国际贸易	进口，出口
外部环境	贸易开放度，对全球价值链的依赖，主要贸易伙伴的经济变量
反映经济体具体特征	对旅游业的依赖、对气候变化的脆弱性、注册的跨国公司
其他指标	谷歌关键词搜索指数、空气质量指数、酒店入住率

(二)变量转换

1. 频度转换

将所有发布频率高于季度的变量(主要为周度和月度变量)转化为季度数据。动态因子模型(DFM)通过使用桥方程和卡尔曼滤波器来利用混合频率的数据，机器学习模型中周度和月度数据直接被转换为季度数据，因此，最终的数据集变量为季度数据。将周度和月度数据聚合成单个季度时间序列并不会因为信息的损失而导致预测质量的下降，但是会由于时间序列数量的减少导致计算时间缩短。

2. 季节性调整

通常在数据量较大的情况下，将季度变量从水平值转化为年度增长率可以解决时间序列的季节性和非平稳性问题。对于一些已经以百分比表示的变量，如失业率，或者来自调查的结果，处理方法是保持水平值不变或者转换为年度差值。

在收集和转换数据后，则需要通过相应方法从变量中提取有效信息，并解决大型数据集带来的问题，例如共线性和过拟合风险。

二、模型和方法

(一)动态因子模型

动态因子模型(DFM)的基本理念是，由于大量经济变量(N)会在经济周期内显示出类似趋势，因此可以通过少量的共同因子(r)来描述这些变量，即 $r<N$。假设观测变量 $(y_{1,t},\cdots,y_{n,t})$，未观测到的动态因子$(f_{1,t},\cdots,f_{r,t})$，与个别时间序列相关的特征如测量误差由$(e_{1,t},\cdots,e_{n,t})$ 表示。

$$y_{i,t}=\lambda_{i,1}f_{i,t}+\cdots+\lambda_{i,r}f_{r,t}+e_{i,t} \tag{1}$$

其中,$i=1,\cdots,n$。该模型通过因子载荷($\lambda_{i,1},\cdots,\lambda_{i,r}$)与 r 个潜在的共同因子($f_{1,t},\cdots,f_{r,t}$)相关联。共同分量代表由共同因子 $\sum_{i=1}^{r}\lambda_{i,j}f_{i,t}$ 解释的变量($y_{1,t},\cdots,y_{n,t}$)的部分,而特异性分量 $e_{i,t}$ 则与每个变量 i 相关。

降维有两种方法,一是朴素法,因子模型会直接提取前几个因子(最大特征向量),使它们共同解释大约 80%的变化;二是结构化法,先将数据集分成几个聚类类别,然后利用因子模型从每个聚类中提取一个因子(最相关的特征向量),从而将数据的维度缩减。

为解释变量的序列相关性,利用高斯自回归过程对共同因子和特异性分量建模,并使用基于似然的方法和卡尔曼滤波技术对 DFM 进行推断。

$$f_{j,t}=\alpha_j f_{j,t-1}+u_{j,t},\quad u_{jt}\sim N(0,\sigma_{u,j}^2) \tag{2}$$

$$e_{j,t}=\rho_i e_{i,t-1}+\varepsilon_{i,t},\quad \varepsilon_{jt}\sim N(0,\sigma_{\varepsilon,t}^2) \tag{3}$$

方程 1、2 和 3 构成一个状态空间模型,其中共同因子和特异性分量是未观测到的状态。方程 1 为测量方程,用于将数据与未观测状态进行关联。方程 2 和 3 为转换方程,用于描述系统动态。

模型参数使用卡尔曼平滑器和期望最大化(EM)算法进行迭代估计。第一步,用 EM 算法计算主成分;第二步,通过 OLS 回归估计模型参数,将主分量视为真实的共同因子,此时使用第一步估计的参数,通过卡尔曼平滑器对共同因子进行更新估计。考虑到每个步骤中因子估计的不确定性,通过迭代两个步骤直至收敛,获得最大似然估计。

(二)机器学习

机器学习算法具有较高的灵活性,在变量选择方面可直接寻求最合适的指标集来预测目标变量,并使用交叉验证方式,对模型参数进行调整,使预测误差最小。机器学习算法已广泛用于大型数据集分析(主要算法介绍见表 2)。

表 2 机器学习算法简介

方法	描 述
LASSO、Ridge 回归、弹性网络	LASSO(最小绝对值收缩和选择算子)、Ridge 回归(Ridge regression)和弹性网络(Elastic net)是改进的线性回归方法,引入不同类型的正则化(对系数使用的惩罚)以提高预测准确性。与传统回归方法相比,这些方法可以避免维度过高和过拟合的问题。
支持向量机(SVM)	SVM(支持向量机)构建超平面来划分自变量组合,并对每个区域进行点预测,类似于具有正则化特征的核回归。SVM 可以克服线性回归模型的缺点,包括共线性、过度拟合和高维度问题。但是,该模型的性能取决于正确选择核函数和正则化参数。另一方面,复杂的核函数或参数可能会限制 SVM 的可解释性。

续表

方法	描　述
随机森林(RF)	RF 是多个单独回归树的预测结果的组合。作为一种非参数化算法,RF 也可以克服线性回归模型的主要缺点,包括共线性、过拟合以及与数据集高维度相关的问题。但是 RF 在预测极端或离群事件方面能力有限,且 RF 结构复杂,缺乏可解释性。
神经网络(NN)	典型的神经网络是一种多层非线性方法,将一系列输入映射到目标输出。一个网络由人工神经元(或节点)组成的层构成。每个神经元从前一层的神经元接收输入,应用一个函数产生单个输出,并且将该输出发送到下一层的其他神经元。最后,一组最终的节点被映射到目标输出。由于非常灵活,神经网络允许每个神经元采用不同的函数形式,并且允许不同层具有不同结构。作为一种复杂而灵活的算法,神经网络已被证明是一种强大的预测工具,能够克服传统回归方法的缺陷。但是,这种复杂性和灵活性在很大程度上限制了神经网络预测的可解释性。

(三)预测性能的评估

为确定单个模型在后期数据上的预测准确性,对这些模型进行了回溯测试,并量化预测准确性指标。回溯测试是指通过比较目标变量的实际值和估计值来量化预测误差;预测准确性指标的量化是指利用回溯测试的预测误差,构建预测准确性指标,评估预测变量与实际数据的接近程度。使用的统计量主要有:

1. 均方根误差(RMSE)

$$RMSE=\sqrt{\sum_{t-1}^{N}(y_t-\hat{y}_t)^2/N}$$

2. 平均绝对误差(MAE)

$$MAE=\sum_{t-1}^{N}ABS(y_t-\hat{y}_t)/N$$

3. 平均方向精度(MDA)

$$MDA=\frac{1}{N}\sum 1[sgn(y_t-y_{t-1})=sgn(\hat{y}_t-y_{t-1})]$$

其中,$1_A(X)=\begin{cases}1, & x\in A,\\ 0, & 其他\end{cases}$,　$sgn(X)=\begin{cases}-1, & x<0\\ 0, & x=0\\ 1, & x>0\end{cases}$

前两个指标(RMSE 和 MAE)衡量模型平均预测误差。通过对误差项进行平方处理,RMSE 对大误差赋予较高的权重。在存在较大误差时,RMSE 是比较不同模型预测能力的实用指标。MAE 则是对大误差和小误差赋予相同的权重。因此,与 MSE 不同,MAE 不会对离群值赋予过多权重,它提供了一个衡量模型表现的通用度量。MDA 用于衡量预测准确性,预测准确性是一种概率,MDA 将预测方向(上升或下降)与实际实现的方向进行比较。这些统计量不仅能了解各模型的预测准确程度,还可基于预测误差计算模型权重,从而得出模型预测的加权平均值。

(四)预测工具集成

某种特定方法可能在某个数据集上优于其他方法,但在另一个数据集上可能不如后者。同样地,在现时预测中,一种方法在特定时期(例如稳定增长或经济活动的急剧收缩/复苏)可能表现更好。由于没有根据各国特点事先选择模型的标准,因此如何针对给定数据集选择适当方法以产生最佳结果,是本研究需要解决的重要问题。

为了在特定时期评估不同预测方法的有效性,将各国样本划分为三类。一是完整样本(1995 年第一季度至 2021 年第一季度);二是正常时期(1995 年第一季度至 2019 年第四季度),;三是新冠疫情引发的高度波动期(2020 年第一季度至 2021 年第一季度)。

基于上述描述用 Matlab 开发了一个综合的、完全自动化的现时预测工具,该集成工具有四个特点,一是能够自动收集和处理数据集;二是将 DMF 和机器学习混合模型应用于数据集,生成回测结果(图表和量化指标);三是每次有新数据则对模型进行重新估计,并给出当季 GDP 增长的现时预测结果;四是将整个时期和子样本的所有模型结果生成一个汇总输出。该工具适用于任何国家,只要选择构成数据集的变量,预测便会自动进行。

该工具含三大组件:数据仓库(Data Warehouse)、回溯测试(Backtest)和现时预测跟踪器(Nowcasting Tracker)。这三个组件由报告生成器(Reports Generator)集成。所有的现时预测方法均有各自的独立函数或脚本,并可以根据需要在回溯测试和现时预测跟踪器中调用。

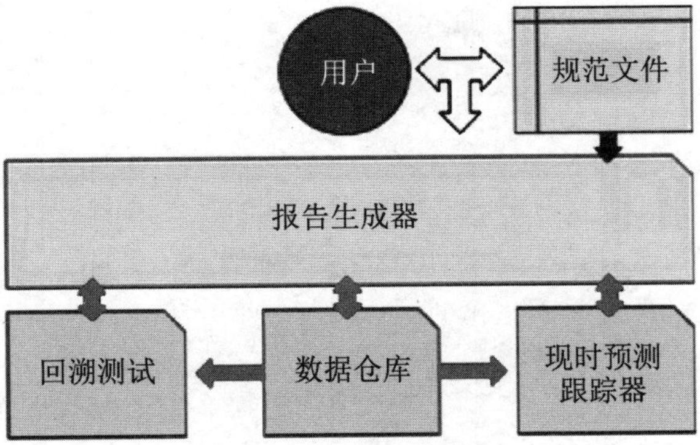

图 1　三大组件设计说明

三、预测结果

本文对六个欧洲经济体的数据应用了 DFM 和机器学习模型,并与基准模型 AR(1)进行比较。表 3 至表 5 列出了六个国家三个样本时期内,各现时预测模型和 AR(1)基准模型的 RMSE。研究结果可归纳为以下三点:

(一)与基准模型相比,经济波动时期的动态因子模型(DFM)和机器学习模型的预测效果更好。

除爱尔兰和马耳他外,DFM 和机器学习模型在绝大多数情况下都优于 AR(1)模型(表 3)。与 AR(1)基准模型相比,Ridge 回归和 LASSO 模型在疫情期间误差降低范围在 40%到 75%之间,DFM 模型预测误差比 AR(1)基准模型低约 50%。

表 3 全样本模型预测性能(RMSE)

(1995 年第一季度至 2021 年第一季度)

国家	奥地利	匈牙利	爱尔兰	马耳他	波兰	葡萄牙
回溯测试期	2017 年第一季度—2021 年第一季度	2016 年第一季度—2021 年第一季度	2015 年第二季度—2021 年第一季度	2012 年第一季度—2021 年第一季度	2015 年第二季度—2021 年第一季度	2015 年第三季度—2021 年第一季度
基准—RMSE						
AR(1)	3.7	3.8	7.7	3.57	2.1	4.0
机器学习模型—RMSE						
弹性网络	1.27	1.27	20.34	3.62	1.61	118
Lasso 回归	1.30	1.30	20.11	3.59	1.67	1.17
Ridge 回归	1.23	1.24	20.44	3.63	1.45	1.25
随机森林	3.03	3.16	7.86	4.35	1.80	3.02
支持向量机	1.65	1.39	15.87	4.14	1.60	1.62
线性回归	1.38	1.56	14.44	5.57	2.20	1.53
高斯过程回归	2.76	2.71	6.62	4.19	1.53	3.62
神经网络	1.82	2.07	8.09	3.94	1.98	3.05
深度神经网络	2.40	2.02	7.57	3.32	2.25	2.56
长短时记忆神经网络	3.01	2.57	8.39	5.06	2.22	2.69
双向长短时记忆神经网络	2.78	2.13	7.59	4.55	2.45	2.87
卷积神经网络	2.11	2.22	10.46	4.50	1.96	1.71
动态因子模型—RMSE						
DFM	1.88	2.11	7.13	2.77	1.71	2.80

（二）不同子样本（不同时期）的模型预测效果各不相同。

一是由于所有国家在疫情期间的经济增长均出现异常波动，因此正常时期的RMSE低于新冠疫情期间的RMSE；二是正常时期的预测结果（表4）显示，DFM在大多国家的表现优于机器学习模型，例如奥地利、匈牙利和葡萄牙等，但在马耳他和波兰时的表现要弱于基准模型AR(1)；三是机器学习方法的预测效果显示，正常时期高斯过程回归（GPReg）在预测爱尔兰和葡萄牙时生成了最低的RSME，而线性回归（LinReg）则在预测波兰时效果最好。需要指出的是，与AR(1)基准和DFM相比，机器学习方法在捕捉拐点方面表现更好，尤其是在2020年第二季度—2020年第三季度期间。

表4　正常时期样本模型性能（RMSE）

（1995年第一季度至2019年第四季度）

国家	奥地利	匈牙利	爱尔兰	马耳他	波兰	葡萄牙
回溯测试期	2017年第一季度—2019年第四季度	2016年第一季度—2019年第四季度	2015年第二季度—2019年第四季度	2012年第一季度—2019年第四季度	2015年第二季度—2019年第四季度	2015年第三季度—2019年第四季度
基准—RMSE						
AR(1)	0.57	0.9	7.6	2.11	0.7	0.5
机器学习模型—RMSE						
弹性网络	0.61	1.14	6.28	3.14	0.70	0.43
Lasso回归	0.60	1.19	6.57	3.05	0.66	0.41
Ridge回归	0.60	1.11	6.24	3.14	0.71	0.44
随机森林	0.69	0.83	8.46	4.13	1.01	0.93
支持向量机	0.65	1.30	6.19	3.03	0.77	0.43
线性回归	0.60	1.36	7.80	3.52	0.66	0.41
高斯过程回归	0.75	0.71	4.79	2.70	0.67	0.35
神经网络	0.90	0.94	6.33	3.40	0.81	0.76
深度神经网络	1.02	1.26	6.19	2.68	0.83	0.66
长短时记忆神经网络	0.54	0.78	8.72	4.09	1.23	0.47
双向长短时记忆神经网络	1.01	0.77	7.26	3.02	1.15	0.51
卷积神经网络	0.90	1.34	6.68	2.69	0.92	0.45
动态因子模型—RMSE						
DFM	0.47	0.60	7.43	2.36	0.92	0.46

(三)从个体看,DFM 和机器学习模型对不同国家的预测效果存在很大差异。

从表 3—表 5 可以看出,目前还没有一种能够适用于各种情境的模型,捕捉 GDP 动态的最佳模型因国家和时间而异。例如,DFM 在预测马耳他时生成了最低的 RMSE,而 Ridge 和 LASSO 对奥地利、匈牙利和波兰的预测效果最好,LASSO 在马耳他和爱尔兰的实际 GDP 增长跟踪中则表现不佳。

表 5　新冠疫情期间样本模型性能(RMSE)

(2020 年第一季度至 2021 年第一季度)

国家	奥地利	匈牙利	爱尔兰	马耳他	波兰	葡萄牙
回溯测试期	2020 年第一季度—2021 年第一季度	2020 年第一季度—2021 年第一季度	2020 年第一季度—2021 年第一季度	2020 年第一季度—2021 年第一季度	2020 年第一季度—2021 年第一季度	2020 年第一季度—2021 年第一季度
基准—RMSE						
AR(1)	6.86	7.6	8.2	8.0	5.1	8.4
机器学习模型—RMSE						
弹性网络	2.14	1.60	42.84	7.65	2.85	2.40
Lasso 回归	2.20	1.60	42.16	7.62	3.06	2.40
Ridge 回归	2.08	1.56	43.09	7.80	2.80	2.55
随机森林	5.49	6.30	4.97	9.98	5.54	6.23
支持向量机	2.88	1.65	32.61	7.38	2.75	3.39
线性回归	2.38	2.08	27.74	12.10	4.32	3.18
高斯过程回归	4.95	5.41	11.10	11.13	5.26	7.74
神经网络	3.05	3.89	12.74	12.73	5.02	6.38
深度神经网络	4.12	3.47	11.40	8.38	6.15	5.34
长短时记忆神经网络	5.48	5.08	6.97	9.73	5.30	5.70
双向长短时记忆神经网络	4.87	4.15	8.71	10.13	5.97	6.07
卷积神经网络	3.61	3.86	18.85	7.54	5.46	3.57
动态因子模型—RMSE						
DFM	3.39	4.20	5.87	4.85	4.02	5.94

注:表 3—5 的绿色高亮单元格表示相对于 AR(1)基准模型具有较低 RMSE 的模型。

四、结论

本文首先整理了涵盖六个欧洲经济体的数据集,包括官方标准变量以及新型变量,如谷歌趋势和空气质量等,然后参考纽约联邦储备银行的传统做法,采用了动态因子模型(DFM)并引入若干机器学习算法,将其分别应用三个样本期进行现时预测,最后将现时预测结果与传统方法进行比较。结果表明,所采用的工具在不同场景下都有一定效果,能够为本季度GDP增长的现时预测提供支持;绝大多数方法均优于AR(1)基准模型,对所有国家应用机器学习方法可以将平均预测误差最多降低75%,而DFM可以将预测误差减半。

目前还没有一种万全的通用方法能够在所有情形下针对所有国家的预测达到最佳预测水平。正常时期DFM预测效果往往更好,但在波动性较大的时期效果会有所下降;而大多数机器学习方法在识别拐点方面表现出色,尤其是本文预测到各经济体2020年第二季度经济增长会急剧收缩。因此,研究人员在进行现时预测时,应仔细分析回测结果,根据当前情境所处的时期,判断哪些模型效果较好并随时调整。

参考文献

Antolin-Diaz J, Drechsel T, Petrella I, 2021. "Advances in Nowcasting Economic Activity: Secular Trends, Large Shocks and New Data." CEPR Discussion Papers 15926, C. E. P. R. Discussion Papers.

Amat C, Michalski T, Stoltz G, 2018. "Fundamentals and exchange rate forecastability with simple machine learning methods." Journal of International Money and Finance, Elsevier, 88(C): 1—24.

Athey S, 2019. "The Impact of Machine Learning on Economics." in The Economics of Artificial Intelligence: An Agenda, University of Chicago Press.

Bańbura M, Giannone D, Modugno M, Reichlin L, 2013. "Now-casting and the real-time data flow." In Handbook of economic forecasting, 2: 195—237.

Bańbura M, Modugno M, 2010. "Maximum likelihood estimation of factor models on data sets with arbitrary pattern of missing data." European Central Bank, Working Paper 1189.

Basuchoudhary A, Bang J T, Sen T, 2014. "Machine-learning Techniques in Economics-New Tools for Predicting Economic Growth." ISSN 2191—5512 (electronic), Springer Briefs in Economics.

Belloni A, Chernozhukov V, Hansen C, 2014. "High-Dimensional Methods and Inference on Structural and Treatment Effects." Journal of Economic Perspectives, American Economic Association, 28(2): 29—50.

Bok Brandyn, Caratelli Daniele, Giannone Domenico, Sbordone Argia M, Tambalotti Andrea, 2017. "Macroeconomic Nowcasting and Forecasting with Big Data." FRB of NY Staff Report No. 830.

Bolhuis M A, Rayner B, 2020. "Deus ex Machina? A Framework for Macro Forecasting with Machine Learning." IMF Working Paper No. 20/45, Washington, DC.

Camacho M, Perez-Quiros G, 2010. "Introducing the euro-sting: Short-term indicator of euro area growth." Journal of Applied Econometrics, 25(4): 663—694.

Carvalho D V, Pereira E M, Cardoso J S, 2019. "Machine learning interpretability: A survey on methods and metrics." Electronics, 8(8): 832.

Chapman J, Desai A, 2021. "Using Payments Data to Nowcast Macroeconomic Variables During the Onset of COVID-19." Staff Working Papers 21—2, Bank of Canada.

Choi H, Varian H, 2009a. "Predicting the Present with Google Trends." The Economic Record, The Economic Society of Australia, 88(s1): 2—9.

Choi H, Varian H, 2009b. "Predicting initial claims for unemployment insurance using Google Trends." Technical report, Google.

Corona F, Gonzalez-Farias G, Jesus Lopez-Perez, 2021. "A nowcasting approach to generate timely estimates of Mexican economic activity: An application to the period of COVID-19." Papers 2101.10383, arXiv.org.

Drucker H, Burges C J, Kaufman L, Smola A, Vapnik V, 1997. "Support vector regression machines." Advances in neural information processing systems, 9: 155—161.

Fagan G, Fell J, 1991. "Tecniques for short-term economic forecasting." Journal of the Statistical and Social Inquiry Society of Ireland, Vol XXVI, Part III.

Gareth J, Witten D, Hastie T, Tibshirani R, 2015. "An Introduction to Statistical Learning: with Applications in R." New York: Springer.

Hastie T, Tibshirani R, Friedman J H, 2009. "The elements of statistical learning: data mining, inference, and prediction." 2nd ed. New York: Springer.

Hastie T, Tibshirani R, Wainwright M, 2015. "Statistical Learning with Sparsity: The Lasso and Generalizations," CRC Press.

Hopp D, 2021. "Economic Nowcasting with Long Short-Term Memory Artificial Neural Networks (LSTM)." arXiv preprint arXiv: 2106.08901.

Hutter Christian, 2020. "A new indicator for nowcasting employment subject to social security contributions in Germany." Journal for Labour Market Research, 54(1).

Kohlscheen E,2021. "What Does Machine Learning Say About the Drivers of Inflation?" BIS Working Paper 980.

Knotek E S II,Saeed Zaman,2014. "Nowcasting U. S. Headline and Core Inflation,Federal Reserve Bank of Cleveland." Working Paper No. 14—03.

LeCun Y, Bengio Y, Hinton G, 2015. "Deep learning nature." 521(7553): 436—444.

Lewis D,Mertens K,Stock J H,Trivedi M,2020. "Measuring Real Activity Using a Weekly Economic Index." Federal Reserve Bank of New York Staff Reports,No. 920,April,revised September.

Lewis D,Mertens K,Stock J H,Trivedi M,2020. "High Frequency Data and a Weekly Economic Index during the Pandemic." Federal Reserve Bank of New York Staff Reports,No. 954,December.

Linardatos P,Papastefanopoulos V,Kotsiantis S,2021. "Explainable ai:A review of machine learning interpretability methods." Entropy,23(1):18.

Marlin B,2008. "Missing data problems in machine learning." (Doctoral dissertation).

Modugno,Michele,2011,"Nowcasting Inflation Using High Frequency Data." ECB Working Paper No. 1324.

Muchisha N D,Tamara N,Andriansyah A,Soleh A M,2021. "Nowcasting Indonesia's GDP Growth Using Machine Learning Algorithms." Indonesian Journal of Statistics and Its Applications,5(2),355—368.

Reichlin L, Giannone D, Banbura M, 2011. "Nowcasting." in Michael P. Clements and David F. Hendry,editors,Oxford Handbook on Economic Forecasting.

Richardson A,van Florenstein Mulder T,Vehbi T,2021. "Nowcasting GDP Using Machine-Learning Algorithms: A Real-time Assessment." International Journal of Forecasting,37(2):941—948.

Sampi B E, Jooste C,2020. "Nowcasting Economic Activity in Times of COVID-19:An Approximation from the Google Community Mobility Report." Policy Research Working Paper Series 9247,The World Bank.

Storm H,Baylis K,Heckelei T,2020. "Machine learning in agricultural and applied economics." European Review of Agricultural Economics,Foundation for the European Review of Agricultural Economics,47(3):849—892.

Tiffin A J,2016. "Seeing in the Dark:A Machine-Learning Approach to Nowcasting in Lebanon." IMF Working Paper No. 16/56,Washington,DC.

Tuhkuri J,2016. "ETLAnow: A Model for Forecasting with Big Data-Forecasting Unemployment with Google Searches in Europe." ETLA Reports 54, The Research Institute of the Finnish Economy.

Varian H,2014. "Big Data: New Tricks for Econometrics." Journal of Economic Perspectives,28(2):3—28.

Woloszko N, 2020. "Tracking Activity in Real Time with Google Trends (No. 1634)." OECD Publishing.

编译者及单位

汤志华,国家统计局统计科学研究所。

基于混频动态因子模型的GDP现时预测

【内容摘要】 为了更好地对宏观经济形势进行现时预测，本文基于105个月度指标数据集，构建了包括2个全局因子、1个名义因子、1个实际因子和1个软指标(soft indicator)因子的混频动态因子模型，实现对季度GDP的现时预测。从预测有效性看，在季度GDP预测时，模型进行预测的均方根误差(RMSE)总体上随着数据发布而不断下降，充分体现了混频模型在现时经济预测中的优势；同时，本文还以2024年2季度为例，计算了新发布的统计指标组的“新息”对GDP增长率的边际影响，能够较好地考察经济波动的原因。

关键词：现时预测；混频动态因子模型；边际影响

宏观经济走势分析判断是政府宏观经济调控和经济治理的重要依据，是企业和住户部门做出生产、消费和投资行为决策的重要参考，对各市场主体均具有重要的信号指示作用。GDP是反映当前经济态势最重要的综合性指标，但由于其核算过程复杂，GDP数据往往在季度结束后2—3周才发布，存在一定滞后期，不能及时反映宏观经济运行态势，不利于经济参与者及时准确地研判经济运行状况。加之，当前我国经济运行态势复杂严峻，经济不确定性持续增加，加大了我国经济形势研判的复杂性，在此背景下，及时、准确了解GDP增长情况的重要性更加凸显。

鉴于以上情况，为了更好的研判经济运行态势，有必要加强对经济运行态势的实时监测，而对GDP进行现时预测(Nowcasting)[①]是一个可行的方法。从国际实践看，美国纽约联储和亚特兰大联储、欧洲央行等发达国家政府部门已经开展经济现时预测，并且取得了不错的效果，巴西、阿根廷、印度等新兴市场国家也在探索其相关应用，所以我国政府部门有必要加强对相关领域研究进展的追踪并加大实际应用。因此，本文研究的目标就是基于已发布数据，构建现时预测统计模型，力求及时、准确地对GDP走势进行分析，以便为研判宏观经济运行态势和出台宏观经济政策提供更长时间的“窗口期”，具有一定的理论意义和现实意义。

---

① 现时预测(Nowcasting)是“now”和“forecasting”的组合，在经济学中通常被翻译为“现时预测”“实时预测”“即时预测”“即刻预测”等，本文采用了“现时预测”一词。“现时预测”的一般内涵为“对现在、最近的过去或不久的将来经济状态的预测”(Giannone，Reichlin和Small，2008)。

一、文献综述

本文尝试从理论研究和实践应用两个视角对现时预测进行简要总结、评述。

(一)现时预测理论研究综述

在现时预测领域,为了最大限度地利用数据,提升预测准确性,基于混频数据进行现时经济预测的方法和文献成果日益涌现,且相关研究领域在不断拓展、研究持续加深,为宏观经济现时预测奠定了方法基础。目前,较为主流的方法有桥接方程、混合数据抽样模型(MIDAS)、混频向量自回归模型(MF—VAR)和混频动态因子模型(MF—DFM)等混频建模方法。

从模型比较看,桥接方程在利用混频数据进行现时预测时,需要将指标的频率统一化,具有可能存在虚增信息或者遗漏信息的问题;MIDAS 与 MF—VAR 方法可以较好地处理混频数据,但只适合运用少量宏观经济序列进行现时预测,难以应对"维数诅咒"问题;MF—DFM 模型能够较好地处理高维数据集,克服"维数诅咒"问题,使得混频动态因子模型得到广泛的应用和发展。

Stock 和 Watson(1999)指出,宏观经济波动并不是通过单一的经济变量,而是通过一系列经济活动来传递和扩散的,涵盖了宏观经济的方方面面。因此,宏观经济预测应该充分利用包含广泛信息的经济变量,包括一致变量(如工业产出、人均收入、贸易额、就业时间等)和领先变量(如利率、汇率、股票收益、长期债券收益率等)。为了克服维度诅咒问题,Stock 和 Watson(2002)利用因子分析方法将高维经济变量分解为共同成分和异质成分,从共同成分中提取少量因子作为预测因子,预测经济运行态势。这一方面解决了高维变量进入模型带来的过度拟合和维度诅咒问题,另一方面还可以捕捉大量信息,避免预测中的结构不稳定性。

Giannone 等(2006)基于少数几个潜在因子就能捕捉经济序列大部分动态的事实,首次将动态因子模型应用于现时预测,通过从月度高频序列中提取潜在因子,建立潜在因子和季度低频序列之间的回归方程,实现对季度低频序列的预测;同时,模型可以实现随着月度数据的发布更新而实现对 GDP 的时时预测。McCracken(2016)等人也进行了相关研究。

在模型因子设置方面,Bok、Caratelli 和 Giannone(2018)认为宏观经济状态变化由三重冲击构成:影响所有宏观经济变量的普遍性冲击,通过全局因子表示;影响部分行业或部门的局部冲击,通过局部因子表示,例如名义因子和实际因子;仅仅影响单个经济指标的特有冲击,通过异质成分表示。该文献通过加入局部因子使得动态因子能够捕捉更多的宏观经济信息,进一步优化了因子的设置;并探索了大数据指标在经济现时预测中的应用,取得了较好的预测效果。

近年来，我国学者基于混频数据对宏观经济预测的研究不断提升，成果有所增多。Yiu 和 Chow(2010)基于 189 个指标的数据集对我国 GDP 增速进行预测，模型伪样本外均方预测误差要低于随机游走基准的预测误差，且预测结果显示利率是改善 GDP 预测的最重要信息块。郑挺国、王霞(2011)构建了同比形式的混频模型，避免了季节调整方法和环比数据数据扰动过大对模型估计造成的影响。王霞、司诺、宋涛(2021)在收集我国实时碎尾数据集的基础上，将我国季度 GDP 的预测频率由“季度”提高到“日度”，结果表明相对于混频抽样模型以及 MF—VAR 等现有模型，混频动态因子模型能够有效解决实时预测中需要面临的数据问题，包括混频指标、碎尾特征、数据的周期性缺失等。傅欣怡(2023)基于高频月度经济金融数据开展对我国季度 GDP 的现时预测研究，相对于其他预测模型而言动态因子模型能实现几乎“最好”的预测效果；汇率和进出口对现时预测准确性的边际影响最大，且本季度信息的纳入对动态因子模型的效果起重要作用。邬琼和邹蕴涵(2019)、王婷等(2020)、唐子惠(2021)等学者也探索了混频动态因子模型在现时预测领域的应用，取得了有益的成果。

(二)实践应用综述

随着混频动态因子模型的发展完善，相关的实践应用在不断增多。纽约联储基于混频动态因子方法实现对 GDP 增长率的实时预测，并计算新公布的宏观经济指标对 GDP 预测值的边际影响。具体而言，该模型的数据集包括 8 个领域和 37 个经济指标，指标最高频率为月度指标；在因子方面，设置了全局因子、劳动因子、实际因子和名义因子 4 类，每类分别提取 1 个潜在因子；从预测值发布频率看，预测值每周发布一次，但由于几乎每天都有经济指标数据发布，在理论上其预测频率可以实现相对高频的预测；预测提前时间持续 5 个月左右，从季度开始前一个月到官方正式公布 GDP 数据，即季度结束 1 个月之后。例如，于 2022 年 12 月 9 日星期五开始报告 2023 年第 1 季度的现时预测，直到 2023 年 4 月 27 日发布 2023 年 1 季度 GDP 预估数据后才停止更新本季度的预测结果。此外，国际上关注度较高的还有美国亚特兰大联储发布的 GDPNow 模型、圣路易斯联储的经济新闻指数(ENI)等。

(三)研究评述

通过整理国内外研究文献和实践应用，宏观经济现时预测的领域在拓展，研究在加深，取得了丰硕的研究成果，为我们开展相关领域研究提供了有益借鉴。但相关研究存在以下可进一步加强的方面：一是从采用数据看，当前国内外学者研究大部分采用的是环比数据，采用同比数据展开研究得较少，而我国统计指标主要是同比增速为主，需加强同比指标集构建的模型效果考察；二是从采用方法看，我国学者研究成果中采用 MIDAS 方法预测经济走势的文献偏多，采用混频动态因子研究的偏少，本文采用混频动态因子研究能够为相关研究提供有益补充。

二、数据选择和模型简介

本文采用的动态因子模型方法主要是借鉴 Bok、Caratelli 和 Giannone(2018)一文中的模型。假定高维时间序列 X_t 的波动主要有三种冲击构成：一是影响所有宏观经济变量的普遍性冲击，由全局因子表示；二是影响部分行业或部门的局部冲击，通过局部因子表示；三是仅仅影响单个经济指标的特有冲击，通过异质成分表示。

(一)模型设定

假定 $y_t=[y_{1,t},y_{2,t},\cdots,y_{n,t}]$，表示一组标准化的平稳的月度变量，其中 $t=1,2,\cdots,T$。假定 y_t 的因子结构为如下形式：

$$y_t=\Lambda f_t+\varepsilon_t$$

其中，f_t 表示由 r 个潜在共同因子构成的向量，均值为零，方差为单位向量；Λ 为月度变量的因子载荷系数矩阵；$\varepsilon_t=[\varepsilon_{1,t},\varepsilon_{2,t},\cdots,\varepsilon_{n,t}]$表示由异质性成分构成的 n 维向量，ε_t 在所有领先和滞后期数上与共同因子 f_t 不相关。

假定 f_t 遵循 p 阶的向量自回归过程：

$$f_t=A_1f_{t-1}+\cdots+A_pf_{t-p}+\mu_t \quad \mu_t\sim i.i.d.N(0,Q)$$

其中，$A_i,i=1,\cdots,p$ 是 $r\times r$ 的自回归系数矩阵，本文设定 f_t 遵循 1 阶向量自回归过程。

假设异质性成分遵循 AR(1)过程，

$$\varepsilon_{i,t}=\alpha_i\varepsilon_{i,t-1}+\varepsilon_{i,t} \quad \varepsilon_{i,t}\sim i.i.d.N(0,\sigma_i^2)$$

在 $i\neq j$ 时，$E(\varepsilon_{i,t},\varepsilon_{j,s})=0$

特别是，在数据集包含月度—季度混频指标时，低频的季度数据可以看作是存在部分数据值缺失的高频月度指标，可以直接从数据集中提取表示混频序列的“潜在因子”，并且直接对季度数据进行预测，避免了因数据同频处理过程中所引起的全样本信息的损失和人为信息的虚增，最大程度上保留数据的原始信息。假定季度变量 y_t^{MY} 与月度变量采用相同的因子结构，所以

$$y_t^{MY}=\Lambda^Qf_t+\varepsilon_t^Q$$

其中，$\varepsilon_t^Q=\alpha^Q\varepsilon_{t-1}^Q+\varepsilon_t^Q \quad \varepsilon_t^Q\sim i.i.d.N(0,\sigma_O^2)$

不能观测到的月度同比增长率可以与在特定时间观测到(每季度的最后一个月)的季度同比增长率联系起来。

$$\begin{aligned}y_t^{QY}&=Y_t^Q-Y_{t-12}^Q\\&=(1-L^{12})Y_t^Q\\&\approx(1-L^{12})(1+L+L^2)Y_t^M\end{aligned}$$

$$=(1+L+L^2)y_t^{MY}$$
$$=y_t^{MY}+y_{t-1}^{MY}+y_{t-2}^{MY}$$

(二)因子设置及数量确定

本文设置的因子包括全局因子、局部因子和异质因子。其中,局部因子包括名义因子、实际因子和软指标(soft indicator)因子三类。名义因子是为名义统计指标(例如,社会消费品零售总额、一般公共预算收入)等设置的因子;实际因子是为实际统计指标(例如,规模以上工业增加值)等设置的因子;软指标因子主要是对基于主观判断和经济感知而生成的统计指标(例如,消费者信心指数)等而设置的因子。

在确定全局因子个数时,通常有两种方法:一是基于前几个主成分解释的数据集方差大小,在下一个连续因子的边际解释力不到 10 个百分点时,就是确定的最佳因子数量,方法较为实用。二是 Bai 和 Ng(2002)通过在大横截面 N 和大时间维度 T 的假设下设置惩罚函数,使得在确保模型效果的同时效率最大,确定全局因子的最优数量。从文献应用来看,两种方法的均有所应用。Koop 和 Potter(2004)综合考虑因子数量和预测能力,发现通常最优的因子数量为 2 个。Yiu and Chow (2010)采用我国数据构建模型,发现因子的边际贡献率确定因子个数和 Bai 和 Ng 准则确定的个数基本一致,也选择了 2 个公因子。基于以上考虑,本文萃取了 2 个全局因子。

(三)数据集说明

本文在构建数据集时,选取了生产和收入类、消费类、投资类、进出口和国际投资类、订单和库存类、CPI 类、PPI 类、货币和信用类、财政类等领域指标,共计 105 个月度指标和 GDP 当季同比增速这一季度指标。在 105 个指标中,实际指标 46 个,名义指标 59 个;软指标 33 个,其余指标 72 个。要特别说明的是,由于各个指标发布时间存在较大差异,指标尾部总体上呈现“锯齿”特征。数据来源为 Wind 数据库。

(四)数据处理

本文首先对缺失值进行了处理。在数据集中,存在三个方面的缺失值:一是频度统一化过程中产生的缺失值,例如季度指标仅有 3 月份、6 月份、9 月份、12 月份的观察值,其余月份均为缺失值;二是春节效应导致的观察值缺失,由于“春节漂移”效应导致 1 月份和 2 月份数据波动较大,故部分指标不统计 1 月份数值,仅公布 1—2 月份累计值;三是奇异值剔除处理导致的缺失值。缺失值的处理是基于混频动态因子模型和卡尔曼滤波,引入事实估计得到的动态因子对缺失值动态补充。同时,在模型构建之前,还对统计指标进行了平稳化处理,通过同比差分和对数同比差分等方式确保指标平稳性。

三、预测有效性分析

(一)模型预测有效性

本文为评估模型的有效性,将样本数据集分成两个部分:一部分为2000Q1至2023Q1数据,用于样本内拟合模型;另一部分为2023Q2至2024Q2,这5个季度内的数据用于进行伪样本外预测,以评估模型的预测有效性。本文采用均方根误差(RMSE)评估真实值和预测值之间的误差,误差越小,则表明预测值越接近真实值,其中,$RMSE=\sqrt{\frac{1}{n}\sum_{i=1}^{i=n}(y_i-\hat{y}_i)^2}$。同时,本文选择自回归模型作为基准模型,对预测效果进行了比较分析。文章计算了MF-DFM模型与基准AR模型RMSE的比值,若结果小于1,则表明MF-DFM模型预测有效性更好。

本文对GDP预测时,依次纳入订单和库存类指标、CPI相关指标、PPI相关指标、货币和信贷类指标、出口和使用外资类指标、产出类指标、消费类指标、固定资产投资类指标、就业类指标、财政类指标,考察了数据不断纳入模型对预测效果的影响。特别要说明的是,按照政府统计部门的数据发布时间表,产出类、消费类、固定资产投资类、就业类指标数据往往集中发布,但是为了考察不同信息块(或不同领域数据)纳入模型对预测效果的影响,我们依然分批纳入相关信息块数据。

从对最终GDP预测的有效性来看,计算得出的RMSE为0.23,处于相对较低水平。本文还计算了10个信息块的逐步纳入模型,混频动态因子模型相较于基准模型预测RMSE的变化。结果显示,混频动态因子模型预测的均方预测误差总体上随着数据发布而不断下降。在该季度的数据信息没有进入到模型时,混频动态因子的模型预测结果要弱于基准模型,随着这个月的数据信息逐步纳入模型,混频

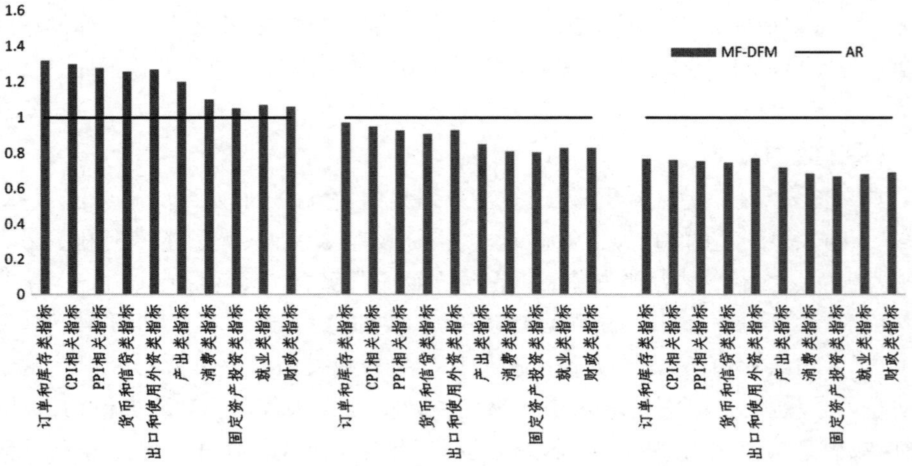

图1 MF-DFM模型相较于基准模型的RMSE

动态因子的预测结果开始好于基准模型;从最终结果看,相较于基准模型,混频动态因子模型的 RMSE 要低 31%左右,预测更为准确。混频动态因子模型预测更优主要是"新息"不断进入增进了预测结果的准确性。换言之,随着月度数据不断发布,季度内相关月份的数据不断增加,更多的信息可以用于对季度 GDP 的更新预测,模型基于新发布数据蕴含的"新息"对 GDP 预测值进行修订,避免了因经济数据公布时滞而无法及时准确地对当前宏观经济状态预测,增进了预测准确性。

(二)全局因子解释能力分析

在混频动态因子模型中,指标的预测结果基于因子的走势估计。因而,考察因子走势,能一定程度上考察模型的效果。以全局因子 1 走势为例,在推动城镇化建设、加入 WTO 等因素影响下,2001—2004 年我国经济保持快速增速,呈现持续上行态势;2005—2007 年,由于"煤电油运"紧张,物价高企,政府出台了一系列抑制经济过热的政策,经济增速有所回落但保持高位运行;2008 年,受国际金融危机以及全球经济衰退影响,我国经济在短时间内出现了深度下滑;面对经济危机,政府财政政策和货币政策协同发力,经济快速回升;2011—2016 年,受欧债危机以及"三期叠加"等因素影响,我国经济持续下行;2016—2019 年,面对经济持续下行压力,大力推进供给侧结构性改革,新动能加快成长,对冲经济下行压力,经济开始步入扩张阶段。2020 年受突如其来的新冠肺炎疫情影响,对我国供应链、生产链等因素造成较大负向冲击,经济增速回落幅度较大;2023 年之后经济开始稳步复苏。可见,全局因子较好地刻画了经济运行的周期波动轨迹(见图 2)。

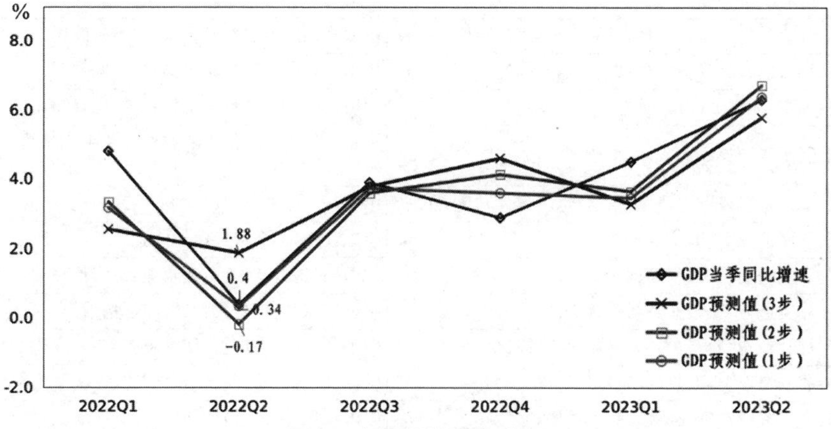

图 2　全局因子走势分析

同时,本文还列出了两个全局因子对内生变量的解释能力排名前 20 的指标(共 105 个月度和 1 个季度指标),考虑到文章篇幅所限,其余指标不再列出。全局因子 1 较好的萃取了固定资产投资、消费等内需相关指标和生产相关指标的信息。

要特别说明的是,2008 年全球金融危机之后,我国外贸依存度逐渐下降,外需对中国经济影响逐渐减弱;加之,由于受非经济因素、近几轮中美经济周期不同步以及外贸指标本身波动较大等因素综合影响,外需指标与我国经济走势相关性不及内需指标。同时,要说明的是,由于固定资产投资是国民经济中重要的组成部分,也是我国宏观经济调控的重要抓手,是影响经济走势的主要原因,因而投资波动与经济波动高度相关,而由于消费指标本身特性,以及税收和转移支付等发挥了经济自动稳定器的作用,投资类指标与我国经济走势相关性要高于消费类指标。

全局因子 2 主要是对 CPI、PPI 相关信息的萃取。要特别说明的是,在核算实际 GDP、计算 GDP 实际同比增速时势必剔除价格因素,但从经济运行来看商品价格的波动与经济走势息息相关,经济走势向好势必伴随着价格的上升,经济走势趋弱势必伴随着价格的回落,因而价格领域指标在 GDP 实际增速预测中发挥了重要作用。综上,虽然共同因子 2 萃取的主要是价格领域指标走势,但其与共同因子 1 均可用于预测 GDP 实际增速。

表 1　全局因子对变量解释能力(前 20 位)

序号	全局因子 1 对变量的解释能力		全局因子 2 对变量的解释能力	
	变量	R^2	变量	R^2
1	中国:房地产开发投资完成额:累计同比	0.78	中国:PPI:全部工业品:当月同比	0.87
2	中国:固定资产投资完成额:累计同比	0.76	中国:PPI:生产资料:当月同比	0.83
3	中国:固定资产投资完成额:建筑安装工程:累计同比	0.76	中国:PPIRM:当月同比	0.79
4	中国:民间固定资产投资完成额:累计同比	0.75	中国:PPIRM:化工原料类:当月同比	0.73
5	中国:固定资产投资完成额:设备工器具购置:累计同比	0.75	中国:PPIRM:燃料、动力类:当月同比	0.69
6	中国:社会消费品零售总额:商品零售:当月同比	0.73	中国:PPIRM:木材及纸浆类:当月同比	0.67
7	中国:社会消费品零售总额:城镇:当月同比	0.72	中国:PPIRM:建筑材料类:当月同比	0.66
8	中国:GDP:不变价:当季同比	0.7	中国:PPIRM:黑色金属材料类:当月同比	0.6
9	中国:固定资产投资完成额:第二产业:累计同比	0.7	中国:PPIRM:其他工业原材料及半成品类:当月同比	0.59
10	中国:固定资产投资完成额:第三产业:累计同比	0.67	中国:PPIRM:纺织原料类:当月同比	0.57
11	中国:非制造业 PMI:从业人员	0.65	中国:PPI:生活资料:当月同比	0.43
12	中国:工业增加值:当月同比	0.64	中国:非制造业 PMI:建筑业:销售价格	0.41
13	中国:非制造业 PMI:业务活动预期	0.63	中国:宏观经济景气指数:滞后指数	0.4
14	中国:社会消费品零售总额:乡村:当月同比	0.61	中国:PPIRM:有色金属材料类:当月同比	0.39
15	中国:非制造业 PMI:投入品价格	0.6	中国:CPI:食品烟酒:当月同比	0.37
16	中国:固定资产投资完成额:其他费用:累计同比	0.59	中国:CPI:居住:当月同比	0.36
17	中国:进出口金额:当月同比	0.54	中国:工业增加值:电力、燃气及水的生产和供应业:当月同比	0.33
18	中国:制造业 PMI:在手订单	0.52	中国:非制造业 PMI:建筑业:投入品价格	0.3
19	中国:工业增加值:制造业:当月同比	0.5	中国:CPI:当月同比	0.3
20	中国:社会消费品零售总额:餐饮收入:当月同比	0.49	中国:PPIRM:农副产品类:当月同比	0.29

(三)"新息"对预测结果边际影响分析

现时预测模型可以计算每个统计指标序列发布的"新息"对GDP增长率的边际影响。为了反映统计指标分组数据对GDP预测结果的边际影响,本文计算了2024年3—5月份数据发布对2季度GDP预测结果的边际影响。从边际影响看,3—5月份数据发布使得2季度GDP预测分别下修0.568、下修0.175和上修0.03个百分点。从分组指标看,3月份,主要经济指标均对经济存在一定下拉作用,其中消费类指标下拉GDP预测值0.405个百分点,固定资产投资类指标下拉0.063个百分点,产出类指标下拉经济0.033个百分点;4月份,消费类指标和固定资产投资类指标分别继续下拉0.187和0.09个百分点,但出口和外资类指标、订单和库存类指标分别上拉0.043、0.092个百分点;5月份,消费类指标有所好转,拉动经济上行0.042个百分点,固定资产投资类指标继续下拉经济0.032个百分点,经济上行力量和下行力量大致相持,经济预测小幅上修0.03个百分点。

表2 数据发布对预测结果的边际影响(百分点)

指标组	2024年3月	2024年4月	2024年5月
财政类指标	−0.008	−0.004	−0.006
就业类指标	−0.005	0.002	−0.007
固定资产投资类指标	−0.063	−0.090	−0.032
消费类指标	−0.405	−0.187	0.042
产出类指标	−0.033	0.001	0.009
出口和使用外资类指标	−0.012	0.043	0.023
货币和信贷类指标	−0.006	−0.020	−0.006
PPI相关指标	−0.007	0.027	0.003
CPI相关指标	−0.029	−0.039	0.009
订单和库存类指标	0.000	0.092	−0.005
对2024年2季度预测总影响	−0.568	−0.175	0.030

四、研究展望

本文基于105个月度指标构成的数据集,采用混频动态因子模型对季度GDP进行了预测,预测结果表明该模型能够较好用于对经济形势的预测,且预测结果随着月度数据的持续发布而不断修正,持续增进预测效果,为相关领域研究提供借鉴。但从未来研究看,可以从以下方面持续深化拓展:

一是从数据看,数据集可以持续拓展,纳入更多统计指标。本文采用的数据集主要是传统的统计指标,而随着大数据技术发展,更多的大数据指标可以纳入研究,提升预测精确性。例如,高频的金融市场数据、百度关键词指数等等;同时,大数据指标纳入,可以使得模型从月季混频拓展为日月季混频模型,进一步提升预测的及时性、精准性。

二是从实践性看,定期常态化开展混频动态因子模型现时预测并予以分析,扩大成果应用。

参考文献

傅欣怡,2023.基于动态因子模型对我国季度 GDP 的现时预测研究[D].西南财经大学.

唐子惠,2021.动态因子模型在中国宏观经济预测中的运用[J].中国产经,(02):49—50.

王婷,郇志坚,王钟秀瑜,2020.Nowcasting:原理、应用及启示[J].金融发展评论,(01):1—20.

邬琼,邹蕴涵,2019.动态因子模型在我国经济预测中的应用研究[J].中国物价,(08):3—6.

Bai J,Ng S,2002. Determining the number of factors in approximate factor models[J]. Econometrica,70(1):191—221.

Banbura M, Modugno M, 2014. Maximum likelihood estimation of factor models on datasets with arbitrary pattern of missing data[J]. Journal of applied econometrics,29(1):133—160.

Bok B,Caratelli D,Giannone D,et al,2018. Macroeconomic nowcasting and forecasting with big data[J]. Annual Review of Economics,10:615—643.

Giannone D,Reichlin L,Small D H,2006. Nowcasting GDP and inflation:the real-time informational content of macroeconomic data releases[J].

Marcellino M,Stock J H,Watson M W,2003. Macroeconomic forecasting in the euro area:Country specific versus area-wide information[J]. European Economic Review,47(1):1—18.

Mariano R S,Murasawa Y,2010. A coincident index,common factors,and monthly real GDP[J]. Oxford Bulletin of economics and statistics,72(1):27—46.

McCracken M W,Ng S,2016. FRED-MD:A monthly database for macroeconomic research[J]. Journal of Business & Economic Statistics,34(4):574—589.

Rossiter J,2010. Nowcasting the global economy[J]. Bank of Canada Discussion Paper,(2010—12).

Stock J H,Watson M W,2002. Forecasting using principal components from a large number of predictors[J]. Journal of the American statistical association, 97 (460): 1167-1179.

Stock J H, Watson M W, 1999. Business cycle fluctuations in US macroeconomic time series[J]. Handbook of macroeconomics, 1: 3-64.

Yiu M S, Chow K K, 2010. Nowcasting Chinese GDP: information content of economic and financial data[J]. China Economic Journal, 3(3): 223-240.

作者及单位

房汉国，国家统计局统计科学研究所。

季度实际GDP增长率混频预报单调性的统计检验②

【内容摘要】 本文从统计意义上检验了因子混频数据模型对我国季度实际GDP增长率的实时预报误差是否会随着新数据信息的采用而逐渐降低,并呈现出单调递减的统计特征。实证结果表明:无论伪样本内外长度比和数据更新时间间隔如何,基于因子混频数据模型生成的预报单调性检验结果都从总体上证实,实时更新的月度数据信息可逐步改善季度实际GDP增长率的预报精度,且在样本的时变特征和阶段属性发生变化时,预报单调性检验方法仍具有稳健性。预报单调性检验是对现有预测和预报评估方法的有效补充和扩展,可为政府部门、相关机构和投资者实时评估宏观经济状况提供有价值的信息和参考。

一、引言与文献综述

准确的经济形势研判是政策制定者对我国宏观经济政策的节奏、方向和力度进行预调微调的重要前提。一国货币政策制定者常常根据对当前的通胀率和产出缺口大小的预判来进行货币政策决策和调整;而财政政策的预算和决算往往取决于国内生产总值(Gross Domestic Product,GDP)和工资等数据的更新和预估。因此,中国人民银行(以下简称央行)和财政部可以通过预判当前经济运行状况,来决定是否采取降低贴现率等扩张性货币政策或增加政府购买等扩张性财政政策来促进经济恢复和改善。然而,在世界百年未有之大变局加速衍进背景下,日趋复杂的国内外环境,特别是2008年国际金融危机爆发以来,我国经济不断遭受诸如欧洲债务危机、中美经贸摩擦,以及新冠肺炎疫情等事件冲击,不确定、不稳定因素明显增加,导致准确预判我国经济的难度加大。因此,及时准确预判我国当前经济运行趋势尤为重要。"实时预报"(Nowcasting)是目前预判当前经济状况的主流方法之一,即在官方统计数据发布之前,利用可获取的实时发布的高频数据对当前经济状况进行实时监测与预判。其基本思想源于气象学领域,指基于最新可获取信息对当前和未来短时间内的天气情况做出预判(Bańbura等,2013)。实时经济状况的预报和相关经济政策的制定依赖于最新发布的官方统计数据,我国许多核心官方

② 本文选自《统计研究》2023年第2期。

统计数据发布频率较低且存在一定的时滞，在发布后还需进行一系列修订，因此实时预报逐渐被应用于经济学领域。现有研究对实际 GDP 增长率（Giannone 等，2008；刘汉和刘金全，2011；Foroni 和 Marcellino，2014）、通货膨胀（龚玉婷等，2014；Knotek II 和 Zaman，2017；鲁万波和杨冬，2018）、失业率（Soybilgen 和 Yazgan，2018）等一系列宏观经济变量进行实时预报。其中，实际 GDP 增长率作为衡量宏观经济总量最重要的指标，按照季度频率发布且存在一定时滞，因此如何利用最新高维高频数据信息对季度实际 GDP 增长率进行精准的实时预报受到政府、研究机构和投资者们的广泛关注和高度重视。

近年来，随着我国政府统计制度和统计标准的不断优化，官方统计数据的完整性和可获得性都得到显著的提高，越来越多及时发布的月度官方统计数据已被用于我国宏观经济的分析和预测（陈磊等，2019）。丰富的高维高频数据信息虽然为实现准确的实时预报提供了更多的可用信息，但也为宏观经济分析与预测建模带来了维度灾难、混频数据和碎尾数据等技术难题。因此，合适的计量建模方法是实现精准实时预报的关键。现有研究中，因子混频数据模型是解决实时预报建模中混频数据和维度灾难两类问题的主流方法，该类方法在实现降维的同时，无损地利用原始数据所包含的信息进行预报，其中以 Giannone 等（2008）提出的混频动态因子模型（Mixed-Frequency Dynamic Factor Model，MF-DFM），以及 Marcellino 和 Schumacher（2010）提出的因子混频数据抽样模型（Factor-Augmented Mixed Data Sampling Model，FA-MIDAS）最为常见。此外，在对季度实际 GDP 增长率进行混频实时预报时，如何处理碎尾数据问题也至关重要。碎尾数据是指高频变量的样本末端由于数据发布时间不一致而出现的缺失值现象，Giannone 等（2008）构建基于卡尔曼滤波和状态空间表示的 MF-DFM 模型以解决上述问题，并将其应用于美国实际 GDP 增长率的实时预报，实证结果证实 MF-DFM 模型实时预报的可行性和有效性。陈磊等（2016）采用 MF-DFM 模型对我国季度实际 GDP 增长率进行实时预报，实证结果也证实 MF-DFM 模型能够充分利用最新数据信息来提高预报精度。鉴于因子混频数据模型在预报效率、准确性以及实用性方面的比较优势，该模型已成为许多国家的央行、预测机构及研究者们进行预报时的主流模型（Angelini 等，2011）。

二、预报混频建模与单调性检验

（一）因子混频数据模型

在高维时间序列建模与应用中，因子模型已成为主流的计量经济模型之一，且众多研究表明，基于因子的预测方法在预报和预测核心宏观变量方面具有比较优势（Stock 和 Watson，2002a 和 b；Marcellino 和 Schumacher，2010；Foroni 和 Marcellino,2014)。因此,本文将采用 Marcellino 和 Schumacher(2010)提出的无约束因子混频数据(FA-UMIDAS)模型和有约束的 FA-MIDAS 模型,在当季实际 GDP 增长率发布前,依次加入实时更新的月度宏观经济变量信息,对季度实际 GDP 增长率进行实时预报。本文采用的因子混频数据模型可通过先提取共同因子,再构建混频数据模型的"两步法"形式来实现,具体如下。

第一步,采用因子增广模型(Stock 和 Watson,2002a 和 b;Bai 和 Ng,2006)从 N 维月度时间序列数据集 X_t 中提取共同因子,即:

$$X_t = \Lambda F_t + u_t, t = 1/3, 2/3, 1, \cdots, T-2/3, T-1/3, T \tag{1}$$

其中,X_t 是一个 $N \times 1$ 维的月度解释变量数据集,Λ 是一个 $N \times r$ 维的因子载荷矩阵,F_t 是一个 $r \times 1$ 维不可观测的共同因子向量,u_t 是一个 $N \times 1$ 的异质性误差向量,T 为拟预报的低频被解释变量的数据长度。在模型估计时,本文所提取的因子数量 r 是根据 Bai 和 Ng(2002)提出的 IC_{p2} 准则进行确定,因子的估计主要采用主成分分析(Principal Component Analysis,PCA)方法进行估计,由于预报过程中常常遇到的碎尾数据问题会影响因子的正常提取,本文参考 Kim 和 Swanson(2018)所使用的单变量自回归模型插值方法来解决此问题。

第二步,将所提取的因子嵌入到混频数据模型中,得到如下 FA-UMIDAS 和 FA-MIDAS 模型。

首先,FA-UMIDAS 模型,其具体形式可表示为

$$y_t = \beta_0 + \lambda y_{t-p} + \sum_{i=1}^{r}\sum_{k=0}^{K}\beta_{i,k}\hat{f}_{i,t-k/m-h}^{(m)} + \varepsilon_t, t = 1, \cdots, T \tag{2}$$

其中,y_t 为拟预报的第 t 季度低频被解释变量;y_{t-p} 为低频被解释变量滞后 p 阶的自回归项;h 为被解释变量向前预测的步长,如:第一季度的实际 GDP 增长率数据一般在 4 月中旬左右发布,则 $\hat{y}_{t|t-h}(h=2/3,1/3,0/3)$ 表示在当年的 1 月、2 月和 3 月生成的当季实际 GDP 增长率的预报结果;$\{\hat{f}_{i,t-k/m-h}^{(m)}\}_{k=0}^{K}$ 是第 i 个高频因子在 $t-h$ 期通过频率对齐转换所形成的低频向量组;K 表示因子的滞后阶数;m 表示高频解释变量与低频被解释变量之间的频率倍差;β_0 为截距项;$\{\beta_{i,k}\}_{k=0}^{K}$ 为第 i 个高频因子所需要估计的 $(K+1)$ 个待估参数;ε_t 为误差项。

其次,FA-MIDAS 模型,其具体形式可表示为

$$y_t = \beta_0 + \lambda y_{t-p} + \sum_{i=1}^{r}\beta_i b_i(L_m, \theta)\hat{f}_{i,t-h/m}^{(m)} + \varepsilon_t \tag{3}$$

其中,$b(L_m,\theta) = \sum_{k=1}^{K} w(k,\theta)L^{k/m}$ 是权重滞后多项式,$L^{1/m}$ 为滞后算子且可表示为 $L^{1/m}f_{t-h}^{(m)} = f_{t-h-1/m}^{(m)}$,$w(k,\theta)$ 为参数化权重函数,本文选取两参数指数 Almon 多项式权重函数,其具体形式为

$$w(k,\theta) = \frac{\exp(\theta_1 k + \theta_2 k^2)}{\sum_{k=0}^{K}\exp(\theta_1 k + \theta_2 k^2)} \tag{4}$$

与 FA-UMIDAS 模型不同的是，FA-MIDAS 模型通过对解释变量施加权重约束，使得每个变量仅存在一个对应的待估系数。

此外，为了评估因子混频数据模型预报结果的准确性，本文选取对比模型如下，一是基于同低频数据的因子（Factor-Augmented Low Frequency，FA-LF）模型，用以比较在使用因子模型的基础上，混频数据模型的采用是否提高了预报精度。具体地，FA-LF 模型首先将所有的月度数据依据其所属特征（流量或存量），以加总或取均值的方式处理成低频的季度数据，其中在当季内还未发布的月度数据参考 Soybilgen 和 Yazgan（2018）的做法采用单变量自回归模型进行补齐处理，然后采用因子模型提取同低频因子，并与季度实际 GDP 增长率构建回归模型进行预报。二是基于单变量 UMIDAS 和 MIDAS 模型，用以比较在混频数据模型的基础上，因子模型的使用是否提高预报精度。由于本文使用的解释变量个数较多，若将大量解释变量直接引入 UMIDAS 模型会引起维度灾难，从而导致过拟合和共线性问题，因此本文将选取的 24 个解释变量逐一与季度实际 GDP 增长率构建单变量 UMIDAS 和 MIDAS 模型，再采用等权重组合预测方法获取最终的预报结果（Bragoli 和 Fosten，2018）。

（二）预报评估方法

1. 传统的预报评估方法。

我国季度实际 GDP 增长率的伪实时预报结果一般采用均方根误差（Root Mean Square Error，RMSE）、平均绝对误差（Mean Absolute Error，MAE）和平均绝对百分比误差（Mean Absolute Percentage Error，MAPE）三种方法来评价，具体表达式如下：

$$RMSE=\sqrt{\frac{1}{T}\sum_{t=1}^{T}(\hat{y}_t-y_t)^2},MAE=\frac{1}{T}\sum_{t=1}^{T}|\hat{y}_t-y_t|,$$
$$MAPE=\frac{100\%}{T}\sum_{t=1}^{T}\left|\frac{\hat{y}_t-y_t}{y_t}\right| \tag{5}$$

式（5）中的 y_t 表示第 t 期的实际值，$\hat{y}_t$ 表示第 t 期的伪样本外预报值，三种评价方法均认为评价标准值越小，则代表预报值 $\hat{y}_t$ 与真实值 y_t 之间差距越小，预报结果越准确。

2. 预报单调性检验方法。

现有文献普遍基于上述传统预报评价指标的变化趋势，来观察实时预报误差是否会随着更新数据的加入而单调递减（Patton 和 Timmermann，2012），然而这种观察，比统计检验的结果缺乏说服力。因此，本文采用预报单调性检验方法，从统计意义上检验“预报的合理性”。具体预报策略如下：首先，根据国家统计局历年“主要统计信息发布日程表”，发现季度实际 GDP 增长率数据的首次发布时间距离当季第一天大约滞后110天;其次,本文总结了所使用的24个解释变量的发布时间,发现一个季度内月度数据更新36次,具体结果如附表1所示[③];最后,将变量按照更新时间顺序依次加入预报模型,进行季度实际GDP增长率的预报,其中,预报模型能采用的最及时发布的数据为国债利率差(TBIRD)、上证综合指数收益率(SSEC)、深证成份指数收益率(SZI)以及长短期国债收益率(LBOND和SBOND)等指标,紧随其后的是消费者信心指数(CEI)、利率(IWLR7)以及进出口(IMPORT和EXPORT)指标,而工业增加值(VAI)以及投资相关指标则在观察月结束两周后才会发布。按照数据发布的顺序依次加入最新可用数据信息,则在滞后110天发布为周期的预报过程中,总共可获得36次时点的预报结果。

基于上述预报策略可以得到$S=36$次预报结果,单调性检验的核心假设是判断在整个季度内进行预报时,越临近于t季度实际GDP增长率的发布日期,实时预报误差是否会随着更新数据信息的采用而单调递减,即对任意的预报点j和$j+k(k>0)$来说,在第$j+k$次预报时所获得的预报误差,是否低于在第j次预报时获得的预报误差。基于此,预报单调性检验方法的原假设H_0和备择假设H_1,可以分别表示如下:

$$H_0:\mathrm{E}[\Delta L_t(\hat{y}_{j+k,t},\hat{y}_{j,t})]=\mathrm{E}[L(y_t-\hat{y}_{j+k,t})-L(y_t-\hat{y}_{j,t})]>0,\exists j,\ k(j=1,\cdots,S-1;k=1,\cdots,S-j) \tag{6}$$

$$H_1:\mathrm{E}[\Delta L_t(\hat{y}_{j+k,t},\hat{y}_{j,t})]=\mathrm{E}[L(y_t-\hat{y}_{j+k,t})-L(y_t-\hat{y}_{j,t})]\leqslant 0,\forall j,\ k(j=1,\cdots,S-1;k=1,\cdots,S-j) \tag{7}$$

其中,$L(\cdot)$是基于RMSE、MAE和MAPE等预报评价指标构建的损失函数值,$\Delta L_t(\hat{y}_{j+k,t},\hat{y}_{j,t})=L(y_t-\hat{y}_{j+k,t})-L(y_t-\hat{y}_{j,t})$是在第$j+k$个预报点和第$j$个预报点获得的损失函数的差值,也称为第$j+k$和$j$个预报点产生的二阶矩。上述原假设$H_0$意味着在对$S(S-1)/2$个矩不等式进行检验时,只要存在任意一期的预报误差大于前期的预报误差,则不拒绝原假设H_0,表明伪样本外实时预报结果不具有单调性;若任意一期的预报误差均小于前期的预报误差,则拒绝原假设H_0,认为伪样本外实时预报结果具有单调性。

为了检验原假设,本文首先基于伪样本外预报值生成与上述原假设H_0类似的表达方程,用以构建检验统计量。具体地,基于递归窗口进行预报,假设伪样本内的估计期长度为R,所获得的伪样本外预报长度$P=(T-R)$的系列预报值为$\{\hat{y}_{j+k,t}\}_{t=R+1}^{T}$和$\{\hat{y}_{j,t}\}_{t=R+1}^{T}$,从而可得到类似于原假设$H_0$在矩条件下的表达式如下:

$$\frac{1}{T-R}\sum_{t=R+1}^{T}[L(y_t-\hat{y}_{j+k,t})-L(y_t-\hat{y}_{j,t})]=\frac{1}{T-R}\Delta L_t(\hat{y}_{j+k,t},\hat{y}_{j,t}),$$

③ 因篇幅所限,预报可用数据发布顺序表以附表1展示,见《统计研究》网站所列附件。下同。

$$j=1,\cdots,S;k=1,\cdots,S-j \tag{8}$$

根据式(8),预报单调性检验方法的检验统计量可以表示为:

$$\begin{aligned}U^{*}&=\max_{j,k\in C_s}\frac{1}{\sqrt{T-R}}\sum_{t=R+1}^{T}[L(y_t-\hat{y}_{j+k,t})-L(y_t-\hat{y}_{j,t})]\\&=\max_{j,k\in C_s}\frac{1}{\sqrt{T-R}}\sum_{t=R+1}^{T}\Delta L_t(\hat{y}_{j+k,t},\hat{y}_{j,t})\end{aligned}\tag{9}$$

其中,C_s 为预报单调性检验的矩不等式集合。若 $C_s=\{j,k:j=1,\cdots,S-1,k=1,\cdots,S-j\}$,则表明对所有存在的 $S(S-1)/2$ 对矩不等式进行检验,若 $C_s=\{j,k:j=1,\cdots,S-1,k=j+1\}$ 则表明仅对相邻 $(S-1)$ 对矩不等式进行检验。Fosten 和 Gutknecht(2020)研究表明在进行矩不等式检验时,对任意预报点 j 和 $j+k$,应满足损失函数之差的方差 $v_{j+k}^2\equiv Var(L(y_t-\hat{y}_{j+k,t})-L(y_t-\hat{y}_{j,t}))\neq 0$,以防止当预报次数 S 趋于无穷大时,相邻预报点所提取的因子之间完全相关。为了避免此问题,当预报次数 S 趋于无穷大时,可以设置一个间隔值 k_S^c,用来减少预报点非常接近的矩不等式子集。具体地,对于任意 j,间隔值 k_S^c 是 v_{j+k}^2 均大于某个常数 c 的最小整数 k,可表示为:

$$k_S^c=\min\{k\in\{1,\cdots,S-j\}:v_{j+k}^2>c>0\},\forall j=1,\cdots,S-1 \tag{10}$$

当 $k_S^c=1$ 时,检验最小间隔的二阶矩为 $[L(y_t-\hat{y}_{3,t})-L(y_t-\hat{y}_{1,t})]$;当 $k_S^c=5$ 时,检验的最小间隔的二阶矩为 $[L(y_t-\hat{y}_{7,t})-L(y_t-\hat{y}_{1,t})]$。因此,当选择不同的 k_S^c 时,所对应的矩不等式比较集 C_s 的数量也会随之变化。

其次,预报单调性检验统计量式(9)临界值的确定方法为,根据假设检验的定义,若预报误差满足单调性,则 $E[\Delta L_t(y_{j+k,t},y_{j,t})]\leqslant 0$,预测误差就会呈现出一条向下倾斜的曲线。因此,若检验统计量是绝不存在单调性的原假设时,应满足以下条件:

$$\begin{aligned}U^{*}&=\max_{j,k\in C_s}\frac{1}{\sqrt{T-R}}\sum_{t=R+1}^{T}\Delta L_t(\hat{y}_{j+k,t},\hat{y}_{j,t})\leqslant\\&\max_{j,k\in C_s}\frac{1}{\sqrt{T-R}}\sum_{t=R+1}^{T}(\Delta L_t(\hat{y}_{j+k,t},\hat{y}_{j,t})-E[\Delta L_t(y_{j+k,t},y_{j,t})])\end{aligned}\tag{11}$$

即当 $E[\Delta L_t(y_{j+k,t},y_{j,t})]\leqslant 0,j=1,\cdots,S-1,k=1,\cdots,S-j$ 时,式(11)均成立。Chernozhukov 等(2018)表明,在一定规律性条件下,检验统计量 U^{*} 满足的临界值可看作在 $(1-\alpha)$ 分位数条件下,$\max_{j,k\in C_S}\sum_{t=R+1}^{T}(\Delta L_t(y_{j+k},y_j)-E[\Delta L_t(y_{j+k},y_j)])/\sqrt{T-R}$ 分布的边界,从而 U^{*} 的估计可以通过该式近似表示。因此,当 U^{*} 满足上界条件时,假设 $c(\alpha)$ 是假设检验在显著性水平 α 处的相应临界值,则存在以下情况:

$$
\begin{aligned}
&\text{若} U^* \leqslant c(\alpha) \Rightarrow \text{拒绝原假设} H_0\text{,存在单调性}\\
&\text{若} U^* > c(\alpha) \Rightarrow \text{不拒绝原假设} H_0\text{,不存在单调性}
\end{aligned}
\tag{12}
$$

在确定U^*满足上界条件时,临界值$c(\alpha)$的大小是在原假设H_0条件下,采用块乘子自举(Block Multiplier Bootstrap,BMB)方法,依据检验统计量的渐近分布所确定。具体来说,BMB 方法是基于样本外预报期 P 获得的序列$\{\Delta L_t(\hat{y}_{j+k,t},\hat{y}_{j,t})\}_{t=R+1}^{T}$进行分块迭代,以获取最终检验统计量的临界值,该方法应用 Bernstein(1927)提出的"小块"和"大块"技术将序列$\{\Delta L_t(\hat{y}_{j+k,t},\hat{y}_{j,t})\}_{t=R+1}^{T}$进行分解,令$q>r$为满足$q+r<(T-R)/2=P/2$条件下的"大"和"小"块的长度,则可获得分块集合$I_1=\{R+1,\cdots,R+q\}$,$J_1=\{R+q+1,\cdots,R+q+r\}$,$\cdots$,$I_m=\{R+(m-1)(q+r)+1,\cdots,R+(m-1)(q+r)+q\}$,$J_m=\{R+(m-1)(q+r)+q+1,\cdots,R+m(q+r)\}$,$J_{m+1}=\{R+m(q+r)+q+1,\cdots,T\}$,其中$m=[P/(q+r)]$是$P/(q+r)$的整数部分,代表划分的块数量。在实证过程中,$r$和$q$是采用 Zhang 和 Cheng(2014)和 Fosten 和 Gutknecht(2020)的最佳块长度自举程序(Optimal Block Length Bootstrap Procedure)进行$B=999$次自举抽样来确定。

基于上述定义,BMB 算法步骤如下:

步骤一,首先生成一列服从标准正态分布且独立于$\{\Delta L_t(\hat{y}_{j+k,t},\hat{y}_{j,t})\}_{t=R+1}^{T}$的随机变量$\varepsilon_1,\cdots,\varepsilon_m$;

步骤二,构建 BMB 统计量

$$
W_{BMB}=\max_{j,k\in C_S}\left(\frac{1}{\sqrt{mq}}\sum_{h=1}^{m}\varepsilon_h\sum_{i\in I_h}\left(\Delta L_i(\hat{y}_{j+k,i},\hat{y}_{j,i})-\frac{1}{T-R}\sum_{t=R+1}^{T}\Delta L_t(\hat{y}_{j+k,t},\hat{y}_{j,t})\right)\right)
\tag{13}
$$

步骤三,在给定的$\{\Delta L_t(\hat{y}_{j+k,t},\hat{y}_{j,t})\}_{t=R+1}^{T}$序列下,计算$c^{BMB}(\alpha)$作为统计量$W_{BMB}$在$(1-\alpha)$条件分位数下的临界值,从而可判断是否拒绝原假设。

三、季度实际 GDP 增长率实时预报的混频实证分析

(一)指标选取

本文首先选取我国季度实际 GDP 增长率为被解释变量。其次,参考国家统计局、央行等政府机构发布的指标,以及现有相关文献所选取的指标为依据(刘汉和刘金全,2011;张劲帆等,2018;费兆奇和刘康,2019),最终选取 9 个月度先行指标、7 个月度一致指标以及 8 个月度金融变量为解释变量,具体信息如表 1 所示。

考虑到相关数据的可获得性,如社会融资规模数据由央行于 2002 年开始公布,本文所使用的高频月度数据样本区间为 2002 年 1 月至 2019 年 12 月,对应选取的低频实际 GDP 增长率的样本区间为 2002 年 1 季度至 2019 年 4 季度。此外,

为确保数据的平稳性，本文采用 ADF 检验（Dickey 和 Fuller，1979 和 1981）对所选指标进行单位根检验。所选指标的名称、英文缩写、数据形式和 ADF 检验结果如表 1 所示，其中具体使用的数据形式是根据 ADF 检验结果来确定的。最后，本文对所有变量进行标准化处理，以消除变量量纲的影响。

表 1　解释变量数据信息表

类型	指　　标	英文缩写	数据形式	ADF 检验	
				(C,T,K)	P 值
先行指标	房地产土地购置面积同比增速	IAAREDE	同比增长	$(C,T,2)$	0.0000***
	商品房新开工面积	HSTARTS	同比增长	$(C,T,2)$	0.0000***
	社会货运量	TFT	同比增长	$(C,T,2)$	0.0050***
	沿海主要港口货物吞吐量	VFH	同比增长	$(C,T,4)$	0.0000***
	货币供应量	M2	同比增长	$(C,T,10)$	0.0198**
	国债利率差	TBIRD	原序列	$(C,T,3)$	0.0091***
	固定资产投资新开工项目	NNP	同比增长	$(C,T,12)$	0.0065***
	消费者预期指数	CEI	1 阶差分	$(0,0,4)$	0.0000***
	工业企业产品产销率	RSO	同比增长	$(C,T,11)$	0.0013***
一致指标	工业增加值	VAI	同比增长	$(C,T,2)$	0.0000***
	工业企业利润总额	TPIE	同比增长	$(C,T,4)$	0.0000***
	国家财政收入中各项税收收入	TRGR	同比增长	$(C,T,9)$	0.0000***
	进口额	IMPORT	同比增长	$(C,T,4)$	0.0024***
	出口额	EXPORT	同比增长	$(C,T,4)$	0.0068***
	固定资产投资完成额	CIFA	同比增长	$(C,T,2)$	0.0006***
	社会消费品零售总额	TRSCG	同比增长	$(C,T,1)$	0.0129**
金融指标	社会融资规模	AFRE	原序列	$(C,T,2)$	0.0000***
	银行间 7 天同业拆借利率	IWLR7	原序列	$(C,T,1)$	0.0046***
	人民币实际有效汇率	REER	1 阶差分	$(0,0,6)$	0.0000***
	上证综合指数收益率	SSEC	同比增长	$(C,T,3)$	0.0000***
	深证成份指数收益率	SZI	同比增长	$(C,T,5)$	0.0026***
	房地产销售均价	HPI	原序列	$(C,T,12)$	0.0014***
	长期国债收益率	LBOND	原序列	$(C,T,2)$	0.0119**
	短期国债收益率	SBOND	原序列	$(C,T,6)$	0.0386**

注：本文采纳费兆奇和刘康（2019）中 ADF 的检验流程：如果常数项 C 和趋势项 T 均显著，则最终检验形式为 (C,T,K)；如果常数项 C 显著，趋势项 T 不显著，则最终检验形式退化为 $(C,0,K)$；如果常数项 C 和趋势项 T 均不显著，则最终检验形式退化为 $(0,0,K)$；滞后阶数 K 以 AIC 值最小为准则进行确定；＊＊＊，＊＊和＊分别表示在 10%，5%和 1%的水平下显著。下同。

本文的实证结果从以下方面进行分析：第一，给出了基于递归窗口下 FA-UMIDAS、FA-MIDAS 模型及其对比模型的样本外预报结果，采用 RMSE、MAE

和 MAPE 三个预报评价指标比较不同伪样本内外长度情况下的预报精度;第二,采用预报单调性检验方法检验预报结果是否存在统计意义上的单调性;第三,分别基于滚动窗口和不同数据更新时间间隔的预报窗口对预报单调性检验结果进行稳健性分析。具体地,首先,本文选取初始伪样本内训练集区间的长度 R 为 2002 年 1 季度至 2018 年 4 季度,伪样本外预报集长度 P 为 2019 年 1 季度至 2019 年 4 季度,即评估最近一年的预报效果。其次,关于预报策略,本文采用递归窗口生成直接一步向前预报结果,例如基于 2002 年 1 季度至 2018 年 4 季度的子样本进行样本内估计,然后利用 2019 年 1 季度所包含的实时更新的月度数据对该季度实际 GDP 增长率进行预报,并将训练集延长一个季度重新进行估计,重复每轮预测直至生成预测集内 4 个季度的预报结果。最后,为了考察模型预报能力和预报单调性检验结果是否稳健,除了考虑上述以 $P=4$ 为例的伪样本外预报区间,本文还考虑将样本外预报期长度 P 设定为 8、16、24 和 36 个季度(即伪样本外预报期长度为 2 年、4 年、6 年和 9 年)以检验预报的单调性与伪样本内外数据跨度是否相关。

(二)混频实时预报结果

图 1 分别汇报了在当季实际 GDP 增长率首次发布之前,FA-LF 模型、UMIDAS 模型、MIDAS 模型、FA-UMIDAS 模型和 FA-MIDAS 模型基于递归窗口,在不同伪样本内外数据长度下,所获得的以 RMSE、MAE 和 MAPE 为预报效果评价指标的实时预报结果。因篇幅所限,本文仅给出了样本内外长度为 $(R,P)=(68,4)$、$(R,P)=(56,16)$ 和 $(R,P)=(36,36)$,即伪样本外预报期长度分别为 1 年、4 年和 9 年的预报结果。

首先,从预报精度来看,三种评价指标所呈现的结果均显示 FA-MIDAS 模型和 FA-UMIDAS 模型的预报效果优于对比模型,这表明因子模型和混频模型的应用在一定程度上有助于提高预报的准确性。其次,从预报趋势来看,随着可用数据信息的依次更新加入,FA-UMIDAS 和 FA-MIDAS 模型及其对比模型的损失函数值均存在明显的递减趋势,这表明一系列宏观经济指标的依次加入确实能够改善实际 GDP 增长率的实时预报精度。最后,重点观察 FA-UMIDAS 模型和 FA-MIDAS 模型的预报结果可得,在两种模型的预报结果中,均存在几个预报误差骤降的突变点。具体地,第一,在第 10 次预报,即在滞后 22 天时发布的社会货运量(TFT)和沿海主要港口货运吞吐量(VFH)指标的更新加入时,引起了第一次明显的预报误差下降,这表明近年来随着我国运输业基础建设的不断完善与更新,以社会货运量(TFT)等代表运输业主要指标的更新为当季实际 GDP 增长率的预报提供有用的信息,政府、企业和投资者们可借助运输业主要指标的方向变化,对当前经济走势进行预判。第二,在第 17 次预报时,即随着滞后 46 天时发布的包括工业增加值(VAI)、固定投资完成额(CIFA)、社会消费品零售总额(TRSCG)等与投资、消费和工业相关指标的更新加入，预报误差又出现了一次明显下降，预报精度进一步提升。第三，在第 27 次预报，即滞后 79 天左右，投资、消费和工业等一系列相关指标的更新再一次对当季实际 GDP 增长率的预报提供了有效信息，通过对消费、投资和工业等方面相关指标建立动态监测和预报机制，能够实时掌握宏观经济变化情况，从而提高实际 GDP 增长率的实时预报精度。

虽然本文借鉴已有文献，采用与季度实际 GDP 增长率息息相关的 24 个重要指标作为解释变量(刘汉和刘金全，2011；张劲帆等，2018；费兆奇和刘康，2019)进行季度实际 GDP 增长率的实时预报，但这 24 个指标的加入对于预报结果的影响，并不一定在每个预报期都十分显著，从而导致模型的预报精度存在波动和反复的现象，但从图 1 中的(a)～(c)可以看出预报误差总体呈明显下降趋势。从历史文献也可以发现，随着新信息的加入，各个解释变量对于目标变量的影响存在显著性差异，预报误差并不是在所有情况下都单调下降。在预报期内某些时点的预报误差产生波动是不可避免的，例如变量过多(Bańbura 等，2013)、不同预报期数(Carriero 等，2015)、不同数据源、模型的变量选择技术以及用于预测的最优解释变量等原因，都会造成预报误差波动。因篇幅所限，本文将在后续研究中深入研究其中的影响机理问题。

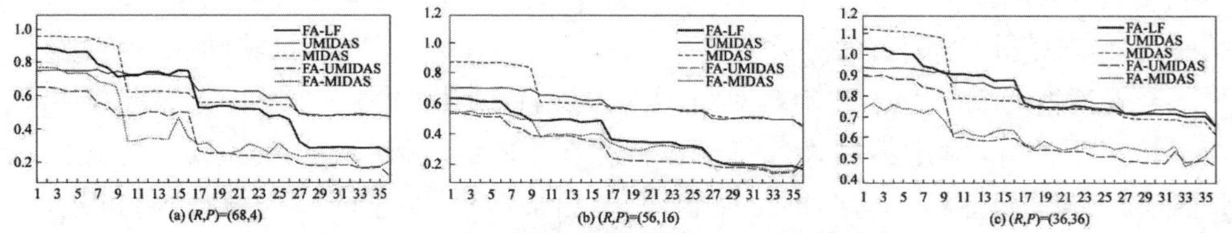

(a) 基于不同伪样本内外长度下模型的RMSE结果

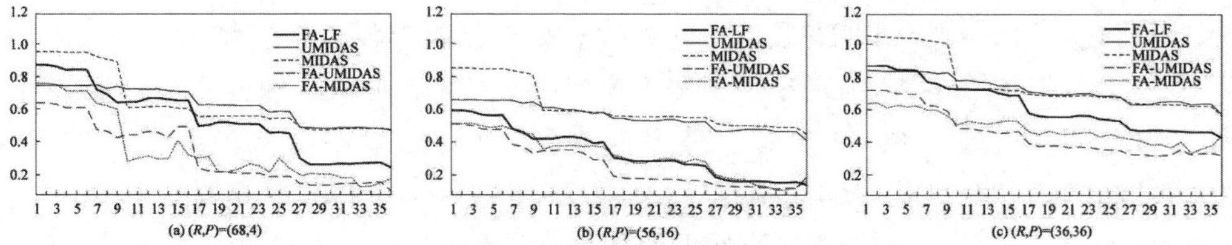

(b) 基于不同伪样本内外长度下模型的MAE结果

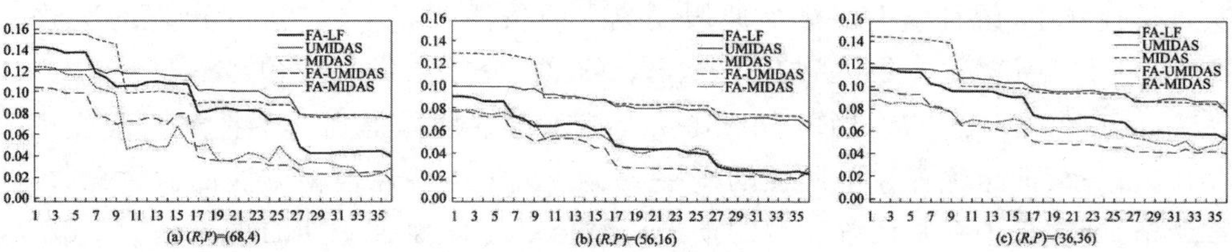

(c) 基于不同伪样本内外长度下模型的MAPE结果

图 1 基于递归窗口的实时预报结果

(三)实时预报的单调性检验

上述预报结果表明,FA-UMIDAS 模型和 FA-MIDAS 模型的 RMSE、MAE 和 MAPE 结果在整个预报期内均存在明显递减趋势,即两种模型的预报精度在整个预报期内逐步改善,但其中仍然存在少许预报结果拒绝单调性的情况,即后面某一期损失函数的值高于前面某一期损失函数的值。出现预报误差波动和反复的原因是多方面的,采用多个解释变量所导致的信息冗余、模型无法捕捉一些突变点、经济状态的实时变化以及实时预报采用的信息都是初步核算数据还有待最终核实等原因,都有可能导致预报精度在新信息加入后出现波动和反复。但是,图 1 结果表明,预报精度的波动和反复很难影响到预报误差呈现递减的总体趋势特征。

为此,下文采用预报单调性检验方法,检验基于因子混频数据模型所得到的季度实际 GDP 增长率的实时预报误差,是否存在统计意义上的单调递减性质。由于在预报时点较为接近的情况下,所提取因子之间可能存在高度相关问题,因此本文参考 Patton 和 Timmermann(2012)和 Fosten 和 Gutknecht(2020)的做法,按照检验间隔由小到大的情况依次进行检验,以排除在矩不等式较多情况下,可能出现的相邻预报因子存在高度相关的问题。具体来说,在以当季实际 GDP 增长率滞后 110 天发布为周期的预报过程中,月度数据共更新 36 次,即可获取 $S=36$ 次预报结果。本文对所有可能存在的 $S(S-1)/2=630$ 对矩不等式,检验间隔 k_S^c 分别为 1、2、5 所产生的 595、561 和 465 对矩不等式进行单调性检验。此外,本文也对相邻预报情况下的 35 对矩不等式进行预报单调性检验,检验可能存在的因子相关问题是否会影响单调性检验的结果。最后,图 1 结果显示,基于同一个模型预报误差结果所得到的 RMSE、MAE 和 MAPE 三个评价指标结果在预报期内的走势非常接近,因篇幅所限,本文仅以 RMSE 指标为代表报告预报单调性检验结果。

表 2 汇报了 FA-UMIDAS 模型和 FA-MIDAS 模型在不同伪样本内外长度下的预报单调性检验结果,其中 U^* 是根据式(9)得到的单调性检验统计量的值,“90%”和“95%”分别代表的是根据 BMB 方法在进行 $B=999$ 次自举抽样后得到的在 10%和 5%条件分位数下的临界值 $c_{10\%}(\alpha)$ 和 $c_{5\%}(\alpha)$,“P 值”是在 $B=999$ 次自举抽样中,统计量 U^* 满足原假设成立的条件 $U^*>c^{BMB}(\alpha)$ 出现的次数 $s\{U^*>c_b^{BMB}(\alpha)\}_{b=1}^{B}$ 占总抽样次数的百分比,即按照公式 $P=s\{U^*>c_b^{BMB}(\alpha)\}_{b=1}^{B}/B$ 计算所得,其代表基于自举抽样得到的不拒绝原假设 H_0 存在的概率,即拒绝存在单调性的概率大小。由于单调性检验方法的假设条件非常严格,即预报中存在任意一期的损失函数值高于前面某一期的损失函数值就认为满足了单调性存在的条件。因此,所得 P 值结果小于 30%(即接受备择假设 H_1 单调性存在的概率大于 70%)时,则认为已经有明显的证据表明预报存在单调性(Fosten 和 Gutknecht,2020)。

表 2　基于递归窗口的预报单调性检验结果

不等式数量 k / 样本分类情况		FA-UMIDAS 模型					FA-MIDAS 模型				
		(68,4)	(64,8)	(56,16)	(48,24)	(36,36)	(68,4)	(64,8)	(56,16)	(48,24)	(36,36)
$k=630$	U^*	0.053	0.069	0.095	0.162	0.375	0.239	0.236	0.174	0.278	0.670
	90%	0.333	0.336	0.366	0.481	2.262	0.562	0.553	0.664	0.670	1.260
	95%	0.400	0.404	0.446	0.570	2.731	0.697	0.634	0.820	0.800	1.476
	P 值	0.203	0.223	0.264	0.396	0.273	0.474	0.333	0.302	0.374	0.442
$k=595$	U^*	0.049	0.069	0.095	0.162	0.359	0.239	0.236	0.174	0.278	0.670
	90%	0.326	0.347	0.333	0.624	2.317	0.560	0.591	0.660	0.673	1.713
	95%	0.404	0.429	0.407	0.773	2.868	0.662	0.661	0.832	0.780	2.132
	P 值	0.167	0.201	0.295	0.481	0.253	0.480	0.345	0.286	0.382	0.490
$k=561$	U^*	0.048	0.069	0.095	0.162	0.356	0.239	0.236	0.174	0.278	0.670
	90%	0.338	0.391	0.361	0.613	2.075	0.561	0.599	0.629	0.760	1.442
	95%	0.411	0.471	0.441	0.755	2.717	0.691	0.683	0.766	0.867	1.644
	P 值	0.164	0.325	0.283	0.461	0.197	0.504	0.331	0.305	0.275	0.499
$k=465$	U^*	0.045	0.069	0.039	0.116	0.174	0.080	0.200	0.078	0.191	0.215
	90%	0.314	0.344	0.340	0.599	2.318	0.561	0.565	0.675	0.752	1.492
	95%	0.377	0.411	0.394	0.751	2.798	0.709	0.660	0.820	0.906	1.788
	P 值	0.161	0.257	0.129	0.387	0.103	0.112	0.279	0.088*	0.145	0.098*
$k=35$	U^*	0.053	0.056	0.088	0.155	0.375	0.225	0.198	0.168	0.197	0.361
	90%	0.133	0.144	0.136	0.194	1.646	0.350	0.376	0.333	0.398	1.131
	95%	0.155	0.174	0.162	0.231	2.231	0.420	0.441	0.424	0.508	1.345
	P 值	0.354	0.427	0.691	0.831	0.466	0.681	0.537	0.532	0.432	0.322

注：$k=630$、595、561、465 和 35 分别表示包含所有情况下的不等式、间隔 $k_S^c=1$、间隔 $k_S^c=2$、间隔 $k_S^c=5$ 和仅相邻情况下进行检验时的矩不等式数量；(R,P) 中的 R 和 P 分别代表不同的伪样本内外长度；P 值是基于自举抽样分布的单侧拒绝率，代表拒绝单调性存在的概率。下同。

表 2 结果表明，首先，FA-UMIDAS 模型和 FA-MIDAS 模型的预报单调性检验结果从整体上看均未出现显著拒绝单调性存在的证据，这表明在使用不同伪样本内外长度、不同数据间隔组合的情况下，基于因子混频数据模型并依次加入最新可获取的月度数据信息，均改善了季度实际 GDP 增长率的预报结果。其次，从具体 P 值的大小来看，FA-UMIDAS 模型和 FA-MIDAS 模型在单调性的表现上存在些许差异。例如，在伪样本内外长度比为 68/4、64/8、56/16 和 36/36 的情况下，FA-UMIDAS 模型的预报单调性检验所得到的 P 值总体上小于 FA-MIDAS 模型的 P 值，结合图 1 可得，虽然两个模型的预报精度相差无几，但 FA-MIDAS 模型的损失函数曲线波动较为明显，从而影响了单调性检验结果，因此 FA-UMIDAS 模

型的预报结果在统计意义上存在单调性的可能性要大于 FA-MIDAS 模型。最后,研究发现在单调性检验间隔 $k_S^c=5$,即需检验的单调性矩不等式数量 $k=465$ 时,两类模型在不同的伪样本分类情况下均表现最优,这表明为了避免相邻预报点所提取的因子之间存在相关性而设置的间隔值是有效的。

综上所述,无论伪样本内外长度比和单调性检验的数据间隔如何,单调性检验的结果均表明实时更新数据的加入,确实改善了季度实际 GDP 增长率的预报结果。

(四)实时预报单调性检验的稳健性分析

为了确保预报单调性检验结果的可靠性,本文对上述实证结果进行以下稳健性检验。首先,使用滚动窗口代替递归窗口以讨论预报单调性检验结果的稳健性;其次,本文将数据发布时间以 10 天为一个周期进行预报,即在当季实际 GDP 增长率滞后 110 天的发布周期里,进行 11 次预报,以便在相对低维即在矩不等式数量较少的情况下评估单调性检验的性能。

1. 基于滚动窗口进行预报的单调性检验。

基于递归窗口的预报结果依赖于长度不断增加的估计窗口,从而尽可能利用更多的数据信息。若当时间序列数据在估计期间存在结构突变时,基于滚动窗口进行预报比递归窗口所受到的影响相对要小一些,因为基于滚动窗口的预报依赖于估计窗口长度的设定。此外,Stock 和 Watson(1998)认为选择递归或滚动窗口取决于预测者的经验。因此,本文使用滚动窗口代替递归窗口来检验预报单调性检验结果是否稳健。

FA-UMIDAS 模型和 FA-MIDAS 模型在不同伪样本内外长度下基于滚动窗口的实时预报结果④,与基于递归窗口的结果相似:第一,在以当季实际 GDP 增长率滞后 110 天发布为周期的预报过程中,基于滚动窗口所获得的 FA-UMIDAS 模型和 FA-MIDAS 模型的预报结果依旧存在明显的递减趋势;第二,FA-UMIDAS 模型和 FA-MIDAS 模型基于滚动窗口的预报精度略差于递归窗口下的预报;第三,在两种模型的预报结果中,仍然存在精度骤降的突变点,且在 FA-UMIDAS 模型所得结果中更为明显。基于上述滚动窗口的实时预报结果,本文进行了单调性检验,结果如表 3 所示。在大多数情况下 FA-UMIDAS 模型和 FA-MIDAS 模型的 P 值结果均低于 30%,且 FA-UMIDAS 模型在伪样本分类情况$(R,P)=(68,4)$和$(64,8)$时在所有不等式数量下均在 1%的显著性水平下拒绝原假设,即存在单调性,这表明虽然基于滚动窗口获取的预报精度略差于递归窗口的结果,但正如上文所述,当时间序列数据在估计期间可能存在结构突变时,基于滚动窗口进行预

④ 因篇幅所限,基于滚动窗口的实时预报结果以附图 1 展示。

报比基于递归窗口时所受到的影响波动相对较小。从整体看，基于滚动窗口获取的单调性检验结果是稳健的，实时更新数据的加入确实逐渐改善了当季实际 GDP 增长率的预报结果。

表 3　基于滚动窗口的预报单调性检验结果

样本分类情况 \ 不等式数量k		FA-UMIDAS 模型					FA-MIDAS 模型				
		(68,4)	(64,8)	(56,16)	(48,24)	(36,36)	(68,4)	(64,8)	(56,16)	(48,24)	(36,36)
$k=630$	U^*	0.134	0.043	0.057	0.102	0.314	0.189	0.316	0.231	0.345	0.712
	90%	0.468	0.390	0.347	1.561	2.611	0.627	0.639	0.612	1.939	2.499
	95%	0.570	0.490	0.388	2.023	3.175	0.757	0.727	0.685	2.506	3.001
	P 值	0.367	0.032^{**}	0.028^{**}	0.264	0.212	0.241	0.261	0.285	0.170	0.250
$k=595$	U^*	0.134	0.043	0.057	0.102	0.287	0.189	0.316	0.231	0.345	0.576
	90%	0.460	0.408	0.350	1.466	2.627	0.610	0.679	0.603	2.005	2.581
	95%	0.549	0.477	0.408	1.835	3.249	0.697	0.759	0.696	2.522	3.131
	P 值	0.347	0.022^{**}	0.026^{**}	0.234	0.114	0.228	0.295	0.319	0.167	0.156
$k=561$	U^*	0.134	0.043	0.057	0.090	0.061	0.189	0.316	0.231	0.306	0.576
	90%	0.460	0.400	0.334	1.622	2.519	0.622	0.648	0.628	2.134	2.719
	95%	0.586	0.484	0.395	2.168	3.191	0.741	0.721	0.741	2.637	3.277
	P 值	0.361	0.020^{**}	0.036^{**}	0.263	0.019^{**}	0.255	0.268	0.300	0.154	0.156
$k=465$	U^*	0.134	0.027	0.057	0.081	−0.003	0.062	0.086	0.156	0.190	0.305
	90%	0.433	0.402	0.369	1.500	2.607	0.618	0.686	0.616	1.638	2.028
	95%	0.532	0.540	0.422	1.999	3.108	0.753	0.794	0.699	2.064	2.397
	P 值	0.337	0.005^{***}	0.040^{**}	0.265	0.009^{***}	0.035^{**}	0.009^{***}	0.082^{*}	0.058^{*}	0.064^{*}
$k=35$	U^*	0.073	0.037	0.017	0.100	0.314	0.127	0.266	0.181	0.293	0.712
	90%	0.219	0.197	0.22	0.631	1.727	0.443	0.493	0.417	0.638	1.131
	95%	0.268	0.239	0.254	0.844	2.222	0.527	0.563	0.494	0.730	1.379
	P 值	0.321	0.052^{*}	0.007^{***}	0.405	0.336	0.151	0.395	0.339	0.299	0.632

2. 基于不同数据更新时间间隔进行预报的单调性检验。

根据本文所选数据集的实时更新时间，上述实时预报过程均做了 36 次预报，并且检验了在不同的伪样本内外长度下的预报结果是否具有单调性。上述实证结果表明单调性检验中矩不等式数量与预报次数相关，而预报次数则与数据的更新时间息息相关，且三者之间呈现正向影响关系。例如根据数据的发布更新时间，基于递归窗口下因子混频数据模型获得 36 次预报结果，本文考虑不同的数据间隔生成的矩不等式数量最高可达 630 个，从而在较高维的情况下从统计意义上分析单调性检验的有效性。但如果在预报次数较少的情况下，单调性检验的稳健性和有效性是否会受到维度影响？基于此，本文在相对低维的环境中评估了单调性检验的有效性。为了降低预报次数，本文将数据的发布时间以 10 天为一周期进行分段，即在以当季实际 GDP 增长率滞后 110 天发布的周期内，总共进行 $S=11$ 次预报，在该情况下即使考虑所有可能存在的不等式情况，也只需检验 66 个矩不等式。

FA-UMIDAS 模型和 FA-MIDAS 模型基于递归窗口下，以 RMSE、MAE 和 MAPE 作为评价指标的不同时段的预报结果显示⑤，在以当季实际 GDP 增长率滞后 110 天发布为周期的预报过程中，FA-UMIDAS 和 FA-MIDAS 模型以 10 天为周期的预报误差结果存在明显递减的趋势，且较为平缓。预报单调性检验结果同样表明在较低维环境中，基于因子混频数据模型的预报单调性结果仍然稳健，两类模型在大多数情况下均在 1% 的显著性水平上拒绝原假设，证明存在明显的单调性。

四、结论与启示

本文从统计意义上检验我国季度实际 GDP 增长率实时预报的性能是否随着高维高频信息的渐次更新而逐步提升，据此来评估混频实时预报的单调有效性，并进一步从样本的时变特征和阶段属性来分析实时预报单调性检验的稳健性，得到以下结论与启示。

第一，混频实时预报结果显示：无论是 FA-UMIDAS 模型，还是 FA-MIDAS 模型，在不同伪样本内外数据长度划分情况下，基于 RMSE、MAE 和 MAPE 等评价指标所得到的季度实际 GDP 增长率实时预报的结果均优于对比模型，且实时预报的精度会随着依次加入实时更新的宏观经济信息而逐步改善，这说明实时预报有必要包含尽可能多的高维高频指标，采用合理的混频建模技术可以攫取更多有用信息用于实时预报。此外，两种模型的预报结果均存在显著突变点，这说明因子混频数据模型的实时预报结果易受宏观经济中突变点的影响，重大突发事件和外在冲击也会影响到模型的实时预报效果。

第二，基于因子混频数据模型实时预报的单调性检验结果表明：首先，在模拟不同的伪样本外长度的情形下，单调性检验结果显示因子混频数据模型均能使用实时更新的月度数据逐步单调改善当季实际 GDP 增长率的预报结果，这说明因子混频数据模型在我国实际 GDP 增长率预测方面具有适用性和有效性，宏观经济政策分析和调整可以将实时预报的结果作为参考依据；其次，虽然 FA-MIDAS 模型与 FA-MIDAS 模型在预报精度上相差无几，但在临近数据发布时期，FA-MIDAS 模型的预报精度波动起伏较为明显，单调性检验的结果在一些情况下反而不如

⑤ 因篇幅所限，基于递归窗口的不同时段实时预报结果附图 2 和附表 2 展示。

FA-UMIDAS模型，这说明我国季度实际GDP增长率的实时预报策略尚且存在改善空间，实际操作过程中需要综合多种策略，以提高实时预报的精确性和稳健性。

第三，因子混频数据模型实时预报单调性的稳健性分析结果表明：首先，基于滚动窗口的单调性检验表明在整个预报期内随着数据信息的增加，基于滚动窗口的单调性检验结果稳健，即以较大概率认为季度实际GDP增长率预报结果存在单调性，因子混频数据模型实时预报的预测误差总体呈现单调递减趋势；其次，基于不同时段的单调性检验结果表明，以季度实际GDP增长率滞后110天发布为周期的实时预报过程中，FA-UMIDAS模型和FA-MIDAS模型以10天为周期进行实时预报所得到的结果呈现明显递减趋势，这说明高维高频信息的增加，能够显著提高实时预报的精度。因此，在我国宏观经济政策制定过程中，可以考虑将更多不断更新的宏观信息纳入宏观经济预测系统，实时预报我国季度实际GDP增长率，在提高实时预报精度以调整宏观经济政策力度的同时，不断监测经济走势和变化，以便把握宏观调控的节奏和方向。

参考文献

陈磊，隋占林，咸金坤，2016.我国经济增长速度的实时预测[J].吉林大学社会科学学报，56(5)：43－51，188.

陈磊，孟勇刚，咸金坤，2019.我国宏观经济景气的实时监测与预测[J].数量经济技术经济研究，36(2)：86－102.

费兆奇，刘康，2019.中国宏观经济波动的高频监测研究——基于混频模型对日度经济先行指数的构建和分析[J].管理世界，35(6)：27－38.

龚玉婷，陈强，郑旭，2014.基于混频模型的CPI短期预测研究[J].统计研究，31(12)：25－31.

刘汉，刘金全，2011.中国宏观经济总量的实时预报与短期预测——基于混频数据预测模型的实证研究[J].经济研究，46(3)：4－17.

鲁万波，杨冬，2018.基于半参数混频误差修正模型的中国CPI预测研究[J].统计研究，35(10)：28－43.

张劲帆，刚健华，钱宗鑫，等，2018.基于混频向量自回归模型的宏观经济预测[J].金融研究，457(7)：34－48.

Angelini E，Camba-Mendez G，Giannone D，et al，2011. Short-term Forecasts of Euro Area GDP Growth[J]. The Econometrics Journal，14(1)：C25－C44.

Bai J，Ng S，2006. Confidence Intervals for Diffusion Index Forecasts and Inference for Factor-augmented Regressions[J]. Econometrica，74(4)：1133－1150.

Bai J，Ng S，2002. Determining the Number of Factors in Approximate Factor Models[J]. Econometrica，70(1)：191－221.

Bańbura M, Giannone D, Modugno M, et al, 2013. Nowcasting and the Real-time Data Flow[A]. Elliott G, Timmermann A, Handbook of Economic Forecasting[M]. Elsevier: North-Holland Press.

Bernstein S, 1927. Sur L' extension Du Théoréme Limite Du Calcul Des Probabilités Aux Sommes De Quantités Dépendantes[J]. Mathematische Annalen, 97(1): 1—59.

Bragoli D, Fosten J, 2018. Nowcasting Indian GDP[J]. Oxford Bulletin of Economics and Statistics, 80(2): 259—282.

Carriero A, Clark T E, Marcellino M, 2015. Realtime Nowcasting with a Bayesian Mixed Frequency Model with Stochastic Volatility[J]. Journal of the Royal Statistical Society. Series A: Statistics in Society, 178(4): 837—862.

Chernozhukov V, Chetverikov D, Kato K, 2018. Testing Many Moment Inequalities[R]. arXiv: 1312.7614.

Dickey D A, Fuller W A, 1979. Distribution of the Estimators for Autoregressive Time Series with a Unit Root[J]. Journal of the American Statistical Association, 74(366a): 427—431.

Dickey D A, Fuller W A, 1981. Likelihood Ratio Statistics for Autoregressive Time Series with a Unit Root[J]. Econometrica, 49(4): 1057—1072.

Foroni C, Marcellino M, 2014. A Comparison of Mixed Frequency Approaches for Nowcasting Euro Area Macroeconomic Aggregates[J]. International Journal of Forecasting, 30(3): 554—568.

Fosten J, Gutknecht D, 2020. Testing Nowcast Monotonicity with Estimated Factors[J]. Journal of Business & Economic Statistics, 38(1): 107—123.

Giannone D, Reichlin L, Small D, 2008. Nowcasting: The Real-time Informational Content of Macroeconomic Data[J]. Journal of Monetary Economics, 55(4): 665—676.

Kim H H, Swanson N R, 2018. Mining Big Data Using Parsimonious Factor, Machine Learning, Variable Selection and Shrinkage Methods[J]. International Journal of Forecasting, 34(2): 339—354.

Knotek II E S, Zaman S, 2017. Nowcasting U. S. Headline and Core Inflation[J]. Journal of Money, Credit and Banking, 49(5): 931—968.

Marcellino M, Schumacher C, 2010. Factor MIDAS for Nowcasting and Forecasting with Ragged-edge Data: A Model Comparison for German GDP[J]. Oxford Bulletin of Economics and Statistics, 72(4): 518—550.

Patton A J, Timmermann A, 2012. Forecast Rationality Tests Based on

Multi-horizon Bounds[J]. Journal of Business & Economic Statistics, 30(1): 1—17.

Soybilgen B, Yazgan E, 2018. Evaluating Nowcasts of Bridge Equations with Advanced Combination Schemes for the Turkish Unemployment Rate[J]. Economic Modelling, 72: 99—108.

Stock J, Watson M, 1998. Diffusion Indexes[R]. NBER Working Paper, No. w6702.

Stock J H, Watson M W, 2002a. Forecasting Using Principal Components from a Large Number of Predictors[J]. Journal of the American Statistical Association, 97(460): 1167—1179.

Stock J H, Watson M W, 2002b. Macroeconomic Forecasting Using Diffusion Indexes[J]. Journal of Business & Economic Statistics, 20(2): 147—162.

Zhang X, Cheng G, 2014. Bootstrapping High Dimensional Time Series[R]. arXiv: 1406.1037.

作者及单位

刘　汉，吉林大学数量经济研究中心暨商学与管理学院。

刘　营，吉林大学商学与管理学院。

王永晶，吉林大学商学与管理学院。

基于动态因子和混频数据的天然气需求概率预测模型设计与应用[⑥]

【内容摘要】 随着天然气消费需求的快速增长,需求波动也显著加剧,导致部分地区天然气供需出现季节性和阶段性的失衡。本文基于混频采样框架、分位数回归模型和核密度估计的天然气需求混频概率预测模型,构建了包括天气状况、能源市场、资本市场和投资关注4个方面的综合性混频动态因子系统,以期更精确地预测我国的天然气需求。研究发现,天气状况、能源市场和投资关注对天然气需求的预测能力优于资本市场。在天气状况方面,每日温度是月度天然气需求的最佳指标;在能源市场方面,月度天然气需求呈现出显著的自相关特征,持续时间为3～5个月,石油现货价格和煤炭现货价格的影响持续天数较短,分别为11天和10天;在预测表现方面,样本外的月度天然气需求实际值大部分出现在概率密度曲线的最高点附近。本文所提出的模型不仅能够直接使用混频动态因子的前瞻性信息,还能够获得平滑的天然气需求概率密度曲线,预测精确度相较现有模型提升14.13%～29.15%。研究结论为保障我国天然气市场安全,完善"双碳"政策设计提供有益的决策参考。

一、引言

加快构建现代能源产供储销体系、增强风险应对能力,是保障国家能源安全和"双碳"战略目标如期实现的内在要求,也是党的二十大报告中推动经济高质量发展的重要议题。随着能源结构低碳化转型的加速推进,天然气等清洁能源在能源生产结构中的占比持续上升,推动着能源消费方式和绿色发展方式的深刻变革。国家统计局数据显示[⑦],天然气占能源消费总量的比重由2012年的4.8%上升到2022年的8.4%。在天然气需求快速增长的同时,需求波动也日益显著。鉴于燃气勘探和输送技术的瓶颈以及储气设施建设滞后(王小洋等,2021),天然气供给不能快速及时地满足需求变化,从而致使局部地区某些时段出现了季节性和阶段性的失衡。在天然气产业实践中,"照付不议"合同条款将天然气产业链的资源开发

⑥ 本文选自《统计研究》2023年第11期。

⑦ 数据来源:https://data.stats.gov.cn/easyquery.htm? cn=CO1&zb=A070E&sj=2022。

方、输气方与市场用户捆在一起，意味着用气方无论是由于经营困境，还是经济环境等因素导致的无法按照约定数量消费，都必须按照销售合同的75％～85％进行实际购气（Yukseltan等，2021）。除了合同条款，极端天气变化、环境规制政策、重大公共卫生事件等突发事件也会增加国内天然气企业的生产成本和经营风险，不利于能源市场改革和碳中和政策的推进。因此，开展天然气需求预测研究，不仅有助于辅助能源供给企业的生产决策，还能够为完善“双碳”政策框架提供有益的决策参考。

在天然气需求预测方面，现有的预测技术可分为点预测和区间预测两种类型（He等，2019）。点预测技术的实践运用成本较低，能够有效捕捉天然气需求的短期趋势，在能源需求预测研究和天然气产业实践中得到广泛应用。然而，宏观环境的不确定性和政策变动的外生冲击，往往会导致点预测偏离天然气的实际需求。区间预测技术通过构建高覆盖概率的预测区间，实现了对短期天然气需求不确定性波动的量化评估，为提高天然气需求的预测精度提供了更有效的工具。然而在现实情况中，某些外部驱动因子对天然气需求的影响持续时间低于天然气需求数据的发布频率，使得该影响无法有效地被低频预测模型识别，不利于天然气需求的即时概率预测。因此，本文基于Ghysels等（2004）提出的混频数据采样（MIDAS）框架替代常用的时间聚合或插值方法，以不同频率进行采样并捕捉预测信息，确保外部驱动因子中前瞻性信息的原生性。然后，将分位数回归模型（QR）嵌入MIDAS来识别响应变量的条件分布，从而实现直接利用混频数据捕捉天然气需求的不确定性。在此基础上，参照Timmermann（2006）采用基于最优MIDAS-QR模型的联合预测方法，对不同MIDAS-QR模型的信息集、预测器和建模结构进行系统整合，有效解决单一MIDAS-QR模型在不同条件和非平稳性环境下可能存在的模型误用和结构断裂问题，提升区间预测的预测精度。

本文主要贡献如下：第一，从天气状况、能源市场、资本市场和投资关注4个维度出发，构建适用我国市场情景的天然气需求混频动态因子系统；第二，将QR和核密度估计（KDE）嵌入到MIDAS框架中，提出MIDAS-QR-KDE联合概率预测模型，提升对天然气不确定性需求的捕捉能力；第三，利用混频数据预测每月天然气需求概率密度，有效缓解时间错配问题，并提供更多前瞻性预测信息，更有效地识别多元驱动因子对天然气需求的短期影响，从而提升天然气需求的预测精度。

二、文献回顾

（一）天然气需求的影响因素

现有文献对天然气需求的影响因素进行了广泛探讨，主要集中于天气状况、能源市场变化以及宏观经济波动三个方面。天气状况被普遍认为是影响天然气需求的主要因素。作为天然气的主要用途之一，住宅供暖需求在很大程度上取决于气温和湿度等天气状况的变化(Kostakis 等，2021)。Soldo 等(2014)指出，近地温度能够直接影响天然气消费，是预测天然气需求最常用的指标之一。Karimi 和 Dastranj(2014)发现风速可能会对建筑物的供暖需求产生潜在影响，并将每日气温、相对湿度、风速和降雨量等天气状况作为模型的输入变量来预测每日天然气需求。此外，太阳辐射、大气压力和平均云量也被认为是天气状况方面预测天然气需求的重要预测因素。

能源市场是影响天然气需求的另一个重要方面，但目前利用能源市场相关指标进行天然气需求预测的文献相对有限。其中，部分研究揭示了天然气需求变动与其他能源之间的紧密联系。Zhang 等(2018)研究表明，天然气和石油的相互替代关系不仅体现在交通运输领域，还反映于公共服务领域。原油作为煤炭的主要替代品，可能会影响煤炭的消费需求及价格波动，因此原油价格也被认为能够提供有关天然气需求的前瞻性预测信息(郭正权等，2018)。Raza 等(2022)发现，由于原油价格是天然气价格的主要影响因素，且国际原油价格对国内天然气进口和需求量产生重要影响，因此原油价格与天然气价格之间呈现出稳定且不对称关系。在能源结构转型时期，无论是煤炭和石油等还是天然气，都是保障我国经济平稳发展和能源消费安全的主要因素，因此其他能源价格波动可以为天然气需求提供预测信息。

此外，现有研究指出国内生产总值(GDP)、通货膨胀率、人口增长速度、进出口规模等宏观经济和社会发展指标是预测天然气需求的重要因素，可以有效反映国家经济活力和发展水平(Sen 等，2019)。基于这一观点，Dalfard 等(2013)将 GDP、人口增长和燃气发电平均效率纳入天然气消费总量的预测模型；Sen 等(2019)以人口、人均 GDP、通货膨胀和家庭天然气价格作为天然气年度预测模型的输入变量。Karabiber 和 Xydis(2020)从长期和短期等维度对天然气需求的影响因素进行梳理。在构建天然气需求预测模型的影响因素体系时，需要考虑不同影响因素在不同时间尺度下对天然气需求变化的作用机制和影响效应的差异(Kostakis 等，2021)。

近年来，能源市场预测的相关研究开始考虑资本市场的影响。资本市场的相关指标早期在期权定价、金融风险管理等金融领域中使用，而后被作为重要的指标运用于能源市场定价和需求预测。Zhang 和 Wang(2019)将明晟指数(MSCI 指数)和标普 500 股指作为预测指标预测原油价格，发现对提高原油价格预测精度效果显著。Buncic 和 Piras(2016)认为，高频金融数据能够作为宏观经济基本面的代理指标，其优势在于能够避免数据发布时间(或即时可用性)和数据修订对研究结果所带来的不确定性。Wen 等(2022)将 MSCI 指数、标普 500 股指和行业生产指数纳入石油市场的预测研究，发现能够显著提高原油价格预测精度。

(二)天然气需求的预测技术

在天然气需求预测技术方面,主要形成了经济模型和机器学习模型两个主流研究方向。早期的研究仅考虑将天然气历史需求信息作为预测模型的输入变量,而没有考虑其他外生因素。Erdogdu 等(2010)在预测天然气需求时,只将历史年度天然气需求数据作为 ARIMA 模型的输入变量,忽略外部相关因素提供的前瞻性信息,从而导致模型的预测精度降低。Es(2021)提出了一个季节调整的灰色预测模型(GM 预测模型),将季节变化趋势纳入天然气需求月度预测模型,证明 GM 预测模型在天然气需求预测中的优越性。Soldo 等(2014)对天然气需求预测模型进行优化,除考虑天然气历史消费信息外,还考虑温度、太阳辐射和日历信息等外部因素。上述经济模型能够有效揭示驱动因子对能源需求的因果关系和影响效应,被广泛运用于天然气需求预测研究。

除了传统经济模型,也有学者使用机器学习模型或者混合模型进行天然气需求预测。Azadeh 等(2015)提出基于神经模糊算法的天然气预测模型,输入变量包括人口、GDP、通货膨胀率、人类发展指数等。Santos 等(2022)使用人工神经网络(ANNs)混合模型将日历信息、美元价格、天然气价格以及 GDP 作为模型的输入变量,对工业、汽车、住宅等 7 个不同部门的天然气需求进行预测,表现出良好的预测效果。Du 等(2022)基于具有记忆长短期信息能力(LSTM)的混合模型识别天然气需求时间序列中的长短期记忆模式,并将其进行编码用于天然气需求预测。

(三)文献评述

现有天然气需求预测研究中,主要从天气状况、能源市场以及宏观经济等方面选择影响因素,鲜有关注投资者行为方面,但投资者行为能够直接反映投资者群体对天然气市场未来发展的基本态度。然而,囿于不同维度间预测因子发布频率的错配,投资者行为以及资本市场方面的高频因子难以在低频的天然气需求预测场景下得以普及和运用。无论是经济模型还是机器学习模型,在处理不同频率(如每月、每周或每日)的影响因素时,通常采用时间聚合或线性插值等变频方法将混频数据转换为同频数据。虽然这种处理方式可以获得适配模型输入结构的影响因素体系,但不可避免地导致高频数据中的预测信息损失和预测精度下降。此外,以往文献更多关注天然气需求的点预测,较少采用概率预测方法捕捉天然气需求的不确定性。混频动态因子是否有助于提升概率预测精度并提高预测区间覆盖率,目前尚不清晰。为解决上述研究缺口,本文基于 MIDAS 提出天然气需求概率预测模型,通过将 QR 和 KDE 集成到 MIDAS 采样框架中,构建一个新的 MIDAS-QR-KDE 模型,直接使用多个混频动态因子对天然气需求进行联合预测,从而能够更准确地捕捉天然气需求不确定性。

三、天然气需求概率预测模型

本部分基于 Ghysels 等(2004)提出的 MIDAS 框架构建 MIDAS-QR-KDE 模型,以此来解决以往研究中采用时间聚合或线性插值等转频方法所导致的数据信息损失问题。其中,QR 模块用于分析天然气需求的条件分布,即通过直接估计各分位点的预测值,捕捉动态环境中天然气需求波动。在此基础上,引入 KED 模块实现识别天然气需求分布的概率密度,通过绘制概率密度曲线,捕捉天然气需求的不确定性风险。

(一)MIDAS-QR 概率预测模型

1. MIDAS 混频采样框架。

本文采用不同加权方法对给定数量的最优单一预测模型进行整合,得到一个联合 MIDAS 预测模型。Timmermann(2006)研究表明,联合预测被认为是提高单一最优模型预测精度的简单有效方法。在预测过程中,最优模型可能涵盖不同信息集、驱动因子和建模结构,联合预测能够同时利用多个模型所提供的预测信息,更从容地应对结构突变等非平稳情况,获得更加稳健的预测结果。此外,联合预测还能够克服未知函数形式误用所导致的预测偏差问题,从而构建泛化能力更强的模型结构。

具体来说,联合预测常被视为多个预测模型的加权平均,即 $\hat{l}_{N,t+h|t}=\sum_{j=1}^{N}\hat{w}_{j,t}\hat{y}_{j,t+h|t}$,其中,$\hat{y}_{j,t+h|t}$ 代表第 t 期第 j 个动态因子 h 步向前的样本外预测结果;t 为最优单一预测模型的估计样本时间;N 为联合预测中所考虑的最优单一预测模型的数量。本文依据最优个体因子预测的历史表现确定 t 时段第 j 个动态因子所生成的预测权重 $\hat{w}_{j,t}$,并构建该时段相应的联合预测权重矩阵($\hat{w}_{1,t}$,$\hat{w}_{2,t}$,…,$\hat{w}_{N,t}$)。再利用权重函数将最优个体模型的预测结果进行联合,得到加权平均联合预测 $\hat{l}_{N,t+h|t}$。本文分别采用以下 6 种权重方案进行联合预测:MSFE 加权型、DMSFE 加权型、MAE 加权型、AIC 加权型、BIC 加权型和 Equal 加权型。详细公式见 Ghysels 等(2004)。

联合预测的前提是获取预测精度最高的单一最优 MIDAS。因此,为提升单一预测模型的精度,本文借助 ADL-MIDAS 混频采样框架,直接利用混频数据挖掘外部因子对天然气需求的动态影响,同时还将响应变量 y_t 的自回归效应纳入预测模型。单一预测模型表示如下:

$$y_t=\alpha_t+\sum_{j=1}^{p}\gamma_j y_{t-j}+\beta W(L^{1/m},\theta)x_{t-h|m}^{(m)}+\varepsilon_t \tag{1}$$

其中,y_t 为低频数据的响应变量;j 为低频数据的滞后阶数,对其进行汇总求和以

实现自回归分布滞后(ADL)模型的集成;$x_{t-h|m}^{(m)}$ 表示具有高频特征的自变量,如每日或每周的频率。此外,$W(L^{1/m},\theta)=\sum_{k=0}^{K}w(k,\theta)L^{k/m}$,$L^{k/m}$ 为滞后算子,如 $L^{k/m}x_t^m=x_{t-k/m}^{(m)}$;$k=1,2,3,\cdots,K$ 为高频变量的滞后阶数;m 为同一低频时间单元中出现高频变量的个数。同时,设定参数化多项式权重函数 $w(k,\theta)$,以解决参数数量增加导致模型计算成本增加和估计偏误等问题。为捕捉高频数据的即时变化对天然气需求的影响,本文采用以下类型的多项式权重函数,分别是 Beta 多项式、BetaNN 多项式、ExpAlmon 多项式、Almon 多项式、Stepfun 多项式和非受限的 Umidas 多项式。

2. QR 模型。

QR 模型最早由 Koenker 和 Bassett(1978)提出,用以识别条件分布的中位数和其他分位数的分布状况。相比于传统回归模型,条件中位数和其他分位数分布能够增强低频响应变量的拟合程度,提高预测稳健性和准确性。与最小二乘回归不同,QR 不需要对条件分布的形状进行预设,从而能够全面可靠地对变量之间的关系进行分析。基于自变量的预测信息有助于识别天然气需求的月波动,设 y 为天然气需求的预测值,其服从函数 $F_Y(\tilde{y})=P(y\leqslant\tilde{y})$ 的累积分布。因此,y 的 $\tau-th$ 分位数为 $Q_y(\tau)=F^{-1}(\tau)=inf(\tilde{y}:F(\tilde{y})\geqslant\tau),0<\tau<1$。基于预测值 y 与自变量 x 之间存在因果关系的线性分位数回归假设,条件分布函数和 y 分位数 τ 可定义为 $Q_y(\tau\mid x)=x'\beta(\tau)$,其中,$x=(x_1,x_2,\cdots,x_n)'$;参数矩阵 $\beta(\tau)=(\beta_1(\tau),\beta_2(\tau),\cdots,\beta_n(\tau))'$;$n$ 为样本量。为更好地识别自变量对不同分位数条件分布响应函数的影响,可以通过优化以下条件平均函数对 $\beta(\tau)$ 进行估计:

$$\hat{\beta}(\tau)=\operatorname{argmin}\sum_{i=1}^{n}p_\tau(y-x'\beta) \tag{2}$$

其中,$p_\tau(y-x'\beta)=(y-x'\beta)(\tau-I(y-x'\beta))$ 为借助分段线性检验函数构建的损失函数,$I(y-x'\beta)$ 为指标函数。当 $y-x'\beta\geqslant 0$ 时,$I(y-x'\beta)=0$;反则,$I(y-x'\beta)=1$。

为生成目标序列的条件分布函数,本文使用混合频率指标,将 QR 估计技术嵌入 MIDAS 混频采样框架中。本文提出的 MIDAS-QR 的参数矩阵 $(\alpha(\tau),\gamma(\tau),\beta(\tau))$ 可以通过优化以下条件平均函数进行估计:

$$(\hat{\alpha}(\tau),\hat{\gamma}(\tau),\hat{\beta}(\tau))=\operatorname{argmin}\sum_{i=1}^{n}p_\tau\{y_t-[\alpha(\tau)+\sum_{j=1}^{p}\gamma_j(\tau)y_{t-j}+\beta(\tau)W(L^{1/m},\theta)x_{t-h\mid m}^{(m)}]\} \tag{3}$$

其中,$p_\tau(\cdot)$ 的定义与式(2)一致,$(\hat{\alpha}(\tau),\hat{\gamma}(\tau),\hat{\beta}(\tau))$ 为响应 $\tau-th$ 分位数下的优化参数矩阵。在对该参数矩阵进行估计后,可以实现对混频采样预测指标与处于不同分位点上的预测值之间影响关系的量化。因此,条件分位数 τ 的联合预测 $\hat{l}(\tau)$ 可表示为

$$\hat{l}(\tau)_{N,t} = \sum_{j=1}^{N} \hat{\omega}_{j,t} \times [\hat{\alpha}(\tau) + \sum_{j=1}^{p} \hat{\gamma}_j(\tau) y_{t-j} + \hat{\beta}(\tau) W(L^{1/m}, \theta) x_{t-h \mid m}^{(m)}] \quad (4)$$

(二)KDE 估计

本文借助 KDE 模型来刻画样本外各时点预测信息的真实概率分布。作为一种非参数估计技术,KDE 模型无需预先设定分布假设,可实现对响应变量每个时间点综合概率密度的直接估计(He 和 Li,2018)。根据分位数理论,对于任意介于 0～1 之间的分位数 τ,联合预测 l 的概率密度曲线具有相似的分布函数 $F_y(\hat{l})$。因此,本文将不同分位数下的天然气需求联合预测 $\hat{l}$ 作为 KDE 模型的输入变量。天然气需求的概率密度估计为

$$\hat{f}(l) = \frac{1}{v} \sum_{i=1}^{v} K_h(l - \hat{l}_i) = \frac{1}{vh} \sum_{i=1}^{v} K\left(\frac{l - \hat{l}_i}{h}\right) \quad (5)$$

其中,$K_h(\cdot) = K(\cdot/h)/h$ 为缩放的核,$h > 0$ 为带宽是大于 0 的平滑参数,v 为分位数的总数,以 0.001 为分位数间隔,生成 999 个符合均匀分布的分位数集,均匀分布的设定可以让每个分位点都以相同的概率出现。

对于不同的核函数,如高斯核函数、Trianle 核函数和 Epanechnikov 核函数,带宽的选择被视为概率密度曲线的基础,是决定预测性能的重要因素⑧。现有文献认为高斯核函数能够依据 Silverman 经验法则自动计算带宽,通常适用于连续变量。因此,本文采用高斯核的核密度估计,其形式可表示为 $K(u) = (2\pi)^{-1/2} \exp(-u^2/2)$。

(三)区间预测评估准则

与点预测的性能评价方法相似,在概率密度预测分析中,预测区间(PIs)的准确性至关重要。本文以预测区间覆盖概率($PICP$)和预测区间归一化平均宽度($PINAN$)作为评价准则,用来评价概率预测区间的可靠性(He 等,2019)。其中,$PICP$ 越高,概率预测区间所覆盖的真实值数量就越大,模型性能也就越好。$PICP$ 的形式定义为

$$PICP = \frac{1}{n} \sum_{i=1}^{n} \lambda_i, \lambda_i = \begin{cases} 1, & l_i \in [L_i, U_i] \\ 0, & l_i \notin [L_i, U_i] \end{cases}$$

其中,n 为每个时间点的条件分位数预测值;λ_i 为布尔变量;U_i 和 L_i 分别为第 i 时刻预报区间的最大值和最小值。若目标数据处于 $[L_i, U_i]$ 区间内,则 $\lambda_i = 1$;否则,$\lambda_i = 0$。

考虑到每一时刻的 $PICP$ 值都与预测区间的宽度呈正相关关系,因此在概率

⑧ 由于带宽过小或过大均会导致概率密度曲线次优,变异性较高或估计较平,影响密度函数重要特征的识别。因此,在选择带宽时,有必要在估计量的偏差和方差之间进行权衡。

密度预测分析中,还应评价预测区间的宽度质量,即 $PINAN$。一般而言,相比于宽的预测区间,更窄的预测区间能够提供更多事实信息。其公式表示为 $PINAW = \sum_{i=1}^{n}((U_i - L_i)/nR)$。其中,$R$ 为预测样本中目标变量的极值之差。

四、数据描述与因子系统构建

本文使用的数据集包括月度天然气需求数据和日度高频动态因子,除了传统的天然气需求预测指标选择维度,还基于有限注意理论,构建了投资关注指标并将其引入混频概率预测模型。本文选取 2011 年 1 月 1 日至 2020 年 12 月 31 日为研究期间⑨,共收集到 120 个天然气需求的月度观测值和每个外生动态因子的 3653 个高频日度观测值。为提高模型的泛化能力,本文按照一般的模型训练和测试规范,将所使用的数据集分为以下两个子样本,即利用 2011 年 1 月 1 日至 2018 年 3 月 31 日的数据,对已建立的单个 MIDAS 模型进行训练;选取 2018 年 4 月 1 日至 2020 年 12 月 31 日的数据,对模型的联合预测性能进行测试和评价。

我国的天然气需求(*Natural gas*)以月度天然气消费量进行衡量,高频日度动态因子库涉及天气状况、能源市场、资本市场和投资关注。具体而言,天气状况变量包括天气温度(*Temperature*)、近地风速(*Wind speed*)、空气湿度(*Air humidity*)和降雨容量(*Rainfall capacity*),并以各变量每日均值进行衡量。鉴于能源市场中石油和煤炭价格与天然气需求存在密切的联系,本文分别选取环太平洋地区大庆石油现货价格(*Oil spot price*)和秦皇岛港口动力煤现货价格(*Steam coal price*)作为能源市场的代理变量。本文选取股票价格股指和行业价格股指——沪深 300 指数(*HS 300−index*)和 SWS 燃气行业指数(*SWS gas-index*)作为资本市场的代理指标。此外,网络搜索量在一定程度上反映近期金融市场和商品市场对天然气的关注。因此,本文选择百度搜索指数来表征我国金融市场和大宗商品市场的投资关注(*Baidu search-index*)。天气温度数据来自美国国家海洋和大气管理局(NOAA),日平均近地风速、日平均空气湿度、日降雨容量来自我国气象数据服务中心发布的地面气象日值数据 v3.0(CMDC),百度搜索指数从百度指数网站获得,其余数据均来自 Wind 资讯数据库。

为缓解异方差问题,本文对天然气需求增长率和相应的高频驱动因子进行平稳性处理。为弱化混频动态因子的规模差异和波动差异,进一步对混频动态因子进行标准化处理,从而提升模型的收敛速度和预测精度。对上述所涉及的变量进

---

⑨ 选择这个样本区间的原因在于,一方面,我国气象局公开披露的气象数据更新截至 2020 年 12 月 31 日;另一方面,样本区间能够覆盖新冠疫情对天然气消费市场的影响,从而检验模型应对外部结构性突变的能力。

行描述性统计(如表1),结果表明:在天然气需求的各个驱动因子中,降雨容量是最不稳定的变量,其次是百度指数、近地风速以及天气温度。

表1 描述性统计

变量	测量	均值	最小值	Q25	Q50	Q75	最大值	标准差
Natural gas	120	1.0386	−64.554	−3.8873	1.6238	5.5713	23.750	10.717
Temperature	3653	−0.0049	−29.644	−1.5936	0.1097	1.1922	45.204	4.1910
Wind speed	3653	0.0017	−30.606	−6.0671	−0.2291	5.3682	39.464	9.2841
Air humidity	3653	0.0001	−24.337	−2.2016	0.2577	2.5685	31.200	4.5855
Rainfall capacity	3653	−0.0637	−458.43	−46.123	0.8460	48.648	435.45	94.900
Oil spot price	3653	−0.0185	−36.175	−0.6361	−0.0176	0.6074	25.527	2.0544
HS 300−*index*	3653	0.0140	−8.1951	−0.3856	0.0368	0.4118	6.4988	1.0370
SWS gas-index	3653	−0.0175	−9.1641	−0.5120	0.0827	0.5530	7.0715	1.3379
Baidu search-index	3653	0.0343	−105.57	−5.5437	−0.4817	4.4607	154.08	13.036
Steam coal price	3653	0.0005	−3.4289	0.0000	0.0000	0.0000	5.3556	0.4194

注:Q25、Q50、Q75分别表示混频动态因子的分位数分布。

五、天然气需求概率密度预测

(一)选择最优MIDAS模型

本文利用前文提出的单一MIDAS模型和所选择的混频动态因子探究天然气需求模型的即时预测能力。为选择精度更高的最优单一MIDAS模型和含有更多前瞻性预测信息的动态因子,本文借鉴Han等(2019)做法,通过比较单一模型对每个指标产生的均方根误差(RMSE)评价其预测效果。选择最优单一模型能够准确捕捉变量之间的预测关系,是进行构造概率密度预测的关键步骤,也是建立单一MIDAS-QR模型和联合预测的基础,影响模型的最终预测精度和概率区间质量。

根据Jiang等(2017)的研究,在选取月度天然气需求和所对应高频指标的滞后顺序时,将RMSE和多项式权重作为评判准则。其中,RMSE值越小,所选模型的预测性能越好。为此,本文将日预测指标的最大滞后顺序设置为1~60天,月天然气需求的最大滞后顺序设置为0~6个月[⑩],预测向前步数变化设置为0~10天。然后,通过测试不同滞后阶数和多项式权重组合下单一模型的预测有效性,从而反映RMSE的动态变化并识别出预测精度最高的MIDAS预测模型(唐晓彬等,2022)。

⑩ 实证结果显示,本文所考虑的动态因子所对应的最优预测模型,天然气的最优滞后阶数为5阶。限于篇幅,天然气需求之后5阶以上的结果未列示,留存备案。

本文以天气温度的 MIDAS 预测模型为例，研究 0 日向前情况下月度天然气需求在不同滞后结构中，天气温度最优滞后阶数和多项式权重的选择机制。由选择结果可以发现[11]，一方面，在不同天然气需求滞后顺序所对应的单一 MIDAS 模型中，0 日向前天气温度相关的模型结构和多项式权重存在显著差异。另一方面，随着滞后阶数的增大，模型对自回归项和影响因素所涵盖信息的利用越充分，其预测精度也更高。具体而言，当天然气需求的滞后阶数为 0 和 1 时，多项式权值 Beta 能较好地反映天然气需求与温度之间的预测关系，所对应的天气温度最优滞后阶数为 20。当天然气需求滞后 2 阶及以上阶数时，Almon 多项式权值是提取高频温度数据进行天然气需求预测的最优选择，天气温度的最优滞后阶数为 60，且预测精度进一步提高。综合比较不同滞后阶数下各多项式权重的预测效果，研究发现：分别将天然气需求和天气温度滞后阶数设定为 5 个月和 60 天，选取 Almon 形式的多项式权重函数，其对应的 RMSE 值 0.3900 最小，说明此结构下所构建的单一模型最优，模型缩写为 AR(5)-Almon-MIDAS(60,5,0)。

值得注意的是，对于大多数高频动态因子而言，存在自相关效应的天然气需求预测效果优于不存在自相关效应的天然气需求预测，RMSE 的差异在总体上具有显著的统计学意义。该结论也进一步补充和验证了 Jiang 等(2017)和 Ding 等(2021)的研究结论。此外，不同类型的动态因子对天然气需求的影响机制和模型结构存在显著差异，进一步说明在构建最优 MIDAS 模型时，需要考虑最优的多项式权重、最合适的滞后阶数以及最优的向前步数。因此，在天然气需求不同向前步数下，本文研究各因子所对应的最优 MIDAS 模型以及模型结构[12]。结果显示，单个 MIDAS 模型是各个高频动态因子所对应的最优模型，预测精度最高。

具体而言，在天气状况方面，天气温度对天然气需求的影响持续时间较长，其次是空气湿度。该发现与 Karabiber 和 Xydis(2020)的研究一致，验证了天气温度是预测天然气需求的最常见和最具预测性的天气变量。SWS 天然气指数和百度搜索指数对天然气需求的影响也持续了 30 天以上，而石油现货价格、煤炭现货价格和 HS 300 指数的持续天数较短，分别为 11 天、10 天和 6 天。结果表明：在预测天然气需求时，有必要将投资关注变量纳入动态因子系统，该指标能够通过捕捉市场信息的变化来反映投资者信念，从而提供前瞻性的预测信息；在天然气需求的即时预测过程中，天然气需求具有显著的自相关效应，持续时间为 3～5 个月。最后，在考虑向前 0 日至向前 10 日时，天气温度是预测我国天然气即时需求信息最丰富的动态因子，其次是降雨容量和百度搜索指数。

---

⑪ 因篇幅所限，考虑 0 日向前情况下天气温度的单一 MIDAS 模型的结构选择以附表 1 展示，见《统计研究》网站所列附件。下同。

⑫ 因篇幅所限，不同驱动因子下的最优 MIDAS 模型选择以附表 2 展示。

(二)基于最优 MIDAS 模型的联合概率密度预测

前文已发现各动态因子的信息丰裕度和预测能力存在一定结构差异。在此基础上,为进一步提升天然气需求的预测精度,本节以最优 MIDAS 模型和所对应的动态因子为基础,构建 MIDAS-QR 模型,采用 6 种权重方案对其进行联合概率预测。为精准捕捉天然气需求的突变结构和不确定因素的冲击,本文选取 0.001 作为变化单位,通过考察 0.001 到 0.999 分位数的天然气需求变化来建立预测区间。此外,本文在每个预测时刻对分位数预测进行重新排序,并将其作为核函数的输入,以规避分位数回归中出现的“尴尬交叉”现象。

为有效刻画天然气需求的不确定性程度,本文选取概率密度曲线的概率最高值(Mode)、概率中值(Median)和概率均值(Mean)作为评价标准。如表 2 所示,*Panel A* 为全预测样本期内联合概率密度预测误差,通过对比最优 MIDAS 模型 AR(5)-Almon-MIDAS(58,4,3)在预测样本中的 RMSE,可以发现多个高频动态因子的联合预测能够提供更多的预测信息,预测精度更高。进一步考虑不同权重方案,BIC 权重方案对各个动态因子衍生信息的利用能力最高,从而实现更准确的预测,AIC 权重方案次之。在采用 MSFE 和 DMSFE 权重方案进行联合预测时,相比于 Mode 和 Median,以 Mean 为评判标准更能够捕捉天然气波动的不确定性。而以 MAE 和 EW 权重方案对天然气波动概率进行量化的效果相对较差。*Panel B* 为考虑结构性突变情况下联合概率密度预测误差,可以发现在非结构性突变期(2018.04—2019.12),本文所提出的概率预测模型表现更优异和稳健。诚然,新冠疫情(2020.01—2020.12)所导致的结构性突变负向冲击模型的预测精度,在 AIC 和 BIC 两类权重方案下依然具有良好的表现。综上所述,AIC 和 BIC 两类权重方案能够更有效地识别天然气需求驱动因子中的前瞻性预测信息,从而可以将各驱动因子的最优 MIDAS 模型进行联合,最终更全面地捕获天然气需求不确定性变化。

表 2　不同权重方案下 MIDAS-QR 的联合概率预测效果

Panel A:全预测样本期内联合概率预测效果

联合预测权重	RMSE		
	Mode	Median	Mean
MSFE	0.6051	0.5963	0.5929
DMSFE	0.6268	0.6095	0.6023
MAE	0.6311	0.6104	0.6081
AIC	0.4952	0.4925	0.4933
BIC	**0.4852**	**0.4859**	**0.4865**
EW	0.6196	0.6214	0.6208

Panel B：结构性突变情况下联合概率预测效果						
联合预测权重	非结构性突变期(2018.04—2019.12)			结构性突变期(2020.01—2020.12)		
	Mode	Median	Mean	Mode	Median	Mean
MSFE	0.4435	0.4162	0.4095	0.8141	0.8211	0.8205
DMSFE	0.4241	04191	0.4093	0.8749	0.8451	0.8393
MAE	0.4531	0.4303	0.4247	0.8579	0.8371	0.8373
AIC	0.3536	0.3363	0.3396	0.6750	0.6848	0.6836
BIC	**0.3448**	**0.3340**	**0.3368**	**0.6628**	**0.6738**	**0.6725**
EW	0.4662	0.4412	0.4385	0.8218	0.8492	0.8505

注：加粗项代表在不同的联合权重方案下，不同概率预测中所反映的最小化 RMSE。

在分析模型的联合概率预测效果时，预测区间(PIs)的质量也是另一个重要的评价维度(He 等，2019)。本文不仅汇报了所提出的混频模型对天然气需求不确定性的预测效果，还同时考虑了预测区间覆盖概率 PICP 和平均区间宽度 PINAW，以评估由 MIDAS-QR-KDE 概率预测的预测区间质量。因此，在对每个分位数预测值进行规范化处理后，对 PICP 和 PINAW 值进行计算，将其作为评价预测区间质量的衡量标准⑬。*Panel A* 为全预测样本期内联合概率密度预测区间效果，结果表明：对于 80%置信区间的 MIDAS-QR-KDE，依据 BIC 权重获得的预测区间质量最好，其次是 AIC 和 DMAFE 权重方案；对于 90%置信区间的 MIDAS-QR-KDE，BIC 权重的预测性能表现最优，具有较高的预测区间覆盖概率，同时表现出较低的区间预测宽度。尽管 MSFE、DMSFE 和 AIC 权重方案下，天然气需求的真实值均位于模型 90%的预测区间内，但是上述各方案的 PICP 值也低于 BIC 权重。*Panel B* 为考虑结构性突变情况下联合概率密度预测区间效果，结果表明：在非结构性突变期(2018.04—2019.12)，本文所提出的概率预测模型能够有效地捕捉天然气需求波动；在结构性突变期(2020.01—2020.12)，概率预测模型在 90%置信区间表现相对较好，80%置信区间内的区间预测效果明显下降，表明新冠疫情对天然气需求的负向冲击使得部分时点的需求变化超出模型 80%置信区间预测边界，但是在 90%置信区间内仍然能够被有效地捕捉。综上所述，相对于其他权重方案，基于 BIC 权重的 MIDAS-QR-KDE 联合概率预测模型能够有效地捕捉天然气需求不确定性。

在综合考虑联合概率预测误差和预测区间效果的情况下，BIC 权重是捕获天然气需求不确定性的最优方案。因此，本文借助 2018 年 4 月至 2020 年 12 月的混

⑬ 因篇幅所限，不同权重方案 MIDAS-QR 的联合概率预测区间效果以附表 3 展示。

频动态因子,依据 BIC 权重对天然气需求概率密度进行预测[14]。由基于 MIDAS-QR-KDE 模型的联合概率密度预测曲线图可以看出,大部分实际月度天然气需求出现在概率密度曲线的最高值附近,只有 2020 年 3 月时点对天然气需求的概率密度预测结果发生较大偏离。这说明,基于 MIDAS-QR-KDE 的概率密度预测能够有效地吸收混频动态因子提供的前瞻性信息生成概率密度曲线,实现对月度天然气需求不确定性的精准捕捉和预测。此外,为了避免高斯核函数的主观选择对天然气需求概率密度预测区间效果的影响,本文还采用 Triangel Kernel 和 Epanechnikov Kernel 函数进行敏感性检验[15](He 和 Li,2018),获得的概率密度曲线与 Gaussan Kernel 概率密度曲线呈现出相似分布,说明模型的概率密度预测结果不会因为核函数的选择而呈现显著差异,上述研究结果具有较强的稳健性。

图 1 绘制了基于 MIDAS-QR-KDE 模型的月度天然气需求概率密度区间预测效果。以最优权重方案和最优动态因子为联合模型构建的基础,是本文所提出的 MIDAS-QR-KDE 联合概率预测模型能够达到较高预测精度的根本保证。尽管新冠疫情对 2020 年初期时间点的概率密度预测产生冲击,但本文提出的混频模型能够及时消化和吸收外部结构性变化对模型预测效果的影响,并在我国疫情防控常态化时期表现出良好的预测效果。

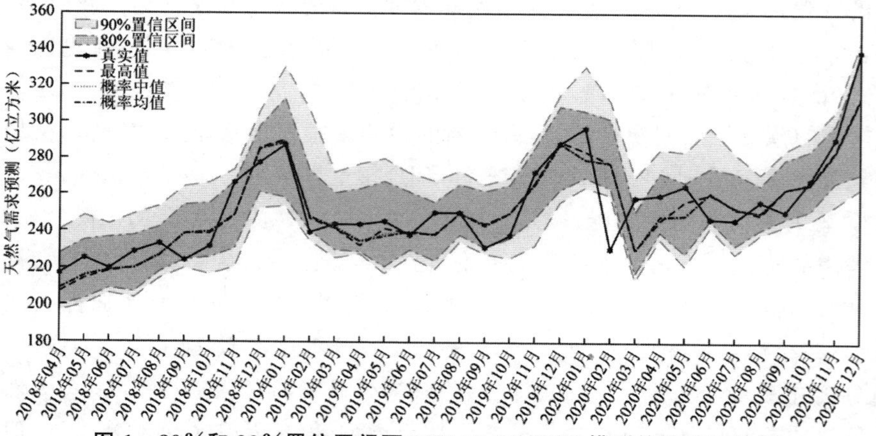

图 1　80%和 90%置信区间下 MIDAS-QR-KDE 模型的月度天然气需求概率密度区间预测效果

(三)稳健性检验

1. 更换模型预测效果的评估准则。

为进一步检验前文混频模型选择及联合概率预测结果稳健性,除了 RMSE 指

⑭ 因篇幅所限,基于 MIDAS-QR-KDE 模型的联合概率密度预测曲线以附图 1 展示。

⑮ 因篇幅所限,Triangel Kernel 和 Epanechnikov Kernel 概率密度曲线未在正文列示,留存备索。

标之外，本文采用了平均绝对误差（MAE）来评估混频概率模型的预测效果，该指标能够衡量预测值与真实值之间的平均偏差，受异常值影响较 RMSE 小，从而降低外部结构性变化对模型预测评价的干扰。

本文研究了基于 MAE 评估准则的 MIDAS-QR-KDE 联合概率密度预测效果[16]。*Panel A* 为基于 MAE 评估准则选择的单一因子最优 MIDAS 模型，研究发现：相比于其他的驱动因子，天气温度对天然气需求的预测精度依然较高，并且具有较长的影响存续期。除近地风速之外，降雨量和空气湿度对天然气需求的影响存续在 30 天左右，并且都具有相对较高的预测精度，证明了在天然气需求预测方面，天气温度指标具有稳健的前瞻性预测信息。能源市场方面，BetaNN 和 Step-fun 分别是捕获石油现货价格和煤炭现货价格对天然气需求影响的最优多项式权重函数，这与基于 RMSE 评估准则的最优模型保持一致。资本市场方面，HS300 指标与燃气产业指数对天然气需求的影响依然存在结构性分歧，这表明不同资本市场所涵盖的前瞻性预测信息不会因为评价指标的选择而存在显著差异。最后，投资关注对天然气需求的最优模型中最优权重函数和影响存续期与前文基本保持一致。*Panel B* 为基于最优模型的联合概率密度预测效果，研究发现 BIC 权重是捕获天然气需求不确定性的最优方案。最后，基于 MIDAS-QR-KDE 联合概率预测结果绘制了 2018 年 4 月至 2020 年 12 月间天然气需求概率密度预测曲线[17]。图中可见，除 2020 年 3 月之外，其余时间段天然气需求实际值出现在概率密度曲线的最高概率点附近。因此，基于 MAE 评估准则的 MIDAS-QR-KDE 联合概率预测模型同样能够实现对天然气需求的精准预测，并且预测效果不会由于评估准则选择而存在显著差异。

2. 与其他模型预测效果的对比分析。

前述研究表明，本文所提出的基于 BIC 权重的 MIDAS-QR-KDE 联合概率密度预测模型能够有效地捕捉天然气需求波动，并且能够及时吸收外部结构性突变对天然气需求波动的影响。为了体现混频预测模型的预测效果，本部分将 MIDAS-QR-KDE 与目前能源需求预测领域中的前沿预测模型的预测效果展开对比分析。

如表 3 所示，在 *Panel A* 中，选取了整合移动平均自回归模型 ARIMA(2,0,2)与灰色预测模型 GM(1,1)，这类经济模型能够有效揭示驱动因子对能源需求的因果关系和影响效应，被广泛地运用在天然气需求预测研究（Es,2021）。本文采用模型预测误差对比系数来验证模型的优越性，结果表明，MIDAS-QR-KDE 与经济模型的预测误差对比系数位于 0.7075～0.7845，表明模型的预测精确度相对经济

---

⑯ 因篇幅所限，基于 MAE 评估准则的 MIDAS-QR-KDE 概率密度预测以附表 4 展示。

⑰ 因篇幅所限，基于 MAE 评估准则的联合概率密度预测曲线以附图 2 展示。

模型表现更优,模型的预测精度提升 21.55%～29.15%。在 *Panel B* 对比分析中,选取了支持向量机模型 SVM、梯度提升决策树模型 XGBoost(Ding 等,2021)、长短期记忆模型 LSTM(Du 等,2022)、人工神经网络模型 ANNs(Santos 等,2022),这类机器学习模型能够有效捕捉驱动因子与能源需求的非线性关系。结果表明,MIDAS-QR-KDE 与经济模型的预测误差对比系数位于 0.7261～0.8587,表明模型的预测精确度相对经济模型表现更优,模型的预测精度提升 14.13%～27.39%。综上,本文构建的天然气需求联合概率预测模型相对于经济模型和机器学习模型表现出更强的预测能力,预测精确度提升 14.13%～29.15%。其原因在于:MIDAS-QR-KDE 能够直接提取混频动态因子中的前瞻性信息,避免了现有模型频率转换过程中所导致的信息损失,并通过 QR-KDE 有效捕捉混频动态因子与天然气需求波动间的非线性关系,从而提升了模型的预测精度。

表 3　与其他模型预测效果的 RMSE 对比

基准模型		基准模型 RMSE	MIDAS-QR-KDE 模型预测误差对比		
			Mode	Median	Mean
Panel A:MIDAS-QR-KDE 与经济模型的 RMSE 对比					
经济学模型	ARIMA(2,0,2)	0.6210	0.7845	0.7824	0.7773
	GM(1,1)	0.6823	0.7141	0.7122	0.7075
Panel B:MIDAS-QR-KDE 与机器学习模型的 RMSE 对比					
机器学习模型	SVM	0.5901	0.8256	0.8234	0.8180
	XGBoost	0.6329	0.7698	0.7677	0.7627
	LSTM	0.6648	0.7329	0.7309	0.7261
	ANNs	0.5674	0.8587	0.8564	0.8507

注:上述模型在构建之前,均采用"网格搜索"的参数寻优的方式,来确定最佳的参数取值。

六、研究结论与展望

近年来,借助同频数据获得预测信息对天然气需求进行预测受到学者的广泛关注,但普遍忽视了天然气需求数据与影响因素之间存在的发布时间错配和滞后问题。因此,本文提出了 MIDAS-QR-KDE 联合预测模型,能够直接利用混频动态因子对天然气需求概率密度进行精准预测。研究结果表明,本文提出的天然气需求联合概率预测模型能够很好地适配我国能源市场,有效量化天然气需求的不确定性,表现出更好的概率预测效果和高质量的预测区间。

本文主要结论如下:天气温度是预测天然气需求的最优指标,能够提供更丰富的预测性信息;我国天然气月度需求存在显著的自相关效应,持续时间为 3～5 个月;BIC 权重是最优的联合预测方案,可以实现对单一最优 MIDAS 模型所提供预测信息的充分利用,并据此对天然气需求进行联合概率预测;天气条件、能源市场和投资关注的预测能力普遍优于资本市场;在所有条件下,相比于其他指标,天气温度对天然气需求的影响持续时间最长;而在即时预报中,空气湿度和 SWS 燃气指数的影响存续时间更长;相比于经济模型和机器学习模型,天然气需求联合概率预测模型表现出更强的预测能力,预测精确度提升 14.13%～29.15%。

尽管本文所提出的模型能够有效地捕捉天然气需求不确定性并表现出较高的预测精度,但依然有需要提升和拓展的空间。首先,未来的研究可以进一步优化混频数据的信息提取技术,从混频变量中提取和捕获更多的预测信息,从而提升月度天然气需求的预测精确度。其次,地缘政治因素作为重要的不确定性外生冲击,影响着天然气进口及国内的能源消费,如何将地缘政治因素进行高频量化,增强概率预测模型对不确定性事件的反应能力,是未来研究中需要重点努力的方向。再次,在不确定性量化方面,PICP 和 PINAW 是两个相互矛盾的指标,因此有必要建立一种新的方法来实现 PICP 和 PINAW 之间的权衡。最后,在预测模型中还应考虑电价、失业率、碳排放和人口增长等宏观经济因素对天然气需求的长期影响,从而为政府决策和能源市场改革提供更有价值的决策支撑。

参考文献

郭正权,张兴平,郑宇花,2018.能源价格波动对能源—环境—经济系统的影响研究[J].中国管理科学,26(11):22－30.

唐晓彬,刘博,刘江宁,2022.大维变量选择、混频因子模型与新冠肺炎疫情冲击下的 GDP 现时预测[J].统计研究,39(1):106－121.

王小洋,郭琎,郑正,2021.管网独立开放下天然气市场发展及建议[J].宏观经济管理,454(8):76－83.

Azadeh A,Zarrin M,Beik H R,et al,2015. A Neuro-Fuzzy Algorithm for Improved Gas Consumption Forecasting with Economic,Environmental and IT/IS Indicators[J]. Journal of Petroleum Science and Engineering,133:716－739.

Buncic D,Piras G D,2016. Heterogeneous Agents,the Financial Crisis and Exchange Rate Predictability[J]. Journal of International Money and Finance,60:313－359.

Dalfard V M,Asli M N,Asadzadeh S M,et al,2013. A Mathematical Modeling for Incorporating Energy Price Hikes into Total Natural Gas Consumption Forecasting[J]. Applied Mathematical Modelling,37(8):5664－5679.

Ding L,Zhao Z,Han M,2021. Probability Density Forecasts for Steam Coal Prices in China:The Role of High-Frequency Factors[J]. Energy,220:119758.

Du J, Zheng J, Liang Y, et al, 2022. A Hybrid Deep Learning Framework for Predicting Daily Natural Gas Consumption[J]. Energy, 257: 124689.

Erdogdu E, 2010. Natural Gas Demand in Turkey[J]. Applied Energy, 87(1): 211-219.

Es H A, 2021. Monthly Natural Gas Demand Forecasting by Adjusted Seasonal Grey Forecasting Model[J]. Energy Sources, Part A: Recovery, Utilization, and Environmental Effects, 43(1): 54-69.

Ghysels E, Plazzi A, Valkanov R, 2016. Why Invest in Emerging Markets? The Role of Conditional Return Asymmetry[J]. The Journal of Finance, 71(5): 2145-2192.

Ghysels E, Santa-Clara P, Valkanov R, 2004. The MIDAS Touch: Mixed Data Sampling Regression Models[R]. Working Paper.

Han M, Ding L, Zhao X, et al, 2019. Forecasting Carbon Prices in the Shenzhen Market, China: The Role of Mixed-Frequency Factors[J]. Energy, 171: 69-76.

He Y, Li H, 2018. Probability Density Forecasting of Wind Power Using Quantile Regression Neural Network and Kernel Density Estimation[J]. Energy Conversion and Management, 164: 374-384.

He Y, Qin Y, Lei X, et al, 2019. A Study on Short-Term Power Load Probability Density Forecasting Considering Wind Power Effects[J]. International Journal of Electrical Power and Energy Systems, 113: 502-514.

Jiang Y, Guo Y, Zhang Y, 2017. Forecasting China's GDP Growth Using Dynamic Factors and Mixed-Frequency Data[J]. Economic Modelling, 66: 132-138.

Karabiber O A, Xydis G, 2020. Forecasting Day-Ahead Natural Gas Demand in Denmark[J]. Journal of Natural Gas Science and Engineering, 76: 103193.

Karimi H, Dastranj J, 2014. Artificial Neural Network-Based Genetic Algorithm to Predict Natural Gas Consumption[J]. Energy Systems, 5(3): 571-581.

Koenker R, Bassett Jr G. Regression Quantiles[J]. Econometrica: Journal of the Econometric Society, 1978: 33-50.

Kostakis I, Lolos S, Sardianou E, 2021. Residential Natural Gas Demand: Assessing the Evidence from Greece Using Pseudo-Panels, 2012-2019[J]. Energy Economics, 99: 105301.

Raza M A, Khatri K L, Israr A, et al, 2022. Energy Demand and Production Forecasting in Pakistan[J]. Energy Strategy Reviews, 39: 100788.

Santos L B L, Santos L C L, Simonelli G, 2022. Analysis of the Brazilian Energy Policies for Natural Gas Using Artificial Neural Networks[J]. Journal of Natural Gas Science and Engineering,102:104559.

Sen D, Günay M E, Tunç K M M, 2019. Forecasting Annual Natural Gas Consumption Using Socio-Economic Indicators for Making Future Policies[J]. Energy,173:1106—1118.

Soldo B,Potočnik P,Šimunović G,et al,2014. Improving the Residential Natural Gas Consumption Forecasting Models by Using Solar Radiation[J]. Energy and Buildings,69:498—506.

Timmermann A, 2006. Forecast Combinations[J]. Handbook of Economic Forecasting,1:135—196.

Wen D,Liu L,Wang Y,et al,2022. Forecasting Crude Oil Market Returns: Enhanced Moving Average Technical Indicators[J]. Resources Policy,76:102570.

Yukseltan E,Yucekaya A,Bilge AH,et al,2021. Forecasting Models for Dailynatural Gas Consumption Considering Periodic Variations and Demand Segregation[J]. Socio-Economic Planning Sciences,74:100937.

Zhang Y J, Wang J L, 2019. Do High-Frequency Stock Market Data Help Forecast Crude Oil Prices? Evidence from the MIDAS Models[J]. Energy Economics,78:192—201

Zhang Y,Ji Q,Fan Y,2018. The Price and Income Elasticity of China's Natural Gas Demand:A Multi-Sectoral Perspective[J]. Energy Policy,113:332—341.

作者及单位

丁黎黎,中国海洋大学经济学院。

赵忠超,中国海洋大学经济学院。

王　垒,中国海洋大学经济学院副教授。

基于混频数据的日度经济不确定性测度及其应用[18]

【内容摘要】 经济不确定性主要反映经济系统的不可预测程度，可以通过经济指标的实际值和预期值之间的偏差进行测度。为及时测度我国的经济不确定性，本文提出一种同比形式的日度混频动态因子模型，将金融市场的日度数据和传统的宏观低频数据信息相结合，构建我国日度经济意外指数和经济不确定性指数，用于反映我国宏观经济运行的非预期成分和不确定性程度。进一步地，本文基于日度数据分别讨论经济意外指数对人民币汇率的影响，以及经济不确定性对我国股市波动率的影响，研究结果表明经济意外指数的正向变化使人民币对美元升值，经济不确定性的增加将加剧股市波动。

一、引言和文献综述

自2008年国际金融危机以来，宏观经济冲击的来源以及其对实体经济的影响等议题得到了众多学者的普遍关注，其中讨论较为广泛的来源之一是经济不确定性。经济不确定性作为宏观经济的重要测度指标，主要用于反映经济系统的不可预测程度。现有研究(如Bloom，2009；Jurado等，2015)采用多种不同的方法对经济不确定性予以测度，并发现经济不确定性与实际经济运行具有较强的协同性，而且经济不确定性具有一定逆经济周期性，其在经济衰退期间将显著上升。上述研究结果表明，经济不确定性可能是经济周期波动的外生驱动力，或者是对其他宏观经济冲击的内生响应。此外，经济不确定性与消费、投资等实际经济活动密切相关。就消费而言，由于经济不确定性的存在，消费者会表现出风险规避行为，经济不确定性越大，预防性储蓄的金额越高；就投资而言，在经济不确定性较高的情况下，企业的最优选择是推迟投资，由于公司相对于家庭更具前瞻性，投资对不确定性的反应相对于消费更加敏感，因此经济不确定性的激增会导致消费和投资大幅下降甚至暂停，从而降低经济增长率，弱化宏观经济调控效果。由此可见，及时合理地测度经济不确定性，对于研究人员分析宏观经济波动和经济运行态势、企业做出合理的投资决策以及政府部门制定恰当的宏观调控政策等具有重要的理论和实

[18] 本文选自《统计研究》2023年第1期。

践意义。

尽管经济不确定性对宏观经济波动具有重要影响，但由于该指标无法直接观测，如何及时合理地测度经济不确定性是相关研究的一个关键问题。现有文献依据经济不确定性的广泛定义和各种因素的潜在影响，提出了有关经济不确定性的多种代理指标。参照 Binge 和 Boshoff(2020)，本文将不确定性的代理指标分为 5 类，不同类型的代理变量衡量了特定类型的不确定性，各有其优势和不足之处。第一类是使用金融数据构建经济不确定性的代理指标，通常使用股票市场、债券市场的已实现或隐含波动率，如 Bloom(2009)和 Caggiano 等(2014)。基于金融数据构造的经济不确定性指标虽然简单易用，但是指标相对单一，无法全面、准确地测度宏观经济的不确定性，特别是我国金融市场的发展相对不成熟，会出现与宏观经济不一致的现象。第二类是基于新闻等文本信息或网络检索信息测度经济不确定性，其中应用最广泛的是 Baker 等(2016)提出的经济政策不确定性指数(EPU)。Huang 和 Luk(2020)参照 Baker 等(2016)的方法构建了我国的日度经济政策不确定性指数。文本分析方法可以避免数据收集环节，但是该方法会受所选媒体以及记者和媒体编辑的主观影响。第三类是基于专家预测结果来构建经济不确定性指数，例如，基于专家预测结果的分散程度(Popescu 和 Smets，2010)和专家预测的预测误差(Rossi 和 Sekhposyan，2015；Scotti，2016)。专家预测不依赖于特定的预测模型，在一定程度简化了经济不确定性的测度程序，但是专家预测具有一定的主观性，而且影响专家预测的因素与影响消费者和生产者的因素并不完全相同。第四类是基于商业或消费者调查数据构建经济不确定性指数。例如，Bachmann 等(2013)基于经济趋势调查获得企业对经济指标的预期，采用其预测误差的离散度构建经济不确定性指数。基于调查数据的优势在于其来自于关键经济主体的意见，但调查的回收率以及调查数据的质量难以得到保障。第五类认为经济不确定性主要用于反映大量经济指标不可预测部分的波动率的共同变化，例如，Jurado 等(2015)采用宏观经济指标预测误差的条件方差作为经济不确定性的测度，Henzel 和 Rengel(2017)扩展了 Jurado 等(2015)的方法，提取了预测误差的条件方差的两个公共因子作为不同维度的宏观经济不确定性。但该方法的不足之处在于，其需要选择模型提前获得各经济指标的预测结果。

国内学者对不确定性的关注度也在不断提高，但受限于数据的可获得性，国内学者大多基于 Baker 等(2016)构建的中国的 EPU 指数进行实证研究。例如，雷立坤等(2018)研究了经济政策不确定性对上证综指波动率的影响；杨子晖等(2020)采用 EPU 指数研究了经济政策不确定性在金融风险跨市场传染中的地位与作用。如马丹等(2018)所述，由于构建该指数所选媒体的原因，EPU 指数能否真正反映我国的经济政策不确定性仍待商榷。为了更合理地测度我国的经济不确定性，国内学者进行了积极探索。例如，李华杰等(2018)归纳了国内外经济不确定性的测度方法;王义中和宋敏(2014)采用季度国内生产总值(GDP)变化率的条件方差衡量我国的宏观经济不确定性,并研究了宏观经济不确定性影响公司投资的作用机制;Huang 等(2018)和黄卓等(2018)采用 Jurado 等(2015)提出的大数据分析方法分别构建了我国的经济不确定性指数和金融不确定性指数;马丹等(2018)利用混频随机波动因子模型构建了我国的宏观经济不确定性指数;王霞和郑挺国(2020)基于实时数据流构建了我国的经济不确定性指数,并根据所选指标的发布日期进行更新。以上文献都是基于月度或季度指标对我国的经济不确定性进行度量,缺乏一定的时效性,无法及时测度我国的经济不确定性程度。

鉴于此,本文参照 Scotti(2016)、王霞和郑挺国(2020),基于与宏观经济运行态势直接相关的经济指标的预测误差来构建我国的日度经济不确定性指数。本文首先尝试在郑挺国和王霞(2013)的同比混频动态因子模型的基础上进行扩展,提出一种能够对日、周、月、季度等不同频率数据同时建模的同比形式的日度混频动态因子模型。然后,本文选取了季度 GDP 同比增速、包含工业增加值同比增速在内的 9 个月度指标以及日度国债利率差,运用上述模型计算各指标的权重以及预测误差,进而构建我国的日度经济意外指数和日度经济不确定性指数,实现对我国经济不确定性的高频测度。本文构建的日度经济不确定性指数有如下优势:第一,在月度数据和季度数据的基础上增加了更高频率的日度经济指标,可以每日更新不确定性指数的度量值,从而提升了我国宏观经济不确定性监测的时效性;第二,本文依据各经济指标在宏观监测中的重要程度,对不同的指标赋予不同的权重;第三,本文考虑了各经济指标历史预测误差的累积效应,而非单期的预测误差。在得到日度经济意外指数和不确定性指数后,本文进一步研究了经济意外指数对人民币汇率变化的影响以及我国的经济不确定性对股市波动率的影响。

本文其他部分安排如下:第二部分介绍构建日度经济不确定性指数的指标选取和数据处理;第三部分介绍同比形式的日度混频动态因子模型,以及日度经济不确定性指数和意外指数的构建方法;第四部分给出了模型的估计结果以及我国的日度经济不确定性指数和意外指数;第五部分分析意外指数对人民币汇率的影响和我国的经济不确定性对股市波动率的影响;最后是本文的结论。

二、指标选取和数据处理

为了合理地刻画经济不确定性,本文需要选择能够综合全面地反映我国宏观经济运行状况的经济指标。参照中国经济景气监测中心以及郑挺国和王霞(2013)构建经济一致指数时选取的指标序列,并且兼顾数据的可获得性,本文选取一个日度指标作为高频信息,9 个月度指标作为月度基础序列和季度 GDP 指标来反映我国的宏观经济运行状况。

首先,日度指标的选取。由于目前有关日度经济不确定性测度的研究较少,本文主要参照构建日度经济一致指数的相关文献来选取日度经济指标。Aruoba 等(2009)和 Sheen 等(2015)在构建美国和澳大利亚的日度经济一致指数时,分别选择了两个国家的国债到期收益率 10 年期利率减去 3 个月期利率的差值作为日度指标。因此本文选取中债国债到期收益率 10 年期利率减去 3 个月期利率的差值作为日度指标(Spread)。由于数据的可获得性,本文从 CEIC 数据库[19]获取从 2002 年 1 月 4 日至 2020 年 12 月 31 日的数据。利差指标是日度高频指标,同时利率从经济意义上已经隐含了同比的概念,因此不存在数据转换问题。本文将非交易日(如假期和周末)处理为缺失值。

其次,月度指标的选取。根据 GDP 核算的支出法,其影响因素主要包括消费、投资、政府支出和进出口,故而本文引入固定资产投资完成额增速(INV,1993 年 5 月至 2020 年 12 月)、社会消费品零售总额增速(Sale,1990 年 1 月至 2020 年 12 月)、进出口增速(IMEX,1990 年 1 月至 2020 年 12 月)、税收总额增速(TAX,1990 年 1 月至 2020 年 12 月)。同时,考虑到大量文献采用工业增加值刻画我国经济态势,并且工业增加值与 GDP 的走势比较一致,本文引入了工业增加值增速(IP,1990 年 1 月至 2020 年 12 月)。以上 5 个指标的增速均指月度同比增长率,对部分原始水平序列取对数,并进行 12 期差分,即 $y_{it}=\ln Y_{i,t}^{M}-\ln Y_{i,t-12}^{M}$,其中 Y_{it}^{M} 是月度水平序列。此外,为了更全面地反映经济运行状态的不确定性,本文进一步考虑了房地产开发投资的增长率(HINV,1995 年 1 月至 2020 年 12 月)、消费者价格指数(CPI,1990 年 1 月至 2020 年 12 月)、工业生产价格指数(PPI,1990 年 1 月至 2020 年 12 月)以及采购经理指数(PMI,2005 年 1 月至 2020 年 12 月)。对于月度指标,本文将每个月的观测值匹配到当月的最后一天。由于本文采用的日度混频动态因子模型可处理数据缺失问题,因此将指标序列中的异常值处理为缺失值;由于 12 月份的财政收支数据和 1 月份的工业行业数据不予统计,本文亦将其视为缺失数据。

最后,季度指标的选取。作为一个国家和地区经济状况和经济发展水平的综合反映,国内生产总值(GDP)是最能全面刻画经济运行态势的指标。因此,本文选取 GDP 同比增速(GDP,1990 年 3 月至 2020 年 12 月)作为季度指标的代表。对于季度指标,将每个季度的观察值匹配到当季的最后一天。本文的所有月度指标以及季度指标均来源于 CEIC 数据库和国家统计局官网。

---

⑲ CEIC 数据库:https://www.ceicdata.com/en/country/china。

表 1　指标的描述性统计

	ADF 统计量(P 值)	均值	标准差	最大值	最小值
Spread	－3.873(0.015)	1.157	0.608	3.286	－1.511
IP	－3.878(0.015)	12.126	4.907	29.400	0.800
INV	－3.778(0.003)	20.461	15.515	69.725	－62.985
Sale	－3.451(0.047)	14.164	7.056	41.000	－6.490
IMEX	－4.082(0.001)	14.965	15.275	57.900	－29.080
TAX	－10.397(0.007)	16.080	14.278	62.800	－23.400
HINV	－3.499(0.008)	17.421	13.285	81.942	－53.569
CPI	－3.876(0.014)	4.029	5.562	27.700	－2.200
PPI	－3.101(0.027)	2.828	6.913	26.000	－8.200
PMI	－5.842(0.000)	51.655	2.831	59.201	35.701
GDP	－3.159(0.098)	9.344	2.645	15.300	2.100

本文对处理后的经济指标进行了平稳性检验,采用 ADF 单位根检验法对上述 11 个经济变量进行单位根检验,检验结果见表 1,所有序列均在 10%的显著性水平下拒绝了序列存在单位根的原假设。表 1 还给出了上述指标序列的描述性统计,其中均值描述了这些指标平均取值的大小,标准差描述了这些指标的变异程度,最大值和最小值描述了这些指标的波动范围。图 1 给出了部分指标从 1990 年 1 月至 2020 年 12 月对应的时间序列图[20],受到统计制度、节假日以及异常值的影响,大部分指标数据存在一定量的缺失。

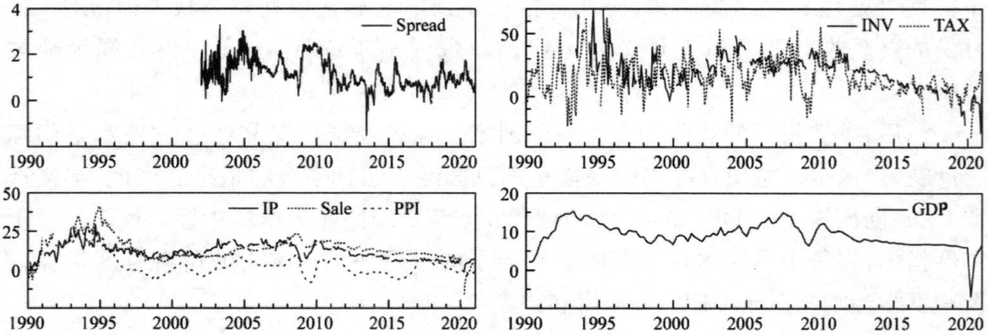

图 1　部分指标的时间序列图

[20] 考虑到文章篇幅以及图表的清晰度和美观性问题,本文只给出了部分经济指标的时间序列图。

三、计量模型和测度方法

为了提升监测的时效性，本文首先尝试在郑挺国和王霞(2013)的同比混频动态因子模型基础上进行扩展，提出一种能够实时、高频测度经济活动，且能对日、周、月、季度等不同频率数据进行建模的同比形式的日度混频动态因子模型。然后，参照 Scotti(2016)的方法，基于本文提出的同比形式的日度混频动态因子模型，构建我国的日度经济意外指数和经济不确定性指数。本文选择该方法主要基于以下原因：第一，该模型可以综合利用低频和高频宏观经济数据，提升监测的时效性；第二，基于该模型可以测度各经济指标对宏观经济运行的重要程度，避免了主观设定权重；第三，同比形式的混频数据模型，有效利用了政府发布的统计资料信息，避免了季节调整方法的选择以及环比数据扰动过大等对估计结果的影响。因此，相对于环比模型，同比形式的混频动态因子模型更适用于测度我国宏观经济。本节首先介绍同比日度混频动态因子模型，然后基于该模型计算各经济指标的权重和预测误差，进而构建我国的日度经济意外指数和经济不确定性指数。

(一)同比形式的日度混频动态因子模型

令日度指标 Y_t^i 表示 t 时刻第 i 个日度经济或金融变量，其对数形式的同比增长率 y_t^i 定义为 $y_t^i=\ln Y_t^i-\ln Y_{t-nD_t}^i$，其中 nD_t 表示 t 时刻与上一年相同日期的相隔天数，例如，对于平年 $nD_t=365$，对于闰年 $nD_t=366$。参照 Stock 和 Watson (1991)、郑挺国和王霞(2013)等文献，本文假设存在一个不可观测的共同因子 f_t 主导宏观经济的共同变动。因此，本文对 $\{y_t^i\}$，$i=1,2,\cdots,N$；$t=1,2,\cdots,T$ 构建如下动态单因子模型：

$$y_t^i=\mu_t^i+\beta_i f_t+u_t^i \tag{1}$$

$$u_t^i=\varphi_1^i u_{t-1}^i+\cdots+\varphi_q^i u_{t-q}^i+v_t^i,v_t^i\sim NID(0,\sigma_i^2) \tag{2}$$

其中，μ_t^i 为常数项或 y_t^i 的均值，β_i 为因子载荷系数，特异成分 u_t^i 服从 $AR(q)$ 过程，$\varphi_j^i(j=1,\cdots,q)$ 是特异成分的自回归系数。

此外，假设共同因子 f_t 服从 $AR(p)$ 过程，即

$$f_t=\rho_1 f_{t-1}+\cdots+\rho_p f_{t-p}+e_t,e_t\sim NID(0,\sigma_f^2) \tag{3}$$

其中，ρ_j，$j=1,\cdots,p$ 为共同因子的自回归系数，且扰动项 e_t 与 v_t^i 不相关。

尽管经济和金融变量每天都在发生变化，但是大多数指标并不是每日都可被观测到的，人们往往只能得到其月末或季末的统计观测值。为实现不同频率数据的混频建模，需要建立不同频率的低频指标与其潜在的日度指标之间的依存关系。假设 $\tilde{y}_t^i$ 为低频可观测指标的同比增长率，$\tilde{y}_t^i$ 依赖于其潜在不可观测的日度指标 y_t^i，而 $\tilde{y}_t^i$ 与 y_t^i 之间的关系依赖于 $\tilde{y}_t^i$ 是流量指标还是存量指标。

对于流量同比指标，$\widetilde{y}_t^i$ 与 y_t^i 之间的关系比较复杂。参照郑挺国和王霞(2013)，当 $\widetilde{y}_t^i$ 可观测时，

$\widetilde{y}_t^i = D_{it}^{-1}\sum_{j=0}^{D_{it}-1} y_{t-j}^i$，否则 $\widetilde{y}_t^i$ 为缺失值(NA)，其中 $D_{it}>1$ 表示低频指标的频率，例如周数据 $D_{it}=7$，对于月度数据 D_{it} 可能为 28、29、30 或 31，对于季度数据 D_{it} 可能为 90、91 或 92，对于年度数据 D_{it} 可能为 365 或 366。结合式(1)，低频流量指标的测量方程可表示为：

$$\widetilde{y}_t^i = \begin{cases} \dfrac{1}{D_{it}}\sum\limits_{j=0}^{D_{it}-1} y_{t-j}^i = \mu_i + \dfrac{\beta_i}{D_{it}}\sum\limits_{j=0}^{D_{it}-1} f_{t-j} + \dfrac{1}{D_{it}}\sum\limits_{j=0}^{D_{it}-1} u_{t-j}^i, \text{若 } \widetilde{y}_t^i \text{ 可测} \\ NA, \text{其他情形} \end{cases} \tag{4}$$

由于式(4)中包含了 f_t,u_t^i 及其相应的滞后项的 $2D_{it}$ 个不可观测变量，当变量个数增加且频率较低时，该测量方程的状态空间模型表示式将面临维度灾问题。为克服维度灾问题，本文利用 Harvey(1991)提出的累积器变量将流量指标的测量方程重新表示为：

$$\widetilde{y}_t^i = \begin{cases} \dfrac{1}{D_{it}}\sum\limits_{j=0}^{D_{it}-1} y_{t-j}^i = \mu_i + \dfrac{\beta_i}{D_{it}}C_t^i + \dfrac{1}{D_{it}}E_t^i, & \text{若 } \widetilde{y}_t^i \text{ 可测} \\ NA, & \text{其他情形} \end{cases} \tag{5}$$

其中，$C_t^i = \delta_{it}C_{t-1}^i + f_t$，$E_t^i = \delta_{it}E_{t-1}^i + u_t^i$；$\delta_{it}$ 为示性函数，若 t 时刻为某一个周(月或季)的第一天则 $\delta_{it}=0$，否则 $\delta_{it}=1$。

如果 $\widetilde{y}_t^i$ 为低频存量指标的同比增长率，那么两者之间的关系相对简单。当 $\widetilde{y}_t^i$ 可观测时，$\widetilde{y}_t^i = y_t^i$，否则 $\widetilde{y}_t^i$ 为缺失值(NA)。于是，低频存量指标的测量方程为：

$$\widetilde{y}_t^i = \begin{cases} y_t^i = \mu_i + \beta_i f_t + u_t^i, & \text{若 } \widetilde{y}_t^i \text{ 可测} \\ NA, & \text{其他情形} \end{cases} \tag{6}$$

基于上述讨论可以构建基于日度、周度、月度和季度数据的混频动态因子模型。为符号标记方便，去掉所有指标上方的波浪号，记 y_t^D 为日度指标的同比增长率构成的观测向量，$y_{Ft}=(y_{Ft}^{W'}, y_{Ft}^{M'}, y_{Ft}^{Q'})'$ 为不同频率的低频流量指标的同比增长率构成的观测向量，其中 y_{Ft}^W、y_{Ft}^M 和 y_{Ft}^Q 分别表示周度、月度和季度频率的流量指标构成的观测向量；$y_{St}=(y_{St}^{W'}, y_{St}^{M'}, y_{St}^{Q'})'$ 为不同频率的低频存量指标的同比增长率构成的观测向量，其中 y_{St}^W、y_{St}^M 和 y_{St}^Q 分别表示周度、月度和季度频率的存量指标对应的观测向量；于是，可以建立如下日度混频动态因子模型，对于日度指标：

$$y_t^D = \mu_D + \beta_D f_t + u_t^D, u_t^D = \sum_{j=1}^{q} \varphi_{D,j} u_{t-j}^D + v_t^D \tag{7}$$

其中，$\varphi_{D,j} = diag(\varphi_{1,j}^D, \cdots, \varphi_{n_D,j}^D)$，$v_t^D \sim N(0, \sum_D)$，$\sum_D = diag(\sigma_1^{D2}, \cdots, \sigma_{n_D}^{D2})$，$n_D$ 是日度指标的个数。

对于低频流量指标：

$$y^i_{Ft}=\mu^F_i+\frac{\beta^F_i}{D_{it}}C^i_t+\frac{1}{D_{it}}E^i_t,C^i_t=\delta^i_tC^i_{t-1}+f_t \tag{8}$$

$$E^i_t=\delta^i_tE^i_{t-1}+u^i_{Ft},u^i_{Ft}=\sum_{j=1}^{q}\varphi^F_{i,j}u^i_{F,t-j}+v^i_{Ft} \tag{9}$$

其中，频度 $i=W,M,Q$，$\varphi^F_{i,j}=diag(\varphi^F_{i,j,1},\cdots,\varphi^F_{i,j,n^i_F})$，$v^i_{Ft}\sim N(0,\sum^i_F)$，$\sum^i_F=diag(\sigma^{F2}_{i,1,},\cdots,\sigma^{F2}_{i,n^i_F})$，$n^i_F$ 是频率为 $i(i=W,M,Q)$ 的流量指标的数量。

对于低频存量指标：

$$y_{St}=\mu_S+\beta_Sf_t+u_{St},u_{St}=\sum_{j=1}^{q}\varphi_{S,j}u_{S,t-j}+v_{St} \tag{10}$$

其中，$\varphi_{S,j}=(\varphi^S_{1,j},\cdots,\varphi^S_{n_s,j},)$，$v_{St}\sim N(0,\sum_S)$，$\sum_S=diag(\sigma^{S2}_1,\cdots,\sigma^{S2}_{n_S})$，$n_S$ 是低频存量指标的个数。式(3)和式(7)～(10)共同构成了同比形式的日度混频动态因子模型，其中各指标的特异因子互不相关，且与共同因子也不相关。

(二)模型的估计

对于上述日度混频动态因子模型，可以将其重新表示为如下状态空间的形式：

$$y_t=\mu+H_tx_t+u_t,u_t\sim NID(0,R) \tag{11}$$

$$x_t=F_tx_{t-1}+G\eta_t,\eta_t\sim NID(0,\sum) \tag{12}$$

其中，式(11)为测量方程，描述了可观测指标 y_t 与不可观测的状态变量 x_t 之间的相依关系；式(12)为转移方程，描述了状态变量 x_t 的动态路径。各变量、向量和矩阵分别表示为：

$y_t=(y^{D'}_t,y^{W'}_{Ft},y^{M'}_{Ft},y^{Q'}_{Ft},y_{St}{}')'$，

$x_t=(f_t,\cdots,f_{t-p+1},C^W_t,C^M_t,C^Q_t,U^{D'}_t,U^{W'}_{Ft},U^{M'}_{Ft},U^{Q'}_{Ft},U_{St}{}',E^{W'}_t,E^{M'}_t,E^{Q'}_t)'$，

$\mu_t=(\mu^{D'}_t,\mu^{W'}_{Ft},\mu^{M'}_{Ft},\mu^{Q'}_{Ft},\mu_{St})'$，$U_{St}=(u'_{St},\cdots,u'_{S,t-q+1})'$，

$U^i_{Ft}=(u^{i}_{Ft}{}',\cdots,u^i_{F,t-q+1}{}')'$，$u_t=0_N$，$R=0_{N\times N}\eta_t=(e_t,v^{D'}_t,v^{W'}_{Ft},v^{M'}_{Ft},v^{Q'}_{Ft},v'_{St})'$，

$\sum=diag\{\sigma^2_f,\sum_D,\sum^F_W,\sum^F_M,\sum^F_Q,\sum_S,\}$；

$$H_t=\begin{pmatrix}\tilde{\beta}_D & 0 & 0 & 0 & L_D & 0 & 0 & 0 & 0 & 0 & 0 & 0\\ 0 & D^{-1}_W\beta^F_W & 0 & 0 & 0 & 0^F_W & 0 & 0 & 0 & D^{-1}_WI^F_W & 0 & 0\\ 0 & 0 & D^{-1}_{Mt}\beta^F_M & 0 & 0 & 0 & 0^F_M & 0 & 0 & 0 & D^{-1}_{Mt}I^F_M & 0\\ 0 & 0 & 0 & D^{-1}_{Qt}\beta^F_Q & 0 & 0 & 0 & 0^F_Q & 0 & 0 & 0 & D^{-1}_{Qt}I^F_Q\\ \tilde{\beta}_S & 0 & 0 & 0 & 0 & 0 & 0 & 0 & L_S & 0 & 0 & 0\end{pmatrix},$$

$$F_t=\begin{bmatrix}F_{1t} & 0_{(p+3)\times Nq} & 0_{(p+3)\times N_F}\\ 0_{Nq\times(p+3)} & F_{2t} & 0_{Nq\times N_F}\\ 0_{n_F\times(p+3)} & F_{3t} & F_{4t}\end{bmatrix},G=\begin{bmatrix}G_{1t} & 0_{(p+3)\times(N-1)}\\ 0_{Nq\times1} & G_{2t}\\ 0_{N\times1} & G_{3t}\end{bmatrix}。$$

其中，I_D，I_W^F，I_Q^F，I_M^F，I_S 分别为 n_D，n_F^W，n_F^M，n_F^Q，n_S 维的单位矩阵；$\widetilde{\beta}_D=(\beta_D,0_{n_D\times(p-1)})$，$\widetilde{\beta}_S=(\beta_S,0_{n_S\times(p-1)})$，$I_D=(I_D,0_{n_D\times[n_D(q-1)]})$，$I_S=(I_S,0_{n_S\times[n_S(q-1)]})$；$N$ 是所有经济指标的个数，n_F 为所有流量经济指标的数量；$0_i^F=0_{n_F^i\times n_F^i p}$，$\widetilde{I}_F^i=\begin{bmatrix}I_F^i & 0'_{n_F^i(q-1)\times n_F^i}\end{bmatrix}'$，$\widetilde{I}_D=\begin{bmatrix}I_D & 0'_{n_D(q-1)\times n_D}\end{bmatrix}'$，$\widetilde{I}_S=\begin{bmatrix}I_S & 0'_{n_S(q-1)\times n_S}\end{bmatrix}'$；$F_{1t}=\begin{bmatrix}F'_{1,1t} & F'_{1,2t} & F'_{1,3t} & F'_{1,4t}F'_{1,5t}\end{bmatrix}'$，$F_{1,1t}=\begin{bmatrix}\rho'_{1:p-1} & 0 & 0 & 0\end{bmatrix}$，$F_{1,2t}=\begin{bmatrix}I_{p-1} & 0 & 0 & 0\,0\end{bmatrix}$，$F_{1,3t}=\begin{bmatrix}\rho'_{1:p-1} & \delta_t^W & 0 & 0\end{bmatrix}$，$F_{1,4t}=\begin{bmatrix}\rho'_{1:p-1} & 0 & \delta_t^M & 0\end{bmatrix}$，$F_{1,5t}=\begin{bmatrix}\rho'_{1:p-1} & 0 & 0 & \delta_t^Q\end{bmatrix}$；$F_{2,t}=diag\{\Phi_D,\Phi_W^F,\Phi_M^F,\Phi_Q^F,\Phi_S\}$，$F_{3t}=\begin{bmatrix}0_{n_F\times n_D q} & \widetilde{F}_{3t} & 0_{n_F\times n_S q}\end{bmatrix}$，$\widetilde{F}_{3t}=diag(\widetilde{\varphi}_W^F,\widetilde{\varphi}_M^F,\widetilde{\varphi}_Q^F)$，$F_{4t}=diag\{\delta_t^W I_W^F,\delta_t^M I_M^F,\delta_t^Q I_Q^F\}$，$\widetilde{\varphi}_i^F=(\varphi_{i,1}^F,\cdots,\varphi_{i,q}^F)$；$G_{1t}=\begin{bmatrix}1 & 0'_{(p-1)\times 1} & 1 & 1 & 1\end{bmatrix}'$，$G_{2t}=diag\{\widetilde{I}_D,\widetilde{I}_W^F,\widetilde{I}_M^F,\widetilde{I}_Q^F,\widetilde{I}_S\}$，$G_{3t}=\begin{bmatrix}0_{n_F\times n_D} & \widetilde{G}_{3t} & 0_{n_F\times n_S}\end{bmatrix}$，$\widetilde{G}_{3t}=diag(I_W^F,I_M^F,I_M^F)$；$\Phi_i^F=\begin{pmatrix}\varphi_{i,1:q-1}^F & \varphi_{i,q}^F\\ I_{n_F^i(q-1)} & 0\end{pmatrix}$，$\Phi_S=\begin{pmatrix}\varphi_{S,1:q-1} & \varphi_{S,q}\\ I_{n_S(q-1)} & 0\end{pmatrix}$，$\Phi_D=\begin{pmatrix}\varphi_{D,1:q-1} & \varphi_{D,q}\\ I_{n_D(q-1)} & 0\end{pmatrix}$。

对于由式(11)和式(12)构成的态空间模型可以采用极大似然估计和卡尔曼滤波迭代，得到未知参数的一致估计和状态变量 x_t 的估计值，具体可参照 Kim 和 Nelson(1999)。此外，在估计过程中，对于状态空间模型中观测变量存在缺失值的问题，采用郑挺国和王霞(2013)的处理方法，本文不再赘述。

(三)权重和预测误差的计算

给定模型未知参数的估计结果，可以计算各个指标的权重函数和预测误差。依据 Kim 和 Nelson(1999)可知，卡尔曼滤波主要由预测和更新两个步骤构成。

首先，预测步可表示为：

$$x_{t|t-1}=F_t x_{t-1|t-1},P_{t|t-1}=F_t P_{t-1|t-1}F'+G\sum G' \tag{13}$$

进而，一步向前预测误差为 $\eta_{t|t-1}=y_t-y_{t|t-1}=y_t-H_t x_{t|t-1}-\mu$。同理可获得 h 步向前预测及其预测误差：

$$x_{t+h|t}=F_{t+h}x_{t+h-1|t},y_{t+h|t}=\mu+H_{t+h}x_{t+h|t};\eta_{t+h|t}=y_{t+h}-y_{t+h|t},h=1,2,3,\cdots \tag{14}$$

其次，更新步可表示为：

$$x_{t|t}=x_{t|t-1}+K_t\eta_{t|t-1},P_{t|t}=P_{t|t-1}-K_t H_t P_{t|t-1} \tag{15}$$

其中，$K_t=P_{t|t-1}H'_t(H_t P_{t|t-1}H'_t+R)^{-1}$ 为 Kalman 增益矩阵。由式(13)和式(15)可知：

$$x_{t+1|t}=F_{t+1}x_{t|t}=F_{t+1}[x_{t|t-1}+K_t(y_t-H_tx_{t|t-1}-\mu)]$$
$$=F_{t+1}K_t(y_t-\mu)+(F_{t+1}-F_{t+1}K_tH_t)x_{t|t-1} \tag{16}$$

定义 $L_t=F_{t+1}-F_{t+1}K_tH_t$，则可得递推公式 $x_{t+1|t}=F_{t+1}K_t(y_t-\mu)+L_t x_{t|t-1}$，逐步递归可得 $x_{t+1|t}=\sum_{s=1}^{t}B_{t,s}F_{s+1}K_s(y_s-\mu)$，$B_{t,s}$ 的表达式为：

$$B_{t,s}=\begin{cases}L_tL_{t-1}\cdots L_{s+1},s=1,2,\cdots t-1\\ I_k,s=t\end{cases} \tag{17}$$

其中，I_k 是 k 维单位矩阵。令 $w_s(x_{t+1|t})=B_{t,s}F_{s+1}K_s$，其度量了 y_s 的每个元素对状态变量在 t 时刻的一步向前预测的贡献，本文称 $w_s(x_{t+1|t})$ 为预测权重。进一步地，由式(15)～(17)可知：

$$x_{t|t}=x_{t|t-1}+K_t(y_t-H_tx_{t|t-1}-\mu)$$
$$=K_t(y_t-\mu)+\sum_{s=1}^{t}(I_k-K_tH_t)B_{t-1,s}F_{s+1}K_s(y_s-\mu) \tag{18}$$

定义滤子权重为：

$$w_s(x_{t|t})=\begin{cases}(I_k-K_tH_t)B_{t-1,s}F_{s+1}K_s,s=1,2,\cdots,t-1\\ K_t,s=t\end{cases} \tag{19}$$

于是，可以得到：

$$x_{t|t}=\sum_{s=1}^{t}w_s(x_{t|t})(y_s-\mu) \tag{20}$$

依据式(11)和式(12)可知，状态变量 x_t 的第一个分量为 t 时刻的共同因子。因此，$k\times N$ 维权重矩阵 $w_s(x_{t|t})$ 的第一行数值度量了 y_s 的每一个元素对共同因子 t 期滤子估计值的贡献。

(四)经济意外指数和不确定性指数的构建

基于上一节定义的预测误差和权重函数，本文进一步构建经济意外指数和经济不确定性指数。基于混频动态因子模型，可获得经济指标的 h 步向前预测 $y_{t+h|t}$ 及其预测误差 $\eta_{t+h|t}$（此处另记作 e_{t+h}）。在该章节，将 t 时刻第 i 个经济指标的 h 步向前预测记为 $y^i_{t+h|t}$（即 $y_{t+h|t}$ 的第 i 个分量），其 h 步向前预测误差记为 e^i_{t+h}（即 e_{t+h} 的第 i 个分量）。

首先，将 N 个平稳经济增长率序列的预测误差加权累加得到意外指数。基于式(20)，记 $w_s(x_{t|t})$ 的第一行为 $w^{(1)}_{s,t}$，该 $1\times N$ 维向量中数值的大小代表了 N 个不同的经济指标对 t 时刻经济运行状态的贡献度。依据 Scotti(2016)，采用该权重对预测误差加总，可得到如下的经济意外指数：

$$S_t(h)=\sum_{s=1}^{t}w^{(1)}_{s+h,t+h}e_{s+h}=\sum_{s=1}^{t}\sum_{j=1}^{N}w^{(1)}_{j(s+h),t+h}e^j_{s+h} \tag{21}$$

其中，$w^{(1)}_{j(s+h),t+h}$ 表示 $w^{(1)}_{(s+h),t+h}$ 的第 j 元素，即第 j 个变量对共同因子(潜在的宏观经济活动因子)第 $t+h$ 期滤子估计值的贡献。若该指数为正，则意味着经济的实际运行状况比预期的好;反之,则意味着经济的实际运行状况比预期的要差。

其次,利用相同的权重函数和预测误差的平方构建经济不确定性指数,表示如下:

$$U_t(h)=\sqrt{\sum_{s=1}^{t} w_{s+h,t+h}^{(1)}(e_{s+h})^2}=\sqrt{\sum_{s=1}^{t}\sum_{j=1}^{N} w_{j(s+h),t+h}^{(1)}(e_{s+h}^{j})^2} \tag{22}$$

相较于 Scotti(2016)、王霞和郑挺国(2020)基于月度和季度经济指标的数据发布情况构建的可实时更新的经济不确定性指数,本文的日度经济不确定性指数在季度数据和月度数据的基础上增加了日度数据,可以实现指数的每日更新。与 Jurado 等(2015)提出的测度方法相比,该不确定性指数有如下优势:第一,本文基于各经济指标对宏观经济运行的重要程度,赋予其不同的权重,而不是相等的权重 $1/N$;第二,综合考虑了季度 GDP、关键的月度指标和日度指标,引入季度 GDP 可以更全面和综合地反映宏观经济总体状况,从而提高经济不确定性测度的准确性;日度指标的引入,使得经济意外指数和经济不确定性指数的测度更具时效性。

本文构建的经济意外指数和不确定性指数综合考虑了不同经济指标对宏观经济运行状态的重要程度的差异性,及其冲击的累积效应。而且,该经济意外指数和不确定性指数都是事后已实现指标,即其反映了决策者相对于已实现的经济状况时更悲观还是更乐观,以及做决策时面临的经济不确定性程度。

四、实证结果

本节基于同比形式的日度混频动态因子模型计算了各经济指标的权重和一步向前预测,然后对其预测误差和误差的平方分别进行加权累加,构建了我国的日度宏观经济意外指数和不确定性指数。首先,基于状态空间模型利用极大似然方法和卡尔曼滤波得到未知参数的一致估计量;其次,基于获得的估计参数,采用 2002 年 1 月开始的数据,按照式(13)～(20)用卡尔曼滤波迭代得到各经济指标的一步向前预测误差和权重函数;最后,根据式(21)和式(22)分别计算了我国的日度经济意外指数和经济不确定性指数。特别需要注意的是,为了使模型的估计结果更加稳健,本文在第一步估计未知参数时,采用了从 1990 年开始的数据信息;在第二步计算权重矩阵时,由于日度数据从 2002 年开始,本文采用了 2002 年 1 月开始的数据。为了去除初始值对结果的影响,本文计算了从 2002 年 6 月份开始的日度经济意外指数和不确定性指数。

(一)参数估计结果

为了减少模型待估参数个数,本文参照 Stock 和 Watson(1991)以及郑挺国和王霞(2013)的做法,先对所有指标作去均值处理,这样在模型估计时可以去掉均值

μ。此外，动态因子模型存在参数识别问题，需要对载荷矩阵或共同因子的扰动方差作选择性约束，本文将 GDP 同比增长率对应的因子载荷系数 β 设为 1，表 2 给出了模型的估计结果。

从表 2 可以看出，模型的大部分参数在 1%的显著水平下都是显著的，但是 PPI 的载荷系数在 10%的水平下显著，CPI 的载荷系数不显著。而且除了 CPI 以外，所有经济指标的载荷参数 β 均显著大于 0，这说明除 CPI 以外的所有指标都提供了与经济状况指数相同运动趋势的信息；共同因子的自相关系数 ρ 非常接近于 1，说明提取的共同因子具有较强的自相关性；各指标特异成分的自回归系数 φ_u 也都接近于 1，说明高频的特异成分具有较强的自相关性。

基于模型的参数估计结果，本文进一步利用卡尔曼滤波提取了共同因子的滤子值，即日度的经济一致指数(ECI)，图 2 给出了该日度监测指数的序列图。由于日度指标从 2002 年初开始，所以 ECI 在 2002 年之前主要呈现月度变化，从 2002 年开始实时捕捉宏观经济日度上的变化情况。从长期来看，

表 2　模型参数估计结果

参数	β	φ_u	σ_u	ρ	σ_f
GDP	1.000	0.997*** (0.005)	0.068*** (0.013)		
Spread	0.150*** (0.020)	0.943*** (0.005)	0.166*** (0.002)		
IP	1.719*** (0.139)	0.967*** (0.007)	0.461*** (0.040)		
INV	4.090*** (0.533)	0.971*** (0.005)	2.789*** (0.209)		
TAX	2.119*** (0.403)	0.957*** (0.006)	3.956*** (0.299)		
Sale	1.680*** (0.309)	0.996*** (0.001)	0.401*** (0.023)	0.998*** (0.001)	0.112*** (0.0110)
IMEX	3.322*** (0.556)	0.984*** (0.002)	2.092*** (0.107)		
HINV	3.031*** (0.498)	0.942*** (0.013)	4.652*** (0.656)		
CPI	0.155 (0.498)	1.000*** (0.001)	0.124*** (0.005)		
PPI	0.202* (0.112)	1.000*** (0.001)	0.165*** (0.007)		
PMI	0.555*** (0.109)	0.989*** (0.002)	0.190*** (0.013)		

注：***、**、*分别表示在 1%、5%、10%的水平下显著；括号内为参数对应的标准差。

日度 ECI 反映了我国宏观经济运行的基本态势，较好地描述了我国经济自 1990 年以来历经的 3 次经济扩张(ECI>0)和 4 次经济收缩(ECI<0)。从短期来看，ECI 可以及时地反映重要历史事件对我国经济的影响，例如，在 2003 年春季“非典”疫情期间、2008 年国际金融危机期间、2020 年新冠肺炎疫情期间 ECI 均有显著变化。

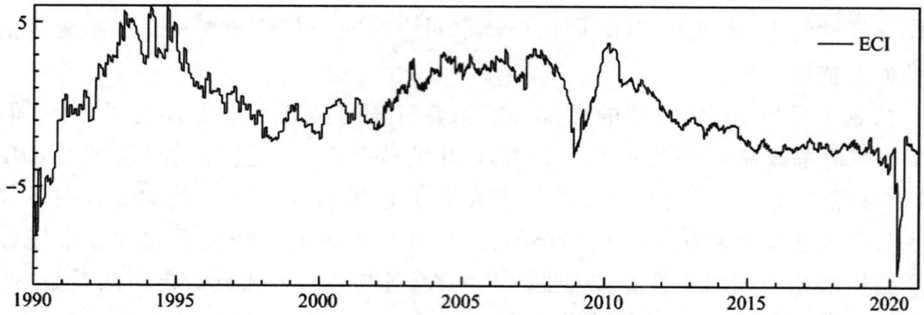

图 2　日度宏观经济一致指数

(二)基于日度混频动态因子模型的指标预测结果及权重分析

Scotti(2016)基于彭博数据库专家预测误差的中位数构建了美国等 7 个不同国家的经济意外指数和经济不确定性指数,由于我国缺乏相应的专家预测数据,本文基于日度混频动态因子模型的一步向前预测误差构建我国的经济意外指数和日度经济不确定性指数。图 3 以 GDP 为例比较了日度混频动态因子模型的一期向前预测结果及其实际值[21],可以看出该模型具有较好的预测效果;为了进一步验证该预测结果的精度,本文计算了预测值和实际值的相关性,其相关系数达到 0.949。

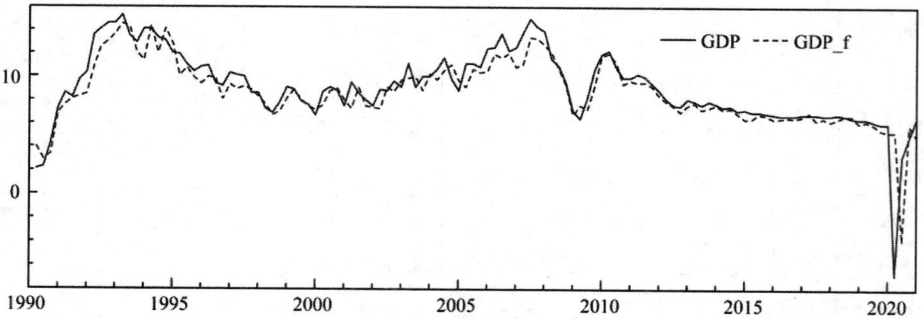

图 3　GDP 同比增长率的混频一步向前预测结果

注:"GDP"代表 GDP 同比增长率的实际值,"GDP_f"代表基于混频动态因子模型的一步向前预测值。

为了分析各经济指标对宏观经济运行状态的重要程度,本节对权重 $w_{j,s,t}^{(1)}$ 进行分析。如前文所述,$w_{j,s,t}^{(1)}$ 代表第 j 个变量 s 时期的数值对共同因子 t 时期的滤子估计值的贡献度。那么,经济指标 j 在 t 期的累积权重为 $w_{j,t}^{(1)} = \sum_{s=1}^{t} w_{j,s,t}^{(1)}$,表示

[21] 由于篇幅所限,其他指标的预测值可向作者索取。

指标 j 对时刻 t 的经济运行状态的总贡献度。为了更清晰的展示各个经济指标累积权重的时变特征，图 4 给出了 2019 年第四季度各经济指标的累积权重的趋势图。如图 4 所示，日度指标 Spread 的累积权重最大，主要是由于日度指标相对于其他指标波动比较小、预测误差比较小，且每日都可获得数据，对日度共同因子的估计提供了大量信息；其次，GDP 和 IP 所占权重相对较大，PMI 和 Sale 次之，其余经济指标的贡献均较小，该结果可能因为 GDP 能够比较全面地

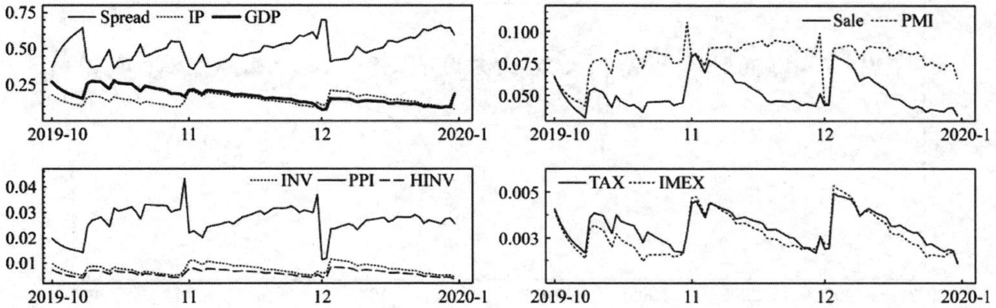

图 4　2019 年第四季度各指标的累积权重

反映一个国家宏观经济的运行状态和趋势，IP 也经常被作为反映宏观经济运行状态的月度指标，而且 GDP 和 IP 的波动较其他月度指标而言相对较小。因此，相对于 Jurado 等(2015)将所有指标设定为等权重，本文中各经济指标的权重是不同的，并且随着数据的更新存在明显的时变特征。注意，由表 1 的模型估计结果可知，CPI 的因子载荷系数在 10%的水平下不显著，即 CPI 没有为经济状况指数提供相关的信息，因此本文在构建经济意外指数与经济不确定性指数时没有考虑 CPI。

(三)日度经济意外指数和经济不确定性指数

基于前文的权重函数和一步向前预测误差，本文构建了我国的日度经济意外指数(ESI)和经济不确定性指数(EUI)，分别见图 5 和图 6。

图 5 给出了我国 2002 年 6 月至 2020 年 12 月的日度经济意外指数。经济意外指数的正值，表明经济的实际运行状态比预期更为乐观，预测结果相对更为谨慎；反之，该指数为负则表明经济的实际运行状态低于预期值，预期结果相对更为乐观。需要注意的是，经济意外指数的正(负)值并不意味着经济处于扩张(收缩)状态，仅代表经济预测结果过于悲观(乐观)。从图 5 可以看出，本文的经济意外指数合理地刻画了我国经济的实际运行状态与预期之间的偏差。例如，在 2006 年初至 2007 年第二季度，本文的经济意外指数多次出现正向的峰值充分反映了该期间我国经济运行多次超出预期，即经济过热现象；意外指数 2008 年 10 月 28 日开始大幅度下降，并在 2008 年 12 月至 2009 年 1 月期间达到最低值，反映了 2008 年国

际金融危机对我国经济产生的负面影响,且这种负面影响比预期结果更为严重;2018 年 6 月至 2019 年 12 月经济意外指数出现了较长时期负值,主要是受 2018—2019 年中美贸易摩擦影响,这一期间我国经济运行状况低于预期;2020 年暴发的新冠肺炎疫情对我国 2020 年第一季度的经济造成了严重冲击,经济意外指数在 2020 年第一季度骤然下降,说明经济的实际运行状态严重低于预期,但是随着经济恢复以及对经济预期的调整,经济意外指数开始逐步上升。

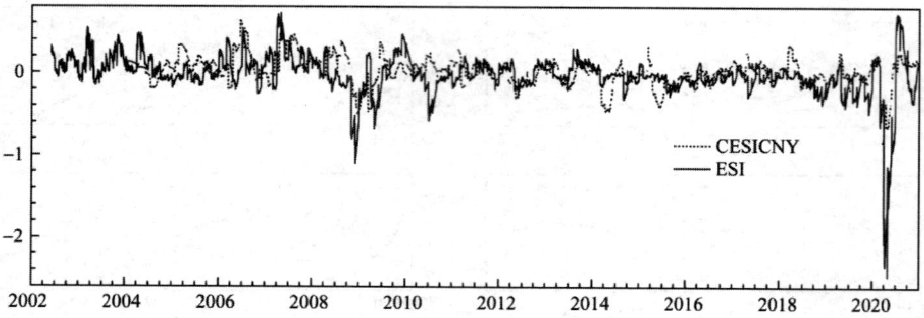

图 5 日度经济意外指数(ESI)和花旗意外指数(CESICNY)

花旗意外指数是花旗集团与摩根集团构建的一个客观定量的经济指数,目前该指数系列比较完善,包括了世界主流经济区域和世界主要经济体的经济意外指数,其中,中国的花旗意外指数(CESICNY)从 2004 年开始发布。为了与本文构建的日度经济意外指数进行比较,对花旗指数进行了适当的标准化处理,使其与本文的意外指数具有相同的标准差。如图 5 所示,两者走势总体上比较一致,其相关系数为 0.352。相较于本文构建的经济意外指数,花旗经济意外指数更加平缓,说明本文的经济意外指数更充分地反映了历史经济事件对我国经济造成的冲击。两者之间的差异可能是因为本文构建的经济意外指数主要用于测度宏观经济层面的意外冲击,而花旗意外指数涵盖了来自经济和金融等不同层面的意外信息。

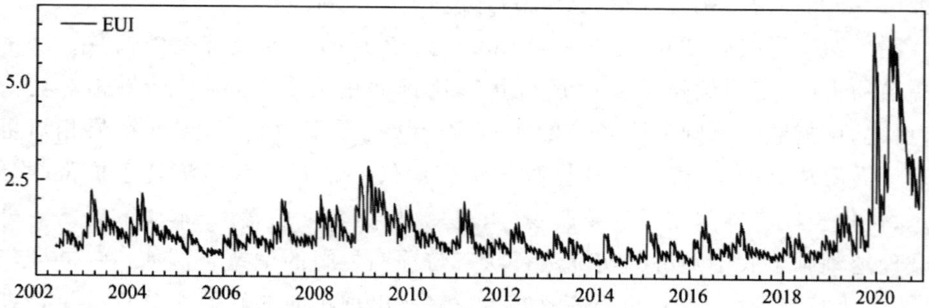

图 6 日度经济不确定性指数(EUI)

图6描述了从2002年6月开始的经济不确定性指数。如前文所述，经济不确定性指数的数值越大，表明相对于总体而言当前的经济不确定性程度越高。由图6可知，本文构建的经济不确定性指数与一些重要的经济金融事件较为吻合，即当经济遭受冲击时，宏观经济不确定性指数呈现上升态势，进而表明该指数较为合理地反映了我国宏观经济运行态势的不确定性程度。特别地，本文构建的经济不确定性指数的两个显著峰值分别对应于2008年的国际金融危机与2020年的新冠肺炎疫情冲击，该结果表明以上两个突发事件导致了我国经济运行态势的不可预测程度显著上升。2008—2010年期间，由于国际金融危机以及我国政府推出的四万亿元的财政政策的接连冲击，我国经济运行态势的不可预测程度上升，本文构建的经济不确定性指数及时揭示了该时期极高的经济不确定性和意外冲击，其数值从2008年11月大幅度上升，并维持较高的数值至2010年2月中旬。尤其是受到新冠肺炎疫情的影响，我国2020年第一季度经济运行出现了较大幅度的收缩，其中GDP出现了6.8%的缩减，即该意外冲击以及一系列的抗疫政策使得经济运行态势发生了较大的变化，增加了经济的不可预测程度；本文构建的经济不确定性指数充分反映了这一冲击造成的经济不确定性增加，其数值在2020年第一季度急剧上升，并且随着我国经济在2020年第二季度逐渐回升至原有状态，经济不确定性指数的数值也逐步下降。此外，本文构建的经济不确定性指数也反映了其他事件冲击所导致的经济不确定性上升。例如，2003年1至5月不确定性指数的数值较大，且在3月初达到一个小峰值，反映了我国2003年春季暴发的"非典"疫情对经济造成的意外冲击；2004—2007年期间，经济不确定性指数出现多次峰值，反映了该期间我国经济多次出现固定投资增速超出预期所造成的经济不确定性上升；经济不确定性指数在2008年第一季度数值较大反映了2008年1月份南方雪灾造成的经济波动；2011—2012年期间，经济不确定性指数出现两次峰值反映了我国进出口受到欧洲债务危机的严重影响进而导致经济不确定性增加；2019年中美贸易摩擦使我国宏观经济运行态势的不确定性增加，本文构建的经济不确定性指数的数值从2019年3月出现上升趋势，充分反映了该期间经济运行态势的不确定性程度。图6还显示本文的日度经济不确定性指数波动比较频繁，主要是因为本文采用了日度指标，可以实时测度经济不确定性的变化。此外，频繁波动的日度经济不确定性指数对宏观经济政策具有以下现实意义：当国家实施相关的宏观调控政策时，日度经济不确定性指数会有即时反应并发生短期波动，市场参与者可以根据经济不确定性的变化及时调整对经济的预期以及自身的经济行为决策，即政策制定者可以通过该途径进一步增强与公众沟通的及时性，合理地引导公众预期和行为决策与经济政策指向相合，有利于目标的实现。

从经济不确定性指数的更新频率来看，本文构建的宏观经济不确定性指数，与Huang和Luk(2020)构建的经济政策不确定性指数(EPU_HL)，都可以实现指数的每日更新,本文进一步对比了两者的区别和联系。从指数的定义来看,本文的经济不确定性指数主要用于反映宏观经济运行势态的不确定性程度,而 EPU_HL 主要是用于反映我国的经济政策不确定性;从指数的构建方法来看,本文的经济不确定性指数是关键宏观经济指标的历史预测误差的加权累积,而 EPU_HL 是基于当日有关经济政策不确定性的相关词汇的词频。图 7 描述了两者的走势,为使两者具有可比性,本文首先对数据进行了适当的标准化处理。由图 7 可知,两者的走势有一定的相似性,例如在 2008 年国际金融危机期间、2011—2012 年欧洲债务危机期间、2020 年新冠肺炎疫情期间,两者的数值都有明显提升。但是本文的经济不确定性指数与影响我国宏观经济运行势态的事件更相关。例如 2003 年"非典"疫情期间、2004—2007 年我国经济过热期间,本文的经济不确定性指数都有明显变化。而 EPU_HL 与经济政策事件更相关,例如 2015 年的"汇率改革"、2017 年美国总统就职典礼事件都使得 EPU_HL 的数值有显著上升。由图 7 还可以看出,本文构建的经济不确定性指数相对于 EPU_HL 更为平滑,主要是因为本文考虑了历史误差的综合累积效果;而 EPU_HL 只考虑了当日的词频,使得指数更加波动。

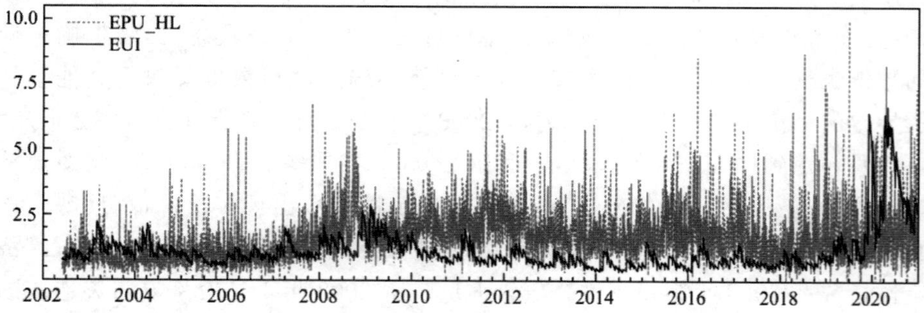

图 7　本文经济不确定性指数与经济政策不确定性指数的比较

五、经济意外指数和不确定性指数的应用

本文构建的经济意外指数和经济不确定性指数,一方面可以作为宏观经济一致指数以及其他学者构建的经济不确定性指数的补充,实现对宏观经济全面及时地监测;另一方面还可以用于分析其对资产价格变动影响、对经济周期的影响以及对股市波动率的影响。本节将探讨经济意外指数对人民币汇率的影响以及经济不确定性对股市波动率的影响。

(一)经济意外指数对人民币汇率的影响

自 20 世纪 80 年代,研究人员逐渐认识到,宏观经济信息发布对资产价格的走势提供了有关私人部门预期以及该预期对经济状况反馈方面的独特信息。当前已有大量文献(如 Scotti,2016;Kumar,2013)研究了不同资产市场对宏观经济数据发布带来的新息(news)或意外(surprise)的反应。其中,有关宏观数据发布影响汇率变化的研究认为,如果外汇市场有效,则所有预期的相关信息都应纳入当前汇率之中。因此,t 时刻的汇率变化可能是由预期形成的时间和时刻 t 之间意外信息的到达引起的。现有相关研究的基本工具是基于以下单变量回归模型或该回归的拓展模型:

$$r_t = \alpha_0 + \alpha_1 s_t + \varepsilon_t \tag{23}$$

其中,r_t 是 t 时刻的资产价格变化,s_t 是宏观数据发布带来的意外信息,以发布的实际数据减去其预测值来度量,系数 α_1 反映宏观数据发布带来的意外信息对 r_t 的影响。

参照 Scotti(2016),本文基于式(23)中的单变量回归模型探讨我国的经济意外指数对人民币汇率变化的影响。本文选择美元/人民币汇率(USD/CNY;2002/6/1—2020/12/31)的日度数据,建立如下回归方程:

$$\Delta CNY_t = \alpha_0 + \alpha_1 ESI_t + \varepsilon_t \tag{24}$$

其中,ΔCNY_t 指 USD/CNY 的日度收益率。Newey—West 异方差和自相关性稳健(HAC)标准误下的 OLS 估计结果如表 3 所示。由表 3 可知,常数项在 10%的显著性水平下显著,经济意外指数的系数在 5%的显著性水平下显著。由回归结果可知,本文构建的日度经济意外指数与 USD/CNY 的日收益率之间呈现负相关关系,意味着我国经济意外指数的正向变化(即我国经济的实际运行状况好于预期)使得人民币兑美元升值(即美元对人民币贬值)。该结论与 Scotti(2016)和 Kumar(2013)的结论一致,即当一国经济的实际运行状况好于预期状态时,该国货币兑外币升值。

表 3 单变量回归估计结果

参数	α_0	α_1	$AdjR^2$
估计值	-0.004^{*} (0.002)	-0.024^{**} (0.011)	0.144

注:**、* 分别表示在 5%、10%水平下显著;括号内是参数对应的 HAC 标准误。

(二)经济不确定性对我国股市波动率的影响

自 Baker 等(2016)提出经济政策不确定性指数以来,国内外一些学者开始基于该指数研究经济政策不确定性与股票波动率之间的关系。例如,Li 等(2019)和雷立坤等(2018)均基于月度经济政策不确定性指数研究了我国经济政策不确定性对股市波动率的影响,结果表明滞后一个月或者多个月的经济政策不确定性对我国股市的长期波动率有负面影响。由于数据的可获得性,现有研究大多基于月度

EPU进行实证研究。如果经济不确定性是以日度频率变化,使用月度数据可能无法提供精确的估计结果。此外,本文构建的经济不确定性指数主要用于反映宏观经济运行势态的不确定性程度,而经济政策不确定性主要用于反映与经济政策相关的经济不确定性。因此,本文基于构建的日度经济不确定性指数研究经济不确定性对股市短期波动率的影响对现有文献进行补充。

本文选择上证综合指数(SH)的日度数据和本文构建的日度经济不确定性指数,基于GARCH模型研究我国宏观经济不确定性对股市波动率的影响。上证综合指数的样本区间为2002年6月1日至2020年12月31日,剔除非交易日共4519个样本,数据来源于国泰君安数据库。基于所选数据,构建以下包含外生变量的GARCH(1,1)模型:

$$r_t = \sigma_t z_t, z_t \sim iid(0,1) \tag{25}$$

$$\sigma_t^2 = \omega + \alpha r_{t-1}^2 + \beta \sigma_{t-1}^2 + \gamma EUI_{t-1} \tag{26}$$

其中,$r_t = \log(p_t) - \log(p_{t-1})$ 为 t 时刻股票的日度对数收益率,σ_t^2 为其条件波动率,EUI_t 为 t 时刻我国的宏观经济不确定性。市场参与者会及时了解各种相关信息,并且新的信息会反应在当天的交易价格上,因此本文选择滞后一天的经济不确定性指数作为外生变量。

表4给出了GARCH(1,1)模型的估计结果,第一行的结果为不含外生变量的GARCH(1,1)模型的估计结果;第二行的结果是包含了我国宏观经济不确定性作为外生变量的GARCH(1,1)模型的参数估计结果。由表4可知,各参数均在1%的显著水平下显著,且我国宏观经济不确定性的系数为正,表明我国宏观经济不确定性的增加会加剧股市的波动,增加股市风险。相较于基于月度数据的研究结果,本文基于日度数据的研究结果表明,从宏观经济不确定性角度出发,我国经济不确定性对股市的短期波动率有显著影响,而且股市波动率对经济不确定性的变化具有快速反应。

表4 GARCH模型估计结果

参数	ω	α	β	γ	AIC	Log-likelihood
估计值	0.0141*** (0.0021)	0.0710*** (0.0036)	0.9260*** (0.0032)	—	3.4307	−7747.005
估计值	0.0078*** (0.0021)	0.0672*** (0.0041)	0.9294*** (0.0036)	0.0214*** (0.0043)	3.4152	−7743.377

注:***、**、*分别表示在1%、5%、10%水平下显著;括号内是参数对应的标准差。

六、结论

经济不确定性作为宏观经济的重要测度指标之一,反映了经济运行的不可预测程度，对经济活动具有重要影响。由于经济不确定性无法直接观测，因此，合理地测度经济不确定性是相关研究的一个关键问题。本文采用季度、月度、日度三种不同频率的数据，基于同比形式的日度混频动态因子模型，构建了我国的日度经济意外指数和经济不确定性指数，实现了我国宏观经济运行状态不确定性的高频测度，并利用两种高频测度指数做了简单的扩展应用。

本文构建的日度经济意外指数和不确定性指数具有以下优势。第一，在综合考虑季度 GDP 和关键月度经济指标的同时，进一步利用了我国金融交易市场的日度数据信息。一方面，数据信息更加丰富，可以更合理地测度我国的经济不确定性程度；另一方面，经济不确定性指数可以每日更新，提高了监测的时效性。第二，依据各经济指标对宏观经济运行状态的贡献度，本文对不同经济变量赋予不同的权重，避免了主观的设定权重。第三，以历史预测误差的加权累加作为测度结果，而非简单的单期预测误差。

研究结果表明，本文构建的日度经济意外指数合理地衡量了经济的实际运行状态相对于预期而言更为乐观或悲观；日度经济不确定性指数可以实时测度我国经济运行状况的不确定性程度，及时地反映了历史经济事件对宏观经济影响所导致的经济不确定性上升，为理解我国宏观经济波动、制定经济政策提供了及时的信息依据。基于日度经济意外指数和经济不确定性指数的扩展应用研究表明，我国宏观经济指标发布带来的意外信息可以影响人民币汇率变化，经济意外指数与 USD/CNY 的收益率呈现负相关，即当我国经济的实际运行状况比预期好时，人民币兑外币会升值；我国宏观经济不确定性的增加会加剧股市的短期波动，而且基于日度数据的研究表明，股市波动率对经济不确定性的变化会快速作出反应。

本文介绍的经济不确定性指数是对现有其他经济不确定性测度方法的补充，虽然该指数不能全方位地反映我国宏观经济的不确定性程度，但是从实证结果看，其及时地反映了我国宏观经济运行中不确定性的大部分信息。因此，为了更为全面地测度我国宏观经济运行的不可预测程度，可在此基础上将模型扩展为更高维的形式，引入更多宏观经济数据和不同频率的金融指标。

参考文献

黄卓，邱晗，沈艳，等，2018. 测量中国的金融不确定性——基于大数据的方法[J]. 金融研究，(11)：30－46.

雷立坤，余江，魏宇，等，2018. 经济政策不确定性与我国股市波动率预测研究[J]. 管理科学学报，21(6)：88－98.

李华杰，史丹，马丽梅，2018. 经济不确定性的量化测度研究：前沿进展与理论综述[J]. 统计研究，35(1)：117－128.

马丹，何雅兴，翁作义，2018. 大维不可观测变量的中国宏观经济不确定性测度研究[J].统计研究,35(10):44－57.

王霞,郑挺国,2020.基于实时信息流的中国宏观经济不确定性测度[J].经济研究,55(10):55－71.

王义中,宋敏,2014.宏观经济不确定性、资金需求与公司投资[J].经济研究,49(2):4－17.

杨子晖,陈里璇,陈雨恬,2020.经济政策不确定性与系统性金融风险的跨市场传染——基于非线性网络关联的研究[J].经济研究,55(1):65－81.

郑挺国,王霞,2013.中国经济周期的混频数据测度及实时分析[J].经济研究,48(6):58－70.

Aruoba S B,Diebold F X,Scotti C,2009. Real-time Measurement of Business Conditions[J]. Journal of Business & Economic Statistics,27(4):417－427.

Bachmann R,Elstner S,Sims E R,2013. Uncertainty and Economic Activity: Evidence from Business Survey Data[J]. American Economic Journal: Macroeconomics,5(2):217－249.

Baker S R,Bloom N,Davis S J,2016. Measuring Economic Policy Uncertainty [J]. Quarterly Journal of Economics,131(4):1593－1636.

Binge L H,Boshoff W H,2020. Economic uncertainty in South Africa[J]. Economic Modelling,88:113－131.

Bloom N,2009. The Impact of Uncertainty Shocks[J]. Econometrica,77(3): 623－685.

Caggiano G,Castelnuovo E,Groshenny N,2014. Uncertainty Shocks and Unemployment Dynamics in US Recessions[J]. Journal of Monetary Economics,67: 78－92.

Harvey A C,1991. Forecasting,Structural Time Series Models and the Kalman Filter[M]. Cambridge University Press.

Henzel S R,Rengel M,2017. Dimensions of Macroeconomic Uncertainty: A Common Factor Analysis[J]. Economic Inquiry,55(2):843－877.

Huang Y,Luk P,2020. Measuring Economic Policy Uncertainty in China[J]. China Economic Review,59:101367.

Huang Z,Tong C,Qiu H,et al,2018. The Spillover of Macroeconomic Uncertainty between the US and China[J]. Economics Letters,171:123－127.

Jurado K,Ludvigson S C,Ng S,2015. Measuring Uncertainty[J]. American Economic Review,105(3):1177－1216.

Kim C,Nelson C,1999. State-space Models with Regime Switching[M]. London: the MIT Press.

Kumar G. High-Frequency Real Economic Activity Indicator for Canada[R]. Staff Working Papers,2013:13—42.

Li Y,Ma F,Zhang Y,et al,2019. Economic Policy Uncertainty and the Chinese Stock Market Volatility: New Evidence[J]. Applied Economics, 51(49): 5398—5410.

Popescu A,Smets F R,2010. Uncertainty,Risk-Taking,and the Business Cycle in Germany[J]. CESifo Economic Studies,56(4):596—626.

Rossi B, Sekhposyan T, 2015. Macroeconomic Uncertainty Indices Based on Nowcast and Forecast Error Distributions[J]. American Economic Review, 105(5):650—655.

Scotti C, 2016. Surprise and Uncertainty Indexes: Real-time Aggregation of Real-activity Macro-surprises[J]. Journal of Monetary Economics, 82:1—19.

Sheen J,Truck S,Wang B Z,2015. Daily Business and External Condition Indices for the Australian Economy[J]. Economic Record,91:38—53.

Stock J H, Watson M W. A Probability Model of the Coincident Economic Indicators[M]. In Lahiri K and Moore G H(eds),Leading Economic Indicators: New Approaches and Forecasting Records (Cambridge University Press, Cambridge),1991:63—89.

作者及单位

郑挺国,厦门大学经济学院。

曹伟伟,厦门大学经济学院。

王　霞,中国人民大学经济学院。

基于网络关系的分类变量预测研究[22]

【内容摘要】 传统的预测方法通常基于个体的协变量信息进行建模和预测,少有考虑个体间的网络结构信息。事实上,网络节点间的关联信息能够为节点的响应变量预测提供信息,为此本文提出网络标签传播算法。基于半监督学习框架,以邻接矩阵为节点相似性推断依据,通过节点间的连接信息和已知节点的响应变量信息,来推断未知节点的响应变量信息。该算法适用于响应变量为分类变量的不完整网络数据。在网络服从随机分块模型的设定下,本文证明了该算法能够一致地预测未知节点的响应变量。数值模拟和实证数据分析结果显示,该算法预测效果较好。

一、引言

随着社交网站的发展,网络数据的收集和获取越来越普遍。从网络数据中提取和分析信息是一个非常重要的问题,也受到众多领域研究者的关注。网络数据中一类典型的信息是相邻节点之间的相互影响关系。如我国传统谚语"近朱者赤,近墨者黑"所述,网络中节点的属性受到相邻节点属性的影响。以往研究提供的很多典型范例表明了网络节点的属性能够沿着连接关系进行传播。比如,新生服务针对服务的优先采用者(Prior Service Adopter)的关联用户进行口碑营销,更容易触发关联用户的购买行为(Hill 等,2006);广告公司基于社交网站等数字化媒体开展知名度提升活动,通过现有用户向朋友推荐产品的做法收效明显(Wang 等,2012);企业高管在制定财务策略时参考拥有相似教育背景或工作履历的社会同行的观点,更容易做出与同行企业相似的投资决策(Fracassi,2017)。基于以上研究可知,网络结构信息能够为节点属性的预测提供依据。然而,传统预测方法,如回归类方法等,多基于个体自身协变量信息进行建模和预测,少有利用网络中个体之间的关联信息。如何利用网络结构信息来预测未知节点的属性成为一个热点和难点问题(徐顺,2020)。

将网络中节点属性视为节点的响应变量,本文研究的问题变成如何利用网络节点之间的连接信息来预测节点的响应变量。空间自回归(SAR)模型是在响应变量完全观测的假设下对节点响应变量关联关系进行建模的经典模型(Lee,2004;戴

[22] 本文选自《统计研究》2024 年第 1 期。

平生和陈建宝，2007；Huang 等，2016）。此外，SAR 模型的一些扩展模型，比如网络向量自回归（NAR）模型和多元空间自回归（MSAR）模型等也要求响应变量能够完全观测（Zhu 等，2017；Zhu 等，2020）。然而，在一些实际数据中，节点的响应变量只能部分观测，比如出于个人信息保护的考虑，很多社交网站的用户信息无法获取。Sun 和 Wang（2020）提出，同时利用网络结构信息和个体协变量来预测缺失响应变量，基于同一所大学的真实 QQ 用户网络数据，以涉及隐私的用户自述年龄为响应变量，使用 QQ 用户直接的网络关系建立邻接矩阵，并利用协变量信息来对响应变量缺失的个体进行插补。虽然 Sun 和 Wang（2020）研究表明该方法具有一定的优越性，但仍无法解决以下 3 类问题。一是当响应变量是离散时，如何建模？二是当只存在网络结构和不完整的响应变量信息，没有个体协变量的信息时，如何开展预测？三是当响应变量的缺失率高时，如何保证预测效果？同时解决以上 3 类问题，即在缺失网络中解决离散型响应变量的预测问题是本文的研究重点。

本文考虑响应变量为离散变量的网络数据，其节点之间的网络连接信息已知，但在这些节点中，只有少数节点的响应变量可观测。本文的目的是通过网络连接信息以及少部分可观测的响应变量信息，对其他节点的响应变量进行预测或插补。考虑在线贷款申请中劣质用户识别问题，基于已知的贷款申请人信用水平及所有申请人之间的关联信息，对新增贷款申请人的信用属性进行推断。这里将贷款申请人视为节点，假设有 n 个拥有信用记录的历史申请人以及 p 个没有信用记录的新增贷款申请人，形成规模为 $N=n+p$ 的网络。根据历史还款信息标记用户类别并作为响应变量，n 个历史申请人的响应变量是可以获取的，称该部分申请人为有标签用户；剩下 p 个新增申请人的响应变量是未知的，称为无标签用户。有标签用户中，如果节点 i 为劣质用户，即还款情况较差，则 $Y_i=1$，否则 $Y_i=0$。无标签用户中，响应变量为空值。个体间的网络连接定义如下，如果 i 和 j 相互有通话，则节点 i 和 j 相连；否则，则认为 i 和 j 不相连[23]。本文旨在通过网络中各个节点之间的连接信息和部分有标签用户的真实响应变量来预测剩余无标签用户的响应变量。

本文研究的问题和传统复杂网络数据中的链路预测问题有本质区别。链路预测问题是基于节点信息和节点间已观测到的网络连接关系来预测节点之间可能存在的其他连接关系（Nowell 和 Kleinberg，2007；黄丹阳和张力文，2021）。而本文研究的问题是基于网络连接信息和可观测节点的响应变量信息，对不可观测节点的响应变量进行预测。为了解决上述问题，一类常用的方法是基于图的半监督学习框架（Zhu 和 Ghahramani，2002；Zhu 等，2003）。其核心思想是通过节点属性之间的距离矩阵来构建节点间的连接信息，基于图上的邻接关系将标签属性从有标签的节点向无标签的节点传播。虽然该算法应用广泛，但存在两个问题。一方面，

㉓ 因篇幅所限，数据示例以附录 1 展示，见《统计研究》网站所列附件。下同。

在半监督学习的框架下,节点间的邻接关系是利用每个节点的协变量信息来计算的,不同的距离定义对应不同的邻接关系。在实际使用时,最优距离的选择缺乏理论依据和实操指导。本文使用邻接矩阵代替协变量信息来建立相似度矩阵,不涉及距离选择问题。另一方面,半监督学习模型缺乏合理的数据生成机制,难以从理论上评估该算法的优越性。为了规避问题,本文在半监督学习框架下设计了网络标签传递算法。以邻接矩阵作为节点相似性推断依据,该算法适用于预测响应变量为分类变量的情境。本文的主要贡献在于提出适用于不完整网络分类预测问题的网络标签传播算法,并且从理论上证明该算法在网络服从随机分块模型的设定下具有一致性。本文其余部分结构安排如下:第二部分阐述不完整网络的定义和网络标签传播算法的思想;第三部分介绍模拟数据生成机制并阐述调节参数的选择问题,讨论网络标签传播算法在多分类问题上的拓展;第四部分进行数值模拟和实证分析;第五部分总结全文。

二、网络标签传播算法

(一)符号定义与问题界定

本节主要定义本文中用到的网络连接结构和节点的响应变量信息。

1. 分类响应变量的完整网络。

定义 $(Y(K),N,A)$ 为含有 N 个节点的网络,其中,$Y(K)=k,k=1,\cdots,K$,表示 K 分类型响应变量,$A=a_{ij}\in\mathbb{R}^{N\times N}$ 表示这 N 个节点形成的关联网络。若节点 i 和节点 j 之间有联系,则 $a_{ij}=1$;反之,$a_{ij}=0$。假设网络中的任意节点不能与自己相连,即 $a_{ii}=0$。定义行标准化的邻接矩阵 $W=(w_{ij})\in\mathbb{R}^{N\times N}$,其中,$w_{ij}=a_{ij}/\sum_j a_{ij}$ 表示节点间的相似性信息。

2. 分类响应变量的不完整网络。

在 $(Y(K),N,A)$ 网络中,假设响应变量的缺失概率为 m,记该不完整网络为 $(Y(K),N,A,m)$。本文重点研究两分类响应变量的不完整网络,记为 $(Y(2),N,A,m)$,简写为 (N,A,m)。

3. 有标签节点和无标签节点。

定义能观测到响应变量取值的节点为有标签节点(Labeled Nodes),未观测到响应变量取值的节点为无标签节点(Unlabeled Nodes)。令 n_L 为有标签节点的个数,假设 $Y_1,\cdots,Y_{n_L}$ 是有标签节点的响应

变量,$Y_{n_{L+1}},\cdots,Y_N$ 是无标签节点的响应变量。定义 $S_0=\{1,\cdots,n_L\}$,$S_1=\{n_L+1,\cdots,N\}$,$n_U=N-n_L$,则有标签节点响应变量 $Y_L=(Y_1,\cdots,Y_{n_L})$,无标签节点响应变量 $Y_U=(Y_{n_L+1},\cdots,Y_N)$,响应变量 $Y=(Y_L,Y_U)'$。

(二)算法简介

本节基于连接网络 A 和有标签节点响应变量 Y_L，对无标签节点响应变量 Y_U 进行预测或者插补，并提出网络标签传播算法。该算法的核心思想为假设每个节点(如节点 i)的响应变量 Y_i 主要受到与该节点有连接的其他节点的响应变量的影响。以二元响应变量为例，即网络中节点有 0 和 1 两种类别，假设节点 i 具有 J 个直接相连的节点 $i_1, i_2, \cdots, i_J$，这 J 个节点的响应变量为 $Y_{i_1}, \cdots, Y_{i_J}$。如果 $Y_{i_1}, \cdots, Y_{i_J}$ 中大部分取值为 1，则认为节点 i 的响应变量 $Y_i = 1$ 的概率比较大。基于以上思想，在半监督学习方法的框架下，本算法把有标签节点的响应变量取值作为迭代过程的监督目标，构建如下的迭代算法。首先，对无标签节点集进行赋值[24]并保持有标签节点集的响应变量取值不变。其次，以行标准化的邻接矩阵 $W = (w_{ij})$ 作为节点相似性依据，推断无标签节点的响应值受到相连节点标签属性的影响，将 Y_i 替换为 $\sum_{j=1}^{N} w_{ij} Y_j$，迭代至无标签节点 Y_i 的响应值不再变化时，则该算法收敛并记最终的收敛值为 $\hat{Y}_i$。最后，对于给定的临界值 τ，当 $\hat{Y}_i > \tau$ 时，预测响应变量 $\hat{Y}_i$ 取值为 1，否则取值为 0。其中，τ 为调节参数，具体的选取方法将在第三部分讨论。

值得注意的是，如果节点 i 与其他任何节点都没有连接，即 $\sum_{j=1}^{N} a_{ij} = 0$，会导致 $\sum_{j=1}^{N} a_{ij} Y_{ij} / \sum_{j=1}^{N} a_{ij}$ 无法计算。因此本文在邻接矩阵 A 的基础上，借鉴 Pagerank 算法(Page 等，1999)，添加一个常数矩阵 C，来描述不相连节点之间的微弱关系。本文假设矩阵 C 中的每个元素都为 α，$\alpha \in (0,1)$ 是调节参数，用于调节相邻节点和不相邻节点的响应变量对于某个节点的影响程度。通过加入矩阵 C，孤立点或很小的孤立点群的响应变量可以得到有效的传播。定义 $\bar{A} = A + C = (\bar{a}_{ij})$，且令 $diag(\bar{A}) = 0$，$W = (w_{ij})$ 为 $\bar{A}$ 的行归一化矩阵，即 $w_{ij} = \bar{a}_{ij} / \sum_j \bar{a}_{ij}$。

为阐述矩阵 C 的作用，以两分类不完整网络 $(5, A, 0.2)$ 为例，网络有 5 个节点构成，假设节点 5 是一个孤立点，邻接矩阵 A 及响应变量 Y 如下：

$$A = \begin{pmatrix} 0 & 1 & 1 & 1 & 0 \\ 1 & 0 & 1 & 0 & 0 \\ 1 & 1 & 0 & 0 & 0 \\ 1 & 0 & 0 & 0 & 0 \\ 0 & 0 & 0 & 0 & 0 \end{pmatrix}, Y = \begin{pmatrix} 1 \\ 1 \\ 1 \\ 0 \\ Y_5 \end{pmatrix}。$$

---

[24] 可以为随机赋值，也可以全部设置为0或者1，本文采用第二种方法。

由于 $\sum_{j=1}^{5} a_{5j}=0$，节点 5 的响应变量无法进行迭代。若设置 $\alpha=0.1$，则可以得到：

$$\bar{A}=\begin{pmatrix} 0 & 1.1 & 1.1 & 1.1 & 0.1 \\ 1.1 & 0 & 1.1 & 0.1 & 0.1 \\ 1.1 & 1.1 & 0 & 0.1 & 0.1 \\ 1.1 & 0.1 & 0.1 & 0 & 0.1 \\ 0.1 & 0.1 & 0.1 & 0.1 & 0 \end{pmatrix}$$

进一步，经过迭代得到 $\bar{Y}_5=0.75$，这是整个网络中所有有标签节点的响应变量的平均值。解决了孤立节点的邻接矩阵计算问题后，本文提出的网络标签传播算法具体步骤如下。

第 1 步，初始化网络中每个节点的响应变量。对于有标签节点 $i \in S_0$，令 $Y_i^{(0)}=Y_i$；对于无标签节点 $i \in S_1$，令 $Y_i^{(0)}=0$。

第 2 步，在第 h 步迭代时，对于有标签节点 $i \in S_0$，令 $Y_i^{(h)}=Y_i^{(h-1)}$；对于无标签节点 $i \in S_1$，令 $Y_i^{(h)}=\sum_{j=1}^{N} w_{ij} Y_j^{(h-1)}$。

第 3 步，重复上述过程，直到每个节点的响应变量收敛，即 $|Y^{(h)}-Y^{(h-1)}|<10^{-3}$。从而得到最终的响应变量 $\hat{Y}^{(\alpha)}$。

第 4 步，$\hat{Y}^{(\alpha,\tau)}=I(\hat{Y}^{(\alpha)}>\tau)$ 为最终的预测标签，其中，$\alpha \in (0,1)$，$\tau \in (0,1)$ 为调节参数。

在以上算法中，第 h 步迭代的响应变量值 $Y_i^{(m)}$ 衡量的是节点 i 等于 1 的概率。因此，该算法本质上利用的是每个节点的分类标签服从二项分布的假设，此二项分布假设是定理 2 证明中的关键所在。此外，以下定理 1 表明该算法是收敛的，并且收敛到唯一值。

定理 1 对任意 $\alpha \in (0,1)$，$\tau \in (0,1)$，网络标签传播算法是收敛的，且收敛到唯一值。

定理 1 的证明可以借鉴 Zhu 和 Ghahramani(2002)和 Zhu 等(2003)。将 W 按有标签节点(前 n_L 行，前 n_L 列)和无标签节点(后 n_U 行，后 n_U 列)分为 4 个子矩阵，记为 $W=\begin{pmatrix} W_{LL} & W_{LU} \\ W_{UL} & W_{UU} \end{pmatrix}$。类似 Zhu 等(2003)的证明方法，可得出本文提出的算法收敛到唯一值 $(I-W_{UU})^{-1}W_{UL}Y_L$。

因此，可以将 Y_U 预测为 $(I-W_{UU})^{-1}W_{UL}Y_L$。在定理 1 算法收敛性的基础上，以下将探讨算法的一致性。

三、算法理论性质、调节参数选择及方法拓展

(一)数据生成机制

为探讨算法的一致性,需要考虑网络生成模型来生成真实模型。本节以二元响应变量为例,通过随机分块模型生成不完整网络,生成步骤如下。

步骤1:生成节点。考虑到响应变量为二元属性,因此网络中 N 个节点被归为2个子网络。其中,响应变量属性为1的标签1网络有 n_1 个样本,即 $Y_i=1$ 的个体集合;响应变量为0的标签2网络有 n_0 个样本,即 $Y_i=0$ 的个体集合。

步骤2:生成网络关系。如果节点 i 和 j 在同一个子网络中,则由概率为 p 的伯努利分布独立生成连接边(边取值为1代表两个节点之间有联系,边取值为0代表两个节点之间无联系,$0<p<1$);如果节点 i 和 j 在不同的子网络中,则由概率为 rp 的伯努利分布独立生成连接边,其中 $0\leqslant r<1$。这样,同一子网络内的节点间有连接边的概率就大于不同子网络之间有连接边的概率。

步骤3:设置不完整网络。从整个网络中随机选择 Nm 个节点作为无标签节点,响应值为空;剩余节点作为有标签节点,保留响应值。得到无标签节点集 Y_U 和有标签节点集 Y_L。

(二)算法一致性

基于以上网络生成机制,可证明本文提出算法的一致性。通过合理地选取调节参数 α 和 τ,可以保证对于无标签节点的预测值 $\hat{Y}_U^{(\alpha,\tau)}$ 和其真实值 Y_U 以概率1相等。

定理2 假设 $n_U=O(N^{\gamma})$,其中 $0<\gamma<1$,则在网络数据服从随机分块模型的条件下,随着 $N\to\infty$,一定存在一些常数 α 和 τ,使得 $P(\hat{Y}_U^{(\alpha,\tau)}=Y_U)\to 1$ ㉕。

(三)调节参数选择

为实现本文提出的算法且达到良好的预测效果,本文采用与 Zhang 和 Lee (2007)中类似的留一交叉验证法来选择 α 和 τ。具体地,对任意一个有标签节点 $i\in S_0$,将其视为无标签节点来应用网络标签传播算法,得到该节点的标签预测值 $\hat{Y}_{i,-i}^{(\alpha,\tau)}$。重复此过程,可以得到所有有标签节点的标签预测值和真实值进行比较,通过最小化 S_0 中所有节点的响应变量的预测误差,获取最优的参数 α 和 τ。预测误差采用损失函数式(1)来衡量:

$$Q(\alpha,\tau)=\sum_{i\in S_0}(Y_i-\hat{Y}_{i,-i}^{(\alpha,\tau)})^2 \tag{1}$$

㉕ 因篇幅所限,定理2证明过程以附录2展示。

在实际应用过程中,如果网络节点数 N 较大,采用留一交叉验证法会消耗较长时间。此时,可以采用 5 折或 10 折交叉验证选择调节参数。以 10 折交叉验证为例,将所有有标签节点随机分为 10 组,每次将其中 9 组作为有标签节点,其余 1 组与真正的无标签节点合并,作为无标签节点推测其响应值。重复此过程 10 次,通过最小化损失函数来选择最优参数。在本文后续分析中,采用 10 折交叉验证方法来选择调节参数(徐顺,2020)。

(四)方法拓展

本节将网络标签传播算法推广到多分类响应变量 ($K>2$) 的标签推断问题。定义一个 $N \times K$ 的标签矩阵 $Y=(y_{i,j})_{N\times K}$,其第 i 行第 j 列元素表示节点 i 的标签是否为 $j=1,2,\cdots,K$。例如,若节点 i 的标签为 j,则有 $y_{i,j}=1$;反之,$y_{i,j}=0$。因此,Y 是一个行标准化矩阵,其行和为 1。

在这种情况下,算法的迭代过程类似于二分类的情形,只是由向量计算变成了矩阵计算。同样,可以得到 $\hat{Y}_U=(I-W_{UU})^{-1}W_{UL}Y_L$,$Y_L$ 是 Y 的前 n_L 行,Y_U 是 Y 的后 n_U 行。Y 的第 i 行可以解释为节点 i 属于每个标签的相对概率。简单地,可以选择概率最大的标签作为节点 i 的预测值。当样本不平衡的时候,可以基于各属性的占比对预测概率进行加权(Zhu,2002)。

四、数值研究

(一)数值模拟

为验证本文提出的网络标签传播算法在有限样本上的预测效果,本节设计数值模拟实验。通过随机分块模型来生成二元响应变量网络 (N,A,m),具体步骤已经在第三部分给出。首先,生成 N 个节点:将网络中 N 个节点归为 2 个子网络,响应变量为 1 的标签 1 网络有 Nk_L 个样本,即 $Y_i=1$ 的个体集合,其中 k_L 表示标签节点中响应变量为 1 的比例;响应变量为 0 的标签 2 网络有 $N(1-k_L)$ 个样本,即 $Y_i=0$ 的个体集合。其次,生成邻接矩阵 A:如果节点 i 和 j 在同一个子网络中,则由概率为 p 的伯努利分布独立生成连接边(边取值为 1 代表两个节点之间有联系,边取值为 0 代表两个节点之间无联系);如果节点 i 和 j 在不同的子网络中,则由概率为 $rp(0\leqslant r<1)$ 的伯努利分布独立生成连接边,其中,$0<p<1$。最后,从网络中随机选择 Nm 个节点设置为无标签节点,其余为有标签节点,得到有标签节点响应变量 Y_L 和无标签节点响应变量 Y_U。为检测算法在不同情形下的效果,本文考虑不同组合的 (N,m,p,k_L):网络规模 $N(1000,2000,3000)$,N 越大,网络节点越多;整体网络密度参数 $p(0.05,0.1,0.2)$,p 越大,同一类别的节点之间的网络联系越紧密;生成参数 $k_L(0.25,0.5,0.75)$ 用于控制标签取值为 1 的节

点比例，数值越接近 0.5，分类属性的取值分布越均衡；标签缺失比例 m(0.2,0.4,0.6) 衡量无标签节点的比例，数值越大，无标签节点越多，缺失比例越大。共计 $3^4=81$ 种参数组合。

为探讨本文提出的算法在其他模型上的稳健性，本文应用度修正的随机分块模型（Zhao 等，2011；Hu 等，2021），生成一个度修正的参数向量 $\omega=(\omega_1,\cdots,\omega_N)$，其中 ω_i 独立生成于以下分布，$p(\omega_i=1)=0.8$；$p(\omega_i=9/11)=0.1$；$p(\omega_i=13/11)=0.1$。对于任意两个节点 i 和 j，如果节点 i 和 j 在同一个子网络中，则由概率为 $\omega_i\omega_j p$ 的伯努利分布独立生成连接边；如果节点 i 和 j 在不同的子网络中，则由概率为 $r\omega_i\omega_j p$ 的伯努利分布独立生成连接边。在本例中，同样假设 $r=0$，因为研究发现不同的 r 值对于结果的影响较小。

对于给定的 α 和 τ，采用本文提出的网络标签传播算法对无标签节点的响应变量的预测值为 $\hat{Y}_U^{(\alpha,\tau)}$。本文采用 ACC、AUC 和 F 统计量作为预测效果的衡量指标[26]。在每一种参数组合下，分别进行 1000 次随机模拟，表 1～4 分别报告了在两类网络生成机制下，N、k_L、p、m 对算法预测精度的影响，表格中汇报结果为给定报告参数后的其他三个参数组合的 AUC、ACC 和 F 统计量的均值。从数值可以看出，算法精度 AUC、ACC、F 值均随 N、k_L、p 的增加而增加，随 m 的增加而减少，与预期一致。以表 1 和表 4 为例，在给定其他条件不变的前提下，N 越大，信息含量越多，预测越准确。同时 AUC 接近于 1，这也验证了本文定理的准确性。同样，m 越大，无标签节点越多，预测效果越差。该结论在不同的网络生成机制下均成立（即随机分块模型和度修正随机分块模型）。以上模拟结果证实了本文提出算法的优越性和稳健性[27]。

表 1　不同样本量 N 的模拟结果汇总

N	随机分块模型			度修正随机分块模型		
	AUC	ACC	F 值	AUC	ACC	F 值
1000	0.982	0.949	0.963	0.954	0.903	0.932
2000	0.995	0.979	0.987	0.962	0.927	0.943
3000	0.998	0.989	0.993	0.984	0.944	0.962

㉖ 预测准确率 ACC 定义为 $\sum_{i\in S_1} I(Y_i=\hat{Y}_U^{(\alpha,\tau)})/n_U$；通过 Y_U 和 $Y_U^{(\alpha,\tau)}=I(\hat{Y})_U^{(\alpha)}>\tau)$ 来计算 AUC 和 F 统计量。

㉗ 因篇幅所限，多分类问题的数值模拟实验以附录 3 展示。

表 2　不同有标签观测比例 k_L 的模拟结果汇总

k_L	随机分块模型			度修正随机分块模型		
	AUC	ACC	F 值	AUC	ACC	F 值
0.25	0.984	0.944	0.960	0.954	0.903	0.931
0.50	0.994	0.981	0.988	0.961	0.925	0.944
0.75	0.997	0.992	0.995	0.984	0.943	0.962

表 3　不同整体网络密度参数 p 的模拟结果汇总

p	随机分块模型			度修正随机分块模型		
	AUC	ACC	F 值	AUC	ACC	F 值
0.05	0.981	0.963	0.977	0.953	0.902	0.931
0.10	0.995	0.975	0.983	0.961	0.924	0.943
0.20	0.999	0.978	0.982	0.985	0.942	0.962

表 4　不同标签缺失程度参数 m 的模拟结果汇总

m	随机分块模型			度修正随机分块模型		
	AUC	ACC	F 值	AUC	ACC	F 值
0.2	1.000	0.996	0.999	0.988	0.946	0.967
0.4	0.998	0.990	0.986	0.964	0.923	0.942
0.6	0.978	0.940	0.960	0.951	0.902	0.932

(二)实际数据分析

接下来针对在线贷款申请中劣质用户识别问题进行实证研究,以进一步证明本文所提算法的有效性。该网络中总共有 3803 个用户,其中 3192 个用户还款情况良好 ($Y_i=0$),611 个用户还款情况不佳 ($Y_i=1$) ㉘。考虑到部分用户是被动接收电话或者短信,本文构建用户之间的网络邻接矩阵 A 如下。如果用户 i 和 j 在考察期内有过至少两次通话或短信记录,则视为相互有连接 ($a_{ij}=1$);否则,被认为是不连接的 ($a_{ij}=0$)。设置无标签用户的比例为 m,使用有标签用户以及网络结构来预测无标签用户的真实标签。由于这部分无标签用户的真实标签是已知的,故可以测试模型在实际数据中的预测效果。

㉘　数据来源于某消费金融公司。

由于样本的分类是不平衡的，因此使用 AUC 来衡量模型的预测效果。本文设置了 3 种属性缺失情况 m(0.25、0.5 和 0.75)来测试模型的稳定性。对于给定 m，进行 100 次随机抽样，即从所有样本中每次随机抽取 m 比例的样本作为有标签用户，其余作为无标签用户。对于每次抽样，使用有标签用户以及网络结构来构建本文提出的网络标签传播算法，并预测无标签用户的真实标签，计算 AUC 的值。网络标签传播算法在 3 种缺失情况下基于 100 次随机抽样预测无标签用户的 AUC 均值分别为 0.9381，0.9006 和 0.8425[29]。随着 m 的减少（$1-m$ 的增加)，有标签的数据比例增加，AUC 也逐渐变大，与模拟数据的结论一致。此外，相同 m 下，多次抽样模拟的 AUC 均较高且波动较小。

五、总结与展望

本文将基于图的半监督学习算法的核心思想应用到网络数据中，提出通过有标签节点和网络邻接矩阵来预测无标签节点的新算法。本文证明了该算法的收敛性，且收敛到唯一值。同时，在网络生成服从随机分块模型的设定下，本文证明了该算法的一致性。通过数值模拟和实际数据分析，验证了该算法在各种情形下都能达到良好预测效果。此外，该算法在应用时并不需要使用各节点的协变量信息，这将大幅减少数据的获取成本，特别是当协变量的缺失率较高甚至完全无法获取时。

为拓展本文算法的延展性和实用性，给出如下可能的拓展方向。第一，将本文的算法通过分布式计算的方式延展到超大型网络。当网络节点数 N 很大，邻接矩阵也会很大，导致算法占用的内存较大。同时，由于算法中存在大量矩阵运算，导致算法运行的速度较慢。所以，在将算法应用到大型网络时，对计算机硬件的要求会比较高。第二，将本文的理论框架拓展到一般性的网络生成模型。在随机分块模型框架下，本文假定关系网络中节点间的关系是相互独立的。例如，个体 A 是否认识个体 B 与个体 B 是否认识个体 C 无关。这一假设在实际中可能无法成立。个体与个体之间的关系是错综复杂的，但这种相互影响关系又难以刻画出来，这一特性可能影响算法在实际应用中的预测效果。因此，可以尝试将本文理论框架拓展到潜在空间模型(Latent Space Model)等(Hoff 等，2002；Sewell 和 Chen，2015)。第三，将个体间的连接强度信息纳入模型，并重构网络标签传播算法以及理论框架。本文在构建网络时并未考虑个体间的连接强度。例如，用户通话网络中有些个体间通话较多，有些通话较少。第四，同时利用协变量信息和网络结构信息生成权重矩阵，并基于此权重矩阵构建算法以及建立理论性质。第五，深入研究网络及节点标签的影响机制。网络标签传播算法适用于“网络趋同性”情境的响应变量预

[29] 因篇幅所限，AUC 箱线图以附图 1 展示。

测。对于网络节点的标签存在趋同性的发展趋势时,难以判断其原因是物以类聚,还是网络关系影响了个体的选择。前者可以解释为具有相似特征的个体选择建立了更加紧密的社会网络(Aral 和 Walker,2012;Centola,2011);后者强调了社会网络影响个体的选择,比如弱社会关系(Weak Tie)更加偏向于传播信息,而强社会关系更加倾向于传播影响力(Granovettet 和 Granovetter,1985;Bond 等,2012)。

参考文献

戴平生,陈建宝,2007. SAR 模型在省域和县域农民收入中的应用研究[J]. 统计研究,24(9):48—52.

黄丹阳,张立文,2021. 基于局部社团结构平衡的双模符号网络链路预测研究[J]. 统计研究,38(12):131—144.

徐顺,2020. 关于大型不完整网络的分类预测问题研究[D]. 西南财经大学.

Aral S, Walker D, 2012. Identifying Influential and Susceptible Members of Social Networks[J]. Science, 337(6092):337—341.

Bond R M, Fariss C J, Jones J J, 2012. A 61-Million-Person Experiment in Social Influence and Political Mobilization[J]. Nature, 489(7415):295—298.

Centola D, 2011. An Experimental Study of Homophily in the Adoption of Health Behavior[J]. Science, 334(6060):1269—1272.

Fracassi C, 2017. Corporate Finance Policies and Social Networks[J]. Management Science, 63(8):2420—2438.

Granovettet M, 1985. Economic Action and Social Structure: The Problem of Embeddedness[J]. American Journal of Sociology, 91:481—510.

Hill S, Provost F, Volinsky C, 2006. Network-Based Marketing: Identifying Likely Adopters via Consumer Networks[J]. Statistical Science, 21(2):256—276.

Hoff P D, Raftery A E, Handcock M S, 2002. Latent Space Approaches to Social Network Analysis[J]. Journal of the American Statistical Association, 97:1090—1098.

Hu J, Zhang J, Qin H, et al, 2021. Using Maximum Entry-wise Deviation to Test the Goodness-of-Fit for Stochastic Block Models[J]. Journal of the American Statistical Association, 116:1373—1382.

Huang D, Yin J, Shi T, et al, 2016. A Statistical Model for Social Network Labeling[J]. Journal of Business and Economic Statistics, 34(3):368—374.

Lee L F, 2004. Asymptotic Distributions of Quasi-Maximum Likelihood Estimators for Spatial Autoregressive Models[J]. Econometrica, 72(6):1899—1925.

Nowell L D, Kleinberg J, 2007. The Link Prediction Problem for Social Networks[J]. Journal of the American Society for Information Science and Technology,58:1019－1031.

Page L, Brin S, Motwani R, et al, 1999. The PageRank Citation Ranking: Bringing Order to the Web[R]. Stanford InfoLabl.

Sewell D, Chen Y, 2015. Latent Space Models for Dynamic Networks[J]. Journal of the American Statistical Association,110:1646－1657.

Sun Z, Wang H, 2020. Network Imputation for a Spatial Autoregression Model with Incomplete Data[J]. Statistica Sinica,30:1419－1436.

Wang X, Yu C, Wei Y, 2012. Social Media Peer Communication and Impacts on Purchase Intentions: A Consumer Socialization Framework[J]. Journal of Interactive Marketing,26(4):198－208.

Zhang X, Lee W S. Hyperparameter Learning for Graph based Semi-Supervised Learning Algorithms[C]. Advances in Neural Information Processing Systems,2007:1585－1592.

Zhao Y, Levina E, Zhu J, 2011. Community Extraction for Social Networks [J]. Proceedings of the National Academy of Sciences,108(18):7321－7326.

Zhu X, Pan R, Li G, et al, 2017. Network Vector Autoregression[J]. The Annals of Statistics,45(3):1096－1123.

Zhu X, Huang D, Pan R, et al, 2020. Multivariate Spatial Autoregressive Model for Large Scale Social Networks[J]. Journal of Econometrics,15: 591－606.

Zhu X, Ghahramani Z, Lafferty J D. Semi-Supervised Learning Using Gaussian Felds and Harmonic Functions[C]. Proceedings of the 20th International Conference on Machine Learning (ICML-03),2003:912－919.

Zhu X, Ghahramani Z, 2002. Learning from Labeled and Unlabeled Data with Label Propagation[J]. Working Paper.

作者及单位

丁　月,西南交通大学经济管理学院。

方匡南,厦门大学经济学院。

兰　伟,西南财经大学统计学院和统计研究中心。

徐　顺,四川新网银行。

从交易数据到经济统计：利用实时、高频和地理交易数据构建消费指数[30]

【内容摘要】 及时获取高质量的数据有利于政策制定者监测宏观经济发展状况。本文利用美国第一数据公司的高频交易数据设计了恒定商户样本，并基于该样本构建了每日消费指数以及行业和地域的月度指数。这些指数序列可用于研究多个经济问题。

一、引言

及时获取高质量的数据有利于政策制定者监测宏观经济发展状况。消费者支出是国内生产总值的重要组成部分，是评价经济政策的关键因素，但关于消费者支出的官方统计数据具有一定局限性。例如，美国人口普查局按月公布的零售销售统计数据[31]在月底后两周才可获得，且经常被大幅修订；美国经济分析局(BEA)公布的地区季度报告或消费者支出调查等家庭支出调查结果，虽然数据来源更详细，但样本量有限、覆盖范围较小，且获取数据的滞后时间较长。

为提供更及时、更细化且更可靠的消费者支出数据，本文利用美国第一数据公司(First Data Merchant Services LLC)的交易数据，开发了一个全面的消费活动研究数据集，通过过滤、汇总银行卡交易数据，将其转化为经济统计数据，并按照需求建立完全匿名的新序列，对 2010 年以来美国、州和大都市区多个行业每日零售消费进行了估计。

与美国人口普查局的月度零售贸易调查(Monthly Retail Trade Survey, MRTS)类似，新消费数据以商户为中心，采用与 MRTS 相同的行业类别进行分类，基于税务记录采用统计抽样的方法，从 1.3 万家企业中抽取样本，由此得出零售活动的估计值。虽然本文构建新消费序列的原始资料来源和方法与美国人口普查局月度零售销售额数据不同，但两者时间序列的一致性非常高。这种高度相关

---

[30] 本文编译自：Aditya Aladangady, Shifrah Aron-Dine, Wendy Dunn, Laura Feiveson, Paul Lengermann, Claudia Sahm. From Transaction Data to Economic Statistics: Constructing Real-Time, High-Frequency, Geographic Measures of Consumer Spending[R], NBER, 2022.

[31] 2020 年 9 月，美国人口普查局采用现有人口普查调查数据和私人大数据源发布州级零售销售额估值的 12 个月百分比变化(未经季节性调整)。

性证明了本文方法的合理性和估算结果的可靠性。

二、交易数据说明

美国第一数据公司是一家全球性支付技术公司，也是美国最大的电子支付处理商之一。作为商户收单机构，第一数据公司向商户销售银行卡终端机，并将商户接入其交易处理网络；作为支付处理商，提供渠道帮助信用卡终端处理支付授权和结算请求。本文将第一数据公司作为商户收单机构和支付处理商生成的两类交易数据纳入研究数据中，根据消费者与商户进行的电子支付信息估算每日消费值。消费金额以及消费的时间和地点均有记录，消费地域由商户所在地确定。

第一数据公司拥有每笔银行卡交易的详细信息，包括授权、结算金额及日期、商户地址、商户名称和商户类别代码。根据《2017 年消费者支付选择日记》(The 2017 Diary of Consumer Payment Choice)，从支付方式结构看，按美元价值计算，消费者使用信用卡和借记卡支付的金额占 30.3%，而使用现金支付的金额仅占 8.5%。对于商品零售和餐饮消费，银行卡的交易份额更高。本文将可用的商户类别代码映射到美国人口普查局北美行业分类系统(North American Industry Classifi cation System，NAICS)三位代码中，重点关注第一数据公司的零售商和餐厅交易子集，称为"零售销售群组"(retail sales group)。该群组是美国人口普查局的重要汇总数据，为约三分之一的个人消费支出估算提供依据。

三、方法

由于非传统数据没有统计样本框架，相应的商户群体不能代表美国所有商户，且没有成熟的方法对样本进行再统计和加权，因此需要设计新的方案以获得可用的统计数据。

(一)使用 14 个月恒定商户对样本进行过滤

未经过滤的交易数据本身并不适合作为消费零售的经济统计数据。在没有统计样本框架的情况下，对交易进行过滤，可以剔除因客户组合变化而非经济活动变化引起的数据变动。因此，本文开发了一个"恒定商户"(constant-merchant)样本，将样本限制在特定时间段内交易流量稳定的商户子集中。考虑到零售消费有很强的季节性，设置一组 14 个月的恒定商户样本窗口期，每个月都有多个样本估算消费。

(二)选择恒定商户

1. 依照 NAICS 删除分类错误的商户类别代码。例如,删除商户类别代码 5962 中应归类为旅游供应商的商户。

2. 剔除存在批量处理交易的商户。商户不能在一个月内的某一天发生超过 40%的交易量。

3. 限制每月最低消费和交易天数。商户在抽样窗口期的每个月内必须有超过四天发生交易且结算额至少为 20 美元。

4. 剔除增长异常值。每个商户 12 个月的销售额变化百分比必须在 NAICS 商户销售额增长率的分布以内。

5. 过滤样本。以 2017 年 1 月为例,每个过滤步骤如表 1 所示。表格最后一行是最终过滤出的样本,样本交易额占过滤前数据中交易额的 51.4%,商户数占过滤前商户数的 29.1%。

表 1　截至 2017 年 1 月的 14 个月窗口期过滤步骤

本步骤应用的过滤标准	过滤后剩余交易额量占原始样本的百分比	过滤后剩余商户数占原始样本的百分比
删除分类错误的商户类别代码	86.7	89.5
删除批量处理商	85.2	81.5
限制每月最低消费和交易天数	85.2	80.2
14 个月恒定商户样本	52.7	29.1
剔除增长异常值	51.4	29.1

注:上表为在 2015 年 12 月至 2017 年 1 月的 14 个月期间,经连续过滤后的商户和交易额的比例。

(三)计算每日消费指数

应用上述过滤方法,将调整后的 14 个月恒定商户样本合并,得出每日消费指数。为消除每日客户流失造成的样本间差异,将每个连续的 14 个月样本按系数缩放,使得本序列前 13 个月的平均消费,等于前一个序列中已经缩放过的 14 个月样本中相同 13 个月的平均消费,然后对连续 14 个月样本的数据进行加权平均,得到每个 NAICS3 位代码行业和地域、连续的每日消费指数。进一步地,将构成基准行业指数相加,构建“零售销售群组”总消费指数,然后根据地域信息得出全国、各州和大都市的消费水平指数。

(四)构建月度消费指数

对日度消费指数进行过滤,剔除与工作日、节假日和其他时间效应相关的常规变化,用 X－12－ARIMA 模型对数据进行季节性调整,按月对每日交易加总,构建月度指数序列。

四、新消费指数与官方统计数据的比较

本文将构建的新消费指数与美国人口普查局的零售销售额官方数据进行了比较,由图 1 可见,二者数据走势的一致性很强,相关系数达到 0.84。

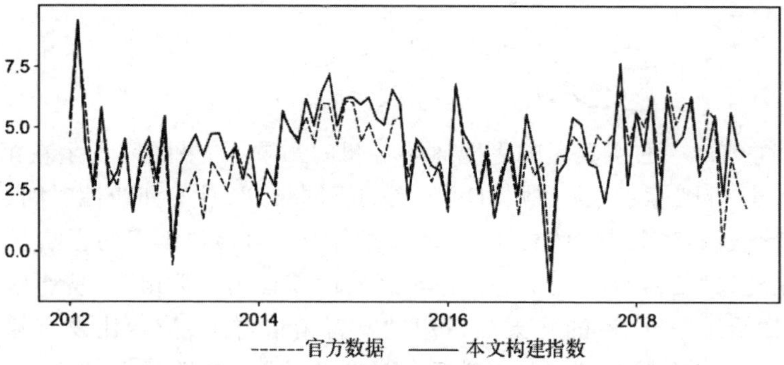

图 1　本文构建指数与官方数据增长率的对比

第一数据公司序列得出的特征比官方统计数据更能及时地解读消费情况,且当人口普查局初步估计值显示销售额出现异常值时,第一数据公司的数据可作为独立的第三方数据来源进行辅助验证,有助于政策制定者更准确评估当前经济周期状态,并做出决策。

五、应用:消费者支出实时追踪

(一)2019 年美国政府部分停摆

2018 年 12 月－2019 年 1 月全球金融市场动荡加剧期间,政策制定者非常关注即将公布的经济数据,以便为其决策提供依据,但因当时政府停摆导致许多官方统计数据推迟公布,政策制定者在评估经济状况时可获取的统计信息较少。

在政府停摆期间,第一数据公司的消费指数仍然可用,其 2018 年 12 月的数据显示消费零售略有下降。2019 年 2 月 14 日,美国人口普查局公布了 2018 年 12 月份零售销售额的首次估值(公布时间滞后了一个月),结果显示消费零售降幅较大。

但同时第一数据公司 2019 年 1 月份的数据显示消费稳健回升。人口普查局 2019 年 3 月 11 日公布的 1 月份数据同样出现了回升。

(二)2017 年飓风“哈维”和“艾尔玛”

本文构建的指数还能够用于评估飓风等恶劣天气事件的影响。飓风来袭期间对消费的干扰虽然较为严重,但却是局部、短期的影响,抽样框架可能不足以捕捉地域冲击,因此损失的消费很难通过全国月度统计数据来量化。此外,政策制定者关心的是,相比消费基本趋势的变化,总消费的波动在多大程度上反映了飓风等短期干扰因素的影响。

使用州和大都市层级的日度指数,可以研究 2017 年飓风“哈维”和“艾尔玛”登陆前后几天的消费活动模式。为了量化飓风的影响,对每个受影响的州进行回归估计:

$$In(Spending_t) = \sum_{i=-7}^{i=14}\beta_i * H_{t-i} + \sum_{w=Mon}^{w=Sun}\delta_w * I(w) + \sum_{m=July}^{m=N0v}\delta_m * I(m) + T_t + \varepsilon_t$$

指标变量 H_{t-i} 的系数反映了飓风对各州的影响,如果飓风发生在第 $t-i$ 天,该系数等于 1,否则等于 0。回归对因每周的不同日期、月份和线性时间趋势 T_t 导致的支出变化进行了控制,系数 β_0 为飓风袭击当天对该州消费的影响。

图 2 是飓风“哈维”和“艾尔玛”对全国每日“零售销售群组”消费影响的回归结果。在飓风“哈维”登陆后的几天内,每日“零售销售群组”消费比没有飓风时的正常水平低约 3%。飓风“艾尔玛”对消费的冲击更为严重,飓风登陆后一天内,全国“零售销售群组”消费减少了 7%以上。从图 2 中看到,两次飓风过后消费水平均快速反弹,飓风登陆后一周内基本恢复至正常水平。

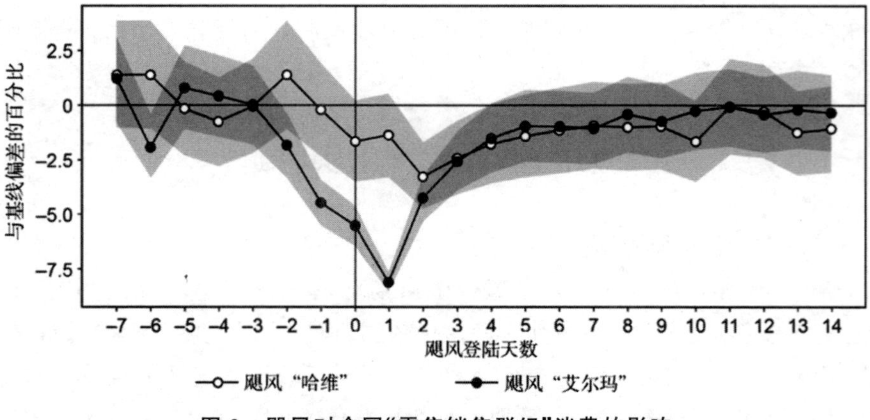

图 2 飓风对全国“零售销售群组”消费的影响

进一步考察飓风对国家季度 GDP 增长变动的影响。首先将两次飓风造成的每日消费偏离基线的百分比相加，然后将这一总数除以该季度的 92 天，再计算“零售销售群组”消费在 GDP 中所占的份额变动。结果发现，两场飓风使 2017 年第三季度的 GDP 增长率降低了近 0.5 个百分点。

除了跟踪飓风对全国支出的影响，构建的指数还能够研究地域影响，例如，飓风导致其直接经过的得克萨斯州和佛罗里达州消费几乎停滞。与全国月度统计数据相比，每日地理数据可以更清晰地追踪飓风的经济影响，还可以探究消费向附近地区和其他消费类别转移的可能性。

使用佛罗里达州更详细的消费类别来估计模型，回归结果见图 3。飓风“艾尔玛”来临前后，不同消费零售类别的反应明显不同。建材消费在飓风来临前就已增加，并在飓风过后出现反弹，经计算该类别的净影响效应为 12%。飓风来临之前，食品杂货消费也有所增加，但飓风过后并未出现反弹，净影响效应为 −3.5%。可见，通过调整购买时间，消费者能够在一定程度上化解飓风的临时干扰，因此食品杂货消费所受的影响有限。

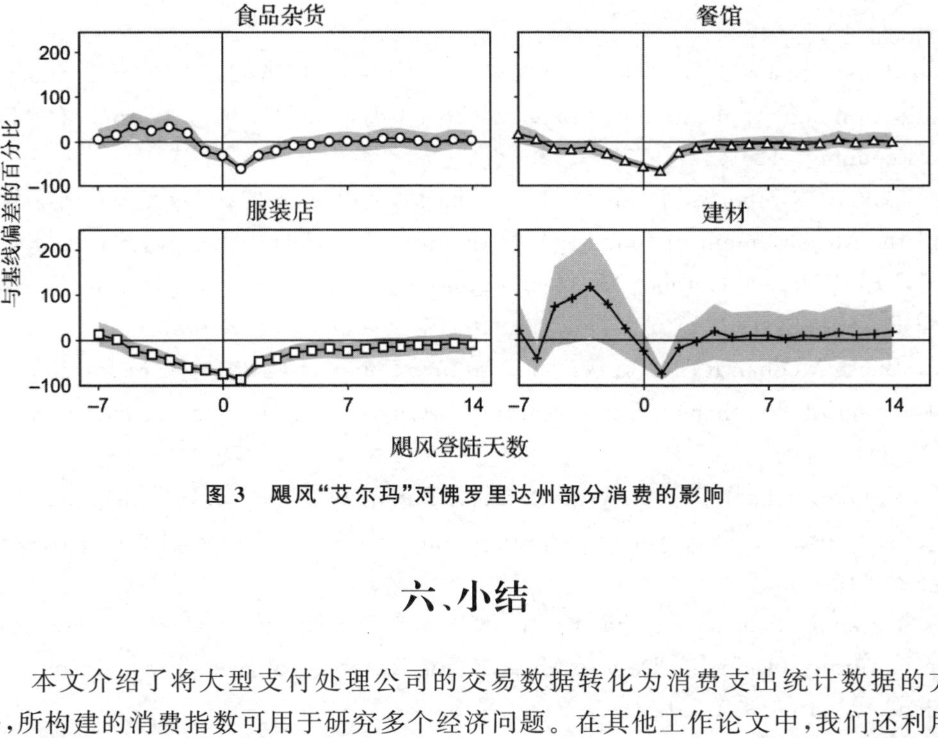

图 3　飓风“艾尔玛”对佛罗里达州部分消费的影响

六、小结

本文介绍了将大型支付处理公司的交易数据转化为消费支出统计数据的方法，所构建的消费指数可用于研究多个经济问题。在其他工作论文中，我们还利用该序列数据研究了销售税假期（sales-tax holidays）和收入所得税抵免退税延迟（delays in EITC refund payments）的问题。本文的研究充分表明，基于非传统数据编制经济统计数据具有非常广阔的应用前景。

参考文献

Aladangady Aditya, Shifrah Aron-Dine, David Cashin, Wendy Dunn, Laura Feiveson, Paul Lengermann, Katherine Richard, Claudia Sahm. 2018. "High-Frequency Spending Responses to the Earned Income Tax Credit. ", FEDS Notes, June 21. Washington, DC: Board of Governors of the Federal Reserve System. https://doi. org/10. 17016/2380—7172. 2199.

Aladangady Aditya, Shifrah Aron-Dine, Wendy Dunn, Laura Feiveson, Paul Lengermann, Claudia Sahm. 2016. "The Eff ect of Hurricane Matthew on Consumer Spending. ",FEDS Notes, December 2. Washington, DC: Board of Governors of the Federal Reserve System. https://doi. org/10. 17016/2380 — 7172. 1888.

Aladangady Aditya, Shifrah Aron-Dine, Wendy Dunn, et al. 2017. " The Effect of Sales-Tax Holidays on Consumer Spending. ", FEDSNotes, March 24. Washington, DC: Board of Governors of the Federal Reserve System. https://doi. org/10. 170162380—172. 1941.

Baker, Scott. 2018. "Debt and the Response to Household Income Shocks: Validation and Application of Linked Financial Account Data. ", Journal of Political Economy, 126 (4): 1504—1557.

Bayard Kimberly, Ryan Decker, Charles Gilbert. 2017. "Natural Disasters and the Measurement of Industrial Production: Hurricane Harvey, a Case Study. ",FEDS Notes, October 11. Washington, DC: Board of Governors of the Federal Reserve System. https://doi. org/10. 17016/2380—7172. 2086.

Busse Meghan R, Devin G Pope, Jaren C Pope, et al. 2015. "The Psychological Eff ect of Weather on Car Purchases. ",Quarterly Journal of Economics, 130 (1): 371—414.

Cohen Michael, Marc Rysman. 2013. "Payment Choice with Consumer Panel Data. ", Research Department Working Paper Series No. 13—6, Federal Reserve Bank of Boston.

Gelman Michael, Shachar Kariv, Matthew D Shapiro, et al. 2014. "Harnessing Naturally Occurring Data to Measure the Response of Spending to Income. ", Science, 345 (6193): 212—5.

Greene Claire, Joanne Stavins. 2018. "The 2017 Diary of Consumer Payment Choice. ",Federal Bank of Atlanta Research Data Reports, No. 18—5. https://www. atlantafed. org/banking-and-payments/consumer-payments/research-data-reports/2018/the-2017-diary-of-consumer-payment-choice.

Leamer Edward. 2014. " Workday, Holiday and Calendar Adjustment: Monthly Aggregates from Daily Diesel Fuel Purchases. ", Journal of Economic and Social Measurement, (1—2): 1—29. https://EconPapers. repec. org/RePEc: ris: iosjes: 0005.

Mian Atif, Kamalesh Rao, Amir Sufi. 2013. " Household Balance Sheets, Consumption, and the Economic Slump. ", Quarterly Journal of Economics, 128 (4):1687—1726.

Spies Kordelia, Friedrich Hesse, Kerstin Loesch. 1997. "Store Atmosphere, Mood and Purchasing Behavior. ", International Journal of Research in Marketing, 14 (1): 1—17.

编译者及单位

汤志华　陈祎璇,国家统计局统计科学研究所。

社交媒体、经济预期和宏观数据监测研究

——基于新浪财经微博大数据的PMI和社零数据预测[32]

【内容摘要】 本课题围绕社交媒体大数据在经济预期指数构造、宏观经济数据监测中的应用进行研究。为便于进行计量分析,首先完成了财经微博数据结构化建模,再利用动态因子模型对财经微博主题时间序列和经济数据进行分析,提取出积极预期和消极预期两个潜在因子,并构造了一个能够表征整体经济预期的合成预期指数。定量和定性分析均表明,该合成预期指数对于经济预期具有较好的指示作用。最后,对综合PMI产出指数和社会消费品零售总额同比增速进行预测研究。结果表明,本课题采用方法不仅具有较高的预测准确度,还能根据观察变量的贡献,快速提取出当前影响经济的可能性因素,对于经济形势分析研究具有较高价值。

2022年中央经济工作会议提出,“要从战略全局出发,从改善社会心理预期、提振发展信心入手,纲举目张做好工作”,“要把恢复和扩大消费摆在优先位置”。可见,经济预期和提振消费,是当下中国经济中需要重点关注的两个问题。但是,由于涉及到公众情绪和舆论观点,传统宏观经济统计在处理这类问题上存在一定局限性。基于此,本课题以舆情大数据为基础开展研究,以期更全面反映相关问题的复杂性。本课题的研究成果,对于采用舆情大数据进行计量经济分析具有一定启发作用,对于加强舆情大数据在智慧统计中的开发利用提供了参考,也为宏观经济部门开展预期引导、着力恢复和扩大消费提供一定佐证。

一、研究背景和思路

(一)大数据是传统宏观经济统计的必要补充

从国家统计局发布的指标来看,在经济预期方面,制造业采购经理指数(PMI)、非制造业PMI以及综合PMI产出指数都是比较重要的经济先行指标。在消费方面,则有社会消费品零售总额,GDP项下的居民消费支出、政府消费支出,居民收支项下的居民人均消费支出等指标。2023年8月起,还按月发布服务零售累计同比增速数据。这些指标有助于在一定程度上认识当前经济预期和消费情

[32] 本文选自国家统计局主办的内部资料《研究参考文献》2024年第14期。

况，但由于发布频率相对较低，不仅使市场主体难以及时把握当前经济情况，也难以快速提供决策依据。

除了时效性不足外，PMI和消费相关指标还存在各自独有的局限性。从PMI的编制过程可以看出，该指数很大程度上代表了企业预期。虽然企业预期在经济活动中具有举足轻重的作用，但并不能代表整个社会的预期。而目前官方公布的消费相关数据，即便从细项数据来分析，也只能得到不同经营地或消费类型的变化情况，很难直接观察到影响消费变化的具体因素。

正是看到了传统宏观经济统计中存在的这些问题，《"十四五"时期统计现代化改革规划》提出，要不断提高"统计分析前瞻性有效性"。《智慧统计建设总体方案(征求意见稿)》也指出，要利用大数据加强经济监测和分析。从我国统计部门来看，手机信令、地理空间、电商等大数据的开发利用愈趋成熟，但对于舆情大数据的使用还明显落后。

(二)舆情大数据的优势和意义

舆情大数据[33]具有其他大数据不具备的优势，对提升统计调查质量具有重要意义：一是舆情大数据时效性强、可得性好，对现实经济情况的反映速度快。比如，对于经济政策评估问题，直观上来看，往往在经济政策官宣之初就有大量评论。从这些评论中，可以发现公众对经济政策的态度。二是舆情大数据蕴含的信息量极为丰富。以某商品消费为例，传统经济数据只能表达"某商品消费有所减少"，而舆情大数据还进一步提示"为什么人们减少了在某商品方面的消费"，据此可以分析究竟是收入、涨价还是消费偏好的影响更大。从这一点来理解，舆情是反馈经济情况的特殊"情报"。三是舆情大数据既是经济活动的"反映者"，也是推动经济波动的"参与者"。很多研究发现，舆论和经济预期之间存在密切的关系。从叙事经济学角度来看，舆论既反映了公众预期，同时也塑造了公众预期。舆论与经济之间的这种联动关系，在当前以网络舆论为主的情况下表现得更为明显。原因在于，经济信息、政策变动等可以在网络上迅速传播，形成群体效应，影响公众对经济前景的看法。四是通过对舆情大数据的分析研究，及时发现统计领域敏感舆情，对于统计业务质量提升有很大的促进作用。

(三)相关领域的研究进展

近几年来，随着数据分析处理能力的快速提升，以及自然语言处理技术的飞速发展，基于舆情数据开展经济监测和分析的研究越来越多。

从采用的舆情数据看，近几年的研究基本都采用了电子报刊或新闻网站数据。

---

[33] 在本课题中，舆情大数据特指文本类型的舆情数据。

比如,Thorsrud 在研究中使用了挪威一份名为《Dagens Naeringsliv》(《经济日报》)的报纸文本数据。李守皓等采用了若干政府网站、主流新闻网站数据,以及安邦集团两份研究简报数据。郑挺国等则是采用了《经济日报》《经济观察报》《21 世纪经济报道》三份财经类报刊。虽然这些渠道的新闻报道数据内容更为规范,但是与近些年来蓬勃发展的微博、微信、抖音等社交媒体相比,对于最新发生事件的跟踪报道时效性不强,受到版面等方面的限制,内容也不够全面。

从研究的经济数据看,GDP、失业和价格类的数据格外受到研究者的青睐。如,Lischka 等使用互联网财经新闻的情感信息衡量社会预期并得到了其影响未来 GDP 与失业率的实证结果。Thorsrud 基于挪威日度频率的商业新闻数据,结合季度 GDP 增长率数据,构建了日度经济周期指数。张成思等研究了媒体舆论与通货膨胀的关系。此外,郑挺国等对上证综指季度同比收益率进行了研究,并分析了其构建的新闻指数与全要素生产率、投资、消费等数据的关系。程名等利用具有情感特征的舆情大数据对 PMI 进行了预测研究,结果表明可以在较小误差范围内实现 PMI 指数预测。总体看,目前对于消费数据的研究还比较少。

在具体的研究方法上,可以分为两种。一种是直接对舆情数据进行计量分析,希望能够在一定程度上作为经济情况的预期指数。比较有代表性的是国家发展改革委大数据中心构建的经济信心预期指数。该指数从消费者行为学的角度出发,收集不同群体的网络言论,进行情感分析后,再根据正面、负面词汇频次分析不同群体情绪的日度分布。这种方法虽然简单易行,但是由于单纯从舆情数据出发,不容易解释其与经济运行之间的联系。另一种则是通过对文本数据进行结构化建模,联合经济数据进行分析,通过提取两者之间的内在联系进行经济数据预测或指数构建。比较有代表性的是 Thorsrud 和郑挺国的研究。这些研究均是利用主题模型对文本数据进行建模,再结合现有的经济数据,利用动态因子模型(Dynamic Factor Model,DFM)或时变系数回归模型(TVP－VAR)进行预测和指数构建,对本课题均有较大启发。不过,Thorsrud 针对的是英文报道内容,郑挺国对文本主题进行时间序列建模时,未考虑报道内容的情感倾向,带来一定信息损失。此外,现有文献均是对新闻报告等长文本进行结构化建模,很少对微博这种短文本进行研究。

(四)本课题研究思路及创新点

为深入挖掘舆情大数据潜力,本课题研究探索了舆情大数据在经济预期引导、消费数据预测中的运用。在相关领域研究基础上,本课题的研究思路是:基于动态因子模型的理论框架,以有代表性的 10 个财经领域新浪微博内容作为舆情数据的观察变量,以综合 PMI 产出指数和社会消费品零售总额(以下简称“社零”)同比增速作为经济数据的观察变量,提取能够表征当前公众对经济预期程度的相关指数,实现对综合 PMI 产出指数和社零同比增速数据的分析预测,挖掘并分析影响经济预期和居民消费的重要因素。本课题的主要创新点和贡献在于：一是首次采用了基于主题模型的社交媒体大数据[34]开展相关研究。由于新浪微博这种社交媒体大数据规范性较差、文本长度较短，在建模中存在一定劣势，此前研究大多采用新闻网站和电子报刊数据。但舆情监测发现，其在内容灵活性、受众广泛性上的优势非常明显，对经济社会中苗头性、敏感性问题的反映更为迅速，也是近些年来重大统计负面舆情的重要策源地。因此，本课题针对社交媒体大数据的特点进行主题聚类建模，结果表明可以提取出不同微博信息中的内在联系，具有紧贴实际、解释性强的优点，能够很好满足计量经济分析的目的。二是从舆情角度实现了经济预期建模。在传统研究中，经济预期是一个宽泛的概念，通常采用不同群体对于经济变量预测值的均值[35]。与此不同的是，本课题综合考虑了社交媒体上话题讨论量、话题情感倾向、经济数据等因素，利用动态因子模型提取出影响上述因素运行的潜在因子。实证分析表明，潜在因子能够很好地反映公众态度和经济运行情况，与重大事件冲击均有很强的逻辑自洽性，可以当作经济预期的理想代理变量。三是利用动态因子模型实现了经济数据预测和影响因素提取。实证分析表明，采用趋势外推和滚动预测两种方法，对综合 PMI 产出指数、社零同比增速均具有较高的预测准确度，能够满足宏观经济监测的需求。进一步分析还表明，得益于动态因子模型的实现机理，通过分析观察变量对两种预测结果差异的贡献，能够快速提取出当前影响经济的可能性因素，对于经济分析具有较高价值。

二、数据来源及选择依据

如上文所述，国家统计局发布的消费和经济景气方面的指标较为丰富，舆情大数据涵盖范围则更为广泛。在经济数据中，本课题选择社零同比增速和综合 PMI 产出指数作为研究对象；在舆情数据中，则采用最有代表性的 10 个新浪财经微博主题数据作为研究对象[36]。本部分将介绍选择依据。

（一）经济数据

1. 社零同比增速数据。

目前，观察我国消费有三个口径：支出法 GDP 项下的最终消费支出、居民收支项下的居民人均消费支出和社零。但是，前两个口径分别是年度数据和季频数据，

㉞ 新浪微博属于社交媒体，新浪微博用户发布的信息是社交媒体大数据的一种。

㉟ 比如，有些调查机构在经济数据发布前采集专家预测结果取平均值或中位数，作为市场预期；还有一些调查机构针对消费者、企业家等群体进行调查，得到消费者信心指数、企业家信心指数等，作为不同群体的经济预期。

㊱ 综合粉丝数量和相关微博在财经领域影响力评判“代表性”，下文将详细论述。

对于短时期的分析来说,具有较大的局限性。

社零的主要缺点在于口径偏窄,大量的服务消费和虚拟消费均不包括在内。但社零的优点也非常明显。除了按月发布频率相对较高外,社零涵盖的消费主体也非常广泛,是市场中用于跟踪消费的重要指标,在经济分析中也经常被作为整个社会经济信心的重要参考。

因此,本文将社零作为研究数据之一。具体来说,使用社零同比增速(简称"CONSU")作为模型的其中一个观察变量,并作为数据预测的目标变量。

2. 综合 PMI 产出指数。

目前,国家统计局发布的 PMI 数据包括综合 PMI 产出指数、制造业 PMI 和非制造业 PMI。在过去很长一段时间,对于制造业 PMI 研究的重视程度要明显高于综合 PMI 产出指数和非制造业 PMI。但从我国国情看,2022 年,第三产业增加值占国内生产总值比重为 52.8%;2023 年上半年,服务业占中国 GDP 的比重达到了 56%,对中国经济增长贡献率为 66%,因此,偏重于制造业 PMI 或非制造业 PMI 均有失偏颇。而从过去几年来看,我国制造业 PMI 和非制造业 PMI 偶有背离(见图 1),单一 PMI 指数很难全面反映公众对当前经济的预期。

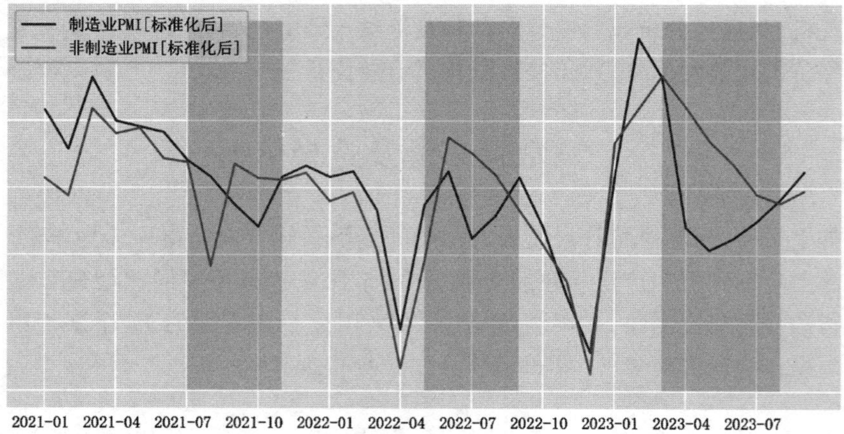

图 1　制造业 PMI 和非制造业 PMI 对比(标准化后)[37]

考虑到综合 PMI 产出指数是 PMI 指标体系中反映当期全行业(制造业和非制造业)产出变化情况的综合指数,涵盖供求、外贸、库存、价格、就业等维度,对经济有全方位的刻画,本课题选择将综合 PMI 产出指数(以下简称"PMI")作为研究对象。

[37] 为了能直观看出两个时间序列的走势,采用 Z-score 标准化方法进行了处理(即将每个数据点减去其均值,然后除以标准差),以便于在同一量级上观察。

(二)舆情数据

本研究采用的舆情数据来自最有代表性的10个新浪财经微博数据,具体见表1。选择该数据集的原因主要有三个:一是财经微博内容与经济结合非常紧密。在新浪微博的分类中,这些微博号都属于财经领域微博,对于经济活动的报道比较多。二是连续性好,内容相对权威。这些微博的运营方都是比较大的媒体或企业,在涵盖的历史时间内,不存在断更问题。且其权威性和灵活性介于官方媒体和一般自媒体之间,既有丰富的内容,也少有谣言、广告等垃圾信息。三是受众广泛。这些微博的粉丝数量目前最多达到接近2500万,最少也有200多万。

表1　采用微博的基本情况

序号	微博	粉丝数量(人)	信息数量(条)
1	新浪财经	2493.2万	110226
2	21世纪经济报道	1997.1万	60194
3	经济观察报	2061.4万	50090
4	中新经纬	1288.3万	30783
5	凤凰网财经	1285.7万	49625
6	蓝鲸财经记者工作平台	486.9万	47612
7	网易财经	434.2万	76845
8	钛媒体APP	350.4万	20526
9	财联社APP	343.7万	126210
10	第一财经	203.4万	36989

在数据时间方面,本课题的数据采集时间周期是2020年11月1日至2023年9月30日,共得到数据609100条。但考虑到2020年一季度受到疫情猛烈冲击,使得2020年末和2021年一季度同比数据为异常值,因此本课题舍弃相关数据,选择2021年4月1日至2023年9月30日,共30个月数据进行分析,使用到的数据量为476015条。

收集得到的微博文本数据,包括发布时间、发布主体、发布内容等。每日舆情数据量如图2所示。从图2中可以看出,每日微博数量峰值和谷值基本相当,且数据表现出很强的趋势性特征,是典型的非平稳时间序列,无法直接用于分析,第四章将介绍如何对该数据进行处理。

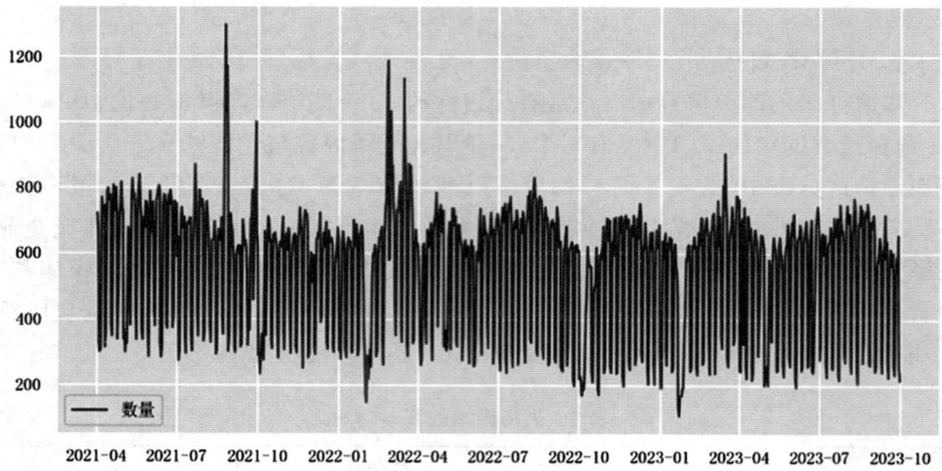

图 2　每日微博数量

三、财经微博数据的主题聚类和时间序列模型

文本数据是非结构化数据，无法直接进行计量经济建模。因此，本章采用潜在狄利克雷分配(Latent Dirichlet Allocation，LDA)模型对微博文本数据进行聚类，构造财经微博月度主题时间序列，以满足计量分析需求。

(一)基于 LDA 模型的主题聚类。

主题模型(Topic Model)是自然语言处理等领域的常用文本挖掘方法，主要用来在一系列文档中发现抽象主题，是统计模型的一种。它主要根据每个文档之间的相似性，对文档进行分组。一般来说，如果一篇文章有一个描述的中心主题，那么一些特定词语会频繁出现。LDA 主题模型正是基于这个假设完成主题聚类的。

1. LDA 主题模型的原理和实现。LDA 模型是由戴维・布雷等人在 2003 年提出的生成式主题模型。该模型假设，每一篇文档的每一个词都是通过"一定的概率选择了某个主题，并从这个主题中以一定的概率选择了某个词语"。并且，该模型还假设每条文本信息由各个主题按一定比例随机混合而成，混合比例服从多项式分布，而每个主题由词汇表中的各个词语按一定比例混合而成，混合比例同样服从多项式分布。由此，便可以通过对模型参数的近似估计得到主题聚类。参数估计通常使用 Gibbs 抽样，是马尔科夫链蒙特卡洛(Markov Chain Monte Carlo，MCMC)算法中的一个特例。

使用 LDA 进行主题聚类首先要对文本数据进行清洗、分词和建立语料库。对于这些算法，目前有很多流行的技术实现，本课题采用现有的自然语言处理和统计工具程序包完成相关处理。

2. 主题聚类质量评估。虽然 LDA 是一种无监督聚类方法，但是仍然需要人工设置聚类数目。如果主题数目设置不科学，就可能造成聚类质量不佳，还可能会造成错误解读。为了评估主题聚类质量，可以采用一致性变异系数（CV 值）进行检验。一致性 CV 值越高，通常说明聚类的效果越好。由此，对上述财经微博信息按照 10—40 个主题数目进行聚类，并计算出对应的一致性 CV 值，如图 3 所示。从图中可以看出，当主题数目为 19 个或 23 个时，一致性 CV 值都比较大，前者略大于后者。接下来的分析选择主题数为 19 个。

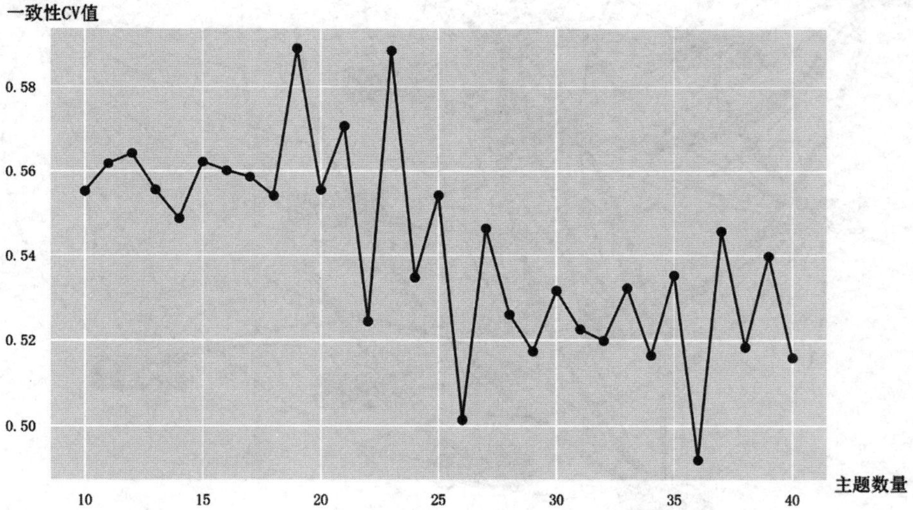

图 3　一致性 CV 值随主题数目的变化

3. 聚类主题命名及分析。LDA 模型无法给相应主题赋予名称。因此，需要根据相关主题所讨论的内容，人为给每个主题贴上标签。附件中列出了 19 个主题的主要内容和重要词汇。从这些主题分类中可以看出，LDA 模型为财经微博发布的内容提供了一个有意义且易于解释的分类方法。在图 4 中，使用 Louvain 社区网络发现算法，根据主题之间词汇的联系程度，对这些主题进行了网络表示，并将关联度较高的主题进行相同着色。从图 4 中可以看出，聚类主题之间具有高度的内在联系。比如，金融行业和货币政策虽然并不是完全相同的主题，但由于文本中都含有很多金融术语或金融政策方面的表达，因此，二者被分到同一个组中。再比如，财政政策与汽车新闻亦有一定联系，主要是因为我国曾一度在新能源汽车领域实行了扶持产业的政策，而且出于提振消费的需要，对新能源汽车实施过补贴。其他联系程度较高的主题，也都存在一定的内在逻辑。

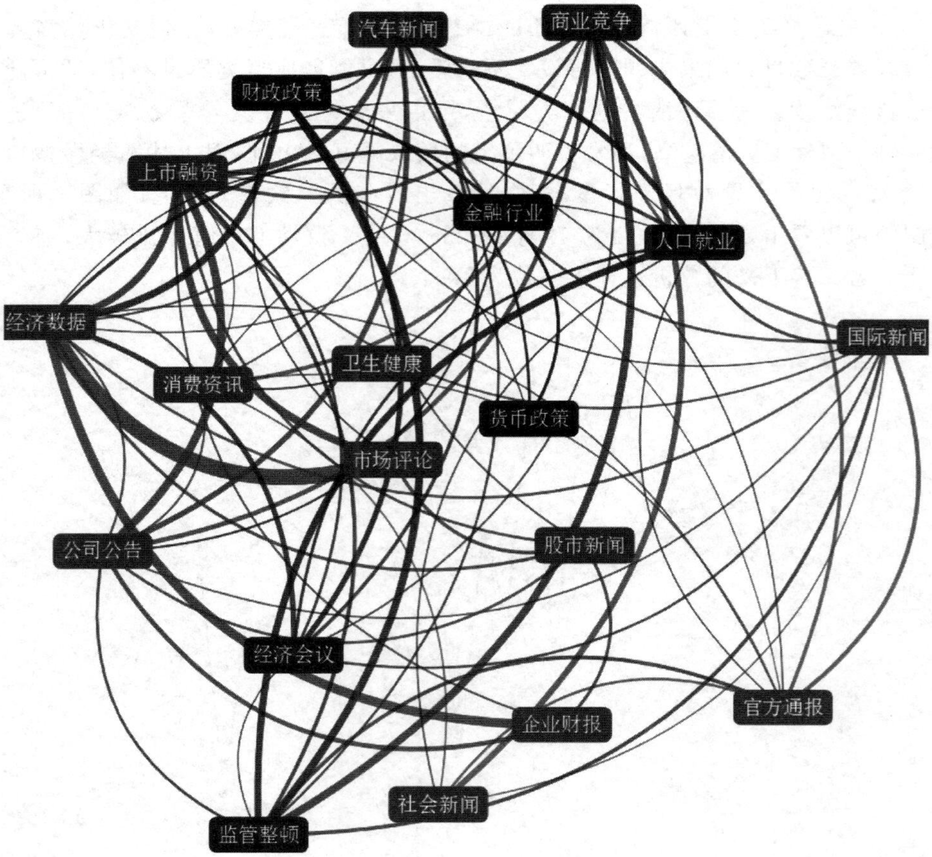

图 4　财经微博聚类主题的网络表示

(二)构造财经微博月度主题时间序列

1. 计算财经微博主题的日度频率。以 d 日财经微博发布的所有信息总量 m_d 为分母,以主题 i 的数据量为分子 $n_{i,d}$,计算出相关主题在当日的占比,作为相关主题的日度频率。对主题 i 的时间序列可以记为:

$$s_i = n_{i,d} / m_d$$

其中,以自然日计时,$20210401 \leqslant d \leqslant 20230930$,$i$ 表示主题序号,$1 \leqslant i \leqslant 19$。

2. 考虑敏感度因素的影响。对于舆情信息来说,只考虑数量和占比,会损失掉非常重要的情感因素。由此,在这一步骤中将所有信息区分为敏感信息、非敏感信息和中性信息。所谓敏感信息是指报道内容为消极悲观和令人担忧之类的信息,包括对社会造成不良影响的突发事件,政治敏感信息等;非敏感信息是指积极乐观和鼓舞人心的正面信息,包括正面社会新闻、政务正面宣传报道等;中性信息是指没有明确的正负面指向的信息，包括政府部门公开文件、公司新闻、招聘信息、典型案例等。本文进行的敏感判定由所采用舆情监测系统内置模型完成。实验表明，该模型的判定结果基本符合人们对敏感信息、非敏感信息的认识。得到每条信息的敏感度属性后，分别计算出相关主题在日期 d 不同属性信息的数量，然后使用非敏感信息的总量与敏感信息总量的比值作为权重，计算出新的时间序列，即：

$$S_i = \frac{C_{\text{fmg},i,d}}{C_{\text{mg},i,d}} \times \frac{n_{i,d}}{m_d}$$

上式中，权重起到一个类似于符号的作用，主要用于表示某日非敏感信息和敏感信息的相对数量，更好体现出文本中的情感信息对时间序列的影响。

3. 过滤舆情信息中的噪声。受噪声影响，上述得到的时间序列震荡性非常强。比如，从图 5 中“汽车新闻”主题看，每日数值包含大量噪声，有比较多的极值，容易造成数据不稳定。为了去除日常噪音，使用 30 天移动平均滤波器对每个主题时间序列进行滤波。可以发现，滤波后的时间序列更加平滑。采用移动平均对噪声过滤的另一个好处是，可以体现出预期累积的过程，避免单日预期变化带来的不稳定性。通过以上处理，得到 19 个日度主题时间序列数据。

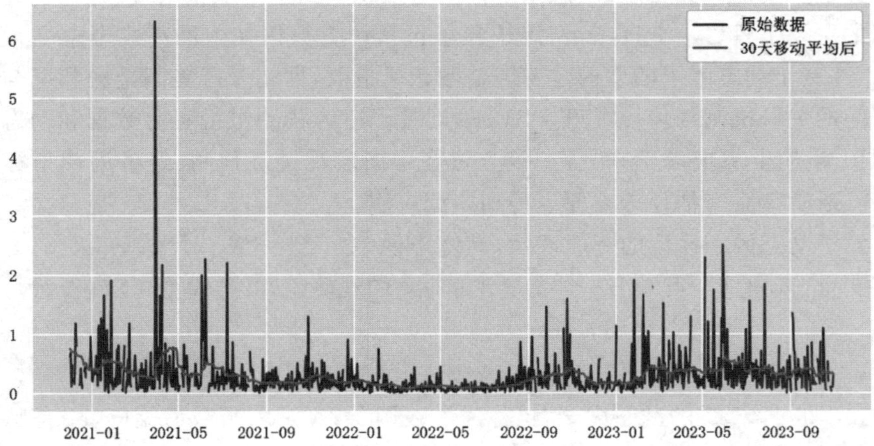

图 5　汽车新闻主题时间序列移动平均处理前后对比

由于得到的日度主题时间序列已经是经过 30 天移动平均滤波处理过的，因此，选择每个月最后一天的数值表示对应主题的月关注度，构建了一个月度主题时间序列。

四、微博主题时间序列和经济数据的动态因子模型分析

本文采用动态因子模型进行经济指标的分析和预测。采用的微博文本数据来

自于财经领域,决定了这些微博内容一般会与经济相关,并且受到经济波动和相关事件影响。本研究假设,经济运行对财经微博主题的影响和对经济数据的影响具有某种内在联系,而这种内在联系可以使用动态因子模型来进行分析。

(一)动态因子模型的原理和一般表示

动态因子模型最早由 Geweke(1977)提出,是在经济学领域时间序列数据中对经典因子模型进行的有效扩展。其基本思想是,经济波动是通过各种经济变量的活动来传递和扩散的,仅仅一个经济变量的波动都不足以代表宏观经济的总体波动。如果诸多宏观变量的协同运动能够被若干个不可观测的共同随机因子所解释,那么,这些共同因子就可以较好地反映经济运行的趋势和特征。因此,估计和解释导致同一区域范围内经济时间序列数据中各种变量波动的共同动态因素,是经济分析的一种有效工具。动态因子模型的这种机理还可以解决传统 VAR 模型的部分缺陷:动态因子模型从高维经济变量中提取共同因子,用不可观测因子刻画多个变量间的相关关系,可以实现对高维数据的降维处理,有效解决“维度诅咒”问题。

经过多年的研究发展,动态因子模型越来越受到主流学派重视,是当前处理大数据的主要工具之一。Hatzius 等构建了包括调查数据在内的高维金融变量指标体系,并基于动态因子模型构建美国金融状况指数,据此分析美国金融状况与实体经济间的关联机制与传导渠道。Bok 等则基于纽约联储银行实时数据和动态因子模型预测美国 GDP 增速,等等。该方法在中国宏观经济预测、经济周期指标构建和核心通货膨胀率估计等方面也得到广泛应用。

对于动态因子模型的一般表示,具体来说,令 $X_t=(X_{1t},X_{2t},\cdots,X_{Nt})$ 为一组观察变量,其中 X_{it} 表示第 i 个变量在时期 t 的观测值,具体模型可以表示为:

$$X_t = \Lambda f_t + e_t$$

$$f_t = A_1 f_{t-1} + A_2 f_{t-2} + \cdots + A_p f_{t-p} + u_t$$

其中,f_t 是 $q\times 1$ 维的动态因子,也称为潜在因子,Λ 是因子载荷矩阵,e_t 是特定误差项。模型假定动态因子和特定误差项之间不相关,并允许不同观察变量的特定误差项 e_t 存在同期相关。同时,假定动态因子 f_t 服从某一向量随机过程,通常假定为 VAR(p),$A_1,A_2,\cdots,A_p$ 是因子的自回归系数矩阵,u_t 是 $q\times 1$ 维的扰动向量。求解动态因子模型,可以使用卡尔曼滤波法和极大似然法进行参数估计。

(二)仅考虑微博主题时间序列的动态因子模型分析。

根据理论假设,由于经济指标只是经济运行某一方面的指征,因此,即使不考虑经济指标的影响,在满足模型条件的情况下,应当也可以通过动态因子模型分析发现影响主题时间序列变化的潜在因子。也就是说,即使剔除了经济指标(且不考虑经济数据发布本身对舆情的影响),经济波动对不同主题的影响或反映应该是不变的。因此,首先对不包含经济数据的主题时间序列模型进行动态因子分析。根据AIC准则,选择潜在因子数量 k 为 2,滞后阶数 p 为 4,对其进行动态因子模型分解,最终生成两个因子,得到的因子及载荷如表 2 所示。从表中可以看出,大部分 P 值都非常小,说明多数观察变量和潜在因子之间,具有显著的关系。

表 2　仅考虑主题时间序列的动态因子模型载荷列表

序号	观察变量	因子 1		因子 2	
		载荷	P 值	载荷	P 值
1	经济会议	−0.1558	0.0000	−0.0169	0.3756
2	社会新闻	−0.4801	0.0000	−0.1037	0.0000
3	货币政策	0.1431	0.0000	0.1625	0.0000
4	汽车新闻	−0.1174	0.0000	0.1786	0.0000
5	企业财报	−0.0384	0.0011	0.0816	0.0000
6	监管政策	−0.1681	0.0000	−0.1884	0.0000
7	人口就业	−0.3174	0.0000	−0.0487	0.0014
8	经济数据	−0.2502	0.0000	−0.0660	0.0000
9	国际新闻	−0.3181	0.0000	−0.1870	0.0000
10	卫生健康	−0.1412	0.0000	−0.0889	0.0000
11	公司公告	−0.2606	0.0000	−0.0427	0.0639
12	市场评论	0.0345	0.0143	0.1217	0.0000
13	官方通报	−0.2974	0.0000	−0.4165	0.0000
14	股市新闻	−0.0686	0.0000	−0.1070	0.0000
15	财政政策	0.0937	0.0000	−0.0360	0.0831
16	商业竞争	−0.2196	0.0000	−0.0183	0.2087
17	消费资讯	−0.3757	0.0000	0.0515	0.0027
18	金融行业	−0.0652	0.0002	0.0434	0.0539
19	上市融资	−0.2435	0.0000	0.0038	0.7898

因子载荷表示潜在因子和每个观察变量之间的联系程度,其绝对值越大,通常表明影响程度越高。从表 2 中因子载荷的绝对值可以看出,载荷大小有比较明显的区别。一是因子 1 明显大于因子 2 载荷的绝对值,这说明利用动态因子模型分解出的因子 1 更为显著。二是不同观察变量和因子之间的载荷差别较大,这在一定程度上反映出,各个观察变量对于动态因子分析的重要性很不同。比如,因子 1 和主题"社会新闻"的因子载荷较大,说明社会新闻对于我们观察经济预期具有重

要的价值。

根据两个因子和对应观察变量之间的因子载荷,制作了因子载荷图,如图 6 所示。

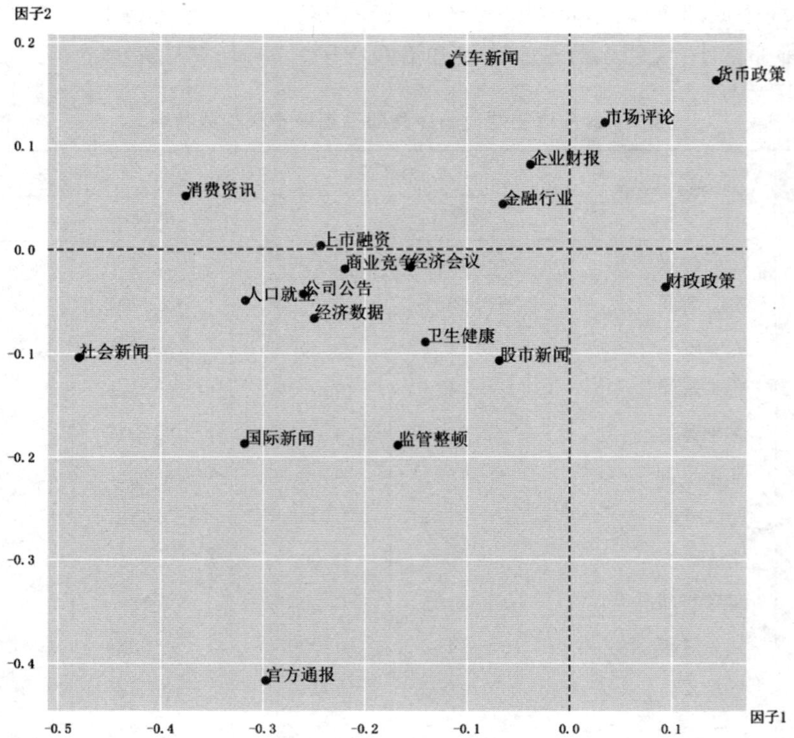

图 6　仅考虑微博主题时间序列的因子载荷图

从因子载荷图中可以看出,本次动态因子模型分析基本把相关因子区分到相同的象限中。比较明显的是第二象限中,消费资讯、汽车新闻、企业财报等,反映了经济运行中比较繁荣的部分。在第三象限中,这些主题虽然不完全一致,但仔细观察可以发现很多相似之处,比如,针对疫情期间的特殊情况,很多官方通报是跟卫生健康有关的,所以这两个主题在同一个象限内;社会新闻、国际新闻也具有紧密联系。不过也注意到,财政政策、货币政策和监管政策这三个本应该区分在一个象限的相关主题,被分割在三个象限中。

此外,计算了生成的两个潜在因子和 PMI、CONSU 之间的皮尔逊相关系数,结果见表 3。从表中可以看出,虽然这些相关系数绝对值都不算大,但是,除了 PMI 和因子 1 相关系数 P 值较大外,其他 P 值都小于 0.05,说明相关关系比较显著。特别是考虑到,这是在不包含经济指标的情况下进行模型求解得出的因子,更能够说明,即便是仅仅使用主题时间序列数据,也能够反映经济运行中的一些情况。

表 3 两个因子和经济指标之间的皮尔逊相关系数

经济指标序列	因子 1		因子 2	
	相关系数	P 值	相关系数	P 值
PMI	−0.1584	0.4030	0.5074	0.0042
CONSU	−0.4037	0.0269	0.5430	0.0019

为了更直观地观察两个因子和经济指标之间的关系，对这些时间序列进行标准化绘制在同一张图中。从图 7 中可以看到，因子 1 与经济指标时间序列在大多数时间是相背离的，而因子 2 则与时间序列保持了一定程度的同步。特别是对于 CONSU 来说，表现出相当强的相关性。潜在因子与 CONSU 相关系数强于 PMI 原因在于，CONSU 所代表的社零增速数据涵盖的样本更为广泛，相关群体在网络上的“声量”更强，而 PMI 只是反映了企业的预期，企业的样本数量远小于消费者群体，而且在网络上发声也少。

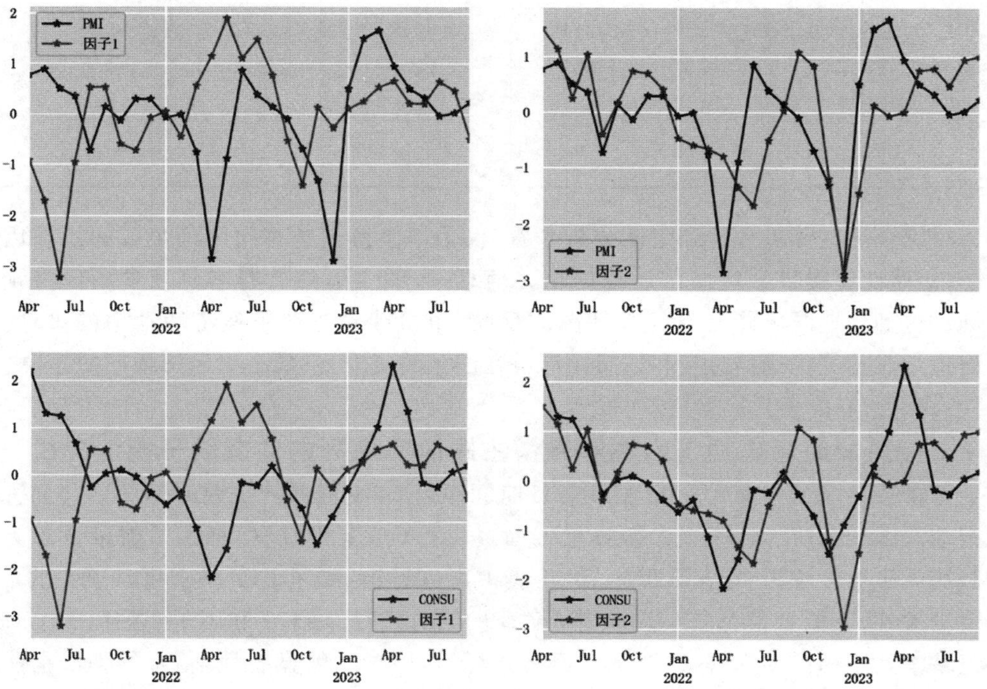

图 7 动态因子与经济数据对比图

滞后相关性分析可以从统计意义上说明两个时间序列之间的滞后关系的强度和方向。为此，计算了两个因子和经济指标不同滞后阶数的皮尔逊相关系数，结果见表 4。表中“—”表示相关性不显著，“滞后阶数”列中的“0”表示因子和经济指标为同期;“$-x$”表示因子滞后于经济指标 x 期)。从表中可以看出,因子和经济指标滞后 1 期的皮尔逊相关系数大于两者同期,这反映出了经济数据对舆情数据的影响:每个时间阶段发布的经济数据,既反映了经济运行情况,也会对社会舆论造成一定影响,促使市场不断调整预期。在表 4 中还可以看出,两个因子与 CONSU 滞后 2 期的相关系数仍然大于同期的相关系数,说明 CONSU 对潜在因子的影响具有一定的韧性。

表 4 两个因子和经济指标不同滞后阶数的皮尔逊相关系数

因子	滞后阶数	PMI		CONSU	
		相关系数	P 值	相关系数	P 值
因子 1	0	—	—	−0.4036	0.0269
	−1	—	—	−0.5010	0.0056
	−2	—	—	−0.4835	0.0091
	−3	—	—	—	—
因子 2	0	0.5074	0.0042	0.5430	0.0019
	−1	0.5928	0.0007	0.6999	0.0000
	−2	0.4688	0.0118	0.5485	0.0025
	−3	—	—	0.3853	0.0472

综合这些计量分析和定性分析来看,仅采用微博主题时间序列生成的潜在因子,仍然能够提供一定经济运行的相关信息,表明了财经微博本身蕴含了经济预期。这种预期既可能是对经济情况的反映,也可能是描述了经济活动中的事件。而通过对相关主题信息量和情感倾向潜在因子的提取,形成了对经济预期的建模。

(三)同时考虑经济数据和微博主题时间序列的动态因子模型分析

本节在模型中加入 PMI、CONSU 时间序列,和财经微博主题时间序列共同进行动态因子分析。在模型参数设置方面,根据 AIC 准则,同样将因子数量设置为 2,滞后阶数设置为 4,结果见表 5。从表中可以看出,除了 CONSU 和因子 2 的 P 值较大外,其他 P 值都较小。从因子载荷的绝对值看,因子 1 和因子 2 载荷的绝对值基本处于相当的水平,说明加入经济指标后,因子 2 的显著性增强。同时,在前述模型中因子载荷较大的几个观察变量,比如,“官方通报”“社会新闻”的载荷绝对值也向均值有所靠拢。这说明经济指标的加入,平滑了舆情数据对动态因子模型单方面的影响,增强了潜在因子与经济运行之间联系。

表 5　考虑全部观察变量的动态因子模型载荷列表

序号	观察变量	因子 1		因子 2	
		载荷	P 值	载荷	P 值
1	PMI	−0.0687	0.0591	0.1372	0.0001
2	CONSU	−0.1613	0.0000	0.0602	0.1623
3	经济会议	−0.9313	0.0000	0.1531	0.0000
4	社会新闻	−1.9400	0.0000	−0.7219	0.0000
5	货币政策	0.7221	0.0000	0.1804	0.0000
6	汽车新闻	−1.5339	0.0000	0.6307	0.0000
7	企业财报	−0.4649	0.0000	0.7940	0.0000
8	监管政策	0.1168	0.0000	−1.1865	0.0000
9	人口就业	−1.5261	0.0000	−0.5099	0.0000
10	经济数据	−0.7961	0.0000	−0.2770	0.0000
11	国际新闻	−0.7569	0.0000	−1.1254	0.0000
12	卫生健康	−0.3967	0.0000	−0.5540	0.0000
13	公司公告	−1.0018	0.0000	−0.4087	0.0000
14	市场评论	−0.0430	0.0000	0.4047	0.0000
15	官方通报	0.0344	0.0004	−2.5864	0.0000
16	股市新闻	1.2131	0.0000	−0.0579	0.0000
17	财政政策	0.7645	0.0000	−0.4719	0.0000
18	商业竞争	−1.0404	0.0000	−0.0894	0.0582
19	消费资讯	−1.7768	0.0000	0.0988	0.0000
20	金融行业	−0.3384	0.0000	0.0690	0.0000
21	上市融资	−1.2751	0.0000	−0.2873	0.0000

从表 6 中 PMI、CONSU 和两个因子的相关系数可以看出，P 值均处于显著区间。其中，因子 2 与 PMI 的正相关系数绝对值较大，因子 1 与 CONSU 的负相关系数绝对值较大。

表 6　两个因子和经济指标之间的皮尔逊相关系数

经济指标序列	因子 1		因子 2	
	相关系数	P 值	相关系数	P 值
PMI	−0.3602	0.0500	0.6807	0.0000
CONSU	−0.6279	0.0002	0.5363	0.0023

再看因子载荷图 8，该图与仅考虑微博主题时间序列的因子载荷图比较相似，

但各因子在布局上更为清晰。首先,第二象限仍然是代表着市场活跃的因子。在符号上来看,这些观察变量与因子 1 成正相关、与因子 2 成负相关。在绝对值上来看,对因子 2 的相关性更强,而对因子 1 的相关性偏弱。其次,第四象限则均与政府工作有关。比如,财政政策、监管政策、官方通报均为此类,货币政策虽在第一象限,但也与第四象限比较近。在符号上,与两个因子呈相反的关系。在绝对值上来看,与因子 1 的相关性更强。再次,第三象限则是对经济运行情况的反映。比如,社会新闻、国际新闻、经济数据等。在符号上看,与两个因子均是负相关。在绝对值上看,像社会新闻、人口就业等主题,均与因子 1 相关性很强,而与因子 2 的相关性则稍弱。

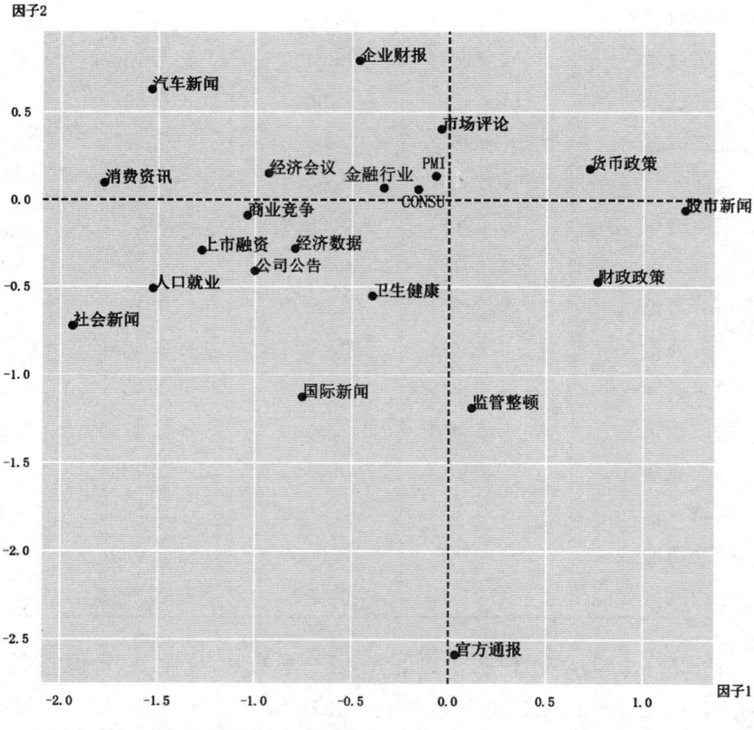

图 8 同时考虑经济数据和财经微博主题时间序列的因子载荷图

接下来,再对两个因子和经济指标之间进行格兰杰检验。格兰杰检验前,首先要对所有变量进行平稳性检验(见表 7)。对于 PMI、CONSU 和因子 2,均在 5% 的显著性水平下拒绝 ADF 单位根检验原假设(ADF 单位根检验原假设为序列含有单位根);因子 1 则不能拒绝 ADF 单位根检验原假设。对于因子 1,进一步使用 KPSS 检验(原假设为平稳序列)进行验证,发现检验统计量在 10% 的显著性水平下不显著,即不能拒绝平稳序列原假设。PMI、CONSU 和因子 2 也不能拒绝 KPSS 检验原假设。鉴于单位根检验在小数据样本情况下功效相对较低[10],因此判定四个时间序列均为平稳时间序列。

表 7 相关变量的平稳性检验结果

变量	ADF 单位根检验			KPSS 检验		
	统计量	P 值	拒绝原假设	统计量	P 值	拒绝原假设
PMI	−3.7177	0.0039	是	0.1025	0.1000	否
CONSU	−2.9335	0.0416	是	0.1628	0.1000	否
因子 1	−1.9927	0.2897	否	0.3018	0.1000	否
因子 2	−3.2190	0.0189	是	0.1364	0.1000	否

格兰杰检验时，选取 1 至 4 阶逐一进行检验，如果较小的阶数显著，则不再进行下一阶检验；如果 1 至 4 阶均不显著，则认为格兰杰检验不显著。

首先进行两个因子对经济指标序列的格兰杰检验，结果见表 8(“—”表示不存在显著的阶数)。从表中看出，虽然不是每个因子都对每个经济数据格兰杰有效，但是，在样本数量相对有限的情况下，如此显著的 P 值，仍然能够在一定程度上说明因子对数据的预测作用接下来进行经济指标序列对两个因子的格兰杰检验，结果见表 9(“—”表示不存在显著的阶数)。从表中看出，PMI 对于两个因子格兰杰检验均不显著。CONSU 对于因子 1 的格兰杰检验在 5%水平下显著，但对因子 2 的格兰杰检验只在 10%的水平下显著。

表 8 因子对经济指标序列的格兰杰检验结果

经济指标序列	因子 1			因子 2		
	F 统计量	阶数	P 值	F 统计量	阶数	P 值
PMI	3.3583	3 阶	0.0434	—	—	—
CONSU	—	—	—	3.2637	1 阶	0.0519

表 9 经济指标序列对因子的格兰杰检验结果

因子	PMI			CONSU		
	F 统计量	阶数	P 值	F 统计量	阶数	P 值
因子 1	—	—	—	4.5026	1 阶	0.0453
因子 2	—	—	—	3.1662	1 阶	0.0890

通过对比两个方向的格兰杰检验结果可以发现，相对来说，因子对经济指标序列的预测作用，要强于经济指标序列对因子的预测作用。这说明，虽然我们在提取因子时采用了经济指标序列，但是，由于因子既反映了经济数据，也反映了舆情信

息，因此，并不能简单由经济数据对因子进行预测。反之，由于因子同时蕴含有舆情信息和经济数据信息，所以对于经济数据具有较为显著的预测作用。

五、积极预期与消极预期因子

(一)两个因子属性识别:积极预期和消极预期

动态因子模型生成的潜在因子，与主成分分析的因子类似，必须要结合具体问题来确定其具体意义。回顾以上分析可以看出，虽然两个因子之间几乎不存在相关性，但却与经济数据呈现出相反的关系。

经济预期可以分为积极预期与消极预期。积极预期代表经济活动中积极向上、扩张的力量；消极预期代表经济活动中消极低迷、收缩的力量。上述得到的两个因子中，因子 1 与经济指标成负相关，为消极预期因子，值越大，则代表消极的程度越高；因子 2 与经济指标成正相关，为积极预期因子，值越大，则代表积极的程度越高。上一节中，同时考虑经济数据和微博主题时间序列得到的两个潜在因子走势，如图 9 所示。

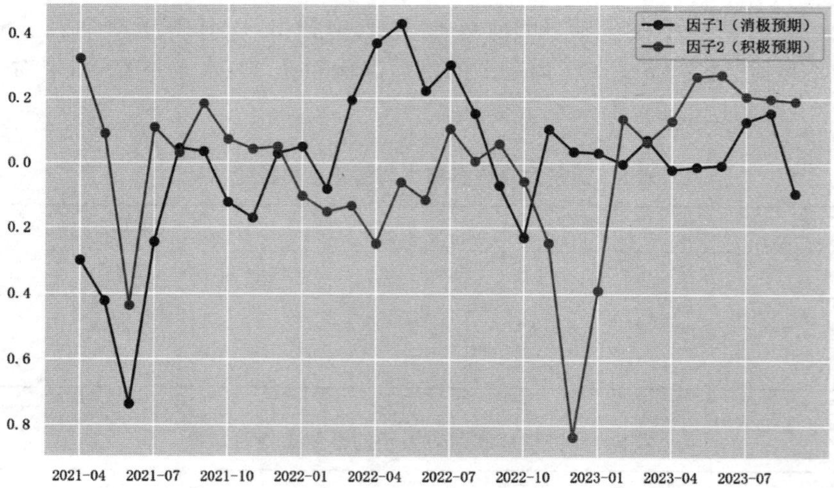

图 9　两个因子的对比

当两个因子在同一区间内同高或同低时，往往代表着预期混乱。比较明显的是 2021 年 4 月至 7 月，消极预期因子和积极预期因子都比较低，反映了疫情影响最严重的 2020 年过去后，市场对未来的发展充满了分歧。所幸，2021 年 8 月后，由于我国防控举措有效控制住疫情，经济中的积极预期累积，消极预期虽有上升，但始终未能超过积极预期，这种态势持续到 2021 年底。但是，2022 年 1 月以后，随着疫情传染性增强，多地暴发疫情，使得消极预期长时间压制住积极预期。2022 年

10 月后，随着疫情致死率下降，人们普遍认为疫情将要结束，但是在疫情结束期间对经济生活造成的冲击，也影响到了两个预期的演化，消极预期在短暂低于积极预期后，再次对积极预期进行压制，这种状况一直持续到 2023 年 1 月底。此后，经济活动中的积极预期显著强于消极预期，但这两种预期均有所波动，体现出经济恢复“波浪式发展、曲折式前进”的特点。

从图 9 中还可以看出，过去几年经济受到疫情影响和制约，在这两个因子走势中可以看到显著的变化，而且有两个时间段非常明显。一是 2022 年 3 月上海疫情发生后，可以看到消极预期因子明显上升，积极预期因子也打破上升趋势转为快速下跌。但从图中也可以看出，积极预期减弱的强度要小于消极预期上升的强度。这是因为人们普遍认为疫情只是一个暂时性事件，只要疫情冲击一过，经济当可快速恢复。二是 2022 年 11 月至 2023 年 2 月这段时间。这段时间是疫情结束和经济恢复期。从因子走势图中可以看出，积极预期因子急下急上，经历了一个深 V 形，表明了疫情结束调整期的影响；消极预期因子则在上升后一直保持高位，表明疫情可能已经对市场悲观预期产生了持久性冲击。值得注意的是，近两个月来，虽然积极预期稍有回落，但是消极预期在最后一个月有了大幅下降，带动了整个经济预期回升。

(二)合成预期

通过对积极预期因子 2 和消极预期因子 1 取差值，可以得到一个合成因子，本文称之为合成预期，其走势如图 10 所示。从图中看出，合成预期几乎与 PMI 数据走势相同，说明了其合理性。另外，简单地以 0 为标准进行区分可以看出，2021 年

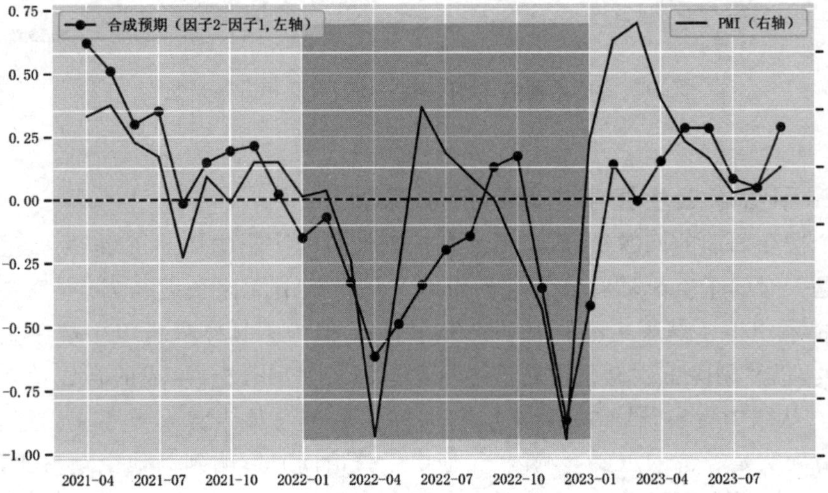

图 10　合成预期与 PMI 对比

几乎全年处于0以上;2022年几乎全年处于0以下;2023年3月后,才重新稳定回归到0以上。但是,从合成预期因子的高度来看,现在的预期恢复程度仍然不如2021年7月前高,仍然需要加大预期引导力度。

合成预期指数与PMI、CONSU的滞后相关系数如图11所示。图11中,滞后期数为负值表示合成预期指数滞后于经济数据,正值表示经济数据滞后于合成预期指数,0表示两者处于同期。从图11可以看出。当合成预期指数与经济数据同期和滞后1期时,相关系数均显著且比较大;合成预期指数滞后CONSU指标2期时,相关性也比较显著。但当经济数据滞后时,相关系数则不显著。这说明合成预期指数至少不先行于经济数据。不过,这并不影响合成预期指数在表征经济预期方面的实用性,原因在于舆情数据是一个日频数据,并不需要在月末才能得到相关指数。

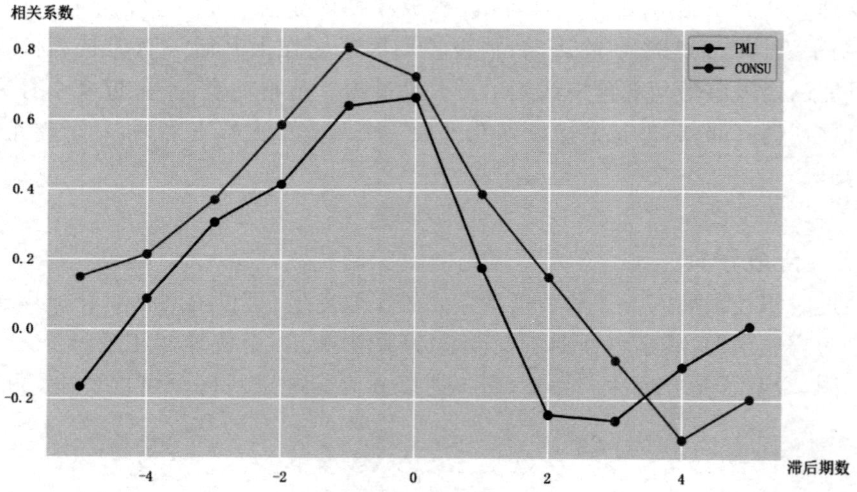

图11　合成预期与PMI、CONSU的滞后相关性分析

(三)不考虑卫生健康主题的合成预期

一个摆在面前的问题是,既然考察期内疫情对经济影响如此沉重,那么卫生健康主题是否对因子生成具有决定性的影响?虽然从上文因子载荷列表(见表2和表5)中能看出卫生健康主题的因子载荷并不大,但为了具体分析卫生健康主题的重要程度,仍然剔除卫生健康主题后进行动态因子模型分析,生成的合成预期如图12所示。从图中看出,虽然在细节上有一些区别,但总体走势大致不变。这表明,虽然疫情确实是经济的重要影响因素,但由于疫情同时影响到其他主题占比,这些变化都可以被动态因子模型捕捉到,形成近似的经济预期。比如,随着疫情影响程度不同,官方通报频度和敏感度会有所不同,宏观政策力度会有显著差异,社交媒体上对消费资讯、汽车等方面的讨论，也会有明显变化。

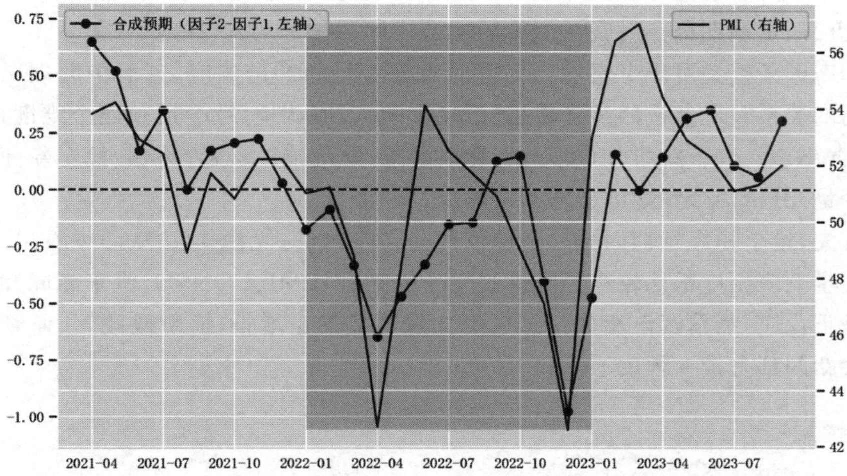

图 12　合成预期与 PMI 对比（不考虑卫生健康主题）

（四）不考虑经济数据和卫生健康主题的合成预期

如果不考虑经济数据时间序列，会对合成预期有何影响？为此，剔除了经济数据和卫生健康主题时间序列进行了动态因子模型分析，结果见图 13。

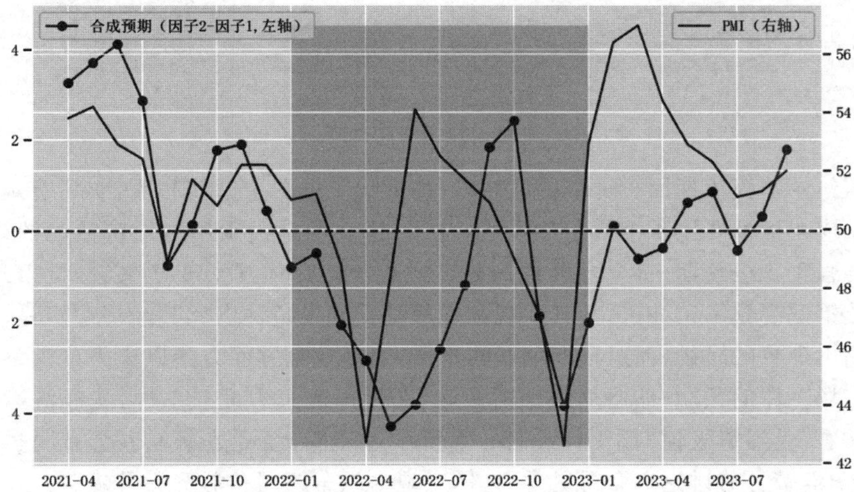

图 13　合成预期与 PMI 对比（不考虑卫生健康主题和经济数据）

从图中看出，合成预期的整体趋势并未发生大的变化，仍然表现为 2021 年高、2022 年低、2023 年高的态势。但是，不考虑经济数据和卫生健康主题提取出的合成预期,不仅波动性更大,与PMI对比滞后也更为明显。这说明,经济数据作为经济活动中重要的一部分,对于正确理解和认识经济预期,起到了非常重要的作用。

(五)两个预期因子对观察变量的冲击响应。

动态因子模型可以考察潜在因子对观察变量的冲击响应,进而帮助理解各变量之间的关系。本节按照经济数据、市场反映、政府调控、社会反映四个维度,选取PMI、CONSU、汽车新闻、消费资讯、货币政策、财政政策、监管整顿、社会新闻八个观察变量,分析两个预期因子的冲击响应。

首先,给予积极预期因子1个单位冲击,冲击响应见图14。从图中看出,所有观察变量响应幅度都比较小。具体观察变量来看,PMI、CONSU、汽车新闻和货币政策是正反应,消费资讯相关信息也有比较明显的正增长,而财政政策、监管整顿和社会新闻都有较大程度下降。

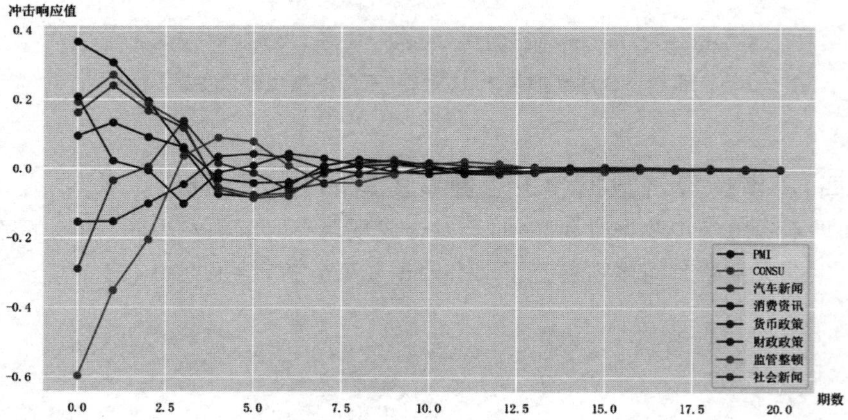

图14 积极预期冲击

再给予消极预期因子1个单位冲击,冲击响应见图15。可以看出,所有观察变量的响应幅度都要比积极因子冲击响应大。这表明消极预期对经济活动的影响,明显要强于积极预期,符合当前理论研究成果。从具体观察变量来看,货币政策、财政政策都受到了正冲击,而其他观察变量都受到了负冲击。其经济逻辑是,当经济预期不理想的时候,面对预期偏弱的格局,宏观政策方面力图以大力度的举措来扭转市场主体的预期,从而加强了财政政策、货币政策力度。不过,从经济运行的效果来看,受到消极预期影响,人们的消费欲望降低,经济数据上也会有明显的回落,对于消费上的讨论也变得更少,具体表现为汽车新闻和消费资讯减少。

另外,还有一点值得注意:PMI和CONSU的受冲击程度不同。在受到积极预期冲击时,PMI受到的正向冲击明显强于CONSU数据;但受到消极预期冲击时,PMI受到的负向冲击明显弱于CONSU数据。这主要是因为企业在积极预期引导下容易加速扩张,但由于投资安排方面具有一定惯性,不太容易因为短暂的坏消息

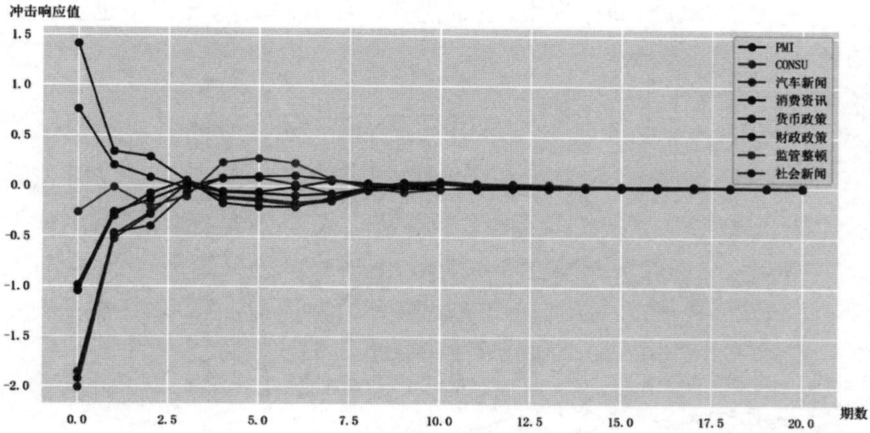

图 15　消极预期冲击

快速收缩,也就是不容易“止损”。而消费则不然,只有既感受到积极预期又增强了消费能力之后,才有可能增加消费;而受到消极预期影响时,叠加出于对于未来的担忧,却可能加倍减少消费。

六、经济数据预测

建立动态因子模型后,可以用趋势外推、滚动预测两种方法来进行经济数据预测。所谓趋势外推,是指根据训练样本得到动态因子模型参数,推算未来(单步或几步)各观察变量的值。所谓滚动预测,是指利用训练样本得到的动态因子模型,并滚动加入一些可以提前知道的观察变量值,推测未来的观察变量值。滚动预测的优点之一是可以灵活地适应新数据,因此模型可以随时间演变,对于处理非静态或逐渐演变的经济和金融数据非常有用。本文得到的上述动态因子模型,可得到的观察变量就具有时间上的先后顺序。比如,微博主题时间序列是可以最早得到的,接下来是公布 PMI 数据,最后才公布消费数据。因此,这个问题中,既可以使用趋势外推进行预测,也可以采用滚动预测方法。下文将结合样本内的拟合值,对这两种方法进行比较。

(一)趋势外推和滚动预测方法比较

在趋势外推分析中,使用 30 个时间序列中的前 27、28、29 个作为训练样本,预测步数均为 1,分析在没有任何新增信息的情况下,预测效果如何;在滚动预测分析中,使用前 27、28、29 个作为训练样本,并在下一个月中滚动加入微博主题时间序列数据进行预测。对于 PMI 和 CONSU 的预测结果分别如图 16 和图 17 所示。需要注意的,一是图中的“拟合值”是指根据动态因子模型得出的相关观察变量的理想值;二是 CONSU 时间序列中,原始值有一部分缺失[38],在图中也没有标出这部分的值。

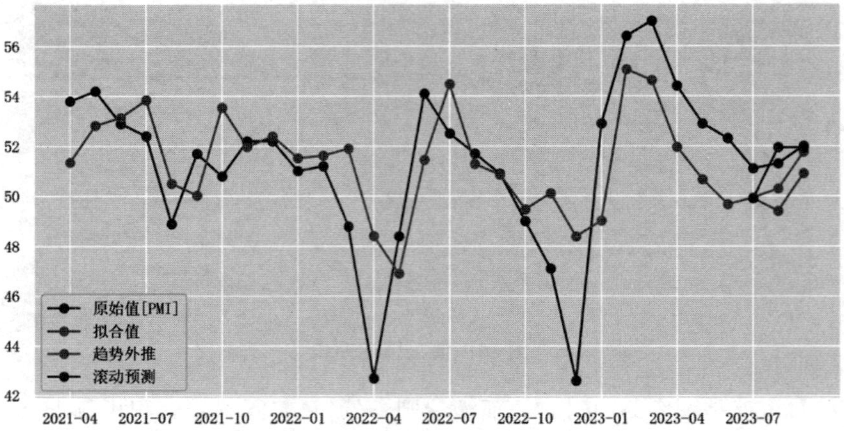

图 16 PMI 数据预测比较

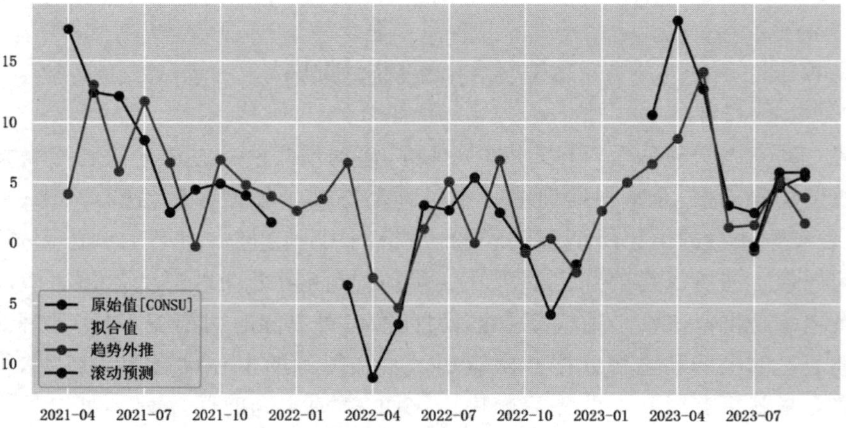

图 17 CONSU 数据预测比较

从图中,可以发现以下特点:

一是在 PMI 和 CONSU 两个时间序列中,拟合值在初期并不能很好地体现出原始值的特点。主要原因在于,在样本早期,模型的拟合效果不够理想。另外一个原因可能是,2021 年受到疫情这个外部影响太大,因此导致了数据某些不可知的变化,由此造成拟合误差较大。

二是从 CONSU 时间序列看,少量缺失值似乎并未影响到模型的拟合效果。

㊳ 根据数据发布安排,每年 1、2 月份数据合并公布。

特别是从2023年1月和2月这两个月来看，虽然CONSU并未提供相关的同比增长数据，但是，模型自动补齐了这部分数据，并给出了理论值。这也体现出动态因子模型在处理具有少量缺失值时间序列时的优势。

三是从趋势外推和滚动预测的结果来看，滚动预测比趋势外推具有明显的优势。这一点在PMI数据上表现得更为明显。特别是，相对于趋势外推的结果来看，滚动预测能够更好地推测出未来的趋势变化。但无论是从趋势外推，还是从滚动预测来看，两种预测方法的准确率均能在一定程度上满足分析预测的需求。

（二）影响滚动预测结果的观察变量分析

值得注意的是，利用动态因子模型，可以分析发现不同观察变量对预测值变化的贡献，进而了解经济中可能存在的问题。下文将就此进行分析。

滚动预测的基本原理可以理解为，使用初始的历史数据作为观察变量，估计动态因子模型的参数，包括潜在因子、因子载荷、状态转移方程等。如果没有新增的观察变量，利用初始模型进行预测，就是进行趋势外推。但是，随着新的观测数据可用，将这些新数据引入模型中，就可以利用新增的观察变量更新模型参数进行滚动预测。因此，利用新增观察变量得到的更新预测和趋势外推的差值，可以认为是新增观察变量的冲击。通过分析这些观察变量对新增预测值冲击强度和特点，有助于理解当期经济活动中的重要影响因素。

为此，将前27个月时间序列数据作为训练样本，对于最后3个月数据，先进行一次趋势外推，再将微博主题时间序列和PMI数据滚动加入并作为新的观察变量，用于CONSU数据的滚动预测。通过各观察变量对滚动预测值的冲击程度，来分析经济活动中可能存在的特点。最终形成的冲击如图18所示。图中，冲击方向与数值符号相同，没有柱状图标识的主题，表示该主题当期内未对经济数据预测值产生冲击。

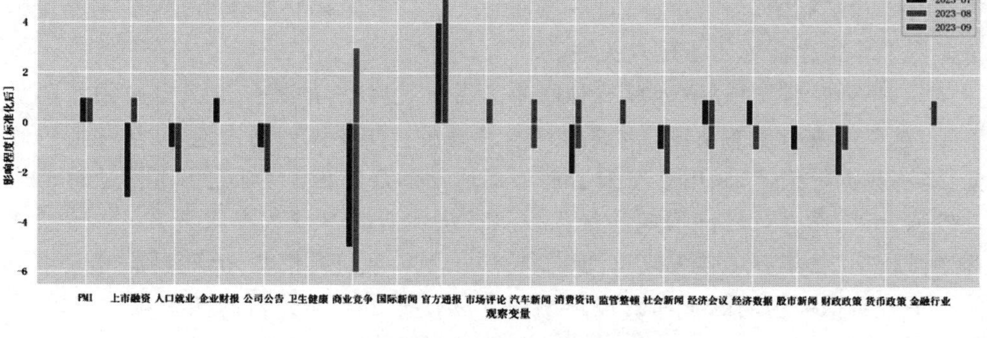

图18　不同观察变量对滚动预测值的冲击

从图 18 中可以看出,对 CONSU 影响较大的是商业竞争、官方通报、上市融资等主题的信息。其中,官方通报在 7 月和 9 月有显著的正向冲击,说明在这两个月份官方的负面通报较少,而 8 月则未产生冲击,有可能是由于水灾等自然灾害发生,带来官方通报上升。从商业竞争来看,7 月和 8 月都对 CONSU 产生负面冲击,但在 9 月有一个小幅的正面冲击,可能是由于商业信心增强,带来消费信心上升。对于其他观察变量,汽车新闻、消费资讯、社会新闻对 CONSU 的冲击也比较明显。总体上看,观察变量在 7 月和 8 月对 CONSU 产生的负面冲击较多,而在 9 月产生的正向冲击较多,说明经济恢复向好的趋势开始明显。

动态因子模型得出的结果,有助于进行经济分析时快速、准确捕捉相关线索,对进一步研究经济运行内在特点、发现经济运行中存在的问题,提供重要参考。

七、主要研究结论和相关建议

(一)社交媒体大数据对于经济预期具有较强的反映能力,建议着力构建全媒体舆情监测和预期引导工作格局。此前基于舆情数据开展经济分析的文献中,通常采用规范性较强的新闻网站或电子报刊数据。这些研究假设规范性强的网络渠道能够传递出明确的经济预期。从这些研究的结论出发,很容易将舆情监测和预期引导的着力点放在主流媒体上面。但本课题的研究表明,作为社交媒体代表性渠道的微博文本中的所体现出来的事件报道、情绪表达等,对于经济预期具有较强的反映能力。与新闻网站、电子报刊相比,社交媒体在内容灵活性、受众广泛性[39]上更是具有很强优势。更需要引起注意的是,社交网络是不实信息的“摇篮”,一旦这些谣言信息大行其道,必然会对经济预期产生显著影响。不过,与这种重要性相比,当前经济宣传和舆论引导对于社交媒体的重视程度尚显不足。因此,新时期加强预期管理需要我们进一步掌握社交媒体舆情规律,以受众喜闻乐见的形式将宏观政策和当前经济运行情况传达给公众,帮助其形成正确的预期,助力宏观经济平稳运行。除了微博以外,抖音、知乎等日活人数较多的社交媒体平台,在宣传和舆情监测工作中也需要给予重点关注。

(二)不同预期对经济运行不对称冲击明显,建议有的放矢加强重点领域舆情引导,避免形成负反馈循环。本课题综合考虑了社交媒体话题讨论量、话题情感倾向、经济数据等因素,利用动态因子模型提取出的潜在因子,与经济运行逻辑自洽性较强,可以作为对经济预期的量化表示。从本研究覆盖数据来看,2023 年经济预期虽较 2022 年有了较大改观,但总体来说,目前经济预期仍未恢复到 2021 年初的水平。对积极预期因子和消极预期因子进行冲击响应分析的结果显示,1 个单

[39] 微博日活人数为 2.6 亿,远远超出最受欢迎的网站和报刊的阅读量。

位积极预期会对 PMI 产生 0.4 个单位冲击，对 CONSU 产生 0.2 个单位冲击；1 个单位消极预期则会对 PMI 产生 −1 个单位冲击，对 CONSU 更是产生 −2 个单位冲击。可见，消极预期对经济运行的冲击力度更大。因此，当前在经济工作中仍然要高度重视预期引导，特别是要重视防范消极预期形成负反馈循环。而从消极预期因子的载荷来看，社会新闻、消费资讯、人口就业、股市新闻、上市融资等观察变量与消极预期因子的相关性较强。因此，在舆情监测和预期引导工作中，建议有的放矢对上述领域信息加以重点关注。

（三）舆情大数据在宏观经济分析中具有明显优势，建议将其作为传统宏观经济分析的重要参考。本课题的研究表明，利用舆情大数据开展宏观经济预测和分析具有三方面优势：一是基于动态因子模型对两类经济数据预测结果表明，本课题采用方法具有较高的预测准确度，能够在一定程度上满足分析预测需求。由于舆情数据是一个日频的时间序列，因此对于宏观经济指标具有很强的前瞻作用。二是在预测过程中，可以根据观察变量的贡献，快速提取出当前影响经济的重要因素，对于经济分析具有较高价值。比如，从文中对 2023 年 7 月—9 月的预测分析来看，虽然观察变量在 9 月产生正向冲击较多表明经济恢复向好趋势开始明显，但也能够发现“官方通报”等偏负面影响因素减弱对于经济回升贡献较大，说明经济回升的基础仍不稳固。三是采用舆情数据可以进行不同经济指标之间的横向分析，并能够揭示导致经济指标不同表现的内在因素。比如，本文分析表明，PMI 受到的积极预期冲击明显强于 CONSU 数据，但受到消极预期冲击时，PMI 受到的负向冲击明显弱于 CONSU 数据，说明企业家和消费者面对预期变化具有不同策略，对于科学制订和精准实施宏观政策具有重要参考[40]。

参考文献

[1] 中央经济工作会议在北京举行.人民日报，2022−12−17(01 版).

[2] “十四五”时期统计现代化改革规划：http://www.stats.gov.cn /tjgz/tzgb/202112/t20211221_1825544.html.

[3] 邱尔丽，何鸿魏，易成岐，李慧颖.基于字符级 CNN 技术的公共政策网民支持度研究[J].数据分析与知识发现，2020，4(7)：28−37.

[4] 江世银.社会预期管理论.中国社会科学出版社.2017：53.

[5] Shiller R J. Narrative Economics：How Stories Go Viral and Drive Major Economic Events[M]. Princeton University Press，2020.

[6] Thorsrud LA. Words are the new numbers：a newsy coincident index of the

[40] 最后需要说明的是，受到所研究数据体量和时间长度限制，本文所揭示的关系多为相关关系，而不一定是因果关系。但是，这并不影响利用舆情大数据实现对宏观经济指标的预测。而在经济分析方面，本研究的可取之处则在于可以有效提示经济研究的“线索”，充分体现舆情大数据在提供洞见方面的价值。

business cycle[J]. Journal of Business & Economic Statistics, 2020, 38(2): 393—409.

[7] 李守皓,丁立贵. 公众情感与经济波动的实现:以财经新闻为例[J]. 贵州财经大学学报.

[8] 郑挺国,靳炜,方匡南,等. 媒体信息,预期冲击与经济周期波动——基于中文财经类报刊数据[J]. 数量经济技术经济研究,2023,40(2):19.

[9] Juliane A. Lischka. Relations between Economic Indicators, Economic Expectations of the Public, and News on the General Economy and Unemployment inGermany, 2002—2011.

[10] 张成思,芦哲. 媒体舆论、公众预期与通货膨胀[J]. 金融研究,2014(1): 29—43.

[11] 张成思,佟冠良,芦哲. 媒体报道、通胀预期与新凯恩斯菲利普斯曲线[J]. 金融评论,2014,000(003):30—38.

[12] 张成思,芦哲. 不对称的螺旋:媒体情绪与通胀预期传染[J]. 财贸经济,2016, 37(6):16.

[13] 程名,刘虎,郑涵予,宿梦妍. 舆情大数据在 PMI 数据分析预测中的应用研究[J]. 中国国情国力,2023,(02):44—50.

[14] 王建冬,于施洋,易成岐著. 宏观经济大数据分析[M]. 社会科学文献出版社. 2021:184.

[15] 中华人民共和国 2022 年国民经济和社会发展统计公报[EB/OL]. https://www. stats. gov. cn/sj/zxfb/202302/t20230228 _ 1919011. html, 2023 — 11—25.

[16]《中国服务贸易发展报告 2022》发布,中国服务进出口规模近 8900 亿美元[EB/OL]. https://www. gov. cn/yaowen/liebiao/202309 /content _ 6902087. htm, 2023—11—25

[17] 沈艳,陈赟,黄卓. 文本大数据分析在经济学和金融学中的应用:一个文献综述[J]. 经济学(季刊),2019(4):34.

[18] 李航. 统计学习方法(第 2 版)[M]. 清华大学出版社. 2020:522.

[19] Blei, David, M, et al. Latent Dirichlet Allocation[J]. Journal of Machine Learning Research, 2003.

[20] 巴格夫·斯里尼瓦萨—德西坎. 自然语言处理与计算语言学[M]. 人民邮电出版社. 2020:195.

[21] 巴拉巴西 艾伯特—拉斯洛. 巴拉巴西网络科学[M]. 河南科学技术出版社, 2020:780.

[22] Geweke J F. The dynamic factor analysis of economic time series [M]. Am-

sterdam:North-Aolland,1977.

[23] 高华川,张晓峒.动态因子模型及其应用研究综述[J].统计研究,2015,32(12):101—109.

[24] Bok B,Caratelli D,Giannone D,et al. Macroeconomic nowcasting and forecasting with big data[J]. Annual Review of Economics,2018,10:615—643.

[25] Hatzius J,Hooper P,Mishkin F S,et al. Financial conditions indexes:A fresh look after the financial crisis,NBER Working Paper16150.

[26] 林秀梅,李青召,历姿彤.基于马尔可夫机制转换动态因子模型对我国经济周期拐点的识别[J].数量经济研究,2018,9(1):13.

[27] 王霞,司诺,宋涛.中国季度GDP的即时预测与混频分析[J].金融研究,2021(8):20.

[28] 杜海韬,邓翔.部门价格动态、特质冲击与货币政策——基于结构动态因子方法[J].经济研究,2013(12):13.

[29] 秦莉,徐小君.市场信心影响中国宏观经济的非对称效应研究[J].投资研究,2018(9):14.

作者及单位

程名　刘虎　郑涵予　宿梦妍,国家统计局统计资料管理中心。

附件：

主题分类和代表性词汇

序号	主题	1	2	3	4	5	6	7	8	9	10	11	12	13	14	15
1	国际新闻	美国	日本	报道	韩国	冲突	计划	总统	俄罗斯	消息	英国	地震	欧洲	泰国	欧盟	全球
2	股市新闻	指数	板块	涨停	A股	科技	盘面	股份	资金	概念股	个股	茅台	创业板	下跌	居前	涨幅
3	市场评论	市场	美元	黄金	利润	李佳琦	股市	证券	期货	机器人	投资者	关注	主力	预期	投资	加息
4	商业竞争	回应	调查	网友	近日	相关	视频	信息	记者	网络	停业	引发	官方	媒体	显示	事件
5	汽车新闻	汽车	华为	造车	技术	产品	特斯拉	新能源	自动驾驶	公司	马斯克	科技	发布	研发	工厂	领域
6	卫生健康	新增	福岛	境外	缅甸	视觉	快递	感染	海底	智能手机	污水	病例	核电站	台湾	肺炎	出海
7	企业财报	同比	增长	上半年	收入	净利润	下降	三季度	万亿元	业绩	显示	营收	人民币	第三季度	数据	营业
8	财政政策	发展	政策	补贴	城市	企业	赤字	经济	建设	推动	消费	房地产	产业	提升	推进	市场
9	上市融资	基金	集团	投资	上市	市场	交易	上市公司	投资者	香港	恒大	发行	公司	资本	企业	业务
10	经济数据	市场	数据	价格	国内	显示	经济	影响	全球	预计	增长	芯片	持续	财经	下降	需求
11	监管整顿	国家	工作	相关	部门	通知	管理	调查	处罚	依法	服务	违法	监管	机构	标准	企业
12	金融行业	银行	贷款	存款	支付	理财	客户	产品	资金	账户	多家	财经	公募	信托	谣言	平安
13	消费资讯	苹果	手机	旅游	下调	购买	iPhone	存量	价格	游客	万元	消费者	北京	购房	销售	系列
14	公司公告	公司	有限公司	股份	公告	万元	股东	员工	减持	显示	回购	亿元	协议	董事长	信息	执行
15	经济会议	中国	直播	全球	国际	经济	财经	世界	合作	发展	论坛	大会	数字	媒体	未来	创新
16	社会新闻	医院	酒店	杭州	视频	诈骗	孩子	男子	女子	家长	学校	警方	学生	现场	广东	近日
17	官方通报	官方	受灾	事故	通报	新闻	洪水	旅客	检测	小时	降雨	航班	气象	答记者问	情况	乘客
18	人口就业	工作	家庭	研究	人口	生育	模型	年轻人	建议	就业	专家	教育	社会	限购	选择	女性
19	货币政策	利率	金融	央行	风险	贷款	债务	金融机构	中国人民银行	货币政策	调整	LPR	房地产	货币	融资	化解

国际比较

住户调查大数据应用有关法规政策国际比较[41]

【内容摘要】 当前,各国住户调查中正越来越多地应用政府行政记录开展大数据应用实践。从国际实践案例看,制定法规政策是保障统计数据安全、推动大数据统计应用的必要举措。本文针对我国住户调查大数据应用中面临的数据获取保障不强、调查制度不明确、部门间协作模式待细化等问题,重点分析了美国、英国、加拿大、欧盟、日本和韩国等主要国家和地区的大数据应用法规政策,结合国情提出了优化完善我国统计法规政策的启示建议。

关键词:住户调查;大数据应用;法规政策

随着近年来互联网技术的迅速发展,各国大数据相关法规政策不断迭代更新,大数据在政府统计中的应用更为广泛。从全球范围看,美国、英国、加拿大、欧盟、日本、韩国等国家和地区开展大数据应用起步较早,相关法规政策体系较为完善,并基于各国国情发展出不同特色。除了获取部门行政记录之外,在住户调查中应用大数据的一个特点是涉及到隐私保护要求更严格的自然人个体信息,也更容易受到监管政策的限制。本文基于住户调查大数据应用视角,分析主要国家和地区在保障行政记录获取、推动部门间协作、维护个体隐私、挖掘数据资产运用潜力等方面的实践案例,梳理各国在法规政策制定上的可借鉴之处,为今后统计法的修订、智慧统计建设和统计现代化改革规划提供参考建议。

一、全球大数据统计应用法规政策情况

各国大数据统计应用法规政策受政治体制、法律体系、统计工作模式、大数据发展水平等诸多因素影响,在出台修订过程中基于本国国情形成各自鲜明特点。按法规政策调整对象和法律效力进行分类,本文将各国大数据统计应用法规政策分为统计专门法、大数据和隐私保护专门法、官方指导性文件等三类(见表1):统计专门法是各国开展政府统计工作的法律授权依据和基础原理准则,其法律调整对象是统计领域行政关系,对统计大数据应用所需遵循的法律义务及承担的法律责任进行具体规定;大数据专门法重视规范数据采集、处理、保管和应用等环节的权责设定,隐私保护专门法强调个体隐私保密和有条件披露,但在现代社会中两类

[41] 本文选自国家统计局主办的内部资料《研究参考文献》2024年第38期。

法规所调整对象交集不断扩大,对本文所述的统计大数据应用领域的影响高度重合,故在本文中归为一类;官方指导性文件是指基于法律规定,由政府部门制定的指导性意见和业务规范文件,主要目的在指导大数据统计应用的具体实践。

表1　主要国家大数据统计应用有关法规政策一览

国别＼分类	统计专门法	大数据和隐私保护专门法	官方指导性文件
美　国	《循证决策基础法》	《文书削减法》 《美国隐私法》	《有关基于统计目的的提供和使用行政数据的指导意见》
英　国	《统计与登记服务法(2007)》	《英国通用数据保护条例》 《数据保护法(2018)》	《统计业务守则》《行政记录数据质量保证》
加拿大	《加拿大统计法》	《加拿大隐私法》	加拿大统计局规范性文件
欧　盟		《欧盟通用数据保护条例》	《欧洲统计行为准则》
日　本	《日本统计法》	《日本个人信息保护法》	
韩　国	《韩国统计法》		
中　国	《中华人民共和国统计法》 《中华人民共和国统计法实施条例》	《中华人民共和国民法典》 《中华人民共和国个人信息保护法》《中华人民共和国数据安全法》	《非传统数据统计应用指导意见》《部门间统计信息共享工作指南》

(一)注重法律体系一致性

法律体系一致性指的是各法律原则、制度和规则之间应当保持协调、统一,避免法律条文间的矛盾冲突。统计是一项基础性政府行政事务,为保障统计工作的顺利开展,各国统计专门法赋予该国统计机构一定的数据获取权。为规避统计机构的数据获取权与部门行政记录管理、个体隐私保护等方面法律潜在冲突,各国在制定或修订法律时,往往采用两种方法:一是在统计专门法中,明确统计机构对税务、海关、卫生等具体事务主管部门行政记录的获取权,如英国、加拿大等国家还明确统计机构对个体层面信息的获取权;二是在制定大数据和隐私保护专门法时,在数据保密相关章节中专门设定针对政府统计工作的豁免条例,确保统计机构的合法数据获取权不受部门法限制。

(二)注重构建部门间协作模式

各国均注意到政府统计工作中,不同部门之间往往存在数据共享、信息交流和资源整合的需求,加强部门间的协同工作可有效降低统计成本、提高工作效率、保障数据质量。美国出台《文书削减法》《有关基于统计目的的提供和使用行政数据的指导意见》，通过建立统计领导核心机构和统计机构间协调委员会，为联邦政府各部门加强统计业务协作提供了行政框架。英国制定《行政数据质量保证》，基于统计业务需求规定了基本原则、数据清洗程序、验证比对规则、元数据管理方案等业务规范，确保行政数据的准确、完整、一致、及时和可获取。《日本统计法》《韩国统计法》均明确了部门间统计数据共享义务以及统计机构无法获取部门行政记录时的兜底解决条款。

(三)注重维护个体数据隐私

对统计数据严格保密既是开展统计工作的基本前提，也是维护个体数据隐私的必然要求。各国基于"授权同意""有限使用"两大基本原则，为大数据统计应用制定了严格的隐私保护政策，具体包括限制仅可用于统计目的、个体数据匿(假)名化处理、设置数据分级访问、确保存储和传输安全、强化内外部监督等，并规定相应法律责任。《欧盟通用数据保护条例》还特别设立了"事后被遗忘权"，方便个人撤回过去对个体信息使用的同意授权，以进一步保障个体数据权利。

(四)注重挖掘数据运用潜力

统计数据作为一种重要的数字资产，具有丰富的应用价值，其潜在的使用对象不局限于统计机构，还包括私营公司、研究机构和社会公众等第三方使用者。对外提供统计数据，既能有效地提升政府统计的透明度和公信力，也有利于数据资产的价值变现。美国《有关基于统计目的提供和使用行政数据的指导意见》和《欧盟数据治理条例》均提出，可通过签署约束协议、有限渠道提供或数据中间供应商等形式，持续提高统计数据开放程度，通过多方开发利用来充分挖掘其数据运用潜力。

二、主要国家(地区)大数据应用法规政策及实践

(一)美国:联邦政府层面整体推进

英美法系由大量的法律、法案和修正案组成，其特点是法条规模庞大、细节规则设置繁多，这一点也体现于美国和后文介绍的英国、加拿大等国的统计大数据相关法规政策。

美国有关大数据统计应用的法规政策主要包括《文书削减法》《循证决策基础法》《美国隐私法》《有关基于统计目的提供和使用行政数据的指导意见》。

《文书削减法》于 1980 年出台并经后续多次修订，该法正式提出"政府信息资源整合"这一理念，规定由总统管理与预算办公室(OMB)全面领导联邦政府各部门统计工作，并建立机构间统计政策委员会(ICSP)负责协调跨部门统计业务合作，该委员会由 26 名联邦政府部门主要统计机构负责人和统计专员组成。

《循证决策基础法》于 2019 年正式通过，是美国推进政府数据治理法治化、规范化的重大举措。该法提出“数据驱动政府治理”，即联邦政府各部门必须以统计数据为依据开展政策制定、过程审查和结果评估。《循证决策基础法》下设《开放政府数据法》和《机密信息保护和统计效率法(CIPSEA)》两个子法案。《开放政府数据法》强调政府数据应尽可能对外开放，各部门应成立数据管理部门、首席数据官及委员会，开展部门数据目录梳理、建立共享渠道、制定数据解密和分级公开流程等工作，不断提升政府数据对外部使用者的透明度和共享度。基于《开放政府数据法》的要求，2022 年以来美国财政部、社会保障局均对外发布基于行政记录加工生成的个体数据集(public use microdata file，简称 PUF)，供其他政府部门、研究机构和社会公众使用。《机密信息保护和统计效率法(CIPSEA)》统一了联邦政府各部门统计工作个体数据保密原则和最低标准，并授权人口普查局、经济分析局和劳工统计局等部门共享统计样本框和统计调查数据，从而为部门间数据共享提供了法律依据。

《美国隐私法》强调对个体隐私保护，规定统计机构在收集数据时需通过《联邦公报》等公开渠道和统计调查表式中向个体说明统计目的、使用途径、披露方式，且不得未经允许或出于统计之外目的披露个体数据。同时，《美国隐私法》在“披露条件(45CFR503.3)”条款中设立豁免条款，允许基于统计目的并以个体不单独识别的方式调取行政记录和人口普查资料，以保障统计机构数据获取权。

《有关基于统计目的提供和使用行政记录的指导意见》由总统管理与预算办公室(OMB)制定，从三个方面为跨机构行政记录运用提供了具体指导：一是制定数据管理政策，规范重要数据的质量管理方法和统计口径，协调联邦政府各部门统计机构业务合作；二是对大数据统计运用相关的法律政策进行解读，逐一列明保障个体隐私和商业秘密的法律条款；三是制定了政策工具箱，提供部门间共享数据的法律协议范本和统计质量控制框架。

(二)英国：可获取政府和私营机构数据

英国有关大数据统计应用的法规政策主要有《统计与登记服务法(2007)》《英国通用数据保护条例》《数据保护法(2018)》《统计工作守则》《行政数据质量保证》。

《统计与登记服务法(2007)》是英国境内官方统计工作的基本法。该法第 42 至 45 条有关“信息共享”的章节规定，英国(出生)登记总处、国家医疗服务系统(NHS)、英国税务与海关总署等部门有向统计机构提供行政记录的法律义务，其中英国(出生)登记总处、国家医疗服务系统均需提供个体数据，包括姓名、性别、出生或死亡日期、家庭地址等。在提倡数据资产开发利用的《数字经济法(2017)》通过后，《统计与登记服务法(2007)》进行了相应修正，允许统计机构还可以从私营机构获取数据资料。

在脱离欧盟后，英国制定了《英国通用数据保护条例》和《数据保护法(2018)》，以保证与欧盟大数据领域法律框架的衔接。这两部法律允许统计机构在保证合法、公平和透明处理数据的前提下获取个体层面的行政记录数据。比如英国国家统计局在开展家庭财富与资产调查、家庭资源调查和生活成本食品调查等三项住户类调查时，获取了个人或家庭层面的社保、税务部门行政记录。

《统计工作守则》和《行政记录数据质量保证》是英国国家统计局制定的统计规范性指导。《统计工作守则》第三章第 5 条规定，在开展新的统计调查项目前应评估已有的行政记录是否能满足统计需求。《行政记录数据质量保证》基于《统计业务守则》制定，内容涵盖项目背景和数据采集、工作沟通协调、数据质量检验和工作情况报告等四个方面，并提供了应用行政记录的统计质量保证框架、相关政策工具箱和数据质量管理指导意见。在编制 2015 年多维贫困指数时，英国国家统计局使用了就业和养老金部的福利金数据、税收与海关总署的税收抵免数据、内政部的移民数据和警方的犯罪相关数据。

(三)加拿大：明确行政记录数据获取权

加拿大有关大数据统计应用的法规政策主要包括《加拿大统计法》《加拿大隐私法》《获取信息法》和加拿大统计局制定的系列规范性文件。

《加拿大统计法》第 12 条规定，统计机构可与部门、地方政府或公司签订合作协议，获取其掌握的个体统计信息；第 13 条规定，统计局局长授权人员可基于统计目的查阅各部门和地方政府、公司企业和团体组织的文件记录；第 24 条明确规定，统计机构有权查阅、获取税务部门所掌握的收入税和消费税相关行政记录。《加拿大统计法》也相应规定了统计机构的保密义务和法律责任，泄露统计秘密信息可被处以最高 5000 加元罚款和最长 5 年监禁。

《加拿大隐私法》规定行政记录未经个人同意不得对外提供，但同时也设有针对政府统计的专项条款。第 8(2)条“个人信息披露情形”规定，在保证数据安全的前提下，统计机构可依法获取个人行政记录；第 8(3)条“图书馆和档案馆个人信息披露”规定：除其他规定外，统计机构可依法取得由政府部门转交给加拿大图书馆和档案馆的个人信息。《获取信息法》规定，个人有查询、修改、删除统计机构所持本人行政记录的权力。

经《加拿大统计法》和《加拿大隐私法》授权，加拿大统计局在运用行政记录方面取得较大进展：如使用座机和手机号码登记地址更新住户家庭类调查的统计抽样框；在加拿大收入调查、家庭支出调查和一般性社会调查等住户类调查的数据采集或质量评估环节中大量使用税务行政记录。

另外，加拿大统计局制定了一系列关于行政记录大数据应用的内部规范性文件。如规定了局内各部门职责分工的《依法获取行政记录政策》、有关个体隐私保护政策的《隐私保密政策》和保障统计数据质量的《质量保证框架》。

(四)欧盟:平衡数据共享和隐私保密

不同于美英加等国的英美法系,欧盟广泛采用大陆法系,其法律体系以法典为核心,注重法条的高度总结和成文自洽。欧盟有关大数据统计应用的法规政策主要有《欧洲统计行为准则》《欧盟通用数据保护条例》《欧盟数据治理条例》等。

《欧洲统计行为准则》提出,各国统计机构可通过签订协议等方式获取行政记录,并允许第三方在规则或协议的约束下,获取微观统计数据开展研究。

《欧盟数据治理条例》旨在促进政府行政记录的共享利用,并创新地提出了"数据利他"主义,鼓励个人和组织通过数据捐赠或参与数据共享平台等方式出于公共利益分享数据。基于该条例,芬兰一家名为 Findata 的数据中间供应商经授权后负责对外提供芬兰统计局、社会保险机构和人口登记中心保管的行政记录,仅在 2023 年该机构就为 167 个研究项目提供了数据支持。

《欧盟一般数据保护条例》是当前欧盟境内有关个体数据保护的主要法律之一,特别设立了"事后被遗忘权",方便个人在需要时撤回对使用其行政记录的同意授权。基于该条例有关个体数据保护的规定,法国统计局在官网上公布其数据保护政策和个体数据权利,并为不愿对外共享个体信息的自然人提供了在线申请渠道。该条例设有关于统计事务的专项条款。如统计机构可基于统计目的保留或进一步处理个人数据,并要求统计机构依据"最少数据、有限目的、最短存储"的原则处理个人数据。

(五)日本:设置合作框架和兜底条款

日本有关大数据统计应用的法规政策主要有《日本统计法》和《日本个人信息保护法》。《日本统计法》第 29 条规定,若统计机构认为行政记录可满足统计工作需求,且能减轻统计调查成本、提高数据质量,可向相关部门负责人申请调取行政记录;若无法成功调取,可向总务大臣进行特例申请。第 40 条、41 条规定统计机构负责人和业务人员不得将行政记录用于除统计目的之外的其他活动。

《日本个人信息保护法》于 2023 年 4 月正式施行,明确规定了行政机关对脱敏信息的处理规则。该法第 69 条规定,为编制统计数据,行政记录持有部门可对外提供个体数据。第 73 条规定,政府部门在向第三方提供个体数据时应采用匿名化或假名化处理,以保证隐私不被泄露。

基于前述法律授权,日本厚生劳动省在开展日本国民生活基础调查时,调取税收部门行政记录进行数据质量方面的验证。

（六）韩国：避免法律条文间冲突

韩国有关大数据统计应用的相关法规政策主要有《韩国统计法》。《韩国统计法》第18条第2款规定，统计机构负责人开展新的统计调查项目之前，应事先判断已有的行政资料是否满足统计调查需要。第24条规定，在不泄露国家秘密或个体重要秘密的前提下，中央行政机关或者地方政府负责人应提供统计工作所需的行政记录。第25条第1款规定，若行政记录无法满足统计工作需要，统计机构还可通过相关部门和地方政府向所辖有关个人、公司和团体收集统计资料；第25条第5款规定，提交行政记录的程序、方法等方面的必要事项由总统令规定。为避免与《韩国统计法》冲突，修订后的《韩国国民税收框架法》专门设有方便统计机构调取税务行政记录的条款。自2018年以来，韩国统计厅利用国家税务局、卫生福利部的行政记录编制住户调查数据。

三、中国住户调查大数据应用面临的困境

（一）数据获取法律保障有待加强

《中华人民共和国统计法》（以下简称《统计法》）在第二十二条规定，县级以上人民政府有关部门应当及时向本级人民政府统计机构提供统计所需的行政记录资料。但该法条仅为泛指，未明确具体部门在统计调查过程中提供行政记录的义务，故在实践中相关部门往往认为向统计机构提供个体行政记录无明确法律依据。同时税务、社保等领域专门法对个体信息保密有严格规定，相关部门受专门法制约难以配合。如《中华人民共和国税收征收管理法》分别在第八条和第八十七条规定了税务部门对纳税人和扣缴义务人的信息保密义务和违法泄密责任，《中华人民共和国社会保险法》第八十一条和第九十二条分别规定社保部门对参加社会保险用人单位和个人的信息保密义务和泄密法律责任，但以上两部法律均未设置基于统计目的调取行政记录的专门豁免条款，统计机构获取行政记录存在一定难度。

（二）部门间协作模式有待细化

落实行政记录统计应用需要明确部门间的协同合作机制，设定合作形式、质量监管、信息保密、数据获取、争端解决机制、退出条款和双方法律权责等规则内容。在已有的部门数据共享中，虽然与有的部门签署了数据共享的合作协议，获得有关部门行政记录，但是还没有形成制度化、规范化的行政记录数据定期提供机制，数据提供的及时性还没有得到有效保证，不能满足周期性的数据生产需要。

四、启示与建议

(一)进一步完善法律制度顶层设计

建议在《统计法》第一章总则第五条中,增加“构建统计信息整合与共享体系,强化部门统计信息共享,加强部门行政记录在统计工作中的应用”这一表述,以强调行政记录在现代政府统计工作中的重要性。借鉴加拿大明确具体部门提供行政记录义务的做法,在《统计法》第二十二条有关部门提供行政记录资料的表述中增加“税务、社保部门应当提供统计所需个体行政记录”的表述。将部门拒绝提供统计所需的行政记录纳入《中华人民共和国统计法实施条例》第四十二条有关侵害独立行使统计职权的违法行为中。同时,鼓励各地通过地方性统计法规改革,在进一步强化个体行政记录获取权保障方面破冰试水。

(二)进一步改进统计调查制度设计

在得到法律保障的前提下,基于统计业务需要,在住户调查制度方案中对业务所需行政记录的具体类别、数据口径、覆盖范围等做详尽规定。借鉴欧盟有关大数据统计应用的相关业务规范,建立完善从个体授权同意、行政记录获取、数据保管处理、授权动态更新和定期封存销毁的业务全流程管理制度,对统计调查机构在各环节上的业务操作规范和相应工作责任进行明确,确保住户调查大数据应用的全流程合法合规。

(三)进一步推动部门间行政记录应用

制定指导性文件和合作协议范本,搭建部门间行政记录应用的基本框架,形成可应用、可复制、可推广的基本模板。做好实践范例的推广宣传,鼓励各地基于实际情况形成本地区合作模式。借鉴美国、英国编写政策工具箱和指导手册的做法,制定行政记录统计应用质量标准,收录典型案例和具体做法,为规范行政记录应用提供指导。

作者及单位

叶　徵,国家统计局浙江调查总队

蔡　波,国家统计局上海调查总队

张嘉佩,国家统计局住户调查司

国际视角下微观数据开发应用研究及启示[42]

【内容摘要】 随着数据已成为新型生产要素和战略性资源，微观数据的管理和开发应用日益得到各国和国际组织的重视。我国微观数据的开发应用相较国外起步较晚，其体制机制和具体实施办法还在逐步完善过程中。“他山之石，可以攻玉”。本报告从公开发表的有关微观数据开发应用的中英文文献中梳理出国内外主要微观数据集，对微观数据开发应用研究划分出几个不同阶段，比较分析了美国、欧盟、加拿大、韩国以及我国的微观数据管理和开发应用现状、模式和特点，提出进一步推动我国包括统计部门在内的政府部门微观数据开发应用的启示。

数据已成为新型生产要素和战略性资源，构建开放共享的数据资源体系，依法依规促进数据高效共享和有序开发利用，是加强数字政府建设的明确要求。微观数据作为统计数据的重要组成部分，如何管理和开发应用日益得到各国和国际组织的重视。通过对国内外微观数据的开发情况、开发模式、研究应用情况等进行梳理分析，可为当前国内微观数据开发应用工作提供借鉴参考，进而逐步推进符合我国国情、适应我国新发展阶段的微观数据服务平台建设。

一、研究背景及意义

近年来，随着社会经济科学技术的日益发展进步，作为基础性、战略性资源的数据正成为国家掌握国情国力的重要资产组成部分。2020 年，数据作为新型生产要素写入中央文件，成为继土地、劳动力、资本、技术外的另一重要要素。推进政府数据开放共享、提升数据资源价值、加强数据资源整合和安全保护，成为加快培育数据要素市场的明确要求。2022 年，国务院提出[43]构建开放共享的数据资源体系，依法依规促进数据高效共享和有序开发利用，充分释放数据要素价值，确保各类数据和个人信息安全。2022 年底，“数据二十条”[44]出台，要求加快构建数据基础制度，充分发挥我国海量数据规模和丰富应用场景优势，激活数据要素潜能。2023 年，国务院指出要畅通数据资源大循环，构建国家数据管理体制机制，健全各级数

[42] 本文选自国家统计局主办的内部资料《研究参考文献》2023 年第 58 期。

[43] 《国务院关于加强数字政府建设的指导意见》，2022 年 6 月 6 日。

[44] 中共中央、国务院《关于构建数据基础制度更好发挥数据要素作用的意见》，2022 年 12 月 2 日。

据统筹管理机构,推动公共数据汇聚利用[45]。统计数据是社会经济数据的主体,是一国政策制定、社会经济发展、学术理论研究的重要支撑。统计调查中获得的微观数据,因其宝贵的数据价值,世界范围内对其开发应用正掀起新的浪潮。

在官方统计工作中,微观数据属于统计数据资料的重要组成部分。与反映总体信息的宏观数据相对应,微观数据是细化至个体层面信息的数据;更确切地说,微观数据是取自调查研究单元个体单位层级、以指标数据描述单元个体信息的一条条记录。杂乱无章的数据没有任何含义,散乱的微观数据如果仅是一条条单个的记录,也产生不出任何作用。只有将微观数据资源汇聚起来,进行资源整合,并经分析研究形成机制性、创新性、引领性的研究成果,才能最大程度地体现微观数据的价值,充分发挥统计调查的应有作用。然而,由于微观数据往往包含调查对象的个体信息,受到国家法律法规保护,在其开发应用上存在诸多限制。如《中华人民共和国统计法》明确规定,“统计调查中获得的能够识别或者推断单个统计调查对象身份的资料,任何单位和个人不得对外提供、泄露,不得用于统计以外的目的”。微观数据开发应用关系到个体信息安全乃至国家信息安全,需要完备的法规制度、先进的技术条件、充裕的人力物力、严格的管理机制等作为前提条件。对微观数据开发应用工作进行深入研究,如什么样的微观数据可以对外开放、以何种形式对外开放、面向哪些人群开放等,成为当前各国政府统计部门等正在探索的重大课题。

当前,国内针对微观数据开发应用的研究角度,多集中于开发模式的探索性建议;在与国外微观数据开发应用的比较研究中,也主要与美国、欧盟、巴西、日本等开发机制的比较,且这类研究时间相对较早。总体而言,目前对国外微观数据实际开发情况和开发模式的研究尚不多见。在新形势下,研究微观数据新的开发模式与路径,对我国微观数据开发应用工作具有参考价值。

本报告通过对有代表性的美国、欧盟、加拿大、韩国等关于微观数据的开发情况、开发模式、研究应用情况等进行梳理分析,并与国内部分微观数据开发应用平台进行比较,总结出国外部分国家或组织机构开发应用微观数据的经验和特点,以期为当前国内微观数据开发应用工作提供借鉴参考,进而逐步推进符合我国国情、适应我国新发展阶段的微观数据服务平台建设。

二、国内外微观数据开发应用现状

(一)国外微观数据开发应用现状

国外微观数据开发应用工作开展较早,经验较为丰富且相对成熟,基本形成了

[45] 中共中央、国务院《数字中国建设整体布局规划》,2023年。

以美国、欧盟、加拿大、韩国等为代表的微观数据开发应用模式。国外微观数据服务机构基本上形成了较为完备的微观数据开发应用平台服务模式，微观数据资源量庞大、获取途径便捷、开发应用方式多样。

1. 国外对微观数据的定义

当前，国外微观数据服务机构对微观数据均进行明确界定。例如，世界银行[46]对微观数据的定义是：微观数据是指从抽样调查、人口普查和行政系统中获得的单元级（Unit-level）数据，它们提供个人或实体（如家庭、企业、设施、农场，甚至村庄或城镇等地理区域）的特征信息；欧盟统计局[47]给出的微观数据定义是：微观数据是包含个人、家庭或企业信息的记录集；韩国统计局[48]将微观数据定义为通过普查、调查或实验收集的关于总体单位（如个人、家庭或企业）特征的数据。微观数据的概念在各国官方统计部门或组织机构的微观数据服务平台的网站界面有明确界定，以便社会各界了解微观数据的基本含义。

2. 国外微观数据资源情况

国外微观数据服务机构开发应用的微观数据资源较为丰富，一些国家官方统计部门或组织机构的微观数据服务平台提供了大量的数据资源信息，清晰列示、便于查看。

美国：美国明尼苏达大学综合公共使用微观数据系列（Integrated Public Use Microdata Series，IPUMS）收集整理了从 1790 年至今的美国人口普查记录近 10 亿条，以及 100 多个国家的人口普查数据 10 多亿条，包含美国人口普查、美国当前人口调查、美国社区调查、国际人口普查、人口与健康调查、美国国家历史地理信息系统、国际历史地理信息系统、时间利用调查等 12 个板块。

欧盟：欧盟统计局设立了专门的微观数据栏目，开放的微观数据资源共 13 个板块，既包括农业、交通运输等产业调查数据，也包括劳动力、家庭、收入、职业培训、健康等民生调查数据，还包括社区建设、时间利用等社会调查数据。

加拿大：加拿大统计局的微观数据资源来自人口普查、农业普查、家庭开支、工作场所和雇员、财政安全、中小企业融资与成长、土著居民、社区健康等多种调查，超过 280 个数据集，年份范围为 1911 年至今，部分数据以 10 年期捆绑的方式提供。

韩国：韩国统计局微观数据综合服务平台的微观数据分为中央政府机构、地方政府、研究机构、公共公司、协会/联合会、其他等六大板块，包含韩国统计局、韩国雇佣劳动部、韩国科学和信息通信技术部、韩国教育部、韩国国土交通部等部门或机构的 220 项调查数据资源。

---

[46] https://microdata.worldbank.org/index.php/terms-of-use

[47] https://ec.europa.eu/eurostat/web/microdata/overview

[48] https://mdis.kostat.go.kr/eng/index.do

德国:德国联邦统计局目前提供使用的微观数据资源约 90 类、3438 种。

3. 国外微观数据开发应用情况

国外微观数据服务机构主要依托于专门的微观数据开发应用平台,平台上提供大量有关申请使用微观数据的详细信息和参考材料,便于用户了解开发应用微观数据的整个流程,开发应用模式主要包括注册申请制、申请审核制,使用方式包括直接下载、现场使用、远程访问等,绝大多数机构提供了多种类型的数据使用服务。

美国:美国明尼苏达大学综合公共使用微观数据系列(IPUMS)为用户免费提供数据浏览和选择、在线分析、下载或修改等使用功能,平台上除基本的微观数据资源介绍外,还提供了大量参考性内容,包括用户指南、引用说明等,介绍了数据库概述、可用变量和示例、数据相关问题的详细说明等内容。

欧盟:欧盟统计局微观数据的获取采用申请审核制,经认证通过的研究实体已超过 1000 家,覆盖全球 50 多个经济体和国际组织,提供包含部分匿名数据的科学使用文件(Scientific-use Files)的安全平台(S-CIRCABC)在线使用服务模式和包含非匿名安全使用文件(Secure-use Files)的欧盟统计局"安全中心"现场使用服务模式或在经认证的接入点远程访问使用服务模式。

加拿大:加拿大统计局也设置了微观数据专栏,微观数据的获取分为自助服务和安全访问两大类,包括自动数据提取、数据产品、公共使用微观数据文件、自助制表工具服务的自助服务和访问机密微观数据文件的研究数据中心(Research Data Centre,RDC)安全访问方式服务;同时,加拿大统计局将在 2024 年启用虚拟研究数据中心(Virtual Research Data Centre,vRDC),经认证的用户可以从其他授权的工作场所(例如家或办公室)远程访问,为用户提供更便利的使用条件。

韩国:韩国统计局原则上不受限制地向有需求的各界用户提供微观数据服务,通过微观数据综合服务平台提供一般性公开资料(不含实体识别信息、敏感变量等)的免费下载、指定数据内容的远程访问、通过研究数据中心使用数据等不同的数据使用服务。

德国:德国联邦统计局设立研究数据中心为用户提供微观数据服务,包括公共使用文件(Public Use File)、科学使用文件(Scientific Use Files)、安全中心(Safe Centres)、远程执行(Remote Execution)四种数据访问方式。

可以看出,微观数据资源量庞大、数据类别多、时间序列长等是国外微观数据服务开发应用的特色之一。国外微观数据服务机构大多提供了不同类型的微观数据使用服务,为用户使用微观数据的方式提供了多种选择。另外,有关微观数据的参考材料丰富、内容信息全面等也是国外微观数据开发应用的一个特色,这些特征与微观数据服务机构的服务性质相吻合。

(二)国内微观数据开发应用现状

相较于国外而言,国内微观数据开发应用起步较晚,数据资源目前来看不甚丰富,获取途径不甚便利,但发展较快,有自身特色,且不乏经验和可鉴之处。国内微观数据服务机构主要分为国内政府部门和研究机构两大类,各微观数据服务机构建设了相应的微观数据开发应用平台,形成各具特色的开发应用模式。

1. 国内对微观数据的定义

当前,国内大部分机构尚未明确微观数据的概念定义,少量机构对微观数据有界定,也只是对内公布,尚未对外公开,有关数据基本上统称为微观数据或调查数据,如中国国家统计局微观数据、中国国家卫生健康委员会的中国流动人口动态监测调查(China Migrants Dynamic Survey,CMDS)数据、中国疾病与预防控制中心的中国健康与营养调查(China Health and Nutrition Survey,CHNS)数据、北京大学中国调查数据资料库(China Survey Data Archive,CSDA)的中国家庭追踪调查(China Family Panel Studies,CFPS)数据、中国人民大学中国学术调查数据资料库(Chinese National Survey Data Archive,CNSDA)的中国综合社会调查(Chinese General Social Survey,CGSS)数据等,虽然国内针对统计调查所形成的微观数据开发应用已经存在,但对于微观数据的概念均未予以官方规范描述,这一点与国外微观数据服务机构的明确概念有所不同。

2. 国内微观数据资源情况

国内微观数据资源,从供给主体的角度,基本可以划分为政府部门开放的微观数据、研究机构开放的微观数据两大部分,这些微观数据主要为针对某一特定统计调查的不同时间序列的微观数据。

政府部门微观数据:中国国家统计局目前开放了 16 个微观数据集,包括人口普查调查、经济普查、农业普查、住户收支与生活状况调查、规模以上工业企业财务状况调查、时间利用调查数据等 6 大类;中国国家卫生健康委员会开放了 2009—2018 年的中国流动人口动态监测调查数据;中国疾病与预防控制中心开放了 1989 年—2018 年的 11 轮中国健康与营养调查数据等。

研究机构微观数据:北京大学中国调查数据资料库开放了中国家庭追踪调查、中国健康与养老追踪调查(China Health and Retirement Longitudinal Study,CHARLS)、中国企业创新创业调查(Enterprise Survey for Innovation and Entrepreneurship in China,ESIEC)3 类数据;中国人民大学中国学术调查数据资料库开放的微观数据为中国综合社会调查、中国教育追踪调查(China Education Panel Survey,CEPS)、中国老年社会追踪调查(China Longitudinal Aging Social Survey,CLASS)数据;北京师范大学开放了 1988 年—2018 年的中国家庭收入调查(Chinese Household Income Project,CHIP)数据;西南财经大学中国家庭金融调查与研究中心开放了2011年—2021年的6轮中国家庭金融调查(China Household Finance Survey,CHFS)数据;中国社会科学院社会学研究所开放了2006年—2021年共8期的中国社会状况综合调查(Chinese Social Survey,CSS)数据等。

3. 国内微观数据开发应用情况

国内微观数据服务机构也建设了相应的微观数据开发应用平台,开发应用模式主要包括仅限内部使用、部分可公开下载、申请审核制等,使用方式主要为在线下载、现场使用等。

政府部门微观数据:中国国家统计局微观数据开发应用采用白名单制,纳入白名单内的机构经审批备案后,其研究人员可以提交数据使用申请。审批通过后,可以前往指定实验室或数据中心使用数据,少量微观数据可以在国家数据库直接下载;中国国家卫生健康委员会的全国流动人口相关数据资源开发应用也采用申请审核制,通过其建设的流动人口数据平台受理数据申请服务。审批通过后,用户可以在线下载使用数据;中国疾病与预防控制中心的中国健康与营养调查数据可以通过公共卫生科学数据中心网站或美国北卡罗来纳大学(University of North Carolina,UNC)人口研究中心项目网站提交申请使用。

研究机构微观数据:北京大学中国调查数据资料库的微观数据被划分为公开和限制级的数据,用户可以通过申请审核方式获取;中国人民大学中国学术调查数据资料库的微观数据经注册后可以直接下载使用;北京师范大学的中国家庭收入调查数据可以在CHIP官网注册后提交申请,经审核通过后直接下载使用;西南财经大学的中国家庭金融调查数据可以在CHFS数据平台注册审核后下载使用;中国社会科学院社会学研究所的中国社会状况综合调查数据可以在中国社会质量数据库平台实名认证注册,提交申请经审核通过后可以下载或拷贝数据。

可以看出,国内政府部门或机构微观数据的开发应用主要针对特定的统计调查数据,开放类别较为丰富,但总体上各微观数据服务机构的数据使用方式还相对单一,微观数据资源从总量来看相对较少,有关微观数据开发应用的经验仍在不断完善,开放更多、更全的统计调查微观数据,是国内各微观数据服务机构正在进行的积极探索尝试,更好发挥统计调查数据资源价值。

三、国内外微观数据开发应用的特点及其比较分析

国外微观数据开发应用起步较早、制度较为完善、实践较为丰富,在发展中形成了许多特点,形成了不少经验;国内微观数据开发应用工作也不乏亮点和经验。总结和分析这些特点和经验,并加以借鉴利用,有助于促进我国政府部门微观数据开发应用工作更上新台阶。以下从数据开发和数据应用两个方面,对国内外微观数据开发应用特点进行比较与分析。

(一)数据开发方面

1. 以保障数据安全为首要前提,多维度防范个体信息隐私的泄露风险

一是从数据发布的维度降低个体信息泄露风险。国外微观数据平台主要通过数据清洗、数据加密、数据脱敏等技术手段,严格控制数据在披露过程的各种风险。如部分数据中,关于受访者的具体细节被删除或与其他信息结合,以降低识别风险;部分数据则在经审批通过后对其进行解密才能提供给用户,以保障使用安全。一些国家和组织对微观数据按照敏感程度进行分级管理,如欧盟统计局提供部分匿名科学使用文件(Scientific-use Files)和位于“安全中心”的未匿名安全使用文件(Secure-use Files);加拿大统计局根据不同数据类型划分出四类不同的自助服务和安全访问数据方式;韩国统计局根据微观数据敏感程度将使用服务划分为摘要下载、远程访问、数据中心的方式等。

国内一些微观数据平台如中国疾病与预防控制中心、中国人民大学中国学术调查数据资料库等,也注重对数据的脱敏处理或分级管理;所有微观数据在发布前均进行了加工处理,以减少调查对象被识别的风险。

二是从数据使用的维度切实保障数据安全。国外微观数据平台在数据申请环节中,大多会要求用户签署包含数据安全条款的使用合同或保密承诺书;申请使用被判定为特殊或敏感的数据(如欧洲健康访谈调查中的部分健康数据,加拿大健康措施调查中血液、尿液和 DNA 等生物样本数据),还必须提出重大公共利益理由。在数据使用环节,注重加强使用场所的安全保密管理,如仅允许在经认证的安全地点(欧盟统计局的安全中心,加拿大、韩国、德国统计局的研究数据中心)使用。

国内一些微观数据平台也通过采用签署保密协议或承诺书的方式,明确数据供给方与使用方的责任和义务,防止商业秘密和个体隐私信息泄露;在用户注册和使用申请时,通过加强信息审核、设置不同权限等方式,过滤不符合要求的用户和申请,最大限度地减少使用风险。

三是从数据产出的维度控制研究成果可能的披露风险。多数国外微观数据平台都会对利用本平台微观数据形成的研究成果进行限制要求或严格审核,把好数据安全使用的最后一道关口。如欧盟统计局针对不同的数据集制定了相应的成果发表指南(Guidelines for Publication),对用户利用数据形成的数据表或分析结果进行统计披露控制(Statistical Disclosure Control,SDC),包括针对具体国家的限制要求、生成统计表的阈值或限制规则等;韩国统计局对用户使用微观数据形成的分析结果要求经批准后才能输出。

从以上国内外微观数据平台在数据整理发布、申请使用、成果产出等多维度的规定和要求可以看出,对微观数据的开发应用由于涉及个体隐私和商业秘密信息的安全,受法律法规、规章制度的保护和限制,需要从发布源头、中间使用环节和最终成果产出等全流程严格控制信息泄露风险,杜绝数据安全事件发生。保护受访者的信息和商业秘密不被泄露,一方面是数据提供方的担当和使命,另一方面也是数据使用方的责任和义务。妥善处理好数据提供与数据使用之间的关系,是国内外微观数据开发应用工作中极受重视且尤为重要之处。

2. 以服务学术研究为根本目的,充分发挥数据价值,不断丰富数据资源

绝大多数国内外微观数据平台均明确,对微观数据的使用仅限于个人学术或政策研究,而非任何盈利性或商业性用途;同时,基本上所有微观数据均免费向用户开放,仅少数平台收取数据服务费用。由此可见,微观数据的开发应用主要服务于学术研究,且具有一定的公益性。

学术研究需要充足的数据资源做支撑。为充分发挥数据价值,更好地服务学术研究,国内外微观数据服务平台通常尽可能多地提供数据资源,并不断丰富和更新。相对而言,国外微观数据平台的数据资源在时间序列跨度、覆盖范围领域、数据种类数量等方面更为丰富和完善。如美国 IPUMS 网站提供的 12 个板块微观数据资源,时间最早可以追溯到 1790 年;加拿大统计局提供的有关人口、农业、劳动力、健康等领域的单期或 10 年期数据,捆绑了多达 180 余项的微观数据集;韩国统计局不仅收集本机构的微观数据,还收集其他政府部门、地方自治团体、研究机构等的微观数据,提供了各部门或机构 220 项调查的数据资源;日本统计局提供了按照统计主题划分的人口和住户、劳动力和工资、农业、林业、渔业、矿业和制造业等 14 个板块的数据资源;德国联邦统计局提供了 90 类、3438 种数据资源;世界银行不仅提供自行采集的数据,还提供来自其他国家或国际组织的公共或限制级数据资源。

国内微观数据平台也在努力扩充数据资源,不断拓展数据的覆盖领域和主题范围,增加时间跨度的连续可比,丰富指标数量,推动更多、更全的微观数据资源开放。如中国国家统计局微观数据资源已由开放初的 6 个数据集增加到目前的 16 个数据集;中国疾病与预防控制中心的中国健康与营养调查已开放针对同一人群的 11 轮追访调查数据,正在开展第 12 轮调查;中国社会科学院社会学研究所在线发布了 2006—2021 年共 8 期的中国社会状况综合调查数据资源,后续调查数据还将继续发布。

综上所述,国内外微观数据的开发应用主要以服务学术研究为目的,各类数据平台立足于充分发挥数据资源的最大价值,不断丰富和完善数据内容,为用户开展各项研究提供坚实数据支撑,促进微观数据开发应用取得最佳效益。

3. 以方便用户使用为主要目标,努力提供灵活多样、便利快捷的服务方式

国外微观数据开发应用早在 20 世纪 90 年代即已开始,发展至今,平台建设趋于完善,服务方式不断优化,数据获取途径涵盖在线下载使用、现场使用、远程访问等多种模式。如美国明尼苏达大学 IPUMS 网站提供对数据的浏览、选择、在线分析、下载或修改等多种功能；日本统计局的 e－Stat 网站也可在线下载数据；欧盟统计局建设的用于在线访问科学使用文件的 S－CIRCABC 安全平台，已认证通过 50 多个经济体或国际组织的 1000 余家研究实体，所属研究人员可直接申请使用平台数据；加拿大统计局同时设置高校和联邦两类研究数据中心，以服务不同机构类型的研究人员；韩国统计局已建有十几家数据中心供用户使用；德国联邦统计局的数据中心更是多达 40 余家。此外，IPUMS、欧盟统计局、加拿大统计局和韩国统计局的官方网站上均提供关于数据的参考文档、学习资料等，方便用户更好地理解数据、使用数据。随着现代信息技术的发展，一些数据平台还不断创新服务方式，如加拿大统计局探索启用虚拟研究数据中心（vRDC）服务；韩国统计局曾设计了智能问答机器人；IPUMS 设置捐赠数据渠道（Donate To IPUMS）以收集更多数据资源。另外，一些数据平台充分考虑用户需求，在特殊时期提供特殊服务，如欧盟统计局在新冠疫情期间临时增加访问渠道，允许满足条件的用户远程访问处理数据。

国内微观数据开发应用工作开展相对较晚，但在发展过程中也不断致力于服务质量的提升，逐步拓宽数据获取途径，努力提供更加多元化的服务。如中国国家卫生健康委员会的流动人口数据经审核通过后可在线下载；中国疾病与预防控制中心除提供在线数据下载外，还以磁盘、光盘、纸介质等方式提供离线数据服务；中国海关总署提供在线数据下载及分区提供数据服务。同时，一些微观数据开发应用机构还十分注重平台建设，通过平台发布有关数据背景、调查方法、指标口径、说明文档等信息，方便用户更好地使用数据。

总体而言，国内外微观数据平台均以服务用户为主要目标，注重服务质量和服务水平的提升，尽可能提供更多更好的服务方式和数据获取途径，且各有特点与长处，可供相互借鉴、共同提高。

（二）数据应用方面

通过梳理 2010 年至今 Web of Science（WoS）核心合集以“Microdata”为主题和中国知网（CNKI）数据库以“微观数据”为主题的核心期刊文章的发表收录情况，本报告划分了中英文文献中微观数据的研究阶段，这里进一步归纳各阶段的发展特点。

1. 英文文献微观数据研究各阶段的特点

起步发展阶段（2010－2015 年）：英文微观数据文献的关键词主要集中在影响（impact）、模型（model）、美国（the United States）、增长（growth）、生产力（productivity）、消费（consumption）和就业（employment）。研究方法方面，侧重于使用模型和影响分析；研究对象方面，对美国关注较多；研究内容相对宏观，涉及生产力和就业等社会经济问题。这一阶段，2008 年的全球金融危机重创了世界经济，2009 年的欧债危机拖累了世界经济的复苏，致使世界经济低迷，西方国家失业率居高不下。在此背景下,经济增长与就业稳定的相关话题成为英文微观数据文献应用研究的重点。

快速发展阶段(2016—2019年):英文微观数据文献的关键词主要集中在欧洲(Europe)、竞争(competition)、改革(reform)和转型(transition)。这一阶段,英国脱欧、德意志银行收到美国司法部开出的天价罚单等事件冲击了欧洲的金融市场,引起全球关注。因此,研究对象方面,更多关注欧洲的经济发展和社会问题。同时,世界经济呈现复苏态势,经济转型与结构改革迫在眉睫,因此在研究内容方面,改革和转型成为主要话题。相较于起步发展阶段,这一时期的研究主题相对集中。

稳定发展阶段(2020年至今):英文微观数据文献的关键词主要集中在科技(technology)、气候变化(climate change)、公共卫生(public health)、贸易自由化(trade liberalization)和中国(China)。研究对象方面,这一阶段开始重点关注中国的发展。这是因为,改革开放后的中国在经济、社会、科技、文化等方面均取得令人瞩目的成就,尤其是2020年以来,中国科技创新的国际影响力持续增强,中国愈发引起西方国家的兴趣和关注。在研究内容方面,自2019年逐渐升级的中美贸易摩擦,美国出台一系列限制性的经济贸易政策及对中国高新技术产业的打压,近几年新冠疫情席卷全球以及气候异常现象频发所引发的对公共卫生和气候问题的重视,使得科技、贸易自由化、公共卫生、气候变化等都成为研究热点,研究内容得到了极大的丰富。

2. 中文文献微观数据研究各阶段的特点

起步发展阶段(2010—2013年):中文微观数据文献的关键词主要集中在微观数据、影响因素、农户、家庭消费、制造业和出口。在研究方法方面,主要是进行影响因素分析;在研究对象方面,较多关注农户、家庭等微观个体;在研究内容方面,侧重于消费、出口、制造业发展等问题,以经济发展作为研究重点。

快速发展阶段(2014—2016年):中文微观数据文献的关键词主要集中在融资约束、异质性、环境规制、大数据和双重差分。在研究方法方面,这一阶段重视异质性的讨论和双重差分等实证方法的应用。在研究内容方面,2015年的政府工作报告首次提出"互联网+"计划,推动大数据、云计算、物联网等信息技术的应用与创新,大数据开始成为中文微观数据应用研究的重点;同时这一时期我国的环保法规逐步完善,先后修订了《环境保护法》、通过了《环境保护税法》,体现了国家推进生态文明建设的决心,与之相应地,环境规制也成为一大研究主题。可以看到,这一阶段中文微观数据的研究范围逐渐扩大,在经济之外,还关注科技、生态等领域。

稳定发展阶段(2017年至今):中文微观数据文献的关键词主要集中在乡村振兴、中介效应、创新、共同富裕、多维贫困和精准扶贫。在研究方法方面,这一阶段注重进行中介效应分析。在研究内容方面,随着脱贫攻坚进入关键阶段、共同富裕深入推进,对于贫困、扶贫的相关话题被越来越多地重点探讨;党的十八大以来,创新驱动发展战略得到深入贯彻，经过10余年不懈奋斗，我国成功迈入创新型国家行列，创新这一主题也得到密切关注。

3. 中英文文献微观数据研究各阶段特点的比较

对比分析以上中英文文献微观数据研究各阶段的特点，可以看出二者既有相似点，也有不同点。

相似点：在起步发展阶段，中英文文献微观数据的应用研究均侧重于影响因素分析；在稳定发展阶段，中英文文献微观数据的应用研究均能紧跟形势和政策，有针对性地进行研究；此外，二者在进入快速发展阶段和稳定发展阶段后，研究范围均有不同程度的扩大。

不同点：不同于英文微观数据文献高频关键词在2010—2012年密集分布的情况，中文微观数据文献高频关键词在时间线上分布比较平均；中文微观数据文献的应用研究不仅重视研究内容，还强调研究方法的使用，关键词对分析方法多有涉及；英文微观数据文献的应用研究较多提及国家或地区，而中文微观数据文献的应用研究关注较多的则是农户、家庭等微观单位。

四、国内外微观数据开发应用实践的启示

对国内外微观数据开发应用现状的特点和经验的分析，以及从文献角度进行的微观数据开发应用研究进行比较，为我国包括政府统计部门在内的政府部门微观数据开发应用工作提供了可行的发展方向，有助于推动完善符合我国国情、适应我国新发展阶段的政府部门微观数据服务平台。

（一）数据开发方面。

1. 以保障数据安全为基础，探索分级管理微观数据发布路径

通过上述对国内外微观数据开发应用的特点总结，可以看出，分级管理微观数据、多途径提供数据服务已成为主流趋势，同时，在国家数据分类分级保护制度下推进数据分类分级确权授权使用也是“数据二十条”的明确要求。国外微观数据服务平台根据数据敏感程度不同及数据情况不同，设置了不同的数据申请使用方式，如欧盟统计局针对不同数据集提供了不同的数据获取方式，其开放的13类微观数据板块中，仅有社区创新调查（Community Innovation Survey，CIS）和收入结构调查（Structure of Earnings Survey，SES）两类数据既有现场使用的安全使用文件，也有在线使用的科学使用文件两种使用方式，而其余类别微观数据仅具有在线使用的科学使用文件一种使用方式；加拿大统计局根据数据敏感情况划分为自助服务式的公共使用微观数据文件、安全访问式的机密微观数据文件；韩国统计局针对不同数据集或数据指标提供摘要下载、远程访问、数据中心三种使用方式。

针对利用数据形成的成果发布要求,也应建立相应数据集下的对外发表规范和统计披露控制规则,并及时提供给数据管理人员、数据用户甚至提供给作为调查对象的社会公众,以便管理人员和用户知悉可能存在的数据披露风险、调查对象知悉其提供的个人信息能够得到安全保障,增强三方人员在数据发布、数据使用、信息提供时的责任心及信任度。

2. 以推动学术研究为根本,便捷畅通微观数据申请使用服务

微观数据服务的对象是广大研究人员,微观数据只有被使用才能充分发挥其价值。对数据发布者而言,详尽的微观数据情况说明性文件和材料能够减少用户因无法充分了解数据情况所造成的误解,同时扩大微观数据相关知识传播;对数据使用者而言,足够的数据资源补充有助于判定何为所需数据,更好地应用于相关学术研究。绝大多数国内外微观数据服务平台关于数据基本情况、数据处理方式、数据使用学习等的资料较为丰富。内容多则误解少,内容少则疑问多,微观数据提供者应积极回应用户需求,通过建设全面、丰富、具体、细致的服务平台,实现数据提供方和数据使用方的良性双向循环互动,更好推动学术研究开展。

同时,为便于用户使用数据,国外微观数据平台均提供在线下载使用数据或远程访问数据资源的服务模式,国内一些平台也提供在线下载数据的服务模式,使得微观数据获取途径更加便捷化、使用方式更加友好化,成果产出量也更大,值得不断学习和推广应用。因此,不断拓展和完善远程数据访问及在线下载使用服务,也是微观数据开发应用的发展趋势。

3. 以促进资源融合为目标,构建全面综合的微观数据服务平台

从国内外微观数据开发应用现状可以看出,一些政府部门或机构尝试汇集不同国家或国际组织的数据资源,如美国综合公共使用微观数据系列 IPUMS 除提供美国普查、调查微观数据外,也提供包括世界各国人口普查在内的微观数据资源,同时设置了捐赠数据的渠道入口收集更多数据资源;欧盟统计局微观数据服务平台所提供的数据资源包括欧盟各国及其他自愿参与国等;韩国统计局提供了中央政府机构、地方政府、研究机构、公共公司、协会/联合会等多个部门或机构的微观数据资源;世界银行的数据资源除其本身来源的数据集外,也包括来自其他国家或国际组织的数据集等。

多方数据资源融合,既指不同部门机构间的不同类别微观数据资源,也包括同类别数据资源因调查方案或指标不同造成有些许差异的微观数据资源。建设独立的综合微观数据专栏,探索将各类微观数据资源更好地融合聚集,以形成从横向和纵向国际可比的微观数据资源,也是未来的一个主要发展方向。

4. 以推动数据开放为目的,积极开展数据共享的国际合作

微观数据主体方面:当前国内政府部门或机构尚未对外明确微观数据的定义概念,有关数据统称为微观数据,美国、欧盟、加拿大、韩国等均明确微观数据的界定。可以结合国际主流定义在官方网站上明确给出我国对于微观数据的界定;组织实施更加多元的调查,分期分批定时对外发布提供相关数据,同时在微观数据服务平台发布相关工作简报,向社会公众介绍正在开展的活动和采取的措施。

微观数据制度方面:可以积极学习借鉴国际上有关数据发布、数据保护、数据安全制度等方面的通用规则和标准规范,如欧盟的《通用数据保护条例》、欧盟统计局等七个机构发起的统计数据和元数据交换倡议(Statistical Data and Metadata Exchange,SDMX)标准等;根据现有法律规章制度及国际通用标准,制定针对不同数据集的统计披露控制要求;采用国际学术研究规范要求,制定利用微观数据形成成果的发表引用标准、结束项目标准等;建立并发布有关数据处理、数据脱敏、数据加密、数据解密等方面的安全制度,推广普及调查内容说明及数据安全措施等。

微观数据服务方面:可以参照部分国外政府统计网站平台的先进设计,设立专门的微观数据访问板块,列示数据资源发布情况及相关学习参考材料,同时将所有有关微观数据的资源链接至微观数据服务平台,丰富平台内容和参考文档;加快探索建立由线下至线上的转变模式,由申请使用系统向在线下载系统迈进,如欧盟统计局分别建设的微观数据申请服务平台和安全平台分别用于提交数据申请和用于在线下载科学使用文件;逐步建立多个研究数据中心或探索建立远程访问接口,便于不同地区用户使用数据;持续加强国际合作,积极探索可能合作方式,形成国际微观数据开发应用统一规范,推进国际微观数据资源共享建设。

(二)数据应用方面

1. 加强理论指导,深化实证应用

国内微观数据的应用研究重视实证方法的应用,追求应用微观数据为研究主题提供实证依据。未来对微观数据的应用研究仍需坚持以科学理论、模型为基础和指引,为应用研究提供坚实的理论支撑;创新使用实证分析方法,充分挖掘微观数据价值,为应用研究提供可靠的数据证据。

2. 关注影响因素,探寻潜在原因

国内微观数据的应用研究重视影响因素分析,聚焦导致某一现象产生或发生变化的原因。影响因素分析在很长一段时间内仍是微观数据的应用研究不能忽视的一个主题。结合微观数据,分析和寻找现象之下的直接影响因素、间接影响因素,能够得到更具说服力的结论,提出更具针对性的建议,增强研究成果的实用价值。

3. 把握形势变化,跟踪政策动向

国内微观数据的应用研究主题较多结合国内外形势,关注政策实施效果评估。未来对微观数据的应用研究应继续结合国内外形势和时代背景,立足于微观数据的管理和开发应用,为政府部门决策提供数据研究依据。

4. 消除使用隐患,保障数据安全

当前,国内外对微观数据的应用研究,多为基于微观数据本身的已有指标进行,针对微观数据应用中有关数据安全、数据处理、数据加密和数据解密等内容的研究相对较少,如相关统计披露控制理论及应用、数据处理和发布技术等。今后,应不断扩大研究领域和范围,特别是将微观数据与数据安全相结合的研究作为一个重点内容,为消除数据使用隐患和安全顾虑、创造更加安全的数据使用环境提供依据。

参考文献

[1] 国务院.关于构建更加完善的要素市场化配置体制机制的意见[EB/OL]. https://www.gov.cn/zhengce/2020－04/09/content_5500622.htm,2020－03－30.

[2] 国务院.国务院关于加强数字政府建设的指导意见[EB/OL]. https://www.gov.cn/zhengce/content/2022－06/23/content_5697299.htm,2020－06－06.

[3] 国务院.关于构建数据基础制度更好发挥数据要素作用的意见[EB/OL]. https://www.gov.cn/gongbao/content/2023/content_5736707.htm,2022－12－02.

[4] 国务院.数字中国建设整体布局规划[EB/OL]. https://www.gov.cn/xinwen/2023－02/27/content_5743484.htm,2023.

[5] 国家统计局.中华人民共和国统计法[EB/OL]. https://www.stats.gov.cn/xxgk/zcfggz/tjfl2020/201708/t20170803_1758056.html,2009－06－27.

[6] 世界银行网站. Microdata Library[EB/OL]. https://microdata.worldbank.org/index.php/terms-of-use.

[7] 欧盟统计局网站. Microdata Overview[EB/OL]. https://ec.europa.eu/eurostat/web/microdata/overview.

[8] 韩国统计局网站. Microdata Integrated Service[EB/OL]. https://mdis.kostat.go.kr/eng/index.do.

[9] IPUMS网站. IPUMS[EB/OL]. https://www.ipums.org/.

[10] 加拿大统计局网站. How to access microdata[EB/OL]. https://www.statcan.gc.ca/en/microdata.

[11] 德国联邦统计局网站. An informational infrastructure has emerged in Germany-the Research Data Centre of the Federal Statistical Office[R/OL]. https://www.destatis.de/EN/Methods/WISTAScientificJournal/Downloads/an-informational-infrastructure-germany－062022.pdf? __blob＝pub-

licationFile.

[12] 中国国家统计局网站. 国家统计局微观数据[EB/OL]. https://microdata.stats.gov.cn/#/.

[13] 国家卫生健康委流动人口服务中心. 流动人口数据平台[EB/OL]. https://www.chinaldrk.org.cn/wjw/#/home.

[14] 中国疾病与预防控制中心. 公共卫生科学数据中心.[EB/OL]. https://www.phsciencedata.cn/Share/index.jsp.

[15] 美国北卡罗来纳大学人口研究中心项目网站. China Health and Nutrition Survey[EB/OL]. https://www.cpc.unc.edu/projects/china.

[16] 北京大学开放研究数据平台. 北京大学中国调查数据资料库[EB/OL]. https://opendata.pku.edu.cn/dataverse/CSDA.

[17] 中国人民大学中国调查与数据中心. 中国学术调查数据资料库[EB/OL]. http://www.cnsda.org/.

[18] 北京师范大学. 中国家庭收入调查[EB/OL]. http://www.ciidbnu.org/chip/index.asp? lang=CN.

[19] 西南财经大学中国家庭金融调查与研究中心. 调查中心介绍[EB/OL]. https://chfs.swufe.edu.cn/index.htm.

[20] 中国社会科学院社会学研究所. 中国社会状况综合调查[EB/OL]. http://css.cssn.cn/css_sy/.

作者及单位

课题组组长：王金萍

课题组成员：杨青林、冯莎、李思文、李经纬，执笔人：李思文、李经纬。

国家统计局统计资料管理中心。

私有数据再利用

——以欧洲官方统计系统为例[49]

【内容摘要】 对私有数据进行再利用具有巨大的经济价值和社会价值。本文以欧洲官方统计系统为例,讨论了将数据再利用于官方统计需要考虑的因素和实施原则,并给出了具体建议。本文认为,统计部门要加强与科研院所的合作,完善数据管理职能,推动企业和统计部门建立公平有效的伙伴关系;尽可能充分利用新机遇,推进数据处理和统计方法现代化,推动官方统计体系更好适应未来;提高公众和所有利益相关方在统计项目中的参与度,增强社会认可度;进一步改善私有数据再利用的制度环境,将私有数据再利用纳入更广泛的数据生态系统,进一步加强公共服务和基础设施投资。

一、引言

官方统计旨在为政策制定者和公众提供高质量的信息。从经济发展到环境保护,从社会政策到应急响应,从公共卫生到公共服务,官方统计在各领域决策中发挥着重要作用,既能为知情决策、公开循证辩论提供支持,也在企业日常运营和投资决策中发挥着重要作用。近年来,随着社会环境的快速变化,公众对官方统计的预期与目前实际数据供应水平之间的差距持续扩大,依靠调查和行政记录等传统数据源越来越难以满足日益增长的数据需求。因此,官方统计必须创新,充分利用新数据源和数字技术,以应对数字社会的诸多挑战。

在数字化转型的进程中,私营企业和民间社会组织通过生产经营掌握了海量的数据,这为官方统计收集、分析和利用新的数据源提供了前所未有的机遇,统计部门可以通过更多、更新的渠道来识别信息缺口和公众新需求,在整个数据生态系统中发挥更大的作用。事实上,私有数据再利用于官方统计的成功案例无论是过去还是现在都不鲜见(如将零售企业的扫描数据用于官方价格统计)。然而,由于私有数据用于官方统计需坚持自愿原则,在实际实施的过程中仍面临多种限制。

---

[49] 本文编译自:The High-Level Expert Group on Facilitating the Use of New Data Sources for Official Statistics. Empowering society by reusing privately held data for official statistics-A European approach[R]. eurostat,2022.

一方面,统计部门与企业之间达成合作存在诸多不确定性(如企业提供私有数据面临的成本和代价可能过高,却没有相应的激励保障措施;企业间存在竞争关系,导致统计部门无法在同一行业与多家企业合作等)。另一方面,统计部门与企业合作的可持续性尚无法保证,即使近年来企业和统计部门建立并推行自愿合作关系,促成了各种前沿探索性研究,但大部分研究为一次性项目。这可能主要是受企业人事变动或公众情绪等因素的影响,进而停止为统计部门提供数据,由此导致私有数据再利用于官方统计的动力不足。

近年来,欧盟致力于推动个人数据保护,制定了数据驱动型愿景目标和具体任务,逐步制定实施了《开放数据指令》《数据治理法案》《数字市场法案》和《数字服务法案》等,为私有数据再利用于官方统计奠定了坚实的基础。因此,本文以欧洲统计系统(ESS)为例,在尊重私有数据持有者自身利益的前提下,重点研究如何推动官方统计可持续地再利用私有数据。

二、私有数据再利用需要考虑的因素

(一)公民参与

由于大部分私有数据是在公民未直接参与的情况下产生的,想要将此类数据再利用于官方统计,统计部门需要加强与公民、用户、决策者和其他利益相关方的对话,以进一步获得社会和公众的认可,并与更广泛的外部合作伙伴持续开展合作研究,进一步拓展协作创新结构,吸引外部研究人员(学术机构、研究和技术组织、私营企业、非营利组织等)参与方法研究和开发活动,从而不断改进和拓展官方统计产品和流程,以应对更丰富、更复杂的数据源和数据利益相关方。因此,在私有数据再利用于官方统计的过程中,强化参与机制有助于提高其社会合法性。

1. 参与范围

促进公民参与是为了最大化避免因数据收集技术平台和数字服务的广泛应用招致公众对官方统计的反对。

公民参与的范围原则上包含私有数据涵盖的所有公民,但由于并非所有公民都具备数字素养,且不同公民群体的社会包容度和自然参与度存在很大差异,因此需要对公民进行合理分类,深入了解不同公民群体参与统计和互动的方式、群体间的相互关系和可能存在的重叠等,以确定公民参与私有数据再利用的程度、方式和需要特别关注的公民群体(如青少年、学龄儿童,流动人口、残疾人、无家可归者、贫困人口、偏远农村村民等群体和民间社会组织等各类代表群体)。

2. 参与阶段

在私有数据再利用于官方统计的过程中,公民参与可以分为以下 4 个阶段,并由此形成一个循环。

第一阶段是利用私有数据确定研究对象,了解新需求、新预期等,充分利用现代分析技术发掘新现象。

第二阶段是对私有数据的管理、存储和共享条件提出意见,包括颗粒度、频率、存储条件和持续时间、业务模型以及数据主体报酬等。

第三阶段是对如何计算和提供指标给出意见,包括一切偏倚和隐私风险,对采用的匿名化程序和计算算法进行审核。

第四阶段是监督、监测和评估指标的传播及被决策者和其他利益相关方使用的情况。

3. 参与机制

为进一步促进公民参与,统计部门可以在充分考虑公民的意识、能力和参与愿望的前提下,设计适用于特定私有数据再利用的参与机制以拓宽公民的参与途径,如:

统计机构就自身工作和使用私有数据的情况开展宣传活动。

询问公众希望衡量的新指标,以及对官方统计的关切和预期。

广泛了解或调查公民在使用私有数据方面的需求和关注焦点。

增强学生和青少年的数据意识和素养。

建立数据合作社。将公民和民间社会组织所持有的数据汇集在一起并共同管理,包括将这些数据与私营和公共部门的数据相融合,加大其权重和影响力。

允许公民团体对算法进行审计,或参与审计的义务或可能性。

请各公民群体系统地参与统计机构开发的所有创新数据项目,充分体现其代表性。

创建"公民委员会",让公民参与讨论并在欧盟层面提出建议,比如法国的气候问题。

在私有数据再利用的过程中,会使用到多种不同的机制,因此要进一步优化不同群体之间的沟通渠道,促进各公民群体之间的协同性,增强弱势群体的代表性和发言权。

(二)操作机制

由于私有数据的类型多种多样,且不同数据持有者之间存在很强的异质性以及技术、业务和组织方面相互依赖的复杂性,因此统计部门和数据持有者之间应相互协商,对多种因素进行逐一评估,以确定符合统计目的的机制。

一方面,操作机制决定着数据持有者的成本和负担。在选择机制时要选取负担最小、符合目的、具有灵活性和敏捷性的机制。例如数据持有者已拥有较为完备的 IT 基础设施和数据处理工作流程,在将其数据再利用于官方统计的过程中不需要过多的额外投入,但统计部门需要对数据持有者的初始投资进行公平补偿,这种机制所需的边际成本更低，更利于数据持有者将私有数据提供给统计部门。

另一方面，操作机制必须遵守数据保护规则。私有数据中涵盖的个人信息颗粒度和详细程度普遍较高，且不同数据源特征和风险级别不同，因此针对私有数据采用的操作机制不同于传统的数据源，需要更高级别的数据保护技术和组织措施。具体来看，操作机制应涵盖访问权限、数据格式和存储、利益相关方之间的数据传送、数据使用以及结果发布（保密条件）等各个方面的内容。

本文重点研究了选择操作机制时，需要特别考虑的数据访问权限、质量保障框架、数据相关方角色及责任和数据利用成本等 4 个方面。

1. 数据访问权限

在选择操作机制时，首先需要确认私有数据的访问权限，包括数据格式、存储位置和访问时间。

数据格式可以分为原始数据或汇总数据。相对而言，原始数据在统计部门数据处理过程中发挥着更大的作用，有利于减轻私有数据持有者的负担。而汇总数据则更重视汇总数据中的透明度，便于统计部门评估数据质量，但需要数据持有者承担更多的责任。

数据存储位置可以分为现场和非现场，其中非现场包括在统计部门、可信的中介机构或其他政府部门等场所。若数据存储在现场，则可以充分利用数据持有者已有的基础设施，显著降低成本。在数据存储于非现场的情况下，需要采用更为先进的隐私增强技术来进行保护，这会增加成本。

数据访问时间主要考量私有数据再利用于官方统计是一次性项目还是长期项目，二者对操作机制的需求也有所不同。

2. 质量保证框架

数据操作机制需要构建质量保证框架，以确保数据再利用于官方统计的质量。传统数据实践（调查、普查和行政记录）已具备良好的质量保证框架，然而私有数据源不同于传统数据，统计部门需要对现有质量保证框架重新评估并作出调整。质量保证框架中应涵盖数据输入质量检查和输出质量检查两个流程，以选出符合目的的最佳机制。

3. 数据相关方的职能和职责

在确定操作机制的过程中，应根据私有数据再利用的具体流程，明确各利益相关方的职能和职责。

从隐私保护看，统计部门、私有数据持有者和其他可信的中介机构均需对数据采用隐私保护技术，以充分保护商业秘密和个人隐私。

从方法开发看，由于私有数据最初不是为统计目的生成的，相较于传统数据源的颗粒度和语义复杂性更高，且在数据准备（选择、清理、整合、分类）和数据使用（汇总、推断）涉及的操作也会更加复杂。从这个意义上看，在制定操作机制时，需要统计部门、数据持有者甚至第三方专业机构共同进行方法开发,但各相关方在不同阶段的参与程度不同。例如,在详细定义初始数据时,数据持有者或其他第三方专业机构具备技术专长,应发挥更大的作用。

从方法实施和审核看,根据操作机制可以选择统计部门直接负责实施,也可以要求私有数据持有者或者可信的第三方机构来实施。但方法的审核和批准应由统计部门负责,这样有利于统计部门遵循总体的方法框架,并保证端到端(end-to-end)的质量要求。

4. 数据再利用成本

私有数据再利用的成本是统计部门和私有数据持有者考量数据再利用的主要内容,主要包括以下 5 个方面。

一是基础设施成本。私有数据再利用需要配套的基础设施作为支撑,因此若数据持有者已有配套的基础设施,便可使用现有设施来降低成本,但统计部门需要对其前期投入进行相应补偿。此外,若已有基础设施无法完全用于统计项目,数据持有者还需对基础设施进行升级改造,便会进一步增加相应的成本。

二是处理成本。处理成本主要指在长期性的定期统计项目,实施过程中产生的经常性成本。

三是维护成本。维护成本可分为维护基础设施和更新处理软件以跟踪数据变化的成本,包括统计项目执行时产生的人员成本。

四是发展和实施成本。在数据持有者的场所进行部分数据处理时,开发数据处理软件模块涉及初始成本。如果数据处理方法可为统计生产再利用,则可以节省部分成本。

五是使用已有数据服务的成本。私有数据持有者通常提供数据云(DaaS)或基于 API 的成本模型,在统计部门使用数据持有者现有的数据服务时,服务费一般会包含与上述所有要素相关的成本。

(三)商业利益

为确保企业对私有数据再利用于官方统计的积极支持,应全面考虑“商业利益”的问题。

1. 风险

私有数据再利用于官方统计时,可使用 4R 框架(Revenue Risk Reputation Regulation,即收益－风险－声誉－法规)衡量企业所面临的风险。

从收益看,利用私有数据生成统计信息可能会增加数据持有者的机会成本和收益损失。其中收益损失可能有两个来源,一是企业为统计部门整理数据花费时间和资源所产生的收益损失,尤其是在当数据持有者所需的软件、硬件、流程和机制与统计部门的需求不同时;二是 DIKW(Data Information Knowledge Wisdom,

即数据、信息、知识、智慧)金字塔层次模型(图 1)所展示的原始数据和情景化信息之间的差异,能提供可用信息的情境化数据需要进行广泛的数据处理和质量检查,而这会产生大量的经常性成本。因此在数据再利用过程中,对企业进行一定的补偿可以提高企业提供私有数据的积极性。

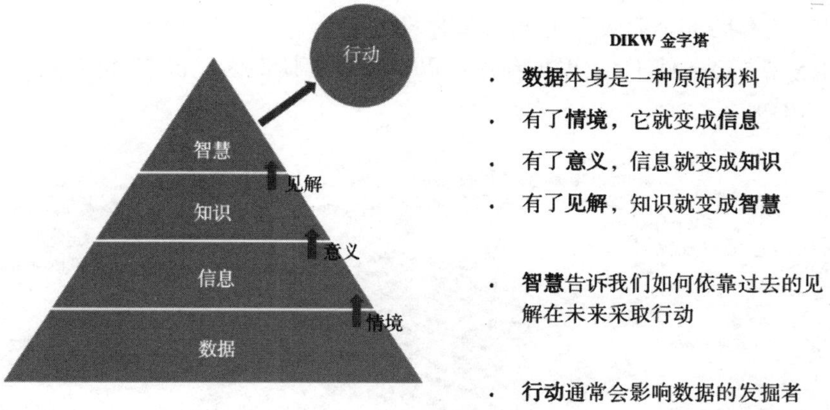

图 1　DIKW 金字塔

风险主要包括三个方面,一是将私有数据交给统计部门的过程中,可能会加大数据的披露、曝光和可访问性,进而增加数据勒索(blackmail)和挪用(appropriation)的可能性。二是在统计部门对数据进行处理,尤其是将私有数据与外部数据整合在一起时,可能会出现处理漏洞(如不安全、二次使用和排斥)。三是在数据传播过程中,企业会失去对私有数据的控制,一旦出现问题,企业可能会面临被问责的风险。因此,需要采用强有力的保护措施,如使用隐私增强技术,可在不将机密数据发送给任何第三方的情况下,按照预定义对机密数据进行计算,进而加强数据持有者对数据再利用的控制,尽可能减少风险。

从声誉方面来看,一旦在与统计部门共享数据的过程中发生泄露,公众特别是企业的客户会产生不安全感,由此会降低企业的信誉度。

从法规方面来看,每一项新法规的实施,都会给企业带来额外的合规负担。同样,将私有数据再利用于官方统计的新监管框架,也会对企业投资产生影响。

2. 利益

企业与统计部门共享数据可能获得的利益可概括为以下六个方面(图 2)。

一是统计部门利用不同私有数据(不同持有者之间可能存在竞争关系)生成的统计结果在数据持有者的业务决策中发挥重要作用,有助于企业发展。

二是私有数据被用于官方统计时,会由专家进行质量评估,并对数据进行纠错和质量改进,进一步提升数据可信度。

三是统计部门剖析和使用私有数据时,会从官方角度产生新的见解和想法,有利于私有数据持有者进一步了解数据。

四是数据持有者和统计部门对数据分别进行利用,经过不同团队的反复实验,可以验证原有结论,提升数据可靠性。

五是数据持有者共享数据是一种履行社会责任的行为,有利于提升其组织形象和声誉,由此吸引媒体、新客户以及重视企业社会意识的投资者,同时企业关注度的提升还有助于企业吸引更多高水平人才。

六是在一定条件下,数据再利用可以为持有者提供创收机会,也有利于削减或分担企业成本。

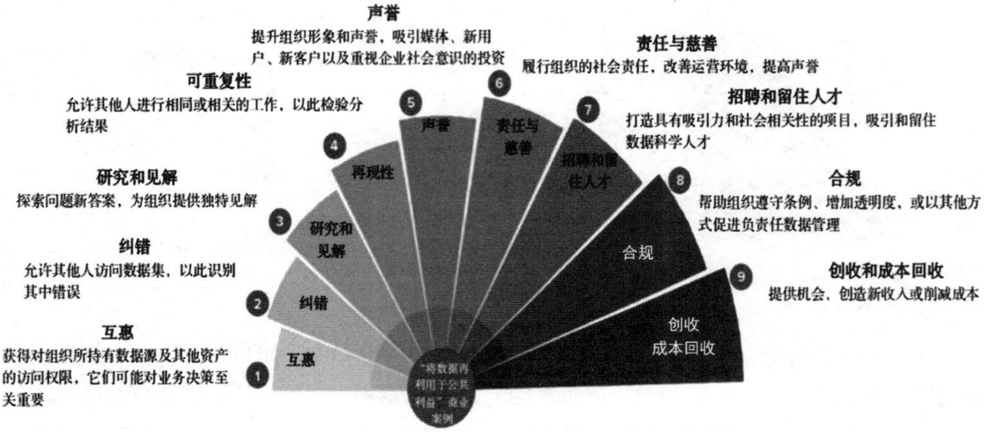

图 2 "将数据再利用于公共利益"的商业案例

三、私有数据再利用于官方统计的原则

(一)一般原则

官方统计作为公共产品的原则。官方统计是一种公共产品。因此,官方统计应由统计部门按照既定统计原则和质量标准,进行开发、生成和传播。这一基本原则适用于所有官方统计,无论是由统计部门直接收集的数据,还是由其他实体收集的私有数据。

利益相关方参与的原则(图 3)。实现私有数据再利用,需要进一步提高公众接受度,让所有利益相关方充分参与选择统计产品和解决统计问题的过程,提高官方统计对新需求的响应能力。这一原则主要通过全面协商来实施,一是建立具有包容性和开放性的参与机制,令公民、官方统计用户(如决策者、企业和研究人员)和不同领域的专家充分参与,深入了解公众的期望和意见,以及使用私有数据进行衡量的缘由,更好地识别信息缺口和新的信息需求。最重要的是,统计部门还能提高访问更广泛公民数据的合法性,获得公众对将私有数据再利用于统计目的的认可。二是建立包括商业协会、公民协会、研究团体和决策者等主要用户群体正式协商机制，考虑数据源的可用性和成熟度，同时权衡按照连续性和质量标准生成统计信息的重要性、可行性和预期成本。以欧洲统计系统治理框架为例，此类评估离不开欧洲统计咨询委员会（ESAC）和欧洲统计治理咨询委员会（ESGAB）等的支持。随着私有数据的系统性融合，可能需要在现有治理框架下对这些委员会的组成和工作机制做出调整，以便更好地考虑与此类数据相关的具体问题和利益相关方的利益。三是私有数据再利用于欧洲官方统计需要一个灵活的决策过程，应充分利用参与机制和正式协商机制的结果，对不断变化的社会需求做出灵活和迅速的响应，在满足复杂多变和不断增长社会需求的同时，还要提高过程的敏捷性。此外，统计产品的影响、收益和成本都需要定期重新评估，以便增加新产品、调整或清理过时产品，确保统计产品组合能始终保持相关性和及时性。

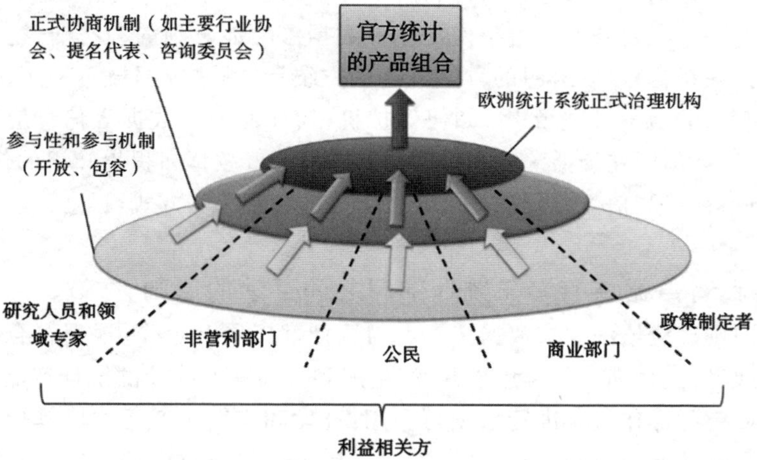

图 3　各方在确定官方统计组合、选择优先领域的决策过程中的代表情况

数据整合原则。在官方统计生产过程中，私有数据已成为一类关键要素，因此如何对不同数据源进行整合便显得更加重要。相对于基于其他数据源的统计信息而言，多源统计，特别是统计部门通过整合私有数据与传统数据源生成的统计，克服了使用单独数据源的缺点，能够提高整体质量。此外，一个数据源可能会被多个统计产品重复使用或者被多个统计部门再利用，应妥善协调和组织再利用方式，尽量减轻数据持有者的负担。与官方统计相关的潜在数据源包括：统计部门直接收集的数据（如调查和普查数据）、公共组织机构生成的外部数据（如行政记录、政府公开数据）、企业和民间社会组织持有的外部数据等。

产品足够成熟原则。官方统计应包括不同方法成熟度的项目，这些项目有成熟的统计项目（用于统计生产的既定方法），也应包括新的统计项目（仍需要进行基本方法的研究）。对于成熟的项目，只有在特殊情况下才需要作出调整。而对于新的统计项目，由于其复杂性和快速变化的性质，处理私有数据需要更灵活和动态的管理。但根据研发活动的结果,新项目可能被提升为成熟产品或被放弃。

数据保护原则。保护数据机密是官方统计的基本要求。数据再利用机制应遵守数据保护立法,即《通用数据保护条例》以及国家及欧洲层面与各业务领域相关的其他立法(如电信数据领域的《隐私及电子通信指令》)。若涉及极高数据机密风险的私有数据,特别是在涉及到非常详细的行为数据时,统计部门应采用最先进的隐私增强技术来评估和减轻数据机密风险。

开放科学原则。将私有数据再利用于官方统计时,应确保方法的完全透明性和再现性。在生成官方统计时应尽量避免使用专有模块,同时提倡使用开源代码和开放算法。在利用私有数据生成官方统计时,应重新核查《欧洲统计实务守则》[50]并根据需要做出调整,从而更好地解决此类数据带来的方法问题。

公众参与原则。在私有数据再利用于统计的过程中,确保透明是获得公众信任和支持的一个必要条件。由于使用私有数据源时涉及到的利益非常复杂,统计部门应积极联系公众,以透明的方式传播官方统计,哪些数据被再利用、出于什么目的、如何使用、为什么这么用、如何保护机密、如何处理数据等信息应予充分公开。此外,统计部门在传播统计数据的同时还发挥着教育和积累知识的作用,能让公众更加懂得数据、信息和知识在现代社会中的相互关联方式,提高公众素养。

(二)私有数据持有者与统计部门之间互动的原则

合作原则。应依法要求数据持有者与统计部门展开合作,根据符合所有其他原则的正式过程,将私有数据用于开发、生成和传播官方统计的统计产品。包括要求以共同商定的操作机制进行数据再利用,开发和定期生产无法以其他方式合理生产的官方统计产品。此外,与统计部门合作的法律要求应辅之以一套明确的限制、条件和保障措施,保护数据持有者的合法商业利益不受侵扰,同时防止统计部门在高度集中的商业领域过度依赖准垄断企业(quasi-monopolistic)数据持有者,这也有利于增强将私有数据再利用于官方统计的连续性。

相称性原则。对数据持有人的要求必须是合理和相称的。权衡好官方统计旨在满足信息需求的社会重要性与满足这些需求的所有相关成本。如果涉及私有数据,数据持有者的合法商业利益和风险应该相称。数据持有者不应在没有公平补偿的情况下承担不合理的负担和受到不合理的限制。不能要求数据持有者在为其自身目的收集的数据之外,为统计目的收集其他额外的数据。同时,绝不能要求统计部门出资购买此类数据。

相互协商原则。数据再利用机制应由数据持有者和统计部门按照正当程序相

---

[50] 《欧洲统计实务守则》,2017 年修订版,https://ec.europa.eu/eurostat/web/quality/european-quality-standards/european-statistics-code-of-practice

互协商制定，以确保所有保障措施都能在实践中得到执行。在实践中，数据再利用的技术和机制会因具体情况而各异，相互协商能够提供必要的灵活性，便于根据特定情况采取相应操作机制，确保各方利益都能得到适当考虑。例如，可能需要直接访问预处理数据或建立端到端数据服务。此外制定私有数据再利用机制必须符合目的要求，要有利于官方统计的可持续生产；尽量减少总体负担，尤其是私有数据持有者的负担；尽量降低成本和数据机密与商业利益方面的风险；要能敏捷响应生产过程中的变化；要能促进合理数据处理方法的应用，遵守《欧洲统计实务守则》中的原则，特别是要确保统计指标质量达标。

方法得当原则。将私有数据再利用于官方统计，必须以与目的相符的数据处理方法为基础。由于私有数据具有数据量大和更新速度快的特性，数据处理必须实现自动化，因此有必要将统计方法转化为软件代码。由于私有数据是为统计之外的目的而生成的，通常会涉及到专业统计人员不熟悉的技术和系统，因此要确定完整的端到端方法就需依靠相关领域的专家和专业人士。从这个意义上讲，处理私有数据的方法可由统计部门、数据持有者和第三方专业机构合作，共同开发。所选定的方法方案必须符合数据保护和隐私要求，同时还要保持透明度，不得包含缺乏质量保证的“黑匣子”(black-boxes)，另外还应由同行专家进行审核。

公平成本处理原则。数据持有者承担的成本必须能得到公平补偿。统计部门虽不能出资购买此类数据，但当商定的数据再利用机制涉及到资源密集型任务时，应建立一种机制，来公平确定所商定数据再利用机制的边际成本。在特定情况下，统计部门也可使用商业领域的数据处理服务。

业务保障原则。统计部门必须采取适当保障措施来保护商业秘密和利益，不得擅自将私有数据用于生产或开发官方统计之外的其他目的。与更传统的业务数据(例如来自调查和财务报告)相比，出于统计目的私有数据再利用会使得商业机密面临更多风险。因此，应采取更有力的保护措施，包括最先进的隐私增强技术，以确保遵守业务保障原则。数据持有者可以就业务敏感区域和风险与统计部门展开沟通。

进一步再利用协商同意原则。统计部门在将私有数据再利用于官方统计之外的其他任何目的时，应征得数据持有者的同意。如果进一步的数据再利用会对自身业务、客户或受益人造成严重风险，数据持有者可以依法拒绝。此外，在未事先与数据持有者达成协议的情况下，统计部门不得将私营企业或民间社会组织采集的数据转交给其他实体，包括其他公共部门和研究组织。

适当标准原则。私有数据再利用应建立一系列技术和方法标准，以及适合目的的质量框架，为整个统计生产过程提供质量保证，解决数据的连续可用、数据和算法中的潜在偏差、数据存储和处理的环境影响等问题，并由相关统计部门在标准化统计质量保证框架下，对各类私有数据的特定处理环节进行监督。对于具有类似特征的数据源，应尽可能实现方法和统计概念的标准化，以提高统计质量。

（三）促成因素

专业数据管理原则。应鼓励各部门建立以专业原则为指导的数据管家功能，并在实务守则（类似于《欧洲统计实务守则》）中明确数据管家职能的专业原则，将重点放在透明、责任和问责、公共价值和相称性、机密和伦理等方面。其中，透明针对与数据处理相关的公开文件；责任和问责可能涉及到遵守现有规则和程序，并对数据请求作出及时响应；公共价值和相称性关注公共价值的创造，并确保负担与所创造价值相一致；机密和伦理应以高度的机密原则和责任标准为目标，并在协议和期望发生变化时主动联系数据主体。可建立一个数据管家对等网络，不断推动公私伙伴关系的建立。

统计数据管家原则。应鼓励统计部门担任公共部门的数据管家。面对新形成的复杂数据生态系统，成员国统计部门和欧盟统计局应更加积极主动，承担更多责任，促进其他公共部门将数据转化为可用信息，为公共部门提供有效的数据管家服务。

四、私有数据再利用于官方统计的建议

（一）增强与公民、专家和企业的互动，通过研究和创新活动促进合作和信任

私有数据再利用于官方统计涉及一系列超越传统官方统计的全新技能和知识，是优化欧洲统计系统创新方法、提升实践能力的关键因素。因此，加强参与机制和公众协商机制，与外部研究人员以及不同学科领域（来自学术机构、私营企业以及地方、国家和国际民间社会及非营利组织和网络的研究人员）建立牢固的合作研究网络，促进多学科方法研究，有助于统计部门和数据持有者及其他中介机构建立合作和信任关系。同时，为对特定数据源感兴趣并在寻求研究机会的研究人员、企业和机构建立透明的审查程序和有效的反馈渠道，有助于数据持有者进一步提升数据潜力，从数据研究中获得见解。

此外，在私有数据用于公共目的方面，统计部门应进一步发挥教育引导作用，努力提高公众数据素养，更加全面地体现数据价值。

（二）制定私有数据再利用于官方统计的参考标准，保证数据安全与产品可比性

一是在统计产品、方法、数据再利用条件和统计过程等方面保持一致，积极推动全球对统计概念、方法、分类和其他标准进行统一定义，进一步加强欧盟统计局

与全球统计体系中其他国际组织的合作，确保与私有数据源相关的产品和流程在各国之间具有可比性。

二是针对私有数据再利用制定一套方法框架。该框架应广泛听取研究团体的意见，更好地将官方统计与邻近领域的研究和方法结合起来，有助于将已制定的方法方案整合到未来的官方统计生成过程中。此外，由于输入数据和数据处理可能取决于商业机密、专业技术以及特定的数据持有者，统计部门应根据方法和质量保证框架，将数据持有者或第三方专业机构开发的方法方案纳入官方统计生产过程，进一步提高统计开发和生产过程的可行性和及时性。同时，统计部门应制定一个审查框架，衡量第三方开发的数据处理方法是否满足透明度方面的要求，确保达到官方统计所需质量水平，从而使得经验丰富的数据持有者和专业的第三方公司在统计部门监督下，开发和实施更有效的统计方法。

三是对欧洲统计系统质量管理框架进行重新评估、根据需要做出调整，以更好地处理私有数据。统计部门目前在处理传统数据源时采用的解决方案和规则，不一定适合私有数据再利用。

（三）建立可最大限度发挥商业激励作用、降低风险的伙伴关系

一是为获得企业支持，应通过优惠条件和激励措施提供更多福利和发展机会，并最大限度地减少将私有数据再利用于统计的风险。数据再利用机制应由统计部门和数据持有者共同商定，并尽量减少数据持有者的负担、风险和责任，制定标准程序和协议模板（如官方数据申请表），并在欧盟层面做好协调，进一步优化伙伴关系。

二是制定非财务激励措施和优惠条件，促进与私有数据持有者成功建立伙伴关系。一方面可以鼓励统计部门将有用信息反馈给合作伙伴，比如告知数据质量问题、提供更正和改进建议。对于数据持有者而言，这种有用信息的反馈是一种额外激励。为此，除了建立数据持有者向统计部门通报质量相关问题的前馈（feed-forward）机制外，还应设定结构化和系统化的反馈机制。另一方面，统计部门可以大力宣传数据共享的伦理性、责任性和公益性，并利用特定渠道，对数据持有者和其他相关合作伙伴在开发和生成官方统计中为公共利益作出的贡献予以肯定。品牌形象是企业合作的关键所在，由此树立的声誉和企业社会责任形象将会起到激励作用。为数据再利用提供帮助的数据持有者，可在统计信息发布时标注为贡献者，这便于将他们与未参与的竞争对手区分开来。此外，公众关注度的提高也有助于消除私有数据再利用的障碍，吸引更多企业主动与统计部门合作。

三是统计部门应设法与数据持有者建立自愿伙伴关系，同时应制定法律规定，确保在无法借助激励手段建立自愿伙伴关系的情况下也能可持续地生成官方统计。因此，在监管框架中应要求数据持有者与统计部门合作，为官方统计的开发、

生成和传播提供便利。同时,也要为这种合作设置明确的限制和条件,为数据持有者提供保障。法律框架应制定并实施一系列相关程序,确保数据再利用保障措施和条件能落到实处。主要保障措施应涉及成本与收益相称性、数据持有者成本公平处理机制、商业利益、数据机密保护措施和争端解决机制等。

四是统计部门不应为获取私有数据付费,但在某些情况下私有数据持有者可能会背负巨大的附加成本(如按照商定的再利用机制,需在数据持有者的场所进行大量数据处理或统计部门需要数据持有者提供额外的数据服务)。因此,欧盟委员会应与商业协会和其他利益相关方协商,主动制定和实施公平的补偿方案。

(四)改善私有数据再利用的制度环境

一是为确保有效性或高效性,欧盟统计局应代表整个欧洲统计系统与数据持有者制定单一协议,负责采购所有技术和组织工具,应用商定的能显著降低统计部门和数据持有者成本和负担的数据再利用机制并承担相关费用。随后将数据再利用推广到国家统计部门,以透明方式将数据再利用条款和机制向相关数据持有者和公众公开,并且在涉及个人数据时应得到欧洲数据保护机构的批准。如果同一数据被多个统计部门调用,则应通过协调来最大程度地减轻数据持有者的负担。

二是欧洲统计系统应进一步加强公共服务和基础设施投资,为私有数据再利用提供支持。此类服务和基础设施应在欧洲层面进行完善,并为众多统计部门和数据持有者提供服务,推动打造试验和常规生产混合两用基础设施,减少从试验到部署的时间和成本。公共服务和共享基础设施应包括:为统计部门和数据持有者预先制定一套能为所有合同问题提供标准的解决方案,且有助于减少制定协议时间和成本、提高协调性和透明度、降低合规风险的即用型协议模板(比如标准合同模板);为合作研究以及开发统计方法、实验和测试(可信安全沙箱,trusted secure sandboxes)提供支持的共享 IT 基础设施;欧洲统计系统与欧洲数据保护机构协商提供支持最高安全标准和整合来源多样且无需互信机密数据的共享 IT 基础设施,以确保该基础设施的技术规范和采购遵守数据保护规则;在欧洲层面定义并尽可能与全球机构(如联合国)协调一致的通用方法和技术标准;对数据持有者贡献认可的共享沟通工具和公共渠道。

三是主管部门应加大投资,强化统计部门将私有数据再利用于官方统计的能力。进一步加强建设统计基础设施,在数据研究、技术、应用、开发以及产品和过程创新方面进行广泛和大量投资,以更好地应对私有数据再利用所带来的挑战和需求。同时,应提供更为充足的资源,以进一步加强欧洲统计系统在新数据生态系统中的主导作用,不断提升统计人员处理私有数据的技能和能力。在欧盟层面,欧盟委员会尤其是欧盟统计局应肩负起协调、支持和促进公共投资的主要责任,以更加有效地将私有数据再利用于官方统计。在国家层面,应鼓励成员国加强统计部门业务能力建设，使其作为公共部门的数据管家，在新数据生态系统中发挥更加积极的作用。

四是鼓励统计部门和私营部门创建和履行数据管家和组织结构职能，设立数据管家社区来促进共同学习，加强私有数据再利用于官方统计方面的研究和知识共享，推动实现私有数据有效再利用。争取私有数据持有者作为项目成员，以便与统计部门沟通、处理数据再利用过程中的问题。此外，应为数据管家职能开发一套概念技能框架和实务守则（类似于《欧洲统计实务守则》）。

编译者及单位

孙　贺　陈祎璇，国家统计局统计科学研究所。

移动网络运营商位置数据在官方统计中的运用：欧洲统计系统的通用方法案例[51]

【内容摘要】 近年来,欧洲统计系统(ESS)通过移动网络运营商定期收集数据,并基于该数据生成时效性更强、信息更丰富的统计数据,这一过程需要满足各项要求,解决方法性问题,确保将原始运营商位置数据转化为统计数据的过程符合官方统计的原则和要求。本文内容主要有两个方面:一是通过分析现状,说明在欧洲层面制定通用的ESS方法标准的重要性;二是明确该通用ESS标准应满足开放性、透明性、模块化和可发展性等要求。

一、引言

为迎接大数据时代带来的机遇和挑战,欧洲统计系统(European Statistical System,ESS)正在开展多项创新性的工作。在生成统计数据过程中,ESS及其成员为提供时效性更强、信息内容更丰富的统计产品,开始研究数据源的整合问题。在此背景下,移动网络运营商(简称"运营商")[52]收集的位置数据(简称"运营商位置数据")是能够整合的数据源之一,但也存在许多问题和挑战。

过去十年间,一些国家或地区的统计机构不断尝试使用运营商位置数据研究不同统计领域的项目。此类探索性活动表明,运营商位置数据能够获取大规模人口流动的变化情况,生成动态统计数据。在新冠肺炎疫情期间,对基于运营商位置数据生成统计数据的关注度不断提高。在新冠疫情早期,由于缺少官方统计数据,政府相关部门不得不依赖私营企业提供的商业数据做出重要防疫决策,但生成这些数据的过程并不透明,无法保证数据质量,国家统计机构也难以参与决策活动。在新冠疫情最严重的时期,政府相关部门只关注数据的及时性,而忽视数据的质量和可靠性。随着疫情影响的不断扩大,一些运营商开始与国家统计机构建立新型合作关系。在非危机时期利用丰富的运营商位置数据定期生成统计数据,以更好地应对下一次危机,不再忽视统计数据的质量、可靠性和连续性问题。

---

[51] 本文编译自:Eurostat. Reusing Mobile Network Operator data for Official Statistics: the case for a common methodological framework for the European Statistical System[R],Statistical Reports,2023.

[52] 本文使用移动网络运营商(MNO)一词指代在单一国家运营的某个电信公司,在多个国家运营的同一家国际电信公司将被视为多个移动网络运营商。

在基于运营商位置数据生成官方统计数据的问题上，如图 1 所示，ESS 需要解决所有法律许可、统计机构与运营商建立可持续伙伴关系和标准方法等问题，才能基于运营商位置数据定期生成官方统计数据。

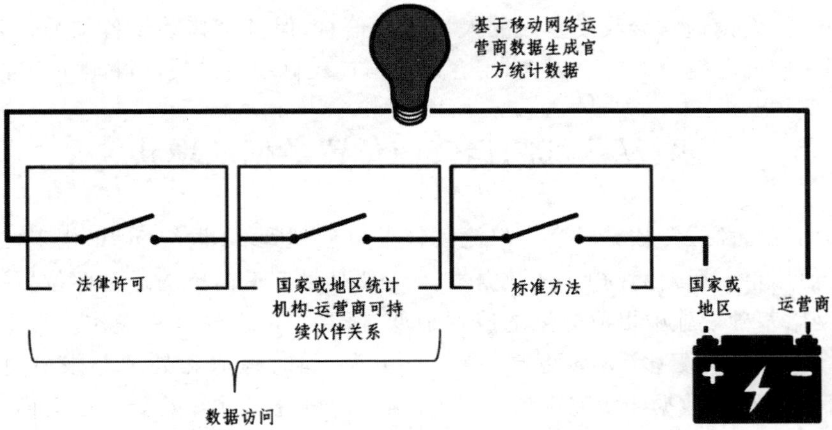

图 1　基于运营商位置数据生成官方统计数据的逻辑闭环

二、什么是运营商位置数据?

运营商位置数据是指电信运营商在网络端收集的所有位置数据，包括呼叫详细记录（Call Detail Records，CDR）和由此衍生的数据连接记录（数据详细记录（Data Detail Record，DDR）或拓展性详细记录（eXtended Detail Record，XDR）），以及从信令流量（Signal Traffic）中获得的信息量更大的信令数据[53]。

收集的运营商位置数据涉及整个运营商客户群的位置和移动信息，可以作为推断该运营商服务区域内整体人口数量和流动模式统计数据的基础。就理论而言，即便数据均来自单一运营商，所获统计数据也具有很高的空间覆盖率、时间连续性、及时性和群体覆盖率，因此，与传统的调查数据和出行记录相比，运营商位置数据的优势非常明显。

三、运营商位置数据的局限性

从利用或再利用运营商位置数据生成官方统计数据的角度来看，运营商位置

[53] 信令记录的频率比 CDR 高。CDR 需要由与人们活动相关的事件触发（如接打电话或收发短信、启动数据连接），而信令事件则由移动设备或网络自动触发，与用户活动的关联度很低。一天之内，一个移动用户可能会产生几十条信令记录，但产生的 CDR 却很少。

数据也存在明显的局限性,必须在数据处理阶段解决与这些局限性相关的问题。

根据 Ricciato 等(2015)的研究,运营商位置数据在时间、空间和覆盖群体上具有不确定性,这会加大运营商位置数据转化为可靠统计数据的难度,因此需要整合多个运营商的数据。运营商位置数据的另一个局限性是缺少可用的人口变量信息。虽然运营商通常会收集客户的人口变量信息,但携带移动设备和与运营商签订合同之间并非完全对应。因此,用客户数据代表移动用户数据可能并不准确。

四、私营部门运营商位置数据的现状

利用运营商位置数据研究人口流动情况可追溯到 20 世纪 90 年代末,这些研究通常使用单一运营商的 CDR 数据集。CDR 是目前最简单的运营商位置数据形式,从网络基础设施中提取数据的成本最低,研究人员也最容易操作。与 CDR 相比,信令数据数量更多、频率更高、信息量更大,同时提取和处理起来也更复杂。2005 年有关信令数据的研究逐渐增多,各领域的研究者都开始分析运营商位置数据,并由此产生了大量相关论文。过去十年间,运营商位置数据分析不再局限于研究论文,应用领域和范围不断扩大。在数据供应方面,商业供应商分为两大类:运营商本身和电信运营商组织之外的专业公司(Mobile Data Analytic Provider, MDAP)。MDAP 通常由公共或私营实验室的研究团队衍生而来,或者属于运营商的子公司。

五、国家统计机构与运营商的合作实践

欧洲各国统计机构在应用运营商位置数据方面的实践并不一致,并非所有国家的统计机构都成功地与当地运营商建立了合作关系。即便是已经建立合作关系的国家,也存在由于运营商战略或管理模式改变等导致合作关系终止的情况。国家统计机构未能与运营商建立持久合作关系的主要原因可归纳如下:

1. 合规问题。官方统计中运营商位置数据的再利用涉及三个立法领域:数据保护立法、国家统计立法和电信立法。这三个领域的国家立法以及欧洲立法在各国的具体施行规定和支持程度不同,因此目前欧洲不同国家之间处于一种非常分散的局面。

2. 不同运营商对与国家统计机构合作的成本和收益看法不同。一些运营商要求国家统计机构给予经济补偿,认为国家统计机构是可以获取经济利益的客户。一些运营商则重视双方合作带来的非经济收益,认为国家统计机构是潜在的合作伙伴。

3. 国家统计机构很少能够获得移动网络基础设施生成的原始定位数据。多

数情况下，运营商通常采用一定的内部处理方法，在生成最终汇总数据或临时汇总数据后发送给国家统计机构。

六、对方法进行标准化的必要性

官方统计产品旨在满足统计用户对某些社会、经济或环境的信息需求（如政策制定）。在选择统计产品时，必须考虑统计数据生成的可行性和成本限制，包括测量目标、测量方法以及测量质量等。

一致性和透明度是官方统计与商业统计的关键区别。如果不同运营商提供的统计数据或指标缺乏一致性，统计数据或指标之间便无法比较和结合。只有当不同运营商的最终数据或中间数据采用相同的定义、分类、方法、时空网格，使其具有一致性时才能相互比较。对于给定的目标统计数据，应对不同运营商提供的数据采用单一通用的方法。在制定通用的标准化方法时，虽然理论上应尽可能实现各运营商在方法上的协调统一，但由于原始数据的差异，在实践中能够实现的统一程度是有限的。事实上，各运营商从运营基础设施中提取的原始数据在格式和信息内容层面均无法确保完全一致，因为数据生成过程会涉及到与移动服务和底层基础设施相关的专有设备和配置，并且该过程也与各运营商不同的业务模式密切相关。运营商基础设施在技术和业务特性方面的差异也会影响原始数据的信息内容。

除了最大限度确保方法的标准化或统一性以外，ESS 还认为必须根据《欧洲统计业务守则》的规定，尽量提高方法的透明度，确保结果具有可解释性和可靠性。完整、详细地得出统计结果的基本方法是正确解释结果的必要前提。在公开官方统计结果的同时，也应公开得出相关结果所采用的方法。

七、基于运营商位置数据生成官方统计数据方法的标准

在 ESS 框架下，为基于运营商位置数据定期编制官方统计数据，相关统计数据必须采用通用的方法，并且确保所用方法的定义和应用情况在整个欧洲范围内具有一致性。

在 ESS 框架下，通用运营商位置数据处理方法由 ESS 专家和来自运营商或移动数据提供商的行业专家合作研究，使用开放、透明且可复现的处理方法。该方法必须确保各方（如移动数据提供商、研究人员、国家或地区统计机构）能够完全复现。因此，必须将开发参考软件和参考测试数据集，与方法标准文件包一同发布。此外，ESS 还需要制定一套规则和测试程序，检验是否符合 ESS 的方法标准。

如图 2 所示，从原始运营商位置数据到最终统计产品的工作流程可表示为由

一串数据处理模块组成的单一方法流程[54],必须以高度模块化的方式设计整体方法。图中每个模块的高度代表数据细化的程度:高度越低,数据细化程度越低,汇总程度越高。一般来说,运营商可执行该方法流程的部分环节,直至某个"分割点",由此产生的中间数据随后将传送至国家统计机构进行进一步处理。方法标准化相当于对整个方法流程作出规定,明确每个数据处理模块的功能和方法。一般来说,上游初始处理模块和下游最终处理模块将分别在运营商和国家统计机构执行。在围绕隐私增强技术(Privacy Enhancing Technologies,PET)设计的安全计算环境中,也有可能执行一些中间区块,以便对不同来源的机密信息进行组合。确立完整流程后,根据成本、数据保密风险等各种因素,综合确定运营商和国家统计机构在处理执行之间的分割点,最佳分割点应由国家统计机构和运营商共同协商确定。

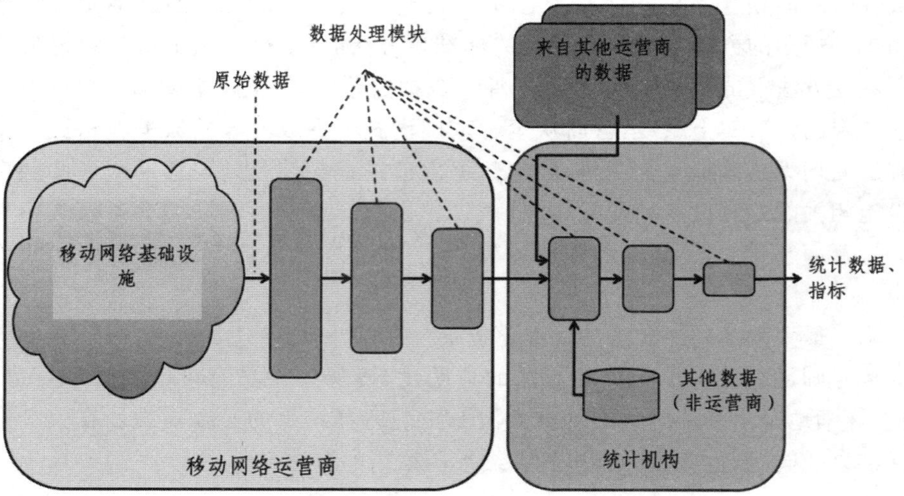

图 2　数据工作流程

由于运营商位置数据在多个维度(包括质量、语义、空间和时间等)存在差异,因此基于运营商位置数据生成统计产品的标准方法应具有足够的灵活性,以便统计机构与欧洲范围内不同的运营商开展合作。制定 ESS 方法的另一项要求是可演进性(Evolvability),即根据需要进行改进以适应不断变化的环境。鉴于上述原因,与许多其他信息与通信技术(ICT)标准一样,应将 ESS 方法设置为一种不断发展的标准,根据实际情况变化进行调整和完善。

[54] "方法流程"体现为由具有明确规范的方法和数据环节组成的模块链。基于不同的数据处理技术和平台,一个方法流程可以对应多个不同的实施方案。

八、整合多个移动网络运营商位置数据的重要性

整合国内和国家间不同运营商的信息对提高跨境统计数据质量非常关键。根据欧洲各国内部及各国之间多个运营商的信息组合生成统计数据，有以下几个优点：

(1)能够提高地域覆盖率，降低统计数据因人口覆盖率偏差带来的影响。

(2)更好应对因运营商技术故障(如数据采集系统故障)造成的数据异常和中断现象，提高统计数据的稳健性。

(3)能够有效防止从汇总数据中推断出任何单个运营商的商业敏感信息，避免干扰运营商之间的平等竞争关系。

九、合并运营商位置数据和其他数据的方法

以往的实验和研究项目表明，合并运营商位置数据与其他类型的非运营商位置数据，能够修正或校准最终的统计数据。事实上，移动设备观测到的群体与目标人群并不完全对应，两个群体之间的差异也处于动态变化之中。由于移动用户变更运营商、新增订阅套餐等各种因素的影响，观测群体会随时间发生变化。在最终统计数据中，应当尽可能剔除观测群体变化等因素的影响，增强运营商位置数据与目标人群之间的对应关系。现有方法如下：

1. 用单个运营商的市场份额估值对基于各运营商位置数据获取的总数进行加权，其中市场份额是“外部”数据。

2. 用非运营商相关数据对运营商位置数据进行校准。例如，对于某一特定时间段内两地的流动人口数量、通过闸口的人数、参观某场所的人数等，假设能够基于其他数据源准确统计出与使用运营商位置数据相同的数据，在一定的假设条件下，可将此类数据用于校准运营商位置数据。这种方法的可行性取决于是否能够与数据提供者签订协议，是否能够获取足够准确的非运营商位置数据。

3. 充分运用国家统计机构的现有数据信息，如空间统计数据或人口登记册，按照地理位置调整权重，将从运营商获取的数据稳定在一定范围内。

4. 依靠为校准统计数据而收集的，以运营商位置数据再利用为基础的抽样调查数据。这种方法能够让统计部门整合调查数据，即便样本数量较少，数据质量也能保持较高水平。在数据访问方面，由于调查数据是统计部门为了完成统计任务而整理的，因此属于现有统计立法的范围，不需要再与外部数据提供者签订协议。从战略性角度来看，整合国家统计机构的数据和运营商位置数据有助于建立互惠互利的伙伴关系。国家统计机构能够与运营商共同使用运营商位置数据并且提供

其他相关数据。

十、基于运营商位置数据生成官方统计数据的前提

基于运营商位置数据生成官方统计数据必须遵守相应的数据保护法规。由于运营商位置数据会涉及个人身份信息,因此使用这类数据必须符合《通用数据保护条例》(GDPR)的规定,在从个人原始数据到非个人汇总数据的转换过程中,必须将隐私泄露的风险降到最低,这不光是法律规定,也是道德准则。因此,在使用运营商位置数据的过程中要与欧洲数据保护监管机构(EDPS)和欧洲数据保护委员会(EDPB)协商,核实是否符合数据保护规则,包括使用隐私增强技术(PET)提高数据处理阶段的保护力度。

基于运营商位置数据定期编制统计数据的另一个前提是建立可持续的数据访问模式,该模式应当符合官方统计的特殊要求,并保障数据持有者的合法权益,即在数据持有者和统计部门之间建立一套清晰的权责体系。

将运营商位置数据纳入官方统计的新立法框架是定期编制统计数据的核心前提条件。修订后的立法框架有助于促进统计部门与数据持有者之间形成公平的伙伴关系,并均衡分配成本和责任。在保证质量和连续性的前提下,处理运营商位置数据会增加国家统计机构和运营商在信息技术、组织、业务流程和人力资源等方面的成本,如何量化、分配和补偿这些成本仍有待解决。

运营商和国家统计机构之间如何分配应当执行的处理流程也是需要解决的问题。根据以往经验,将包含个人记录和详尽小区位置的数据直接传送给国家统计机构的做法并不可行。这种方法不仅会造成信息技术资源重复浪费,还有信息泄露的风险。为有效保护移动用户的个人信息和运营商的商业敏感信息,应首先在运营商内部完成一部分方法流程,然后再向国家统计机构传送汇总的数据。汇总程度越高,敏感性和风险越低。这种方法不仅符合《通用数据保护条例》的数据最小化原则,同时也符合可信智能数据(Trusted Smart Statistics)在数据源处理数据的理念(Ricciato 等,2019)。

十一、展望

本文概述了如何基于运营商位置数据编制官方统计数据的问题,并强调了制定方法的重要性。目前 ESS 正在利用以往项目得出的经验,采取具体行动实现这一目标。

目前欧盟统计局在方法上推出两个互补项目,第一个项目旨在发布方法流程的实施方案,并展示该方案在多个运营商网络中的可行性,该项目经公开招标后于

2023 年 1 月启动，汇集了多个组织的行业专家和统计专家，项目组的任务是在欧盟统计局的监督下，共同开发完全开放的初始方法流程，将运营商位置数据转换成官方统计数据。第二个项目是针对国家统计机构的研究基金，该项目侧重整合运营商位置数据和非运营商位置数据，以便编制常规统计数据。

参考文献

Janecek A, Valerio D, Hummel K A, Hlavacs H, 2015. "The Cellular Network as a Sensor: From Mobile Phone Data to Real-Time Road Traffic Monitoring.", IEEE Transactions on Intelligent Transportation Systems, 16(5): 2551－2572. doi: 10. 1109/TITS, 2015. 2413215. https://ieeexplore. ieee. org/document/7079458.

Ricciato F, Widhalm P, Craglia M, Pantisano F, 2015. "Estimating Population Density Distribution from Network-based Mobile Phone Data.", JRC Technical Report https://doi. org/10. 2788/162414.

European Statistical System Committee (ESSC). European Statistics Code of Practice-revised edition, 2017. https://ec. europa. eu/eurostat/web/quality/european-quality-standards/european-statistics-code-of-practice.

European Statistical System Committee (ESSC). Quality Assurance Framework version 2. 0, 2019. https://ec. europa. eu/eurostat/web/quality/european-quality-standards/quality-assurance-fram work principles. Statistical Journal of the IAOS 35: 589－603. DOI10. 3233/SJI-190584. https://cros-legacy. ec. europa. eu/system/files/sji190584. pdf.

Ricciato F, Wirthmann A, Giannakouris K, Reis F, Skaliotis M, 2019. "Trusted smart statistics: Motivations and principles.", Statistical Journal of the IAOS 35: 589－603. DOI 10. 3233/SJI-190584. https://cros-legacy. ec. europa. eu/system/files/sji190584. pdf.

European Statistical System, 2021. "Position paper on the future Data Act proposal.", https://ec. europa. eu/eurostat/documents/13019146/13405116/main＋ESS＋position＋paper＋on＋future＋Data＋Act＋proposal. pdf.

Tennekes M, Gootzen YAPM, 2022. "Bayesian location estimation of mobile devices using a signal strength model." Journal of Spatial Information Science, 25: 29－66. doi: 10. 5311/JOSIS. 2022. 25. 166. https://josis. org/index. php/josis/article/view/166/169.

Ricciato F, Coluccia A, 2023. "On the estimation of spatial density from mobile network operator data.", IEEE Transactions on Mobile Computing, 22(6),

3541－3557. 10. 1109/TMC. 2021. 3134561. https://ieeexplore. ieee. org/document/9647984.

编译者及单位

原鹏飞　陈祎璇，国家统计局统计科学研究所。

利用大数据进行现时预测的国际研究新进展及对我国的启示[55]

【内容摘要】 当前，用于生成经济活动指标的传统经济数据采集处理方法，已难以满足决策者对数据及时性和频次的要求。随着信息技术的快速发展，大数据在全球各领域的应用越来越广泛，在经济分析和预测方面的讨论和应用日益深入。尤其是如何利用大数据及时把握经济活动脉搏，进一步提高传统统计数据的时效性和可靠性，为宏观经济发展提供现时预测结果，是国际统计机构和研究学者始终密切关注的话题。本文主要对近年来美国、英国、欧盟和国际货币基金组织等官方机构对 GDP 现时预测的最新研究成果和应用动态进行梳理介绍，尤其是 2020 年以来，由于复杂的国际形势和新冠疫情的影响，一方面是一些正在运行的现时预测模型结果与实际值产生较大偏误，研究人员对原模型进行了改进或开发新模型，另一方面，各国对经济风险或经济危机的关注度明显上升，由此进行了最新的预测研究。本文选取了较有代表性的国际研究成果进行介绍，以期为我国开展相关工作提供参考和借鉴。

现时预测是指利用高频数据信息，快速预测当前经济状况，尤其是在官方统计数据发布前，能够及时捕捉经济运行中的新变化新特点。在现时预测的理论方法和实证方面，尽管有诸多学者提供了较为丰富的学术研究成果，但各类方法是否适用于官方统计且能否对统计工作提供指导和参考，需要进行长期的实践和验证。

一、现时预测基本理论

现时预测的主流方法主要有混频动态因子模型（MF-DFM）、混频向量自回归模型（MF-VAR）、混频数据抽样模型（MIDAS）等，并与贝叶斯方法、卡尔曼滤波等多种方法相结合估计模型参数。同时，随着机器学习技术的发展，机器学习在经济统计中的应用越来越广泛，这也是当前现时预测方法的重要研究方向之一。

（一）混频动态因子模型（MF-DFM）

假设采用月度观测值和季度观测值构建混频动态因子模型，首先用月度指标

---

[55] 本文选自国家统计局主办的内部资料《研究参考文献》2023 年第 72 期。

集构建动态因子模型,然后将季度变量转换为月度数据,构建状态空间方程估计参数。

令 $x_t=(x_{1,t},x_{2,t},\cdots,x_{n,t})'$表示月度指标集,$t=1,2,\cdots,T$,$f_t=(f_{1,t},f_{2,t},\cdots,f_{n,t})'$为共同因子,$\zeta_t$ 为异质成分向量且服从白噪声分布,Λ 为因子载荷矩阵,A_i 为因子向量自回归系数矩阵。GDP_t^m,GDP_t^q 分别表示潜在月度 GDP 和季度 GDP,y_t^m,y_t^q 分别表示潜在月度和季度的 GDP 增长率,β'为季度预测值 $\hat{y}_t$ 和公共因子的关系矩阵,则:

$$x_t=\Lambda f_t+\zeta_t \tag{1}$$

$$f_t=\sum_{i=1}^{p}A_i f_{t-i}+u_t \tag{2}$$

$$GDP_t^q=GDP_t^m+GDP_{t-1}^m+GDP_{t-2}^m \tag{3}$$

令 $Y_t^q=100\times\log(GDP_t^q)$,$Y_t^m=100\times\log(GDP_t^m)$,则 GDP 月度增长率为 $y_t=Y_t^m-Y_{t-1}^m$。根据 Mariano 和 Murasawa(2003),y_t^q 可近似表示:

$$\begin{aligned} y_t^q &\approx (Y_t^m+Y_{t-1}^m+Y_{t-2}^m)-(Y_{t-3}^m+Y_{t-4}^m+Y_{t-5}^m \\ &=y_t^m+2y_{t-2}^m+3y_{t-2}^m+2_{t-3}^m+y_{t-4}^m \end{aligned} \tag{4}$$

$$\hat{y}_t=\beta' f_t \tag{5}$$

假设随机项序列相互独立,模型估计的基本过程为,首先估计因子载荷与共同因子,其次估计系数矩阵 A_i 并计算协方差矩阵,最后基于卡尔曼滤波重新估计因子及 GDP 增长率。

(二)混频向量自回归模型(MF-VAR)

假设采用月度观测值和季度观测值构建混频向量自回归模型,可将其简单表示为一个状态空间模型,其中,状态转移方程由月度频率的向量自回归模型表示,测量方程将可观测序列与潜在的、可能未被观测的、叠加在状态向量中的月度变量联系起来。

假设经济指标以月度频率按照 p 阶向量自回归动态模型 $VAR(p)$发展,宏观经济变量 $x_t=[x_{m,t}',x_{a,t}']$,其中,向量 $x_{m,t}$ 为月度变量,向量 $x_{q,t}$ 为季度变量。令 $z_t=[x_t',\cdots,x_{t-n+1}']$,$\Phi=[\Phi_1,\cdots,\Phi_p,\Phi_c]'$。则:

$$z_t=F_1(\Phi)z_{t-1}+F_c(\Phi)+v_t,v_t\sim \mathrm{iidN}(0,\Omega(\textstyle\sum)) \tag{6}$$

设 T 为预测起点,$T_b(T_b\leqslant T)$为可观测季度变量对应的最后一个月。b 表示平衡样本。每月观测月度序列 $x_{m,t}$ 的向量,直到周期 T_b。用 $y_{m,t}$ 表示实际观测值,表示如下:

$$y_{m,t}=x_{m,t},t=1,\cdots,T_b \tag{7}$$

假设月度向量自回归模型至少有三个滞后阶数,即 $p\geqslant 3$,则可以将 $x_{q,t}$ 三个月的平均值表示为:

$$\hat{y}_{q,t}=\frac{1}{3}(x_{q,t}+x_{q,t-1}+x_{q,t-2})=\Lambda_{qz}z_t \tag{8}$$

设 $M_{q,t}$ 为决策矩阵，向量 $y_{q,t}$ 的维数在可观测到季度平均值的周期中为 n_q，否则为空，则：

$$y_{q,t}=M_{q,t}\hat{y}_{q,t}=M_{q,t}\Lambda_{qz}z_t, t=1,\cdots,T_b \tag{9}$$

令 $y_{m,t}$ 为统计机构在周期 T 之后所报告 t 期观测值中的月变量子集，方程(7)扩展为：

$$y_{m,t}=M_{m,t}x_{m,t}, t=T_b+1,\cdots,T \tag{10}$$

$$y_t=M_t\Lambda_z z_t, t=1,\cdots,T \tag{11}$$

通过方程(6)和(11)为混频向量自回归模型的状态空间表达式，可由极大似然估计与EM算法进行估计。

(三)混频数据抽样模型(MIDAS)

MIDAS模型是混频数据基于分布滞后模型进行构建而来，表达式如下：

$$y_t=\beta_0+\beta_1 B(L^{\frac{1}{m};\theta})x_t^{(m)}+\varepsilon_t \tag{12}$$

$$B(L^{\frac{1}{m};\theta})=\sum_{k=0}^{k}w(k;\theta)L^{\frac{k}{m}} \tag{13}$$

$$L^{\frac{k}{m}}x_t^{(m)}=x_{t-i/m}^{(m)} \tag{14}$$

其中，$i=0,1,\cdots,K$，$t=0,1,\cdots,T$，K 为高频数据滞后阶数，m 为高频数据和低频数据倍差，$L^{\frac{1}{m}}$ 为滞后算子，B 为加权函数，因此，设 h 为预测步长，$h<3$，预测目标变量为季度数据，预测变量为月度数据，MIDAS(m,K,h)模型为：

$$y_t=\beta_0+\beta_1 B(L^{\frac{1}{m}};\theta)x_{t-h/m}^{(m)}+\varepsilon_t \tag{15}$$

实际应用过程中，根据数据情况还会引入自回归项、季节项等，加权函数 B 也有多种形式，常见的有Beta分布多项式、指数Almon多项式、无约束项(U-MIDAS)等。

(四)机器学习

机器学习主要分为监督学习、无监督学习、半监督学习和强化学习四个方面。最常应用的主要是无监督和有监督机器学习方法。无监督学习主要用于没有标记的数据集(没有结果/输出变量)，而不是用来进行数据预测，主要是从原始数据中发现隐藏的结构，提取输入数据的特征，以及发掘输入数据的规律和关系。监督式学习使用的是有标记的数据。这种算法是将一组数据作为输入变量，根据数据构建模型，通过比较预测输出值和实际值来寻找误差，并根据误差调整模型，然后利用模型来估计未标记数据。

监督学习通常用来使用历史数据来预测未来可能的事件。对于现时预测来说,与传统计量经济学模型不同的是,机器学习模型是通过设计实验来评估一个数据集上训练的模型预测新数据的效果,而不是探讨和识别因果关系的问题,也就是说,在宏观经济指标预测中,一个指标究竟是影响 GDP 的原因还是 GDP 增长的结果并不重要,重要的是该指标是否包含经济状况的信息。常用于经济研究的机器学习模型包含阶梯模型、随机森林、支持向量机和随机梯度提升树等多种模型,机器学习技术能够从各种各样的潜在变量中进行有效筛选,确定最可靠、最稳健的信息性关系、阈值和相互作用,发现事先未指定的复杂模式。

机器学习算法具有较高的灵活性,在变量选择方面可直接寻求最合适的指标集来预测目标变量,并使用交叉验证方式,对模型参数进行调整,使预测误差最小。机器学习算法已广泛用于大型数据集分析。主要算法介绍见表 1。

表 1　机器学习算法简介

方法	描述
LASSO、Ridge 回归、弹性网络	LASSO(最小绝对值收缩和选择算子)、Ridge 回归(Ridge regression)和弹性网络(Elastic net)是改进的线性回归方法,引入不同类型的正则化(对系数使用的惩罚)以提高预测准确性。与传统回归方法相比,这些方法可以避免维度过高和过拟合的问题。
支持向量机(SVM)	SVM(支持向量机)构建超平面来划分自变量组合,并对每个区域进行点预测,类似于具有正则化特征的核回归。SVM 可以克服线性回归模型的缺点,包括共线性、过度拟合和高维度问题。但是,该模型的性能取决于正确选择核函数和正则化参数。另一方面,复杂的核函数或参数可能会限制 SVM 的可解释性。
随机森林(RF)	RF 是多个单独回归树的预测结果的组合。作为一种非参数化算法,RF 也可以克服线性回归模型的主要缺点,包括共线性、过拟合以及与数据集高维度相关的问题。但是 RF 在预测极端或离群事件方面能力有限,且 RF 结构复杂,缺乏可解释性。
神经网络(NN)	典型的神经网络是一种多层非线性方法,将一系列输入映射到目标输出。一个网络由人工神经元(或节点)组成的层构成。每个神经元从前一层的神经元接收输入,应用一个函数产生单个输出,并且将该输出发送到下一层的其他神经元。最后,一组最终的节点被映射到目标输出。由于非常灵活,神经网络允许每个神经元采用不同的函数形式,并且允许不同层具有不同结构。作为一种复杂而灵活的算法,神经网络已被证明是一种强大的预测工具,能够克服传统回归方法的缺陷。但是,这种复杂性和灵活性在很大程度上限制了神经网络预测的可解释性。

二、美国的实践及最新进展

(一)Nowcasting 模型

Nowcasting 模型由纽约联储设计开发,于 2016 年 4 月开始发布数值,2021 年

9 月停止发布，是国际较为知名的现时预测模型之一。Nowcasting 模型综合应用动态因子模型、卡尔曼滤波和优化期望最大化算法，广泛采用了制造业、零售消费、国际贸易、劳动力、住房、调查数据等指标（见表 2），于每周五上午发布最新预测结果，并对前一周预测数值进行动态修正，得到季度 GDP 增速环比折年率的预测值。

表 2　Nowcasting 模型选用的指标

类别	指　　标
制造业	工业产出指数，产能利用率，制造业新订单、存货、未完成订单，商业批发总库存，企业总库存
零售消费	零售和实物服务，个人消费支出
住房	房屋开工、建筑许可、新房销售
收入	个人可支配收入
劳动力	就业岗位，市民失业率，非农私营部门全职就业人数
国际贸易	进口，出口，进口价格指数，出口价格指数
调查数据	费城联储制造业展望，ISM-PMI 总指数，CPI，PPI，PCE

Nowcasting 模型优点在于通过一个统一结构可及时更新最新数据对经济增速的影响，但是在训练参数过程中使用大量历史数据，新冠疫情期间模型预测结果发生了较大偏误。鉴于疫情的不确定性以及随之而来的数据波动给模型预测带来了许多挑战，Nowcasting 模型于 2021 年 9 月停止发布（见图 1）。可以看出，一方面 Nowcasting 模型适用于宏观经济较为稳定、经济结构不会发生明显转变时期的预测，另一方面也说明了 GDP 现时预测的高度复杂性。

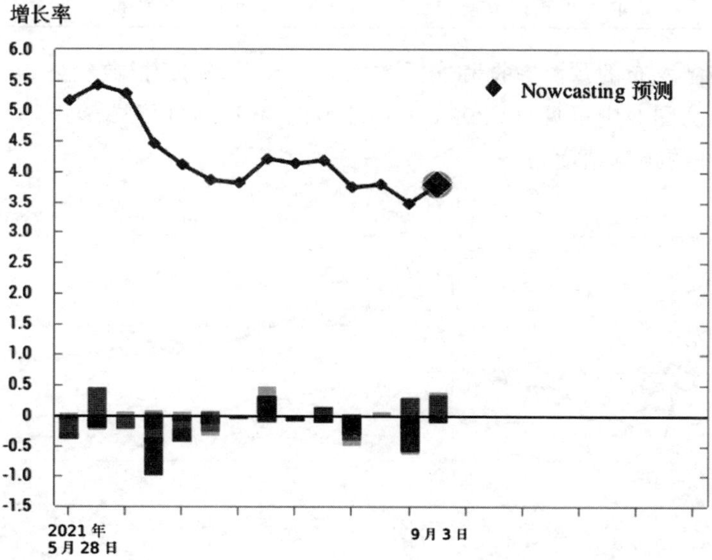

图 1　Nowcasting 模型预测数据

(二)WEI 模型

由于 Nowcasting 模型预测效果不佳,纽约联储于 2020 年 3 月启动 WEI 指数(Weekly Economic Index)的发布,以应对新冠疫情时期监测经济状况快速变化的需求。WEI 指数是包含 10 个实体经济活动日度数据和周度数据的指数,每周发布一次,每周四更新上周数据,并于下一个周二修正前值。十项数据涵盖日常消费、就业市场、生产力三大方面(见表 3)。通过平滑 13 周 WEI 指数的平均经济状况预测季度 GDP 增长,追踪经济发展动态。从方法上看,WEI 模型和 Nowcasting 模型的不同之处是 WEI 模型对各指标赋权采用了交替最小二乘法。

表 3　WEI 指数选用的指标

类别	指标	数据来源
工业	每周钢铁产量	美国钢铁协会
	电力输出量	电气协会
	每周燃料销售量	美国能源信息局
	美国铁路流量	美国铁路协会
消费者	同店零售销售	红皮书报告
	拉斯穆森消费指数	拉斯穆森报告
劳动力	初次申请失业金人数	失业办公室
	连续申请失业金人数	失业办公室
	ASA 雇佣指数	美国人事协会
	联邦预扣税数据	布斯金融咨询公司

从目前已发布的预测数据和实际数据对比来看,WEI 指数较好地追踪了 GDP 变化趋势。从图 2 中可见,以 2023 年 8 月为例,WEI 的预测结果与实际值较为接近,具有较好的预测精度。

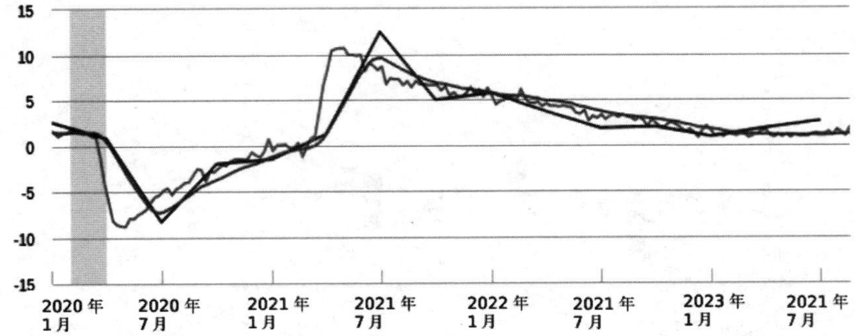

图 2　WEI 指数最新预测数据

(三)GDPNow 模型

亚特兰大联储的 GDPNow 模型于 2011 年开始研究,2014 年第二季度对外发布,迄今已发布更新 9 年。GDPNow 模型参考了美国商务部经济分析局(BEA)相关研究,综合运用贝叶斯向量自回归、动态因子模型对各项细分指标进行预测。GDPNow 使用桥连方程将分项指标连接起来,并通过费雪链式加权法计算 GDP 增速。链式加权法的优点是可以充分考虑权重的动态变化,使模型预测结果有较好稳健性。GDPNow 模型的预测发布日期没有固定时间,而是只要有高频数据更新,下一个工作日随即进行预测数值修正。模型所选用的指标见表 4。

表 4　GDPNow 模型选用的指标

类别	指标	数据来源
工业	芝加哥联储中西部制造业指数 ISM 制造业指数、非制造业指数 工业产出、生产者价格指数 制造业出货量、存货和订单	芝加哥联储 供应管理协会 美联储、劳工统计局 美国普查局
零售消费	密西根大学消费者信心指数 消费者委员会信心 BEA 汽车销量 零售贸易和库存 消费者价格指数 费城联储商业展望调查	密西根大学 消费者委员会 美国经济分析局 美国普查局 美国劳工统计局 费城联储
住房	新住宅建设、现房销售、新房销售、建设支出、房屋建设调查	美国普查局
收入	个人收入和支出	美国经济分析局
劳动力	首次失业保险理赔、就业情况	美国劳工统计局
国际贸易	批发贸易、国际贸易、 美国进出口价格指数	美国普查局 美国劳工统计局
其他	财政数据,标普 500 指数	美国财政部,标普公司

根据 2011 年第三季度至 2021 年第三季度期间模型预测值和实际值的测算(见图 3),GDPNow 预测的平均绝对误差为 0.83 个百分点。预测的均方根误差为 1.23 个百分点,预测效果较好。

以 2023 年 8 月 24 日 GDPNow 模型预测结果为例(见图 4),预测显示 2023 年第三季度美国实际 GDP 增长率为 5.9%,比上一周预测结果提高 0.1 个百分点。这是因为美国房地产经纪人协会最近发布的数据显示,第三季度私人国内投资实

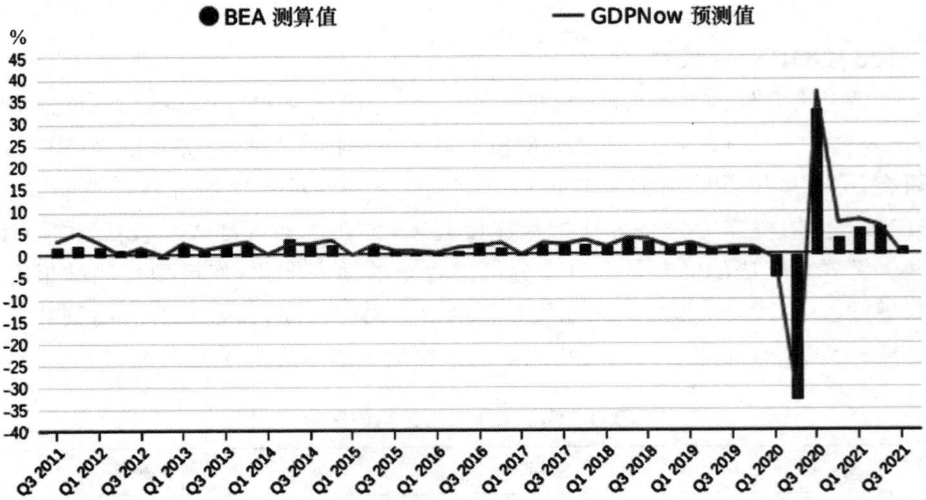

图 3　GDPNow 模型预测效果

际增长率从 11.4%上升到 12.3%,从而上调了 GDPNow 模型预测值。亚特兰联储在 GDPNow 模型预测结果发布同时,还与蓝筹共识(Blue Chip consensus)预测数据进行对比。蓝筹共识是来自对主流金融机构的调查问卷,包括对未来的通货膨胀率、失业率和 GDP 增长率等经济数据的预期。从图 4 中可以看出,GDPNow 模型预测和主观调查预测的结果有较大差异。

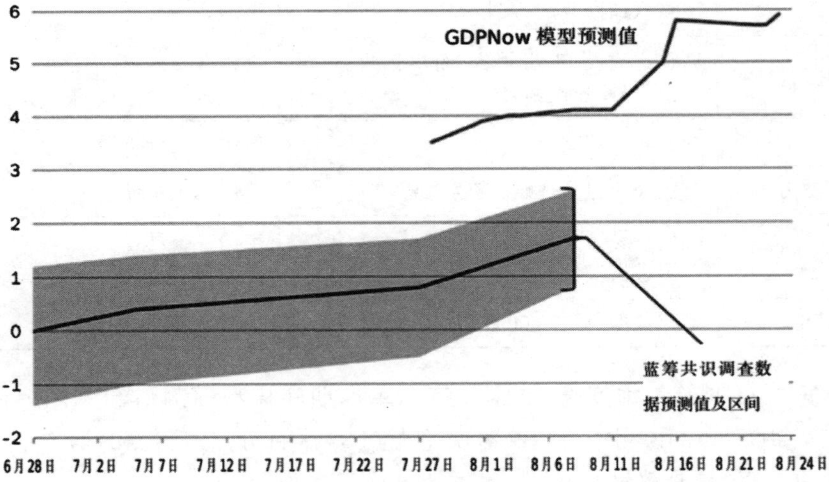

图 4　GDPNow 模型对 2023 年第三季度 GDP 的预测

(四)州级每周经济模型

大多数研究都侧重于衡量国家层面实际经济活动的周期性变化,2021 年美国国家经济研究局(NBER)对经济状况的测度扩展到了州级,频度为周度,构建了一个多元化州级大数据库(见表 5),将最新的高频数据(如信用卡和借记卡支出、业务应用和流动性指数)与较为传统的低频指标(如就业和收入)相结合,基于包含周度变量、月度变量和季度变量的混频动态因子模型,涵盖了超越传统指标的州经济的多个特征,计算每周州级经济状况指数。

表 5　州级指标数据集

数据类别	变量	频率	数据来源
流动性	手机流动性指数	周度	苹果公司
	零售汽油价格	周度	美国能源信息署
	车辆行驶里程	月度	美国联邦公路管理局
劳动力市场	初次失业救济金申请	周度	美联储经济数据
	持续失业救济金申请	周度	美联储经济数据
	非农就业总数	月度	美国劳工统计局
	失业率	月度	美联储经济数据
	制造业平均工作时数	月度	美联储经济数据
实际活动	煤炭产量	周度	CEIC 数据库
	石油钻机数量	周度	贝克休斯数据
	石油产量	月度	美国能源信息署
	电力消耗	月度	美国能源信息署
	实际货物出口	月度	美联储经济数据
	实际国内生产总值	季度	美国经济分析局
预期情况	商业申请	周度	美联储经济数据
	新屋建筑许可证	月度	美联储经济数据
	消费者信心指数	月度	密歇根大学消费者调查
	制造业信心指数	月度	联邦储备银行
金融状况	市政债券:到期收益	周度	标普全球公司
	市政债券:效益	周度	标普全球公司
	实际美元贸易加权值	月度	美联储经济数据
家庭状况	信用卡和借记卡支出	周度	AS 解决方案
	实际工资和薪金收入	季度	美国经济分析局
	真实房价指数	季度	美联储经济数据

图 5 显示了美国 9 个州的每周经济状况指数。这些州在 1990－1991 年、2001 年、2007 年至 2009 年和 2020 年都经历了经济衰退。尤其是 2020 年春季各州指数出现大幅下降，且大多数州在 2020 年 4 月的最后一周达到经济低谷。与早期的经济衰退相比，此次复苏相对迅速，到 2021 年初，所有州的经济状况都有显著改善。但是，各州之间的复苏程度仍然存在较大差异。例如，虽然爱达荷州在 2020 年 10 月前恢复到了全国长期平均水平，但其他州的增长较为低迷，到 2021 年 2 月，这些指标仍比全国趋势低 1%－4%。

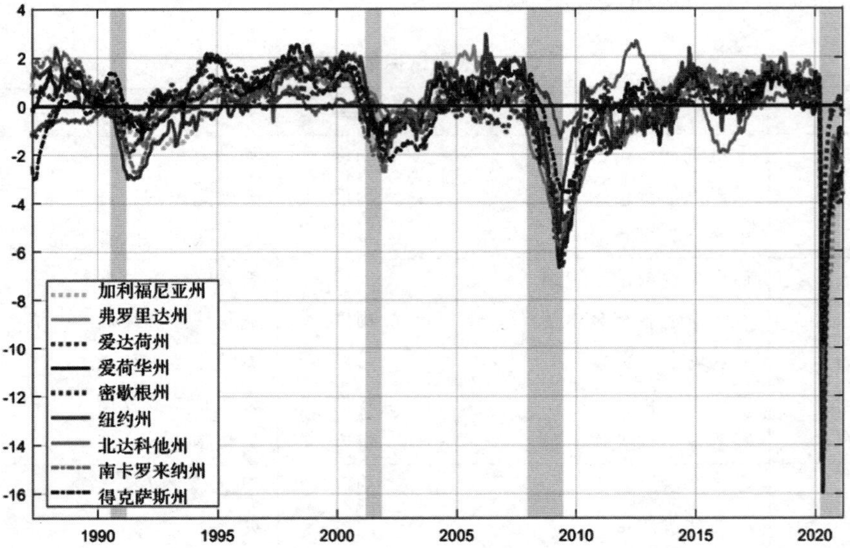

图 5　美国 9 个州的每周经济状况指数(1987.4－2021.2)

注:灰色阴影区域表示美国国家经济研究局确定的经济衰退期

为在各州经济的商业周期动态和宏观经济之间建立联系，研究还对各州采用动态因子模型所获得的每周共性部分拟合了马尔可夫转换模型，跟踪了从 2020 年 3 月中旬开始连续三周内州级经济变化。通过研究各州经济状况的每周变化并进行分类，可帮助各州政策制定者尽早采取有针对性的行动，同时，了解一个国家的各州经济表现差异也有助于了解总体动态，并为联邦决策提供信息。

二、欧洲的实践与最新进展

(一)MIDAS 模型

英格兰银行(BOE)采用动态因子模型、混合频率数据抽样(MIDAS)等模型对 GDP 进行预测，其中，混频数据抽样(MIDAS)模型充分利用高频信息，同时通过频率对齐将高频变量转化为低频向量，并施加多项式权重约束函数，解决数据同频化处理导致的信息损失、估计偏差以及时效性差等问题。

英格兰银行的现时预测仅用于内部参考，无法通过网站查看其实时的预测值。模型主要使用月度商业调查数据作为变量，对季度 GDP 增速进行预测，月度数据由英国国家统计局、英国工业联盟、英国商会等机构提供（见表 6），来源于数据库 FAME。

表 6 MIDAS 模型选用的指标

类别	指 标
工业	贸易、销售、产出等
PMI 数据	制造业 PMI，服务业 PMI，建筑业 PMI
商业活动指数	产出指数，商业指数，工业活动指数，信心指数
对外贸易	进口，出口
就业	失业率，就业人数，职位空缺，工时
贷款	抵押贷款审批
个人消费	VISA 消费数据

根据英格兰银行 2023 年 6 月发布的工作文件显示，因新冠疫情期间预测数据出现较大偏差，英格兰银行在 MIDAS 模型基础上，提出了一个贝叶斯混合频率回归 T-SV-t-BMIDAS 模型，通过时变趋势（T）、随机波动性（SV）和 t 分布误差（t）对目标变量的趋势变化和潜在的极端方差偏移进行贝叶斯（B）MIDAS 建模，以修正 MIDAS 系数。将该模型应用于 2011 年第一季度至 2021 年第三季度期间英国 GDP 增长预测，结果显示，T-SV-t-BMIDAS 模型不仅能够及时捕捉新冠疫情期间 GDP 增长的急剧变化（见图 6），在 2011－2019 年的经济发展平稳期也能很好地发挥作用。

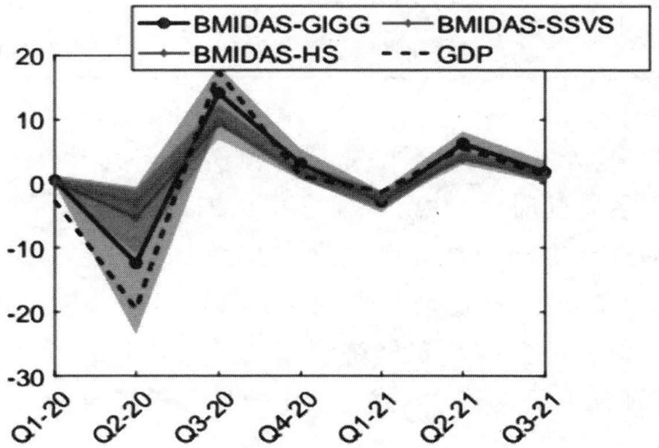

图 6 新冠疫情期间 T-SV-t-BMIDAS 模型预测效果

注：黑色虚线表示季度 GDP 增长实际值，阴影区域显示 95％的置信区间。GIGG（Group Inverse-Gamma Gamma）、HS（Horseshoe）、SSVS（Spike and Slab）为贝叶斯 MIDAS 模型的备选先验方法。

(二)贝叶斯 Lasso 分位数回归

与其他研究对 GDP 增速值的预测不同,2020 年欧盟各成员国经济受到了较大冲击,欧盟统计局将预测 GDP 增长的概率作为研究目的,用以预测出现经济风险期或经济危机的可能性。研究人员基于无约束混频数据抽样(U-MIDAS)策略,构建贝叶斯 Lasso 分位数回归模型,对欧元区 12 国(EA-12)的 GDP 增长的概率进行预测。分位数回归可有效提取大型混频数据、碎尾数据的特征,是一种生成密度现时预测的有效方法。最小绝对收缩与选择算子(Lasso)的作用则是避免高维分位数回归中的参数增多问题。

该模型的研究目的在于能否及时预测历史上出现的风险期或经济危机,以对当下的经济情况进行参考,样本期限为 1991 年第一季度至 2010 年第四季度,模型评估期为 2003 年第二季度至 2010 年第四季度。指标选取分为两类,一是欧元区 12 国综合指标,二是各国的国家层面数据。鉴于德国是欧元区最大的经济体,模型也补充了德国经济信息研究会对德国商业环境、形势和预期的额外商业调查数据指标,具体见表 7。

表 7　基于 UMIDAS 的贝叶斯 Lasso 分位数回归选用的指标

类别	相关指标	数据来源
欧元区综合数据	经济信心指数(ESI)	欧盟委员会
	短期与 10 年期欧元利率利差	欧洲中央银行
	月度工业生产(IP)	欧盟统计局
各国数据	工业生产相关数据	各国官方统计机构
	国内生产总值	各国官方统计机构
	德国商业调查数据	德国经济信息研究会

为对比模型的有效性,另拟合了线性组合模型作为参考。结果显示(见图 7),2008 年国际金融危机前,线性组合模型得出的经济衰退可能性约为 10%,而分位数回归得出的经济衰退可能性则更高,约为 40%至 50%。在危机最严重的时候,国内生产总值负增长的概率上升到 1,且显著高于线性组合模型,这说明分位数回归模型可以充分预警出现经济负增长的可能性。由于此模型对风险预测较为灵敏,相关研究人员考虑将此模型用于当前经济风险或经济危机的预测中,供内部参考。

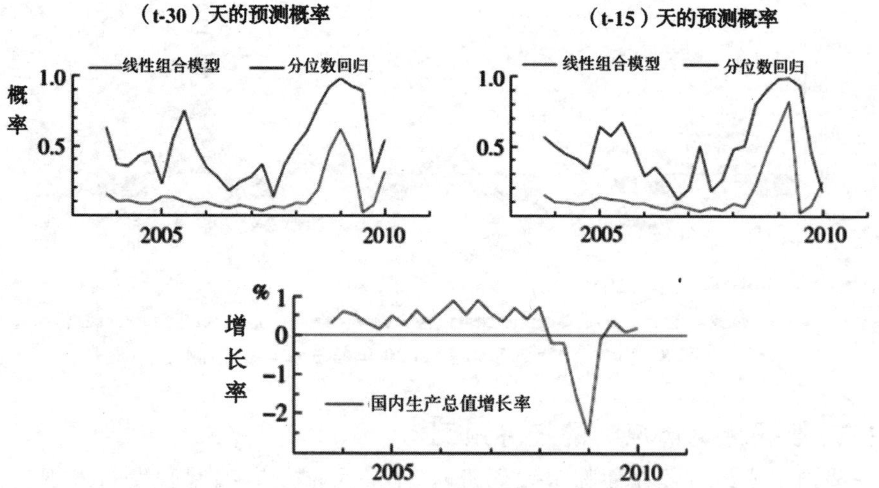

图 7　经济衰退预测概率与实际增长率对比

三、国际组织的实践与最新进展

（一）利用谷歌数据的经济预测

2021 年，国际货币基金组织（IMF）利用谷歌数据设计营业状况指数、经济活动指数，并将这两个高频指标按《国际标准行业分类》（ISIC）进行行业分类，结果表明，谷歌数据编制的经济活动高频指标可以较好地预测样本国家 GDP 情况，为经济分析预测提供及时信息。

营业状况指标利用谷歌地方 API 数据构建，根据商家的“点评数量”“点评份额”“是否营业”监测商业运营状况变化情况；经济活动指数是利用谷歌趋势数据计算每周“搜索量指数”。将谷歌类别和 ISIC（第 4 版）四位码产业的层次结构，作为机器学习文本模型的输入，通过计算文本相似度，由此建立了匹配《国际标准行业分类》（ISIC）体系的谷歌数据行业类别。

研究样本选择澳大利亚、巴西、加拿大、法国、菲律宾和南非六个国家，因为这些国家均拥有按经济活动划分的季度 GDP 数据，且在收入水平、经济结构和地理位置方面具有异质性。数据样本期为 2015 年第四季度至 2020 年第三季度。选取季度 GDP 数据为因变量，谷歌搜索量指数和谷歌营业指数为自变量，按行业构建对数回归模型。回归结果表明两个自变量的预测效果良好，模型对六个样本国家拟合优度均超过 80%，系数均为正且具有显著性。以运输和仓储为例，预测值准确捕捉 2020 年第二季度的大幅下降，随后在 2020 年第三季度复苏（见图 8）。此模型的优势在于利用谷歌实时提供数据，可在每个季度结束后几天内快速完成相关计算，有助于季度 GDP 的初步估计。

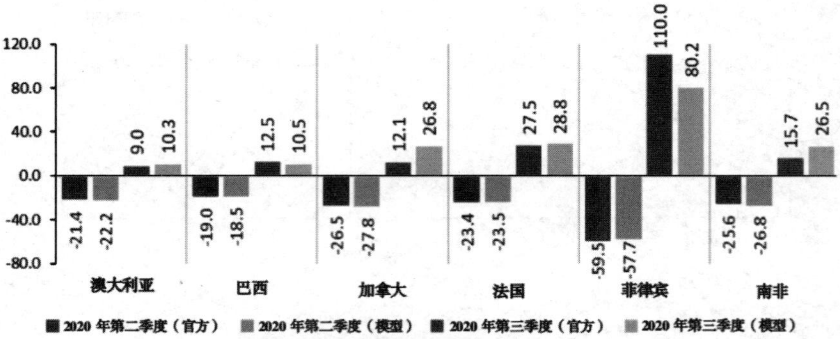

图 8　2020 年第二季度和 2020 年第三季度的预测

(二)数据稀疏情况下的经济预测

一些国家或经济体在面临重大危机时,不一定能及时编制和发布宏观经济统计数据,这可能会导致政策制定者无法实时监测经济活动,因此,如何在数据量较少的情况下及时对 GDP 进行预测,是统计数据面临采集和编制风险时需要关注的问题。2022 年,国际货币基金组织(IMF)以存在数据稀疏性问题的尼日利亚为例,利用机器学习方法预测 GDP 增长,实时跟踪其经济活动。与传统统计模型设计思路不同,尤其是对于不关注变量间因果关系、只关注预测结果的情况下,可以给定一系列不同模型进行试验,选择误差最小、性能最佳的模型。

指标选取包括内部指标和外部指标两个方面(见表 8),内部指标指本国指标,如经济调查指标、进出口、汇率等,以及夜间灯光、谷歌搜索量指数等大数据指标;外部指标指来自邻近经济体或主要贸易伙伴的关键经济指标。本研究选取指标如下表。样本期限为 2011 年第一季度至 2021 年第三季度。

表 8　预测尼日利亚经济增长选用的指标

类别	相关指标	数据来源
内部	采购经理人指数	尼日利亚
	实际有效汇率	尼日利亚
	进口、财政收入	尼日利亚
	夜间灯光、谷歌搜索量指数	尼日利亚
外部	采购经理人指数	肯尼亚、加纳、南非和中国
	股票价格指数、新车销量	南非,反映区域环境
	国际商业与经济研究会的工业材料指数;国际市场石油价格	国际数据

选定指标后对多种潜在的机器学习模型性能进行评估,以获取最佳模型。设定前 85%—95%的数据为训练集,其余 5%—15%的数据为测试集,并用三折交叉

验证调整每个模型的超参数。结果显示(见图 9),通过多种机器学习方法对比,可见"随机梯度提升树"的样本外均方根误差最低,预测表现更好,因此选择随机梯度提升树模型作为预测尼日利亚 GDP 增长率的最佳模型。

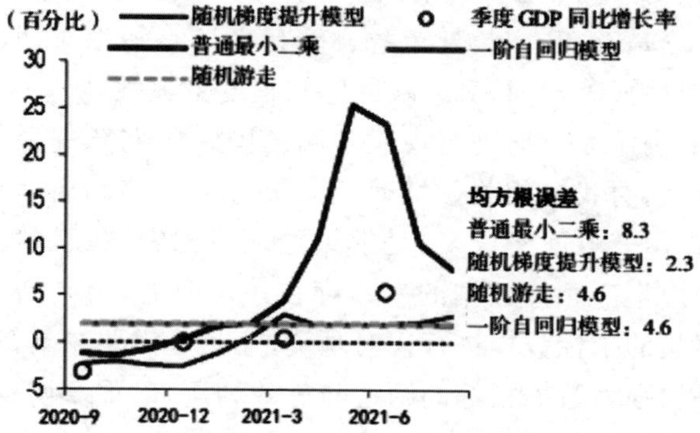

图 9　不同模型均方根误差结果

根据随机梯度提升树模型的结果表明(见图 10),预测结果与尼日利亚实际 GDP 非常接近,与官方统计数据相比,该方法可以更快地提供有关经济活动的信息,特别是在危机时期无法及时全面获取官网统计数据时,利用较少指标可获取较好的预测结果。

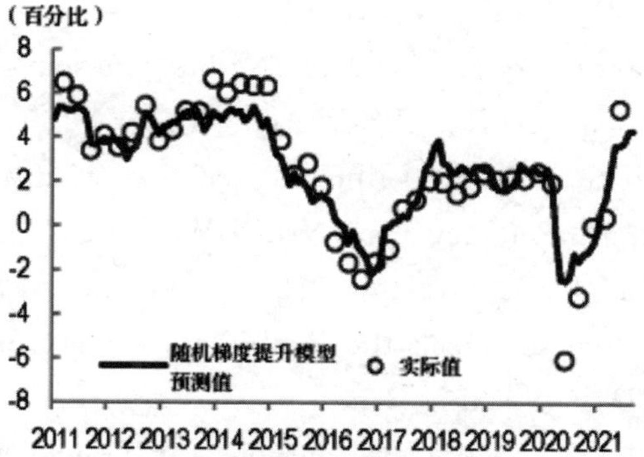

图 10　模型预测结果与季度实际 GDP 比较

四、总结与思考

本文主要对近年来尤其是 2020 年以来,国际官方机构对 GDP 现时预测的最新研究成果进行梳理介绍。从研究目的看,既有对 GDP 增长数据本身的关注,也有考虑统计实务工作中无法完全获取统计数据时,如何增强预测效果的方法研究;从模型应用来看,混频动态因子模型(MF-DFM)、混频数据抽样模型(MIDAS)是使用场合较多、应用较为成熟的模型,机器学习方法则是不需要解释因果关系、只关注预测结果情况下进行的快速预测;从变量选择看,大部分研究成果基于官方统计指标,同时结合少量大数据指标进行估计,而不是完全依赖于大数据,这种做法既利用了官方统计指标的可靠性,又增强大数据特性所带来的及时性,提升预测效果。这些最新研究的共同点在于,由于近年来各国经济产生较大波动,对风险的关注度明显提升,无论是 GDP 增长处于急剧变化期还是平稳时期,研究人员所构建或改进的模型适应性显著提高,对风险的感知程度更灵敏。

本文所介绍的利用大数据进行现时预测的国际研究新进展,文献较为丰富新颖,是热点也是难点,对我国相关领域研究有较好的借鉴和启示作用。基于此,对下一步研究工作提出三方面建议,一是继续加强我国宏观经济现时预测模型工作开展,官方季度国内生产总值数据的发布存在一定时滞,为判断当前经济形势,应采用更及时、更高频的指标数据进行现时预测,尤其是需要在具体实践与应用中逐步改进模型;二是加强大数据指标的筛选与有效利用,以重复调查为基础的官方统计数据为主,将大数据用作模型的辅助变量,使模型既能稳定运行,又可增强及时性;三是持续关注并充分借鉴国际相关研究成果,不断完善和发展国内大数据在现时预测方面的理论研究与实践应用。

参考文献

Baumeister C, Leiva-León D, Sims E R, 2021. Tracking Weekly State-Level Economic Conditions[R]. NBER Working Paper.

David K, Galina P, 2023. MIDAS-flexible-bayesian-midas-time-variation-group-shrinkage-and-sparsity[R]. CBS Working Paper.

Frank S, Dongho S, 2021. Real-time Forecasting with a (Standard) Mixed-frequency VAR During a Pandemic[R], NBER Working Paper.

Karim B, Seung M C, Tara I, et al, 2022. Overcoming Data Sparsity: A Machine Learning Approach to Track the Real-Time Impact of COVID-19 in Sub-Saharan Africa [R]. IMF Working Paper.

Mazzi G L, Mitchell J, 2020. New Methods for Timely Estimates: Nowcasting Euro Area GDP Growth Using Quantile Regression[R], Eurostat Working Paper.

Paul A, Marco M, et al, 2021. Using the Google Places API and Google Trends Data to Develop High Frequency Indicators of Economic Activity[R], IMF Working Paper.

作者及单位

汤志华,国家统计局统计科学研究所。